U0580426

国家社科基金
GUOJIA SHEKE JIJIN HOUQI ZIZHU XIANGMU
后期资助项目

经部要籍编辑思想研究

Research on the Editorial Thoughts of Confucian Classics

吴平　著

WUHAN UNIVERSITY PRESS
武汉大学出版社

图书在版编目(CIP)数据

经部要籍编辑思想研究/吴平著.—武汉：武汉大学出版社,2023.8
国家社科基金后期资助项目
ISBN 978-7-307-23182-5

Ⅰ.经…　Ⅱ.吴…　Ⅲ.经籍—编辑工作—研究—中国
Ⅳ.①Z126　②G232

中国版本图书馆 CIP 数据核字(2022)第 132757 号

责任编辑:宋丽娜　　责任校对:李孟潇　　版式设计:韩闻锦

出版发行：**武汉大学出版社**　(430072　武昌　珞珈山)
(电子邮箱：cbs22@ whu.edu.cn　网址：www.wdp. com.cn)
印刷:湖北恒泰印务有限公司
开本:720×1000　1/16　印张:31　字数:540 千字　插页:1
版次:2023 年 8 月第 1 版　2023 年 8 月第 1 次印刷
ISBN 978-7-307-23182-5　定价:149.00 元

国家社科基金后期资助项目（18FTQ001）

国家社科基金后期资助项目
出版说明

后期资助项目是国家社科基金设立的一类重要项目，旨在鼓励广大社科研究者潜心治学，支持基础研究多出优秀成果。它是经过严格评审，从接近完成的科研成果中遴选立项的。为扩大后期资助项目的影响，更好地推动学术发展，促进成果转化，全国哲学社会科学工作办公室按照“统一设计、统一标识、统一版式、形成系列”的总体要求，组织出版国家社科基金后期资助项目成果。

全国哲学社会科学工作办公室

撰稿人名单

总　论　吴　平
第一章　李昕烨
第二章　胡程立
第三章　芦珊珊
第四章　徐　媛
第五章　徐振云
第六章　吴　平
第七章　李　静
第八章　向　敏
第九章　章　萌
第十章　段乐川

目　　录

总　论

第一节　经部要籍的概念、分类和构成

一、经与经学

“经”字，甲骨文未见，据郭沫若先生在《金文丛考》中的考证，最初为织机之纵线，与横线“纬”相对。“经，织从丝也。从系。”引申后才有了今天所说的“经纬”“经营”之意。春秋战国时代的“经”开始有了经典的意义。《庄子·天下》篇说墨子门人“俱诵《墨经》”，即指墨学经典。此时的“经”可作书籍解，凡书皆可称经。先秦至秦汉所说的“经”，往往指有典范性、纲领性的前代要籍，或先贤、先师之作，含有尊崇、推崇之意。孔子去世之后，儒家经典始称之为“经”。至汉，儒学独尊，儒家经典地位升至百家之上，经与礼、法律齐驱，所谓“礼，王之大经也”①。杜预注：“经，纲纪之谓也”。这里的“经”引申为国之纲纪或既定的法规。两汉以后，“经”成为人们对一部分儒家典籍的专指与特称。经，常也，即常道之义。其时认为儒家经典是规范，必须遵守的标准。“《乐》以和神，仁之表也；《诗》以正言，义之用也；《礼》以明体，明者著见，故无训也；《书》以广听，知之术也；《春秋》以断事，信之符也。五者，盖五常之道，相须而备，而《易》为之原。故曰‘《易》不可见，则乾坤或几乎息矣’，言与天地为终始也。”②将“六经”之作用分别予以概述，也可观之并理解“《易》《书》《诗》《礼》《乐》《春秋》”由本门学派之经而成王朝治国要典、

---

① 《左传·昭公十五年》，宋元人注：《四书五经》(下册)，天津古籍书店 1988 年版，第 450 页。

② 班固：《汉书·艺文志第十》，中华书局 2007 年版，第 331 页。

天下之经，正式赋予“经”名之缘由。

经学，即治经之学。它以诸经为研究对象，是解释、阐明、研究儒家经典的学问。

自春秋战国《易》《书》《诗》《礼》《乐》《春秋》问世，也就有了对它们的传习与研究。孔子、孟子、荀子以及其门生弟子等都是经学的创始人与传承人。汉惠帝时出现了到各地讲儒家经典的经师。文景之际，列学官，专设经学博士，此时的经学以经籍考证、字词训诂、传授源流、学派梳理为主要内容。特别在汉武帝罢黜百家、独尊儒术之后，经学成为中国封建社会文化的正统。正是在诸位汉帝的倡导和鼓励下，经学发展呈“天下学士靡然向风”之势。但因师门不同，传承有异，经学被分为“古文经”和“今文经”两大学派。古文经学讲究文字训诂，留意典章制度，注重历史事实。今文经学关注现实政治，董仲舒用阴阳五行说解释《春秋公羊传》，侧重阐发微言大义，以巩固皇权。西汉时今文经学十分盛行，但至西汉末年，古文经学派在刘歆等人的带领下为争取古文经学与今文经学同样的地位展开了博弈；东汉时古文经学实力渐起，研究文字训诂的“小学”因而兴起。古文经学在与今文经学相互抗衡中发展壮大，最终取得优势地位。经学发展中不断出现新的代表性人物，形成经学诸流派。

郑学，经学中的东汉郑玄学派。经学大师郑玄遍注群经，博采众长，以古文经说为主，兼采今文经学，破除家法传统，消除门户之见，广采众说，遍注群经，汇集汉代经学大成，使今文经学与古文经学融合统一，平息了两百多年的今古文经学之纷争。

经学的发展总是在不断地斗争中推进的。魏晋南北朝时，经学受玄学、佛教的影响，在今古文经学之争平息后又出现了与郑学抗衡的王学，也陆续出现了比“注”更详细的“义疏”。

王学，经学中魏晋时代的王肃学派。魏晋时的王肃综合今古文经说遍注群经，与郑学立异，凡郑学采今文经说者，即用古文经驳之，用古文经说者，便以今文经攻之，试图夺取郑玄学派的地位。所注各经于晋立为“博士”，号称“王学”。至东晋以后，王学渐趋衰亡。

南北朝时期，因政治上的分裂，经学亦分化为南学和北学。

南学，经师多以老子、庄子经学观解经，承袭魏晋学风，兼采众说，崇尚玄学，不重经术，不拘家法，随意发挥。南学受佛教影响，把讲经记录编为讲疏、讲义，并写出比经注更为详尽的义疏。

北学，经师承东汉学风，崇尚儒道，解经多拘泥汉儒旧学，以章句训诂为主，不愿别出新意，学风保守，撰述较少。北学与南学采经注学派区别见表 1。

表 1　**南学、北学采经注学派区别表**

经书	南学	北学
《周易》	魏王弼注	郑玄注
《尚书》	伪孔安国传	郑玄注
《毛诗》	郑玄注	郑玄注
《三礼》	郑玄注	郑玄注
《左传》	晋杜预注	服虔注
《公羊传》		何休注

经学的发展与朝代更迭一样，大一统年代经学也统一，大分裂年代经学也多门。大唐王朝将南学与北学统一了起来，解决了“儒学多门，章句繁杂”的局面。具有统一之功的经学大师孔颖达，受唐太宗之命，率众人将《易》《书》《诗》《左传》《礼记》“五经”予以正义解说，形成《五经正义》。正义者，即是对不正之说的纠正。其根据南学约简、以玄学治经，和北学深芜、引用谶纬的特点，融合南北经学家的见解，形成唐代义疏派，竭力主张贵贱尊卑的区别。孔颖达的《五经正义》对汉以来的经学做了一次大总结，也成为科举取士的依据，唐代经学再次得以统一，并形成了义疏派。

宋代经学发展成为理学。理学是宋代经学的代表，又称“道学”。其以朱熹为代表，实际上是吸收了佛、道思想后形成的一种新的经学流派。如果说汉儒治经主要是古文经学派，侧重名物训诂，宋儒则多以阐释义理、兼谈性命为主。它破除了汉唐训诂、义疏传统，直接从经文中寻求义理，借助经学论述理欲心性等哲学问题。因其自称继承的是孔孟正宗道统，故是儒学正宗。朱熹把《礼记》中的《大学》《中庸》抽出来，配上《论语》《孟子》称为“四书”，为之作注，称为《四书章句集注》。以“四书”及《四书章句集注》为代表的朱学在元明清十分盛行，元仁宗以后，以宋儒经注取士，理学占统治地位，以至明代尚无后学跟上。

清代经学以“经世致用”思想为指导，在国家治理中发挥了重要的作用。清初，经学家们希骥从古文经学中寻求本原，以抵抗空疏虚幻的理学，诞生了考据经义、回归经学初衷的乾嘉学派。但在国家内忧外患的压力下，今文经学重新占据清朝思想阵地，拥有了更大市场，经学在反复、曲折的发展中探寻着国家治理路径。

以顾炎武为代表的古文经学在清初掀起了一股反对宋明理学、倡以经世致用的思潮，他们将明亡归结于理学泛滥、学问空疏等原因，对宋明理学进行了有力反驳。

清代朴学(乾嘉学派、古文经学派)。乾隆、嘉庆时期，考据学兴盛，带动了训诂、考据经书的风尚，形成有特色的乾嘉学派，史称之为朴学。乾嘉学派对古文经学训诂方法的继承与发扬卓有成效，上主汉儒经注，推崇东汉古文经学，故又称为“汉学派”或“清代古文经学派”。

鸦片战争以后，今文经学盛行，形成今文经学派。道光、咸丰以后，内忧外患的政治危机加剧，以康有为为代表的一批知识分子不满足于乾嘉学派为考据而考据的纯学术研究，用今文经学提倡变法维新，希望学经以致用，达到治国的目的。今文经学在清儒的倡导下再次兴盛起来，通过求证“微言大义”托古改制以振兴国体。

五四运动以摧枯拉朽之势瓦解了封建文化，经学始告结束。

经学自汉初兴起，经历了两汉时代的今古文经学之争、东汉末年至魏晋时期郑学与王学的对抗、南北朝时南学与北学的分裂，至唐代达到高度统一，又经宋代理学的发展，到清乾嘉学派的形成和今文经学的复兴，多次显示出其辨析、弘明、传承、强大的文化脉搏和思想力量，并成为中国两千多年社会发展中意识形态构成的主体。

二、经书

经书是关于经的书籍，在此指那些历来被推崇为典范的著作。

中国古代图书经、史、子、集四部之中，经列于他类之首，显示出其突出而重要的地位。“自汉以来，儒者相传，但言‘五经’。而唐时立之学官，则云‘九经’者，‘三礼’‘三传’分而习之，故为九也。其刻石国子学，则云九经并《孝经》《论语》《尔雅》。宋时程朱诸大儒出，始取《礼记》中之《大学》《中庸》，及进《孟子》以配《论语》，谓之‘四书’。本朝因之，而‘十三经’之名始立。”①这是“五经”“九经”“十二经”“十三经”之溯源。亦有东汉“七经”一说，如《三国志·蜀书·秦宓传》中写道：“蜀本无学士，文翁遣相如东受七经，还教吏民，于是蜀学比于齐、鲁。”②但具体是

---

① 顾炎武著，周苏平、陈国庆点注：《日知录·卷十八》，甘肃民族出版社1997年版，第795页。

② 陈寿著，裴松之注：《三国志》，浙江古籍出版社2001年版，第602页。

哪七经并未明确，后人认为是在原“五经”上外加了《论语》和《孝经》。

1. 从“六经”到“五经”

最早的经书可以从春秋战国时期孔子整理的《易》《书》《诗》《礼》《乐》《春秋》算起。这六部书籍称为“六经”，是孔子整理旧文编用于教授学生的课本。《易》为古代占筮之书；《书》是上古历史文献和追述上古史事的文章；《诗》为周代诗歌总集；《礼》为古代典礼仪节之书，如冠、婚、丧、祭、乡、射、朝、聘等礼仪制度；《乐》是隶属周王室司乐的音乐作品；《春秋》为鲁国的编年史。

“经”非儒家专有。王国维说“经者，常也，谓可为后世常法者也。故诸子百家目其先师之书，亦谓之经”，先秦时期，还有一批称为“经”的书籍，分为不同种类。

一是典范的著作为“经”。如《国语·吴语》记吴王夫差兵临晋军，“建旌提鼓，挟经秉枹”，韦昭注“经，兵书也”，即古代兵法之类的要籍有“经”一说。这里的兵书非常见之书，一定是重要的典籍，才会在作战时携带。

二是先师著作为“经”，此著作无论自著还是后人增补，均可。如阐述墨家思想的《墨子》一书，有《经上》《经下》《经说上》《经说下》等名篇，《墨子学案》认为“《经》上下当是墨子自著，《经说》上下，当是述墨子口说，但有后学增补”。也有研究者认为，《墨经》就是战国时墨子后学发展墨家思想的著作。后学称先师作品当为“经”。

三是宗教典籍为“经”。荒诞不经亦作地理知识的《山海经》，含《山经》五卷，《海经》十三卷，鲁迅在《中国小说史略》中把它称为“古之巫书”，或许其性质描述并不被众人认可，但从“经”一说中，尚还真有宗教典籍之意。

因秦代战火，《乐》遭亡佚，“六经”变成了“五经”。但并没影响该部图书在其后书籍出版中的主要地位，经书出版在整个封建社会里一直占据着绝对的中心地位。汉武帝刘彻在“罢黜百家，独尊儒术”的思想指导下，极力推崇儒家学说，儒家经典上升为社会统治思想，更是推动了经书编撰与出版。

2. “七经”

东汉时，提倡“孝治”，贵族阶层大力推崇《论语》《孝经》，前者记述孔子言行，后者讲述孝道，加之《易》《书》《诗》《礼》《春秋》遂为“七经”。熹平四年(175年)，通过刻石向天下人公布经文范本，订误正伪，平息纷争，六十四块“熹平石经”公开“出版”，成为儒家经典教材的范本。

北宋刘敞的《七经小传》，选取的是《诗》《书》《周礼》《仪礼》《礼记》《公羊传》《论语》“七经”，是宋儒以义说经、以己意阐释经典较早之作。清康熙“御纂”“七经”，少了《公羊传》，多了《周易》，以《易》《诗》《书》《春秋》《周礼》《仪礼》《礼记》构为“七经”。

3.“九经”

唐代，随着王官礼仪制度的推行，《礼》一分为三，《周礼》《仪礼》《礼记》在社会上出现。《仪礼》即是冠、婚、丧、祭诸礼的礼法，《礼记》是对礼义的阐发。“三礼”记载的多是周代治国理想、方略、天人关系、典章文物等。《春秋》由一而三。为了深入阐发《春秋》微言大义，又产生了《左氏传》《公羊传》《穀梁传》三部解释《春秋》的书。再加《易》《诗》《书》，共为“九经”。

正如“三礼”中的《礼记》因孔颖达的《五经正义》而替代《仪礼》，“附庸蔚为大国”之命运一样，这些称为“传”“记”解释“五经”的书，随着经学地位的上升，也成为“经”了。于是，经书由“五经”发展成为“九经”。

自唐以后，各代“九经”版本不一。宋巾箱本“九经”白文，以《易》《诗》《书》《左传》《礼记》《周礼》《孝经》《论语》《孟子》为“九经”。明郝敬《九经解》，以《易》《诗》《书》《春秋》《礼记》《仪礼》《周礼》《论语》《孟子》为“九经”。清纳兰成德《通志堂经解》，以《易》《书》《诗》《春秋》“三礼”《孝经》《论语》《孟子》“四书”为“九经”。

4.“十三经”

在《熹平石经》的带领下，唐太和七年(833年)至开成二年(837年)，《易》《书》《诗》《周礼》《仪礼》《礼记》《春秋左氏传》《公羊传》《穀梁传》“九经”再加《孝经》《论语》《尔雅》再次刻石。与前朝不同的是，解释词义的专著《尔雅》归入了“经”。北宋中叶，道统论在中唐韩、柳之后再次复兴并枝繁叶茂，孟轲被视为孔子之后道统的继承者，《孟子》也并入“四书”。这是一部记载孟子言行的子书。当宋《孟子》升为“经”，“十三经”遂成。

《汉书·艺文志》中的“六艺略”著录经书分为九类，共一百零三家，三千一百二十三篇。而到清代，《四库全书总目》中著录的经部共十类，一千七百七十三部，两万零四百二十七卷。加上近人孙殿起撰著的《贩书偶记》和《贩书偶记续编》经部著录图书两千五百零二部，两万一千九百六十六卷。二者相加，经部图书共四千二百七十五种，四万两千三百九十三卷。这些数字大体即为经部图书的总和。

三、经部的由来

“部”有多种含义，其中之一是古代类分图书的单位。如古代文献分为四部：甲部、乙部、丙部、丁部或经部、史部、子部、集部。四部是中国古代图书分类名称。《旧唐书·经籍志上》记载：“四部者，甲乙丙丁之次也，甲部为经。”旧图书分类方法中的甲部等同于经部。经部书籍即经书，收儒家经典及“小学”类书籍，为经或研究经学的典籍。此外，史部、子部、集部中涉及儒家经典内容的书籍也都列入经部，因为它们也在传统经学范围之内。历代经部目录所说的“经”即是一部分儒家经典的专指与特称。

西汉末年，刘歆编的《七略》为我国第一部综合性分类图书目录。它首次把图书分为六艺、诸子、诗赋、兵书、术数、方技六大类。西晋荀勖编《中经新簿》，首创图书目录四部分类法，以甲、乙、丙、丁命名。甲部为儒家经典，乙部为子书，丙部是史书，丁部为诗赋。东晋李充编《晋元帝四部书目》，亦以甲、乙、丙、丁为类目标记，但乙部、丙部内容与《中经新簿》不同，相互调换了位置，图书类别成为经、史、子、集序列。南北朝时期，王俭的《七志》、阮孝绪的《七录》影响比较大。《七志》《七录》虽然没有采用四部分类，但“经典”均列于七类之首。《七志》随后是诸子、文瀚、军书、阴阳、术艺、图谱，《七录》随后是记传、子兵、文集、术伎、佛法、仙道。唐代初年，《隋书·经籍志》正式创立了经、史、子、集四部分类法。图书四分法以及以经、史、子、集为序列标记的类目成为旧图书目录标准的分类体系，沿用至今。

最终确定了经部位于四部类目之首，明确了其统治地位的标志性，权威性目录作品是《四库全书》。四库即古代图书经、史、子、集的总称。

《四库全书》反映出高度弘扬儒家著作的精神：儒家著作放在突出的位置，儒家经典放在四部之首，其经部包括易类、书类、诗类、礼类、春秋类、孝经类、五经总义类、四书类、乐类、小学类等十个大类，其中，如礼类又分周礼、仪礼、礼记、三礼总义、通礼、杂礼书六属，如小学类下分训诂、字书、韵书三属。即使在子部中也是把一般儒家著作放于子部之首。经部取得如此之成就，首先是代表国家意志的出版思想十分强势，这些“机神之妙旨，圣哲之能事”，“显仁足以利物，藏用足以独善”，使统治者充分认识到尊儒重道的重要性，大力倡导“学之者，将殖焉；不学者，将落焉”，“仁、义、礼、智”能治国的儒家思想。在王朝的支持与推崇下，经类出版物得以持久的兴盛。

经部从无到有，从奠基到确立统治地位，不仅影响了中国古代图书文化，更在时代发展中强化了儒家学说，统领了主流思想意识，对社会发展起到了重要的推动作用。

经、史、子、集四部中，称为“经”书者共十三部，六十五万余字，数量似乎不是很多，但历代释经的著述近万种，产生了大量的经学著作。如，周初传下来的文献，到春秋战国时代已经是“古代汉语”了，只有注释、解说、传注方得正义、领悟、传播。这些注、传、解诂、正义的著述均以阐述经典为主题，在日月流逝中亦成为后人遵从的“经”了。如用先秦文字语言撰写的《礼记》到了汉代，时过境迁，已不大有人能读懂，于是经学大师郑玄为之作注，到了唐代，又有孔颖达为之作疏，孔氏的《五经正义》与郑玄的《三礼注》均成为“经”的一部分。再如始为“六经”的《春秋》，史上渐出现为其作注的《穀梁传》(鲁人穀梁子注)、为《穀梁传》作注的《春秋穀梁传集解》(东晋范宁注)等，后皆入经书部类。唐代杨士勋为《春秋穀梁传集解》作的疏文也被收入《十三经注疏》。清代柳兴恩作《穀梁春秋大义述》、许桂林作《穀梁释例》、钟文烝作《春秋穀梁经传补注》等皆为后人尊从之“经”。

经部书籍无不与编辑思想有关，所有经书编撰、抄录、刻印、流传的背后都有着推动其出版的强大力量。正如欧阳氏作《诗本义》十五卷，其缘由即是“察其美刺，知其善恶，以为劝戒，所谓圣人之志者本也求圣人之意，达诗人之旨者，经师之本也”①。自然，它们都成为出版史上一道独特的风景，具有深入研究的历史价值和现实意义。

第二节　经部要籍的编辑历史概述

经部要籍以《易》《书》《诗》《礼》《春秋》《论语》《孝经》《尔雅》《孟子》为序予以析之。其中《礼》一分为三，即《仪礼》《周礼》《礼记》三部；《春秋》一分为三，乃《左传》《公羊传》和《穀梁传》三部。经部要籍即是在以上本经基础上所作的传注、义疏、疏证、集解等若干书籍。

经部要籍的编辑历史是经学传承流变的见证，呈现盛衰统合周期性的变化。“国运有盛衰，经学亦有盛衰；国统有分合，经学亦有分合”②，经

---

① 钱曾：《读书敏求记》，丁瑜点校，书目文献出版社 1983 年版，第 6 页。

② 皮锡瑞：《经学历史》，中华书局 1959 年版，第 19 页。

学的分期具有中国哲学、中国思想、中国文化、中国社会发展传承阶段性的意义，虽然分期未必准确、某一阶段划分未必准确，不一定能完整、准确地揭示经学发展变化的特点，但有利于探索“中国古代价值理想的思想脉动”①之起伏变化、趋势走向以及与社会现实关联的时代特点。故本书以《中国经学思想史》将经学划分为原典儒学、汉魏经学、宋明经学、清代经学四个时期为重要依据，综观中国编辑出版史，分析经学发展情况，将经部要籍的发展历史划分为先秦儒学原典编撰、汉唐经学要籍编辑发展、宋明经学要籍编辑发展和清代经学要籍编辑发展四个时期。

一、先秦儒学原典编撰

上古时代，欧亚大陆各国之间因战争、民族迁徙、贸易往来等相互影响，生产技术得以交流与传播，因而，中国、古印度、波斯、古巴勒斯坦和古希腊等文明古国生产力发展水平大致相当。如在中国铁器时代大约发生于春秋时期，即公元前 770 年—前 477 年，在希伯来、希腊、印度等国发生的时间也相当，都是公元前 1000 年前后。铁器的制作既给人们生活带来便利，也为战争生产武器，人们一边享受着以铁器制作为代表的农业文明成果，一边承受着技术发明造成的破坏、奴役和苦难，陷入物质与精神的双重矛盾。矛盾是思想家产生的土壤，精神世界十分丰富的思想家将有秩序的、宁静的生活作为理想追求。思想是产生教派与学派的土壤，相同的思想与价值追求等重要因素形成一类教派或学派。这些教派或学派各自秉持基本道义，在共同的价值观念下展现统一的思想准则和生活方式，并得以社会化。相同的社会道德情操增强了民族凝聚力。

儒家流派最有代表性的人物是孔子。孔子诞生于春秋末年，生活于公元前 551—前 479 年。孔子，名丘，字仲尼，中国著名思想家、政治家、教育家，与弟子周游列国十四年，是当时社会最博学的学者之一。孔子整理、总结和改编传统文化资源，并阐释其意义，于是产生了“六经”。“六经”作为原典儒学，是追求“内圣外王”理想政治的外在形态，并随着时代的发展逐渐成为统治社会的强大思想武器。记载与传播儒家思想的原典“六经”是后世经部要籍编辑思想产生与发展的核心。

书籍编辑出版的前提条件是社会产生了表达内容的文字符号系统，有

① 姜广辉：《中国经学思想史》（第一卷），中国社会科学出版社 2003 年版，第 18 页。

了便利的记录工具和承载它们的物质载体。“惟殷先人，有典有册”①，典册的出现意味着书籍形成的各种条件已基本具备。于是孔子作《春秋》，“笔则笔，削则削”②，形成百家争鸣的局面，显示图书的编辑、生产和流通已社会化，客观上为“六经”的传播奠定了良好的基础。孔子晚年删《诗》《书》，定《礼》《乐》，赞《周易》，作《春秋》，展示了一个编辑家、思想家、政治家、教育家的全部智慧，推崇“祖述尧舜，宪章文武”，希望从上古“圣王”那儿获得“德治”传统，他所推行的“大同”即是“大道之行也，天下为公。选贤与能，讲信修睦，故人不独亲其亲，不独子其子”③，这是对春秋战国时期“礼崩乐坏”社会的纠正，孔子被尊为儒家始祖，儒家“仁民”“尊贤”“克己复礼”方能实现王道的思想在“六经”中表现得淋漓尽致。“六经”成为儒家理想政治的集中代表，对中国和世界都有深远的影响。

战国时期的儒家原典在诸子书籍纷出情形下独居一隅，编纂时间较长，且大多是各派弟子及再传弟子整理其师言论，多人辗转转述而成。王夫之说“六经”皆“象”，象即隐喻。经书既都是隐喻，对其的诠释便会因人而异。正如《孟子》所说：“以意逆志，是谓得之”，且对经籍的理解每个时代都不一样，可做出具有鲜明时代性的阐发，故每一版本都有变化的可行性。

先秦是中国经书编辑出版的萌芽期和初创期。经学书籍编辑思想的雏形是原始的编辑意识，这种编辑意识反映在对已有经验的总结、历史的回顾以及先秦文化的整理等方面，具体体现在孔子整理修订的“六经”中。这六部经典于国家“以备王道”；于个体“施于礼义”，“无大过矣”；于“乱臣贼子”使之“惧”怕。原始的、朴实的编辑意识最终形成、产生了影响中国哲学、中国历史、中国文化几千年的、浩繁的篇章卷帙。先秦儒学原典集中在春秋战国时期的代表作品有以下诸种。

1.《易》

先秦时期称《易》或《周易》。春秋末年的孔子重视《易经》非为其筮说，而多看重其在修身、从政方面的作用，其以《易经》教授弟子，使之成为重要、受推崇的典籍之一。《论语·述而》记载：“子曰：加我数年，

① 《尚书正义》卷十六《多士》，见阮元校刻：《十三经注疏》，中华书局1980年版，第220页。

② 司马迁：《史记》，中华书局1959年版，第1944页。

③ 郑玄注，孔颖达疏：《礼记正义·礼运》，上海古籍出版社1990年版，第412页。

五十以学《易》，可以无大过矣。”①今传《易》包括《易经》与《易传》。《易经》指卦名、卦画和卦爻辞部分，《易传》即用以解释《易经》的传注，也即《易经》的注解和评说。《易经》有六十四卦和三百八十四爻，为占卜之用。卦爻各有说明，即卦辞、爻辞。《易传》含解释卦辞与爻辞的七种文辞，共十篇，统称《十翼》。易学自先秦分为两派，一为“筮占之《易》”，一为“不占之《易》”，前者为方术之《易》，即后人称的象数派，后者为义理之《易》，后人称为义理派。

2.《书》

《书》亦称《尚书》。“尚”即“上”，意即“上世之书”或“古代之书”，故名。战国以后儒家尊称为《书经》，原书一百篇，“《书传》《礼记》自孔氏”②“《书》之所起远矣，至孔子纂焉”③，说明孔子是《书》的编撰者。其内容系商周战国间帝尧至秦穆公时代之史事，是一部多体裁文献汇编，所记载的虞、夏、商、周之史事，为研究上古史之珍贵文献。但究竟《书》编于何时却难以断定，仅从《左传》《国语》中引用来看，其流传十分广泛，且春秋中期以后已有了相对稳定的传本，各朝代研究、注释《书》者甚多。

3.《诗》

先秦称《诗三百》《三百篇》，是从其篇目数量上命名的。该书为中国最古老的诗歌总集，收录了自西周初年至春秋中叶(公元前11世纪—前6世纪)约五百年间的诗歌三百零五篇。《诗》按作品性质分为风、雅、颂三大类，每一类下按地域、时代、对象再行区分，于是“风”下产生十五国风，“雅”下有了大雅、小雅之分，“颂”一分为三，周颂、鲁颂、商颂是也。

《诗》中大多是民歌，小部分是贵族创作的诗歌作品。孔子在其中做了诸如篇目取舍、重新编排等一系列编辑的工作，如“古者《诗》三千余篇，及至孔子，去其重，取可施于礼义……三百五篇孔子皆弦歌之，以求合《韶》《武》《雅》《颂》之音”④。通过编辑，“礼乐自此可得而述，以备王道，成六艺”⑤，由此可知孔子修订《诗》的标准。

4.“三礼”

“三礼”指的《仪礼》《周礼》和《礼记》三书的合称，有今、古文经之分，其中《仪礼》是今文经，《周礼》是古文经，而《礼记》今、古文经

---

① 上海古籍出版社编：《十三经注疏》，上海古籍出版社1997年版，第2482页。
② 司马迁：《史记》第十七《孔子世家》，上海古籍出版社1997年版，第1514页。
③ 班固：《汉书》卷三十《艺文志》，中华书局1962年版，第1706页。
④ 司马迁：《史记》第十七《孔子世家》，上海古籍出版社1997年版，第1515页。
⑤ 司马迁：《史记》第十七《孔子世家》，上海古籍出版社1997年版，第1515页。

兼之。

a.《仪礼》

早期只称《礼》或《士礼》《礼经》，今传十七篇，内容多为侧重社会生活的贵族礼仪制度。古文经学家认为是周公所作，今文经学家认为是孔子所作，《史记·孔子世家》记载"《礼记》自孔氏"①。近人根据书中的丧葬制度，结合考古出土器物研究其成书年代约在战国初期至中叶。该书所记载并传播的礼仪规范成为当时维系社会安定的重要依据。

b.《周礼》

原称《周官》，又称《周官经》。全书分六篇，杂合周王室官制及战国时各国政治制度与组织结构之"礼"，为研究儒家政治理想、社会经济、礼法、文化的重要资料，在其后诸代改制中发挥了重要参考作用。古文经学家认为该书为周公所作，今文经学家认为其成书于战国。该书共分《天官冢宰》《地官司徒》《春官宗伯》《夏官司马》《秋官司寇》《冬官司空》等六篇。《冬官司空》早佚。

c.《礼记》

亦称《小戴记》或《小戴礼记》。该书分作四部分：对《仪礼》各篇的解释与说明；解释各种礼制的规定和意义；阐发儒家义理，这三部分具有较强的理论性；第四部分是记述孔门弟子与孔子之间的问答，内容生动丰富，可与《论语》相互呼应。综合来看，该书为秦汉以前各种礼仪制度的选集，是一部典型的编撰而成的儒生论礼文献的汇编。该书作者也即编纂者相传是西汉戴圣。今本为东汉郑玄注本。书中有《习礼》《檀弓》《王制》《月令》等共四十九篇，是后生习礼的依据。从该书中可体现先秦儒家的政治、哲学和伦理思想。

5.《春秋》

始为西周史书之通称，后为各诸侯国国史的通名。该书上起鲁隐公元年(公元前722年)，下讫鲁哀公十四年(公元前481年)，共记载了十二公二百四十二年的史实。《墨子·明鬼》就曾记载墨子读过"周之《春秋》""燕之《春秋》""宋之《春秋》""齐之《春秋》"等。一般国史均以"春秋"代称，为太史按年月记载的国家大事。据《史记·孔子世家》载："子曰：弗乎弗乎！君子病没世而名不称焉。吾道不行矣，吾何以自见于后世哉？乃因史记作《春秋》，上至隐公，下讫哀公十四年，十二公。据鲁，亲周，

---

① 司马迁：《史记》第十七《孔子世家》，上海古籍出版社1997年版，第1514页。

故殷，运之三代。约其文辞而指博。”①《春秋》既是孔子据鲁国史料简册旧文整理编定，也是从鲁隐公开始的鲁国国史专名。

《春秋》文字简短隐晦，仅具纲目。孔子编修《春秋》不是撰写新的史书，而是通过“修其辞以取其义也”，即“笔削见义”。笔削，依靠的是义法，以义法为依归。义即“言有物”，法即“言有序”。《孟子·滕文公下》记载：“世道衰微，邪说暴行有作。臣弑其君者有之，子弑其父者有之。孔子惧，作《春秋》。”②这是孔子整理《春秋》的根本目的，“孔子成《春秋》而乱臣贼子惧”③。

战国时代产生《春秋左氏传》《春秋公羊传》和《春秋穀梁传》。《春秋》为经，《左氏传》《公羊传》《穀梁传》是解释《春秋》的“传”。《左传》详于记事，少有议论，为“史传”“记载之传”，《公羊传》和《穀梁传》长于解义，少有记叙，称为“经传”“训诂之传”。“三传”原本经自为经，传之为传，互不相属，各自成书，但后来将传文分别附于经文之后，故经传合一。

a.《春秋左氏传》

也称《左氏春秋》《左传》。全书共六十卷，旧传春秋时鲁国史官左丘明撰，近人认为是战国初年据各国史料撰成，为解释《春秋》而作。该书记事起于鲁隐公元年（公元前 722 年），终于鲁悼公四年（公元前 464 年），比《春秋》多出十七年。《左传》本是纪事体，战国末叶以前，由纪事本末体改编为编年体，是中国第一部编年体史书。改编后的《左传》刚开始并非依年附经、与《春秋》合为一部，而是经是经，传是传。这可以从很多年份的文字上下连读、前后衔接看出来。如《左传》庄公十九年，起首即是“十九年春，楚子御之”，似让人不解，后方知其是接庄公十八年末的传文“冬，巴人因之以伐楚”而开端的。《左传》以敬上修身、君臣之道贯穿文献始末。

《左传》的编纂经历了三个主要阶段：第一阶段为战国前期，鲁人左氏用纪事本末体汇编史事，为《左传》之原貌；第二阶段约为战国中后期至战国末叶之前，由后代经师将其改编为编年体以解释《春秋》；第三阶段晋杜预将《左传》依年附于《春秋》。这是今天所见经传合集的形式，即

---

① 司马迁：《史记》第十七《孔子世家》，上海古籍出版社 1997 年版，第 1519 页。

② 上海古籍出版社编：《十三经注疏下·孟子注疏》，上海古籍出版社 1997 年版，第 2714 页。

③ 上海古籍出版社编：《十三经注疏下·孟子注疏》，上海古籍出版社 1997 年版，第 2715 页。

《春秋左传集解》。在杜预集解基础上再加唐代孔颖达的讲疏，即是《春秋左传正义》。

《左传》内容多取自各国史官的私人记事笔记，似是各国史官于事情发生后不久所做的记录，材料真实可靠。以鲁隐公时期为例，如隐公元年郑庄公克段；三年周郑交恶；五年郑入侵陈；七年郑宋之盟；八年郑公子忽如陈逆妇，郑伯朝王；九年郑大败戎师；十年郑取宋、卫、蔡三师，郑伯入宋；十一年郑伯伐许、宋。其间具体年代交待十分清晰。其内容来自史官笔记者多，来自战国传说者少，且越是传奇式人物传闻越多。如昭公元年子产答叔向语，昭公七年子产对韩宣子语，对赵景子语，昭公十一年子产预言楚王有咎等均似取自战国传说。

b.《春秋公羊传》

亦称《公羊春秋》《公羊传》，原三十卷，今本二十八卷。旧题战国齐人公羊高撰，实由公羊高口述流传，汉初始成书。其叙述起于鲁隐公元年(公元前722年)，终于鲁哀公十四年(公元前481年)。据唐徐彦《公羊传疏》引用的戴宏序，由景帝时公羊寿和胡母生(子都)“著于竹帛”。汉经传合并，传文以问答的方式逐句传述《春秋》微言大义，以经议政，力倡变异和改制。内容以史实为主，着重阐释“春秋大义”，与《左传》有别，是今文经学的重要经籍。但因史实记载较简略，历代今文经学家多用它作为议论政治的工具。现今作为研究战国秦汉间儒家思想的重要资料，在儒家、经学、中国政治和学术发展中都产生了重大影响。

c.《春秋穀梁传》

亦称《穀梁传》《穀梁春秋》，二十卷。内容起自鲁隐公元年(公元前722年)，止于鲁哀公十四年(公元前481年)。旧题战国穀梁赤撰，初仅以口头流传，西汉时方成书。体裁与《公羊传》相似，围绕经文加以阐释，以语录体和对话体的方式逐字、逐层注解《春秋》，解释其褒贬大义。该书是儒家民本思想的代表作，是研究秦汉间和汉初儒家思想的重要文献。

6.《论语》

成书时间约在战国初年，是孔子弟子及其后学关于孔子言行思想的记录，共二十篇。“《论语》者，孔子应答弟子、时人及弟子相与言而接闻于夫子之语也。当时弟子各有所记，夫子既卒，门人相与辑而论纂，故谓之《论语》。”①

《论语》为纯语录体，章节简短，一言一事各自起讫，前后不相连属，

① 班固：《汉书》卷三十《艺文志》，中华书局1962年版，第1717页。

也无长篇议论。但文字颇为生动，三言两语即表达一完整内容，言简意深，耐人回味，流传广泛。《论语》的核心思想即“仁”，是孔子儒家思想精髓的集中代表，强调尊卑有序、贵贱亲疏有别。无论是从教育、文学，还是从历史、哲学的角度，该书都有重要的研究意义。在书籍文献出版史上，这种专门记录某人某事的“语录体”文献方式丰富了出版类型，用有意识的行为将无意间的人物对话及孔子言行编撰为一部经典，记录与传播了古代圣人的价值观念，普及、丰富和发展了中国古代出版文化，具有典型意义，至今仍产生着重要影响。

7.《孝经》

该书为论述封建孝道、宣传守法思想之要籍。作者是谁众说纷纭，一说为战国时无名氏撰，一说为孔门后学所作。后者如清代纪昀在《四库全书总目》中载“七十子之徒之遗言”。《孝经》成书于秦汉之际，共十八章，秉承“孝为德之本”思想，“夫孝，天之经也，地之义也，人之行也”①，其孝道思想和孝治主张实是“忠”“孝”的有机结合，将孝道提高到忠君的高位，百姓孝于家庭父母，忠于朝廷国君，方可“通于神明，光于四海，无所不通”②，视为儒家义理之道。于此，各朝代统治者无不推崇孝道，大力倡导忠君孝亲。

8.《尔雅》

该书是一部列入“六艺略”、按义类编排的综合性辞书。无确切证据证明其产生于春秋战国之时，从《汉书·艺文志》对该书的记载推论，应产生于战国至秦汉之间。《尔雅》是一部名物释义书，结构完整，体例划一，各篇篇题统一为《释×》，采用的是以义类聚的编辑方法，即按所收词语的意义，将相关词语归纳在一起，分别解释。如分类、分篇、分章、分条均按意义相同、相近或相关的列在一起，条理清晰，类例明确。词语排列的先后次第体现其编辑思想。首排《释诂》《释言》《释训》三篇，是对词语的解释部分，后排《释亲》及以下十六篇多是对专有词语的解释，如《释亲》《释宫》《释器》《释乐》是对日用器物的释义，《释天》《释地》《释丘》《释山》等十二篇则是对自然科学、天文地理、鸟虫鱼兽等名物的释义。

该书从内容而言实为一部名物训诂之书，但《七略》将其与《五经杂

① 上海古籍出版社编：《十三经注疏下·孝经注疏》，上海古籍出版社 1997 年版，第 2549 页。

② 上海古籍出版社编：《十三经注疏下·孝经注疏》，上海古籍出版社 1997 年版，第 2559 页。

义》并列，归入“六艺略”下的“孝经”类，《汉书·艺文志》也将其归入了“六艺略”。开成二年刊刻石经将它收入“十二经”，与“经”同等视之。宋代也将其列为“十三经”之一。历代均视其为儒家经典，缘由大概有二：一是其名称解释中含大量儒家词语；二是训诂经义条例有助于儒家经文真谛的传承与理解。

9.《孟子》

战国时孟轲（约公元前372—前289）和其弟子万章等人，“序《诗》《书》，述仲尼之意，作《孟子》七篇”①所得。各篇均分上、下卷，实为十四篇。该书为记言体，约三万四千六百字，以记载孟子师徒对话与游说诸侯活动为主要内容，以“仁政”“仁道”为要，充分彰显了孟子的政治思想和伦理思想。其书长于论辩，说理畅达，编辑体例与《论语》相似，多是根据某一主题对内容进行编排。有些论述并非完全集中而是分散在各章，故有“有实质体系，而无形式体系”的特点。该书对孟子及其弟子的政治、教育、哲学、伦理等思想观念和政治活动的记叙，为研究孟子及思孟学派提供了重要参考。

先秦儒学原典成为后世儒家学说的始祖，思想精义基本不变，即使后世有所变化，也是原典思想在深度挖掘和广度运用上的综合，或强化要义，或赋予新论，产生更旺盛的活力和融入骨子里的血液，为编辑出版划定了万变不离其宗的出版范围，为更多儒学研究著作奠定了出版原则基础。

二、汉唐经学要籍编辑发展概述

秦朝统一了六国，改变了战国时期“田畴异亩，车途异轨，律令异法，衣冠异制，言语异声，文字异形”的混乱局面，特别是文字的统一、笔墨的广泛使用以及西汉植物纤维纸的发明，都为图书的生产和流通带来极大便利，客观上为经部典籍的生产与传播创造了有利条件。汉代改变了从战国开始的口耳相传方式，西汉已有成书出现。《尔雅》《说文解字》《方言》等字典、辞典的出现，天禄阁、石渠阁、麒麟阁、兰台、东观等国家藏书场所的设置，都从不同侧面反映了汉代文化繁荣的景象。这一切既有助于经学的发展，又促进了社会思想的交流。

在董仲舒“罢黜百家，独尊儒术”的建议下，儒学成为君主专制国家

---

① 上海古籍出版社编：《十三经注疏下·孟子注疏》，上海古籍出版社1997年版，第2661页。

的官方哲学，成为经学形成的典型标志。政治与儒术互为支撑，不断磨合，使中央集权统一国家的新政治格局得以确立与巩固，儒家经学从此成为中国传统社会的统治思想和主流文化。儒家经书这一时期由董仲舒《春秋》公羊学发端，今文经学的《诗》《书》《易》等先后出现，借天命鬼神灾异谴告说“经”，在强烈的神学化色彩下，假托天命的谶纬之学乘虚而入，成为经学的一大特点。东汉，今文经学势力渐弱，古文经学地位上升。清皮锡瑞总结两汉经学时列举“秦延君能说《尧典》，篇目两字之说至十余万言，但说‘曰若稽古’，三万言”①，烦琐释经的特点十分明显。汉代也十分注重制度名物的训诂考证。

魏晋时期，《周易注》《论语集解》等问世，其调和儒道，倡导玄学，弃繁就简，摒弃两汉阴阳灾异之说和烦琐的注疏之学。此时解经以老庄的“无为”思想为本，《周易注》废除象数，发明义理。这一时期可称“玄学化的经学”思潮时期。

隋初经学南北分异，如《隋书·儒林传》曰，治经者“南人约简，得其英华，北人深芜，穷其枝叶”②，受玄学与佛学的影响，经学受到较大冲击。唐一统天下后，以“文”治国的唐太宗鉴于经义师出多门、歧义多途，与大一统的国家政治不相符的现状，乃令颜师古统一经典文字。颜邀约数人参酌南北经义，主持了经典章句的义疏工作，最终成就了《五经正义》。《五经正义》集中代表了唐代的经学成就，且与朝廷统治策略保持一致，也从另一侧面体现了经学“统一性”与“义理性”的融合。经学南学、北学归于统一，重新确立了儒学的核心地位，讲究名物训诂的汉学终于结束，逐渐向宋学过渡，开启了义理思辨宋学的先河。但唐代经学远没有形成其在文学艺术上的鼎盛之势，或许也正是因为经学的不景气，才造就了它在文学艺术上的辉煌成就。

1.《周易》

《易经》之称谓始于汉代。汉代易学分为象数与义理两大学派。西汉时，《易经》和《易传》各自别行，随着时间流逝，《易传》被合入六十四卦，也成为《易经》的一部分了。“易”者，简易、变易、不易三义，名义相合。这一时期出现的重要书籍，如《周易注》《周易正义》《周易集解》等。

《周易注》十卷。为魏晋时王弼与晋韩康伯共同完成。王弼作注，“系

---

① 皮锡瑞：《经学历史》，光绪思贤书局刻本，第28页。

② 魏徵等：《隋书·卷七十五·儒林传》，武英殿本，第963页。

辞”以下三卷则为韩康伯补注，二人共同创立了玄学义理派。王弼认为，圣人作《易》，义理为要，象为义理之表现。代表义理和象的是卦爻辞，即“言”，也即义理和象通过“言”来表述。得象忘言，得意忘象，方可得《周易》之本意。此即贯穿全书的“义理易学观”。该书开创了易学新风，注释方法简明扼要，为后人所推崇。

《周易正义》十四卷。唐初孔颖达等编撰。该书将王弼、韩康伯二人合注的《周易注》合并成一部完整的《周易》疏解。先疏解《周易》经传原文，再串讲王韩注，训释字义句义，以义理阐释成书。这种尊崇王注、不立新说，即“疏不破注”之法为后世注疏之书立为重要原则。其“不可一例求之，不可一类取之”的经文诠释、义理阐发的编辑方法也对后世易学发展产生了重要影响。特别是在唐代初年列为大一统王朝开科取士的标准用书，使之流传极广。

《周易集解》原题十八卷，后因《略例》《索隐》已佚，改为十七卷。该书为考辑唐以前易说之重要参考书。唐李鼎祚在《周易集解·序》中说道：“郑则多参天象，王乃全释人事……天象远而难寻，人事近而易习，则折杨黄华，嗑然而笑，方以类聚，其在兹乎！”①即是以郑学为本作的疏解。在李鼎祚看来，易学“原夫权与三教，钤键九流，实开国承家修身之正术也”。“《易》之为道，岂偏滞于天、人者哉？”其著书目的主要是汇集象数派诸解，以纠正王弼注带来的义理派偏滞。李鼎祚不满意汉时王弼易学盛行、郑学衰微的《周易》局面，力挺郑学，同时也认为郑、王之学“致使后学之徒纷然淆乱，各修局见，莫辨源流”。“自卜商入室，亲授微言，传注百家，绵历千古，虽竞有穿凿，犹未测渊深。”②以说明历代注疏并未得到《易》经真谛。该书辑汉唐以来四十余家象数之学的重要史料而作。

2.《尚书》

汉代将《书》改名为《尚书》。汉初，博士伏生用汉时通行文字隶书写定，共二十八篇，后称《今文尚书》。它区别于《古文尚书》。后者相传是在西汉武帝末年时，鲁恭王拆除孔子宅子时发现的秦代古文写本。与《今文尚书》相比，其不仅字体不同，篇数也多出十六篇。但该写本在西晋永嘉之乱后佚失。待东晋，梅赜又献上《古文尚书》二十九篇，即今本《古文尚书》。

《尚书正义》二十卷，五十八篇。唐孔颖达奉诏注疏所编。该书合《今

---

① 李鼎祚：《周易集解原序》，《钦定四库全书》清学津讨原本，第6页。
② 李鼎祚：《周易集解原序》，《钦定四库全书》清学津讨原本，第6页。

文尚书》和伪《古文尚书》，将伏生本《今文尚书》分为三十三篇，再加上孔宅发现的《古文尚书》二十五篇编辑而成。该书保存了诸多旧说典故，反复阐明天与人、国家治理与百姓安邦、君主不得违背天意等说教常理。除经学成就之外，该书在文献学、史学、训诂学上也都产生了重大影响，具有经典意义和价值。

3.《诗经》

秦时《诗三百》遭火，至汉，有四家作《诗》使之复传，即齐辕固传《齐诗》，鲁申培传《鲁诗》，燕韩婴传《韩诗》，鲁毛亨、毛苌传《毛诗》。门派众多，鲁、齐、韩三家为今文诗学，西汉时立有博士，是为官学，魏晋后逐渐衰亡。《毛诗》为古文诗学，东汉后盛行。

《毛诗郑笺》二十卷。西汉初毛亨和毛苌所传的《毛诗》，共二十九卷，并未立于学官，但其发展由微而显。东汉郑玄为此作《毛诗郑笺》二十卷，以治《毛诗》为主，兼治鲁、韩、齐三家诗说，标志着汉代今、古文诗学的发展走向融合。自郑玄为毛传作笺后，其他三家渐佚。

《韩诗外传》十卷。汉韩婴编撰。该书之所以称为“外传”，原因大抵有三：一是杂引古事古语，证以诗词，未与经义相比附，故“外”之；二是书中引《诗》以证事，而非引事以明《诗》，也可谓之“外”也；三是该书注重的是诗义引申，从《诗》谈到诗之外的意义与象征，将系统的儒家学说诠释得具体而形象，也有别于“内”传。故可由韩婴的《韩诗外传》开创“韩诗学派”之流。

魏晋南北朝时期，诗学主流沿袭汉朝，并无多大改变。

《毛诗草木鸟兽虫鱼疏》三卷。三国吴陆玑(机)撰，对《诗经》中记载的175种动植物进行注解，且不仅记其名称、异名，还有形状、生态、价值的描写，卷末附论“四家诗源流，于《毛诗》特详”。该书成就卓然，影响极大，被人称为“中国第一部有关动植物的专著”。

《毛诗正义》四十卷。唐孔颖达汇集汉魏至唐研究《诗经》成果而作。正义者，科举考试标准也，对《诗经》的经文及解说参考汉魏六朝诗学研究给出权威性答案。该书序中自谓“唯意存于曲直，非有心于爱憎”①，将郑玄《诗谱序》《周南召南谱》置于前，《毛诗序》《毛传》《郑氏笺》分别疏解置于后，对毛亨、郑玄之说推崇有加，有助于后人对《传》《笺》的理解，进一步奠定了毛诗学的地位。该书恪守“疏不破注”的原则，“述先圣之玄意”，“整百家之不齐”，形成自身特色。

---

① 郑玄笺，孔颖达疏，阮元校刻：《毛诗注疏·毛诗正义序》，阮刻本，第3页。

4. “三礼”

“三礼”合称始于汉代郑玄。“郑君并注三书，后世盛行郑注，于是三书有三礼之名，非汉初之所有也”①，说明了《仪礼》《周礼》《礼记》合称“三礼”之由来。东汉郑玄兼注“三礼”，形成《三礼注》。“郑君尽注《三礼》，发挥旁通，遂使《三礼》之书，合为一家之学”②，此即郑学。

a.《仪礼》

早期只称《礼》《士礼》等，自汉代起尊称为《礼经》，晋代始称《仪礼》，是记载周朝冠、婚、丧、祭诸礼的“礼法”。

《仪礼注疏》五十卷。汉郑玄注，唐贾公彦疏。郑玄博采兼收，融汇古今，首次笺注《仪礼》，为后世作注者开疆辟土奠定了扎实的基础，成为后世最权威的《仪礼》读本。

《仪礼疏》十七卷。唐贾公彦在他人基础上撰《仪礼疏》，专事疏解《仪礼》中大量的字词、名物、礼制。一说十七卷，一说五十卷，据考证，“《仪礼注疏》17 卷者，附陆氏(德明)释文，系陈凤梧本之流也。《仪礼注疏》50 卷者，则据宋单疏本、单注本而刻，未附陆氏《释义》”③。

西汉“三礼”中《仪礼》地位最高。

b.《周礼》

西汉景帝、武帝间称为《周官》，即记叙官制及制度之书，分天官、地官、春官、夏官、秋官、冬官六篇。后因冬官佚，汉儒将《考工记》补其缺。今文经学家认为其出于战国，一说为西汉末年刘歆伪作，近人定为战国时作品。王莽时，刘歆奏请改其称为《周礼》，凡六篇，由“官”到“礼”，地位得到显著提升。东汉末，郑玄作注，《周礼》跃居“三礼”之首。

《周礼》问世后，注家蜂起，学派林立，莫衷一是，直至“郑玄括囊大典，网罗众家，删裁繁诬，刊改漏失”④，《周礼注》统一各派学说，所释甚精。

《周礼注疏》四十二卷。唐贾公彦为郑玄注作义疏，即《周礼注疏》，“亦极博核，足以发挥郑学”⑤。这一时期以《周礼注疏》影响最大，流传

① 皮锡瑞：《经学通论·三礼》，中华书局 1954 年版，第 1 页。
② 陈澧：《东塾读书记》卷十五，清光绪刻本，第 240 页。
③ 王锷：《〈仪礼注疏〉版本考辨》，载《古籍整理研究学刊》1996 年第 6 期，第 29 页。
④ 《郑玄传》，见《后汉书·卷三十五》，中华书局 1965 年版，第 1213 页。
⑤ 永瑢、纪昀主编，周仁等整理：《四库全书总目提要》，海南出版社 1999 年版，第 105 页。

最广。尽管有“郑注简奥，贾疏疏略”①一说，但肯定者居多。《四库全书总目提要》中载有评论：“《周礼》一书，得郑注而训诂明，得贾疏而名物制度考究大备。后有作者，弗能越也。周、张、程、朱诸儒，自度征实之学必不能出汉、唐上，故虽盛称《周礼》，而皆无笺注之专书。”②对该书给予了极高评价。

c.《礼记》

《仪礼》出现后，七十子后学在习礼的过程中，撰写了大量阐发经义的论文，总称为“记”，据《汉书·艺文志》载，共有“百三十一篇”。在流传中逐渐形成四十九篇本和八十五篇本两种本子。西汉戴圣为前者传述，称《小戴礼记》《小戴记》。其叔父戴德选编八十五篇本，称为《大戴礼记》。东汉郑玄作注仅传注《小戴礼记》，大大提升了《小戴礼记》的地位，后世直接称之为《礼记》。东汉后期，以小戴本为代表的《礼记》与《周礼》《仪礼》合称“三礼”。

《大戴礼记》，亦称《大戴记》《大戴礼》，相传西汉戴德编纂。北周卢辩曾为之作注，流传不广、影响不大，《隋书》《唐书》《宋书》等经籍志甚至都没有著录。至唐已亡佚大半，原八十五篇，仅存三十九篇，为秦汉以前各种礼仪论著的编选。

魏晋南北朝各个朝代均有礼学著作问世，如魏王肃注《礼记》三十卷，遍注群经；南朝梁黄侃著有《礼记讲疏》九十九卷、《礼记义疏》四十八卷；北朝周熊安生著有《礼记义疏》三十卷等。

唐贞观年间，孔颖达奉诏撰作《五经正义》，其中的“礼”即用的是《礼记》。它替代了《仪礼》跻身入“经”，成为“三礼”中最显赫的经典。

《礼记正义》七十卷③，广涉群经，凡有关仪礼制度的史实记载，一一疏证，特别是与《礼记》不符者，更是详加阐释。同时，其与郑注合刊于原文之下，经学地位更是直接上升，成为通行之定本，不仅在唐人注经《正义》中列为首选，成为“九经”之一，即使在后代，直至清人都评价极高。

5.《春秋》

汉代以后学者解释《春秋》之文皆称“传”。如汉代就有《左氏传》《公羊传》《穀梁传》《夹式传》《邹氏传》等。自有“传”，经文与传文分列，经

---

① 孙诒让：《周礼正义·序》，光绪乙巳本，第4页。

② 永瑢、纪昀主编，周仁等整理：《四库全书总目提要》，海南出版社1999年版，第105页。

③ 据董治安《经部要籍》第三章《礼记正义》记载，《十三经注疏本》作六十三卷，乃据宋人经、注、正义合编本，故与《正义》原卷数不符。

文分载于各传之前。

a.《春秋左氏传》

汉代列为解经“五传”之一，与《公羊传》《穀梁传》合称“春秋三传”。《春秋左氏传》多用事实解经，《公羊传》《穀梁传》多用义理解经。西汉平帝和东汉光武帝时曾一度列于学官。原与《春秋》分别单行，西晋杜预作注本《春秋经传集解》，始“分经之年与传之年相附”，经传合编，广泛流传。在杜注基础上，唐孔颖达作《春秋左传正义》，陆德明作《释文》，称注疏本。

《春秋经传集解》三十卷。杜预将《春秋》《左传》两本不同的编年体史书合在了一起，是现存最早、最完整的《左传》注。客观而言，他将《春秋》经文分别列于《左传》各年之前，是对《春秋》经文的“断章取义”，但“分经之年与传之年相附，比其义类，各随而解之”①又很有创意。其注大至天官地理，细至万物典故，且于文字训诂、名物制度考释均有独到之处，可谓西晋以前左氏学的全面总结。

《春秋左传正义》六十卷。为左丘明撰、杜预注、孔颖达疏。孔氏选取《春秋经传集解》为宗本是对杜注经传浑然一体的高度认可。它总结了前代《春秋》《左传》所有注解，弥补了杜注所有注文未标明出处之弱点，旁征博引，注释详备，特别是汉代至六朝的旧注、旧疏材料丰富，标引清晰，为唐代《左传》注释代表作，也从另一个侧面证明了所选传注之依据，说明其可靠性，“有大功于《春秋》”②。体例上未打破“疏不破注”之原则，但遇杜注不周之处也能容纳异说。

汉魏时期的杜注与孔疏，使《左传》得以完整保存，也奠定了其在学术史上的重要地位。

b.《春秋公羊传》

亦称《公羊传》《公羊春秋》，为阐释《春秋》之专著。内容起于鲁隐公元年(公元前 722 年)，终于鲁哀公十四年(公元前 481 年)。旧题战国时公羊高撰。初只是口头流传，西汉景帝时，公羊高玄孙公羊寿及胡母子都“著于竹帛”，集录成书，为今文经学。汉武帝好今文经，董仲舒治《公羊》，主张“大一统”，颂扬汤武革命，多发明《春秋》大义，成为儒家经典之一。特别是汉武帝时独尊儒术，《公羊传》由此大兴。

《春秋公羊解诂》十一卷。东汉何休撰。该书总结归纳了董仲舒以来

---

① 杜预:《春秋经传集解·序》，宋刊本，第 5 页。

② 孔颖达疏，阮元校刻:《左传注疏·春秋正义序》，阮刻本，第 2 页。

的《公羊学》成就，认为《公羊传》发挥《春秋》的褒贬，从而找出“微言大义”和“非常异义可怪之论”①。该书从义理阐释创造了独立的公羊学体系。何休释“五始”为天地之始、岁之始、人道之始、政教之始、一国之始，“五者同日并见，相须成体，乃天人之大本”②，认为其相互依存、共同构成天人合一的整体。同时认为“大一统”的要旨不是权力的集中统一，而是政教创制的根本原则和初心，一切事物只有系于此“始”，方为正道。该书已超越义理释义，自成一体，成为重要的今文经学著作。

《春秋公羊传注疏》二十八卷。东汉何休注、唐徐彦(遵明)疏，亦为何休解诂疏解的重要著述。该书编撰多取问答和摘句方式疏解经文与何休注文，阐释《春秋》微言大义，为公羊学之传承、作用影响之发挥产生了重要作用。

c.《春秋穀梁传》

亦称《穀梁传》《穀梁春秋》。内容起于鲁隐公元年(公元前 722 年)，终于鲁哀公十四年(公元前 481 年)。旧题战国鲁穀梁赤撰。该书为编年体著作，以语录体、问答体方式释义《春秋》义理，宣传礼乐教化。初仅口耳相传，西汉时方成书。

《春秋穀梁传集解》十二卷。东晋范宁编撰。该书对《穀梁传》例法与大义作了进一步的铺陈与阐发，强调礼制，以礼解《穀梁》，态度谨慎客观，通过征引《左传》《公羊传》之文，商略名例，博采诸儒同异之说，疏解《穀梁传》。重视褒贬，既集多家之说，又陈三传得失。该书体现以民为本、重民爱民的政治思想。只是因为《穀梁传》多言大义，不言微言，且东汉后其学逐渐衰微，范宁能通经而无以演义，故其影响不如休注深远，但在开启之后各代《春秋》研究者舍传求经、客观研讨之风气上颇得独立之地。

《春秋穀梁传注疏》二十卷。杨士勋为唐太宗时人，曾辅助孔颖达等撰修《左传正义》，又为范宁《春秋穀梁传》作义疏，即得《春秋穀梁传注疏》。其凭一人之力，对《穀梁传》分肌擘理，刊削繁复，文清义约，虽非有众人所作《左传正义》之“赅洽”，但广征博引，注重比较三传异同，在穀梁学研究中堪称上者。

无论是范宁的《春秋穀梁传集解》还是杨士勋的《春秋穀梁传注疏》，均有鲜明特色，既代表着汉唐时期《穀梁传》经学的研究水平，也为穀梁

---

① 何休:《春秋公羊经传解诂·序》，宋建安余氏刊本，第 1 页。
② 何休:《春秋公羊经传解诂·隐公第一》，宋建安余氏刊本，第 3 页。

学的传播、《春秋》经的发展作出了重要贡献。

后人评“春秋三传”多以郑玄之语。郑玄在《六艺论》中评论曰：“左氏善于礼，公羊善于谶，穀梁善于经”①。范宁在《春秋穀梁传·序》中言：“《左氏》艳而富，其失也巫。《穀梁》清而婉，其失也短。《公羊》辩而裁，其失也俗。”②从不同注家典籍可知，“春秋三传”中《左传》主要阐释史事，是一部史书；《穀梁传》与《公羊传》体例相同，均为问答方式，区别在于《公羊传》重在阐释微言大义，强调尊王攘夷、大一统思想，《穀梁传》较为谨慎，以文义阐发经文。宋胡安国评论三者“其事莫备于《左氏》，例莫明于《公羊》，义莫精于《穀梁》”③，世人评论“春秋三传”均有各自的特点。

6.《论语》

汉代有《鲁论语》《齐论语》及孔子旧宅发现的古文《论语》三种本子。《齐论语》《古论语》早已亡佚，后独存《鲁论语》二十篇。郑玄为之作注，影响较大，但后世未能流传。至魏，何晏等人编撰《论语集解》，自此，流传不废。唐代，经学退《春秋》而进《周易》与《论语》，进一步扩大了《论语》的影响。

三国魏何晏编撰的《论语集解》，共二十卷。内含汉魏孔安国、马融、包咸、周氏、郑玄、陈群、王肃、周生烈等家之注。据《晋书·郑冲》记载：“冲与孙邕、曹义、荀顗、何晏共集《论语》诸家训注之善者，记其姓名，因从其义，有不安者辄改易之，名曰《论语集解》。成，奏之魏朝，于今传焉。”④说明该书编撰者不止一人，但何晏为总领其事者。该书力排汉儒繁琐之弊端，注重义理发挥。如“思而不学则殆”下有注：“不学而思，终卒，不得，使人精神疲殆也。”⑤在“切问而近思”下注：“切问者，切问于己所学而未悟之事也。近思者，近思己所能及之事也。况问所未学，远思所未达，则于所习者不精，于所思者不解之。”⑥在纷繁复杂的《论语》训诂著述中，让无所适从的读书人择善而从。

三国魏何晏集解、南朝梁皇侃义疏的《论语集解义疏》，共十卷。作者首取的编辑方法即是“以义疏为先，后选取各家注解”，直接疏解经文，

① 郑玄注：《六艺论》，清涉闻梓旧本，第8页。
② 范宁：《春秋穀梁传·序》，宋建安余氏刊本，第3页。
③ 皮锡瑞：《经学通论》，光绪三十三年思贤书局刻本，第337页。
④ 房玄龄等：《晋书卷十三·列传第三·郑冲》，武英殿本，第551页。
⑤ 凌鸣喈、凌江增注：《论语集解·为政》，清道光乌程凌氏刊凌氏传经堂丛书本，第2页。
⑥ 凌鸣喈、凌江增注：《论语集解·子张》，清道光乌程凌氏刊凌氏传经堂丛书本，第2页。

以“性”“命”“仁”“道”“德”等概念入手予以解读，对典章制度的解说详细而繁杂。该书是第一部用义疏体解释《论语》的著作，保存了许多古本异文，也是古代典籍中用义疏体解经的代表作。所据《论语集解》比邢疏《论语正义》更为接近原貌。

7.《孝经》

汉代列为七经之一。自西汉至魏晋南北朝，《孝经》注解者及百家，说明儒家孝悌思想广为接受，深入人心。西汉文帝曾置《孝经》之单经传记博士，宣帝刘询也曾师受《孝经》，东汉“明帝即位，亲行其礼”，“飨射礼毕，帝正坐自讲……其后复为功臣子孙、四姓末属别立校舍，搜选高能以受其业，自期门羽林之士，悉令通《孝经》章句，匈奴亦遣子入学”①。从汉代诸多帝王对《孝经》的态度，得《孝经》之道褒扬之正途。该书有《今文孝经》和《古文孝经》两个版本。

唐代亦将《孝经》尊为经书，主要流行两种版本：一是以孔安国为代表的古文经本，共二十章；二是以郑玄注为代表的今文经本，共十八章。开元七年，玄宗召集诸儒审议《孝经》文本，集中在今、古文经文本上。唐刘知幾曾撰《孝经老子注易传议》，列举了十二个方面的疑问，意在证明郑注之伪。但在帝王的统一协调下，古、今文经本并行不悖。正是由于不同文本义理之争，开元十年(722 年)唐玄宗用两汉后的今文经本亲自为《孝经》作注，并命元行冲作疏，立於学官，此即《孝经注疏》本。“御注”充分彰显了帝王权威，既平息了争议，也提高了《孝经》的地位。《孝经注疏》每注仅取一解，简单明了，对于古文经孔传、今文经郑注以及六朝各家之说均有所汲取和融通，特别是玄宗帝“撮其枢要”，使古今文经之争终归其为一。

8.《尔雅》

《尔雅》在汉代初年已受尊奉，被视为“六艺之钤键”②，《汉书·艺文志》中载有三卷二十篇，今本实为十九篇。前三篇解释语词，后十六篇解释各类事物的名称。该书文字古朴，流传时间长，难免出现误传、讹传、失真，故从汉代开始作注者很多：汉武帝时有犍为舍人为之作注；西汉后期刘歆为之作注；东汉时樊光注六卷、李巡注三卷；三国时人孙炎作《尔雅音义》影响较大。

《尔雅注》三卷，东晋郭璞编著。郭从小就对《尔雅》产生浓厚兴趣，

---

① 范晔撰，张道勤校点：《后汉书·儒林列传》，浙江古籍出版社 2000 年版，第 724 页。
② 郭璞：《尔雅·序》，永怀堂本，第 2 页。

精通音义训诂，认为前人之旧注“犹未详备，并多纷谬，有所漏略”，故“缀集异闻，会粹旧说，考方国之语，采谣俗之志”①，在前人基础上，进一步加强了对《尔雅》字词释义，特别是对经书及先秦典籍中含儒家思想的词语予以全面系统、详略得当的注解，较旧注更为简练完善，为经书研读、词语义理疏解提供了重要的帮助，集尔雅学之大成。该书既出，其他旧注黯然失色，其在尔雅学中占有重要的地位。

唐开成石刻，《尔雅》归为经书一类，地位显得更加重要。

9.《孟子》

由于其“发孔氏之所未谈，述六经之所不载”，在汉代并未列入经书行列。唐宝应二年(763 年)，礼部疏请以《论语》《孝经》《中庸》合为一经。唐咸通四年(863 年)，皮日休请立《孟子》为学科。汉以下给书作注者很多，但多亡佚，仅东汉赵岐的《孟子章句》得以流传。

《孟子章句》十四卷。东汉经学家赵岐所作，是流传至今最早的《孟子》注本。该书注《孟子》七篇，各篇又分上、下，共二百六十一章。赵注既重名物训诂，又讲微言大义，对每章每句都详加注疏，从篇名、人名、地名到字词、典章制度等一一注解，并第一次将《孟子》与《论语》做了比较，重在笺释文句，串讲义理，每章之后用韵语概括一章大义，且大量引用《诗》《尚书》《周礼》《仪礼》《礼记》《易》《尔雅》《孝经》等古代典籍，为后世学者研究《孟子》奠定了坚实的基础。

汉唐经学要籍的编辑与出版，是在春秋战国原始经典基础上的阐释与传注，但万变不离其宗，儒家学说的仁义、道德、忠孝、君臣等思想更加深入人心。这一时期，除《易》《诗》《书》外，出现了将《礼》一分为三的“三礼”——《仪礼》《周礼》《礼记》，出现了《春秋》经外拓展的“三传”——《左传》《公羊传》《穀梁传》，儒家学说除纵向延伸之外，也横向拓展了范围，将《论语》《孝经》《尔雅》《孟子》都升为“经”。特别是由朝廷主持的《五经正义》经典章句工作，昭示了大一统国家政治管理和思想统一的意志，为儒学取得进一步共识奠定了基础。《五经正义》也成为这一时期具有标志性的经籍出版成就，获得无以争辩的强势地位。儒家学说为经籍著作、编撰、出版提供了源源不断的材料，而经籍著作的编撰与出版又反过来为传播与应用儒家学说提供了条件。

三、宋明经学要籍发展概述

唐代以后，“二程”、朱熹、陆九渊、王阳明等儒家学者吸纳融合佛、

① 郭璞：《尔雅·序》，永怀堂本，第 2 页。

道两家思想，发展出博大精深的宋明理学。元朝统治者将孔子和儒学作为重要的统治策略，亦极力尊孔崇儒，科举考试“罢诗赋，重经学，定为新制”，在经学考试中以程朱的经注考为重要内容，促进了北方少数民族成员研习儒学典籍，有利于经学思想的广泛传播。明代统治者一方面实行文化专制，另一方面大力推行倡导程朱理学思想，甚至以八股取士制度矫前代科举重辞赋、敷衍经文传注之弊。但明前期理学家非汉唐之精专，稍越藩篱即为过，重在修持，不事著述。具有经学革新意义的王阳明将“天理”移植到人心，认为“天理”便是人欲，“天心”便是人心，这种经学即是心学的理论直接引发了宋明理学的解体。明代末年，徐光启、李之藻等儒家学者学习吸收了西方近代科学知识，使经学思想进一步解放。

北宋统一后，为了强化封建统治的需要，提倡忠、孝、节、烈，强调存理灭欲，将封建伦常置于至高地位；经学在佛、道的冲击下，表现出长期对垒又相互融合、渗透之势，富有哲理性，成为宋学的重要特征。在汉魏隋唐今古文经学之争、多元发展、统一和变异阶段之后，经学原典注疏、义理阐释更加丰富和系统，注疏作品随着印刷术的发展，刻印便利，版本流传广泛，经学思想也得到了进一步的传播与发展。

《五经正义》的编辑出版将汉唐经学送达鼎盛的同时，经学发展也渐趋僵化，但“疏不破注”的旧本为宋代新学的崛起带来良机。宋学疑古辨经、经世致用的儒家传统在经学复兴中得到认同，促成整个社会、特别是士人对于儒家经典与原儒思想予以重新阐释的强烈要求。宋学代表人物中的程、朱一派强调理的绝对性，陆、王心学强调理在心中，但在打破传统经学的束缚上得到高度一致，疑经议经，追溯解经源流，依经明理，依经明道，魏晋以来经学上“杂学”流弊，“道统”学说获得关注。种种经学变化都有利于强化封建统治，有利于解放经学思想，有利于建立经学新体系。

宋明时期儒学突破经籍笺注之学，在“性与天道”的深层次哲学问题上探讨人生的意义与本原，注重经书的义理研求，既勇于质疑前说，又以一己观点力图阐释、发挥经书，且恰当融合释、道两家思想中合理的因素，使传统儒学获得发展生机，科举以“经义”取士，学界风气也得到改变。在传统“五经”中，宋儒重《易》，从中寻找与“性”“理”有关的哲学依据，以对抗佛教、道教，完善儒家的“天人”观，这也正是理学与经学的不同之处。理学重《礼》，释《礼》著作有魏了翁的《戴礼要义》五十卷，朱熹的《仪礼经传通释》三十七卷、《仪礼经传通解续篇》二十九卷等。他们认为，循其“礼”，方能安其分，以达国家长治久安。其中特别重《周礼》，朱子认为“唯《周礼》为周道盛时圣贤制作之书”①，希望能将《周礼》中的典章制度运用于宋，教化社会风俗，并得以富国强兵。宋代理学讲《春秋》重在明“国政”“大义”“人伦”，朱熹则多用“天理”论来看待“春秋三传”，敢于质疑圣人之旧，注重义理阐发。《尚书》《诗经》等理学家们也从“心法”“人欲”“天理”等方面给予新解。“五经”之外，理学家将《论语》《孟子》《大学》《中庸》合为“四书”，作为研读“五经”的入门书，不仅以“四书”作为“六经”之阶梯，且定四书之序，朱熹曾说：“某要人先读《大学》，以定其规模。次读《论语》，以立其根本。次读《孟子》，以观其发越。次读《中庸》，以求古人之微妙处。”②朱熹的《四书章句集注》也深为官方所重视，被定为科举考试书，并延续至明清。

1.《周易》

宋代义理派的代表人物程颐，以理为易学最高范畴，作《程氏易传》(《伊川易传》)，奠定了理学派的易学体系。

《程氏易传》共四卷。程颐认为：“自孔子赞《易》之后，更无人会读《易》。先儒不见于书者，有则不可知；见于书者，皆未尽。”③虽然该书是王弼义理派易学的继承与发展，但分析其言论，明显不赞成王弼以老庄解《易》的做法及其阐发的义理，“如王辅嗣、韩康伯，只以庄、老解之，是何道理?”④《程氏易传》首列《易传序》，表明观点：“易，变易也，随时变易以从道也。”⑤随后列《易序》论述卦无定象、爻无定位，论述“《易》有太极，是生两仪”。《上下篇义》解释了《易》分上、下篇的理由，“天地之道，阴阳之本，故为上篇之首……阳盛者居上，阴盛者居下。”《上下篇义》下是正文。《程氏易传》系统地论述了自然、社会和人生哲理，构成了一个完整的理学体系，对后世理学的发展具有重要的意义。

在汉王弼《周易注》后，以程颐为代表的义理派成为《易经》诠释的主流，也是《易经》研究达至顶峰的标志。程颐推崇王弼，故采王弼注本，在对易学的研究中形成了一套独特观点，“顺天命，阐儒理，切人事，明治乱”，一切从义理上做解释，少了许多卜筮象数，构成《程氏易传》的特色。该书成为官学科举考试的规定内容。

《诚斋易传》二十卷。南宋杨万里以历史人物故事解《周易》卦爻辞，

---

① 朱熹：《朱子全书》卷六十一，清光绪五十二年武英殿刻本，第1680页。

② 朱熹、吕祖谦辑，江永集注：《近思录集注》14卷，嘉庆十二年刊本，第58页。

③ 董楷纂集：《周易传义附录·卷首上》，元延祐二年圆沙书院刻本，第17页。

④ 董楷纂集：《周易传义附录·卷首上》，元延祐二年圆沙书院刻本，第17页。

⑤ 程颐：《伊川易传·序》，元刻本，第4页。

以清奇见长。此书初名《易传》，后改现名。据杨万里之子杨长孺进书状称，该书历经十七年，可谓倾作者一生之精力而得之，深受读者喜爱。该书在《程氏易传》基础上，分条罗列《周易》原文，每条之下，引三代至隋唐史实为证，以己意释之。书前书后均附作者自序。该书重人事而轻天道，以人事论《易》，发展了程颐等人的学说，为易学研究贴近现实社会作出了贡献。

《周易本义》十二卷。南宋朱熹编撰。该书以"本义"命名，意在还《周易》本来之面貌。从表面上看是在调和义理派与象数派之间的矛盾，实际所作就是象数之解的卜筮之书。如果说王弼是义理学大师的话，朱熹乃象数派易学大师。在孔子作"十翼"，阐述《周易》一书中包含的哲学思想，王弼作《周易注》、程颐作《程氏易传》后，义理学说在易学研究中占据了突出地位。此时，南宋朱熹作《周易本义》，再次强调《周易》是"卜筮之书"。这一观点在《周易》研究中同义理学说一样占据了相当的地位。朱熹及其《周易本义》成为占象派的代表，与以程颐为代表的义理派产生了明显区别。其各自特色鲜明，彼此坚定。

《周易集注》十六卷。明来知德编撰。又称《周易来注》《易经集注》。许多《周易》注疏都获得好评，在易学史上留下辉煌篇章，独《周易来注》有些蹊跷。来知德在二十九年中"闭门谢客，穷研经史"，参悟《周易》，自圆其说，自创卦象，时人称绝。《周易集注》主要通过取《系辞》"错综其数"以论象。自序中说："像者，乃事理之仿佛近似可以想像者也，非真有实事也，非真有实理也"①，"有象则大小远近精粗、千蹊万径之理咸寓乎其中，方可弥纶天地；无象则所言者，止一理而已，何以弥纶？故象犹镜也，有镜则万物毕照。若舍其镜，是无镜而索照矣。不知其象，《易》不注可也"②。来注以象数阐释义理，以义理印证象数，按图索骥，自圆其说，为学《易》者寻回了孔子作《易》之本原。这正是来氏编辑该书之思想。尽管来知德自诩"自秦汉之后唐宋以来，诸儒议论，绝无一语及此"，但也许是其所悟出的这些解《易》之方法，古已见之端倪，也许是前人已有总结，故"伏处村塾，不尽睹遗文秘籍之传，不尽闻老师宿儒之论，师心自悟，偶有所得，遽夜郎自大"③。

① 来知德：《周易集注》清康熙六十一年刻本，第5页。
② 来知德：《周易集注》清康熙六十一年刻本，第6页。
③ 来知德：《周易集注》清康熙六十一年刻本，第2页。

2.《尚书》

宋代开疑经之风，出现反传统、自为立说的新风气，以明梅鷟《尚书考异》为代表的尚书学研究开始怀疑东晋梅赜的《古文尚书》是晋人作伪；同时，轻考据而重义理，在理学"道统"思想指导下解释经文大义，如蔡沉的《书集传》、林之奇的《尚书全解》等均产生了较大影响。

《书集传》六卷。蔡沉编撰。蔡沉为朱熹弟子。宋代理学家解经，惯于从经文中发明"天理"，成为其时之学术风气，蔡沉及其作品也为其突出代表之一。其经十余年努力完成该书。《书集传》重义理轻训诂，重"心法"轻章句，重"二帝三王之心""十六字心传"，轻源流考证。作品融会贯通、言简意赅之传注风格与其师著本质一脉相承。该书编辑仍保留伪孔本，五十八篇题下一一注明古文经、今文经或有或无。编辑方法上广采众说，多叙旧闻，清晰易读，特别总结了宋学中《尚书》研究的成就，得到高度肯定，甚至在此之后，诸家言《尚书》者"不复行于世"，《书经集传》被认为是朱子学派研究书经之代表作。

《尚书考异》六卷。编撰者为明正德举人梅鷟。正如书名一样，该书在宋人疑古风气影响下，系统考辨了《古文尚书》的真伪性。过去朝代仅是怀疑真假，元明两朝则持续为之寻找证据。该书的编辑证实了南宋以后吴棫、朱熹、吴澄等学者怀疑今传《尚书》中的古文经二十五篇为晋人之伪作一事，这一明确结论有确凿依据。梅氏从《史记》记载伏生失其本经、郑玄注《古文尚书》与东晋梅本古文篇数不一致、今传本《古文尚书》篇名与《孟子》《史记》等书记载不合等七个方面考其作伪痕迹，重在搜集证据、查询字句来源、考证典章制度等，具体材料编排由远及近，用在《尚书》有关题目和字句上，加案语之法予以考辨。

元明两朝，《尚书》研究多沿袭宋学，而无明显成就。

3.《诗经》

宋代诗学与汉魏时期明显不同之处是其敢于质疑旧说，勇于突破某些牵强附会的诠释。

《毛诗本义》十六卷。欧阳修编撰，该书系统汇纂了先秦儒家经典中之诗说，对《毛传》《郑笺》作了较系统的评议，实事求是地肯定了《毛传》《郑笺》中可取部分，同时也对孔颖达《正义》提出了质疑，只是"指责毛氏较少，矫枉郑氏尤甚"①。特别值得肯定的是，欧阳修采用一些与过去不同的路径进行研究，如从"人情"和"文意"来解释诗义。该书在诗学史上

① 董治安主编：《经部要籍概述》，江苏教育出版社2008年版，第132页。

占有重要地位，也是欧阳修经学成就的典型代表。

苏辙《诗集传》、郑樵《诗辨妄》也先后从不同立场、用不同方式解读汉唐《诗》《笺》，另立新说。

《诗辨妄》六卷。宋郑樵编撰。从书名来看即是一部对《毛诗》进行辨伪的作品。郑樵否定了《诗序》为子夏所作，并总结其作伪方法，认为是村野妄人之作品，或汉人伪作。其书从《毛诗》来源、史实、语言、命题方法等多方面进行了辨伪，表达言词及结论均有指责、不屑之情感在内。该书的编撰动摇了《诗序》的权威地位，也产生了较大影响，如朱熹《诗集传》便肯定了《诗辨妄》的结论，将《诗序》排斥在外。这是诗学发展中的重要反思与辨伪工作，论证客观，分析理性。

《诗集传》八卷。宋明时期诗经学研究作品较为丰富，但如朱熹《诗经》学研究取得重要成就者几乎没有。朱熹杂采《毛诗》《郑笺》，内用齐、鲁、韩三家诗义，探求《诗经》本义，从作品内容来看，更接近《诗经》的文学本色探析，类似给《诗经》作的注释导读。朱熹之诗学与汉儒诗学的神圣化倾向有了明显区别，文字简明扼要，成为宋学《诗经》最高成就的代表。

4. “三礼”

《十三经注疏》列《周礼》于《仪礼》之前，这是东汉以后排列的次序。

a.《周礼》

宋明时期，《周礼》研究进入一个新阶段，如宋代王安石的《周官新义》、王昭禹的《周礼详解》、易祓的《周官总义》，元代毛应龙的《周官集传》、丘葵的《周礼补亡》、吴澄的《三礼考注》等，明代王应电的《周礼传》《图说》《翼传》、柯尚迁的《周礼全经释原》、王志长的《周礼注疏删翼》等，数量大增，内容集中在《周礼》的作者和成书时代探讨上，但多因循守旧，“浮文妨要”，“多骋臆见”，少有作为，评价不高，穿凿附会、主观臆断成分较多，缺客观解说，故而学术价值不高。

《周官新义》十六卷。宋王安石编撰。该书是王安石入朝为相后，实行变法主张，为了推行新政、统一思想、网罗人才，于熙宁八年(1075年)编撰完成的《三经新义》中的一部。《三经新义》含《周官新义》《诗经新义》《书经新义》。该书是一部政治伦理著作，为王安石托古改制进行熙宁变法的理论依据。北宋之时，传统繁琐的经注已经不能起到统一社会思想的作用，经义诠释既要跟上时代，也要为时代政治经济服务，科举取士既是读书人进入士族阶层、官场的门槛，也是朝廷选人用人的标准。王安石于熙宁六年奉旨提举经义局，在吕惠卿、王雱等兼修撰的帮助下重新训释了《三经新义》。该书的编撰原则：破除伪说，使之与“盛王”举措相符合；

恢复本义，打破“疏不破注”之成法，纠经文章句传注源流失正之歧；阐明义理，反对繁琐解经或曲解经典。

《周礼详解》四十卷。宋王昭禹编撰。该书以王安石《字说》为宗本而编撰，书中修订了旧注之误，并非完全盲从前儒，如解“教师里布屋粟”“近郊十一，远郊二十”等语句都为前人未发之说。对经文的解释能自辟新径，不囿前人之说，多有所得，对《周礼》的研究作出了一定的贡献。后人解经曾多引用其观点。

《周官总义》三十卷。南宋中后期著名学者易祓撰。该作者亦作有二十卷的《周易总义》。

与汉唐时期相比，宋明时期的周礼学研究数量增加不少；但问题也有不少。学术上因循守旧，缺乏深入探究、钻研的考辨精神，以己意解经，从字面意义解经，以现实需要解经，表现出“浮文妨要”“多聘臆见”的倾向。但在《考工记》的探索上有开拓之功。

《周礼复古编》一卷。宋俞庭椿编撰。该书认为，《周礼》中的冬官并未亡，《考工记》为乱入《周礼》，一时引发学界热议。《考工记》为先秦时编撰的一部手工业技术文献，对齐国官营各个工种的设计规范和制造工艺做了详细的介绍。后将《考工记》作为《周礼》的一部分替代了“冬官”。《周礼》(原名《周官》)，由“天官”“地官”“春官”“夏官”“秋官”“冬官”六篇组成。西汉时，“冬官”篇佚失，河间献王刘德便将《考工记》补入。刘歆校书编排时改《周官》为《周礼》，故有称《周礼·考工记》，有称《周礼·冬官考工记》。在宋《周官复古编》之后，明代学者也展开了对《考工记》更深入的研究，如林兆珂的《考工记述注》、郭正械的《批点考工记》、徐昭庆的《考工记通》、程明哲的《考工记纂注》、陈与郊的《考工记辑注》等，观点并非一致，但大多对《周礼复古编》所持的《周礼》“冬官”不亡，乱入五官之论不以为然，认为其定是邪说。

明代学者在宋元经学研究基础之上所进行的辨伪工作，特别是围绕《周官·考工记》所展开的争辩有益于溯正清源，还历史本来面目，有益于清代周礼学的纵深发展。

a.《仪礼》

宋元时期，《仪礼》之学不盛，仅出现了几种校注之作，如宋朱熹的《仪礼经传通解》、张淳的《仪礼识误》、李如圭的《仪礼集释》，元敖继公的《仪礼集说》等。

《仪礼经传通解》三十七卷。朱熹编撰，后续二十九卷，由宋黄榦、杨复完成。该书为朱熹晚年修《礼》所得。他对王安石变法、改革科举考试“废罢《仪礼》，独存《礼记》”的办法颇不满意。王安石变法重视经典，以经义取士，“三礼”中最重《周礼》，《礼记》次之，《仪礼》则主废除。朱熹认为，此乃舍本取末，他认为《仪礼》是经，《礼记》是传，王安石是弃经而任传，本末倒置。《仪礼经传通解》按照礼仪制度的类别，将《仪礼》与《礼记》相互关合、汇通，重新改编成书，实际上是将经传诸典籍中的相关资料集中，予以比证贯通。该书分为家礼、乡礼、学礼、邦国礼、王朝礼等五大类，隐喻儒家“修身、齐家、治国、平天下”之宗旨。朱熹认为，“《礼》非全书，而《礼记》尤杂”，故“取《仪礼》为正，然后取《礼记》诸书之说，以类相从，更取诸儒剖击之说，各附其下庶，便搜阅”①。即以《仪礼》为本，取《大戴礼记》《小戴礼记》及诸经史书言《礼》之文，分别类目，附之于下。朱熹未及书成即殁，续编二十九卷，即《丧礼》十六卷和《祭礼》十三卷，分别由其门人黄榦、杨复续修完成。该书呈现出资料齐备、类目清晰、层次分明、资料集中的特点。

b.《礼记》

宋代礼记学不再宗郑注，如学者卫湜于开禧、嘉定年间(1205—1224)集汉至宋诸家《礼记》传注撰《礼记集说》，始得多方义疏，且敢于移经改经。朱熹把《礼记》中的《大学》《中庸》两篇与《论语》《孟子》合编为“四书”，撰《四书章句集注》，《礼记》在经学史上的地位迅速提升。元代陈澔撰有同名书籍十六卷，其书浅显简明，便于初学者，极具通俗性，受到明代统治者的青睐，更是在元明清礼记学史上占有重要地位。

《礼记纂言》三十六卷。吴澄编撰。据《经义考》所载，元人著述《礼记》概有十七家，其作品却大多亡佚，仅剩卫湜的《礼记集说》和吴澄的《礼记纂言》。吴澄为理学家，穷其一生编撰有《易纂言》《书纂言》《春秋纂言》《礼记纂言》等数部经学著作，所谓“纂言”，乃编纂与诠释之意，尤重编纂。《礼记纂言》为吴澄晚年所作，意在接续朱子未竟之志。在他多部经学著作中，《礼记纂言》是影响最大的一部。该书打通了《仪礼》和《礼记》，将《礼记》中的《逸经》和《仪礼传》分离出来，编于《仪礼》经后，形成经传一体的《仪礼》本，即十七篇正经在前，《逸经》八篇随后，《仪礼传》十篇殿后。该书删修了剩余的《小戴礼记》三十六篇，分出“通礼”九篇、“丧礼”十一篇、“祭礼”四篇，“通论”十二篇。每卷为一篇，每篇之文以类相从，俾上下意义联属相通，识其章句于左。对该书之评价多集中于其分类编辑方法上，赞成者谓其“伦类明整”“最为精密”，肯定其敢于

① 程川：《朱子五经语类》卷五十八，《四库全书》本，第1058页。

打破原有经文，自成体例，分类明晰，条理灿然；反对者则如四库馆臣的评价“澄复改并旧文，俨然删述，恐亦不免僭圣之讥”①，暗含删改原典乃对圣人不恭之意。虽然毁誉不一，但吴澄能以己意释经文，且分类有可取之处，后人多为赞许。

《礼记》流传中产生了各种版本，如南宋黄唐编印、绍熙初刻于越州的《礼记正义》八行本，可称为善本，惠栋曾以此本校明代毛晋汲古阁本。另有十行本，即扬州文选楼旧藏的南宋本等。总之，两宋时期《礼记》独尊郑注的状态开始改变。上面所提到的卫湜的《礼记集说》收集了汉至宋诸家注说一百四十余种，亦很有特色。还有元代陈澔编撰的同一书名的《礼记集说》，曾被指定为科举教材，如此等等，说明《礼记》注疏的长久生命力。

5.《春秋》

两宋时期，背离传统的解经倾向得到进一步发展，或舍传求经，自为新说；或解经寓意，多言义理。就《春秋》而言，因文字简严，一般学者难得其义，“春秋三传”发挥了重要作用。北宋年间，熙宁变法，《三经新义》重新训释并颁布天下，仿佛给人权贵仅重视《诗》《书》《周官》的感觉。而《春秋》未列入学官，实则“此经比他经尤难”，历史传承中，因为《春秋》能“辅制衰王”，故比其他经更为活跃。宋元时期，春秋学也产生了数篇有影响的著作，名家辈出，实为显学，这一现象影响持续到元明阶段。

a.《春秋左氏传》

《春秋尊王发微》十二卷。宋孙复编撰。孙氏进士及第不成，居泰山研治《春秋》，著《春秋总论》《春秋尊王发微》等经学著作。孙复治经特点是“不惑传注”，“弃传从经”，以深刻为主，即突破汉唐的章句注疏，发挥圣人微言大义，大胆以己意解经。该书重在强调“明诸侯大夫之功罪，以考时世之盛衰，而推见帝王之治乱”，即从诸侯大夫的功过来看社会现实的盛衰，以此推论帝王的治世能力，即“尊王”意识成为社会政治安定的重要保证。由此而论，该书在经学发展史上占有较重要的地位。

《春秋传》十五卷。北宋经学家刘敞编撰。刘氏撰有《春秋权衡》《春秋意林》《春秋传》等。其春秋学重视儒家文化的核心价值，倡导“尊王”，也保护大臣们的尊严，依经立义，不像孙复解经那般武断。四库馆臣评价其不足说：所用《春秋》经文杂用“三传”，不主一家；又每以经、传连书，

---

① 吴澄：《礼记纂言·提要》，元元统刻本，第2~3页。

不予分别；减省三传字句，易改窜失真；运意深曲，又好雕琢。

《春秋传》三十卷。宋胡安国奉高宗之令而编撰。其一生成就凝聚于此，潜心撰述，“传心要典”，对于时事，常借《春秋》以寓意，而非刻意悉合经旨。该书言义理详而抒胸臆多，既具有学术性，也具有政论性，为宋代理学兴起后一部特点鲜明的解经之作。元、明两代，《春秋传》被确定为科举程式，流传数代而不衰。

b.《春秋公羊传》

宋元明时期，春秋公羊学得不到重视，愈加衰落，恐也有如孙复《春秋尊王发微》书中所述，认为《公羊传》《穀梁传》属“常事不书”之例，故作品少，经典无。

c.《春秋穀梁传》

宋明时期，春秋学中虽然也出现了一些就“三传”进行对比的编撰作品，但鲜有重要著作，很少有就《穀梁传》本身开展专门注疏、训诂、释经的作品。

6.《论语》

宋代列入“四书”，并为“十三经”之一，成为重要的儒家经典。在上千种注释本中，魏何晏等集解、宋邢昺疏的《论语注疏》、朱熹的《论语集注》等都十分流行。

《论语注疏》二十卷。宋邢昺编撰。该书以南朝梁皇侃《论语义疏》为蓝本，或删节，或袭用，质却远胜于皇疏，固有“邢疏出而皇疏废矣”一说①，成为标准的《论语》注疏本。该书编辑结构完整，前序文后正文，对经文和注文解分别予以解释。序文中对鲁论、齐论、古文论的不同版本做了陈述，疏文多以“正义曰”疏解。每章注疏后专列“校勘记”。在“疏不破注”的原则下，非征引多家注文，采取通儒解释证明之方式，而是依据注文衍释经义，注文作为标准，去其枝蔓，不采杂说。该书取他人资料略少，引他家之说方法也不足，但在名物训诂方面十分有特色，解释名物言必有据，引书为证，注重阐发儒学义理，并务求详尽。因其产生了较大而持久的影响被《十三经注疏》收入。

《论语集注》十卷。宋朱熹编撰。在《论语集义》的基础上，广泛征引汉唐旧注、宋代理学家之言达三十余家，特别多次引用二程及二程弟子的说法，善于将自家思想理念融会其中。朱熹曰：“本之注疏以通其训诂，

---

① 《皇侃义疏》，何晏集解：《皇侃论语义疏新刻序》，见《丛书集成初编》，中华书局1985年版，第2页。

参之《释文》以正其音读，然后会之于诸老先生之说，以发其精微。一句之义，系之本句之下，一章之指，列之本章之左。又以平生所闻于师友，而得于心思者，间附见一二条焉。”①又曰：“《集注》于正文之下正解说字训文义，与圣经正意。如诸家之说有切当明白者，即引用而不没其名。……章末用圈而列诸家之说者，或文外之意，而于正文有所发明，不容略去，或通论一章之意，反复其说切要而不可不知也。”②从中可得该书训释体例：先解释字音字义，后串讲句义、意旨、义理，最后征引诸家之说。朱熹善于利用《论语》阐发理学，用理学观念解释道、性、命，在道德修养上，强调存天理，去人欲，具有十分浓重的理学色彩。该书体例严明、深入浅出，流传极广、影响极大，后收入《四书章句集注》。

7.《孝经》

《孝经正义》三卷。唐玄宗注，宋邢昺疏。宋真宗咸平二年(999 年)诏令邢昺作新疏，邢昺在唐元行冲疏基础上作《正义》三卷。该书先释经文，再逐条疏解注文，且注明来源，有利于后学了解源流；对玄宗所删注文，也一一加以补充，使后人既可知来龙去脉，又可体会玄宗删注之缘由。该书旁征博引，注解详明，被《十三经注疏》收录，使经学体系更加完善、统一。

《孝经刊误》一卷。南宋朱熹取古文经撰。该书删改经文 233 字，分为经文一章、传文十四章。朱熹认为，经中“仲尼闲居”至“孝无终始而患不及者未之有也”，是《今文孝经》前六章、《古文孝经》前七章，均为经。考察其文，认为首尾相应，次第相承，文势相连，脉络相贯，应为同时之言。其下是《孝经》之传，即杂引传记以释经文。朱熹认为，传十四章原本与经文无直接联系，“此不解经而别发一义”③，同时认为《古文孝经》没有《今文孝经》顺畅，从朱子对《古文孝经》的诋毁可知他刊误的缘由。后人对朱熹之举既敬且畏。

元明时期《孝经》注疏者多达百余家。

8.《尔雅》

宋代怀疑旧注空求义理之风盛行，但《尔雅注疏》基本保持经文注文的一致，实属不易。

《尔雅注疏》十卷。晋郭璞注，北宋邢昺疏。邢疏编撰宗旨在《尔雅疏

① 王步青：《四书本义汇参 · 论语卷首》，清乾隆刻本，第 458 页。
② 陆陇其辑：《三鱼堂四书集注大全》，清康熙嘉会堂刻本，第 700 页。
③ 朱鸿编：《孝经总类 · 刻孝经序》，明钞本，第 144 页。

叙》中十分明确，即“考案其事，必以经籍为宗；理义所诠，则以景纯为主”①，因而，注重词语释义，发挥沟通古今的作用。同时弥补了郭注之“未详”“未闻”之不足，或语焉不详之处特加增补说明，故更加完备。或引该书自证，或引他书为证，对《尔雅》及郭注进行了系统的疏解。后收入《十三经注疏》。

9.《孟子》

宋代陈振孙在《直斋书录解题》中始将该书列于经部。嘉祐六年(1061年)石刻“九经”，是书为其一。南宋时朱熹将该书与《论语》《大学》《中庸》并列，合称为“四书”，并作《孟子集注》。自此直至清末，“四书”一直是科举考试的必考内容。

北宋科举考试科目中列入该书，南宋高宗刊刻石经，特别是朱熹作《四书章句集注》，将该书与《论语》《大学》《中庸》相提并论，大大提升了该书在经学史上的地位。

《孟子注疏》十四卷。北宋经学家孙奭编撰。汉赵岐注《孟子注》(即《孟子章句》)后孙奭作的疏文。后人尚有怀疑孙奭为该书注疏者，但《孟子注疏》是确实存在的。该书先解经文，再疏注文。虽然对《孟子》原文及赵注多有误解，疏文出现文法不通、词语错误的现象，然而对义理的阐发多有精善处。清人陈澧的《东塾读书记·孟子》多有记载。

《孟子集注》七卷。南宋朱熹编撰。该书是自《孟子正义》后为《孟子》作疏的典型代表，也是两宋阶段孟子研究最高学术成就的代表。朱熹给《大学》《中庸》作注称为章句，给《论语》《孟子》作注称为“集注”，因为后者多引用二程及二程弟子的说法，取聚集之义而得名。故书名上的区别实为编辑方法之不同也。《孟子集注》的编辑方法是将一段文字分为若干节，逐节释义，从篇章结构中揭示每章的主旨。如《梁惠王上》“孟子见梁惠王章”中为“王何必曰利？亦有仁义而矣”两句作注：“乃一章之大旨，下文乃详言之。后多放(‘放’者‘仿’也)此。”并注明此下两节文字分别言“求利之害”和“仁义未尝不利”。将前后文连续起来作注需要统一的思想和明确的主旨，该书即是。该书对汉宋异同、经传关系、解经方法、原则等展开了系统论述，注重古述，阐释本义，追求简明，成为宋学的典型代表。在体例上，通过征引、版本、校勘、考据、注释等总结训诂特色，通过理学范畴、学术学说的推演来揭示经学思想的变化。在篇章结构上，注重整体性和联贯性，文章语句分成若干部分，贯通上下以说明意旨，此为一文

① 邢昺：《尔雅注疏·尔雅疏叙》，清阮刻本，第6页。

前后关照。各章之间也彼此关照，而且《孟子》与《论语》书与书之间也都相互关照。如《孟子·离娄上》记载："孟子曰：仁之实，事亲是也；义之实，从兄是也。"《孟子集注》释之："仁主于爱，而爱莫切于事亲；义主于敬，而敬莫先于从兄。故仁义之道，其用至广，而其实不越于事亲、从兄之间。盖良心之发，最为切近而精实者。有子以孝弟为为仁之本，其意亦犹此也。"①此处引《论语》孔子之言与孟子之意相互印证，将《孟子》与《论语》结合起来讲解。再如对《万章下》万章曰："敢问不见诸侯，何义也?""孔子君命召，不俟驾而行。然则孔子非与。曰：孔子当仕有官职，而以其官召之也"的注疏，说"此章言不见诸侯之义，最为详悉。更合陈代公孙丑所问者而观之，其说乃尽"。② 其为告之大家，可将此内容与《滕文公下》"陈代曰：不见诸侯"章和"公孙丑问曰：不见诸侯何义"章相互参照，以了解《孟子》原意。朱熹这种以阐释经典的方式阐幽发微，借孟子性善论阐发义理心性，从程颐"性即理"说到"心统性情"，思路清晰，理论完整，体系明确。为了阐明"道统"之说，将孔子、孟子、二程学说融会新知，前后呼应，构建一脉相承之思想体系。通过对该书形成缘由的叙述，可得知作者在经世致用、究心治道上的良苦用心。

宋明经学在汉魏隋唐今古文经学斗争、统一、发展的基础上，原典注疏的深刻性、广泛性、系统性都得到强化，义理阐释更加丰富。以二程、朱熹、陆九渊、王阳明等为代表的儒家学者在经书编撰上融入多学科、多领域的认知，形成了具有宋元特征的经学思想。印刷技术的发展使经学书籍版本广泛流传，也成为经学思想进一步传播与发展的动力。

四、清代经学要籍发展概述

清代经学从复兴到兴盛、摆脱宋明理学的桎梏，名家迭出，流派林立，著述活跃，取得突出成就。以顾炎武、黄宗羲为代表的一批著名学者，治经既取汉唐注疏，也重宋元明之说，古文经学得以复兴，并具有对抗宋学之势，继而今文经学兴起，又与汉学对立。清代经学呈现出鲜明的时代特征。

清前期，考据学最为兴盛，形成乾嘉学派。汉代儒生训诂、考证的治学方法区别于宋明理学文风朴实简洁，重证据收集，实事求是，明音韵而

---

① 朱熹：《孟子章句集注》卷七，见宋元人注：《四书五经》(上册)，天津市古籍书店 1988 年版，第 58 页。

② 朱熹：《孟子章句集注》卷十，见宋元人注：《四书五经》(上册)，天津市古籍书店 1988 年版，第 81、82 页。

明训诂，明训诂而明古书之意。清代经学不但注重从经义本身得到答案，而且对经籍力求寻找到一个合理的解释。“经学自有源流，自汉而六朝、而唐、而宋，必一一考究，而后及于近儒之所著，然后可以知其异同离合之指。”①清代末年，以康有为为代表的今文经学家推行的“孔子托古改制”说，给“圣学”光环带来阴云，儒家“道统”学说受到挑战。从进步的意义上来说，康有为、章炳麟等人利用经学展开了对封建专制主义的猛烈抨击，有利于社会发展。然而，经学本身的地位与作用却发生了重大改变，从维护封建专制主义的精神支柱逐渐走向它的反面，在维新派手中发展成经学的异端。这种改变始料未及，带来的思想文化上的冲击前所未有，却是历史发展的必然，它昭示着经学新征程的开端。

清代经学家们对《五经正义》多所不满，或作驳正，或另立新疏。在经书文字上的解释和名物制度的考证、疏解大大超过唐宋旧疏。尤其对宋学末流空谈心性之弊极为“无言”，认为其“以明心见性之空言代修己治人之实学”②，大力提倡经世致用，主张“文须有益于天下，有益于将来”。经学家在经典文献注疏中引申自己的政治主张和学术理想，在经世致用思潮下开启了朴学研究之风。乾嘉时期至鸦片战争前夕，社会矛盾逐渐显现，危及封建的皇权统治，一批今文经学家幻想从“微言大义”中寻求解脱思路，借《公羊》寄寓社会改革，走“欲攘蛮荆，先正诸夏；欲正诸夏，先正京师；欲正士庶，先正大夫”之路，《皇朝经世文编》的编辑出版表明，经世之风蔚为大观。

儒家经典在几千年的发展中一直是人们顶礼膜拜的对象，然而，封建社会后期《尚书古文疏证》《易图明辨》等作品的出现，使人们对书的真伪产生怀疑，信古与疑古同存，清朝经学疑古、考证之风盛行，考证方法上更加注重经训，注重实事求是，强调无征不信，在清末学潮中形成可贵的治经风气。

这一时期，“十三经”中除《礼记》《穀梁》外“皆有新疏”，“其精粹者不下数百种”，如关于《易》，有《周易注》(惠栋)、《周易虞氏义》(张惠言)、《周易姚氏学》(姚配中)；关于《书》，有《尚书集注音疏》(江声)、《尚书今古文注疏》(孙星衍)、《古文尚书撰异》(段玉裁)、《尚书后案》(王鸣盛)等；关于《诗》，有《诗毛氏传疏》(陈焕)；关于《周礼》，有《周

① 顾炎武：《与人书》，见《中国逻辑史资料选·近代卷》，甘肃人民出版社1991年版，第76页。

② 祁志强主编：《国学人文读本·下》，上海文化出版社2008年版，第992页。

礼正义》(孙诒让)；关于《仪礼》，有《仪礼古今文疏义》(胡承珙)、《仪礼正义》(胡培翚)等；关于《左传》，有《春秋左氏传正义》(刘文淇)；关于《公羊》，有《公羊通义》(孔广森)、《公羊义疏》(陈立)；关于《论语》，有《论语正义》(刘宝楠)；关于《孝经》，有《孝经郑注疏》(皮锡瑞)；关于《尔雅》，有《尔雅正义》(邵晋涵)、《尔雅义疏》(郝懿行)；关于《孟子》，有《孟子正义》(焦循)等。作为经学附庸的小学、音韵学等也发展迅速，“蔚为大国”，如《说文注》(段玉裁)、《说文义证》(桂馥)、《说文释例》《说文句读》、《说文通训定声》(王筠)等。校注古籍、辨伪书、辑佚书等方面也取得了卓著成绩。①

1.《周易》

《周易述》二十三卷。清惠栋撰。清代，惠栋在唐李鼎祚《周易集解》基础上，采集汉儒解易史料成《易汉学》，又自为解释，成《周易述》，不仅使后人得见汉儒易学之观点，且形成清代汉学、宋学之分派。惠栋认为：“《易》道深矣，一言以蔽之，曰‘时中’。”②“《易》尚时中”为《周易述》的核心思想。“时中”最早出现于《周易》“蒙”卦的《彖传》：“蒙，亨。”“以亨行，时中也。”③意为“蒙”卦表示希望亨通，即以通而行事符合“蒙”这一时机。《周易述》中关于“时中”的思想主要有两方面的含义：一是“合乎时宜”；二是“随时变通”。它是儒家“时中”思想的再现与弘扬。据《辞海》释义，《周易述》未完成，由其再传弟子江藩循其体例，另撰《周易述补》，可为理解该书体例之参考。

《周易虞氏义》九卷。清张惠言编撰。作者在该书中称赞了虞翻学问的精湛完备，及对《周易》精髓的准确把握，力求恢复虞翻易学之本原，“恢而张之，约而精之，阐其疑滞，补其亡阙，纠其讹舛，成《虞氏义》九卷；又标其纲领，成虞氏《消息》二卷”④。该书序中也对惠栋《周易述》“考古义孟、京、荀、郑、虞氏”，“掇拾于亡废之后，左右采获……未能尽通，则旁征他说以合之”的编辑方法给予了肯定。他批评魏王弼“虚空之言”解《易》，批评“宋之说《易》者翕然宗之，以至于今，牢不可拔，而《易》阴阳之大义，盖尽晦矣”。⑤

《易通释》二十卷。清焦循编撰。焦循较好地融合了汉、宋两代易学，

---

① 吴雁南：《清代经学的特点》，载《中州学刊》1990年第2期。
② 惠栋：《易汉学》卷七，《四库全书》本，第120页。
③ 郑汝谐：《易翼传》，《四库全书》本，第26页。
④ 张惠言：《周易虞氏义·序》，见《皇清经解》第七册，第1页。
⑤ 张惠言：《周易虞氏义·后序》，见《皇清经解》第七册，第7页。

既承汉代《易》象数之学，又对其方术不以为然，既崇尚汉《易》，又接受宋《易》义理学派观点。他认为，“学者述孔子而持汉人之言，惟汉是求而不求其是，于是拘于传注，往往扞格于经文。是所述者汉儒也，非孔子也”①。

《六十四卦经解》八卷。清朱骏声编撰。该书是一部释《易》经之书。从文字训诂的角度，以文字、音韵之学来解说易卦，疏通卦辞、爻辞以及彖辞、象辞中的文字意义，以供读者了解卦意。八卷中，各卷之下皆题“元和朱骏声集注”，乃综合汉宋以来各家之易说，但未释其义者有之，论其长短列于注中有之，前者可使读者一览古人释《易》之原汁原味，如《易》卦的字义训释，特别是多义字、假借字等，从不同人、不同角度上作的注解；后者可成一家之言。二者交汇，“编”的含义十分清晰。《周易》之难懂，借助该书可指引读者更深入地理解《易》经。

《读易会通》八卷。清丁寿昌编撰。丁寿昌从小受父亲影响，尤嗜易学。《读易会通》，顾名思义即汇集各家易学成就，疏理源流，还其本原，融会贯通。故“先以文王之经，次以孔子之传，溯之王注孔疏以穷其原，求之程传朱义以竟其委，参之《释文》音训以考其异同，稽之《说文》石经以正其讹误”，最后方能“以见宋儒之《易》即汉儒之《易》，汉儒之《易》即孔子之《易》，孔子之《易》即文王之《易》，文王之《易》即伏羲之《易》”。②该书评判诸家易说采取的原则是实事求是，无论是汉《易》还是宋《易》，皆有精华与糟粕，不守一家。

综述汉唐宋元诸儒之说以及清朝惠栋《周易述》、张惠言《周易虞氏义》、焦循《易通释》、朱骏声《六十四卦经解》诸书，《周易》经传是一有机整体，经是伏羲、文王所作，传是孔子所作。孔子为《周易》做的注释称为“十翼”，后世易学多以孔子“十翼”为本，熟读深思，其义自见。孔子之后，阐发易学之微言大义者甚多，有依孔子所言遵而守之者，亦有另辟新义拓展延伸者，“宋元以降，舍孔子之传，人自为书，家自为说，至谓有伏羲之《易》，有文王之《易》，有孔子之《易》”，故有“《易》未亡于秦火，而乱于诸儒”之说。③ 如此之四德、“十翼”与文王、孔子之意相距甚远。在诸家易说中，汉魏王弼的《周易注疏》、宋程颐的《伊川易传》、朱熹的《周易本义》更受后人所推崇。

---

① 焦循：《雕菰集》卷七，清道光四年阮福岭南节署刻本，第153页。
② 丁寿昌：《读易会通·叙二》，成都古籍书店1988年版，第2页。
③ 丁寿昌：《读易会通·叙二》，成都古籍书店1988年版，第1页。

2.《尚书》

在宋代诸多学人疑辨的基础上，清代阎若璩编著《古文尚书疏证》，证明唐代孔颖达依据梅赜本所作的《尚书正义》确为伪作。

《古文尚书疏证》八卷。清阎若璩编撰。阎氏年少时读《古文尚书》便疑其伪，其后几十年有志于经史，潜心研究，完成该书。《古文尚书》从宋代吴棫、朱熹，到元代吴澄，明代梅鷟的持续辨疑，历经几百年。阎氏在他们研究成果的基础上进一步搜索证据，细致辨伪，对篇名、篇数、文句、材料来源及史实耐心核查、推论、考证，终将《古文尚书》定为伪作，《古文尚书疏证》由此也取得了公认的在《尚书》辨伪方面的总结性作品之名，在学术和编辑史上占有独特重要地位。

《古文尚书考》二卷。清惠栋撰。编撰者崇尚“凡古必真，凡汉皆好”①之传统思想，参照《汉书·艺文志》、阎若璩的《古文尚书疏证》等书，在古文字声音训诂、证据收集等方面按篇逐句指出抄袭之处，而且在阎若璩仔细周详的方案出台之前，将古本《尚书》之伪彻底定案②，既有权威性，也创立了清代汉学的吴派。

《尚书今古文注疏》三十卷。清孙星衍撰。孙氏采辑汉、魏、隋、唐旧注，并在吸收清代王鸣盛等学者研究成果的基础上完成该书，使之成为清代《尚书》注本中较完备的一种。此书既出，学界在将《古文尚书》判定为“伪古文”，将孔安国《传》判定为“伪孔传”方面基本取得一致意见。

《今文尚书考证》三十卷。清末皮锡瑞编撰。皮锡瑞博贯群经，潜心著述，有《经学通论》《经学历史》等数部经学研究著作。其中与《尚书》有关者除《今文尚书考证》外，还有《尚书大传疏证》七卷。《今文尚书考证》体例依照孙星衍《尚书今古文注疏》，正文采用《尚书》通行本，对西汉以来的《今文尚书》资料做了系统的总结。

3.《诗经》

《诗经通论》十八卷。清姚际恒撰。姚氏专治经学，考别前说，辨明诗义，用疑古的态度质疑旧说，有意纠正宋学之弊，而并不注重训诂，在诸多诗学著作中独树一帜，是清初经学的典型代表。该书为作者《九经通论》中之一部。

《毛诗传笺通释》三十二卷，清马瑞辰撰。该书卷首有自序及例言七

---

① 梁启超：《清代学术概论》，见朱维铮校注：《梁启超论清学史二种》，复旦大学出版社1985年版，第26页。

② 董治安主编：《经部要籍概述》，江苏教育出版社2008年版，第122页。

则；第一卷通考《毛诗》源流和《传》《笺》异同得失，共考辨十九篇；第二卷以下依《诗》顺序做诠释，先列《传》《笺》，下申己意。该书代表了清代诗学上的最高成就。《诗经》在“六经”中产生较早，文字多古音古义，且《毛诗》依据的古文经文本假借字较多，故作者自叙其书是“以三家辨其异同，以全经明其义例；以古音古义证其讹互，以双声叠韵别其通借”①。所谓三家，乃齐、鲁、韩。《毛诗传笺通释》不尽同“传”、有别于“笺”，与“序”亦不同。该书在《毛诗》的基础上，先正经字，即采用三家诗来正经字之讹误，再以训诂达经义。具体而言，即先博征先秦、汉、魏诸儒之说，并取唐宋元明及清初以来诸儒解《诗》，以《诗》“序”为准，疏通“传”“笺”，辨正《郑笺》不同于《毛传》之处，以申毛纠郑，偶有与毛、郑不符合者，辨其异同，寻找依据。该书概括性强，以说明《诗经》同类义例；依据音韵学、文字学、训诂学，特别是依声求义诸方法释文字音韵，又以双声叠韵原理指明通借。该书驳正诸儒臆说，即使对朱熹《诗集传》也多贬抑；纠正了清以前一些望文生义、牵强附会的解释，较为准确地解释了字义和语法，虽然也承袭了一些“传”“笺”失误之处，但有助于《诗经》的正确解读，也成为乾隆、嘉庆以后“汉学”派《诗经》研究的重要作品。

《诗古微》二十卷，魏源撰。该书分为上、中、下三编，系统地论述了今文经家法渊源，认为西汉产生的齐、鲁、韩三家诗较东汉之学更早，更多地保留了孔子和七十子之遗说，自然更接近圣贤传经之本意。作者力求建立诗学体系，对三家诗的异同得失比较分析较为客观。该书未附诗篇本文，也没有训释词句，而是分成《齐鲁韩毛异同论》《夫子正乐论》《诗序集义》等若干章节，评论《诗经》中的各类问题，如攻击《毛传》及《毛诗》的“大序”“小序”，排斥古文经学派。该书进一步动摇了古文经学派的地位，独具解放思想的意义，是清代中叶经文、经学的重要研究成果。

4.“三礼”

清朝对“三礼”所载录的典章及仪礼制度开展分门别类的综合研究，历代成书很多。

a.《周礼》

清代礼学昌盛，《周礼》研究有了新的进展。

《周礼正义》八十六卷。清孙诒让编撰。该书融合清代学者研究成果，

① 马瑞辰：《毛诗传笺通释·自序》，中华书局1989年版，第1页。

在郑玄《周礼注》、贾公彦《周礼正义》基础上作了进一步的补充完善，“举凡群经及先秦诸子记传等所涉及典章制度的内容，都与《周礼》正文详加比证”①，遵循以经决注，以注决疏的原则，充分吸收了旧注旧疏的正解，以廓清旧注旧说的误说，“博采汉唐宋以来，迄于乾嘉诸经儒旧诂，参互证绎”②，在注释中，每述一义，每引一说，必释举其人，指明原委，既谨慎又严谨，无门户之见。于经学理解透彻，于文字训精准释，于名物制度考辨翔实，为解释《周礼》较完备之作。光绪三十一年(1905年)出的铅印本。

除此之外，清代研究《周礼》的主要还有李光坡的《周礼述注》、李钟伦的《周礼训纂》、方苞的《周官集注》、惠士奇的《礼说》等几十部篇章。就《考工记》辨伪，也有戴震的《考工记图注》、程瑶田的《考工创物小记》、阮芸台的《考工记车制图考》、王宗涑的《考工记考辨》等数部专著。从辨疑到考证，实事求是，体现了清儒崇实致用的科学精神。

b.《仪礼》

清代《仪礼》的研究比宋代略有深入。张尔岐的《仪礼郑注句读》、胡承珙的《仪礼古今文释义》以及胡培翚的《仪礼正义》等在郑注贾疏的基础上多有所发挥。

《仪礼正义》四十卷。清胡培翚编撰。该书以郑玄注为主要依据，于经文下先录郑注文，后对经注作校勘，再作疏解。如该书“序”中所说，“郑注而后，惟唐贾氏公彦疏盛行，而贾疏或解经而违经旨，或申注而失注意，因参稽众说，覃精研思四十余年，成《正义》若干卷”③。《仪礼》一书，汉郑玄注在前，唐贾公彦疏在后，胡氏认为贾之疏文误解郑注多处，故此《仪礼正义》既吸收了贾氏的某些见解，也吸收了朱熹、敖继公、邢昺等人的一些注释，且对清代经学家之注疏成果格外关注。在过去经学家研究成果的基础上，加以补注、申注、附注和订注，被认为是注解《仪礼》既有系统又有影响的作品。所谓补注，是对郑玄未注释的经文字句及有关名物制度进行补充解释；所谓申注，是在郑玄注基础上引申发挥，意义更为清晰；所谓附注，是指虽然与郑注旨义相异，但亦可疏通经文的注解附于疏中，与郑注并存；所谓订注，是对郑注有违经文原义和仪礼古制等处详加辩证，分明是非，以求正解。《仪礼正义》因其多方面地吸收前

① 董治安主编：《经部要籍概述》，江苏教育出版社2008年版，第166页。

② 周书灿：《20世纪以前的〈周礼〉学述论》，载《河北师范大学学报(哲学社会科学版)》2006年第4期，第125页。

③ 胡培翚：《仪礼正义·序》，南菁书院续经解本，第1页。

人研究成果，又备古礼以作其疏，特色鲜明，成就卓然，在《仪礼》经文注疏、注文疏解方面达到一个新的高度。

c.《礼记》

《礼记集解》六十一卷，乾隆年间孙希旦编撰。该书吸取宋元以来诸家成果，融通汉宋，阐发义理。自乾隆辛卯(1771年)，孙希旦专治《礼记》，其成果八册，取名《礼记注疏驳误》。“注疏驳误”即是“注说有未当，辄附以己意”之说。刚开始他只取郑注、孔疏不恰当的地方，以己意一条条解之辨之，数易其稿，至乾隆四十四年(1779年)，改名《礼记集解》。前后长达十三年，著述近百万字。书中详考名物制度，“必求确有根据，而大旨在以经注经，非苟为异同者”①，既能考典明志，又能推情寻理，带有汉学昌盛之痕迹，又兼宋学自抒义理之色彩，在清代礼学中独具特色。

《礼记训纂》四十九卷。清朱彬编撰。该书以校勘、训诂、考订、释义见长，汉宋兼采，古今并用，体现了乾嘉时期考据学派的特色。朱彬治学注重“以经证经”“以史证经”，仔细核对原文与旧注间的舛误，无征不信，引用材料谨严简要，广采博取。该节体现出两方面的特点：一是引用《礼记》研究的历代学者中以理学家居多；二是引用当代人的成果居多。后者即如书中征引的一百二十四种书目和近百位儒家先贤的学术观点，其中清代学者有二十六位，约占四分之一强。该书汇集了宋学的义理和乾嘉时期考据学的成果，在《礼记》文字训诂和校勘方面做出了重要贡献。

《礼书通故》一百卷。晚清经学大师黄以周撰。全书从“礼书通故”至“名物通故”共分四十七门，又有“礼节图”“名物图”“叙目”五十门类。书首有俞樾序，称其书“究天人之奥，通古今之宜”。李慈铭的《桃华圣解庵日记》中也称其书“于丧服最留心，故所诂足正前人之失”。黄以周家学渊源，七岁诵读古书，三十二岁撰《礼书通故》。虽然该书既非疏体又非注体，但将它与《礼记训纂》等配合，即可起到疏的作用，具有“体大思周，无微不至”“不拘汉宋，实事求是”“明辨是非，精于判断”“文字互见，图文相辅”等特点，乃清儒礼学研究最重要的成果之一。

5.《春秋》

a.《春秋左氏传》

清代复兴汉学，传注多，《春秋左传》也获得极大重视，著作不断出

① 孙诒让：《温州经籍志》，民国十年浙江公立图书馆刻本，第133页。

现，如顾炎武的《左传杜注补正》、惠栋的《春秋左传补注》、洪亮吉的《春秋左传诂》、刘文淇的《春秋左氏传旧注疏证》等。

《春秋左传补疏》二卷。焦循编撰。该书在杜预《春秋经传集解》基础上释例。之所以称为"补疏"，乃是因为杜预将集解中的"秕谬"归罪于《左传》，于是特别在倡明恢弘《春秋》之微言大义上下功夫，今文经学特征较为典型，着手于字句补疏，伸张经学大义，发挥了补疏《左传》的作用。

《春秋左传诂》二十卷。清洪亮吉传。该书广征博籍，搜讨遗说，尽可能地恢复《春秋左传》古学的面目，吸收顾炎武、惠栋研究的先进成果，对地理、地图酌取之，凡杜注袭用贾氏、前人之说而未加注明者，均一一指出，并有明显的义例。

《春秋左氏传旧注疏证》八卷。清刘文淇花费四十年的心血编撰，至襄公五年，未完成部分约占一半，靠其子刘毓菘、孙刘寿曾续撰之。这是一部步入晚年的刘文淇仿焦循《孟子正义》体例对《左传》旧注进行疏证的成果。所谓"旧注"，乃贾逵、郑玄、服虔等人之注也。该书先列《左传》原文，将旧注排于相关语句之下，后加疏证，如无旧注，则直接疏证。该书将孔颖达应用前人之"旧疏"者分别考出，从中稽出"旧疏"的真实面貌。刘文淇认为《左传》杜(预)注有过失者三，即排击、剿袭、沿用。于是，"凡杜氏所排击者，纠正之；所剿袭者，表明之；其袭用韦氏者，亦一一疏记"①。因而，编撰该书以达"惩杜氏之失"的目的十分明确。刘氏未完成部分，被其子毓崧、其孙寿曾、其隔代传人吴静安接力完成，疏注兼治，例精义博，代表了宋时《春秋左氏传》疏证最高水平。

b.《春秋公羊传》

公羊学在宋元时期几乎无所发展，至清再次成为关注的焦点。在清代立意复兴汉学的思潮下，宋元明时衰微不振的《公羊传》得到改观，《春秋公羊传》逐渐受到重视。此时出现了两种观点：一是受乾嘉学风影响，出现了一批具有朴学特征的注解和义疏，如孔广森的《公羊通义》、陈立编撰的《公羊义疏》、凌曙的《春秋公羊礼疏》等，这些作品的共同特点是既继承前人的研究基础，又力求注疏有新意；二是标举今文经学传统，讲求微言大义，如庄存兴的《春秋正辞》、刘逢禄的《公羊春秋何氏释例》《公羊春秋何氏解诂笺》等。

《公羊春秋何氏释例》十卷。清刘逢禄编撰。刘逢禄对何休解诂的《公

---

① 刘文淇：《与沈小宛先生书》，见《清溪旧屋文集》卷三，清光绪九年刻本，第61页。

羊传》进行了义例归纳、系统总结，即对《公羊春秋传解诂》的注文研究出三十例，每一例下将何休与此有关的注文溯源寻流，阐发义理，借此梳理自己的公羊学思想，建立了一套严密、有特色的公羊学理论体系，把公羊学研究推向新的阶段，引领到一个新的高度。该书在清代公羊学研究中占有重要的地位。刘逢禄可称得上是一位学术兼备的思想家，“凡何氏所谓‘非常异义可怪之论’，如‘张三世’‘通三统’‘绌周王鲁’‘受命改制’诸义，次第发明。其书亦用科学的归纳研究法，有条贯，有断制，在清人著述中，实最有价值之创作”①。

《公羊义疏》七十六卷，清陈立编撰。该书对唐代以前《公羊》古义以及清朝诸儒对《公羊》之解说博采精取，钩稽贯串，不穿凿附会，严格遵守疏不破注原则。但有阐释无驳难，言其是不明其非，“典故有余而阐发义理不足，罗列众说有余而断制不足，墨守何注有余而注重现实、光大公羊之学不足”②。该评论可谓点到了《公羊义疏》之痛穴，材料充足但缺少独立判断，典故丰富但阐释不够，固守何注少有新制，以侧重于礼制、训诂注解《公羊传》，而区别于刘逢禄的《公羊春秋何氏释例》。

c.《春秋穀梁传》

在春秋穀梁学两千多年的发展史中，产生了以王道为核心的主体精神，形成了“鲁学”特色；辗转口授至汉代，汉宣帝因其为“鲁学”而立为官学，产生发展之盛期。后因失去官方支持，成为“私学”。历代春秋穀梁学在“私学”的格局下呈现不同的形态：两汉为章句之学，魏晋为注解之学，唐代为义疏之学。中唐以后，啖赵新春秋学派以“专己之学”开启宋代空言说经之风气，相继摆脱汉唐注疏疑经驳传。至清前中期，研究春秋穀梁学的学者不多，成就也不突出。晚清，今文经学复兴，“汉学”再度抬头，春秋穀梁学获得大发展。清人重视“汉学”，复兴“汉学”，今文经学也逐渐崛起，如柳兴恩的《穀梁春秋大义述》、钟文烝的《春秋穀梁经传补注》等一批解读评议《穀梁春秋》的作品。前者在文字训诂、辨正义例、归纳前人注疏方面成就显著。后者补充、完善、纠正了范宁《春秋穀梁传集解》之不足，为清代学者注解《穀梁传》的较好注本。

《春秋穀梁经传补注》二十四卷，清钟文烝编撰。作者所处时代今文经学开始兴盛，关于《穀梁》的研究成果丰富，思想活跃、重视义理，同时，也受到乾嘉时代训诂之风盛行的感染，辨文识章，义理明晰。作者编

① 梁启超：《清代学术概论》，中国书籍出版社2006年版，第120页。
② 董治安主编：《经部要籍概述》，江苏教育出版社2008年版，第190页。

撰目的可从其《序》中了然："宜有专门巨编发前人所未发者"①，从体例上来看的确做到了，该书创造了自注自疏的新体例，传统注经方式得以改变，且"治经宗汉儒"，成为回归汉唐新注新疏的代表。从采集成果而言，"其书网罗众家，折衷一是，其未经人道者，自比于梅鷟之辨伪书，陈第之谈古韵，略引其绪，以待后贤"②。这一点比同时代《穀梁传》等作品更具特色。该书编撰宗旨主要集中于"正名而尽其辞，以明王道"上，认为"王道"即为"天道"，所谓"王道"，实际是"仁义礼智"，故特别强调的便是天人合一的思想。该书成为清代春秋穀梁学的代表性作品。

6.《论语》

《论语正义》二十四卷。清刘宝楠编撰。刘宝楠仿照焦循《孟子正义》的体例，"先为长编"，"次乃荟萃而折衷之"，后因官事繁忙，交由其子刘恭冕续编成书，"盖知此书之将成而不及见矣"③。故刘宝楠完成了该书前十七卷。该书卷一至卷二十三是《论语》原文及对原文的注解"正义"，非完整照录原文，而是每段每节需要注解之处用注释分开，注释完毕再行原文，再注解，如此循环。注解是采录诸家集解对原文进行注释，构成"正义"主体，需要注释之处引多家疏文说明。卷二十四为何晏《论语序》及注释。《论语正义》以三国魏何晏《论语集解》为主，兼采各家、特别汇集了清代诸家之注释、考证《论语》的资料，注重文字训诂、史实考订和经义阐述。该书承袭了乾嘉学风，言必有据，论必有证，但繁琐不堪，使人读而生畏。个别之处注释过于牵强也在所难免。《论语正义》秉承乾嘉学风，对古代的名物典章制度、风俗礼节、历史事件以及人名、地名考证得非常详备。对前人的注解，作者多作评判；对拿不定主意的地方，往往兼收并蓄，留待读者自己鉴别。它不仅保留了汉魏古注，而且对这些古注作了详细疏解，丰富了《论语》的注释内容。

《论语集释》上、下二卷。晚清程树德编撰。程氏力将名儒著述训诂义理荟萃贯通，本着"述而不作"的原则，将宋以后诸家之说分类采辑。在学术上不分宗派，同时将自己的心得并作按语类，供他人学术研究。该书搜集了自汉到清的各种关于《论语》的书籍史料，所引书目六百八十种，一一列表备查。未见原书者，注明出处。有引自某书而某书实在找不见者，则仍以原书著录，方便检索。对于六朝已佚古籍，或虽为近人著作而

---

① 钟文烝：《春秋穀梁经传补注序》，见《春秋穀梁经传补注》卷首，清光绪刻本，第6页。
② 赵尔巽：《清史稿》，民国十七年清史馆铅印本，第7003页。
③ 刘宝楠：《论语正义·后叙》，《四库全书》本，第391页。

罕见之本，仿《四库全书总目》，别为简明提要附后。如同书名一样，该书汇集各家，形成“集释”，名副其实。每一段下分考异、音读、考证、集解、唐以前古注、集注、别解、余论、发明、按语十类。该书资料宏富，训诂详明，考证充分，是《论语》注释的集大成之作。

《论语疏证》，杨树达编撰。作者在《凡例》中说：“本书宗旨在疏通孔子学说，首取《论语》本书之文前后互证，次取群经诸子及四史为证，无证者则阙之。老庄韩墨说与儒家违异，然亦时有可以发明孔子之意者，赋诗断章，余窃取斯义尔。”①即编辑此书目的，一是以经证经，二是以史证经。作者把三国以前所有征引《论语》或者和《论语》有关的资料依《论语》教学文疏列，时出己意，附加按语，陈寅恪赞曰：“乃自来诂释《论语》者所未有，诚可为治经者辟一新途径，树一新楷模也”②，肯定了其开创性的贡献。该书证文的顺序，以训解字义、说明文句者居前，发明学说者次之，以事例为证者又次之，旁证推衍之文又次之，编撰特色鲜明。

7.《孝经》

清代复兴汉学，具有总结性的孝经学产生了若干著作。清代初年，毛奇龄作《孝经问》，针对朱熹的《孝经刊误》提出不同意见，后如臧庸《孝经郑氏解辑》一卷、陈鳣《集孝经郑注》一卷、黄奭《郑氏孝经解》一卷等纷纷问世。

《孝经郑注疏》二卷。晚清皮锡瑞编撰。在严可均《孝经郑注》基础上，皮锡瑞作《孝经郑注疏》，专主今文，极力驳斥古文学说，褒扬了郑玄古注的真实性，维护了今文经学。如唐刘知幾的《孝经老子注易传议》为证明郑注之伪列举的十二条疑问，虽然被邢昺收入《孝经正义》，但未注明出处，皮锡瑞即在卷上“郑氏解”下引邢昺“十二验”之文，利用阮元《孝经正义校勘记》所得结论，逐条批驳，反复辨明《孝经》非汉儒伪作，力求为郑注正名。《孝经郑注疏》对所涉及的典章制度广采群籍，客观注解，以明郑注之渊源，颇多创见，代表了清代今文经学派解经之最高水平，也是研究《孝经郑注》的权威著作。

8.《尔雅》

清乾嘉时，邵晋涵不满邢昺的疏解，编撰《尔雅正义》，全面整理阐释了郭璞的《尔雅注》，开清人为“十三经”新疏风气。郝懿行著《尔雅义疏》重在经文本身的考释，尤其是在声音通训诂和推求名物方面补邵晋涵

---

① 杨树达：《论语疏证·凡例》，江西人民出版社2007年版，第1页。

② 杨树达：《论语疏证·陈寅恪序》，江西人民出版社2007年版，第1页。

之不足。《尔雅正义》和《尔雅义疏》代表了清人尔雅学进入的新高度。

《尔雅正义》二十卷。清邵晋涵编撰。该书卷首为作者自序，认为："世所传本，文字异同不免讹舛，郭注亦多脱落，俗说流行，古义浸晦"，[①] 邢疏"多掇拾《毛诗正义》，掩为己说，间采《尚书》《礼记》正义，复多阙略"，即因不满郭璞作注、邢昺作疏的《尔雅注疏》而编撰是书。邵氏自序"据唐石经暨宋椠本及诸书所征引者审定经文，增校郭注"[②]，说明其先依据唐石经、宋刻本以及诸书所征引《尔雅》者审定经文，增校郭注；再以郭注为主，兼采诸家，仿照唐人正义之体例"绎其义蕴，彰其隐赜"。除此之外，也还运用"因声求义"、证经辨物等手法略引其端。该书作为训诂学著作，存古义、广古训、存古音的特点十分鲜明，是清代学者为《尔雅》作疏的第一部，影响很大。

《尔雅义疏》二十卷，清郝懿行编撰。郝氏平生训诂著述数十种，但唯《尔雅》用功最勤，他认为"邵晋涵《尔雅正义》搜辑较广，然声音训诂之原，尚多壅阂，故鲜发明"。针对《尔雅正义》的缺憾，"今余作《义疏》，于字借声转处词繁不杀，殆欲明其所以然"[③]，即以声音贯穿训诂，于训诂异同、名物疑似处详加辨析，探求词源。该书广泛参考汉魏五家注，晋郭璞注，唐陆德明音义，宋邢昺疏、郑樵注等前人注疏，不拘于字形，探讨声韵，较邵氏《尔雅正义》深，较郭注、邢疏精当。《尔雅义疏》取材广博，注释详尽，正如黄侃所言："郝疏晚出，遂有驾邢轶邵之势，今之治《尔雅》者，殆无不以为启辟户门之书。"[④]

清邵晋涵说："《尔雅》者，正名之书也。"正名，即是该书的主要内容，即辨名物、释方语。先秦时期，反映事物的"概念"、表示概念的"词"、记录词的"字"统称为"名"，"名"含义不清，则事理不顺。同样，各地方言不"雅"，便"地不能处"，"民不能使"。《尔雅》在正名命物的结构中也彰显了重要的编辑思想，即解经。《释训》把《诗经》中的叠字和释语编成大段韵文，便于记忆，便于传播。过去书籍注文常列于经文之下，而该书则将注文独立成篇，再予以贯通，按意义分类，达到内涵彰显、便于流传的目的。有关《尔雅》的著述众多，仅清一代不下百家，按性质区分，大致有辑录佚注、经疏校勘、正字匡名、郭注补正、名物考释、日记札录、疏证集解等不同种类。有人说《尔雅》是一部训诂之作，也有人说

---

① 邵晋涵：《尔雅正义》，清乾隆五十三年邵氏麦水层轩刻本，第2页。
② 邵晋涵：《尔雅正义》，清乾隆五十三年邵氏麦水层轩刻本，第2页。
③ 赵尔巽：《清史稿》，民国十七年清史稿铅印本，第6980页。
④ 黄侃：《黄侃论学杂著》，上海古籍出版社1980年版，第394页。

它是一部辞书，然而，从其对经典文献的常用词语作训诂正义的角度来看，它无疑也是一部经书，且是一部解释经书的重要之作。人称“《尔雅》为诸夏之公言”“《尔雅》皆经典之常语”“《尔雅》为训诂之正义”，这既是对《尔雅》的评价，也可从其对词语的解释与编辑中考察其明确清晰的编辑思想。

9.《孟子》

《孟子正义》三十卷。清代焦循编撰。清代经学兴盛，名家辈出，有关《孟子》的研究成果非常丰富，《孟子正义》可谓独树一帜。该书多以名物训诂为主，凡释一义往往征引多家之说，简当精要。焦循在书的最后一部分总结了《孟子》作疏“十难”，以说明其编撰不易。其征引清代学者六十余家，如“汇叙于石昆山顾氏炎武字亭林，萧山毛氏奇龄字大可，太原阎氏若璩字百诗，宣城梅氏文鼎字定九，安溪李氏光地字厚庵，鄞县万氏斯大字充宗，鄞县万氏斯同字季野，江都孙氏兰字滋九，邹平马氏骕字宛斯，武进臧氏琳字玉林……”①择善而从，以求真解。

经部书籍编辑在清代得到强化与发展，特别是经学考据与校勘成为典籍出版的重要内容。清统治者一方面将以孔子为代表的儒家学术推崇到至高无上的地位；另一方面，强化了对与治国理政不合的书籍的出版管理，推崇儒学与维护朝纲有机统一，成就了一代理学名臣，出版了一批具有重要影响的经部要籍。

清代一批儒家学者学习借鉴了西方近代民主思想，既注重研究与总结已具两千多年历史的经学发展变化，展开多层面的、实事求是的分析，又期望在政治维新运动中发挥经学的作用，掌握传统的思想武器为西学服务。然而，伴随着清末深刻的社会变革，作为封建统治阶级精神支柱的正统经学进入尾声已成为历史的必然。

第三节　经部要籍的编辑方法

图书的编辑方法是在某种编辑思想的指引下，按照一定的标准和体例，对图书内容和形式进行选择、整理的手段。编辑方法是编辑思想的具体体现，编辑具有什么样的思想决定了他所采用的编辑方法。编辑方法定了，书籍的基本形态也就定了，因而，研究书籍编辑思想离不开对编辑方

① 焦循：《孟子正义》卷三十，学海堂经解本，第570页。

法的分析、概括与总结。编辑方法在思想的引领下各有特色，风格迥异，是编辑思想的具体体现，也是编辑思想在成书过程中的充分表达。经部书籍数量众多，卷帙浩繁，时代特征明显，无论编著、编述还是钞纂，都是通过某种特定的方法编辑出来的。分析经部要籍的编辑方法，从古籍著作类型、经书自身成书方式入手，也可从中发现与之密切关联的编辑思想。

一、古籍著作类型

图书的著作类型可大体分为著述、编撰、翻译、注释等。翻译、注释两种方式较著述、编撰更易于区分一些。

1. 著述

据《国语·词典》解释，古代著述多指诗文撰述。张舜徽先生在《广校雠略》中说道："名世间出，智察幽隐，记彼先知，以诱后觉，此之谓著作。"①这里所说的著作属于著述。凡无独特见解的作品，不应定为"著"或"著述"。现代，凡以己见及技能制成者，皆谓之著作，如文艺作品、图画、雕刻、照片、模型等。

严复 1903 年 4 月上书学部大臣张白熙，要求实行"版权立法"，以保护"著、述、译、纂"者的权利。他把"述""纂"同"著"并列为著作方式，说明彼时"著""述""纂"三者分属于三种著作方式。皮锡瑞《经学通论·春秋》中说明了什么是"作"，"作是做成一书，不是钞录一过。又须知孔子所作者，是为万世作经，不是为一代作史……据孟子说，孔子作《春秋》是一件绝大事业，大有关系文字"②。这里将经书成书定为"作"，将"万世"与"一代"区别，明显地强调"作"于后世的长远、典范意义。

据章学诚《文史通义》记载："著述始专于战国，盖亦出于势之不得不然矣。著述不能不衍为文辞，而文辞不能不生其好尚，后人无前人之不得已，而惟以好尚逐于文辞焉，然犹自命为著述"③，因此"至战国而著述之事专"。其实，从现有文献看，我国的图书开始于殷商时代。殷墟的甲骨卜辞，商代和周初的铜器铭文，《周易》中的卦、爻辞，皆可视为我国著述之萌芽。已故著名目录学家余嘉锡先生在《古书通例》中写道："自汉武以后，九流之学，多失其传。文士著书，强名诸子，既无门徒讲授，故其

① 张舜徽：《广校雠略》卷一，上海古籍出版社 2013 年版，第 5~6 页。
② 皮锡瑞：《经学通论·春秋通论》，清光绪三十三年思贤书局刻本，第 276~278 页。
③ 章学诚：《文史通义》卷第一，清刊本，第 27 页。

书皆手自削草，躬加撰集，盖自是而著述始专。”[①]春秋战国是我国古代经籍蓬勃发展的重要阶段，大作迭出。《易》《诗》《书》《礼》《乐》《春秋》“六经”作为最早的典籍，也是书籍的起源，便是著述而成。在它们的基础上逐渐产生了一批经书或数部典籍，最终形成卷帙浩繁的经史子集。如《尚书》是我国现存最古老的经书、史书，也是我国最早的散文，继此产生的《左传》《国语》都深具影响。但先秦诸子大多因事为文，其书不作于一时，先后亦无次第，随时所作，即行见世。

著述与编撰是两个不同的概念，是不同的著作类型，有时易混淆。

2. 编撰

编撰，是按照某种需要和目的将现成的文章和书籍加以重新排列和整理，另外组织成书。需要和目的决定书籍编排、整理、组织的导向，编撰方法成为书籍完成的手段，体现与他书的不同。编撰而成的书籍一般符合两个条件：一是有大量的书籍文献资料供参考；二是对有关学说事物加以一定的综合。换句话说，编撰是收集多种著作和资料，在一定的方针下加以编排、整理而成的书籍。

编撰与著述有别，可分为编述和钞纂两部分。编述是在编辑已有书籍或材料的基础上作的阐述。钞纂是对抄录的书籍进行编纂或订正等，如类书。类书是较为典型的一种钞纂形式，“惟比叙旧事，综录异闻，或订其讹，或匡其失……”比较著述和编撰它“又其次也”。[②]“大氐古人类事之书，乃学者求知之功力，而非成家之学术，谓之纂辑钞比则可，谓为著述则不可。”[③]《广校雠略》如是说。故类书不属著述。此外，历代开国之初多喜设馆修书，这种官修之书也不属著述。

历代古籍，有著有编。“著”用于著作的意义在汉代已很常见，如《史记・老子韩非列传》载：“老子乃著书上下篇，言道德之间五千余言。”老子生活在春秋末期，略早于孔子和孙子，所著《老子》一书多处使用第一人称，例如“吾不知其名，字之曰道”(二十章)与“天下皆谓我道大，似不肖”(六十七章)。该书是流传至今的我国最早的一部私人著作，《论语》与《墨子》对它都有所引述，说明春秋末期已有著述方式的出现。《孙子兵法》则是我国现存的第二部私人著作。吴王阖庐在公元前 514 年即位之后召见孙武，拜他为将，在之前已读过他以著而成书的兵法十三篇。更多的

---

① 余嘉锡：《古书通例》卷四，上海古籍出版社 1985 年版，第 119 页。
② 张舜徽：《广校雠略》卷一，上海古籍出版社 2013 年版，第 6 页。
③ 张舜徽：《广校雠略》卷一，上海古籍出版社 2013 年版，第 9 页。

古书是编撰而成，如《永乐大典》《古今图书集成》《四部丛刊》等。古书编撰是为实现一定的著作目的，广征博引前贤的材料，艺术地剪裁熔铸，以独具特色的编辑体例编成的一部新书。

3. 翻译

翻译是外来文化的媒介，是一种独立的著作类型。有“译”“摘译”“编译”等种类。所谓“译”，又叫“翻译”，是将一种语言文字的意义用另一种语言文字表达出来。

翻译是介绍外来文化的重要方法和手段。中华民族创造了丰富的民族文化，同时也善于吸收外来文化，利用外来文化中的精华，充实和发展自己。我国的翻译历史，根据现有的文字记载，至少可以上溯到周代。《礼记·王制篇》记载：“五方之民，言语不通，嗜欲不同，达其志，通其欲，东方曰寄，南方曰象，西方曰狄鞮，北方曰译。”①周代专门设有称为“象胥”的“通言语”的官职，用今天的话来说就是“翻译”。

春秋战国时期，各诸侯国语言不尽相同，他们之间的交流需要翻译。据刘向《说苑·善说》记载，当年鄂君子皙“泛舟于新波”之日，有个越人“拥楫而歌”。但子皙不懂越语，不得不请人翻译。后世以《越人歌》名此篇。它是我国第一篇赞歌翻译的文章。

真正大规模的文字翻译始于汉代。汉代对翻译已较为熟悉。如许慎在《说文解字》里写道：“译者，传译四夷之语者，从言睪声。”《隋书·经籍志》中也有“汉桓帝时，有安息国沙门安静，赍经至洛，翻译最为通解”的记载，均说明汉代翻译已有一定的影响。当时的翻译主要是佛典翻译，佛典翻译是我国翻译史上极其重要的一章，在世界翻译史上也是极其重要的一页。

4. 注释

注释也叫“注解”，即用文字来解释字句，对文章中的语汇、内容等作的说明。一个好的注释是对正文内容的补充，可以把正文中因为某种原因没有说到或说得不清楚的问题加以说明或补充，以帮助读者更好地理解正文。注释不是可有可无的文字，有些书籍如果缺少注释，会影响阅读效果。注释，多是介绍正文中提到的人物和事件的基本情况，通常是不必发表什么议论的，也不必对某个人物或事件下什么结论。对人物的注释，一般是姓名、生卒年月、籍贯、主要经历等项。对事物的注释，一般是时间、地点、内容、背景等项，起到补充正文、帮助读者阅读的作用。注释

① 郑玄注，陆德明译：《礼记》，相台岳氏家塾本，第86页。

文字力求简短、明了、无误。

作为著作方式的注释是在汉代有了今、古文经的分别以后，为了满足汉儒读解古文经学的需要而兴起的一种解经形式。每一个历史时期出现的著作都是当时语言文字的记录，受时间、空间的局限，离开那种环境，脱离那个时代，人们很难弄懂书中的语言、发生的事件。况且，语言在不断发展变化。后人对祖先留下的典籍，“或是不解文义，或是不懂字句，或是不明声训”，因此流传下来的古籍，常伴有相应的注释。自上古到先秦，直至现今，伴随着古籍的流传，相应的注释也成为书籍重要的组成部分。一部儒家经典经过后代儒家学者的不断注释，可以产生几百甚至上千部著作。

二、经书类别

经部要籍是古籍的一部分。清陈澧在《东塾读书记》卷十一里说：“时有古今，犹地有东西，有南北。相隔远，则言语不通矣。地远，则有翻译；时远，则有训诂。有翻译，则能使别国如乡邻；有训诂，则能使古今如旦暮。”①它解释了古籍中的翻译、训诂是如何产生的，也解开了经部典籍自先秦产生儒学原典后，围绕“六经”“十三经”产生数千部要籍的缘由。两千多年前，经书出现不久即有解说经义的文字出现，如有关经书的传、记、注、音、疏等，十分繁复庞杂。

春秋时期的“六经”，在战国以后开始出现解释《易》《书》《诗》《礼》《乐》《春秋》大义的“传”“记”。如《易》有上下彖辞、上下象辞、上下系辞及文言、序卦、说卦、杂卦等“十翼”，它们是最早解释《易》的著作；《礼》所附的“记”以及《春秋左氏传》《春秋公羊传》《春秋穀梁传》等也都是这样产生的作品。汉魏隋唐时期是我国注疏之学最发达的阶段，其内容与方法此时臻至完善。朱熹曰：“汉魏诸儒，正音读，通训诂，考制度，辨名物，其功博矣。”②宋代以后，理学兴盛，学术由“汉学”转为“宋学”，学者直接从经学原典寻求义理，训诂注疏之学则被旁落。自明代中后期至清初，学者又以“故训明则古经明”的主张倡言“汉学”复兴。

经部书籍“通古今之异辞，辨物之形貌”的经传训诂方法各不相同，名目不同，特色亦不同。黄以周《儆季杂著·史说略》卷二读《汉书·艺文志》说：“汉儒注经，各守义例。故、训、传、说，体裁不同，谈《艺文

① 陈澧：《东塾读书记》，清光绪刻本，第194页。
② 皮锡瑞：《经学历史》，清光绪思贤书局刻本，第60页。

志》尤可考见。故、训者，疏通其文义也；传、说者，征引其事实也。故、训之体，取法《尔雅》；传、说之体，取法《春秋》。”[①]张舜徽先生在《广校雠略》里也说道：“注述之业，肇自仲尼，下逮两汉，涂辙益广，举其大较，盖有十科：曰传，曰注，曰记，曰说，曰微，曰训，曰故，曰解，曰笺，曰章句。”[②]它们是不同的注释方式，与经书发展有密切关联。[③] 以下若干注释类别成为经籍发展内容与形式的重要组成部分。

①故。也写作“诂”。《汉书》颜师古注：“故者，通其指义也。”《尔雅》邢昺疏：“诂，古也，古今异言，解之使人知也。”[④]《汉书·艺文志》载三家诗说，各有“故”数十卷，如《鲁故》二十七卷，《齐后代故》二十卷，《齐孙氏故》二十七卷，《韩故》三十六卷，虽然大都失传，只有《毛诗故训传》流传到今天，但“故”已固定成经书的一种成书方法无疑。它或用当代汉语去解释古代汉语，或用通行语言去解释古言。

②训。用通俗的词语解释原典的编辑方法。张舜徽《广校雠略》记载：“训者犹说也。”[⑤]古人也以训解、训说为题，皆作成书之通称。《古今韵会举要》注：“训者，释所言之理。”[⑥]《尔雅音义》引张辑《杂字》说：“训者，谓字有意义也。”这是广义的“训”的解释。自汉代以来就有用“训”形成的新的作品，它和“诂”意义相同，有时“训”“诂”两字连用。东汉高诱注《淮南子》，除《要略篇》外，其他各篇标题下都标了一个“训”字。这是现存较早的以“训”构成的著作。

③传。是注释或解释经义以成新书的编辑类型，有说、传述、解说等意思。孔子所定的书叫“经”，弟子所释叫“传”。有论本经以明经义者，如《春秋左氏传》，有阐明经中大义者，如《春秋公羊传》《春秋穀梁传》；有依据文字逐句解释撰新著者，如《毛诗故训传》；还有“语无涉乎本书”，事有资于旁证，别录以成编，名之曰“外传”者，如《韩诗外传》。《史通·六家》说：“孔子既著《春秋》，而丘明受经作传。盖传者，转也；转受经旨，以授后人。或曰：传者，示也；所以传示来世。按孔安国注《尚书》，

---

① 转引自吴枫：《中国古典文献学》，齐鲁书社 1982 年版，第 68 页。

② 张舜徽：《广校雠略》，上海古籍出版社 2013 年版，第 36 页。

③ 本篇成书方式部分内容参考了吴枫：《中国古典文献学》，齐鲁书社 1982 年版，第 68～71 页。

④ 郭璞注，邢昺疏：《尔雅疏》卷第一，清嘉庆二十年南昌府学重刊本十三经注疏本，第 6 页。

⑤ 张舜徽：《广校雠略》，上海古籍出版社 2013 年版，第 37 页。

⑥ 熊忠：《古今韵会举要》，《四库全书》本，第 622 页。

亦谓之传；斯则传者，亦训释之义乎！”[①]传分内传、外传、大传、小传、集传、补传等多种情况。如《诗》有《韩内传》《韩外传》，《春秋》有《公羊外传》《穀梁外传》，《左传》和《国语》分别有《春秋内传》和《春秋外传》。外传是“与经义不相比附”，用于说明事理的编辑方法，而不是逐句解释经典。《易》之《系辞》，汉人称为《易大传》，即编辑活动侧重阐发经典大义。小传取义于“不贤识小”之意，与小疏、小稿、小纂、小注一样表示谦虚。集传，大多引诸家之说，采用训释的编辑方法。补传与补注意思相近，重在补充他人注解的编辑方法。

④说。以解说而成书的方法。《礼记·檀弓下》载：“而天下其孰能说之？”郑玄注：“说，犹解也。”[②]《汉书·艺文志》中即有《鲁说》《韩说》等。清人惠世奇撰《礼说》不载经文，仅标其所有辨证者，依经文次序编之，对古义分别加以疏通说明。

⑤记。重疏记、注解，是比注更详细的成书方法。《礼记正义·序》记载：“孔子没后七十二之徒共撰所闻，以为此记，或录旧礼之义，或录变礼所由，或兼记体履，或杂序得失，故编而录之，以为记也。”[③]它兼载经外远古之言，记经义所不备，与传、注很相似。《汉书·艺文志》中有“记”一百三十一篇，都是汉儒编辑《礼》的方法。

⑥注。本义是灌注，是对经籍疏通解说为主的一种成书方法。古代经书文义难懂，好像水道阻塞，必须灌注才能疏通。《尔雅·释水》载：“水注川曰溪。”《说文》：“注，灌也。”贾公彦《仪礼疏》说：“注者，注义于经下，若水之注物也。”注也可看作著的假借，如孔颖达《毛诗注疏》说：“注者，著也，言为之解说，使其义著明也。”[④]但多取灌注之意。

⑦解。《说文解字》云：“解者，判也”，判别分析的意思。管子书如《形式解》《立政解》《明法解》等，即是对“形势”“立政”“明法”的判别分析。《韩非子》中的“解老”，即解释《老子》的名篇。汉儒有“解谊”“解诂”，即如服虔的《春秋左传解谊》、何休的《春秋公羊传解诂》等。

⑧笺。吕沈《字林》云：“笺者，表也，识也。”笺本是一种小竹片，读书时随手记录心得，系在相应的简上以备参考，含表识之意，人们读书，每有所得，喜用纸条写好，粘在相关篇页上，亦笺识之意，后成为注释的一种。古人治学，讲究师有所承，学有所宗，对前人说法加以引申发明，

---

① 刘知幾：《史通·六家第一》，明嘉靖刻本，第12页。

② 郑玄注，陆德明译：《礼记》，相台岳氏家塾本，第56页。

③ 上海古籍出版社编：《十三经注疏》，上海古籍出版社1997年版，第1226页。

④ 郑玄笺，孔颖达疏，阮元校刻：《毛诗注疏》，阮刻本，第18页。

另成一书。如东汉郑玄《诗经补笺》。由笺引申可作“笺注”，是对旧注有所考辨或订正而成新注的成书方法，也叫“校正”或“校笺”。

⑨章句。先秦古籍整篇一直写下来，既不分章，也不断句，后人易误解，汉代始，分章断句，并对经书章节和句读分析进行解释，使之成为一部新书。《后汉书·桓谭传》注：“章句谓离章辨句。”①《论语集解·序》疏：“章句者，训解科段之名。”②《汉书补注》说：“沈钦韩曰：章句者，经师指括其文，敷畅其义，以相教授。”③《文心雕龙·章句篇》说：“故章者明也，句者局也，局言者联字以分疆，明情者总义以包体。”④分章析句亦即有对内容重新理解之意，如宋朱熹《大学章句》《中庸章句》即属此类。

⑩集解。集合前人关于某部书的注释或再加自己的见解进行注释，也即汇集各家说法的成书方法。魏何晏的《论语集解》就是“集诸家之善说，记其姓名，有不安者，颇为改易”⑤。后世的集注、集说、集释、集传、集讲、集要、集义、集意、集成，都是博采众说的方法。晋代杜预的《春秋经传集解》为《左传》做注，又是一体。《春秋左传正义》说：“杜言集解，谓聚集经传，为之作解。何晏《论语集解》乃聚诸家义理，以解《论语》。言同而意异也。”⑥四库馆臣说：“《论语》《孟子》融会诸家之说，故谓之集注，犹何晏注《论语》，裒八家之说称集解也。”⑦

⑪义疏。盛行于南北朝的一种成书方法，和集解相近。《颜氏家训·勉学篇》记载：“俗闲儒事，不涉群书，经纬之外，义疏而已。”⑧当时盛行的义疏专著是从讲论儒家经典演变而来，因而称为讲疏。南北朝后，读书人对魏晋的笺注普遍感到古奥难懂，于是这种讲义式的讲疏开始出现。它的特点是逐字逐句讲解古书，且遵从“疏不破注”的原则。皇侃《论语义疏》的编撰“引取为说，以示广闻”⑨，便是这一体裁的代表。

⑫正义。唐代统一的政治体系要求大一统的文化，而前代经说儒学多

---

① 范晔撰，李贤注：《后汉书》，武英殿本，第862页。
② 何晏集解，邢昺疏，阮元校刻：《论语注疏》，阮刻本，第5页。
③ 王荣商：《汉书补注》，清光绪十七年刻本，第1735页。
④ 刘勰：《文心雕龙》，景上海涵芬楼藏明刊本，第77页。
⑤ 何晏集解，皇侃义疏：《论语集解义疏》，清乾隆五十二年武英殿刻本，第9页。
⑥ 左丘明撰，杜预注，孔颖达疏：《春秋左传正义》，宋庆元六年绍兴府刻宋元递修本，第30页。
⑦ 梁章钜：《退庵随笔》，清道光刻本，第379页。
⑧ 颜之推：《颜氏家训》，明辽阳傅氏刊本，第55页。
⑨ 吴骞：《皇氏论语义疏参订》，日本京都大学藏抄本，第8页。

门，章句紊乱，故召孔颖达等儒家学者编出一套统一的经书，即《五经正义》。“五经”是指《周易》《尚书》《毛诗》《礼记》《春秋左传》。“正义”就是正前人的义疏。这种成书方法强调学有宗主，对于旧注有引申发明，而并不另立新说。传说最初官修的书才称为“正义”，私修之书称为“疏”，取其疏通证明归注的意思，但后来这种区别也不那么严格了。

上述种种成书方法构成中国古籍特别是经书要籍的主体，丰富了注释之学，保存了中国传统文化的本来面目，也发展了古代经典著作类型与著书体裁。在它们的基础上产生了成千上万部经籍，是研究中国图书文化的重要途径，也是经部要籍编辑思想形成的滥觞。

三、经书内容形成

图书的成书方式通常分内容与形式两部分，形式部分与载体材料、装订方式有关，内容部分通常与著作类型相关，因为无论哪一种著作类型，都会影响其内容结构，进而影响成书方式。“著述”而成的图书一定与“编撰”而就的书籍内容组织不一样，是“翻译”而成的著作，也一定区别于“注释”的作品。经部书籍的成书方式自然离不开经书内容的构成方式。

1. 著作方式是经书内容形成的重要组成部分

图书的成书方式是指其形成方式。它可以有不同的纬度，比如内容的形成方式、形式的形成方式、生产的形成方式等。图书形式的形成主要与载体材料、装订形式、装潢、装帧设计有关。图书生产方式的形成则与印刷技术、复制技术等生产要素有关，二者均不是本书要讨论的范畴。在图书形成的过程中内容是其重要因素，内容的形成方式是图书形成方式的一个重要纬度。对于经部书籍而言，内容的形成更具历史性、发展性、思想性的特征，有鲜明的类别区分意义，它与经书数量增长有关，与人们对其认可态度、传播行为及其作用发挥的功能质量有关，故从内容形成的角度探讨经部书籍的成书方式很有意义。

内容的形成与著作方式有关。关于古籍著作方式历代都有过一些研究，有的出现在文章学、关于文体的研究中，如梁任昉的《文章缘起》、刘勰的《文心雕龙》、明吴讷的《文章辨体》、贺复征的《文章辨体汇选》、清姚鼐的《古文辞类纂》等，还有的出现在文献学、训诂学、校雠学、目录学等著作中，如吴枫的《中国古典文献学》论述了“经部文献的注释”①；

---

① 吴枫：《中国古典文献学》，齐鲁书社 1982 年版，第 92 页。

张舜徽的《广校雠略》阐明了“注述之业不外十科”“集解义疏体例”①；曹之的《中国古籍编撰史》设有“经书的著作方式”一节，认为“经书的著作方式非常复杂，有撰、注、疏、集解、传、说、记、故、微、音、解、训、诠、原、笺、集释、学、述、订、考、证、隐、正义、章句等”②，并重点介绍了撰、编、注、疏、笺、章句六种。冯浩菲的《中国古籍整理体式研究》认为，古籍整理体式“即古籍整理著作的体裁与方式”。但研究“体式”的专书很少见，“除唐刘知幾《史通》、宋洪迈《容斋随笔》、清顾炎武《日知录》、章太炎《国故论衡》中有些零散篇段论及此事外，其他就只能数到近年来所出版的几部训诂学著作了”③，还有很多文献从传注类(体)、义疏类(体)、集解类(体)、章句类或其他类分别展开研究。

经书内容的成书方式离不开著作方式，也与书籍体例、体式相关。同时，既具有史部、子部、集部书籍的相同性，又有其独特性。著述、编撰、翻译、注释四种著作类型在经部图书中都有体现，经书更多地体现在“注释”体裁、方式上。探讨经书的成书方式可以了解经书何以形成，儒家经典书名与之有何关系，历代经书众多究是何原因，形成过程中又有哪些缘由使之保证不断发展、代代流传等。诸如此类，与成书方式相关的探索，有助于对经部要籍编辑思想的研究。

如清人陈澧所说，时有古今，犹地有东西南北。有翻译，则能使别国如乡邻；有训诂，则能使古今如旦暮。时空流逝，斗转星移，地隔相远，言语不通，代代相承，物是人非，而翻译和训诂可以将时空对接，使后人知晓前人之事，使一地之人懂得他乡之事，起到沟通、明了、相知的连接作用。经书的流传与发展不可能永远停留在汉代，语言、文字及社会生活的变化都影响着后代对古代经义的理解，故对经书的翻译和注解不断地产生着新的注文疏文，既有新的阐发，又不脱离圣人先贤的经义，这便是“六经”之后产生数以千计经书的客观原因。

2. 尊崇六经的价值观是经书形成的重要动因

“六经”是孔子在古代文献基础上删改整理而成的，它集中代表了封建社会思想文化、伦理纲常的基本观念形态。先秦时期已出现经书传注，数千年沧桑巨变，更新换代，围绕着“六经”产生了众多经书，形成经部，汇成经学。经学的形成过程其实就是不断训解、阐释儒家经典，并借此表

---

① 张舜徽：《广校雠略》，上海古籍出版社 2013 年版，第 36 页。

② 曹之：《中国古籍编撰史》，武汉大学出版社 2006 年版，第 344 页。

③ 冯浩菲：《中国古籍整理体式研究·原版序言》，高等教育出版社 2003 年版，第 1 页。

达作者崇儒重道思想的学问。正是对经典意义与价值的认同，才形成卷帙浩繁的经书，经书内容也围绕传承经典意义、发展经学思想被编辑与诠释。

六经文字，古近不同。“惟六经仅相传古籍，而孔门所重，在于孔子之义，故经之本文，并不较与经相辅而行之物为重。不徒不较重，抑且无相辅而行之物，而经竟为无谓之书矣。”①即从弘扬儒家学说出发，只有“与经相辅而行者”，才能产生尚古、尊经、明道的价值与意义。仅仅是经是没有意义的。《汉书》曰：“献王所得书皆古文先秦旧书，《周官》《尚书》《礼》《礼记》《孟子》《老子》之属，皆经传说记，七十子之徒所论。”②即与经相辅而行者，有传、说、记三种。此传、说、记与经共同构成书的内容，成为书籍重要的形成方式。此时的“经”已不是先前所谓“丝之纵线”与“纬”相对的“经”了，而成为“常典”与“常道”。

“六经”在战国后开始出现解释经义的“传”“记”。如解释《易》的上下彖辞、上下象辞、上下系辞及文言、序卦、说卦、杂卦等“十翼”，称为《易传》；以“记”释《礼》，称为《礼记》；以“传”释《春秋》，产生了《春秋左氏传》《春秋公羊传》《春秋穀梁传》等。在具体经书形成过程中，有“分传附经”和“以传解经”两种形式。分传附经如王弼注释《周易》，将传文《彖》《象》《文言》三者分散于六十四卦相应经文之后，其余四卷则统一于书之末，构成《周易注》的成书方式。以传解经，即用“传”之语义解释本经，如以《易传》的思想和术语来解释《易经》。作为成书条件，“传”“经”集中于一书方可进行。无论是分传附经还是以传解经，都展示了义理，崇简黜繁，强化了“经”的价值认同，《周易注》和《易传》本身也成为后世经书阐释的对象。

传注的特定内容发展了经籍，不仅使经书的价值观得到广泛认同，而且有助于后人对儒家经典字词义等方面的理解。“孔子曰：‘六艺于治一也。《礼》以节人，《乐》以发和，《书》以道事，《诗》以达意，《易》以神化，《春秋》以义。’”③故他以《诗》《礼》教学生，修《春秋》。孟子亦长于《诗》《书》，言必称尧舜，继承了孔子的衣钵。经学大师董仲舒深受“六经”影响，在《春秋繁露·玉杯》中曰“《诗》《书》序其志，《礼》《乐》纯其美，《易》《春秋》明其智”，简洁明了地概括阐述经义。封建社会数千载发

① 吕思勉：《中国文化思想史九种》(下)，上海古籍出版社2009年版，第507页。

② 班固：《汉书》，中华书局2007年版，第535页。

③ 司马迁：《史记》，上海世纪出版股份有限公司、上海古籍出版社1997年版，第2410页。

展的事实说明，经义的内涵十分宏富，非字面所示，注经者只有得儒家思想之真谛，教化日深，才会字字追求本原，句句释真明义。正是在朝代更迭变换中，思想不断丰富，认识逐渐加深，才会有数量众多的经书，才会产生超越时空普遍意义的传世经典。战国后，随着儒家思想逐渐成为封建统治阶级巩固政权的工具，“五经”定为一尊，经学不断弘扬、阐释与发展，地位也越来越高，读书人为了功名广采众说，将经学视为走向仕途的重要门径。西汉初年，阐述经义以“传”“记”为主，后逐渐产生章句训诂，改为对名物、文字的解释，如《毛诗传》。汉代末年，太学生已达三万人，为古来从未有过之盛事，经学盛极一时。经今文经学、古文经学之争，郑学、王学广采众说，崇尚儒道，破除家法，遍注群经，集汉代经学之大成。特别是古文经学呈现出重训诂、尚考证的突出特征，经书中带政治文化性的阐释增多。从东汉到魏晋，“笺”“注”成经书内容的主流，出现《毛诗传》《三礼注》《公羊传解诂》《周易注》等。

南北朝时期，经学分为南、北两派，前者不重经术，反重文辞，后者学风朴实，崇尚儒道。经书几乎都以“义疏”逐句逐章进行解释，汉魏笺注渐渐被“义疏”而取代。对正文的解释称“注”，对注文的解释称“疏”，故形成经、注、疏三个层次。义疏之外，唐陆德明从诸家之音与义的关联上认识到书之异音问题，作《经典释文》。至唐，《五经正义》统一经注，也统一了社会关于“经”的不同阐释，成为定本。宋朝时，以朱熹为代表的理学大师破除诸经章句训诂，独研义理，抛开汉唐解说，自创新注，虽穿凿附会，不重实学，却将经学往前大大地推进了一步，《易本义》《诗经集传》《尚书集传》《礼记集说》等已与前代笺注之学有明显区别。唐宋时产生的《十三经注疏》体系完整，规模宏大，在社会产生重要影响。再经清乾嘉学派、常州学派的相互补充，丰富了经籍，培养了大师，出现了更多解说经义的传、记、注、音、疏、章句、笺、编等方式，形式上再次呈现经文、古注、疏证三个层次，在经解体例下形成了系列注疏形式的经书，《通志堂经解》《皇清经解》《皇清经解续编》等许多重要的经书形成于清代，很多方式在书名中都有体现，也产生了繁复庞杂的注释成书体系，更加系统、完整地丰富了儒家学说。

经书“通古今之异辞，辨物之形貌”的经传义疏成书方式各有特色，名目不同，“师承”“家法”特色不同，章句之学日益繁琐。纳兰性德曰：“经著其略，传纪其详；经举其初，传述其终。虽未能尽得圣人褒贬意，而《春秋》二百四十二年之行事恃之以传，何可废也……吁，使左氏不为此书，后之人何所考据以知当时事乎？不知当时事，何以知圣人意乎？"①正是在这种经学传统的影响下，封建文人学士以倡明儒术、传经授道为己任，在笺注、解说儒家经典的过程中发展了经学，也形成数千部经书。作为重要的成书方式，阐释中有认同，传注中有发展，此可谓通经致用于书策上的收获吧。

3. 经书形成中的辩证统一特征

经学形成的过程也就是一个注经释经、经书不断增加的过程。在尊崇"六经"的基础上，新的经书的出现或传注、或集解、或义疏、或章句，有一些灵活而稳定、统一而多样、既是内容又是形式的表达方式。无论是从经学还是从儒学、文体，著作方式、训诂，校雠、文献学，目录学的角度，都可找到相应的研究领域。作为阐释发展起来的经学，以文随经是重要的内容，同时也是编排的形式。即书中同时显示经文与释文，经文排大字，释文走小字，经文多行单行，释文多单、双行兼顾。二者界限分明，又浑然一体。当然，也有例外，如清人惠世奇撰《礼说》不载经文，仅标其所有辨证者，依经文次序编之，对古义分别加以疏通说明。概括经书的形成，在内容与形式、集解他人观点与表达一己之意、"疏不破注"与订讹辨误等方面表现出辩证统一的特征。

(1)阐释名目是经书内容与形式的统一体

对于绝大多数经书来说，传、说、故、训等阐释名目是内容的标识，也是书名的组成部分，作为标识集中表达了内容的阐释方法，作为书名，揭示了某一具体经书形成的特征，有助于读者区别于他书，阅读使用获取有益之处等。标识是内容的代表，在形式中出现，书名是形式的组成部分，其与内容相辅相成，共同发挥作用。如名目为"传"者，内容多以释经义为主。即转受经旨，传示来世，以授后人。名为"说"者，内容即解说之意。如郑玄认为："说，犹解也。"《诗经》的《鲁说》《韩说》中之"说"既标识体例，又表示以解说诗经为成书方式。"注"是对经籍疏通解说的一种方法，意为水道阻塞须灌注方才疏通。"记者，共撰所闻，编而录之。"它兼载经外远古之言，记经义所不备，与传、注相似。"解"，或称"解谊""解诂"。"笺"，即表识、笺识，可引申作"笺注"，是对旧注有所考辨或订正而成新注的成书方法，也叫"校正"或"校笺"。"撰"，又写作"譔"，为撰之异体字，有编集排比之意。"故"，亦为"诂"，"故者，通其指义也"。它以释词为主，间或释句，或用当代汉语去解释古代汉语，

① 纳兰性德：《通志堂经解》第十册，江苏广陵古籍刻印社1996年版，第192~193页。

或用通行语言去解释古言，已固定成经书的一种成书方法。“训者犹说也。”①自汉代以来，就有用“训”形成的作品，即用通俗词语解释原典。“章句”，是对经书章节和句读分析解释，以分章析句来解析经籍意义；也有对内容重新理解之意。以此作书名成书者，如宋朱熹的《大学章句》《中庸章句》等。所谓“正义”，即是统一经书的称谓。如唐认为经说儒学多门，章句紊乱，召孔颖达等儒家学者，编定了《五经正义》。“正义”便是正前人的义疏。

综上，古代经书书名集中反映了内容，同时也是内容形成方式的反映，其标识具有内容的概括性与代表性，书名与阐释标识使经书形式与内容保持统一，在“求圣人之意”、弘儒学传统的经典传承中发挥了重要的作用。

(2)经书内容是集解与表达的统一体

在经书的阐释中，有的以解释具体的字词义而成书，有的专事汇集诸家文辞和经、传形成集解体例。所谓“集解”，即集合前人关于某部书的注释或再加上本人见解的一种阐释方式，也即汇集多家说法以成书的一种编辑方法。此种方式在后世产生了多种称谓，如集注、集说、集释、集传、集讲、集要、集义、集意、集成等，以博采众说为特点，如《论语集解》综合了八家注文，均标注其姓名，为示区别，何氏自己的释文未做标记。《论语集解》是集解体经书成书方式的典型代表。

集解因为集多家注释而区别传、记、注等，为阐释方法的一种。但它同时也很注重陈述一己之观点，一般都较好地处理了汇集他人观点与表达一己之见二者之间的关系。事实上，汇集他人之说并非简单罗列，还是要做编排次序、删其浮辞等工作，此选择就已代表了个人的观点。这也是经书内容成书方式中集解与表达的辩证统一。南宋裴骃《史记集解·序》云：“采经传百家并先儒之说，豫是有益，悉皆抄内。删其游辞，取其要实，或义在可疑，则数家兼列……以徐为本，号曰《集解》。”将集解作用表达得十分清楚。唐李鼎祚编撰的《周易集解》采集了汉魏至唐初诸家易说，侧重象数学说，以注释经传义蕴。朱熹的《诗集传》，“集”即采集众人之说之意，“传”指传注，是注疏者阐释经义的方式。集传、集注都是汇集各家注解，与集解同义。

集解也可以是汇集他人之注，在此基础上再释本义，亦反映出多家注释与编辑者个体观点间的辩证统一。如何晏的《论语集解》主要做的工作

① 张舜徽：《广校雠略》，上海古籍出版社2013年版，第37页。

是“集诸家之说，记其姓名，有不安者，颇为改易”。而晋代杜预的《春秋经传集解》同是集解却又是一体。《春秋左传正义》说：“杜言集解，谓聚集经传，为之作解。何晏《论语集解》乃聚集诸家义理，以解《论语》。言同而意异也。”可见，无论哪一种集解，都可在其中找到编辑者个人的意志。

(3)经书是“疏不破注”与订讹辨误的统一体

对经文作注为“注”，对注文作“注”即“疏”。义疏是一种既释经文又释注文的经书体例，保存了众多注家史料。南朝梁皇侃的《论语义疏》为现今完整流传下来的南北朝时期的唯一义疏体作品，也是最早一部用义疏解释《论语》的著作，属注释体经书。它起源于南北朝，阐述思想，广罗材料，对旧注进行考核、补充、辩证。当时盛行的义疏专著是从讲论儒家经典演变而来，因而也称“讲疏”。其特点是逐字逐句讲解古书，且遵从“疏不破注”的原则。“疏”是疏通证明归注的意思。“疏不破注”开始是针对唐人编的《五经正义》而言的，认为正义解释注文不能与其有出入，注文有错，也只能顺着它说。它强调学有宗主，对于旧注可以引申发明，但不能另立新说，如清陈立的《公羊义疏》，纯属训诂之学，对礼制的解释非常详尽，仅“寔”字就引用了《左传》、《诗正义》、惠栋说、《公羊问答》、《尔雅》、《穀梁传》、《韩诗》数种古籍及清儒著述。其在“疏不破注”原则指导下过于僵化，对何休注前后违异之处不做评判，既未指出是非，又处处维护，以疏通经传文为主，是“疏不破注”的典型代表。

但若细加查考，“疏不破注”之说与经书解经注经实际并不完全相符。“义疏”与“注”的关系不仅是引申和补充，也还有订讹辨误的作用。“疏”只要不是“注”的翻译，自觉不自觉地就会引申和发挥，即“注”的突破是必然的了。如清《孟子正义》，是焦循为东汉赵岐《孟子章句》所作的疏证。“于赵氏之说或有所疑，不惜驳破以相规正。”《孟子·梁惠王上》载：“以若所为，求若所欲，犹缘木而求鱼也。”①赵岐注：“若，顺也。”焦循疏：“按：若，宜同若无罪而就死地之若。若，如此也，谓以如此所为，求如此所欲。解为顺，于辞不达。”②焦循否定了赵岐对“若”之释义。综观经籍，虽“疏不破注”，但也有一些将个人思想融入经说，有校勘文本进行考释、订正讹误、保留异文，并补充发挥个人见解等诸多灵活处理方法。“疏不破注”与订讹辨误辩证统一于经籍中。

无论是经文、注文、疏文还是传、注、集解、义疏形成的不同经书，

① 宋元人注：《四书五经》(上)，天津市古籍书店1988年版，第7页。

② 焦循：《孟子正义》，学海堂经解本，第48页。

著述中有诠释，诠释中有发展，揭示了经书形成的原委，说明了阐释的功能与效果，也从成书角度证实了经学传承者编辑思想的价值与儒家经典发展的轨迹。

四、经部要籍的编辑方法

经部书籍的编辑方法主要以“六经”或“十三经”为代表，从“六经”“十三经”内容的选择、删改、考定、核校、编次、作序、凡例等方面予以展开。它虽然无法考证是否采用了像现代书籍一样的增、删、移、改的编辑方法，但从历史文献的记载、后人的追记分析中也可推断归纳出编辑所做的工作、采用的编辑方法。书籍有时代性，编辑方法有共性，编辑家有个性，作品与编辑方法之间是有内涵、有意义的。经部要籍作为儒家学术的权威、理论成果的代表，编辑方法是编辑思想的反映，是体现思想的手段，所选择的内容必定带有倡导、弘扬、贬损、否定的缘由与标准，符合标准者才能成为经典，进入经学体系，不合标准者会被审定、修改或删削。一旦内容选定，大多还要编排先后次序，正如经、史、子、集四部分类儒家学说居前一样，认为重要的、具有指导意义的部分一定排在前面。“六经”或“十三经”原典与后续经部书籍在编辑方法上有共性，也有个性，且与具体经书有关。通过经部要籍编辑方法的研究可以更清醒地认识经书在经学发展中的作用、编辑思想在编辑方法中的体现。

1. 选择汇编的编辑方法

选择与汇编是经部要籍内容编辑的主要方法，即从已有的文献资料中选择，将选择的内容再进行汇编，如《诗经》《尚书》《仪礼》等。

先秦时期诗和乐的关系非常密切，“诗皆入乐”“诗篇皆乐章”，故而有“《诗经》原就是民间娱乐用的乐歌”的说法。周代有一官职名为“太师”，负责搜集整理诗歌以为官家服务，《国语·鲁语下》载：“正考父校商之名颂十二篇于周太师”，说的是宋国的大夫正考父献《商颂》十二篇给周王朝的太师。而现存《商颂》(以《那》为首)只有五篇，可推论周太师或其他某“编辑”从十二篇中进行了选择，只保留了五篇。至孔子时，孔子再次选择，如切如磋，如琢如磨，“古者诗三千余篇，及至孔子，去其重，取可施于仁义……”“三百五篇，孔子皆弦歌之，以求合《韶》《武》《雅》《颂》之音。礼乐自此可得而述，以备王道，成六艺”。① 孔子不仅作

① 司马迁：《史记下·孔子世家第十七》，上海世纪出版股份有限公司、上海古籍出版社1997年版，第1515页。

了数量上的选择，还从语言、用韵、结构等形式上进行了统一，将社会上已经形成的某些固定的文化成果展开来进行编辑。如《诗经》格式工整、大致以四言诗为主，兼采杂言，配上乐谱以更加适合吟诵等。当然，选择的标准有多种，但“一言以蔽之，思无邪”①。

《尚书》是一部古典文集，是上古历史文献和部分追述古代事迹著作的汇编本。有今文、古文、伪古文之版本，现通行的《十三经注疏》本《尚书》是《今文尚书》和伪《古文尚书》的合编本，主要所录即虞、夏、商、周各代典、谟、训、诰、誓、命等文献。“书者，政事之纪也”②，记录的“政事”，若“芟烦乱”，当“剪浮辞，举宏纲，撮机要”③以成书。孔颖达《尚书正义·序》中也有“广求遗逸，采古文于金石，得今书于齐鲁”的记载，“竭所闻见，览古人之传记，质近代之异同，存其是而去其非，削其繁而增其简”④方得以成书。《尚书正义》将《今文尚书》、伪《古文尚书》、伪孔安国《尚书传》、伏生本《今文尚书》二十篇分为三十三篇，再加上所说出自孔宅夹壁的《古文尚书》二十五篇，共计五十八篇而成，这种选择成就了一部治《书》之学。

“《论语》者，孔子应答弟子时人与弟子相与言而接闻于夫子之语也。当时弟子各有所记。夫子既卒，门人相舆辑而论纂，故谓之《论语》。”⑤孔子的门生弟子选择老师生前言行，将对师道的崇拜化为记录老师语录的行为，汇编成书。《论语》的内容经过有意识的筛选，有的是孔子一人所说，自成一体；有的是与弟子简单应答，点到为止；有的是启发论辩，侃侃而谈。全书共分二十篇，四百九十二则。篇与篇之间、篇中各则之间没有什么联系，完全以辑录的材料汇编成书。

《仪礼》是对古代贵族的行为仪范和礼仪制度的叙述与汇编，十七篇中有记祭祀鬼神、祈求富佑之吉礼，记丧葬之凶礼，记宾主相见之宾礼和记冠昏、宾射、燕飨之嘉礼。该书是对古代礼制条文客观的记述，组织、选择、汇编的过程即编辑成书的过程。《礼记》则汇集了春秋战国至西汉初期的所有礼学著述。

《春秋》一书选择的典籍来源于“子夏等十四人求周史记，得百二十国

① 郝敬：《毛诗序说》，明万历郝千秋郝千石刻九部经解本，第228页。
② 《二十二子·荀子卷一·劝学篇第一》，上海世纪出版股份有限公司、上海古籍出版社1986年版，第288页。
③ 上海古籍出版社编：《十三经注疏》，上海古籍出版社1997年版，第110页。
④ 上海古籍出版社编：《十三经注疏》，上海古籍出版社1997年版，第110页。
⑤ 班固：《汉书》，中华书局2007年版，第329页。

宝书”，即十四人遍征典籍后获取一百二十个诸侯国的史书，选择并收集散落于社会的一部分资料后汇编而成的。该经书虽然以鲁国纪年，但也涉及他国史实，其内容有征伐、会盟、朝聘等国家政治、军事大事，也有天文、地理、祭祀、婚丧、城筑、土田等自然风貌与社会风俗，均选择于史官职掌的官吏，从而把鲁隐公以后二百四十二年的史事汇编成一部史书。

选择与汇编是经部要籍主要的编辑方法，是一个时间或空间范围之下的编辑工作，具有方法论意义。但选择是有条件的，即如《春秋》在收集芜杂资料后，还需无征不信，考证其义，考辨真伪，不妄加揣测，因此，选择、汇集史记之后还需统筹、综合运用其他编辑方法。

2. 删改重构的编辑方法

选择汇编各类史记，未必与编辑思想完全相符，须加以删削改造、辑录重构，这也是经部要籍成书常见的编辑方法。材料过多且不合本意即删改，“笔削”的“削”本是用刀削刮简牍，意即删改。按编辑思想对史料进行删改处理是经部要籍在编辑内容时常用的方法。

如孔氏《春秋》从大量丰富的史料中“笔则笔，削则削”，含对原文多处增损改易，约其文辞，删去芜杂妄诞篇章的编辑方法。“夫以二百四十二年之事，止一万六千余字，计当时列国赴告、鲁史著录，必十倍于《春秋》所书，孔子笔削，不过十取其一，盖惟取其事之足以名义者，笔之于书，以为后世立法，其余皆削去不录，或事见于前者，即不录于后，或事见于此者，即不录于彼，以故一年之中，寥寥数事，或大事而不载，或细事而详书，学者多以为疑，但知借事明义之旨，斯可以无疑矣。”①皮锡瑞《经学通论》将“笔削”删改的编辑方法表达得十分详明。

《尚书》选择了夏、商、周三代的史籍典册三千余篇，“翦截浮辞”后得一百篇，按先后顺序汇编而成，最终使“芟夷烦乱”之文由无序变有序。“翦截”“芟夷”均含裁减、删改之意。除经学原典之外，经部要籍也经常使用删改的编辑方法。孔颖达《尚书正义・序》中有记，隋代初年，蔡大宝、刘焯、刘炫等多人为之作“正义”，实为义疏。“其诸公旨趣，多或因循怙释注文，义皆浅略，惟刘焯、刘炫最为详雅。”其后分析了刘焯“织综经文，穴凿孔穴，诡其新见，异彼前儒，非险而更为险，无义而更生义”。孔氏表达自己的观点，认为：“窃以古人言诰，惟在达情，虽复时或取象，不必辞皆有意。若其言必托数，经悉对文，斯乃鼓怒浪于平流，震惊飙于静树，使教者烦而多惑，学者劳而少功。过犹不及，良为此

① 皮锡瑞：《经学通论》，中华书局1954年版，第212页。

也。”为此解释刘炫“嫌焯之烦杂，就而删焉”，然删减并未满意，“虽复微稍省要，又好改张前义，义更太略，辞又过华，虽为文笔之善，乃非开奖之路”，面对“义既无义，文又非文，欲使后生，若为领袖，此乃炫之所失，未为得也”，于是“今奉明敕，考定是非，谨罄庸愚，竭所闻见，览古人之传记，质近代之异同，存其是而去其非，削其烦而增其简”。[①] 孔氏所言，并非臆说，而是据其旧闻。可见，从汉至隋，在《书》经流传中的屡次删改之编辑方法。

其他诸经流传中删改之编辑方法也多次使用。《仪礼》一书，元敖继公《仪礼集说》自序中言郑注“疵多而醇少”，于是“删其不合于经者，而存其不谬者，意义有未足则取疏记或先儒之说以补之，又未足则附之以一得之见”。[②] 含删减、增补、附录等方法。元人吴澄的《礼记纂言》记载“改并旧文，俨然删述，恐亦不免僭圣之讥”。此处“删述”有删减、改编之意。

改编与重构都是在过去经籍的基础上重新组织内容的编辑方法。朱熹集注本说：“述，传旧而已。作，则创始也。故作非圣人不能，而述则贤者可及。……孔子删诗书，定礼乐，赞周易，修春秋，皆传先王之旧，而未尝有所作也，故其自言如此。盖不惟不敢当作者之圣，而亦不敢显然自附于古之贤人，盖其德愈盛而心愈下，不自知其辞之谦也。然当是时作者略备，夫子盖集群圣之大成而折衷之。其事虽述，而功则倍于作矣，此又不可知也。”[③]说明了圣人“述而不作”的原由，以及孔子折衷编辑旧籍的成效，虽然方法是“述”，功则倍于“作”。这是一种高明而有效的编辑方法，用今天的话来说即是改编与重构。

如孔子修《春秋》改有“天王狩于河阳”一事。原说的是鲁僖公二十八年，晋文公召周天子移驾河阳狩猎，孔子从其礼法认为晋侯召天子不妥，故改成周天子主动去河阳狩猎。这一改编基于君臣有别的儒学观，而改编后的《春秋》更加有“礼”，更符合儒家学说。再如《周易》，将“经”与“传”重构为一部书。《周易》分为《易经》《易传》二部分，《易经》是卜筮根据过去的占筮记录，加工整理总结而成，主要指六十四卦的卦形、卦名以及与之紧密相连的卦辞（本卦性质的说明）、爻辞（爻在本卦中的性质）；《易传》是解经之论，即阐释《易经》经文的十篇专著。本经分为上、下经，其

---

① 上海古籍出版社编：《十三经注疏》，上海古籍出版社 1997 年版，第 110 页。
② 敖继公：《仪礼集说》，台湾“商务印书馆”《影印文渊阁四库全书》第 105 册，第 36 页。
③ 宋元人注：《四书五经》（上），天津市古籍书店 1988 年版，第 27 页。

中上经三十，下经三十四，即六十四卦，六十四卦的卦序是以“二二相偶，非覆即变”的方法加以编排的。战国时期《易传》独立成篇，至东汉，郑玄将之合入经文，仍独立成篇，却也未再另行拆分。三国魏王弼本着“分传附经，以传解经”的编辑思想，将《彖传》上下、《象传》上下之相应辞文分拆，依次附于本经六十四卦的卦爻辞之后，将《文言传》相应辞文也附于乾坤两卦爻辞之后，《系辞传》《说卦传》《序卦传》《杂卦传》等仍附于本经之后，改编重构后成一特定体例，一直沿用至今。这种改编有利于后人将经传结合阅读，且对后世“经”也产生很大影响。孔颖达《周易正义》的编排体例就完全依照王、韩注本而来，虽然增加了些许篇章，但整体顺序并无大的变化。改编重构的编辑方法“集群圣之大成”，在经部书籍中发挥了较大作用。

无论是经书原典还是经部要籍，删改重构均是较普遍的编辑方法。一是历史长河中时间、语言、环境、地域都在不断变化，各朝代经书编著者也即经书研读人，对经文有各自不同的理解，按照与时俱进的历史发展观，释经会附于时代色彩，阐述当离不开经典旧文，这个基础上的改编与重构既是旧时学术的继承，也是朝代更迭编辑思想的创新。

3. 考证辨伪的编辑方法

相对于选择、汇编等编辑方法而言，考证辨伪的难度上升，编辑量增加，但却是究明经书本义的重要方法。作为经部要籍编辑方法的考证辨伪是一个大的概念，含考定疑误、考其正义、考镜源流、注解义疏、训诂章句、集解评点等内容。几乎所有经部图书形成过程中都采用了这些编辑方法。春秋战国产生“六经”后，汉又有了今文经学和古文经学，为了满足汉儒读解古文经学的需要，兴起了考证辨伪的解经方法，成为经书重要的编辑手段。

每一历史时期出现的著作都是当时语言文字的记录，受时间、空间的局限，离开那种环境，脱离那个时代，人们很难弄懂书中的语言、发生的事件。况且，语言在不断发展变化。后人对祖先留下的典籍，或是不解文义，或是不懂字句，或是不明声训，因此流传下来的古籍常伴有相应的考证辨伪工作。自上古到先秦两汉，自隋唐到宋元明清，直至现今，伴随着经书的流传，考证辨伪经籍的方法留存。一部儒家经典，经过后代儒家学者的不断解经注经，随后产生数百甚至上千部作品。

孔颖达《尚书正义序》中曰：“义既无义，文又非文，欲使后生，若为领袖，此乃炫之所失，未为得也。今奉明敕，考定是非。”分析了刘焯、刘炫等所作的正义，需考定是非。明梅鷟《尚书考异》是一部考证《古文尚书》之伪的作品。该书提要载："宋吴棫、朱子，元吴澄皆尝辨其伪，然但据其难易以决真伪，未及一一尽核其实。鷟是书则以《安国》序并增多之二十五篇，悉杂取传记中语以成文，逐条考证，详其所出。""逐条考证，详其所出"即是编辑方法。

《毛诗郑笺》在诗学中产生了重要影响，得益于书中考定校核的编辑方法。"千古之大业，未有盛于郑康成者也。"①"郑玄括囊大典，网罗众家，删裁繁诬，刊改漏失，自是学者略知所归。"②"删""改"是在郑玄兼录异文、考定疑误、厘析篇帙、考镜源流一系列编辑方法之后采取的手段，因此该经书方才能产生巨大影响。

辨伪考核含辨述源流、考定疑误、考其正义、校核其实等义。经部要籍本是儒家道统学术流传的载体，其源无出于春秋，故需考本义，得正义，义疏得其本原。经部书籍内容的编辑审定常常会用到辨伪、考定、校核的编辑方法。"仲尼因鲁史策书成文，考其真伪，而志其典礼，上以遵周公之遗志，下以明将来之法。"③据《孔子家语·本姓解》记载，孔子修订五经时，对错乱的先王典籍和百家遗记，经考校明本义，显扬礼义法度。考其真伪，考其正义。《礼记正义》凡是经、注中提到的人名、物名、礼制等皆考证。如《王制》《月令》等篇，疏文长达千言甚至数千言。《论语》注解本可谓汗牛充栋，均有注有疏，有集注、集解、正义、疏正、译注等。陈寅恪先生言："夫圣人之言必有为而发，若不取事实以证之，则成无的之矢矣。圣言简奥，若不采意旨相同之语以著之，则为不解之谜矣。"④说明事实为证的重要性和采用意旨相同的言语注疏方能为后人所明。后又述"既广搜群籍，以参证圣言，其文之矛盾疑滞者，若不考订解释，折衷一是，则圣人之言行终不可明矣。"⑤说明了考证的必要性。

所有经书都在追求真经的本来面目，数千年之间经学真真假假地流传，带来经义的曲解与定论的难求，故考证辨伪，也通过疏解、正义、注疏类编辑方法以达目的。"《六经》焚于秦而复出于汉，其师传之道中绝，而简编脱乱讹缺，学者莫得其本真。"⑥故历代编撰者重文字音韵训诂，因器求道，阐发义理。但因训诂是一专门之学，在考证辨伪之外还有很多重

---

① 段玉裁：《经韵楼集》，凤凰出版社 2010 年版，第 181 页。
② 范晔：《后汉书》，中华书局 2007 年版，第 360 页。
③ 上海古籍出版社编：《十三经注疏》，上海古籍出版社 1997 年版，第 1705 页。
④ 杨树达：《论语疏证·陈寅恪序》，江西人民出版社 2007 年版，第 1 页。
⑤ 杨树达：《论语疏证·陈寅恪序》，江西人民出版社 2007 年版，第 1 页。
⑥ 欧阳修、宋祁：《新唐书》，中华书局 1975 年版，第 1421 页。

要的内容，此处略述。

考证辨伪是宋代著名理学家、经学大师朱熹采用较多的编辑方法，其特别是在经书考辨方面取得了巨大成就。他将《易经》与《易传》、《书经》与《书序》、《诗经》与《诗序》、《春秋》与《左传》等的“经”“传”分开刊行，意在将两周、战国、秦汉间文献区别开来，便利后人阅读。《诗序辨说》明确了《毛诗序》为东汉卫宏所作。《孝经刊误》指出“《孝经》疑非(孔)圣人之言”。关于《古文尚书》，认为“孔壁所出《尚书》，如《禹谟》……篇皆平易，伏生所传皆难读”，故而得出世传的所谓《古文尚书》及《孔安国传》《书序》皆为伪书。该考证结果与明梅鷟《尚书考异》一致。梅鷟被认为是编撰专书对《尚书》进行考证辨伪的第一人，他影响了清人阎若璩的《尚书古文疏证》、惠栋的《尚书古文考》中的观点，其考证结果认为，《古文尚书》为西晋皇甫谧伪造所得，所谓《孔序》及比今文增多的二十五篇古文多是辑录先秦古书而来，出处亦可查获。他的论据及结论使《古文尚书》的辨伪取得决定性突破。

4. 编次、作序及其他编辑方法

编次、作序均为经部要籍的编辑方法。“编，次简也。”《说文解字》中对“编”的解释是对竹简的次第编排，作为编辑方法也表现为对已有内容的编排，即如何“编次其事”。作序，又称“叙文”“叙言”“序言”“序文”“引”“引言”“导言”等。序始于孔子赞《易》经。作为编辑方法的“作序”，是一种内容指引，也是一种内容添加，是经书编辑者行为，具有指导阅读的作用。“孔子之时，周室微而礼乐废，《诗》《书》缺”，故需“追迹三代之礼，序《书传》”，为此“上纪唐、虞之际，下至秦缪，编次其事”。如此，“作序”与“编次”二者也可理解为同一目的的两种编辑方法。

编次方法运用于经部要籍，体现一种逻辑，关联一种编辑思想。《春秋》将选定的历史事件严格按发生时间的年月日顺序编排，只要文字内容无关紧要的，一律沿用旧文，不作改动。“上至隐公，下讫哀公十四年，十二公。据鲁、亲周，故殷、运之三代。约其文辞而指博。”①殷商时代的甲骨文和铭文中也曾有过编年体例，但记载的时间不准确，有的有月日而无年代，有的先月日而后年。但至“《春秋》者，系日月而为次，列时岁以相续，中国外夷，同季共世，莫不备载其事，形于目前。理尽一言，语

① 司马迁：《史记》(下)，上海世纪出版股份有限公司、上海古籍出版社 1997 年版，第 1519 页。

无重出，此其所以为长也”①，表明《春秋》编次的良好效果。

如果说《春秋》经籍加史籍类的作品编次要有先后、大小逻辑次序，以将内容纵向编排处理得当的话，《诗经》这类诗乐作品如何处理好内容之间的横向关联是编次的逻辑要求。孔子编次的《诗经》，先按作品性质和形式分为风雅颂，再按地域、时代、对象分为十五国风、大雅小雅和周鲁商三颂。首先审定与编辑风雅颂，是因为古代诗歌多没有题名，不便于阅读和记诵，便为每一篇文章、每一首诗歌列一题目，同时“序书传”。《汉书·礼乐志》记载：“王官失业，《雅》《颂》相错，孔子论而定之，故曰：‘吾自卫反鲁，然后乐正，《雅》《颂》各得其所。’”“相错”即错位，“各得其所”即正位。其中“风”按地区编排，分成周南等十五国风，共一百六十篇；“雅”为西周王畿地区的正声雅乐，无法套用“风”的分类标准，便先区分为大、小雅，再归类，共一百零五篇；“颂”既不同“风”，也异于“雅”，无法套用他们的分类体系，便按“周颂”“鲁颂”“商颂”区分，共四十篇。“《关雎》之乱以为‘风’始，《鹿鸣》为‘小雅’始，《文王》为‘大雅’始，《清庙》为‘颂’始。”②据统计，《诗》三百零五篇中，有二百九十篇是取首句一二字或全句作为篇名的，其余的有取第二句、或取关键词作题名的；有的是以思想内容作题名；有的以文章体裁命名，目的即是给书籍编次标目，以便于指导阅读。有研究者考证，《诗经》“篇章的顺序，或按时代先后，或按内容类别排列”③，这便是编次其事。

《尚书》是我国现存最古老的经书、史书，也是中国最早的散文，继此产生的《左传》《国语》都深具影响。但先秦诸子大多因事为文，其书不作于一时，先后亦无次第，随时所作，即行见世。《史记》中曾记载孔子做过《尚书》的序次整理工作，司马迁曰：“孔子因史文次《春秋》，纪元年，正时日月，盖其详哉。至于序《尚书》则略，无年月。或颇有，然多阙，不可录。”④这里的“序”无年月，或有却“多阙，不可录”，说明那时的“序”序时过略，不完整，并未发挥好作用。《汉书·艺文志》曰：“故《书》之所起远矣，至孔子纂焉。上断于尧，下讫于秦，凡百篇，而为之

---

① 刘知幾：《史通》，时代文艺出版社 2008 年版，第 12 页。

② 司马迁：《史记》(下)，上海世纪出版股份有限公司、上海古籍出版社 1997 年版，第 1515 页。

③ 王晓珠：《孔子与文献编辑》，见《孔学研究(第三辑)——云南孔子学术研究会海峡两岸第二次学术研讨会论文集》，1996 年，第 325 页。

④ 司马迁：《史记》(上)，上海世纪出版股份有限公司、上海古籍出版社 1997 年版，第 338 页。

序，言其作意。”①可见“作序”有“编次其事”的操作方法，也有说明内容的“言其作意”。从中分析，说明孔子曾做过以序说文的编辑工作。

以编次、作序为例，说明编辑对经部要籍内容与形式上的统筹考虑与宏观把握。类似的编辑方法还有不少。

《周易》中“传”的编辑方法十分有特色。《彖传》上下、《象传》上下、《文言传》、《系辞传》上下、《说卦传》、《序卦传》、《杂卦传》共七种十篇，因为解经之论，有的随上、下经分为上、下篇，如《彖卦》；有的起通论作用，如《系辞传》，分上、下篇对《易经》的产生、原理、功用、筮法以及卦爻辞的基本义理做出系统的说明。而如何划分上、下经也即是与“编次其事”具有相同性质的，即先自然现象天地万物，后人类社会，如男男女女、父父子子、君君臣臣的发展关联变化过程。从《序卦传》中也可比较清楚地了解六十四卦的编排次序，即逐卦相承，前卦为后卦之因，后卦为前卦之果，这种因果相生的逻辑关系在经书内容的编排上十分有意义。

春秋战国是我国古代经籍蓬勃发展的重要阶段，大作迭出。但多数书籍不分章节，无篇名。以《论语》为例，“学而第一”“为政第二”……“子张第十九”“尧曰第二十”，均撮取每篇第一句的两个字为标识，表示文章的开篇与篇章隔断，并不具有现代标题之义；该书的编辑布局尚未考虑篇与篇之间的关联性，可跳读，也可抽阅。虽为语录体，但几乎每章都以“子曰”开头，当与编辑的统筹把握有关。《孟子》每“章句上下”前两字亦都拮取文章首两字，以作范示，且“文字成篇，首尾一致，因事为文，即文成章”，对内容的表达完备流畅，来龙去脉连贯通达，说明编撰者对内容把控得当。

“记”文附“经”在经部要籍中也是一典型的编辑方法，如《仪礼》有十七篇“经”文、十二篇“记”文，通过“记”文达到补充和解释经文的作用，虽然少部分“记”文与“经”文没有关系，同一篇“经”“记”有可能非一人一时所作，但“记”文与“经”文之间的依附关系是表达得十分清楚的。

如“凡例”。孔子在鲁国编年史《春秋》记事义例基础上，发凡起例，创造了“凡例”体例，这是编辑活动的重要内容。凡例是对书籍内容和编撰体例的说明。晋杜预《春秋经传集解序》云：“其发凡以言例。皆经国之常制，周公之垂法。史书之旧章。仲尼从而修之，以成一经之通体。”即指孔子修订《春秋》的章法，也即体制、内容大要。

---

① 班固：《汉书》，中华书局2007年版，第325页。

如《尔雅》分类汇编的编辑方法。《尔雅》是经部里的“小学”类，首创古代字书训诂之先河，共三卷十九篇，分为训释普通词语(下分释诂、释言和释训)和训释百科名词(下分释亲、释宫、释器、释乐、释天、释地、释丘、释山、释水、释草、释木、释虫、释鱼、释鸟、释兽、释畜十六篇)两大部分。分类汇编的编辑方法有效地指导、增进了后人对儒家经典的理解和对社会、自然的尊重。

总之，经部要籍所采用的编辑方法既具有普通古籍图书编辑方法的共性，也具有经籍图书自身的个性。共性是图书编撰不可缺少的编辑方法，个性是经部要籍自身才有的释经、依经、附传、考辨诸特征，它产生于中国几千年生生不息的历史文化积淀，也带有各朝代挥之不去的时代烙印。

第四节 经部要籍的编辑原则

编辑原则是编辑出版过程中观察、处理编辑出版问题的准绳。对编辑出版问题的看法和处理，往往受到编辑立场、观点、方法的影响，是编辑思想指导下制订且遵循的规则。因此，编辑原则是编辑思想指导的产物。在经部要籍编辑形成中，有一些原则代代相传，编辑共同遵循，历千年不变；也有一些原则在历史的长河中内涵外延发生变化，不断拓展，显示出旺盛的生命活力。因而，编辑原则既具有相对稳定性、历史性，也具有发展性与灵活性。概括而言，先有原则后有编辑——动词意义上的编辑，原则体现于经书，也隐含于经籍，需要判断归纳、系统总结。经部要籍中的编辑原则具有代表性，是经书形成中编辑原则的集中反映，也是经学发展的精髓。在编辑原则指导下，方有今文经学的形成与古文经学的独立，有魏晋玄学的传统与宋明理学的阐释，从中掌握经籍编辑的思维方式，把握儒家经典学术品格，在汗牛充栋的经籍中寻找从编辑原则到编辑思想发展的轨迹，具有历史与现实意义。

1. 述而不作

数年来，已有的研究成果不乏围绕古籍出版、经书编辑而展开的阐述，编辑原则与编辑思想没有明显的界限，研究个体的编辑原则、编辑思想的多①，研究某类书籍的编辑原则、编辑思想的少。对于“述而不作”，

① 易永卿、李传书：《信而好古，述而不作——解读孔子的编辑思想》，载《长沙电力学院学报(社会科学版)》2003年第1期。

称“原则”者有之①，称“思想”者有之②，称“理论”者有之③；有方志视域里的考察④，思想文化视角的讨论⑤，以及训诂、经典文献诠释⑥方面的研究等。编辑原则为编辑出版过程中作为标准、准绳的规则。延续规则路径可找到确定规则或与规则相关的思想，有什么样的编辑思想便产生什么样的编辑原则。按照唯物辩证法的观点，编辑原则反过来也对系统的、完整的、成熟的编辑思想形成起促进作用。故，编辑思想是在编辑出版实践中逐渐形成的系列编辑观念与理念。编辑思想在精神、意识、观念、思维层面，编辑原则在决定与处理内容章节、出版环节、标准判别的操作层面。编辑思想的抽象性、系统性特征较原则更加宏观、更加鲜明。编辑原则是思想的体现，编辑思想是原则的指导。二者既有联系也有区别。

(1)“述而不作”明确了“述”“作”为两种不同的编辑标准

作为编辑原则的“述而不作”说明了“述”与“作”是两种标准。标准不同，作品要求、编辑重点与著述方法等便会不同。作品有“述”有“作”，各有准绳；编辑“述”“作”独立，把握特点不可混淆；著述方法有“作”有“述”，概念清晰，类别分明。

“述而不作”见于《论语·述而》，“子曰：述而不作，信而好古，窃比于我老彭”⑦。在后世注释出来之前，孔子没有具体解释何为“述”，何为“作”，但从“子曰”的句式、文字、语气上推测，可知“述”与“作”是两种不同的文体、写作方法或编辑标准。标准不同，必然在作品、编辑和著述等方面带来区别。

客观分析，“子曰”内容是有背景的。春秋战国时期，民间士阶层崛起，学术与官职不分，官师一体，私人撰述极少，能“作”者，多为治理国家所需之礼乐，“述”者，多是无“位”者，如孔子，如孔子述“六经”。

自汉以后，随着经学的发达，阐释“子曰”“六经”等经学的文献越来越多，关于“述而不作”的释文也不断出现。《汉书·礼乐志》载：“知礼乐

① 马鸿盛：《孔子在我国编辑史上的开拓性地位和贡献》，载《国际关系学院学报》1998年第3期。

② 郭明浩：《“述而不作”非孔子编辑思想——兼论目前编辑学界的误读及原则》，载《编辑之友》2018年第11期。

③ 李光宇：《孔子——我国编辑事业的开山祖师——兼论我国编辑工作的起源》，载《河南大学学报(哲学社会科学版)》1986年第5期。

④ 韩锴：《方志视域里“述而不作”的全方位考察》，载《浙江学刊》2015年第5期。

⑤ 刘畅：《“述而不作”与官本位文化基因》，载《浙江社会科学》2015年第2期。

⑥ 李建国：《“述而不作”与训诂的传承和创新》，载《宁波大学学报(人文科学版)》2015年第1期。

⑦ 宋元人注：《四书五经》(上)，天津市古籍书店1988年版，第27页。

之情者能作，识礼乐之文者能述。作者之谓圣，述者之谓明。明圣者，述作之谓也。”①意为能体悟礼乐之真情、探究内在情境者可以为之阐发、创作，能识别礼乐文字、了解礼乐文章者可转达、陈述、遵循。制礼作文者为圣人，编述转达者为明辨之人。既能领会、体悟礼乐意蕴又懂礼乐文字、明辨其义、遵循礼乐制度者当为圣明者，二者兼于一身，既可编述遵循又能阐发、制礼乐、且赋新意的为高人。

唐颜师古注《汉书·礼乐志》：“作，谓有所兴造也；述，谓明辨其义而循行也。”清晰地表明“作”是有所创造、开新，“述”是辨析其义且遵循而行。

关于《论语》的释文很多，如南朝梁皇侃的《论语集解义疏》、清刘宝楠的《论语正义》等均表明“述而不作”是不同的标准。其中宋朱熹的《论语集注》影响极大，朱子集注清晰地表明：“述，传旧而已。作，则创始也。故作非圣人不能，而述则贤者可及。窃比，尊之之辞。我，亲之之辞。老彭，商贤大夫。见《大戴礼记》。盖信古而转述者也。孔子删诗书，定礼乐，赞周易，修春秋，皆传先王之旧，而未尝有所作也，故其自言如此。盖不惟不敢当作者之圣，而亦不敢显然自附于古之贤人，盖其德愈盛而心愈下，不自知其辞之谦也。然当是时作者略备，夫子盖集群圣之大成而折衷之，其事虽述，而功则倍于作矣。此又不可知也。”②朱子集注中的“述”“作”之解，影响了后人对“述而不作”的理解，也成为后世编辑遵循的重要原则。

清焦循于《雕菰集》卷七谓：“人未知而己先知，人未觉而己先觉，因以所先知先觉者教人，俾人皆知之觉之，而天下之知觉自我始，是为‘作’。已有知之觉之者，自我而损益之；或其意久而不明，有明之者，用以教人，而作者之意复明，是之谓‘述’。”③按焦氏观点，“作”不仅自己先知先觉，还教人感知、认识、觉悟。而“述”是通过转述让人明白作者之意。二者的区分是很明显的。

《说文解字》释，“述者，循也”，即传述传承、遵循之意。“作，起也”，即创立、建立典章制度。

综上，“述”“作”实为两种不同的标准。作为作品的“述”是循旧、未有新意的文字；“作”是具有新立论、新创作、新贡献的典章新著。作为

---

① 班固：《汉书》，中华书局 2007 年版，第 137 页。
② 宋元人注：《四书五经》(上)，天津市古籍书店 1988 年版，第 27 页。
③ 焦循：《雕菰集》，商务印书馆 1935 年版，第 103 页。

编辑的“述”是依照作者本意，转述传述；“作”是在已有作品的基础上用新体制创作的过程。作为著述方法的“述”是叙述编述古章旧语，遵循圣言圣说；“作”是跳出旧制古文，自立新意，另立新说的神来之笔。作如此区别，除了加深对经部要籍等古典文献的理解之外，也有利于编辑工作，在辨识作品、处理文稿、掌握具体著述方法上发挥作用。

(2)“述而不作”表明了对编辑作品目标追求的质量意识

作为编辑原则的“述而不作”含有对编辑高质量作品的追求。可以“述”而不能“作”，说明“作”的难度及质量要求，经过“述”才能、才敢达到更高的“作”的标准。这是编辑划分作品质量的标准，也是重要的编辑准则。

并非“述”是不讲质量的。“作”，非圣人不能言“作”，不能创立新规、新说、新义。“述”，则贤者可及。作不了圣人可作贤者，作为有贤德之人追求“述”也是有质量要求的，同样是需要努力才可以达到的。

“述”，有两个重要的参照：一是典章制度，如“述者，传于旧章”；二是历史事实，即追求史义，“循旧是也”。信则书之于史，疑则阙而不载。无论是圣言贤语，还是旧章遗志，都必须尊重史实，而非另立新作。严格遵循“述”，与先祖制定的文献典籍保持一致，力求“传先王之旧，未尝有所作也”。其实，作者想说的“述”中已说，想表达的尽在“述”中。如孔子整理《诗经》，遵循“述而不作”的编辑原则，虽然看似不“作”，其实是通过挑选，不动声色地将“邪”的作品删去，保留“思无邪”的内容，《诗》的质量方符合要求。宋人陈栎言：“信而好古乃述而不作之本。夫子自谓好古敏以求之，又谓不如某之好学。惟能笃信于道，所以深好古道；惟笃好古道，所以述古不敢自作古焉。”①因为信而好古，方才述而不作。因为在对道的追求中，深恐“作”之有误，影响“道”的传承，故可以“述”古而不能“作”古。

“述”与“作”是高低不同的两个标准。“作”是对更高的编辑质量的追求，含质量的期许与最终目的。用今天的语汇来理解，“作”更具有原始创新的意义。“西伯拘而演《周易》；仲尼厄而作《春秋》；屈原放逐，乃赋《离骚》……《诗》三百篇，大氐贤圣发愤之所为作也。”②圣人、大家、伟人之“作”影响深远，作品的意义与价值是对质量的最好肯定。

---

① 转引自郭明浩：《“述而不作”非孔子编辑思想——兼论目前编辑学界的误读及原则》，载《编辑之友》2018年第11期，第82页。

② 班固：《汉书》，中华书局2007年版，第621页。

“述而不作，信而好古，窃比于我老彭”中含自谦或尊称，通过贬低自己抬高他人的方式肯定了“作”的质量。朱子《论语集注》中说：“窃比，尊之之辞。”又云：“孔子删诗书，定礼乐，赞周易，修春秋，皆传先王之旧，而未尝有所作也，故其自言如此。”孔子以“窃以为”式的自谦，反衬“作”的“身价”，肯定了“作”更严格的质量要求和更高的地位。谦称和尊称是中国古代重要的文化遗产，用于此，区分和说明了“述”与“作”是上下、高低两个标准。孔子所作的“删”“定”“赞”“修”系列编辑工作，在后人看来分明是“作”，却以“自言如此”式的自谦认为“皆传先王之旧，未尝有所作也”，不过是传旧作“述”而已，不曾有“作”，不曾敢“作”。而后人对先人，特别是对孔圣人，一定是要用尊称的。如将孔子之“述”称为“作”、称为“修”，并非简单地以“述”代“作”，而是从后人之评价说明“作”比“述”的标准更高。

以《春秋》而论，《史记》载“子曰：‘弗乎弗乎，君子病没世而名不称焉。吾道不行矣，吾何以自见于后世哉？’乃因史记作《春秋》，上至隐公，下讫哀公十四年，十二公”①。孔子作《春秋》，目的是希望后世之人能记住前人之道行，“至于为《春秋》，笔则笔，削则削，子夏之徒不能赞一辞。弟子受春秋，孔子曰：‘后世知丘者以《春秋》，而罪丘者亦以《春秋》。’”②他希望《春秋》能传名于天下，无论后人对他是褒还是贬。故，该“笔则笔”，该“削则削”，自谦为“述”，但以孟子为代表的门徒认为“王者之迹熄而《诗》亡，《诗》亡然后《春秋》作。”③简洁而明了地肯定了孔子“作”《春秋》的必要性和重要意义。《孟子集注》释《春秋》：“鲁史记之名。孔子因而笔削之。”④前后关联，笔削之法乃是“《春秋》作”之方法。又说“世衰道微，邪说暴行有作。臣弑其君者有之，子弑其父者有之。孔子惧，作《春秋》”⑤，同样将孔子整理、编纂《春秋》的行为定义为“作”。虽然孔子对承载圣人之道的经义秉持“述而不作”的原则，“其事虽述，而功则倍于作矣”，但在其徒子徒孙及后人看来，《春秋》就是孔子的创始之“作”。从尊称文化来说，一“作”之字暗喻对孔子的尊敬与崇拜，实际也是对《春秋》高质量编辑工作的肯定。至于孔子作《春秋》之意，《史记·太

① 司马迁撰，郭逸、郭曼标点：《史记》，上海古籍出版社1997年版，第1519页。
② 司马迁撰，郭逸、郭曼标点：《史记》，上海古籍出版社1997年版，第1520页。
③ 宋元人注：《四书五经》(上)，天津市古籍书店1988年版，第63页。
④ 宋元人注：《四书五经》(上)，天津市古籍书店1988年版，第63页。
⑤ 宋元人注：《四书五经》(上)，天津市古籍书店1988年版，第48页。

史公自序》记：“子曰：‘我欲载之空言，不如见之于行事之深切著明也。’”①《春秋》笔法“属辞以示褒贬，比事以显史义”，近两万文字记载了二百四十二年祭祀、战争、朝聘、盟会等诸多史事，本质上即为“作”《春秋》。

“述而不作”的“作”，据其意也可改为“修”。“作《春秋》”就有“修《春秋》”一说。《左传》成公十四年记载：“《春秋》之称，微而显，志而晦，婉而成章，尽而不污，惩恶而劝善，非圣人谁能修之？”②即《春秋》乃圣人“修”之，经过修订、整理而得。如“修”之举例：《春秋》旧文载“星雨不及地，尺而复”，圣人不以为然，“修之曰：星霣如雨”，宋人叶梦得说：“经者，约鲁史而为者也；史者，承赴告而书者也。诸国不赴告，则鲁史不书；鲁史所不书，则《春秋》不得载”。将“经”之来源与“史”之记载的关系说得十分清楚。从中亦可知，圣人之“作”的经与“修”之所得的史，都是经典之作。无论是“作”还是“修”，其对质量的追求与圣者贤人对道的笃信是一致的。

(3)“述而不作”包含对待历史典籍的正确态度

正确对待历史典籍包含客观认识其产生的时空背景，全面评价其作用发挥的情况，准确指出现阶段的局限性，以及今后功能发挥的完善路径等。作为编辑原则的“述而不作”含有的正确态度，即该“述”不“作”，该“作”不“述”，“述”中有“作”，以“述”代“作”，“述”“作”结合等。

首先，该“述”不“作”，要求不仅仅是对经义进行论述，还应遵从先王的礼制规范，不随意篡改、任意发挥。如清惠栋在唐李鼎祚《周易集解》的基础上，广泛收集汉儒解《易》史料，成《易汉学》，又自为解释，成《周易述》。惠栋认为，“汉人通经有家法，故有五经师。训诂之学，皆师所口授，其后乃著竹帛。所以汉经师之说，立于学官，与经并行。五经出于屋壁，多古字古言，非经师不能辨。经之义存乎训，识字审音，乃知其义。是故古训不可改也”③。因为他对汉经师说的推崇，故在《周易述》中严格把握“述”的标准，恪守虞翻、荀爽、郑玄等体例，融会贯通，轻易不作修改。

其次，该“作”不“述”。惠栋在《周易述》中注意把握“作”的分寸，认为“自唐人为《五经正义》，传《易》者，止王弼一家，不特篇次紊乱，又多

① 司马迁撰，郭逸、郭曼标点：《史记》，上海古籍出版社 1997 年版，第 2485 页。
② 宋元人注：《四书五经》，天津市古籍书店 1988 年版，第 317 页。
③ 惠栋：《九经古义》，中华书局 1985 年版，述首。

俗字”。[1] 为此，不仅主张恢复《周易》中的古字，而且根据《说文解字》还对文字作了多处改动。如，通行本《周易》中的《乾》卦九三爻辞为“夕惕若，厉无咎”，《说文解字》的“夕部”为“《易》曰：夕惕若夤。”惠栋遂在《周易述》中改为“夕惕若夤，厉无咎”。并注云：“俗本脱‘夤’，今从古。”如此改动还有多处。由于惠栋对待历史典籍的态度慎重且细致，《周易述》中“述”“作”关系处理得也十分妥当，“述”中有“作”。“述而不作”的编辑原则在长期的历史阐释中上升为一种经学理念和态度，在经书编辑中发挥了重要作用。

对待历史文献的正确态度不仅是推崇、遵循的“述”，也还有敢于质疑、勇于推进、丰富完善的“作”为。如《四书章句集注》是朱熹为《大学》《中庸》《论语》《孟子》所作的注，影响极大，在千余年前的孔孟之道上较完整地添加、完善了儒家学理，拾遗补缺，成功地构建了儒学体系之大“作”。他的“作”主要将《孟子》和《礼记》中的《大学》《中庸》与《论语》并列，认为《大学》中的“经”是“孔子之言而曾子述之”，“传”是“曾子之意而门人记之”；《中庸》是“孔门传授心法”而“子思笔之于书以授孟子”。[2]他理顺了从《大学》到《中庸》，从《论语》到《孟子》，孔子、曾参、子思、孟子学家流派一条线、脉络清晰的儒家道统。“三千之徒，盖莫不闻其说。而曾氏之传，独得其宗。于是作为传义以发其意。及孟子没而其传泯焉。”此种情形下，“宋德隆盛，治教休明。于是河南程氏两夫子出，而有以接乎孟氏之传”。朱熹自己“虽以熹之不敏，亦幸私淑而与有闻焉。顾其为书犹颇放失，是以忘其固陋，采而辑之”[3]。“四书”章句之“作”，阐发了他的理学思想。特别《论语集注》云：“礼之大体，三代相继，皆因之而不能变。其所损益，不过文章制度小过不及之间。”[4]他认为，先代之礼制只能承继不能改，看似改的仅为文字，但所损失的远不只是文章制度而已。而相比文章制度的完善，他更加看重遵从先代传注的意义。类似《四书章句集注》的典籍十分丰富，有“述”有“作”。“述”注重后人原原本本了解汉儒之说。虽然也有不辨正误、阐述不明的弊端，甚至旧说中的固有错误与不同注家解说产生矛盾之处也未一一加以甄别，但依然可见尊重史籍、发挥经义、丰富经说的客观举措与重要意义。作为编辑原则的“述而不作”就是要将“述”“作”关系把握恰当。

---

① 惠栋：《九经古义》，中华书局 1985 年版，第 18 页。
② 董治安主编：《经部要籍概述》，江苏教育出版社 2008 年版，第 202 页。
③ 宋元人注：《四书五经》，天津市古籍书店 1988 年版，第 1~2 页。
④ 宋元人注：《四书五经》，天津市古籍书店 1988 年版，第 8 页。

较之“述”，“作”的要求很高，史上曾有不少尊崇儒道者好古而乐道。如两汉之际的扬雄捍卫正统儒学，“以为经莫大于《易》，故作《太玄》；传莫大于《论语》，作《法言》”①。扬雄在《法言·问神》中曾谈到他处理“述”“作”关系的性质：“或问：述而不作，《玄》何以作？曰：其事则述，其书则作。”张衡说：“吾观《太玄》，方知子云妙极道教，乃与五经相拟，非徒传记之属……所以作者之数，必显一世，常然之符也。汉四百岁，《玄》其兴矣！”②而其时“诸儒或讥以为雄非圣人而作经，犹春秋吴楚之君僭号称王，盖诛绝之罪也”③。其后，隋王通聚徒讲学，亦拟《论语》而作《中说》，《四库全书总目提要》谓：“摹拟圣人之语言，自扬雄始，犹未敢冒其名。摹拟圣人之事迹，则自通始，乃并其名而僭之。后来聚徒讲学，酿为朋党，以致祸延宗社者，通实为之先驱。”对扬雄之“作”给予了很高评价。

多部经籍编辑都注重在“述”的基础上充分发挥“作”的功用，即“创始”的经籍中有传旧的内容，“传旧”的作品里不忘添加创见和新意。如许慎的《说文解字·序》称《左传》为“左丘明述”，班固在《汉书·叙传》中自谓“……探纂前记，缀辑所闻，以述《汉书》”。此二例所说之“述”内涵都十分丰富，远在“述”字面意义之上。事实是所有的经部典籍都是在已有的文化基础上和一定的社会条件下产生的，后起的学者往往据己意阐发经义，为了谋求自身思想观念的合法性在“述而不作”和“以述代作”中行走，它与中国经学一脉相承的思想体系有关，也是编辑借以此法对圣人观点或发展或修正的一种“作”之方式。指证前人的局限性恰好证明自身思想的先进性。

综上所述，作为编辑原则的“述而不作”是有高低之分的两个标准，通过儒经注释不断阐发编辑家的儒学思想及历史文化传承的态度。“作”的层次高于“述”，“述”也多指自己的作品，自谦语，“作”则针对他人、长者、前辈成果，多尊称。而无论“作”的标准多高，最经典的经籍、最成功的编辑家都会在追求原始经义、保留儒家经典、创始更新发展的基础上处理“述”与“作”的关系，灵活而有原则地秉承“述而不作”的编辑准绳。

2. 策书成文、言事相兼与疏不破注

除“述而不作”之外，在不同的场合下“策书成文”“言事相兼”与“疏

---

① 班固：《汉书》，中华书局2007年版，第873页。

② 范晔撰，张道勤点校：《后汉书》，浙江古籍出版社2002年版，第540页。

③ 班固：《汉书》，中华书局2007年版，第873页。

不破注”也都作为重要的编辑原则在经籍发展中得以运用。

(1)策书成文

《至圣先师孔子年谱》一书中记载，杜预集解《春秋》云：“仲尼因鲁史成文，考其真伪，而志其典礼，上以遵周公之制，下以明将来之法。其教之所存，文之所害，则刊而正之，以示劝戒。其余则皆即用旧史，不尽改也。”①杜预认为，周官失守致史法义例不明，孔子因而据鲁史“考其真伪”，即“策书成文”，“刊而正之”，以“使《春秋》昭明”，更“成一经之通体”。经历代流传，“策书成文”即是记录史实的书籍，已成共识。

“策”字有多种释义，与编辑相关的如作动词解，由“鞭打”引申为促进、促动之意；作名词，通“册”，即用竹片或木片记事著书，成编的叫“策”。结合《春秋左传集解》中的“策书成文”，它含有将整理的文字制作成书本，系统地传旧注、辨真伪之意。在历代经籍形成与发展中，“策书成文”促进了经部典籍的产生，加速了它的流传。儒家先哲以传承经典、结集成章为己任。在“策书成文”的原则下，经籍成文方法不同，特点各异，但都达到系统成章、结集成书的目的。

如，先秦诸子著作或是采用辑录的方法、或是选择全集的形式“策书成文，考其真伪”。《论语》一书几乎每章都以“子曰”开头，并将最前面一段的几个字作为篇名，命名简单，辑录成书。虽然章与章之间缺少一些关联性。再如，经部中作为史书的《春秋》《左传》“策书成文”，开创了史书编年体和国别体的编辑方法。《左传》将两百多年的历史按年、季、月、日的时间顺序编排，并贯穿始终，此种以叙事方式成书的编辑方法，保证了史实记录的完整性，既有始末又有前因后果，以及与其他事物的关联，成为我国第一部成熟的编年体史书。

在《易》经的发展中，数部《易》籍都采取了最恰当的表达方式“策书成文”。

魏王弼《易》“本以垂教”，以《易》理教化世人，成就其书。《周易正义》疏解经传原文，再串讲王、韩注。除训释字义句义外，书籍注重义理发挥。《程氏易传》继承了王弼易学取义说的特点，有批评也有自己的见解。元吴澄的《易纂言》，卷首讲《义皇易》《连山》《归藏》，卷一、卷二为经文，卷三、四为《彖传》，卷五为《象卦传》，卷七、卷八为《系辞传》，卷九至卷十二分别为《文言传》《说卦传》《序卦传》《杂卦传》。经文每卦先列卦变主爻，每爻先列变卦，次列象占。传文各分章数。训释各附句下。

---

① 杨方晃编：《至圣先师孔子年谱·人卷》，清乾隆刻本，第260页。

至于音释考证，于经文附于每章之末，间或也有附于句下者。该书对通行本《周易》作了多处改动，亦有增字，充分利用了陆德明的《经典释文·周易音义》和李鼎祚的《周易集解》，其他依据多来自古书，查核源流后改正了《周易》中的某些不当之处。如《小畜》九三爻辞“舆说幅”，《易纂言》改“幅”为“輹”，一是依据《说文·車部》引作“舆说輹”，一是依据陆德明《经典释文·周易音义》，《周易音义》云：“本亦作輹。”而李鼎祚《周易集解》也作“車说輹”，如此多的考据改动验证了“策书成文，考其真伪”的可行性。再如《泰》卦九二爻辞“包荒”，《易纂言》改“荒”为“巟”，《系辞下传》“耒耨之利”，《易纂言》改“耨”为“耜”，等等。《四库全书总目》评价吴澄《易纂言》“解释经义，词简理明，融贯旧闻，亦颇赅洽”，在元人易学研究中“固终为世擘焉”。① 清丁寿昌《读易会通》择引诸家之说后，以按语的形式表达自己的想法，如果按语注解和说明都十分简要，便随引文而出；如果需要专门阐明观点，则在引文之后单独列出。

诸如此类是“策书成文”编辑原则的最好注解。

(2)言事相兼

古书多编著一体，“言事相兼”可作为经部要籍的编辑原则之一。与“言事相兼”相对应的是“言事分纪”。《汉书·艺文志》说，古代“君举必书，所以慎言行，昭法式也。左史记言，右史记事，事为《春秋》，言为《尚书》，帝王靡不同之”②。这段话意在说明“言事分纪”。所谓“言事分纪”，即单一地记言或记事，以《尚书》和《春秋》为代表。《尚书》于每篇文献前作一小序，说明该文献的历史背景，类似于编前小序，此种编辑方法即是记言。《春秋》专于记事，着重说明经文中的微言大义。无论是《尚书》还是《春秋》，都是源于最早的最有权威性的“六经”，但单一的记言或记事编辑方法割裂了事物之间的联系，也忽视了人在事物发生发展过程中的作用，有明显的局限性。

首创“言事相兼”并使之成为后续经部要籍编辑原则的是《左传》。《文通》载《史通》言曰：“左氏为书，不遵古法，言之与事，同在传中。然而言事相兼，烦省合理，故使读者寻绎不倦，览讽忘疲。”③这里所说的“古法”即《尚书》《春秋》“言事分纪”的原则。“言之与事，同在传中”即说的“言事相兼”的编辑原则。

---

① 吴澄：《易纂言》，《四库全书》本，第3页。

② 班固：《汉书·艺文志》，中华书局2007年版，第328页。

③ 马建忠：《文通·载言》，绍兴府学堂教科书本(光绪刻)，第544页。

《左传》叙事，以事实解释《春秋》，摒弃了单一的或记言、或记事的手法，博考旧史，广采佚闻，记言记事集于一身。从经学而言，它是一种解经方式，借助史实的真实表述来帮助后世儒生正确理解《春秋》之微言大义。从编辑原则的角度，它强调了秉笔直书，还历史客观真实性。编者巧妙借助各种逆时序的叙事方式，将来龙去脉交待得清晰完整，人物刻画栩栩如生。如“借梦传神意”，即是借梦的预言性和神灵的不可违性表达编辑思想。该书关于梦的叙述部分几乎都赋予了实际意义，通过分析梦像揭示事件的神意，表达不可抗拒的内含力量。梦成为天帝所言的载体，成为书写预言的桥段，从自然生理现象变成虚构托词的工具，以神圣和不可抗性使所说之事有理有据。结果“每梦成真”“有梦必验”，大大增强了众人对事物变化发展的可信度和对生活的顺服心。

《左传》善于记事，也擅长记言。如它将《春秋》中只言片语的事件，如“郑伯克段于鄢”“齐崔杼弑其君光”“楚子麇卒”等，丰富情节，增加情境，使之更加具体形象、生动充实。它也保存了各诸侯国留传下来的大量文告、训辞，有的演变成某些历史人物的语言，绘声绘色，即使神灵怪异之事也编写得惟妙惟肖。与“古法”“言事分纪”对应，“言事相兼”也表现在人物刻画上，作者笔下的历史名人一个个秉性炯然，性格鲜明，如子产作为杰出的政治家，《左传》在其意识、学识、行事、才情等描述上细微入神，具现了春秋郑国与诸侯国之间的历史事件。如此，记言、记事、记人结合，从言行、事态、结果等不同侧面分析刻画人物，立体展示有关事件。虽然时空不可追，但“言事相兼”的原则还原了历史的本来面目。

这是一种编辑方法的提升，更是立体化、形象化、具体化的编辑原则的应用。这种叙事特色成就了经籍的编辑原则，是理性反思后的艺术表达，顺理成章。

3. 疏不破注

“注”“疏”分别开来是两个不同的概念。对古书直接进行注解者叫“注”，对古书注文进行解释者称为“疏”。“注”有传、笺、解、章句等名。“疏”有义疏、正义、疏义等称呼。经部书籍除“十三经”外，严格地说“六经”之外均是对经典进行的阐述，“六经”文约义丰、言简意赅、时过境迁，“注”是儒学大师和后生们的必然选择，故“我注六经，六经注我”现象十分正常。“疏”与“注”相比解释经文的范围要大，程度要深。它以“注”为基础，在此基础上解释发挥，但不对“注”进行纠正、反驳。如经文音义的训释；寻源古义，纠正编颇与失误等，它相对“注”的“述而不作”已有较大延伸，突破空间范围，添加自我理解之义，故儒家诸学者不断地将“六经”与各时期经学的现实活动紧密联系，互动交流，思考反馈，展示经学新生面。一代代传承中，《易》《诗》《书》《礼》《乐》《春秋》“六经”的意义不断添加，内容逐渐丰富。

经部书籍多寓事于教，精神实质保持了固有的、基本的原则和方向。但也不是僵化的教条，它多以象征手法表达意义，给人以启示。正因如此，有了多种阐释、演绎的可能性。“盈天下而皆象矣。《诗》之比兴，《书》之政事，《春秋》之名分，《礼》之仪，《乐》之律，莫非象也。而《易》统会其理。”①章学诚也说：“象之所包广矣，非徒《易》而已，六艺莫不兼之。”②说明以《易》为代表的经籍基本精义不变，但“象”的广泛性使习者具有可发挥的特点。

至唐，孔颖达撰修《五经正义》，希望统一经文、明晰经义，既是因为科举考试统一标准答案的需要，也是订讹辨误自春秋战国以来诸家杂说愈渐偏离“六经”的需要。孔颖达等在博采南北朝“疏”时有意识地删掉了一些和注文相违的注解及内容，达到了消除、减轻异义，回归“六经”本来面貌的目的，含“刊而正之”之义。流传至今，现时所理解的“疏不破注”即在基本保持先儒注文思想体系的基础上对注文予以严格疏解的一种编辑原则，特别强调不得随意发挥，任意释经，如“五经”中的《周易正义》对王、韩注的疏解等。

“经典”具有师承性，“疏不破注”能保证授受的原汁原味。王充在《论衡·定贤》中指出，儒者“传先师之业，习口说以教，无胸中之造，思定然否之论，邮人之过书，门者之传教也。封完书不遗，教审令不遗误者，则为善夫。传者传学，不妄一言；先师古语，到今具存”③。古代知识传授多依靠口耳相传，讲经者面对面口授也依靠经书，经书往往通过师承关系得到。这样，依靠经书上的经文讲解经义，以宗师为源，直接和不走样，以弟子相传为流，保证经义的本原与解经复述的“可复制”性。

“经典”具有权威性，“疏不破注”决定了不得随意杜撰和任意发挥。自汉武帝罢黜百家，独尊儒术，经学成为官方学术，地位显赫，在国家治理中被选定为官方意识形态，发挥了重要作用，在百姓生活中成为可达功名利禄之途。因而，固定的说经方式与风格成就了“师说”，擅改师法，或随意臆说都将遭致他人的质疑和反对。

---

① 卢金镜：《周易外传》，清乾隆高云堂刻本，第204页。
② 章学诚：《文史通义》，清刊本，第10页。
③ 王充：《论衡》，据明刊本排印，第425页。

“经典”具有稳定性，“疏不破注”决定了经术标准的纯正。师法家法的形成表明了师承渊源，学派经师的地位与特点表明了师承脉络与体系质量。

“疏不破注”并非不能持不同见解，对经文有新的理解也可直接提出来，具体阐释经传之意时有推衍，亦有突破。如对韩注《系辞下》“观象制器”作的疏文：“案诸儒象卦制器，皆取卦之爻象之体。今韩氏之意，直取卦名，因以制器。案《上系》云，以制器者尚其象，则取象不取名也。韩氏乃取名不取象，于义未善矣。今既尊韩氏之学，且依此释之也。”①疏文的引见直接陈述了不同观点。

“疏不破注”并非没有新论，正确理解经义的发展性，在“注”的基础上引发新说，经学才得以保持时代性。随着时间的流逝，语言文字在发展，经文经说也有改变，古注往往较简略，所说之意没有那么明显，后人读来不易懂，且旧注也看不懂，所以不断有新解说旧注，不虚美、不隐恶，以“知经学之衍别”“知经文之同异”“知众儒之授亲”，故研习章句，承袭申说是多部经籍的重任，然而今文经学与古文经学之争、宋代理学的兴起、清代掀起的实学思潮无不展示着“疏不破注”在各历史时期的特色与风格，特别是通过所阐发的新义帮助树立新的社会观念、保证意识形态在上层建筑中的作用与反作用很是典型，“疏不破注”最终以追求博大融通为根本。

如此，“疏不破注”在经部要籍的发展中一直都是重要的解经原则之一。

第五节　经部要籍编辑思想概述

经学思想是中国文化发展的土壤，也是中国儒家文化的组成部分，其固有的价值观念与体系深深地根植于中国人的头脑中，影响着中国的意识形态领域和思想文化进程。经学思想影响着经学的发展，凝聚于经部书籍。经部图书的产生与发展离不开编辑思想，编辑思想是经学思想的一部分，也是经学思想的完整表达。

书籍的编辑思想是编辑在图书编撰前或编辑过程中所形成的较为稳定的意识与观念体系。从图书编辑过程和成书结果中均可观察和总结出编辑思想，今本如此，古籍亦然。

---

① 孔颖达疏，阮元校刻：《周易注疏》，阮刻本，第207页。

但探寻古籍编辑思想也有与今本书籍编辑思想不一样的地方，即古籍编著合一、编撰合一带来的编辑过程难以与撰述过程分开的现象，古籍不像今本书籍出版有明确、具体的责任编辑一说，特别是明清之前，写本、抄本、初刻本的编辑几乎无从知晓，很难区分与界定。像《论语》那样的语录体书籍，连作者都无法分清，更遑论理清具体的编辑。但这样分析是不是说古籍就没有编辑思想了呢？非也。古籍因编撰而成，有编撰就有编辑思想。跟今本书籍一样，古籍的编辑思想也离不开书籍。

经部书籍历经世事变迁，因著者、注者对某一事物的理解不同，记载有出入，标准有改变，注疏深浅不一。更重要的是，随着时代的变迁，经学本身也在发展。儒家学术自汉以降，魏晋玄学、宋明理学，各自体系独立，经学色彩浓厚，编辑、出版、传播几千年，早已成为重要的著作类型，但过去少有学者从编辑思想的角度展开研究。

探究经部要籍的编辑思想可以从以下几方面开展。

一是书籍内容所体现的编辑思想，即对书籍内容的分析，也就是说古籍的内容是作者想写的，也是经编辑认同的，或者说是希望在社会上广泛传播的。因为只有编辑认同(至少不反对)的观点，内容才会向社会传播。因而，经部要籍中的内容思想可体现编辑思想，选择什么样的内容，也就是编辑思想的反映。

同一部书在不同时代其内容和编排上的改变即与思想有关，如某诗文集的初版本及修订本的差异其实是编辑原则的差异，与编辑思想变化有关。如公羊学在董仲舒、何休的《解诂》之下，再作《释例》，再作《义疏》，每一部作品都是以《春秋》原典为基础，并在此基础上引申阐发的新经义，代表着前人的思想与今人的观念以及经学一脉相承之体系，个中编辑思想十分丰富。

《诗经》三百首，所谓“国风好色而不淫，小雅怨诽而不乱”“哀而不伤，乐而不淫”“温柔敦厚诗教也”，既是对《诗经》内容的提炼与评价，也是对国人忠厚真挚情感的歌颂，宗教敬畏之心的真实描写和不偏不倚、悲天悯人同情心的肯定。这是中国人特有的一种生活境界，也是长久历史积淀形成的一种深厚社会文化。这种文化渗透在经部作品中，当然也渗透在编辑经部作品的思想中。钱穆先生曾说“我们要懂中国古代人对于世界、国家、社会、家庭种种方面的态度与观点，最好的资料，无过于此《诗经》三百首”①。孔子编《诗经》“一言以蔽之，曰‘思无

---

① 钱穆：《中国文化史导论》(修订本)，商务印书馆2007年版，第67页。

邪’”的选择境界符合中国古代人心中的价值标准，“思无邪”是“人类情思之自然中正合乎规律而不致放肆邪僻的境界”，这种境界也就是编辑思想的反映。

二是从编辑方法中所体现的思想，经部要籍中具体到某一本书采用的编辑方法与手段，涉及材料的选择、内容的编排，编辑思想的指导作用都十分明显。书籍体例的整体性及先后排列的顺序，即“说什么”和“怎么说”都是编辑思想的反映。如《左传》中多次引用孔子之言评论史事与人物，选取材料也是以儒家标准为指导。该书首先搜集散失在民间的各国史书，尽可能地参阅其他书籍典册；再以儒家标准为取舍原则选取有用的材料，将流传于春秋时期的佚事传闻分门别类归纳整理，以纪事体的方法最终成书。所搜集的材料，一是春秋时各国史官的私人记事笔记，时间清楚，叙事翔实、客观，此为实录；二是流行于战国前期的、关于春秋史实的各种传闻传说，以帮助后人了解春秋真实状况。《左传》的标准就是儒家标准，《春秋》原则就是儒家原则。强化儒家观念、推崇儒家标准就是统领《左传》的编辑思想。在此思想下，符合者接受并发展，不符合者淘汰或灭亡。但《春秋》内容并非完全载入《左传》，表明它具有相对独立的意义，并非完全依附于《春秋》，既由本经而生，又超出原典，自成体系，其中的编辑思想颇具探寻研究的价值。

一般而言，许多书籍复制刻印都有叙述、凡例、说明等，它们是正文内容之外的辅文，对正文起着补充说明的作用。经部书籍亦不例外。何况经典被古人视为传道之言，任何解经注经的形式都是对圣人、对王道的认识、观念的表达。解经注经也会对所述史事、经籍原典作是非判断，从词语、观点、表述方式上可析其褒贬之意。

三是从经部要籍编撰者的创作源起、学术基础出发分析编辑思想。比如编撰者生平、家学渊源、师承关系等，抽茧剥丝，编辑思想“其义自见”。无论是汉魏时期的注疏之学，还是宋元阶段的义理之学，学术发展固然与其时代必然性有关，但具体到每一部作品，更有编撰者个人功力、对某部经学著作研究的深度，乃至作为思想家的精神探索方面的凝练能力，最终聚合而成。比如穷尽一生研究《公羊春秋何氏释例》的刘逢禄，被公认为学识兼备的思想家。受其外祖父、舅舅等的影响，“经述名世，尽传其学”，得乎其道。刘氏认为，“圣人之道，备乎五经，而《春秋》者，五经之管钥也”，给予了《春秋》最高评价。《释例》三十篇，是为“寻其条贯，正其统纪”，《笺》一卷、《答难》二卷是“析其疑滞，强其守卫”而作，为“博征诸史刑礼之不中者”，作《礼议决狱》二卷，而“推原《左氏》《穀梁氏》之失”，完成《申何难郑》五卷。刘氏系列《公羊》研究作品的产生，全方位多层面地阐述发挥了公羊学说。

从上述可知，古人对经圣王道的重视、推崇与发展均在经部书籍中展示了出来，它们构成经部要籍编辑思想的核心内容。随着经部书籍的不断产生与发展，编辑思想也在逐渐发展变化，包含以下内容。

一、删《诗》《书》，定《礼》《乐》，理《春秋》

孔子生于末世，相信人能弘道，力挽世风日下、礼坏乐崩的社会，以施行仁政来振救人心不古，恢复周礼。因而，删《诗》《书》，定《礼》《乐》，整理《春秋》，序《易》传，成为后世经部书籍的楷模。它们本是一种或多种的编辑活动，随着时光流逝，成为儒家典范的共同追求；本是一部或多部书籍的成书模式渐渐变成万变不离其“衷”的固有观念；本是物质的技术的实体渐渐变成意识的理论的概念；本是一种前后有序的操作过程渐渐变成儒家思想体系的传承；本是某一类书籍编辑的标准最后成为儒家学术研究共同遵循的原则。因而，所谓“删”“定”“理”“序”等，在编辑思想流变中不仅仅是字面所代表的意义，而是经千百年锤炼后儒家思想的代表性符号。

1. “删《诗》《书》，定《礼》《乐》，理《春秋》”是一种编辑活动

从编辑工作的角度来理解“删《诗》《书》，定《礼》《乐》，理《春秋》”，孔子删修《诗》《书》即是一种编辑活动，如每篇删数章，或每章删其句，或每句删其字，等等。周子醇曰：“孔子删《诗》，有全篇删者，《骊驹》是也；有删两句者，‘月离于毕，俾滂沱矣；月离于箕，风扬沙矣’是也；有删一句者，‘素以为绚兮’是也。”①即举出实例说明孔子删《诗》之事实。王充《论衡》中记载：“《诗经》旧时亦数千篇，孔子删去复重，正而存三百篇，犹二十九篇也。”②也说明孔子曾有“删”《诗经》重复内容之编辑活动。班固《汉书·叙传》载：“虞夏商周，孔纂其业。纂《书》删《诗》，缀《礼》正《乐》。”③此“纂”“删”“缀”“正”也是具体的编辑实务活动。《汉书·艺文志》亦载：“故《书》之所起远矣，至孔子纂焉，上断于尧，下讫于秦，凡百篇，而为之序，言其作意。”④这些文献中的记载均包含孔子所做的编辑工作。

---

① 朱彝尊：《经义考》卷九十八，《四库全书》本，第 2145~2146 页。
② 王充：《论衡》，上海人民出版社 1974 年版，第 427 页。
③ 班固：《汉书》，中华书局 2007 年版，第 1706 页。
④ 班固：《汉书》，中华书局 2007 年版，第 325 页。

《诗》《书》作品的出版与流传，包含创作者的初衷、传诵者的缘由，这是历代文学研究的内容，不乏作者与作品分析，如“诗言志”是我国古代的文论家对诗歌本质特征的基本认识。《尚书·尧典》中明确记载：“诗言志，歌永言，声依永，律和声。”①《庄子·天下篇》说：“诗以道志。”《荀子·儒效》篇云：“《诗》言是其志也。”战国中期以后，由于对诗歌的抒情特点的重视以及百家争鸣局面的形成，“志”的含义逐渐扩大。孔子时代的“志”主要是指政治抱负，而庄子“诗以道志”的“志”则是指一般意义上人的思想、意愿和感情。汉人认为的“诗言志”，即诗是抒发人的思想感情的，是人的心灵世界的呈现。这些都是基于诗歌的本质特征的认识。《毛诗序说》云：“诗者，志之所之也，在心为志，发言为诗，情动于中而形于言。”②将诗、志、情三者视为一体。随着儒家思想正统地位的确立，历代文人为了“尊儒”而逐渐抛弃“志”中包含的情感部分，将“志”解释为合乎礼教规范的思想，“诗言志”成为用诗来表达合乎儒家礼教的思想。从《毛诗序说》到刘勰、孔颖达、白居易，直至清代的叶燮、王夫之，都强调诗歌既应反映现实，为教化服务，重视其社会作用；又应感物吟志，情物交融，突出其抒情性。从最初的“赋诗”，即引用《诗经》中的某些篇章，到后来的“作诗”，再到“编诗”，用“诗”来言“志”的方式是不同的。不过由于古代编辑活动多是自发的，不具备连续性和自觉性，“编著合一”思想指导下的成书方式，在模糊编著界限的同时，也混淆了二者劳动的本质特点，故而用“编”来言志的方式虽然客观存在，但一直被人们忽略。

诗学发展至宋代，旧说不彰，新意日增，欧阳修以己意论经，佐证了孔子的编辑行为，也将儒家学术发扬光大。多方面的材料不仅证明数千年之前就有过书籍编辑活动，且后世儒家学术的发展也证明孔子的编辑行为使作品产生了更大影响，使儒学成为影响中国人思想、价值观念与行为方式的强大力量。

2. “删《诗》《书》，定《礼》《乐》，理《春秋》”向编辑思想的转变

《程氏易传》曰：“履，礼也。礼，人之所履也。为卦，天上泽下。天而在上，泽而处下，上下之分，尊卑之义，理之当也，礼之本也，常履之道也，故为履。”③书中认为《周易》中的义理是不变的，由此人伦之理亦

---

① 戴震：《尚书义考》，清聚学轩丛书本，第96页。
② 郝敬：《毛诗序说》，明万历崇祯间刻山草堂集内编本，第7页。
③ 程颐：《伊川易传》，元刻本，第80页。

不变。同理，如果用到“删《诗》《书》，定《礼》《乐》，理《春秋》”这一组文字上也是合适的，即编辑思想是不变的，编辑活动与编辑思想是统一的。从儒学到经学，从每一部经籍传递出来的经典理念都与封建社会倡导的儒家礼教有关，与维护封建统治秩序有关，与修身治国平天下有关，与“仁”的意识、精神、思想传播有关。

崇敬畏、重修德是《尚书》的主旨，也是其他经籍贯穿始终的思想。如《尚书·尧典》歌颂尧能和大家和谐相处：“克明俊德，以亲九族；九族既睦，平章百姓；百姓昭明，协和万邦。”①《逸周书·大聚》载周公之语：“旦闻禹之禁：春三月山林不登斧，以成草木之长；夏三月川泽不入网罟，以成鱼鳖之长”②，追求人与自然的和谐相处。这种构建封建和谐社会的期望与目标的统一性贯穿若干经部要籍，始终如一，成为亘古不变的主题。皮锡瑞在《经学通论》中说：“《春秋》有大义，有微言。大义在诛乱臣贼子，微言在为后王立法。惟《公羊》兼传大义、微言。《穀梁》不传微言，但传大义。《左氏》并不传义，特以记事详赡有可以证《春秋》之义者。故‘三传’并行不废。”③钟文烝在《春秋穀梁经传补注》中说：“《穀梁》多特言君臣、父子、兄弟、夫妇，与夫贵礼、贱兵、内夏、外夷之旨，明《春秋》为持世教之书也。”④又说：“《穀梁》又往往以心志为说，以人己为说，桓、文之霸曰信曰仁曰忌，僖、文之于雨曰闵曰喜曰不忧，明《春秋》为正人心之书也。持世教易知也，正人心未易知也，然而人事必本于人心，则谓《春秋》记人事即记人心可也。”《穀梁传》也将等级观念列于重要地位，认为君臣、父子、兄弟、夫妇之间都有一定的行为道德规范，不可超越自己的身份等级行事，否则便是君不君、臣不臣，与礼仪相背。这种弘扬“仁爱”“克己复礼”、秉持“宗法”的礼制思想在经部书籍中一以贯之，非常具有代表性。

孔子作《春秋》是“为万世作经，不是为一代作史”。“经是必借褒贬是非以定制立法，为百王不易之常经”⑤，维护宗法的编辑思想十分鲜明。所谓宗法，即是宗族制订法规。从维护宗族权威的观念出发，必定尊敬尊者，亲近亲者，要为尊者讳，为亲者讳，保证宗法利益。有了这些君臣父子、尊尊亲亲的思想，也便认定君王正道在于关心农耕、爱护民众。饥荒

---

① 孔安国传，陆德明音义：《尚书》，相台岳氏家塾本，第11页。
② 孔晁注，卢文绍补遗：《逸周书》，抱经堂本，第53页。
③ 皮锡瑞：《经学通论》，清光绪三十三年思贤书局刻本，第294页。
④ 钟文烝：《春秋穀梁经传补注》，清光绪刻本，第25页。
⑤ 皮锡瑞：《经学通论》，清光绪三十三年思贤书局刻本，第276页。

之年，君王应该按照礼制与民共度灾难。战争之年，君王应爱护百姓，文事与武备并重。因为“民者，君之本也。使人以其死，非正也”①。克己爱人的道德情操深入书中。

尽忠孝之思想在诸部经书中都有阐述，因为它既有益于国家社稷，更是处理好君臣关系的指南。“忠”于国君本是政治道德原则，孝道亦成为统治国家的工具。《论语·为政》载：季康子问“使民敬、忠以劝，如之何?”子曰：“临之以庄，则敬；孝慈，则忠；举善而教不能，则民劝。”②这里所说的忠即是对君主的态度，从君主的态度中观臣民对国家的忠诚度。《论语·八佾》曰：“君使臣以礼，臣事君以忠”③，将君臣关系上升到政治关系，由礼到忠，社会关系要以政治道德来约束。也有从忠论孝者，《论语·为政》曰：“今之孝者是谓能养。至于犬马皆能有养不敬。何以别乎”④，此为劝说。从秦朝开始，对父母是否尽孝纳入国家赏罚律令，定不孝为重罪。忠孝二事归一。其实，在法治社会里，从来便是家国一体，家国同构，由家族治理到国家治理，换言之，家都治理不好，何以理好国呢?《论语·学而》曰：“孝悌而好犯上者，鲜矣。不好犯上而好作乱者，未之有也。”⑤《论语集注》解释，善事父母为孝，善事兄长为悌。人能孝悌则其心和顺，少好犯上。推崇孝敬父母孝敬兄长。《论语·为政》载：“或谓孔子曰：‘子奚不为政。’子曰：‘书云孝乎。惟孝友于兄弟。施于有政。是亦为政也。奚其为为政也。’”⑥《论语·泰伯》认为，夏代的禹王“致孝于鬼神”，将对鬼神的“孝”与对祖宗的“孝”统一，均是“孝”的道德行为。

孔子曰：“孝悌也者，其仁之本与。”⑦“孝”“悌”是孔子和儒家特别提倡的两个基本道德规范。为仁之本，即以孝悌为仁的根本。这种对仁者爱人的宣扬，明确了以仁为核心的道德思想体系，将爱人之情与传圣人之道结合在一起，最终修炼成君子之道。君子之道既立，当知学无止境，缅怀圣贤至德，知德之至境远矣。

从编辑思想的角度理解“删《诗》《书》，定《礼》《乐》，理《春秋》”，即透过编辑现象看《易》《诗》《书》《礼》《乐》《春秋》的本质。阐释祖述师

① 范宁：《春秋穀梁传》，宋建安余氏刊本，第46页。
② 何晏：《论语》，古逸丛书日本景正平本，第14页。
③ 何晏：《论语》，古逸丛书日本景正平本，第23页。
④ 何晏：《论语》，古逸丛书日本景正平本，第11页。
⑤ 何晏：《论语》，古逸丛书日本景正平本，第4页。
⑥ 何晏：《论语》，古逸丛书日本景正平本，第14页。
⑦ 何晏：《论语》，古逸丛书日本景正平本，第5页。

道的经典，孜孜以求的是圣人言行，行其义方道之远。故而“学者须将《论语》中诸弟子问处便作自己问，圣人答处便作今日耳闻，自然有得。虽孔孟复生，不过以此教人”①。尹氏曰：“甚矣，孔门诸子之嗜学也！于圣人之容色言动，无不谨书而备录之，以贻后世。今读其书，即其事，宛然如圣人之在目也。虽然，圣人岂拘拘而为之者哉？盖盛德之至，动容周旋，自中乎礼耳。学者欲潜心于圣人，宜于此求焉。”②贯穿《论语》全书的是这条主线。因而，“读《论语》，有读了全然无事者，有读了后其中得一两句喜者；有读了后知好之者；有读了后直有不知手之舞之足之蹈之者”③。历代《论语》的发展成为儒家思想的代表。

《史记·孔子世家》记载：“吴楚之君自称王，而《春秋》贬之曰‘子’；践土之会实召周天子，而《春秋》讳之曰：‘天王狩于河阳。’推此类以绳当世。贬损之义，后有王者举而开之。《春秋》之义行，则天下乱臣贼子惧焉。”④《春秋》对自称王者贬，对晋文公以臣子身份召请天子不满，故而讳之：天王狩于河阳。书中对尊卑贵贱严格区分，对上下等级黜除僭越，具体表现在严格区分诸侯爵号，谨慎地选择词语区别名位高低，鲜明的拥戴与不耻集于一书，成为社会纲常的维护者与传播者。如郑一定称伯，宋一定称公，齐一定称侯，楚一定称子，许乃称男，等等。这正是维护社会秩序的表现。此外，记载同类事物假如名分不同，一定在用语上有所区别。如周王死称为“崩”，鲁君及鲁君夫人死称为“薨”，诸侯及大夫死曰“卒”。再如“杀”与“弑”虽然同是杀人之义，但臣杀君、子杀父母在《春秋》中都不叫“杀”，而叫“弑”。同义不同字表达了经籍中十分鲜明的尊卑等级思想。

被后人称为道德学著作的《程氏易传》中有很多关于道德说教的段落。如“人之所以不能安其止者，动于欲也。欲牵于前而求其止，不可得也。故艮之道，当艮其背。所见者在前，而背乃背之，是所不见也。止于所不见，则无欲以乱其心，而止乃安。不获其身，不见其身也，谓忘我也。无我则止矣。不能无我，无可止之道。行其庭不见其人，庭除之间，至近也。在背，则虽至近不见，谓不交于物也。外物不接，内欲不萌，如是而止，乃得止于道，于止为无咎也……夫子曰：于止知其所止。谓当止之所

① 邱浚：《大学衍义补》，明成化刻本，第1476页。
② 朱熹：《四书章句集注》，宋刻本，第198~199页。
③ 朱熹：《四书章句集注》，宋刻本，第7页。
④ 司马迁：《史记》，上海古籍出版社1997年版，第1519页。

也”①，从“欲”说到“止”以及“止”的方法。其后又有论述：“夫有物必有则，父止于慈，子止于孝，君止于仁，臣止于敬，万物庶事莫不各有其所，得其所则安，失其所则悖。”并总结出“圣人所以能使天下顺治，非能为物作则也，唯止之各于其所而已”。程氏所倡导的顺天理禁人欲的思想，与孔子所倡导的君君、臣臣、父父、子子各得其所的观念一脉相承。

于此，“删《诗》《书》，定《礼》《乐》，理《春秋》”，以及序《易》传等重在强调人们的行为规范。只有贵贱、尊卑、长幼、亲疏各有其礼，才能达到儒家心中的君君臣臣、父父子子、兄弟夫妇的理想社会。儒家的“礼”即是一种法的形式，它以维护宗法等级制为核心。经部要籍的编辑思想无论如何流变，万变不离其“衷”，都与这一思想相关。孔子作为一个思想家、教育家和古代文献整理专家，其极大的影响力并非在于编撰“六经”，而是其渗透在“六经”中“仁”的思想。后世诸部经书并非没有超越、缺少特色，而是所有超越、所有特色都是在“仁”的道德原则、道德标准基础上的拓展。

二、疏通疑义，别录异说，融会参证

经部书籍发展的历史是不断释经的历史。漫长的岁月中，时空阻隔，朝廷更迭，政治专制，师法多门，版本漫漶，谬误讹传，且今古文之争、郑学王学之论、南学北学之辩等造成经籍真伪难辨、首尾难全、定论难成，正如朱子理学所构建的庞大、精密学术思想体系，重建儒学精神，自觉承担起改造时代的重任一样，每一次儒家新学派的形成与发展都是对旧有体系的改造。故经籍编撰的过程也就是不断疑古考辨、疏通疑义的过程，不断兼收并蓄、别录异说、融会参证的过程，不断诠释语法音义、字句篇章、审慎阙疑的过程。

1. 疑古考辨、疏通疑义的编辑思想指导经籍成为经典

多部经籍都坚持疑古考辨，力求疏通疑义，使之从经籍变为经典。这一破茧成蝶的流变过程最终成就了编辑思想，并得以在历代数部经籍编撰中完成指导思想的使命。

疑古考辨者如《周官辨伪》。清代方苞的《周官辨伪》认为，刘歆伪造了《周礼》，其就《周礼》中可疑者摘出数条，断以己说，分别伪、辨惑二门，“大旨以窜乱归之刘歆”②。后今文经学家以此为藉，其说更为盛行。

---

① 程颐：《伊川易传》，元刻本，第402~403页。

② 张维屏辑：《国朝诗人征略二篇》，清道光二十二年刻本，第70页。

如康有为《新学伪经考》认为“《周官》六篇，自西汉前未之见，其说与《公》《穀》《孟子》《王制》今文博士皆相反，《莽传》所谓‘发得《周礼》以明因监’，故与莽所更法立制略同，盖刘歆所伪撰也。歆欲附成莽业，而为此书；其伪群经，乃以证《周官》者，故歆之伪学，此书为首”①。《周官辨伪》与《新学伪经考》代表了一批敢于质疑权威的儒学经籍，有理有据。

既有疑义，当需考辨，多闻阙疑，无征不信，或以求正解，或排斥虚妄。所谓多闻阙疑，即是未有真实确凿的材料不可随意对阙文妄加修改。如鲁国史书《春秋》，记事时很多没有日、月的记载，无确切材料情况下，孔子一仍其旧，决不轻改。多闻阙疑的思想在历代诸部经籍中也得以反映。

李鼎祚在《周易集解》中说：“臣少慕玄风，游心坟籍，历观炎汉，迄今巨唐。采群贤之遗言，议三圣之幽赜，集虞翻、荀爽三十余家，刊辅嗣之野文，补康成之逸象，各列名义，共契玄宗。先儒有所未详，然后辄加添削。每至章句，佥列发挥。俾童蒙之流一览而悟，达观之士得意忘言。”②此文所述，对于如何取各家之长，采前贤之解，以刊王补郑，以求《易》解作了充分说明，认为只有汇集前人注解，纠正《周易正义》推崇义理派易学的倾向，方可使易学“童蒙之流一览而悟，达观之士得意忘言”，编撰该书之目的直接指导了该书的编辑。

2. 别录异说、统一经学的编辑思想终定儒学于一尊

经学的发展经历了不同的阶段，地位起起伏伏。儒学由“礼崩乐坏”的春秋时代诞生，从春秋到战国，“世之显学，儒、墨也。儒之所至，孔丘也；墨之所至，墨翟也”③。儒学出现过八种不同的流派，或亦可称八种不同风格的思想，十分活跃。儒家内部的不同解释与观点分歧与孔子及其七十二贤人、三千弟子有关，与不同学派、诸子百家对“六经”的引用、理解有关，各家各派不同的认识与看法必然出现在对“六经”的态度、诠释经书的文字、编撰经籍的方式及过程等方面。“各家各派”所指当然不仅仅是儒家，道家学派、庄子、墨子等都对“六经”有过具体研究，或站在它的反面立论，或直接提出异议。但此时还只是儒学，未形成经学。

秦朝焚书坑儒以及秦末的战乱，使儒家经典遭致毁灭性的打击，通经

① 转引自顾颉刚编著：《古史辨》第五册，海南出版社2005年版，第115页。
② 保八撰：《周易系辞述》，《四库全书》本，第145页。
③ 顾广圻：《韩非子·显学》，吴氏宋乾道本刊景，第327页。

之儒寥寥无几。直至汉惠帝废除挟书令，推行献书之路，儒家典籍方被拾起。汉武帝立五经博士，推行今文经，《公羊传》中的“大一统”经说与封建统治策略相吻合，在董仲舒的大力倡导下，儒学首次获取了“独尊”的地位，呈现出尊崇先儒原典、注重章句之学、依照师法和家法诠释“六经”的特点，以儒家经典为研究对象的经学由此产生。在今文经学与古文经学的论辩、师法与家法的坚持中，迎来了东汉末年称为经学大师的郑玄，其自成一家，独立为郑学。他将今文经长处融入古文经，消除门户之见，推倒师承与家法之鸿沟，经学再次出现一统局面。魏晋南北朝时期，王肃发起反郑运动，形成王学。随之，由于南北朝政治上的分裂，经学也遭致再次分裂，南学与北学分庭抗礼。再次统一依赖于唐代的《五经正义》和《九经正义》。宋代经学借助理欲心性等哲学研究形成理学，因以孔孟道统自居，故也称“道学”。朱子的《四书章句集注》统一了科举考试标准与人们的思想，其也成为宋代理学的集大成者。元、明时期经学日渐衰弱，为清初顾炎武等倡导经世致用思想，乾嘉时期考据学，亦称“朴学”的兴盛以及清末今文经学的再次跃起起到了铺垫的作用。清代今文经学派仍是以《公羊传》经学为中心，依然是阐发孔子“微言大义”，但托古改制的实质昭示了从儒学到经学，从秦朝到清代，从低谷到兴盛、从分裂到统一的经学发展之路。没有歧途的康庄大道于经学发展无益，每一次的沉沦或分裂都为下一次的“一统”或统一打基础，具有引领标志性经籍的编辑总在尝试“集大成”的工作。

儒学就是这样发展起来的，历经的每一次起伏、伴随每一部经籍的产生，都使其编辑思想更加丰富、更加成熟，提高了儒学的影响力，延长了经籍的生命力。

3. 兼收并蓄、融会参证的编辑思想融诸家精萃于一炉

儒家经籍的编辑思想与它所倡导的“仁”的精神相统一，兼收并蓄，广吸养料，融会参证，集诸家精萃于一炉，滋养了一部部的经籍。

自春秋战国，孔子编定的“六经”就在先秦渐有改变。多家所引，与孔子所删定之本已有不同。如《诗》经，“包括儒家在内的诸子引诗共二百四十八条，与今本《诗》同者一百三十六条，与之相异者九十一条，不见于《诗》的逸诗二十一条”①。如《书》经，各家所引也不尽相同，孔子所定、墨子所引，及至同一篇《书》多家所引在文句上都有差异。如《礼》经，孔子所言多为周礼，重在士礼，后学又加上了周代礼制的补遗，春秋战国

① 李笔浪：《经书的编订与六经的形成》，载《唐都学刊》2000 年第 1 期，第 86 页。

的新制、官制等，使之更加丰富。据台湾学者陈逢源统计，“《论语集注》引用汉宋诸儒注解九百四十九条，采用当朝学者说法六百八十条；《孟子集注》引用汉宋诸儒注解一千零六十九条，采用当朝学者说法二百五十五条”①。诸如此类，“六经”经过不同时期、不同学派，特别是儒家后学补充之后，更加完善。

兼收并蓄、融会参证，讲究无征不信。所谓无征不信，即是用充足的材料证明其真实性。如《论语·八佾》载：“子曰：夏礼吾能言之，杞不足征也；殷礼吾能言之，宋不足征也。文献不足故也。足，则吾能征之矣。”②杞国是夏之后，宋国是殷之后，《八佾》篇这句话的意思即是夏、殷两代的礼虽然孔子还能说上一点，但杞国和宋国，孔子掌握的文献不足，难以验证，也就不便说了。这里的能言与足征，是“即使能说也得有充分证据才行”的意思。据《公羊传》记载，鲁《春秋》原文“雨星不及地，尺而复”③，孔子编辑时甚觉怪诞，本着“子不语怪力乱神”的思想，未予记载，而改为“星霣如雨”。兼收并蓄、融会参证，也含排斥虚妄。排斥虚妄是一种实事求是的态度，即凡是凭空忆想之事绝不记录。自然现象如此，无从探究、无法理解之事均应予以排斥。

《论语集解》亦为兼收并蓄、融会参证之典型。该书“集诸家之善”，“有不安者，颇为改易”，总结了汉魏以来关于《论语》的注释方法。一为收录的七家注释“所见不同，互有得失”，如孔安国、马融的古文《论语》特色，包咸的今文章句，郑玄古今兼采作注方法，陈群、王肃、周生烈以义说经等，打破了师法家法之界，使之融为一个整体，既呈今古文经学之别，又含章句、训诂、义说诸种治经良方。二者，该书保存了大量汉魏古注，且非原封不动地照抄照搬，而是“参以己意而成书”。凡前人之成说，可选取一种，择善而从，不加引申，不作评论。间或兼存两说者多是“以备后人取舍”。这既是实事求是的治经态度，也是灵活的编辑方法。三者，该书对于先儒解经偏经本义之现象，会作“改易”，且直接表达“己意”。《论语集解序》曰：“有不安者，颇为改易。”皇侃疏解：“若先儒注非何意所安者，则何偏为改易，下己意也。”④即以新的义理解释《论语》。《论语集解》是儒家经典的代表，也是吸收多家精萃、自成体系的典范。

---

① 朱杰人：《怎样读〈四书章句集注〉》，载《中华读书报》2017年4月5日。

② 何晏：《论语》，古逸丛书日本景正平本，第19~20页。

③ 何休撰，陆德明音义：《春秋公羊传》，永怀堂本，第71页。

④ 黄怀信等编：《论语汇校集释》(上)，上海古籍出版社2008年版，第14页。

三、重视道行，以民为本，经世致用

重视道行，即重视天道，遵循天道，强调维护封建等级制度的道德标准。以民为本即追求治国安邦的“仁政”理想，经世致用代表了经学的政治与学术追求。它们也是经部书籍编辑思想的集中反映。

1. 从重视道行到以民为本

孔子崇“道”，认为“道”的存在即是有序。“天下有道，则礼乐征伐自天子出；天下无道，则礼乐征伐自诸侯出。”①此语包含了尊卑等级思想。朱子的学生黄榦号勉斋说：“千有余年之间，孔孟之徒，所以推明是道者，既已煨烬残阙，离析穿凿，而微言几绝矣。”②一方面说明孔子之道的形成、儒学地位的上升；另一方面，说明“煨烬残阙，离析穿凿”，过于牵强、程式化、繁琐地解经，不敢越雷池，更显教条，也限制了其发展，而被固化的、封闭的经典是没有生命力的，与儒学的本义相背离。

殷商、西周时代，天道观思想十分兴盛，故《尚书·周书》中强调“天视自我民视，天听自我民听”，“民之所欲，天必从之”，含有浓郁的“敬天保民”思想。至春秋时期，人们对“天”“人”关系有了新的认识，从重视天道转为重视人事，以民为本的思想逐渐明确，且越来越突出。重视道行，也含敬畏天道。敬畏是一种精神，也是一种思想。如《尚书》中通过敬德、敬天、敬民、敬事等表达敬畏天帝、敬畏人生的思想。一是敬德。《召诰》篇曰“王敬所作，不可不敬德”③；《无逸》篇曰“小人怨汝詈汝，则皇自敬德”，④ 都将敬德作为最高标准。崇德大于刑法，修德重于刑治。如《吕刑》说“有德惟刑”，意思是有德者才能从事刑事。《康诰》说“明德慎罚”，同样强调扬明德行谨慎刑律，“惟不敬厥德，乃早坠厥命”⑤，将德行与生命联系在一起，若不能敬德，会加速生命的死亡。二是敬天。《立政》篇曰“以敬事上帝”，上帝即是天的主宰，故此处实为敬天。三是敬民。《康诰》篇说“天畏棐忱，民情大可见”，⑥ 意思是说天威都会帮助至诚意之人，民情向背可见天之辅助，如此怎么可以不敬呢！四是敬事。《尧典》记载尧“乃命羲和，钦若昊天历象日月星辰，敬授人时”⑦。尧乃

① 王聘珍：《周礼学》，清光绪刻皇清经解续编本，第31页。
② 黄中编：《朱子年谱》，清康熙刻本，第223页。
③ 王养濂修，李开泰纂：《康熙宛平县志》，清康熙刻本传抄本，第332页。
④ 邹季友：《尚书音释》，明刻本，第50页。
⑤ 邹季友：《尚书音释》，明刻本，第45页。
⑥ 邹季友：《尚书音释》，明刻本，第40页。
⑦ 孔安国传，陆德明音译：《尚书》，相台岳氏家塾本，第11页。

命羲和之官，使之敬顺昊天之日月星辰，制定历法，考察农时，必须有恭敬态度。

《孟子》以“明性善”“明浩然之气”“辟杨墨”“黜五霸而尊三王”等特点，“发孔子之所未谈，述六经之所不载”①，因提倡“民贵君轻”说引发一些争论，在汉代未能完全跻身经籍行列。章帝建初年间，程曾的《孟子章句》，东汉后期高诱、赵岐的《孟子章句》以及刘熙、郑玄的《孟子注》等多着力于章旨、句意的阐释，特别是赵岐的《孟子章句》重内容的通解与义理的阐发，第一次将孟子与孔子作对照，既有相提并论、重视价值的含义，更有提携《孟子》经学中地位的作用。随着唐代经学趋于统一，儒学兴盛，《孟子》经书越来越受到儒家学派的重视，即如韩愈在《读荀》中言：“始吾读孟轲书，然后知孔子之道尊。”待朱熹《四书章句集注》出现，编辑思想发生了较大改变，意在弘扬理学，阐释、发挥孟子的心性之学，由“明性善”到“性即理”的转变，进而到“心统性情”说的确立。该书是因对伪托孙奭的《孟子义疏》体例、内容、文义诸多不满而作的新疏，它多解释赵岐的注，直接涉及《孟子》本文处较少。朱熹认为，孔子之道传至孟子而中断，再次接续起来当归北宋二程，于是他在《孟子序说》中说道：“尧以是传之舜，舜以是传之禹，禹以是传之汤，汤以是传之文、武、周公，文、武、周公传之孔子，孔子传之孟轲，轲之死不得其传焉。”②明道统的思想非常明确，尤为鲜明。

敬畏天道是经书内容重要的组成部分，重视道行是对无上皇权的约束和对普通百姓的要求，随着对道统的追求，孔子自己也成为儒家之“道”。其中，固然带有上天惩戒的封建思想，却也是儒家经典的内核和以民为本良好愿望的表达。

“民惟邦本，本固邦宁”③反映在经籍编辑中，即形成重要的以民为本思想。自古以来民与国的关系构成儒家典籍中重要的内容，有着深刻的内涵和厚重的积累。除《尚书·五子之歌》之外，多部经典都载有十分鲜明的民本思想，如《左传》强调礼的作用，特别论述了国家兴亡对民众的影响，以民为本的意识十分突出。礼作为一种社会道德和行为规范，体现出时代精神，有如今日之法纪。“皆人所设，且系为人而设。”无论何人行为出轨则有祸，是否遵礼成为吉凶祸福的缘由。

---

① 王夫之：《四书考异》，清同治四年金陵节署刊船山本，第298~299页。

② 朱熹：《四书章句集注》，宋刻本，第416页。

③ 邹季友：《尚书音释》，明刻本，第15页。

在对待民众关系上，《左传》提出：“国之兴也，视民如伤，是其福也。其亡也，以民为土芥，是其祸也。”①将国家兴亡对于民众的影响，以及兴亡的缘由论述得简洁明了，民心向背的价值观深入人心。

2. 从以民为本到经世致用

杜佑在《通典》中说明编辑通史的方法是实采群言，征诸人事，最后实现将施有政的目的，强调了史籍的功用是经世致用。经书与史书虽然类别不同，但在方法、目的的渊源上都可找到相同点。“六经”的编订标志着经世致用编辑宗旨的形成。

孔子对于书籍所具有的政治鉴戒功能已经有了初始认识，《诗经》云：“殷鉴不远，在夏后之世。”②《论语》曰：“告诸往而知来者。”③《易》言：“君子多识前言往行，以畜其德。”④《周礼》声称：“史掌官书以赞治。”⑤《春秋》曰：“拨乱世反诸正。”⑥说明孔子已经意识到书籍具有彰往察来、考见得失、疏通知远、垂法万载的功效，因此他整理、汇编出《诗》《书》《易》《礼》《乐》《春秋》，保存了许多有助于治理国家的历史文献，并且通过确立一系列编辑义例来达到别善恶、寓褒贬的目的，以寄托自己的政治理想。因此孟子对孔子编辑《春秋》的评价是：“世衰道微，邪说暴行有作，臣弑其君者有之，子弑其父者有之。孔子惧，作《春秋》。《春秋》，天子之事也；是故孔子曰：‘知我者其惟《春秋》乎！罪我者其惟《春秋》乎！’”⑦孟子的这番话深刻地揭示了《春秋》一书的政治功能与社会效应，说明春秋战国时期人们已经认识到通过编辑书籍、保存文献，可以对天下的治理发挥重要作用，也将孔子寄望于《春秋》将施有政的理念表达得十分充分。

其实，经世致用不仅是经部书籍中予以特别重视，在史部、子部、集部中也都有反映。如司马迁自觉将经世致用作为《史记》的编辑宗旨。他宣称：“居今之世，志古之道，所以自镜也。”“君子为国，观之上古，验之当世，参以人事，察盛衰之理，审权势之宜，去就有序，变化有时，故旷日长久而社稷安矣。”在他看来，历史是现实的镜子，应该从服务于现实社会的角度考察历史，把握古今盛衰的规律，针砭时事，寻求实现长治

---

① 洪亮吉：《春秋左传诂》，南菁书院续经传本，第 708 页。
② 姚际恒：《诗经通论》，清道光十七年铁琴山馆刻本，第 397 页。
③ 何晏：《论语》，古逸丛书日本景正平本，第 9 页。
④ 焦循：《易通释》，清江都焦氏刻雕菰楼易学本，第 128 页。
⑤ 郑玄：《周礼》，明覆元岳氏刻本，第 46 页。
⑥ 徐彦：《春秋公羊传注疏》，阮刻本，第 29 页。
⑦ 苏辙：《孟子解》，清指海本，第 48 页。

久安的方法。这种思想实际上就是经世致用的朴素表达，体现在书籍编辑宗旨上就是《史记》的政治政权之用，因此他在《报任安书》中自称："仆窃不逊，近自托于无能之辞，网罗天下放失旧闻，考之行事，稽其成败兴衰之理，凡百三十篇，亦欲以究天人之际，通古今之变，成一家之言。"同样东汉史学家班固、荀悦为统治者吸取前朝的历史经验教训而断汉为书，编撰了《汉书》和《汉纪》。曹丕诏修《皇览》，侧重学以致用。三国时魏文帝曹丕诏修《皇览》，集五经群书，分门别类，共四十余部，每部有数十篇，费数年之力，成八百余万言巨著，取名自"宜皇王之省览"之意。曹丕一生爱好文学，以著述为务，《皇览》是为他写词作赋著文时用典采事而编辑的，优点在于查阅资料方便。与前朝编辑书籍强调经理时事相比，这部书的编修更注重学以致用，体现了书籍编辑的多样化趋势。

《孟子正义》"离娄下"中记载孟子曰："王者之迹熄，而《诗》亡，《诗》亡然后《春秋》作。晋之《乘》，楚之《梼杌》，鲁之《春秋》，一也。其事则齐桓、晋文，其文则史。孔子曰：'其义则丘窃取之矣。'"①该文说明孔子从《春秋》中取其"义"，以服务于其时社会。此"义"是各诸侯国史册中的"义"，也是得到孔子赞扬的"义"，实为他所持的完善人伦道德、维护政治秩序的观点。所取之"义"运用于现实社会产生功效，即经世致用的思想得以展现。

宋代大多数理学家主张通经致用，由个体的正心诚意达到修身齐家治国平天下。这首先是从研习儒家经籍上得到的孔孟心传，求得治理天下的根本所在，因而形成了一大批有影响的经注书籍。同时，强调从历史兴衰的教训中得出资治的结论和经验，或者从历代政治制度的得失里寻找治理社会的办法，结果产生了一大批编年体史书和典章体史书。还有的研究直接从现实生活的需要出发，编写服务于日常生活的书籍，产生了一批专业性、实用性较强的类书。三类综合可知，修身养性者有之，资政借鉴者有之，切合实用者有之。具体到每个编著者身上，是编辑生活的复杂性和多重性，使他们各自的编辑宗旨在经世致用的共性下又兼具个性、各有侧重。

清朝时，将施有政的经世致用思潮更加兴盛，传统经学注入了前所未有的内容，也受到西学的强大冲击，西学东渐，中体西用，"六经皆史"说与近代学术观念的转变，科学方法的引入与采用直接影响了经籍的编撰思想，融通中西成为传统经学发展的必经之路。

---

① 焦循：《孟子正义》，学海堂经解本，第309~310页。

第一章 《周易》要籍编辑思想

《周易》作为中国现存最古老的典籍之一，被誉为群经之首、大道之源，其思想内容、思维方式以及价值观念皆对中华文化影响至深。研究《周易》的编辑思想，必然离不开对其命名之义、经传大旨、撰著之人以及成书年代等系列问题的辨析与考察。这些问题，目前虽有种种成说，却又大多未臻一致。对于前人的研究成果，笔者不敢辄论是非，谨就个人见识所及，择选可取之论，在简要概述《周易》经传主要内容的基础上，分析提炼其编辑思想，以更好地继承与发扬我国优秀传统文化，拓展新时期编辑实践的思想文化空间。

古人著书，必重于立其名义，“周易”之为书名，最早可见于《左传·庄公二十二年》“周史有以《周易》见陈候者”①。其命名依据，历来素有多种说法。据孔颖达《周易正义·卷首》载：“案《世谱》等群书，神农一曰连山氏，亦曰列山氏，黄帝一曰归藏氏。既连山、归藏并是代号，则《周易》称周，取岐阳地名……又文王作《易》之时，正在羑里，周德未兴，犹是殷世也，故题周，别于殷。”②此“因代以称周”，自孔氏以来注《易》之家多所沿用，今当从之。又《系辞上传》有云：“圣人设卦观象，系辞焉而明吉凶，刚柔相推而生变化”③；《系辞下传》又曰：“八卦成列，象在其中矣；因而重之，爻在其中矣；刚柔相推，变在其中矣”④。由此观之，“易”为变易较为恰切。故《周易》之为名，“周”为周代，“易”指变易。今通行本《周易》即包括“经”与“传”两个部分，占筮为表，哲学为里，是为我国古代一部较为特殊且又自成体系的哲学著作。

《周易》的具体内容包括六十四卦的六十四个卦符、卦名、六十四条卦辞、三百八十四条爻辞以及“乾用九”“坤用六”两辞文。而自《周易》六

① 阮元校刻：《十三经注疏·清嘉庆刊本》，中华书局 2009 年版，第 3852 页。

② 纪昀等：《景印文渊阁四库全书》第 7 册，台湾“商务印书馆”1983 年版，第 306 页。

③ 黄寿祺、张善文：《周易译注》，上海古籍出版社 2004 年版，第 496 页。

④ 黄寿祺、张善文：《周易译注》，上海古籍出版社 2004 年版，第 530 页。

十四卦及卦爻辞出现以后，关于《周易》的解经方法则一直是研《易》者关注的重点。三国魏王弼在注《周易》时，在对言、象、意关系的看法上，提出了“得意忘象，得象忘言”的主张。这一点，他在《周易略例·明象》中曾明确提出：“夫象者，出意者也。言者，明象者也。尽意莫若象，尽象莫若言。言生于象，故可寻言以观象；象生于意，故可寻象以观意。意以象尽，象以言著。故言者所以明象，得象而忘言；象者，所以存意，得意而忘象。”①

伴随着唐王朝大一统的实现以及封建经济的发展，迫切需要一种精神文化作品服务于政治统治，在此背景下，经学研究出现了总结前人成果的新局面。唐太宗命孔颖达编《五经正义》，对魏晋南北朝以来的各派经师的注解加以总结，统一各家说法，以此作为官方颁布的教科书。因此，由孔颖达所编辑的《周易正义》，既为顺时之作，也代表了唐代易学的发展方向。事实上，《周易正义·序》即明确阐述了其疏解王弼易注的理由，亦简述了数次的编辑经过：“今既奉敕删定，考察其事，必以仲尼为宗；义理可诠，先以辅嗣为本。去其华而取其实，欲使信而有征，其文简，其理约，寡而制众，变而能通。”②《周易正义》主要包括两部分内容：一是对卦爻辞和传文的注解；二是对王、韩二注的阐发。在编排体例的选择上，孔疏完全依照王、韩注本，除了增添些许篇章外，整体顺序并无太大变化，亦将坤卦以下的《彖传》《象传》文字附于相应经文之下，将《文言传》分附于乾坤两卦之后，将《系辞传》《说卦传》《序卦传》附于上下经之后。孔颖达诠《易》，可谓是建立在对汉代象数易学与魏晋义理易学消化与吸收的基础之上。

与唐代孔颖达不同，南宋朱熹虽也重视经与传之间的联系，却在编排体例上主张经传相分。其认为经文与传文出现的时间并不同，二者相互比附排列极易产生误导，也不利于理解经传文辞之本意。朱熹把《周易》一书理解为卜筮之书，认为不论伏羲发明八卦，抑或周文王重卦并作卦辞等，其目的皆以占断吉凶并给人以训诫。“《易》本卜筮之书，后人以为止于卜筮；至王弼用老、庄解后，人便只以为理，而不以为卜筮，亦非。想当初伏羲画卦之时，只是阳为吉，阴为凶，无文字。某不敢说，窃意如此。后文王见其不可晓，故为之作彖辞。或占得爻处不可晓，故周公为之作爻辞。又不可晓，故孔子为之作‘十翼’，皆解当初之意。今人不看‘卦

① 楼宇烈：《王弼集校释》，中华书局1980年版，第609页。

② 纪昀等：《景印文渊阁四库全书》第7册，台湾“商务印书馆”1983年版，第302页。

爻'而看'系辞'，是犹不看《刑统》而看《刑统》之序例也，安能晓！"①所以《周易本义》一书的编辑思想，在解经方法上集中表现为对于义理的寻求，绝不脱离卜筮之本旨。

明末清初，深感亡国之痛的汉族知识分子将之原因归结为宋学的空谈义理，进而主张因实学以经世，后来又因现实条件的转变而逐步演化成一种理论形式的探讨。及至乾嘉时期，汉学流行，对易学的研究也产生了深远的影响。其总的趋势是，从宋学对《周易》经传义理的阐发转向以汉儒之说重新注解《周易》，表现出易学朴学化的倾向，但并没有突破封建时代经学家尊孔读经的传统。就易学史而论，惠栋学宗汉儒，溯其古而求其源，重小学训诂与名物典制，为乾嘉易学的发展引导了方向，自其以后，清代学者皆强调应由考据以求义理。《周易述》乃惠栋解易的代表作，该书的编辑思想主要表现为尊古崇汉的编辑理念，以及注重考据的编辑特色。

焦循的"易学三书"完成于嘉庆十九年(1814 年)，其继承了清初以来经学研究的实证化和儒家崇尚理性原则的传统，特别是焦氏以普遍联系和爻位运动的视角来阐释《周易》，逻辑结构严谨，系统性较强，较之孤立、静止地研究一卦一爻，无疑更具意义。需要指出的是，焦氏虽然尊重汉人解经成果，但却反对唯汉是从，在其看来，"学者述孔子而持汉人之言，惟汉是求，而不求其是，于是拘于传注，往往扞格于经文。是所述者汉儒也，非孔子也"②。在《里堂家训》中，焦氏曾言道："学经者博览众说而自得其性灵，上也；执于一家而私之，以废百家，惟陈言之先入，而不能出其性灵，下也。"③所谓"出其性灵"，即对前人的注疏应在消化吸收的基础上有所取舍，并进行创新。一般认为，焦氏能够跟随时代的发展，并提出系列新的假设和理论，以更科学地解经，在易学研究方面可谓具有一定的开创意义。

第一节 《周易》本经概述

一、《周易》的内容

今通行本《周易》出自费氏古文《易》，其全部内容分"经""传"两部

---

① 朱熹：《朱子语类》卷第六十六，见朱杰人等主编：《朱子全书》(16)，上海古籍出版社、安徽教育出版社 2002 年版，第 2181~2182 页。

② 焦循：《述难四》，见焦循：《雕菰集》卷七，清道光岭南节署刻本，第 153 页。

③ 焦循：《里堂家训》卷下，稿本，见中国基本古籍库，第 11 页。

分。其中，“经”主要是指六十四卦的卦形、卦名以及与之紧密相连的卦辞、爻辞；而“传”则是解经之论，专指阐释《易经》经文的十篇专著。

①《周易》中“经”的部分，首先包含六十四卦的卦形与卦名。卦形最基本的构成单位是“阴”“阳”两个符号，“- -”为阴，“—”为阳。把这两种符号三叠而成八种不同形状的三画线组合体，即成八卦(也称“经卦”)，卦名分别为乾、坤、震、巽、坎、离、艮、兑，其卦形依次是☰、☷、☳、☴、☵、☲、☶、☱。按照传统说法，此八卦分别象征自然界的八种事物，即乾为天，坤为地，震为雷，巽为风，坎为水，离为火，艮为山，兑为泽。此外，八卦还具有各自特定的象征意义，如乾之义为健，坤之义为顺，震之义为动，巽之义为入，坎之义为陷，离之义为丽(附着)，艮之义为止，兑之义为说(悦)等。当然，各卦的象征物除了以上八种主要物象之外，还可分别依类博取。再将此八卦两两相重，便构成六十四卦(也称“别卦”)。六十四卦的每一卦都有六条线条，这些线条称为“爻”，根据爻位的不同，自下而上分别称为初位、二位、三位、四位、五位、上位。为了便于区分，《周易》把阳爻“—”称为九，把阴爻“- -”称作六。因此，各卦大凡阳爻居此六位者，自下而上便依次称为“初九、九二、九三、九四、九五、上九”，阴爻亦与之相类。另外，在每一卦中居下的三画为下卦，居上的三画为上卦。六十四卦的卦名就根据下卦和上卦的具体构成来命名。若下卦与上卦相同，则仍以原卦名命名；若下卦和上卦相异，则另取一卦名。当然，六十四卦也各有其所喻示的象征意义。

《周易》“经”部分的另一重要内容，为六十四卦的卦辞以及构成诸卦各爻的诸多爻辞。卦爻辞是附在六十四卦符号后面的文辞，用以表明各卦以及诸爻的寓意。李镜池先生在《周易筮辞续考》一文中，将卦爻辞大体分为象占之辞、叙事之辞和贞兆之辞三类。卦辞每卦一则，总括全卦大意；爻辞每爻一则，以揭示该爻旨趣。《周易》共有六十四卦，三百八十四爻，与之相应，故有卦辞六十四则，爻辞三百八十四则。又因《乾》卦有文辞“用九”，《坤》卦亦有文辞“用六”，故将其并入爻辞，即总计有三百八十六则爻辞。其意义，是使《周易》一书“经”部内容之卦形符号与语言文字得以有机结合。

②《周易》中的解经之论，也就是“传”的部分，从内容来看，包括《彖传》上下、《象传》上下、《文言传》、《系辞传》上下、《说卦传》、《序卦传》、《杂卦传》七种，凡十篇。这十篇著作自汉代起，又被称为“十翼”，也即“传”是附于“经”的羽翼，意在说明其对理解经文的辅助作用。此十

篇的创作宗旨虽说都为阐发经文，但其解经角度和侧重点却各有不同。其中，《彖传》随上下经分为上下篇，共六十四则，分释六十四卦卦名、卦辞及卦义。《象传》分为《大象传》六十四则和《小象传》三百八十六则，以阐释各卦的卦象、卦名、爻象和爻辞，但未及卦辞。《文言传》分为前后两节，专门解说《乾》《坤》两卦的卦辞与爻辞。《系辞传》上下篇为《易经》通论，对《易经》的产生、原理、功用、筮法以及卦爻辞之基本义理等均作出了系统说明。《说卦传》主要阐说八卦取象大例，包括八种基本卦象以及各种引申卦象。《序卦传》主要就六十四卦的编排次序予以解说。《杂卦传》则以极为精要语言概括各卦卦义。之所以言“杂”，是因为其打破了《序卦传》所揭示的卦序，重新编排六十四卦为三十二组并加以简说，重在揭示其对立统一关系。需要说明的是，《易传》七种原本单独刊行，其后在流传过程中被合入六十四卦与经文并行，时间既久，遂也取得“经”的地位，成为《周易》的重要组成部分。

二、《周易》的作者与创作年代

《周易》的作者、创作年代，至今在易学研究中仍存有争议。汉代人曾提出“人更三圣，世历三古”一说，认为《周易》成书主要经历了三个阶段：第一阶段是伏羲画八卦，此时仅有卦象，尚无文字；第二阶段是周文王重八卦为六十四卦，并在每卦每爻之后撰写卦爻辞；第三阶段为孔子作《易传》十篇。西汉司马迁在《史记》中即用此说以明《周易》之创作，后班固在《汉书·艺文志》中承其说，并对作者问题做了简要总结。其中“三圣”与“三古”之义，颜师古注曰：“伏羲为上古，文王为中古，孔子为下古。”此说提出后，至宋以前，人们对伏羲作八卦、孔子撰“十翼”多信而不疑，但对是谁将八卦两两相重以成六十四卦的问题，却存有不同的看法，除司马迁主文王重卦外，王弼认为是伏羲作八卦后其自重为六十四卦，郑玄则主张重卦者为神农，孙盛认为是夏禹。此外，对于卦爻辞的作者，也另有他说，认为卦辞为文王所创，爻辞则为周公所作。后至北宋欧阳修，其在修撰《易童子问》中，对孔子作“十翼”一说首先提出了疑义，指出《文言传》《系辞传》《说卦传》存在相互矛盾之处，故断非出自一人之手。此后，疑古之风渐启，清人崔述作《洙泗考信录》，认为《易传》乃出于七十子以后之儒；康有为撰《新学伪经考》，也认为《易传》并非孔子所著。

近几十年来，人们又对《周易》经、传的作者与创作年代进行了不同角度的探讨，所得出的结论也不尽相同，不过，对于伏羲画卦却多已不再认同。吕绍纲通过对《尚书·尧典》研究后认为：直到尧的时代，中国古人才发现了日月运行以产生寒暑变化，进而产生了天、年、四时等概念，故八卦的形成当在尧以后，又因《周礼》记载夏代已存《连山易》，故而六十四卦的发明又应在夏代之前，由此推得卦画的起源应不晚于公元前21世纪。对于卦爻辞的创作，现代学者认为，由于其中涉及一些周文王以后之事，故不大可能是文王作品，但对其具体时间，仍未得出一致结论。如顾颉刚等主张其成书于西周初，李镜池等认为编定于西周末，而郭沫若则持成书于战国一说。对于《易传》的著作年代，近人也认识不一，但大多承袭欧阳修以来"非孔子所作"的观点。郭沫若认为《说卦传》以下三篇应是秦以前作品，而《彖传》《象传》《文言传》《系辞传》则不会出于秦之前。张岱年认为，《易传》的著作年代大抵在老子之后、庄子以前，其基本部分应创作于战国中期至战国晚期。

综合并辨析以上观点，笔者以为，八卦的出现与六十四卦的创成当在夏代以前。此后，古人遇事，常以之进行占筮，《易经》应当是在大量占筮记录的基础上，经过多人多次加工、整理、编订而成，至西周初年，其六十四卦的卦序、与各卦诸爻所相对应的卦爻辞的编次和撰定基本成形，此工作或与周公有关。孔子设教授徒后，研习易学者不断增多，随后陆续出现从各种角度诠解《易经》大义的作品，遂成《易传》。又因其中多有"子曰"等言，且当中多暗含儒家思想，故孔子与《易传》有密切联系，即便不是孔子亲撰，也应为其后学依据师说汇集整理而成，其创作年代应在春秋、战国之间。总之，正如黄寿祺、张善文所言："《周易》经传的创作经历了远古时代至春秋战国之间的漫长过程，是'人更多手，时历多世'的集体撰成的作品。"①

三、《周易》的编辑思想

（一）观物取象，立象尽意

《周易》一书，是在观物取象，立象尽意这一总的编辑思想指导下进行的。"象"乃象其物宜之具象，《周易》的一切思想及内容，均寓于"象"之中。清人王夫之曾言"汇象以成易，举易而皆象"。而取象的目的则是为了尽意，也就是道明事理。《系辞上传》有云："圣人立象以尽意，设卦

---

① 黄寿祺、张善文：《周易译注》，上海古籍出版社2004年版，第14页。

以尽情伪，系辞焉以尽其言，变而通之以尽利。”①可以说，从阴、阳概念的产生，到八卦的创立，再到重卦并创写各卦的卦爻辞，乃至撰写传文以用于解经，均体现出了古人编辑创作的取象思维。

如前文所述，《周易》最基本的构成单位为“⚋”与“⚊”二画。阴与阳，内含着事物既相互联系又相互区别的关系，表示事物一分为二，对立统一的基本属性。而阴、阳概念的形成，就来源于古人对世间万物诸多矛盾现象的直接观察，诸如天地、日月、山河、大小、男女、王臣等。那么，古人又因何用此两种符号来表示阴阳的概念？有学者认为，其代表的是古代占筮所用的一节和两节竹棍的象形；也有学者主张该符号来源于结绳记事时代绳子上的有结或无结的形态，等等。总之，因年已久远，难于考证，诸说纷纭，但对于其来源于一特定自然实象，并借以表达以阴、阳属性为基础而产生的诸如此类抽象意象，则多无疑义，为世人所公认。

乾(☰)、坤(☷)、震(☳)、巽(☴)、坎(☵)、离(☲)、艮(☶)、兑(☱)，此所谓八卦，与之相对应的八种基本象征物为天、地、雷、风、水、火、山、泽。从中可以看出，八卦的卦形为阴、阳两种符号三叠而成，其取象的内核，则是建立在阴、阳之象的基础之上，其创作过程都是古人通过对自然物象的观感而得，只不过由阴、阳两爻对事物的广泛象征，发展到对自然界八种事物的具体象征。《系辞传下》有云：“古者包牺氏之王天下也，仰则观象于天，俯则观法于地，观鸟兽之文，与地之宜，近取诸身，远取诸物，于是始作八卦，以通神明之德，以类万物之情。”②此伏羲作卦说虽受有争议，但也道出了先民作卦的思维过程与创作方式，即先行观察感知与自身生活相联系的具体事物，然后再模拟这些事物，并使之成为具有特定象征意义的卦象。

同样，《周易》六十四卦的各卦卦形以及与之相对应的各条卦辞与爻辞，也都采用的是观物取象，立象尽意的编辑原则。先说卦形，例如《既济》卦，下离上坎，离为火，坎为水，拟取火在水下烧这一物象，喻示事已成的情状，揭示诸事既成之际，如何守成之理。再如与之相对应的《未济》卦，下坎上离，火在水上烧，难以煮物，全卦揭示的是在诸事未成之际，如何促使其成，化未济为既济之道理。可见，创作者都是在借自然之象以喻示不同义理。至于六十四卦的各卦卦辞以及各爻的爻辞，也都是通

① 黄寿祺、张善文：《周易译注》，上海古籍出版社 2004 年版，第 526 页。
② 黄寿祺、张善文：《周易译注》，上海古籍出版社 2004 年版，第 533 页。

过假象喻意的象征手法，配合卦形、爻形以阐解象旨。比如《周易》第二十三卦《剥》卦，下坤上艮，高山委颓于地面，象征剥落。该卦卦辞云："剥，不利有攸往"①，意指(阳刚)被剥落殆尽，不利于有所前往，即为此意。又因其爻形为五阴一阳，且一阳爻处于该卦之极，是为阴盛阳衰之象。其各爻爻辞为："初六，剥床以足，蔑；贞凶。六二，剥床以辨，蔑；贞凶。六三，剥，无咎。六四，剥床以肤，凶。六五，贯鱼以宫人宠，无不利。上九，硕果不食，君子得舆，小人剥庐。"②因此，每条爻辞的编创，实际也是因象而出，据象释意，将一卦中各爻的产生、变化及发展规律生动形象地加以表达与阐释。

此外，《易传》的编辑，其中也暗含了深刻的取象思维。以《象传》最例，《大象传》的核心就是立象尽意，先言卦象，次举卦名，最后再引出人事，通过拟取自然物象，形象地揭示六十四卦的真实意蕴。比如《升》卦，《大象传》曰："地中生木，升；君子以顺德，积小以高大。"③其通过地中生木这一具体形象，以阐明顺势上升，积小成大的道理。又如《谦》卦，《象》辞云："地中有山，谦；君子以裒多益寡，称物平施。"④意思是说高山处于地下，象征"谦虚"；君子因此要取多补寡，权衡事物并公平地施予。此外，《说卦传》对此亦有体现，其在对前人所提出的八卦之象征意义加以汇总之后，又沿其八种基本象征意义对各卦的属性、功能、地位关系等予以拓展和引申，比如其对卦德的概括："乾，健也；坤，顺也；震，动也；巽，入也；坎，陷也；离，丽也；艮，止也；兑，说也。"⑤这些内容在《彖传》《象传》中其实已有涉及，而在这里所抽象出的诸卦之德，显然也与其所取的基本物象紧密相关。比如乾为天，天行健，故乾，健也；又如巽为风，风之入物，无所不入，故巽，入也。由此可认为，《易传》的编辑，一定程度上代表着其创作者对当时自然界和社会生活中所感之物的观察与认识。

(二)二二相偶，非覆即变

关于通行本《周易》之六十四卦的卦序编排，唐代学者孔颖达通过对六十四卦卦象进行研究，总结并提出了"二二相偶，非覆即变"的卦序排

① 黄寿祺、张善文:《周易译注》，上海古籍出版社 2004 年版，第 182 页。
② 黄寿祺、张善文:《周易译注》，上海古籍出版社 2004 年版，第 183~187 页。
③ 黄寿祺、张善文:《周易译注》，上海古籍出版社 2004 年版，第 354 页。
④ 黄寿祺、张善文:《周易译注》，上海古籍出版社 2004 年版，第 128 页。
⑤ 黄寿祺、张善文:《周易译注》，上海古籍出版社 2004 年版，第 581 页。

列规律。所谓“二二相偶”，就是说今文经本《周易》六十四卦都是按照每两卦为一组进行编排，共形成三十二组卦，依次为乾与坤、屯与蒙、需与讼、师与比、小畜与履、泰与否、同人与大有、谦与豫、随与蛊、临与观、噬嗑与贲、剥与复、无妄与大畜、颐与大过、坎与离、咸与恒、遁与大壮、晋与明夷、家人与睽、蹇与解、损与益、夬与姤、萃与升、困与井、革与鼎、震与艮、渐与归妹、丰与旅、巽与兑、涣与节、中孚与小过、既济与未济。所谓“非覆即变”，就是说上述“二二相偶”所形成的三十二组卦，每一组的两卦之间相互配合，其配合方式亦分为两种，即“非覆即变”。“覆”为颠倒之意，是指将一卦卦象颠倒即得另一个新卦，如屯与蒙、师与比等。《周易》六十四卦中共有二十八组五十六卦遵循此规律。其余四组八卦的配合方式则为“变”，也就是每组两卦之中，卦象六爻的阴阳属性完全相反，这四组分别是乾与坤、颐与大过、坎与离、中孚与小过。那么，作《易》者为何要做如此安排呢，或许是与方便阅读、使用有关。一般认为，纸张的出现当为西汉以后，而《周易》成书之时，文字尚多以竹简或木牍来记载。《周易》一共六十四卦，若每卦一简，则需六十四根竹简，而若采用“二二相偶，非覆即变”的编排方式，则只用三十六根竹简，这样不仅可以方便用牛皮绳编联，还大大减轻了成书的重量。

对于《周易》的分篇，通行本《周易》的分法是，上篇起于《乾》终于《离》，共有三十卦；下篇起于《咸》终于《未济》，共有三十四卦，并没有按照把六十四卦一分为二，上、下两经各为三十二卦进行平均划分。究其原因，这或许也与“二二相偶，非覆即变”的卦序编排有关。在《周易》上经三十卦中，共有覆卦十二对，也即有卦体十二个；另有变卦六个，分别为乾卦、坤卦、颐卦、大过卦、坎卦以及离卦，此六卦亦有六个不同卦体。故上经共有卦体十八个。下经部分三十四卦，其中覆卦三十二个，可分为十六个不同卦体，另加变卦中孚与小过两个卦体，也有十八个不同卦体。因此，当《周易》成书之时，三十六个不同卦体分别被刻于三十六根竹简之上，为了使上、下两篇所含的竹简数目相等，故上、下经的划分或为均分竹简而得。

另外，《易传》之中的《序卦传》也对《周易》六十四卦卦序的编排作出了分析，认为六十四卦逐卦相承，前一卦是后一卦的原因，后一卦是前一卦的结果，两者间具有逻辑因果性的必然关系。此外，其还认为之所以六十四卦的排序将《乾》《坤》两卦居首，而把《既济》《未济》两卦居终，其中乃寓含有一定的哲学意义，体现了事物发展过程中的由小到大以及物极必反的变化规律。对于上、下经的划分，《序卦传》认为，卦序编排的依据乃为自然界和人类社会的变化发展过程，如其所言"有天地然后有万物，有万物然后有男女，有男女然后有夫妇，有夫妇然后有父子，有父子然后有君臣，有君臣然后有上下，有上下然后礼仪有所错。夫妇之道不可以不久也，故受之以《恒》"①。也就是说先有天地万物而后才有人类，而人类产生之后其发展又有自身独特的历史。诚然，此说带有极其朴素的性质，具有一定的合理性，但是《序卦传》的解释仅是根据卦名来进行演绎，其中有的与卦义基本相切合，有的则不免有些牵强，忽视了主题辞与卦爻辞之间的联系。所以，《序卦传》或也有一定的问题，但至少代表该传作者对《易经》编排的一种理解，或可作为众人理解《周易》六十四卦卦序编辑思想的一种参照。

(三)处世致用，排忧解患

《周易》一书，源本象数，发为义理，其最初创作与占筮有关，通过编辑卦象与卦爻辞来说明吉凶，进以阐解变化之道，让人们了解天地自然运动变化的规律，并以之作为指导人事活动的依据，从而达到处世致用、排忧解患的创作目的。

一方面，《周易》往往是先从与人们日常生活息息相关的事物入手，在对所遇问题的解决方法及其结果的利弊进行分析之后，再给出具体意见，此即体现了其处世致用的编辑思想。我们知道，《周易》有四个基本要素，即象、数、理、占。象，是卦爻之象，指的是卦爻画所表征的物象及其状态；数，指筮数，一般有卦数、爻数、阴阳、奇偶之分；理，为义理，是由卦爻象数及相应的卦爻辞所反映出的事物运动、变化和发展之道；占，就是占断，亦可说是象、数、理三者在社会实践中的具体运用。在占筮过程中，筮者参照所占得之卦的卦形与卦爻辞内容，结合所占之事，在对二者进行类比联系后，便可对所问之事的得失利弊作出基本判断，进而指导人事活动。比如屯卦六三爻辞曰："即鹿无虞，惟入于林中；君子几，不如舍，往吝。"②意思是说追鹿而没有虞人(向导)，空入林海之中；君子应当见机行事，不如舍弃，再往前行动就会有困难。

另一方面，《周易》中也含有排忧解患的编辑思想。《易》为忧患之作，首先体现在其反复陈说修德防患之道，努力揭示人们自身道德的完善是防备患难的基础之中。《系辞下传》有云："《易》之兴也，其于中古乎？作

---

① 黄寿祺、张善文：《周易译注》，上海古籍出版社2004年版，第599页。

② 黄寿祺、张善文：《周易译注》，上海古籍出版社2004年版，第41页。

《易》者，其有忧患乎？是故《履》，德之基也；《谦》，德之柄也；《复》，德之本也；《恒》，德之固也；《损》，德之修也；《益》，德之裕也；《困》，德之辨也；《井》，德之地也；《巽》，德之制也。《履》，和而至；《谦》，尊而光；《复》，小而辨于物；《恒》，杂而不厌；《损》，先难而后易；《益》，长裕而不设；《困》，穷而通；《井》，居其所而迁；《巽》，称而隐。《履》以和行，《谦》以制礼，《复》以自知，《恒》以一德，《损》以远害，《益》以兴利，《困》以寡怨，《井》以辩义，《巽》以行权。”①其次，强调变化也是《周易》的一个重要特色，而其之所以强调变化之道，就是为了借以勉励人们增强忧患意识，主动适应环境变化，从而有效化解各种矛盾。比如，《系辞下传》第八章有云：“易之为书也，不可远。为道也屡迁，变动不居，周流六虚，上下无常，刚柔相易，不可为典要，唯变所适。其出入以度，外内使知惧，又明于忧患与故，无有师保，如临父母，初率其辞，而揆其方，既有典常。苟非其人，道不虚行。”②《周易》的这种强调“变动”规律，对于事物发展中所存在的诸多不确定性给予一定警策的特点，无疑体现了其排忧解患的编辑思想。

第二节 《周易注》

王弼，字辅嗣，山阳高平人，生于魏文帝黄初七年(226 年)，官至尚书郎，其少年成名，亦是魏晋名士早熟的典型，与何晏、夏侯玄等同开清谈之风。魏晋时期，老庄学说十分流行，该学说提倡无为、简易，对士族学者影响极大。王弼作为玄学派易学的创始人，其著作主要在《易》《老》方面，编辑有《周易注》《周易略例》《老子道德经注》《老子指略》等书，其中，《周易略例》是《周易注》的总纲，意在说明解《易》的方法和体例，而《周易注》则是这一解《易》方法和体例的具体应用。《周易注》共有六卷，内容包含《易经》的全部以及《易传》中的《彖》《象》和《文言》三部分。王弼注《易》，继承了古文经学的学风，不讲卦气、爻辰、飞伏及阴阳灾变等，而是以简明扼要的玄学义理注解《周易》经传，并由此创立了义理学派。

王弼认为，圣人作《易》的目的即是要讲义理，对于义理的展示，则

① 黄寿祺、张善文：《周易译注》，上海古籍出版社 2004 年版，第 551 页。
② 黄寿祺、张善文：《周易译注》，上海古籍出版社 2004 年版，第 555 页。

是通过象来显现，并经由“言”也就是卦爻辞来加以表述，进而提出“得意忘在象，得象在忘言”这一解《易》的基本思想和诠释方法。王弼在《周易略例·明象》一文中曾对此予以专门说明：“言者，象之蹄也；象者，意之筌也。是故，存言者，非得象者也；存象者，非得意者也。象生于意而存象焉，则所存者乃非其象也；言生于象而存言焉，则所存者乃非其言也。然则，忘象者，乃得意者也；忘言者，乃得象者也。得意在忘象，得象在忘言。故立象以尽意，而象可忘也；重画以尽情，而画可忘也。”①质言之，在言、象、意三者之中，意最为根本，理应是《周易》注释的重点。言和象，不过是作者为求达意、读者为求得意的工具而已，理解《周易》不能执着于具体的言辞和物象，必须越过工具的局限而去获得其中所包含的真实意义。比如王弼在注《乾·文言》时说：“夫易者，象也。象之所生，生于义也。有斯义，然后明之以其物。故以龙叙乾，以马明坤，随其事义而取象焉。是故初九、九二龙德皆应其义，故可论龙以明之也。至于九三，乾乾夕惕，非龙德也，明以君子当其象矣。统而举之，乾体皆龙；别而叙之，各随其义。”②基于这一解易观，王弼在具体的注《易》过程中，一方面采用分传附经、以传解经的方法对义理加以诠释；另一方面，又援《老》入《易》，以老庄玄学观点来解释《周易》的卦爻辞，同时注重语言的简洁明了，将理性特征与严密逻辑相结合，进以深入透彻地阐发《易》理。

一、分传附经，以传解经

《易传》之内容主要包括《彖传》上下、《象传》上下、《文言传》、《系辞传》上下、《说卦传》、《序卦传》、《杂卦传》，共七种十篇，其目的在于对经文加以系统解说，只是各篇之间的解经角度和侧重点不尽相同。所谓分传附经，即指王弼注释《周易》，在体例安排上，将传文里《彖》《象》《文言》三传的具体内容打散，分附于六十四卦相应经文之后，其余四传则统一附于书之末。《周易》的经文与传文，原本各自独立成篇。后来易学经师为便于学者相对照诵读，遂将经传相合成为一本，经文全部在前，传文置于其后，因经文分上、下篇，另加传文十篇，故全书共分十二篇。至东汉郑玄，将《彖传》和《象传》从原来的整本中分散，并将之作为一体，分附于六十四卦相应经文之后，并在《彖》《象》正文前分别增题“彖曰”“象曰”，以与经文相区别。王弼则在郑氏版《周易》体例的基础上又进行

① 王弼撰，楼宇烈校释：《周易注：附周易略例》，中华书局2011年版，第415页。
② 王弼撰，楼宇烈校释：《周易注：附周易略例》，中华书局2011年版，第5页。

了一些改定。其一，把《象传》按照《大象传》与《小象传》再行细分，既将《彖传》《大象传》分附卦辞之后，又将《小象传》分附各爻爻辞之后，使《彖》《象》附经更为贴近。其二，因《文言传》是以解释《乾》《坤》两卦的卦爻辞的，故又将其中分为二，分附于《乾》《坤》两卦的《象传》之后，另以“文言曰”加以标明。最后将具有总论性质的《系辞传》《说卦传》《序卦传》和《杂卦传》列于全书之末。需要说明的是，王弼仍将《乾》卦依郑氏体例编排，概使后人了解古本样式。经王弼改定之后，这种《周易》经传参合本就以规范形式盛行开来，此后，尽管又有宋代邵雍、吕大防等学者力图恢复古《易》原貌，但最终仍难以取代王弼的传本。

所谓以传解经，就是用《易传》中的思想和术语来解释《易经》。《周易注》继承了费《易》以传解经的编辑思想，在编注过程中，王弼常以原属于《传》中的内容来解释《经》传中的爻辞之义。比如，对于《同人》九五爻“同人，先号咷而后笑。大师克，相遇”，王氏即直接采《彖传》加以注解，“《彖》曰：‘柔得位、得中而应乎乾，曰同人。’然则体柔居中，众之所与；执刚用直，众所未从，故近隔乎二刚，未获厥志，是以先号咷也。居中处尊，战必克胜，故后笑也。不能使物自归，而用其强直，故必须大师克之，然后相遇也”①。又如对于《萃》卦中“彖”辞“观其所聚，而天地万物之情可见矣”，王氏注曰：“方以类聚，物以群分；情同而后乃聚，气合而后乃群。”②很明显，其中“方以类聚，物以群分”二句即为《系辞传》中之原话。此外，王弼还借用《易传》中之卦德、卦性、卦象、爻位等说法以申言《易》卦本身所具有的义理。比如，其在注《乾》卦用九“见群龙无首，吉”时说：“九，天之德也。能用天德，乃见群龙之义焉。夫以刚健而居人之首，则物之所不与也；以柔顺而为不正，则佞邪之道也。故乾吉在无首，坤利在永贞。”③九，为天之德，天德的内容为刚健，龙亦为刚健之象，所以能用天德，王弼以之作为乾卦之义理。

事实上，分传附经虽可以方便学《易》者进行两相对照，对比研习，但此种体例也改变了《易经》原貌，割裂了《易传》体系，在某种程度上不利于研《易》者从整体上进行把握。诚如吕大防在《吕氏周易古经》一书中所言：“《彖》《象》所以解经，始各为一书，王弼专治《彖》《象》以为注，乃分缀卦爻之下，学者于是不见完经，而《彖》《象》辞次第贯穿之意亦缺

① 王弼撰，楼宇烈校释：《周易注：附周易略例》，中华书局2011年版，第79页。
② 王弼撰，楼宇烈校释：《周易注：附周易略例》，中华书局2011年版，第245页。
③ 王弼撰，楼宇烈校释：《周易注：附周易略例》，中华书局2011年版，第2页。

然不属。”①再者，《易传》为众人所作，“十翼”诸篇虽自成体系，但若将各篇的解经观点相与比较，仍可发现不少矛盾之处。比如对于六爻含义的解释，《彖传》开篇即曰：“大哉乾元！万物资始，乃统天。云行雨施，品物流形。大明终始，六位时成，时乘六龙以御天。”②其认为六爻是时间的变化象征。而《系辞传》则曰：“《易》之为书也，广大悉备：有天道焉，有人道焉，有地道焉。兼三才而两之，故六；六者，非它也，三才之道也。道有变动，故曰爻。”③作者认为六爻象征的是天、地、人三道。两种观点相去甚远，放在一起，使人无所适从。现代学者刘大均也认为：“《周易》经传毕竟是两个时代的产物，因而有着不同的特点，两者在性质功用、所吸收的思想资料、逻辑体系以及思维水平等方面也多有不同。”④可见，对于分传附经，以传解经，虽一定程度上方便阅读，但容易造成经传不分，不仅会影响对经文自身的认识，传文的本旨也可能因受牵于经而被误读，故而还是经传分列、不相杂厕较为恰切。

二、援《老》入《易》，崇简黜繁

王弼注《易》，也注《老子》，《周易注》另外一个重要编辑思想即是援《老》入《易》，以玄学的观点来解释《周易》中的卦爻辞。在王弼看来，“天下之物，皆以有为生。有之所始，以无为本。将欲全有，必反于无也”⑤。由此，作为天地万物本原的“无”，被王弼认为是最高义理，进而从以义理解《易》发展为以玄学观点解《易》，于编辑《周易注》的过程中，王弼在按照以传解经的同时，也援引《老子》来注解《易经》。比如王氏在注释《谦》卦上六爻的“象”辞时说：“夫吉凶悔吝，生乎动者也。动之所起，兴于利者也。故饮食必有讼，讼必有众起。未有居众人之所恶，而为动者所害；处不竞之地，而为争者所夺。”⑥很明显，该条注解借鉴了《老子》第八章“上善若水，水善利万物而不争，处众人之所恶，故几于道……夫唯不争，故无尤”，也是对此思想的进一步发挥。“自然无为”是老庄道家思想最本质的特征，王弼在注解《周易》时，亦把自然无为视为高贵的品德。如其在注解《临》卦六五爻爻辞时言道：“处于尊位，履得其

① 潘雨廷：《读易提要》，上海古籍出版社2003年版，第105页。
② 黄寿祺、张善文：《周易译注》，上海古籍出版社2004年版，第5页。
③ 黄寿祺、张善文：《周易译注》，上海古籍出版社2004年版，第560页。
④ 刘大钧、林忠军：《周易经传白话解》，上海古籍出版社2006年版，第174页。
⑤ 张松辉：《老子译注与解析》，岳麓书社2008年版，第136页。
⑥ 王弼撰，楼宇烈校释：《周易注：附周易略例》，中华书局2011年版，第90页。

中。能纳刚以礼，用建其正，不忌刚长，而能任之。委物以能，而不犯焉，则聪明者竭其视听，知力者尽其谋能，不为而成，不行而至矣。大君之宜，如此而已。”①王弼此言即体现出了其所体认的君道“无为而无不为”的思想，亦是其以老子无为说来注解爻辞含义的具体表现。此外，关于太极，王弼将之视为虚无实体，这一太极观也无疑具有鲜明的玄学特色。王弼对于大衍之数曾做如下解释：“演天地之数，所赖者五十也。其用四十有九，则其一不用也。不用而用以之通，非数而数以之成，斯易之太极也。四十有九，数之极也。夫无不可以无明，必因于有，故常于有物之极，而必明其所由之宗也。”②此言当中，王弼把筮法中的“一”看作世界本原，将四十九根蓍草之数视为天地万物，借以筮法的推演说明作为世界本原的“无”必须凭借具体事物方能显示其作用，由此得出需在个体事物的穷尽处指出其由来及存在依据。显然，此即是以玄学中的“无”这一逻辑上虚构的观念来解释筮法中的“一”和易学中的太极。

由于汉《易》拘泥于物象，过于繁琐，且多有牵强附会之处，王弼在注《易》的过程中，崇简黜繁，主要表现为力排汉儒之学，反对汉代经学的繁琐学风，在具体编辑《周易注》的过程中，除了摒弃象数，直探义理外，于行文风格上，还讲求文字简洁，词气畅舒，语言畅达而简约。比如，对于《师》卦卦辞“贞丈人，吉，无咎”，王弼注曰：“丈人，严庄之称也。为师之正，丈人乃吉也。兴役动众，无功，罪也。故吉乃无咎也。”③又如，关于《剥》卦六三爻爻辞“剥之无咎”，其注为“与上为应，群阴剥阳，我独协焉，虽处于剥，可以无咎”。再如，对于《解》卦的彖辞“解，险以动，动而免乎险，解”，其仅将之注为“动乎险外，故谓之免；免险则解，故谓之解”④。可见，不论是对于《易经》之卦辞、爻辞的注释，还是关于《易传》之象、彖之辞的解说，王弼总能准确地把握其核心思想，总括其主要意思，然后给予简明扼要而又提纲挈领的说明。

王弼的注《易》思想可谓开创了易学新风，于体例上，其继承了郑玄的古文《易》，将《易经》各卦之卦、爻辞部分与《易传》之内容进行了相应调整与匹配；于方法上，提出了“得意忘象，得象忘言”的主张，注重对于义理的阐发，崇简黜繁，援《老》入《易》。黄宗羲曾在《易学象数论序》中评价王弼说：“有魏王辅嗣出而注《易》，得意忘象，得象忘言，日时岁

---

① 王弼撰，楼宇烈校释：《周易注：附周易略例》，中华书局2011年版，第107页。
② 王弼撰，楼宇烈校释：《周易注：附周易略例》，中华书局2011年版，第352页。
③ 王弼撰，楼宇烈校释：《周易注：附周易略例》，中华书局2011年版，第48页。
④ 王弼撰，楼宇烈校释：《周易注：附周易略例》，中华书局2011年版，第214页。

月、五气相推，悉皆摈落，多所不关，庶几潦水尽而寒潭清矣。顾论者谓其以《老》《庄》解《易》。试读其注，简当而无浮义，何曾笼落玄旨？故能远历于唐，发为《正义》。其廓清之功，不可泯也。”①王弼易学对后世影响之大，由此可见一斑。

第三节 《周易正义》

唐朝初年，由于魏晋南北朝的长期分裂，使得南北儒学的发展面貌不一。为服务于大一统王朝的统治需要，政府组织修订梳理“五经”，以实现儒家经学内部思想的统一，也为开科取士提供官方标准用书。《五经正义》的编辑，源此而出，据《旧唐书·儒学上》记载，贞观初年，太宗以“儒学多门，章句繁杂，诏国子祭酒孔颖达与诸儒撰定《五经》义疏，凡一百七十卷，名曰《五经正义》，令天下传习”②。《周易正义》即为《五经正义》中的一种。

孔颖达，字冲远，冀州衡水(今河北衡水西)人，唐代名儒。生于北周，出身官宦世家，幼年聪慧，曾师从刘焯，勤勉笃学，明于服氏《春秋传》、郑氏《尚书》《毛诗》《礼记》以及王氏《周易》。隋炀帝时，举明经高第，授河内郡博士，入唐，官至国子祭酒，掌监学之政。因其经学造诣颇高，善属文，通步历，深为太宗赏识与器重，故而令其主笔，领衔编辑《五经正义》，《周易正义》为其中之一种，参与编写者除孔氏以外，还有颜师古、司马才章、王恭、马嘉运等诸儒。所谓“正义”，乃正定前人义疏，在注本的选择上，孔颖达以魏王弼、晋韩康伯易注为标准本。之所以如此，孔颖达在《周易正义·序》中有云：“其传《易》者，西都则有丁、孟、京、田，东都则有荀、刘、马、郑，大体更相祖述，非有绝伦。唯魏世王辅嗣之《注》独冠古今。所以江左诸儒，并传其学，河北学者，罕能及之。”③事实上也确实如此，易学至南北朝时虽主流为郑玄、王弼派，但王《注》义例明备，确较之郑学影响更广。此外，颜师古在此之前曾奉诏于秘书省考定《五经》，之于易学，亦主于王氏之本，后此书被作为标准本而颁行天下，自然也就奠定了有唐一代王氏易学的合法性与权威性。

---

① 南开大学古籍整理研究所选，王达津主编：《清代经部序跋选》，天津古籍出版社 1991 年版，第 10 页。

② 刘昫等：《旧唐书》卷 189 上，中华书局 1975 年版，第 4941 页。

③ 纪昀等：《景印文渊阁四库全书》第 7 册，台湾“商务印书馆”1983 年版，第 301 页。

王弼注《易》时，只注解了上下《经》与“十翼”中的《彖传》《象传》和《文言传》，其未注的部分，包括《系辞传》《说卦传》《序卦传》等，后由韩康伯根据王氏思想予以补注。孔颖达将其二人所注合并，组成一部完整的《周易注》并加以疏解。《周易正义》的传本，大致可分为两类：一类是单疏本，即仅有孔颖达等人的疏文，未收录王弼、韩康伯的注文以及《周易略例》与《周易音义》；另一类为注疏本，也就是将疏文与王、韩二人的注文予以合并。据有关专家考证，单疏本似应最合《周易正义》原貌。详审此书，该书编辑思想主要表现为以下几个方面。

一、疏不破注，专宗一家

所谓疏不破注，就是以先儒注文为根据进行疏解，不突破原注界说，以维护注文本身之思想体系。之所以如此，乃是《周易正义》为因时而作，庶望上裨圣道，下益将来，其目的使然。王弼治《易》摒弃了汉代以来繁琐的象数之学，文字力求简明，着重从哲理角度来阐明义理，又把玄学引入了《周易》经传，提出“得意忘象”“得象忘言”的易学主张。《周易正义》既为孔颖达等人奉诏编修，其基本编辑原则就是尊崇王《注》，不立异说。比如，对于《乾》之九二爻，“见龙在田，利见大人”，《周易正义》注解如下，“故先儒云：若夫子教于洙泗，利益天下，有人君之德，故称‘大人’。案：《文言》云：‘九二德博而化。’又云：‘君德也。’王辅嗣注云：‘虽非君位，君之德也。’是九二有人君之德，所以称‘大人’也。辅嗣又云：‘利见大人，唯二五焉。’是二之与五，俱是‘大人’，为天下所‘利见’也。”①随后便又反驳褚氏等人之说，曰：“褚氏、张氏同郑康成之说，皆以为九二利见九五之大人，其义非也。”②

然而也正因此，其也屡遭后人批评，被认为墨守专门，曲徇注文。据《四库全书·周易正义提要》记载：“于见龙在田，时舍也，则曰《经》但云‘时舍’，《注》曰‘必以时之通舍’者，则辅嗣以通解舍，舍是通义也，而不疏舍之何以训通。于天元而地黄，则曰‘恐庄氏之言，非王本意，今所不取’，而不言庄说之何以未允。如斯之类，皆显然偏袒。”③实际上，此言亦不完全正确，《周易正义》固然恪守“疏不破注”的原则，但这并不意味着就对王、韩所言全面加以肯定。比如关于韩康伯对《系辞下传》中“制

① 纪昀等：《景印文渊阁四库全书》第7册，台湾“商务印书馆”1983年版，第312页。
② 纪昀等：《景印文渊阁四库全书》第7册，台湾“商务印书馆”1983年版，第312页。
③ 纪昀等：《景印文渊阁四库全书》第1册，台湾“商务印书馆”1983年版，第59页。

器尚象”一章的注解，《周易正义》即云：“案诸儒象卦制器，皆取卦之爻象之体，今韩氏之意，直取卦名，因以制器，案上《系》云：‘以制器者，尚其象’，则取象不取名也。韩氏乃取名不取象，于义未善矣。”①可见，孔颖达在处理一些众说纷纭的易学问题时，能够融汇诸家之说，对王氏易学进行些许修正，进而提出自己的相关见解。

二、择优而定一

择优而定一是指孔颖达编辑《周易正义》时，在对众多注疏版本加以考察分析的基础上，选定魏王弼、晋韩康伯易注为标准注本。《周易正义》主要包括两部分内容：一是对《周易》经传的卦爻辞与传文的解释；二是对王、韩二者注文的串讲与阐发。在编排体例上，《周易正义》亦完全以王、韩注本为基础进行展开，也就是除乾卦以外，将《彖传》《象传》文字分别附于各卦的经文之下，将《文言传》分附于乾、坤两卦之后，再将《系辞传》《说卦传》《序卦传》《杂卦传》列于全书之末。另外，孔颖达还于书前增列《周易正义序》和《周易正义卷首》。《周易正义序》对选取王、韩易注为本的缘由给出了相关解释，并对该书的编辑经过进行了简单介绍。《周易正义卷首》包括八篇独立文章，依次为《论“易”之三名》《论重卦之人》《论三代〈易〉名》《论卦辞爻辞谁作》《论分上下二篇》《论夫子〈十翼〉》《论传〈易〉之人》以及《论谁加“经”字》。此八篇论文对于易学史上常为人们所争论的一些问题分别作出了简要回答，而在此过程当中，孔氏等人亦把王氏易学作为最主要论述依据及思想来源。

三、“不可一例求之，不可一类取之”

“不可一例求之，不可一类取之”，是孔颖达对《周易》经文诠释以及义理阐发的基本方法。孔氏在《周易正义》一开篇，对《乾》卦卦名作解时就明确指出：“圣人名卦，体例不同。或则以物象而为卦名者，若《否》《泰》《剥》《颐》《鼎》之属是也。或以象之所用而为卦名者，即《乾》《坤》之属是也。如此之类多矣。虽取物象，乃以人事而为卦名者，即《家人》《归妹》《谦》《履》之属是也。所以如此不同者，但物有万象，人有万事，若执一事，不可包万物之象；若限局一象，不可总万有之事，故名有隐显，辞有踳驳，不可一例求之，不可一类取之。”②之所以如此，原因在于

① 纪昀等：《景印文渊阁四库全书》第7册，台湾“商务印书馆”1983年版，第552页。
② 纪昀等：《景印文渊阁四库全书》第7册，台湾“商务印书馆”1983年版，第310~311页。

孔氏认为《周易》乃探讨天地人三才变化之道，揭示宇宙万事万物运行之理，故对于《周易》的诠解以及解《易》体例的运用，不能过于单一化与绝对化，拘泥于某一方式而固定不变，否则便会以偏概全，类比失当。需要指出的是，虽然这是孔氏在论释包括乾卦在内的各卦卦名由来这一问题时提出的，但在其解经过程中却不仅限于解释卦名，而是广泛应用于《周易》诸篇具体内容之中。

比如，孔颖达在以卦德释《易》时，认为“元亨利贞”不仅为乾卦之德，亦为其他众卦之德，其在疏解《乾·文言》时说：“乾卦象天，故以此‘四德’皆为天德。但阴阳合会，二象相成，皆能有德，非独乾之一卦。是以诸卦之中亦有‘四德’，但余卦‘四德’有劣于乾。”①至于原因，孔氏此文之中亦有明言：“易含万象，事义非一，随时曲变，不可为典要故也。”②此即“不可一例求之，不可一类取之”的诠释方法之具体体现。再如，孔颖达在注解《屯·象》“雷雨之动满盈”时，指出：“万物盈满，亦阴阳而致之，故云‘皆刚柔始交之所为’也。若取屯难，则坎为险，则上云‘动乎险中’是也。若取亨通，则坎为雨，震为动，此云‘雷雨之动’是也。随义而取象，其例不一。”③意思是说，屯卦为下震上坎，若要取屯难之义，则坎表示凶险之象，若要取亨通之义，则坎表示云雨之象，震表示雷动之象。八卦根据其义理所需而取象，没有一成不变的体例。实际上，孔氏的这一释《易》方法，一定程度上也是对王弼易学“象之所生，生于义”以及“随其事义而取象”观点的继承与发展。

由此可见，孔颖达立足于其易学变易观而确立的“不可一例求之，不可一类取之”的诠释方法，既继承了汉代易学以象数解《易》治学传统之精华，又融合了魏晋以来玄学义理解《易》体例的合理成分，实现了易学体系中象数与义理两派的有机结合与辩证统一，对后世易学的发展产生了较为深远的影响。

第四节 《周易本义》

朱熹，字符晦，南宋徽州婺源（今江西婺源县）人，号晦庵，别号考

---

① 纪昀等：《景印文渊阁四库全书》第7册，台湾“商务印书馆”1983年版，第318页。
② 纪昀等：《景印文渊阁四库全书》第7册，台湾“商务印书馆”1983年版，第319页。
③ 纪昀等：《景印文渊阁四库全书》第7册，台湾“商务印书馆”1983年版，第334页。

亭，著名思想家、哲学家、教育家，闽学派的代表人物。政治上主张抗金，但反对盲目用兵，曾任泉州同安主簿、知南康军、浙江提举等职，对于书院建设方面亦有过突出贡献。其以程氏易学为骨干，融会各家之长，建立起一套完整的理学体系，成为继周敦颐、邵雍、张载、程颐之后又一理学大师，对我国后世易学哲学的发展影响深远。

《周易本义》是朱熹对《周易》经传的注释。据白寿彝的《周易本义考》记载，朱熹著《周易本义》应始于淳熙二年，即公元1175年，最初使用的底本当为王弼本。后及淳熙八年，吕祖谦《古周易》问世，遂又改用《古周易》本，至淳熙十五年，定本大体成形。之所以其后又改从吕祖谦《古周易》，是因为朱熹并不赞同时人以传解经的风气。朱熹认为，《周易》为卜筮所作，却被先儒借以过多发挥。其在《答孙季和书》中曾明言指出："近世言《易》者，直弃卜筮而虚谈义理，至文义牵强无归宿，此弊久矣。要须先以卜筮占决之意求经文本意，而复以传释之，则其命辞之意，与其所自来之故，皆可渐次而见矣。"①因此，朱熹在对《周易》卦爻象及卦爻辞进行解释时，一般多着眼于所卜具体之事和吉凶之由，目的就是恢复《周易》之原貌。另外，朱熹对于义理也是十分重视的，虽然他对义理学派有所批评，但也主要是反对他们脱离筮法来解释经文，以致牵强附会，并不是否定义理本身。朱子认为，对于义理的分析，应该建立在《周易》本义的基础上，强调把义理、象数和卜筮之辞结合起来，由此也便形成了朱氏易学的基本特征，即融《周易》之象数与义理为一体，立足于象数而谈论义理。从编辑学的角度来看，概括而言，《周易本义》一书主要体现了朱熹以下几个方面的编辑思想。

一、经传分离，不相比附

《周易本义》第一卷开篇即云："周，代名也。易，书名也。其卦本伏羲所画，有交易、变易之义，故谓之易。其辞则文王、周公所系，故系之周。以其简帙重大，故分为上下两篇。经则伏羲之画，文王、周公之辞也。并孔子所作之传十篇，凡十二篇。中间颇为诸儒所乱。近世晁氏始正其失，而未能尽合古文。吕氏更定，著为经二卷、传十卷，乃复孔氏之旧云。"②朱熹在重新研究《周易》的经传关系后认为：《易》本卜筮之书，其目的是防忧虑患，伏羲作八卦通过筮法以指导民众趋利避害。到文字产生

① 朱熹：《晦庵先生朱文公别集》卷3，商务印书馆1922年版，第10页。

② 纪昀等：《景印文渊阁四库全书》第12册，台湾"商务印书馆"1983年版，第635页。

后，文王、周公分别补作卦辞、爻辞，是为了使所占之卦的阴阳吉凶之理更好地被理解与把握，其中并不蕴含哲理。至于孔子所作的《易传》，其思想乃是在《周易》经义的基础之上进一步阐释与引申而成。在朱熹看来，由于《周易》并非成于一人一时，因而对于《周易》成书各个阶段上的区别和差异就必须以历史的眼光加以区别对待。此在《朱子语类》中亦有佐证，如其所言："故学易者须将易各自看，伏羲易自作伏羲易看，是时未有一辞也。文王易自作文王易看，周公易自作周公易看，孔子易自作孔子易看。必欲牵合作一意看不得。"①

正因如此，朱熹编辑《周易本义》时，终采用吕祖谦本为底本，将《周易》经传进行分离，使其各自独立成篇，不相比附，以恢复郑玄、王弼以前之面貌。由于《周易本义》的草稿曾被人窃出印行于世，定稿之后又转相刊刻，故而版本较多，其中最著名的当为宋咸熙元年(1625 年)的吴革版本。一般认为，此版本较为真实地反映了朱熹最终所编定的《周易本义》复印本之原貌，经传相分，共十二卷，具体分为《周易》上、下经两卷，以及《彖传》《象传》《系辞传》《文言传》《说卦传》《序卦传》《杂卦传》十卷。此编辑体例，经传分观，一定程度上确有利于读者更为客观地理解《周易》经传文辞之本义。只是，这种经传分离的形式在后世流传过程中并未被加以继承与坚持，明代又刻《周易本义》四卷本便可为明证。

二、注重差别，因文立义

朱熹在《周易本义》的编辑过程中，较为重视经文与传文的差异性。他认为，同样的字词，在经与传中其意义虽有关联却又各不相同，故而其对于《易经》中的卦爻辞与《易传》中的文辞分别根据具体的上下文义而作以不同的阐释。比如，对于《乾》卦之卦辞"元亨利贞"，朱子解释为："'元、亨、利、贞'，文王所系之辞，以断一卦之吉凶，所谓'彖辞'者也。元，大也；亨，通也；利，宜也；贞，正而固也。文王以为乾道大通而至正，故于筮得此卦而六爻皆不变者，言其占当得大通，而必利在正固，然后可以保其终也。此圣人所以作《易》教人卜筮，而可以开物成务之精意。"②也就是说，此当为占断之词，占得此卦者，应为和谐有利，贞正坚固。对于这一问题，《彖传》与《文言传》则将其解释为"四德"，实际

---

① 朱熹：《朱子语类》卷第六十六，见朱杰人等主编：《朱子全书》(16)，上海古籍出版社、安徽教育出版社 2002 年版，第 2182 页。

② 纪昀等：《景印文渊阁四库全书》第 12 册，台湾"商务印书馆"1983 年版，第 635 页。

上是通过对卜筮之辞加以引申而阐发出的相关哲理，与《乾》卦卦辞的本义并不完全一致。所以，朱熹在对此作解之时，就结合传文的具体语境及文义而另行加注，以示与卦爻辞之注相区别。《文言传》云："元者，善之长也；亨者，嘉之会也；利者，义之和也；贞者，事之干也……君子行此四德者，故曰：'乾：元、亨、利、贞。'"①朱子即对此解释为："元者，生物之始，天地之德，莫先于此，故于时为春，于人则为仁，而众善之长也。亨者，生物之通，物至于此，莫不嘉美，故于时为夏，于人则为礼，而众美之会也。利者，生物之遂，物各得宜，不相妨害，故于时为秋，于人则为义，而得其分之和。贞者，生物之成，实理具备，随在各足，故于时为冬，于人则为知，而为众事之干。"②

在此基础上，朱熹在《答吕伯恭》一文中还提出了他所认为的正确读《易》之法，他认为"窃疑卦爻之词本为卜筮者断吉凶，而因以训戒。至《彖》《象》《文言》之作，始因其吉凶训戒之意而推说其义理以明之。后人但见孔子所说义理，而不复推本文王、周公之本意，因鄙卜筮为不足言；而其所以言《易》者，遂远于日用之实，类皆牵合委曲，偏主一事而言，无复包含该贯、曲畅旁通之妙"③。也就是说，若讳言《易》本为占筮之作，而单以孔子所讲的义理去了解卦爻辞，其结果多是牵合附会，亦会失去经文的本意。这也凸显出朱熹所坚持的"《易》本卜筮之书"，"历三圣（或四圣）而成"的易学思想。

三、删繁就简，忠于经意

朱熹在编辑《周易本义》之时，语言上力求简明扼要。他曾言道，"某之《易》简略者，当时只是略搭记，兼文义伊川及诸儒皆已说了，某只就语脉中略牵过这意思"④，也就是其认为，既然前人对于《周易》的解释已经非常详细，就没有必要再行过多解说。例如，对于《困》卦六三爻的爻辞："困于石，据于疾藜，入于其宫，不见其妻，凶"，朱熹在《周易本义》中对其注解如下，"阴柔而不中正，故有此象。而其占则凶。'石'，指四；'蒺藜'，指二，'宫'，谓三，而'妻'，则六也。其义则《系辞》备

---

① 黄寿祺、张善文：《周易译注》，上海古籍出版社 2004 年版，第 9 页。

② 纪昀等：《景印文渊阁四库全书》第 12 册，台湾"商务印书馆"1983 年版，第 692 页。

③ 朱熹：《晦庵先生朱文公文集》卷第三十三，见朱杰人等主编：《朱子全书》(21)，上海古籍出版社、安徽教育出版社 2002 年版，第 1465 页。

④ 朱熹：《朱子语类》卷第六十七，见朱杰人等主编：《朱子全书》(16)，上海古籍出版社、安徽教育出版社 2002 年版，第 2222 页。

矣。”①另外，朱熹在解《易》过程中也力主恢复《周易》之本义，他认为如若以己之意而做出过多所谓阐释，则难免偏离经文之原义。他曾指出："传注，惟古注不作文，却好看。只随经句分说，不离经意最好。疏亦然。今人解书，且图要作文，又加辨说，百般生疑。故其文虽可读，而经意殊远。程子《易传》亦成作文，说了又说。故今人观者更不看本经，只读《传》，亦非所以使人思也。"②故而朱子之注，一改先儒冗繁之风，能简之处必不繁说，对于不解之处，宁可阙疑，亦不加穿凿。以《震》卦之六二爻为例，朱子在为该爻爻辞作注时曰："六二乘初九之刚，故当震之来而危厉也。亿字未详。又当丧其货贝而升于九陵之上。然柔顺中正，足以自守，故不求而自获也。此爻占具象中。但九陵七日之象，则未详耳。"③又如其对《杂卦传》的一则注解："自大过以下，卦不反对，或疑其错简，今以韵协之，又似非误，未详何义。"④

可见，《周易本义》一书的编辑，主要着眼于经典诠释之客观性，言辞精要，由文求义，既能得《易》之大体，又能承《程易》之理以化于占。此书在元明清三代更被定为开科取士之范本，可谓影响深远。

第五节 《周易述》

自宋以后，易学之研究大体上是在汉、宋两派的基础上不断加以延展，元代易学家大都笃守程朱遗说，至明代，虽然出现了援禅入易的易学思潮，但却仍以宋《易》作为主流。明清之交，一些知识分子从政治、经济、文化等诸多角度出发，总结明亡教训，在易学领域里，批判宋明道学，反对空言义理，倡导经学研究应以经世致用作为目标。及至乾嘉时期，因清廷推行文化高压政策，学术风气遂又转为注重训诂与考证，而为了还原经传本来面貌，时人以"汉犹近古，去圣未远"为由重新推崇汉《易》，汉代易学渐复兴盛。惠栋便是清代汉学的主要代表性人物。

惠栋，字定宇，号松崖，江苏吴县(今江苏苏州市)人，著名易学家，吴派经学创始人，生于康熙三十六年(1697年)，卒于乾隆二十三年(1758

① 纪昀等:《景印文渊阁四库全书》第12册，台湾"商务印书馆"1983年版，第655页。

② 朱熹:《朱子语类》卷第十一，见朱杰人等主编:《朱子全书》(14)，上海古籍出版社、安徽教育出版社2002年版，第351页。

③ 纪昀等:《景印文渊阁四库全书》第12册，台湾"商务印书馆"1983年版，第657页。

④ 纪昀等:《景印文渊阁四库全书》第12册，台湾"商务印书馆"1983年版，第700页。

年)。其一家四世传经，曾祖父惠有声、祖父惠周惕、父惠士奇也都是著名经学家，皆主张兴复汉《易》。惠栋承继家学传统，亦致力于汉代易学之研究，其广泛搜集孟喜、荀爽、虞翻等汉儒易说，融合其义，另立新疏。后有王昶对其评价曰：惠栋“于《易》理尤精……凡郑君之爻辰、虞翻之纳甲、荀谞之升降、京房之世应飞伏，暨六日七分世轨之说，悉为疏通证明，由李氏之集解以及其余，而汉代《易》学灿然”①。《周易述》为惠氏之最具代表性的著作，其于乾隆十四年(1749年)开始撰写，然天不假年，终未完成而病逝，阙下经自《鼎》至《未济》十五卦以及《序卦》《杂卦》两传。后由其再传弟子江藩、李林松分别作《周易述补》予以补之。该书凡四十卷，自第一卷至二十一卷，为训释经文之作，此当为《周易述》之主体；第二十二卷、二十三卷为《易微言》，内容为杂抄经典论《易》之语。又根据目录，此书第二十四卷及其以下内容当分别为《易大义》(或称《易大谊》)三卷、《易例》两卷、《易法》一卷、《易正讹》一卷、《明堂大道录》八卷以及《禘说》两卷，然此六篇却大多单行刊刻，并未随书附于主体内容之后。

在此书中，惠氏对“《易》本卜筮之书”的观点持否定态度，提出“《易》为赞化育之书”的主张。赞者，助也，所谓赞化育，即为助天地万物之化育。此在其对《说卦传》的疏解中曾有明言：“说卦先说蓍数，卦爻，重卦之义，二篇之次，及消息六子，以明《易》之为逆数。然后叙明堂之法而终之以既济。圣人作《易》，以赞化育，其义已尽。”②此外，惠栋在分析并整合先秦及两汉文献的基础上，又提出了“《易》尚中和”的观点。比如，在《周易述》第十九卷，也即《文言传》中，其在对“君子行此四德者，故曰乾，元、亨、利、贞”作疏时尝云：“一阴一阳之谓道。元、亨、利、贞皆道也。《中庸》曰：苟不至德，至道不凝焉。故云人行之则为德。中庸即中和也。《易》尚中和，君子之德合于中和。故能行此四者以赞化育，与天地合德也。”③此观点在惠氏的整个易学体系中亦占有重要地位。详审此书，《周易述》的编辑思想概括起来，主要有以下几点。

一、标榜汉儒易学

惠栋编辑《周易述》，其基本宗旨即为兴复汉《易》传统。之所以如此，

---

① 钱仪吉：《碑传集》卷133，中华书局1993年版，第3985页。
② 纪昀等：《景印文渊阁四库全书》第52册，台湾“商务印书馆”1983年版，第245页。
③ 纪昀等：《景印文渊阁四库全书》第52册，台湾“商务印书馆”1983年版，第222页。

其一是因为表彰汉《易》乃是其家学渊源，其二是因为在其看来，因汉有经师传经，故而经不失读，更合乎原貌。此其在《九经古义·述首》中曾有言："汉人通经有家法，故有五经师。训诂之学，皆师所口授，其后乃著竹帛。所以汉经师之说，立于学官，与经并行。五经出于屋壁，多古字古言，非经师不能辨。经之义存乎训，识字审音，乃知其义。是故古训不可改也。"①

为扬汉《易》，《周易述》在编辑过程中大量援引虞翻、郑玄、马融等汉儒之说，并标明具体出处，其中所引，尤以虞氏易学最为倚重。惠氏在《周易述》卷一中曾有明言："唯是易含万象，所托多涂，虞氏说经，独见其大，故兼采之以广其义。"②此例在本书之中俯拾即是，比如其在对《小畜》卦初九爻爻辞"复自道，何其咎，吉"作注时说："谓从豫四之坤初成复卦，故复自道。出入无疾，朋来无咎，何其咎，吉。乾为道也。"③对于因何如此作解，其在随后的疏中解释道："此虞义也。需与豫旁通，豫、复两象易也，故云从豫四之坤初成复卦。两象易者，本诸《系辞下传》大壮、大过、夬三，盖取与无妄、中孚、履。两象易，此汉法也。《复·象》曰：出入无疾，朋来无咎。故云何其咎，吉。乾初体震，震开门为大涂，故为道也。"④再如其对《蛊》卦卦辞之"先甲三日，后甲三日"作注时，曰："先甲三日，巽也，在乾之先，故曰先甲。后甲三日，兑也，在乾之后，故曰后甲。虞氏谓初变成乾，乾为甲，至三成离，离为日，谓乾三爻在前，故先甲三日，贲时也。变三至四体离，至五成乾，乾三爻在后，故后甲三日，无妄时也。"⑤

此外，惠氏标榜汉《易》还表现在其以汉儒之象数易学为主要依据来进行解《易》。比如，孟喜主卦气说，擅长阴阳占验之学，京房在对孟喜之学加以继承的基础上，提出了"八宫卦"与纳甲说。《周易述》在解说六十四卦卦象之时，即以此论为本。在解说《乾》卦时曰"八卦纯，象天。消息四月"⑥；解说《晋》卦时曰"乾宫游魂卦。消息二月"⑦；解说《家人》卦时曰"巽宫二世卦，消息五月"⑧等。再如，其在为《系辞》"天尊地卑，乾

① 惠栋：《九经古义》，中华书局1985年版，第1页。
② 纪昀等：《景印文渊阁四库全书》第52册，台湾"商务印书馆"1983年版，第6页。
③ 纪昀等：《景印文渊阁四库全书》第52册，台湾"商务印书馆"1983年版，第19页。
④ 纪昀等：《景印文渊阁四库全书》第52册，台湾"商务印书馆"1983年版，第20页。
⑤ 纪昀等：《景印文渊阁四库全书》第52册，台湾"商务印书馆"1983年版，第35页。
⑥ 纪昀等：《景印文渊阁四库全书》第52册，台湾"商务印书馆"1983年版，第2页。
⑦ 纪昀等：《景印文渊阁四库全书》第52册，台湾"商务印书馆"1983年版，第61页。
⑧ 纪昀等：《景印文渊阁四库全书》第52册，台湾"商务印书馆"1983年版，第64页。

坤定矣。卑高以陈，贵贱位矣”做注时，还运用了荀爽的乾升坤降说，具体内容为“天地既分，乾升坤降，故乾坤定矣。卑，坤。高，乾也。乾二升五。坤五降二，列贵贱者存乎位，故贵贱位矣”①。此即体现了惠氏尊汉法解经，以彰汉《易》之旨。

二、自注自疏

注，为对经书字句的注解；疏，则为对前人注解的注解。疏不破注，自唐以降，一直为历代学人所坚持。然而由于注者与疏者常非一人，其中难免会有些许牵强附会之言，故而此方法存有一定的局限性。惠栋在《周易述》一书的编辑中，打破了传统的“疏不破注”的注疏原则，采用自注自疏的编写方式进行论述，可谓开创了治经方法新风尚。在具体操作中，惠氏用“注”以表达自己对《周易》经传的理解，用“疏”来言明自己所“注”内容的依据和理由，前后相应，有理有据。比如对于《离》卦卦辞“利贞，亨。畜牝牛，吉”，惠氏具体注解内容如下：

> 注为：坤二、五之乾，与坎旁通。于爻，遯初之五。四、五、上失正，利出离为坎，故利贞，亨。畜，养也。坤为牝牛，乾二、五之坤成坎，体颐养，故畜牝牛，吉。②
>
> 疏为：此虞、荀义也。离自坤来，坤二、五之乾成离，与坎旁通。若从四阳二阴之例，则遯初爻之五，故云于爻，遯初之五。离外三爻失位，利变之正，与坎旁通，出离为坎，则成既济，故利贞，亨。坤为牝，《九家说卦》文。又《说卦》坤为子母牛，故为牝牛。与坎旁通，乾二、五之坤成坎，二至上体颐养象，故畜牝牛。出离为坎，重明以丽乎正，乃化成天下，故吉也。③

客观而言，惠氏这种自注自疏的编辑方法，不仅清楚地表明了自身的易学观点与取义依据，而且还便于后代治《易》学者对其思想进行理解与研究。

三、注重考据，引众经证《易》

惠栋在编辑《周易述》时还注重考证，认为“事不师古，即为杜撰”，

---

① 纪昀等：《景印文渊阁四库全书》第52册，台湾“商务印书馆”1983年版，第155页。
② 纪昀等：《景印文渊阁四库全书》第52册，台湾“商务印书馆”1983年版，第54页。
③ 纪昀等：《景印文渊阁四库全书》第52册，台湾“商务印书馆”1983年版，第55页。

强调解经当为言之有据。又因其承袭家学，自幼博览群书，举凡经史子集均有涉猎，故而其得以在解《易》过程中运用自如，时常引众经以为参证。比如惠氏在对《屯》卦卦辞“勿用有攸往，利建侯”之注做疏时曰：“《晋语》司空季子说此卦云：小事不济，壅也，故曰勿用有攸往，一夫之行也。此注所据矣。震为侯，虞义也。《后汉》司徒丁恭曰：古帝王封诸侯不过百里，故利以建侯，取法于雷。”①又如其在《象上传一》中对“子克家，刚柔接也”一文所作之注为“刚柔谓二五”，随后在疏中又引《焦氏易林》做进一步解释，曰：“刚柔相呼，二姓为家，变之正，五刚二柔，故云接。接，际也。”②再如在释“动过失度”时引《续汉书·律历志》为据，曰：“两仪既定，日月始离。初行生分，积分成度”，“察日月俱发度端，日行十九周，月行二百五十四周，复会于端，无失度之事”。③ 不可否认，如此证《易》，其中间或多或少会含有一定的复古思想，但其所得之结论却依然具有相当高的说服力。

值得一提的是，惠氏在援引众经的同时，其中有些内容又暗含了其以训诂方法解《易》的思想。比如他对《泰》卦九二爻爻辞“用冯河，不遐遗”之注作疏时曾曰：“《释训》曰：冯河，徒涉，故云涉河。遐，远，《释诂》文。”④再如，其对《革》卦上六之《象传》“君子豹变，其文蔚也”作疏时说：“《仓颉篇》曰：蔚，草木盛茂。《广雅》曰：茂也。《说文》曰：薉。草多茂。蔚与薉皆取茂盛之义，故云蔚，薉也。”⑤

总之，《周易述》一书，宗汉学，复兴汉《易》，可谓引领了乾嘉时期易学之发展方向。惠氏所创的自注自疏的解《易》方法也颇具新意，其注重考据，言必有征，对于还原《周易》一书之原貌亦具有重要意义。

第六节 易学三书

焦循，字理堂，江苏甘泉（今江苏扬州市邗江区）人，是乾嘉时期颇有建树的著名经学家，亦是当时具有渊博知识的学者，其所治群经，以注《周易》经传用功最深，成就也最为卓著，代表作为“易学三书”，即《易通

---

① 纪昀等：《景印文渊阁四库全书》第52册，台湾“商务印书馆”1983年版，第8页。
② 纪昀等：《景印文渊阁四库全书》第52册，台湾“商务印书馆”1983年版，第120页。
③ 纪昀等：《景印文渊阁四库全书》第52册，台湾“商务印书馆”1983年版，第98页。
④ 纪昀等：《景印文渊阁四库全书》第52册，台湾“商务印书馆”1983年版，第23页。
⑤ 纪昀等：《景印文渊阁四库全书》第52册，台湾“商务印书馆”1983年版，第154页。

释》《易章句》和《易图略》。其中,《易通释》是焦氏依《周易》经传中的概念、术语、范畴和命题,通释其易学体例;《易章句》是按照《易通释》中所制定的诠释原则,对《周易》的经传文句作简明的注释;《易图略》则是对《易通释》中体例所作的提要和图解,并对传统易学中的"卦变""纳甲""卦气""爻辰"等提出了具体看法。"易学三书"的撰成,可谓引起了当时学界的轰动,阮元、王引之等清代学者对其推崇备至,赞之为"石破天惊""精锐之兵"之作。

与惠栋等人单纯倡导恢复汉《易》所不同的是,焦循虽立足于阐发汉《易》象数之学,却主张博览众说,汇通辨析百家之学,择善而从,不墨守一家之言。他曾言:"经学者,以经文为主,以百家子史、天文术算、阴阳五行、六书七音等为之辅,汇而通之,析而辨之,求其训故,核其制度,明其道义。得圣贤立言之指。"①此外,在焦循看来,汉人的解经路向并不是唯一的,唐宋以后学者的经学观点也并非一无足取。他并不认可"凡古必真,凡汉皆是"的易学观,强调学者不必盲目崇拜历史上某一时代的经学,而是要在前人的基础上参悟自得,"以己之性灵,合诸古圣之性灵,并贯通于千百家著书立言者之性灵"②,努力提出富有创新意义的见解,进以开发经学之当代价值。就其"易学三书"的编辑思想而言,主要包含以下三个方面。

一、以数明理,本经文而实测《易》

明清之际,随着西学东渐,学者在反思传统儒学的同时转而对质测学予以关注,随后,经学与质测之学沟通的思想在乾嘉学界得以继续发展,"以数明理"被赋予了普遍的方法论意义。阮元曾有云:"数为六艺之一,而广其用则天地之纲纪,群伦之统系也。天与星辰之高远,非数无以效其灵;地域之广轮,非数无以步其极;世事之纠纷繁赜,非数无以提其要,通天地人之道曰儒,孰谓儒者而可以不知数乎?"③焦循"易学三书"的编辑,可谓受此方法论思想影响颇深。

依据"以数明理"的基本方法论,焦循治《易》表现为一种逻辑的推导

---

① 焦循:《与孙渊如观察论考据著作书》,见焦循:《雕菰集》卷十三,清道光岭南节署刻本,第143页。

② 焦循:《与孙渊如观察论考据著作书》,见焦循:《雕菰集》卷十三,清道光岭南节署刻本,第143页。

③ 阮元:《里堂学算记序》,见阮元:《揅经室集》3集卷5,四部丛刊景清道光本,第382页。

与实测，通过全面核对《周易》经传中的文句，借以寻求卦爻运动变化之规律。他在《易图略序目》中说："夫易犹天也，天不可知，以实测而知。七政恒星，错综不齐，而不出乎三百六十度之经纬；山泽水火，错综不齐，而不出乎三百八十四爻之变化。本行度而实测之，天以渐而明；本经文而实测之，《易》亦以渐而明。非可以虚理尽，非可以外心衡也。"①具体而言，即通过旁通、相错、时行来考察验证经传文本，以图达辞义，明易理，通释《周易》。所谓旁通，是指一卦的刚柔爻象，其不当位者，可按二五、初四、三上的规则互易其位，其不能互易者，则与其对立之卦的爻象，按二五、初四、三上的规则互易。刚柔互易的结果，一卦可引出许多卦，彼此串通，其卦爻辞得以互释。所谓相错，是指组成两个别卦的经卦重新交错组合成另外两个别卦，以八卦重叠来解释六十四卦。所谓时行，则是在旁通卦组的基础上，通过当位与失道的分析，使卦爻按照元、亨、利、贞周而复始地不断运动转换。此三者，旁通为基础，相错是对旁通的补充，时行则是在前两说的基础上讲刚柔相易总的过程，以此说明卦爻象的变化怎样为吉，又如何为凶。

二、依六书之假借以明文意

假借是古人分析汉字造字法而归纳出来的六书中的一种。古代学者在注释经典的过程中，当某些词语因有音而无字时，便假借同音字来代替。焦氏在考辨分析《周易》用字特点后认为，卦爻辞中的文字当依六书中的假借说去加以理解和诠释。对此，他在《周易用假借论》中曾明言："六书有假借，本无此字，假借同声之字以充之，则不复更造此字……窃谓本无此字而假借者，作六书之法也，本有此字而假借者，用六书之法也。古者命名辨物，近其声即通其义，如天之为颠，日之为实，春之为蠢，秋之为愁，岳之为粗，岱之为代……无不以声义之通，而为字形之借。故闻其名，即知其实，用其物，即思其义。"②基于这一认识，"易学三书"中使用假借的地方随处可见，比如，在《易章句》中，焦循在阐释《乾》初九爻爻辞"潜龙"二字时说："二不先之坤五，而上之坤三，故潜。谦三互震为龙。"③也就是说，乾坤旁通，三上先行，坤成谦，按照同声假借，潜为谦。谦卦三五互体为震，震为龙。此即为"潜龙"之意。又如，对于《解》

① 焦循：《雕菰楼易学》，陈居渊校点，北京大学出版社2012年版，第583页。
② 焦循：《周易用假借论》，见焦循：《雕菰集》卷八，清道光岭南节署刻本，第81页。
③ 焦循：《雕菰楼易学》，陈居渊校点，北京大学出版社2012年版，第2页。

卦“无所往，其来复吉；有攸往，夙吉”，焦循在《易通释》中说：“若初先往成临，是未得众而往也。初不往而二先之五，故云‘无所往，其来复吉’。无所往者，初不往四也。其来复吉者，二之五也。二来复而后三往家人上，则成咸，故云‘有攸往，夙吉’。夙犹速也，速即咸也。有攸往，三往家人上也。往而成咸，必二先之五矣。”①在此，焦循用旁通和相错的方法来解说《周易》卦爻辞，认为“夙”是“早”的意思，因与“速”义通而假借。事实上，在“易学三书”中，焦循的“假借”主要是以声音相同或相近而出发，也即完全以声求义，假借与被假借之间可以有毫无任何意义上的联系。应该说，焦氏此说，对于了解《周易》中的字义，有其合理因素，但若要以此来暗示两卦(或数卦)之间的关联，尚缺乏较为充分的文献旁证。

三、融会贯通以求经义

在焦循看来，“夫融会经之全文，以求经之义，不为传注所拘牵，此诚经学之大要也”②。六十四卦中的卦爻辞多种多样，并不齐一，对于如何融会贯通以求经文之本义，焦氏指出：“包牺之卦，参伍错综，文王、周公之系辞，亦参伍错综，故小畜、蛊、明夷之辞，互见于小过、巽、涣之辞也。文王、周公之辞，以参伍错综系之，孔子‘十翼’，亦参伍错综赞之，所以明《易》之道者备矣……圣人既以参伍错综者示其端倪，舍此而他求，乌能合乎？”③也就是说，焦氏认为《周易》经传为一整体，伏羲、文王、周公、孔子之《易》一气贯通，当通过“参伍错综”，亦即将一卦或一爻之中的辞句同其他卦爻的辞句串通起来，求得其同一性，进而把握经文原义。

比如对于《小畜》卦辞之“密云不雨，自我西郊”，焦氏即根据“参伍错综”加以诠释，他说：“小畜与豫旁通，小畜二之豫五而后上之豫三，小畜成既济，豫成咸，是为‘密云不雨，自我西郊’。‘不雨自我西郊’六字，指豫成咸。‘密云’二字，指小畜成既济……小畜二不之豫五而上之豫三，则不成咸而成小过，无所为‘密云不雨，自我西郊’矣。乃变通于中孚，则中孚二之小过五，犹小畜二之豫五也。然后中孚上之三，犹小畜上之豫三也。中孚亦成既济，小过亦成咸，与小畜成既济，豫成咸同，故亦云

---

① 焦循：《雕菰楼易学》，陈居渊校点，北京大学出版社 2012 年版，第 206 页。

② 焦循：《代阮抚军作丧服足征录序》，见焦循：《雕菰集》卷十五，清道光岭南节署刻本，第 162 页。

③ 焦循：《易通释自序》，见焦循：《雕菰集》卷十六，清道光岭南节署刻本，第 177 页。

'密云不雨，自我西郊'。"①由此可以看出，焦氏将《周易》经、传视为一个内部逻辑自洽的完整思想理论体系，要认识、理解整篇经文之义，就必须要理清《周易》之中各卦爻象、卦爻辞之间的逻辑关系，揭示其中的一贯原理，会而通之，如此方能得到圣人作《易》之本意。

第七节 历代《周易》要籍编辑思想及其流变

《周易》以其宏富的内容、精深的思想传承不绝，历久弥新。作为基本素材的《易经》，形成于西周前期，其创作过程大体经历了阴阳概念的产生、八卦的创立以及重卦并撰成卦爻辞三个阶段，此三者的创作方法均遵循"观物取象、立象尽意"的编辑思想创作而成。《周易》的本经部分分为上、下经，其中上经三十、下经三十四，对于六十四卦的卦序，则按照"二二相偶，非覆即变"的方式加以编排。就《周易》一书的编辑目的而言，则无疑体现出了其鲜明的"处世致用，排忧解患"思想。

魏晋时期，老庄玄学流行，王弼本身即为玄学派易学的创始人，认为言、象、意三者之中，意最为根本，故而在具体的编辑过程中，侧重从义理的角度对《周易》六十四卦的象征意义予以阐发。如王弼认为，天地万物，皆以无为本，其在注释《周易》《坤》卦六二"直方大、不习无不利"时，因该爻居《坤》卦下卦之中，故王弼解释道："居中得正，极于地质，任其自然，而物自生；不假修营，而功自成，故不习焉，而无不利。"②此即以"无"(自然)说卦德、爻德，使道、易互为参照。以阐释《易经》而出现的《易传》，形成于战国时期，《易传》共七种十篇，又称《十翼》，汉以后被合入经文并行，这种合编的体例，初始于东汉郑玄，但此时《易传》仍独立成篇，统一至于本经之后，未再另行拆分。王弼根据"分传附经，以传解经"的编辑思想，援引《易传》之具体内容与术语对经文意义进行解说与训释。具体而言，其将《彖传》上下、《象传》大小之相应辞文分拆后依次附于本经六十四卦每卦的卦爻辞之后，又将《文言传》相应辞文附于乾坤两卦卦爻辞之后，《系辞传》《说卦传》《序卦传》《杂卦传》等其余篇什仍附于本经之后，由此即构成一直沿用至今的通行本《周易》体例。

《周易正义》全面总结了汉魏以来的易学成果，立足于王弼易学，兼

① 焦循：《雕菰楼易学》，陈居渊校点，北京大学出版社2012年版，第408~409页。
② 楼宇烈：《王弼集校释》，中华书局1980年版，第227页。

采汉《易》阴阳二气之说，并努力将此二者予以调和与综合，认为“易理备包有无，而易象唯在于有者，盖以圣人作《易》本以垂教，教之所备，本备于有”①。该书通过对魏晋南北朝以来玄学义理派易学的继承与发展、扬弃与超越，确立了象数是认识的工具和手段，义理为解《易》的基本原则，进而纠正了义理派易学以单一义理体例释《易》的思想倾向。在对《周易》经文的注释上，具体表现为虽以王弼注本为主，但也往往取其他前人之说，且对王弼、韩康伯释《易》摒弃象数的观点予以批评。比如对于《涣·象》“‘利涉大川’，乘木有功也”之解释，《正义》曰：“先儒皆以此卦坎下巽上，以为乘木水上，涉川之象，故言乘木有功，王不用象，直取况喻之义，故言此以序之也。”②在孔氏看来，对该经文的阐释应先明《涣》卦舟楫之象，再晓以《涣》卦散难释险之义，如此则象义得以相互诠释，而王弼、韩康伯为坚持单一绝对的以义理体例释《易》的原则，特意回避《易》象，有将义理引向空谈之嫌，故对王、韩之弃《易》象之行颇为不满。此外，在具体诠释方法上，孔氏强调“不可一例求之，不可一类取之”。当经文以象明义时，便以象数体例解之，当经文以人事明义时，便以义理体例解之。《周易正义》的编辑思想体现了唐代易学两派合流的基本特征，也为汉《易》向宋《易》过渡起到了中介作用。

《周易本义》把义理建立在象、数、辞之上，并取《程氏易传》中两体、卦象、卦德、卦变之法，从象数中对义理加以阐发。朱熹在《易象说》一文中论述自己的观点说：“因窃论之，以为易之取象固必有所自来，而其为说必已具于太卜之官，顾今不可复考，则姑阙之，而直据辞中之象以求象中之意，使足以为训戒而决吉凶。如王氏、程子与吾《本义》之云者，其亦可矣，固不必深求其象之所自来，然亦不可直谓假设而遽欲忘之也。”③从中可以看出，朱熹自认为其《周易本义》同程颐易学属于一派，对卦爻辞的解释，基本上是继承程颐的学风，注重义理但又不费象数，由此也就统一了象数与义理两派，实现了义理、象数、卜筮三者相结合。在《周易本义》一书中，此例俯拾即是，比如对于《比》卦的卦辞，朱氏注解道：“比，亲辅也。九五以阳刚居上之中而得其正，上下五阴，比而从之，以一人而抚万邦，以四海而仰一人之象。故筮者得之，则当为人所亲辅。然必再筮以自审，有元善长永正固之德，然后可以当众之归而无咎。

---

① 纪昀等：《景印文渊阁四库全书》第7册，台湾“商务印书馆”1983年版，第304页。

② 纪昀等：《景印文渊阁四库全书》第7册，台湾“商务印书馆”1983年版，第504页。

③ 朱熹：《晦庵先生朱文公文集》卷第六十七，见朱杰人等主编：《朱子全书》(23)，上海古籍出版社、安徽教育出版社2002年版，第3255~3256页。

其未比而有所不安者，亦将皆来归之。若又迟而后至，则此交已固，彼来已晚，而得凶矣。若欲比人，则亦以是而反观之耳。”①后人黄干在《朱子行状》中对其评价曰：“继往圣将微之绪，启前贤未发之机，辨诸儒之得失，辟异端之讹谬，明天理，正人心，事业之大，又孰有加于此者。”②此言中虽多用溢美之词，然后世元、明、清三代皆将朱子之学尊奉为官学，其对后世中国思想文化影响之深，从中亦可见一斑。

惠栋对宋儒经学多有不满，他曾在《九曜斋笔记》中有言：“宋儒经学，不惟不及汉，且不及唐，以其臆说居多而不好古也。”③故而在《周易述》编辑过程中，惠栋依照汉儒诸家之说，以卦气说和取象说为主要依据，逐句解释《周易》经传文意，自为注而又自疏之。通观惠氏《周易述》，其论卦爻象及卦爻辞的关系，均恪守郑玄、虞翻、干宝等人所提出的体例，并加以融合，此亦吴派汉学的特征之一。比如对《观》卦“盥而不观荐”，惠氏注为“观，五临也。以五阳观示坤民，故称‘观’……马氏谓盥者，进爵灌地以降神也。祭祀之盛，莫过于初盥，及神降荐牲，其礼简略，不足观也。故孔子曰：禘自既灌而往者。吾不欲观之矣”④。此为引马融之论与孔子之语为说。此外，一些基本的考据方法也被其广泛运用，并把天文、礼制、律吕等多学科知识纳入了解《易》体系。如惠氏释《随》卦九五爻“孚于嘉，吉”云：“坎为孚，虞义也。乾为嘉，虞义也。嘉属五礼，《周礼·大宗伯》以嘉礼亲万民，以昏冠之礼亲成男女。随之时义，阴系于阳，合于嘉礼，故云孚于嘉，吉。五为卦主，故总论一卦之义也。文二年《公羊传》：娶者大吉也，非常吉也。娶必告庙，故云吉，孚于嘉吉，兼二礼也。唐虞“三礼”，至周始有“五礼”，周公作《周礼》，其法于易乎？”⑤此即以礼制说《易》。当然，惠氏所提出的训解或观点或许未必完全合理，但抛开具体易学主张暂且不谈，单就其体例上所采用的自注自疏的编辑方法而言，其中所表现出的敢于打破常规而另立新疏的创新精神，确值得我们学习与借鉴。

在“易学三书”的成书过程中，无论是“以数明理，本经文而实测‘易’”，还是“依六书之假借以明文意”，抑或“融会贯通以求经义”，无不体现了焦循无性灵不可以言经学，用己意以解经的编辑理念。为了揭示

① 纪昀等：《景印文渊阁四库全书》第12册，台湾“商务印书馆”1983年版，第639页。
② 黄干：《黄勉斋先生文集》卷8，中华书局1985年版，第186页。
③ 张舜徽：《清人笔记条辨》，华中师范大学出版社2004年版，第76页。
④ 纪昀等：《景印文渊阁四库全书》第52册，台湾“商务印书馆”1983年版，第37页。
⑤ 纪昀等：《景印文渊阁四库全书》第52册，台湾“商务印书馆”1983年版，第34页。

《周易》六十四卦三百八十四爻之间的变化规则与转换机制，焦循创立了通释全《易》的“旁通”“相错”“时行”三种法则，将易学问题归结为先天抽象的数理形式问题。其在《易图略》中有言：“传云：‘六爻发挥，旁通情也。’凡爻之已定者不动，其未定者，在本卦初与四易，二与五易，三与上易。本卦无可易，则旁通于他卦，亦初通于四，二通于五，三通于上。成己所以成物。故此爻动而之正，则彼爻亦动而之正；未有无所之，自正不正人者也。……凡旁通之卦，一阴一阳，两两相孚。共十二爻，有六爻静，必有六爻动。既济六爻皆定，则未济六爻皆不定。‘六爻发挥’、‘六位时成’，谓此十二爻中之六爻也。”①其中，“已定者”，指当位之爻象，此即静爻；“未定者”，指不当位之爻象，此为动爻。也即是说，焦氏认为，凡旁通之卦，其刚柔爻象当位者，不相易。不当位之爻象，在本卦中可按初四、二五、三上的规则相易。若本卦中没有相易的，则可与其旁通之卦相易。此种相易的结果，使得不当位的爻象转为当位的爻象。两旁通之卦，按照上述规则使刚柔互易，总有六爻当位，有六爻不当位。比如《既济》与《未济》两卦，《既济》六爻皆当位，《未济》六爻皆不当位。凡刚柔爻象不当位者，则旁通他卦由不当位转为当位，此即《说卦传》中所说“六爻发挥旁通情也”。诚然，由于“易学三书”中焦氏之说本身并不周密完善，其中难免存有一些主观臆断、牵强附会之论，如朱骏声就曾言：“焦里堂循《雕菰楼易学》一书，以《九章》之正负比例为《易》意，以六书之假借转注为《易》词。虽其间不无心得，而附会难通者十居八九。”②然而焦氏敢于摆脱陈规旧习的束缚，并对《周易》作出别具一格的诠释，可谓对传统易学研究形式的一次重大革新，亦对后世影响深远。

---

① 焦循：《雕菰楼易学》，陈居渊校点，北京大学出版社2012年版，第587~588页。

② 朱骏声：《书焦孝廉易图略后》，见朱骏声：《传经室文集》卷2，民国刘氏刻求恕斋丛书本，第25页。

第二章 《尚书》要籍编辑思想

第一节 《尚书》本经概述

《尚书》是我国现存最早的一部历史文献汇编，记录了中国古代原始社会末期和奴隶制社会时期的历史状况，涉及政治、宗教、思想、哲学、艺术、法令、天文、地理、军事等诸多领域，是考察和研究中国远古社会不可或缺的珍贵典籍。现在我们所见到的《尚书》，它的形成过程很复杂，篇章内容很晦涩，经历情况也很繁乱。《尚书》是中国文化的元典，其中蕴藏的思想精髓至今仍活跃于现代生活中，体现出强大的生命力。探析《尚书》的成书过程、资料来源、编撰体例，分析提炼其编辑思想，成为编辑思想史研究的一个重要课题。

《尚书》在先秦文献中以"《书》"称名。《说文解字·序》云："著于竹帛谓之书。"可见"书"原是典籍的通称，后来才变为专书之名。"尚书""书经"都是西汉以后出现的名称。"尚"与"上"通，"尚书"意即"上世之书"，或"古代之书"。王充《论衡·正说》记载："《尚书》者，以为上古帝王之书；或以为上所为，下所书。"①此说可以有两种理解：一是《尚书》出现的时间由来久远；二是《尚书》所记的对象乃是帝王，高居在上。刘知幾在《史通·断限》篇中对《尚书》的地位如此描述，他说《尚书》是"七经之冠冕，百氏之襟袖"②，凡学者必须首先精通此书，其次再博览群籍。人们如此尊崇《尚书》，主要是因为《尚书》中蕴含了大量治国平天下的道理。正如《礼记·经解》云："疏通知远，《书》教也。"③其意思就是，依据

① 王充：《论衡》，《四部丛刊初编》第433~440册，景上海涵芬楼藏明通津草堂刊本。
② 刘知幾：《史通》，上海古籍出版社2008年版，第71页。
③ 崔高维校点：《礼记》，辽宁教育出版社2000年版，第171页。

历史知识做出对未来发展方向的判断，是《尚书》教会人们的。

一、关于《尚书》的作者及成书时间

《尚书》始编于何时，难以确指。《尚书》记事所包含的时代，为自公元前23世纪(即尧时)至公元前627年(即周襄王二十五年)。但实际上，其最早的作者却绝不是生在公元前23世纪的，因为在《尚书》的第一篇《尧典》的开头便说："曰若稽古帝尧。"①既曰"若稽古帝尧"，可知作者的时代必在帝尧的时代之后很远了。②

从现存文献看，《左传》引《书》五十二次，《国语》引《书》十五次。征引者广泛包括鲁、晋等诸侯国君，以及周、晋、楚、卫、蔡、郑、齐、虞等各国大夫及并卜官、史官等。从时间先后顺序看，属于春秋前期(隐、桓、庄、闵之际)引《书》三见；中期以后，计僖、文、宣、成时期二十见，襄、昭、定、哀时期二十九见，引《书》明显增多。由此可以推断，春秋中期以后，《书》之流传已经较广，并且应该开始有了相对稳定的版本。③

《尚书》成书时间久远，版本流传情况极其复杂，版本流传过程漫长，有关《尚书》的编纂者，在学界素有争议，形成了两种不同的鲜明观点。

一种观点认为，《尚书》是政治制度的汇编，《尚书》的编纂人员应是史官。关于史官"记言"的最早记载，明确见于《礼记·玉藻》，说君王的行为"左史书之"，而君王的言论则"右史书之"。④ 又班固《汉书·艺文志》记载："左史记言，右史记事；事为《春秋》，言为《尚书》。"⑤无论是《礼记》还是《汉书》，其中关于史官记言、记事职能的描述虽然有所不同，但是由此可知，古代史官的职能已有了相对明确的分工。

夏代的史官制度具体如何设置我们现在无从知道，但据《论语·为政》记载，"殷因于夏礼"⑥，可推测殷商时期承继了夏代制度。而且，从甲骨文的研究中可以看出，商王无论是向上天请示一件什么事，或占卜一件什么疑难的问题，都由占卜官员如实地记载在甲骨上，这些占卜人员实际上就是商代原始的史官。春秋时代，尤其是后期，礼崩乐坏。周公稳定

---

① 上海古籍出版社编：《十三经注疏》，上海古籍出版社1997年版，第118页。
② 郑振铎：《中国文学常识》，天地出版社2019年版，第41页。
③ 董志安主编：《经部要籍概述》，江苏教育出版社2008年版，第20页。
④ 孔颖达等：《礼记正义》卷二十九，上海古籍出版社1997年版，第1473~1474页。
⑤ 班固：《汉书》，中华书局1962年版，第1715页。
⑥ 孔子著，杨伯峻、杨逢彬、杨柳岸导读：《论语》，岳麓书社2018年版，第27页。

了周初局势之后，采取了重大政治举措“制礼作乐”，在承继和借鉴殷商文化制度的基础上，以新的文化制度来维护和完善刚刚建立起来的统治秩序，其中一项就是建立了更为完备的史官制度。商、周两代史官的作用表现在两方面：一是记录统治者在政治活动中的言行，直接“记注”史料；另一种则是将统治者在政治活动中所发布的各项文书，形成文件留存下来，为后世提供可资借鉴的经验。

《墨子・贵义》记载：“昔者周公旦朝读《书》百篇。”说明当时存在的《书》还不少，周公掌握了他们，很熟悉商代史事。《尚书・多士》记载：“惟殷先人有册有典。”①这里所提到的“册”和“典”就是史官写下的。武王灭商后，周公必然接管了部分载录商朝史事的典册。这些典册成为《尚书》最初编纂的资料来源。周以前的史官记言制度，为《尚书》的编纂提供了充足的资料来源；至于周代，史官制度比商代设置得更完备，周初庞大的史官群体和史官制度的建置为《尚书》的编纂提供了人员和体制上的保证；周公的史鉴意识为《尚书》的编纂提供了思想上的原动力。正如宋林之奇的《尚书全解》卷二十四所云：“《书》之名篇非成于一人之手，盖历代史官各以其意标识。”②

另一种观点认为，《尚书》的编纂始于孔子。《史记・孔子世家》记载，孔子的时代正值周室礼崩乐坏，于是孔子“追迹三代之礼，序《书传》，上纪唐虞之际，下至秦缪，编次其事”③。《汉书・艺文志》也有记载《书》之所起年代久远，由孔子纂辑百篇，上断于尧，下讫于秦，并为之作序，说明编纂的意图。因孔子的崇高地位和深远影响，所以古人就认为孔子删定《尚书》、作序并逐篇加以解说。这种说法自两汉时期成为主流观点，定论千年，直到宋代才开始受到质疑，至今仍争论不休。通过对于先秦政治制度的考察和思考，以及关于《尚书》的编订、流传情况的综合考量，我们认为，孔子确实对《尚书》做过整理，但是在《尚书》编撰形成的过程中，《尚书》的绝大部分资料来源于夏商周三代，得益于史官“记注”的丰富。由于资料积累充分，编撰者才有可能根据自己的意图编集整理，并按照一定的体例分类。

二、《尚书》的版本流传

《尚书》在流传过程中有所散佚，自汉初以来，出现了三种不同的

① 上海古籍出版社编：《十三经注疏》，上海古籍出版社 1997 年版，第 220 页。
② 林之奇：《尚书全解》，人民出版社 2019 年，第 380 页。
③ 司马迁：《史记》，线装书局 2006 年版，第 236 页。

传本。

第一，《今文尚书》。所谓《今文尚书》，就是将原本古篆(殷、周文字)的《尚书》，改用汉代通行的隶体字书写的本子。据《汉书·艺文志》记载，《尚书》原有一百篇，孔子编纂并为之作序。而秦始皇焚书坑儒，使得原有的《尚书》抄本几乎全部被焚毁，这给《尚书》流传带来的打击是毁灭性的。汉惠帝除“挟书令”十余年之后，尚未得到《尚书》原本，也无人能够讲诵。至汉文帝时，由秦博士伏生口授、传授给晁错，用汉代通行文字隶书写的《尚书》，共二十九篇，人们称为《今文尚书》。①

第二，《古文尚书》。据《汉书·艺文志》载，汉武帝时期，相传鲁恭王(刘馀)拆除孔子旧宅，以扩充他的王宫，在孔宅的墙壁里发现许多书简，其中就有《尚书》。这些书简都是用古代的蝌蚪篆文写的，人们称为《古文尚书》。《古文尚书》经过孔子后人孔安国的整理，篇目比伏生所传《今文尚书》多十六篇。孔安国又受诏作传，到武帝末年发生了巫蛊事件，未得上奏朝廷。②《古文尚书》相对晚出。按照班固的说法，发现于孔宅墙壁之中、用古文书写的《尚书》，应该是躲过焚书灾难的先秦《书》之遗存。但是，孔安国所献的《古文尚书》同《今文尚书》一样，在西晋永嘉之乱以后相继失传。

第三，伪《古文尚书》。在西晋永嘉年间的战乱中，今、古文《尚书》全都散失了。东晋初年，豫章内史梅赜给朝廷献上了一部《尚书》，包括《今文尚书》三十三篇(梅赜从原先的二十九篇中析出四篇)、《古文尚书》二十五篇，其中《古文尚书》二十五篇被总体认为是东晋人的伪作。再加上书前伪造的孔安国《序》(习惯称为“伪孔序”)一篇，则共五十九篇。此本在南北朝时期流传很广，唐初孔颖达等编撰“五经正义”、宋人刊集“十三经注疏”，都选用了这个本子，使得此本在经学史上一度被置于正宗的地位，至今仍是常见的传本。

目前通行的清阮元校注“十三经注疏”中《尚书正义》一书，就是《今文尚书》和伪《古文尚书》的合编本，计分为四个部分，计五十八篇，包括《虞书》五篇，《夏书》四篇，《商书》十七篇，《周书》三十三篇；另加《书序》一篇，则共五十九篇。从汉代开始，《尚书》今古文之争、真《书》与伪《书》之辨就成为《尚书》研究的热点，在客观上强有力地推动了《尚书》的流传和尚书学的研究与发展。

---

① 陈国庆:《汉书艺文志注释汇编》，中华书局1983年版，第21页。

② 陈国庆:《汉书艺文志注释汇编》，中华书局1983年版，第23页。

三、《尚书》的资料来源和编辑体例

梳理《尚书》的编纂资料来源，可以得出，春秋战国以前，朝廷与官府发布各种诏令文件用于统治管理的需要，这就是所谓的“书”。后来刘勰在《文心雕龙·宗经》中追溯各种文体起源时，即指出诏疏奏牍等各种文件源于《尚书》的事实。

这些材料是按照何种体例汇聚成《尚书》的呢？关于《尚书》的体例分类问题，一直是历代学者讨论的热点，对后世影响较大的是“六体说”和“十体说”。“六体说”的提出者是汉代的孔安国。孔安国在《尚书序》中明确谈到为了实现“垂世立教”的编纂目的，《尚书》篇章有“典、谟、训、诰、誓、命”六体。后唐代陆德明《经典释文》、元代熊鹏来《经说》中都赞同“六体说”的分类方法，并以此为依据，对《尚书》各篇章的归属作了细致划分。“六体说”是摘引《尚书》各篇题之名归纳而成，虽然不能对所有篇目做出完全科学的分类，但孔安国“六体说”大致能从材料来源上揭示出《尚书》篇章的体例构成形式。到了唐代，孔颖达在此基础上提出“十体说”，在“六体说”的基础之上，增加了“征、贡、歌、范”，以《尚书》各篇名之尾字分类，“十体”之外的其他篇章分别归入与其内容相近或相似的文体类别。无论是“六体说”还是“十体说”，都是依据篇名对《尚书》各篇内容进行分类，体现了《尚书》文体形成的客观规律性，因此在历史上占据重要的地位。

除此之外，还有“三体说”和“四体说”，均是以篇名尾字中出现频率较高的关键字眼对篇章进行划分，但是这两种分类方法对于篇章归属的概括并不全面。究竟哪一种体例更科学，历代学者都有论及。宋代林之奇在《尚书全解》中于《洪范》篇题下云：“《书》之为体虽尽于典、谟、训、诰、誓、命之六者，然而以篇名求之，则不皆系以此六者之名也。虽不皆系于六者之名，然其体则无以出于六者之外也。”①这一观点比较符合《尚书》体例编排的实际情况。“典、谟、训、诰、誓、命”六体，是《尚书》的编撰者为适应社会政治生活的多样性和复杂性，催生出的种类不同的体例。

《尚书》这部历史文献，其绝大部分材料来源于夏商周三代，其编纂最后完成于春秋时期。春秋时期编纂《尚书》，由于“记注”的完整，资料丰富，编撰者可以根据自己的意图编集整理，按照一定的体例进行分类。正如章学诚所说，三代以上历史文献的编撰体例还不成熟，并无“定名”，

---

① 林之奇：《尚书全解》，人民出版社 2019 年版，第 380 页。

《尚书》的编撰是为了显示帝王“经世之大略”，而在内容上有所详略取舍。

四、《尚书》的编辑思想——经世治政

《尚书》的思想内容，历来是尚书学研究的核心和重点。《荀子》曰：“《书》者，政事之纪也。”①《钦定四库全书总目》言：“《书》以道政事，儒者不能异说也。”②陈澧《东塾读书记》亦言：“六经中道政事者，莫过于《尚书》。”③《尚书》围绕典、谟、训、诰、誓、命之“六体”进行选材和内容安排，其中蕴藏的经世治政思想，可从以下几个方面来进行思考。

（一）“敬天”

春秋战国时代，《尚书》是士子必读书目，堪称古代社会应当遵守的“大经大法”。因为《尚书》不仅记录了上古帝王的事迹，而且指明了相关历史事件中的经验教训。换而言之，《尚书》相当于古代的政治思想启蒙书。甚至从某种意义上说，自从西周建立以后的整个古代中国社会，都是以《尚书》的天命观为指导思想的。

《尚书》记载的历史典故并不多，其最根本的意义在于用这些典故来解释王朝兴衰的“天命”。《尚书》记载君臣治国谋略，必先稽考圣人之治。早在夏代之前，已经产生“天命”观。对于科学尚不昌明的当时来说，人们对于自然界的探索和认知是有限的，“天”是一种决定性的力量。小到一草一木的枯荣，中到一人一家的贫富贵贱，大到国家天下的兴衰，都由“天”来决定。人们将其称为“天命”。在古代人们的认知中，“天命”主宰着世间万事万物的运动，具有不可抗拒的力量。

既然“天命”主宰着世间的一切，那么人间的治乱也必然服从于“天命”之下。《尚书》出现时，中国已经进入君主制社会。当时的人们并没有真正意识到君主是社会经济文化发展的产物，而是将君主看作上天治理世界的代理人。

《大禹谟》有言：“皇天眷命，奄有四海，为天下君。”④意思是上天眷顾某个人，故而能让他成为天下之君。《皋陶谟》中说：“无旷庶官，天工人其代之。天叙有典，敕我五典五惇哉；天秩有礼，自我五礼有庸哉，同寅协恭和衷哉；天命有德，五服五章哉；天讨有罪，五刑五用哉。政事

---

① 王先谦：《荀子集解》，中华书局1988年版，第11页。
② 纪昀：《钦定四库全书总目》，中华书局1997年版，第138页。
③ 陈澧：《东塾读书记》，上海古籍出版社2012年版，第84页。
④ 上海古籍出版社编：《十三经注疏》，上海古籍出版社1997年版，第134页。

懋哉懋哉！天聪明，自我民聪明；天明畏，自我民明威。达于上下，敬哉有土！”①这段话可以理解为，君位、众官都是上天安排的职位，贵贱尊卑都是上天制定的等级之礼；上天嘉奖有德之人，并且制定刑罚惩戒有罪之人；天意民意上通下达，四方诸侯要谨遵上天的旨意。《汤誓》说：“有夏多罪，天命殛之”“夏氏有罪，予畏上帝，不敢不正”②；《盘庚上》说：“先王有服，恪谨天命”③“予迓续乃命于天”④等。这里，“天”和“上帝”是神权的最高象征，是宇宙和人类社会的最终主宰。君权来自“天命”，王朝也有“天命”护佑。君权被神化为上天赋予的特权，具有不可颠仆的神圣合法性，不允许群臣万民有所质疑。

（二）“明德”

《尚书》的“天命观”，强调“天”和“帝”的绝对权威，表现出对“天”和“上帝”的强烈迷信与敬畏，并把人类社会的君主天命化，赋予其代天行命的神圣职责。“天命观”一直沿袭至封建社会。在《尚书》的流传和承继中，天命观影响深远。顺着这个思路，人间帝王制定种种刑罚，也是为了维护皇天定下的秩序。但《尚书》的“天命观”并没那么简单。在鼓吹“君权天授”的同时，也出现了一个问题：假如某个王朝真是天命所归，那么为何王朝会覆灭呢？由此可见，天命也绝非一成不变。由于天下兴亡系于君主一人，那么一个明君可以开创一代盛世，一个昏君可以败光一个王朝。《尚书》记载的圣王事迹，包含了不少明君自我检讨的内容。《尚书》试图以树立榜样的方式来教导各位国君要做个“有道明君”，通过强化内在道德感来约束专制君王的一言一行。这种思想认识同样被古代的思想家编入了《尚书》。

“明德”思想是《尚书》思想内容的支柱之一。“明”，是彰明、弘扬之意。“德”是《尚书》所宣扬的十分重要的统治思想及其规范。统治者主张德行、德教、德政。它以“天命”为依托，是“天”或者“上帝”意志的体现；它以“保民”为核心目的。也就是说，它以“保民”为表，“天命”为里，是“天命”和“保民”在统治意志上的统一，是上天的意志、统治者的意志和民众意志的抽象与概括。

---

① 上海古籍出版社编：《十三经注疏》，上海古籍出版社1997年版，第139页。
② 上海古籍出版社编：《十三经注疏》，上海古籍出版社1997年版，第160页。
③ 上海古籍出版社编：《十三经注疏》，上海古籍出版社1997年版，第168页。
④ 上海古籍出版社编：《十三经注疏》，上海古籍出版社1997年版，第171页。

《太甲下》称："惟天无亲，克敬唯亲；民罔常怀，怀于有仁。"①这句话的意思是上天并没有固定不变的亲人，只是与值得敬重的人亲近；百姓并没有一定要感恩于怀的人物，那些仁德之人才会被老百姓感怀在心。换句话说，无论是上天之意还是百姓之心，都处于变化状态，而不会拘泥于某个对象。只有那些恪守仁义的有德者，才能得到天命的垂青与民众的拥戴。因此，天命与君王之德、百姓之心具有密切的联系，一切变化都是围绕一个"德"字展开的。《西伯勘黎》曰："非先王不相我后人，惟王淫戏用自绝。故天弃我，不有康食。"②这句话的大意是并非历代先王不保佑后人，而是这一代君王淫乱戏谑，自绝于天命。所以，上天才将我们抛弃，惩罚我们衣食无着。以此观之，有德之人通过不懈努力可以获得"天命"的眷顾，而无德之人违背了"天命"，必然会让自己与子孙后代都深受其害。

（三）史鉴意识

《尚书》的文字中多处强调"德"字，究其原因，不外乎夏商周三代统治者从历史经验教训中认识到德治的重要性。德之修与不修，关乎国家的命运。《太甲下》云："德惟治，否德乱。与治同道，罔不兴；与乱同事，罔不亡。"③这句话的大意是施行德政，天下就能得到治理，顺势而为就会繁荣兴旺，否则就会大乱。采取治道，不会不兴；施行乱道，则一定会亡。《尚书·无逸》记载了周公多次告诫成王，不能贪图安逸，应当以殷商为鉴，学习周文王勤政借鉴的品质。这篇文章中以史为鉴、居安思危的思想对后代统治者影响深远。刘起釪说："从周初几篇诰辞中看出周公对夏商历史非常熟悉，缕举商代史事如数家珍，都足以证明他确掌握了不少商代传下来的书篇。"④从史事中总结治国经验、吸取亡国教训，是与《尚书》的编辑目的"垂世立教"相统一的。

历史是一面镜子，可以用来指导现实和未来，从《尚书·周书》若干篇目中可以看出，《尚书》编撰者的史鉴意识是非常强烈的。《尚书》既洞悉了夏、商两代清明的一面，也洞察到夏、商末期邪恶和暴虐的一面。据《尚书》中记载，周公在《酒诰》《梓材》《召诰》《多士》《无逸》《多方》《立政》中既追溯到夏朝前期诸王的功绩和夏朝末王夏桀亡国的教训，

① 上海古籍出版社编：《十三经注疏》，上海古籍出版社1997年版，第165页。
② 上海古籍出版社编：《十三经注疏》，上海古籍出版社1997年版，第177页。
③ 上海古籍出版社编：《十三经注疏》，上海古籍出版社1997年版，第165页。
④ 刘起釪：《尚书学史》，中华书局2017年版，第10页。

又屡屡谈及从成汤到帝乙的美好事迹和功德，也多次详述殷纣王的种种罪孽。

除此之外，《尚书》中还记载了周公经常对周超的历史和先王艰难创业、美言嘉行、爱民保民举措的深情追忆，尤其是对周文王的功德述说相当详细。这方面的言论主要见诸《尚书》中《大诰》《无逸》《酒诰》《洛诰》等多篇，从中可以清楚地看出，《尚书》的编撰者非常重视历史连续性和继承性的思想意识。

《尚书》编辑思想中所包含的“敬天”“明德”以及史鉴意识，体现了古代中国由原始社会向奴隶社会过渡时期尤其是奴隶社会时期政治实践的思想精华，对后世的影响巨大而深远。《尚书》作为中国古代的经典文献之一，被后人不断阐释和运用，士大夫阶层以《书》为教，确立了《尚书》权威和经典的地位；诸子对《尚书》义理的阐发，吸引更多的文人士子学习、探究《尚书》的奥义。这些行为不仅促进了《尚书》的传播，而且让《尚书》始终居于社会思想与文化的主流位置。

第二节 《尚书正义》

汉武帝时，《诗》《书》《礼》《易》《春秋》正式成为“五经”。由于经书成书年代早，文字多晦涩难懂，记事又简略不详，给后人学习带来不少困难，于是为经书作传、注之风便盛行起来，常常一部经书就有各执一说的多家传、注。义疏之学兴起，除了做文字训诂、名物解释，又要能去探索文句的意义，尤其是为了迎合当时统治者的需要，特别去尝试演绎出合乎需要的内容意义。贞观初年，唐太宗认识到儒学在思想领域方面对巩固他的统治的重要性，便很注重经籍。其中对后世经学影响甚巨的是，唐代孔颖达等奉敕编写的《五经正义》。此书于唐高宗时成书，完成了“五经”内容上的统一。

《尚书正义》是唐初《五经正义》的第二部，由孔颖达、王德韶、李子云等奉诏撰。《尚书正义》合《今文尚书》和伪《古文尚书》，并采用伪孔安国《尚书传》，将伏生本《今文尚书》二十九篇分为三十三篇，加上所谓的出自孔宅夹壁的《古文尚书》二十五篇，定为五十八篇，是唐以来科举考试的必读经书。

《尚书正义》据何种传本疏解而成，以及对《尚书》疏解的指导思想如何，在孔颖达的序言中有详细的表述。孔颖达序中阐明了《尚书》底本选择的缘由以及对《尚书》作疏解的指导思想等问题。

一、关于《尚书》底本的编辑选择

孔颖达在序言中提道：《尚书》是由孔子编订而成，“先君宣父，生于周末，有至德而无至位，修圣道以显圣人，芟烦乱而剪浮辞，举宏纲而撮机要，上断唐、虞，下终秦、鲁，时经五代，书总百篇”①，其影响是“采翡翠之羽毛，拔犀象之牙角。罄荆山之石，所得者连城；穷汉水之滨，所求者照乘。巍巍荡荡，无得而称；郁郁纷纷，于斯为盛”②。但是，到了两汉“亦所不行，安国注之，实遭巫蛊，遂寝而不用。历及魏晋，方始稍兴，故马、郑诸儒莫睹其学，所注经传时或异同”③。这段话说明，经南北朝、隋朝至唐初，关于《尚书》的马融、郑玄之说尚存，但大部分人都认为梅本才是经孔安国传注的真本，而马、郑所注《古文尚书》被摒弃，这就是《尚书正义》以梅本为基础的原因。在序中，他清楚地说明了把伪孔本看作孔子所编孔安国所著的真古文，另在《尧典・正义》里把郑玄所述及的真古文逸十六篇析成的二十四篇看作张霸造的伪书，而为马融、郑玄没有看到孔安国的这部真古文，因而认为郑玄本“时有异同”而不可取。④

到《尚书正义》编入《五经正义》，国家主编的自汉至唐的经学大总结全部确定下来，《尚书正义》的决定性作用就特别大。通伪孔之说，成就了一部对汉至唐初的治《书》之学作出总结的著作，其功劳当然是不应忽视的。

二、“削其繁而增其简”的编辑原则

孔颖达主持《尚书正义》的撰写工作，他认为前人对《尚书》的注释章句繁杂，使讲授的人烦而多惑，研读《尚书》的人劳而少功。关于对《尚书》的注释方面，他们选用了伪孔氏的注(传)而排斥郑玄的注，为这样的“经”和“注”作“义训”，但要遵守疏不破注的原则，于是孔氏传成了不可违反的教条。《尚书正义》序中，孔颖达参考了蔡大宝、巢猗等人的义疏，

---

① 《尚书正义・序》，见上海古籍出版社编：《十三经注疏》，上海古籍出版社 1997 年版，第 110 页。

② 《尚书正义・序》，见上海古籍出版社编：《十三经注疏》，上海古籍出版社 1997 年版，第 110 页。

③ 《尚书正义・序》，见上海古籍出版社编：《十三经注疏》，上海古籍出版社 1997 年版，第 110 页。

④ 刘起釪：《尚书学史》，中华书局 2017 年版，第 216 页。

认为刘焯、刘炫“最为详雅”①，而又分别指出其中的不足，说刘焯“织综经文，穿凿孔穴，诡其新见，异彼前儒”②，刘炫“嫌焯之烦杂，就而删焉。虽复微稍省要，又好改张前义，义更太略，辞又过华，虽为文笔之善，乃非开奖之路”③。孔颖达综合前人意见，根据“览古人之传记，质近代之异同，存其是而去其非，削其繁而增其简”④的原则，撰写出《尚书正义》，这部书成为唐宋以来解读《尚书》的标准本。

孔颖达“存其事而去其非”，实际上是把南朝义疏中受玄学、禅学影响最多的说法去掉，多恢复汉学之说，以保持正统儒学的教义。

三、“施行仁政，尊崇王道”的编辑宗旨

唐太宗李世民统治时期，治理国家的理论基础主要是吸收儒家学说中的思想“施行仁政”，因而他积极提倡儒学，发展教育，儒学之盛前所未有。《尚书正义》是适应时代的要求而产生的。

自春秋、战国以来，“王道”和“霸道”就是两种截然不同的主张。“王道”主张以尊尚贤才、节用裕民等措施，赢得人民的拥护。“霸道”则强调以武力服人，进行统治。儒家思想速来主张“王道”，反对“霸道”。唐太宗李世民采纳儒家学说，在施政上推行“王道”，而孔颖达的《尚书正义》探讨了“王道”问题，对贞观之治产生了积极的影响。他在序中说：“古之正者事总万机，发号出令，义非一揆：或设教以驭下，或展礼以事上，或宣威以肃震曜，或敷和而散风雨，得之则百度惟贞，失之则千里斯谬。枢机之发，荣辱之生，丝纶之动，不可不慎。所以辞不苟出，君举必书，欲其昭法诫，慎言行也。”⑤孔颖达极力主张帝王一定要谨言慎行，以身作则，用儒家的政治标准来衡量皇帝的所作所为。在这里，他阐明皇帝的言行都关系着国家的安危，因而皇帝的言行不可不慎。

---

① 《尚书正义·序》，见上海古籍出版社编：《十三经注疏》，上海古籍出版社 1997 年版，第 110 页。

② 《尚书正义·序》，见上海古籍出版社编：《十三经注疏》，上海古籍出版社 1997 年版，第 110 页。

③ 《尚书正义·序》，见上海古籍出版社编：《十三经注疏》，上海古籍出版社 1997 年版，第 110 页。

④ 《尚书正义·序》，见上海古籍出版社编：《十三经注疏》，上海古籍出版社 1997 年版，第 110 页。

⑤ 《尚书正义·序》，见上海古籍出版社编：《十三经注疏》，上海古籍出版社 1997 年版，第 110 页。

四、"民惟邦本"的选材注疏指导思想

《尚书正义》突出表现了"民惟邦本"的选材注疏指导思想。这个集中体现在两个方面。一是大量增加了涉及民本思想的经文数量，孔传《古文尚书》比伏生所传的《今文尚书》多二十五篇，在经文的篇幅上有大量的扩充。孔颖达将这些篇章纳入《尚书正义》。于是，这些篇章所记述的思想也具有了官方认可的"经"的地位与属性。二是进一步强化了对民本思想的阐发与弘扬，这些新增加的经文有许多与民本思想密切相关的思想材料，诸如《大禹谟》的"德惟善政，政在养民"；《五子之歌》的"民惟邦本，本固邦宁"；《益稷》的"烝民乃粒，万邦作乂"；《仲虺之诰》的"懋昭大德，建中于民"；《汤诰》的"惟皇上帝，降衷于下民"；《太甲下》的"民罔常怀，怀于有仁"；《咸有一德》的"惟天佑于一德，惟民归于一德"；《盘庚》的"罔不惟民之承保"；《说命中》的"不惟逸豫，惟以乱民"；《毕命》的"道洽政治，泽润生民"；《泰誓上》的"民之所欲，天必从之"；《蔡仲之命》的"以和兄弟，康济小民"；等等。这些思想材料都是《今文尚书》所没有的。

当时人们不仅不怀疑这些篇章是伪作，反而奉为圣王典诰，并常常将它们用作议论政治的经典依据。这必然强化了民本思想的影响力。

在《尚书正义》中，孔颖达全面阐释了民本思想。他基于"民惟邦本"的认识，强调康济民众是君主的主要职责，安定民生是国家的基本职能。孔颖达注疏《泰誓》《五子之歌》《皋陶谟》《蔡仲之命》等篇，系统阐释了"民惟邦本，本固邦宁"的道理。

孔颖达注疏《泰誓》，深刻阐释了"立君治民乃是天意"。他指出："天佑助下民，不欲使之遭害"，因此设立君主，使之治理广大臣民，教化芸芸众生。"治民之谓君，教民之谓师"，君主既是国家的统治者，又是民众的教化者，身兼君与师双重角色。因此，君主理应顺从天意，"佑助上天，宠安四方之民，使民免于患难"。这就要求君主必须像天一样关爱民众、养育民众、教化民众，做到"不夺民之财力，不妄非理刑杀"。这就从国家与君主制度的本原、本质、目的与主要职能的角度论证了民众为天下、国家之本的思想。

孔颖达阐释《五子之歌》的"民可近，不可下"和舆马之喻，指出：最高统治者治理国家犹如手持腐朽的缰绳来驾驭六匹马拉的车舆，而民众犹如彪悍的拉车之马，稍有不慎就会缰绳扯断，马匹逃逸，车毁人亡。因此，众怒难犯，君临天下的最高统治者必须如履薄冰，如临深渊，时时刻

刻敬畏民众。“专欲难成，犯众兴祸”，一旦君主惹恼民众，就会落到“万姓仇予”的地步。到那时“天下愚夫愚妇”，无论哪一个人都能制服君主。这就从君位的获得与更替的角度，论证了广大民众的地位与作用，进而提出君主必须遵守“民惟邦本”的治国为君之道。

孔颖达注疏《大禹谟》，阐发施行德政与“养民”的各种政策原则。他认为，“政之所为，在于养民”。民众是国家之本，政治以爱民为大，爱民以养民为大。“王道”可以归结为一个“德”字，“德”主要体现于“善于政”，而德政在于“养民”。因此，君主必须做到“正德，利用，厚生”，即“正身之德，利民之用，厚民之生”。君主“为政以德”，才能使“民怀之”；君主“正德以率下”，才能使民殷国富；君主重视物质资料的生产，才能做到“厚生以养民”。

在《尚书正义》中，民本思想作为一条选篇和注疏的总的指导思想贯穿许多篇章，对后世产生了深远的影响。

第三节 《尚书大传》

《尚书大传》是西汉今文经学家解说《尚书》的著名作品，是经学史上首部《尚书》训解作品，备载古代礼制与史事，“皆唐虞三代遗文，往往六经所不备，诸子百家所不详”①，因而具有极高的思想与文献价值。《汉书·艺文志》著录《尚书》“经二十九卷，传四十一篇”，此二十九卷经书，后人认为是伏生在汉初所传《今文尚书》，至于四十一篇传文，或认为是伏生所作，或认为出自伏生弟子张生、欧阳生的纂集。至陆德明《经典释文·叙录》《隋书·经籍志》等著录《尚书大传》，直指其书为伏生所作。

《尚书大传》在宋代已无完本，元、明以后渐致亡佚。清代汉学兴起，辑佚之学发达，《尚书大传》及郑玄《尚书大传注》成为清儒搜辑的重点之一。《尚书大传》是对《尚书》的解释性著作，作者和成书时间均无法完全确定。

《四库全书总目》“《尚书大传》”条记载，《尚书大传》源于伏生，而实则其弟子张生、欧阳生等撰成。刘向校书时，得《尚书大传》并献上朝廷，共四十一篇。汉末郑玄又加诠次，定为八十一篇，并为之作注。

① 陈寿祺：《尚书大传定本》序，《丛书集成初编》本，第2页。

一、《尚书大传》的编辑特色——“与经义在离合之间”

故《尚书大傅》解经之体制可作为战国至汉初儒者说经之典型来考察，而此阶段正当先秦说经形式向两汉章句训诂形式过渡之时，即皮锡瑞《经学历史》所命名之“经学流传时代”①。

从现存内容看，《尚书大传》的特点在于并不逐字逐句议论说解，如《尧典》《虞夏传》《禹贡》等篇中的有关内容；或与《尚书》联系甚少，如《略说》等篇中的部分内容。故《四库全书总目》评《尚书大传》：“大抵如《诗外传》《春秋繁露》，与经义在离合之间，而古训旧典，往往而在，所谓《六艺》之支流也。”②

《尚书大传》并不逐字解经，而是“与经义在离合之间”，所以该书提供了许多夏商周时代的历史事实、典章制度等方面的资料。例如周公摄政时成王的年龄问题，郑玄、孔安国、王肃等人各有所见，而以《尚书大传》“成王幼在襁褓”的说法更接近史实。

《尚书大传》是今文经学派最根本的经典，后来许多今文经学派学者及其著作基本上依据了《尚书大传》。《尚书大传》“与经义在离合之间”的特色对后世也产生了深远的影响，由于不是从经文字句出发，所以今文经学派在后来的发展中渐渐远离经文本义而驰骋己说，走向了空疏和繁琐。但是，在《尚书大传》的写作中，伏胜等人去古未远，所以书中的许多内容应当是符合或接近史实的。

二、《尚书大传》的编辑体例及内容特色

关于《尚书大传》，后世学者有多种辑本，如孙之騄辑本、卢见曾辑本、卢文弨辑本、董丰垣辑本、孔广林辑本、任兆麟辑本等，体例略有不同，其中，以陈寿祺所辑《尚书大传定本》六卷为最善。结合目前所见的《尚书大传》文本进行归纳概括，其编辑体例有以下几种。

（一）经传分离，不相比附

《尚书大传》解经，乃于经文之外，别撰大义，故经传分离，不相比附。与后世随文以释义，以传注附经的体例大不相同。汉初各经之传训，皆经传分离，不相比附，至后汉马融注《周礼》，始将经注相合。《尚书大

---

① 皮锡瑞：《经学历史》，中华书局1959年版，第48页。

② 董治安主编：《经部要籍概述》，江苏教育出版社2008年版，第112页。

传》则与此不同，据郑玄《尚书大传注序》所言，《尚书大传》是伏生殁后，其弟子据所闻见整理而成。所谓“特撰其大义，因经属指，名之曰传”者，即伏氏弟子将平素所记录之有关书经大义之部分另行条类，然后参考伏生所传二十八篇尚书之次序，将其连缀成文，总名之曰“《传》”。

据此可见，伏生所传《尚书》虽有固定次序，至于其平素之讲经则非如后世务于章句之学者，分章析句，一一加以解释，而是多就某篇、某句，甚或全书之总旨加以讲授，务于大体而不胶着于细节，此以训解大义为旨归之大，这是《大传》之根本特征。因此之故，《尚书大传》之为传，乃离经而自立，不与经书相比附。

(二)明训诂以通大义

《尚书大传》本在解说书经要义，然《书经》之文与汉代相隔时间甚远，故《尚书大传》解多有训诂之言，为避免因此造成经意之破碎、琐屑，往往先综述经文大意，遇有疑难字句，方加以训诂。

《尚书大传》的具体训诂之法大概有二：其一，承袭先秦经师旧说，与《尔雅》及他经之旧训相表里，《尚书大传》多处出现与《尔雅》相同的训诂之法，如“江河淮济为四渎”(《夏书·禹贡》)，而在《尔雅·释水》中为“江、河、淮、济为四渎”；其二，《尚书大传》之训诂多声训之法，对一字考其同音之字，音同而义通，如“五年亲自巡守。巡，犹循也；狩，犹守也”①。以上所举声训之例，可见《尚书大传》解经以训诂为基础而阐明明经义。后人亦可据此考见上古语音之情况，这是《尚书大传》独特价值之所在。

(三)以经证经贯通群经

“汉初以前，学者治经都能博通五经，存其大体，非如后世株守一经，失博通之旨。若伏生《尚书大传》者，虽专主解释《书》经，然往往通于他经，或引《诗》，或述礼，或讲乐，可谓已经证经者也。”②如释《皋陶谟》经文“搏附琴瑟，以咏祖考来假”之义，而其中所引《周颂·清庙》之条，则以周代祭祖之被解说虞夏之制。除此之外，《尚书大传》中出现多处与《诗》义相通者。此外，伏生《大传》之解《书》，往往以《礼》解经，最

① 伏胜撰，郑玄注，陈寿祺编：《尚书大传·卷一》，见《四部丛刊初编》第44~45册，景上海涵芬楼藏陈氏原刊本。

② 马宗霍：《中国经学史》，上海书店1984年版，据商务印书馆1937年版重印。

为各家所称道。诗书礼乐为先秦儒者所共习，而伏生《尚书大传》多论古乐古以解书经，如《尧典》传述舜巡守之礼，可视为“采诗”说之渊源。关于伏生《尚书大传》之以礼解经，前儒多有论述，如陈寿祺《尚书大传定本序》曰，《尚书大传》所言礼制“皆唐虞三代遗文，往往六经所不备，诸子百家所不详”①。

第四节 《书集传》

在尚书学史上，《书集传》是宋学《尚书》的代表作，是继《尚书正义》之后的又一个里程碑，对后世影响深远。《书集传》的作者蔡沈(1167—1230)，号九峰，建阳(今福建南平市建阳区)人。其父蔡元定为当时著名学者，蔡沈少承家学，师从朱熹。此书是其受师朱熹所托，对《尚书》的注解。受朱熹命，注《尚书》十余年，于嘉定二年(1209年)撰成《书集传》。

一、《书集传》成书背景和编辑宗旨

陈寅恪先生曾对宋代文化发展表示盛赞，认为“华夏文明历数千载演进，盛极于赵宋之世”②。同时，宋代出现了中国传统学术研究的转型，“儒家之学，从魏、晋直至唐代，经过释、道的遣染，也就哲学化了”。儒学研究的哲学化转型催生了宋代理学，而理学对经义的解读提供了让人耳目一新的诠释理念和诠释方法。

宋代尚书学由初期的承汉唐旧制，专于章句训诂，坚持注不破经、疏不破注，到后期的既注重章句注疏又注重义理阐发，发生了巨大的变化。宋代尚书学研究可谓千帆竞发，百舸争流，各家各派，蔚为大观。“六经注我，我注六经”是各派尚书说共同的诠释宗旨和价值取向。③

据《书集传》蔡沈序云，庆元乙未冬，其师朱熹令沈作《书集传》，历时十年始成编，总若干万言。蔡沈认为，《书》的意蕴深奥，二帝三王治天下之大经大法皆载此书，要得其“道”，就必须明其“心法”，“曰德、曰仁、曰敬、曰诚，言虽殊而理则一”。中国上古时期，统治者将统治的权

① 伏胜撰，郑玄注，陈寿祺编：《尚书大传·卷一》，见《四部丛刊初编》第44~45册，景上海涵芬楼藏陈氏原刊本。

② 陈寅恪：《邓方铭〈宋史职官志考证〉序》，见《金明馆丛稿二编》，上海古籍出版社1982年版，第245页。

③ 蔡沈注，钱宗武、钱忠弼整理：《书集传》，凤凰出版社2010年版，第3~4页。

力解释为“君权神授”，强调“王命在天”。《书集传》反其道而行之，直接“以民心为天命”，主张“君权民授”，将民心与天命置于同等重要的地位。在蔡沈看来，《书集传》以求治国之道为宗旨，阐明了以民为本的治国理念。《尚书》是一部传授治国之道的作品，因此他在注释《尚书》时，在《书集传》中，以“和裕其民”“人君以万民为心”（《书集传·无逸》）等观点，发展了儒家的民本思想。

二、《书集传》的编辑体例及内容特色

《书集传》中，蔡氏在注释《尚书》时，体例上维持《尚书》原有篇目，同时在每篇标题下都注明“今文古文皆有”及“今文无古文有”，将今文、古文区分清楚。据统计，凡“今文古文皆有”者为二十八篇，“今文无古文有”者为二十五篇。论其学术价值与地位，如果说唐代孔颖达所撰《尚书正义》是唐代经学的代表作，那么《书集传》是宋代经学的一部代表性成果。它总括了宋代学者对《尚书》的探索成果，内容特色主要集中在如下几点。

1. 考释前贤，择善而从

正如蔡沈在序中所说，“参考众说，融会贯通”，“融会贯通，乃敢折衷。微辞奥旨，多述旧闻”，《书集传》注重总结宋代《尚书》研究成就。朱熹评价前人治《尚书》说：“苏轼伤于简，林氏伤于繁，王氏伤于凿，吕氏伤于巧。”①朱熹指出了宋儒苏轼等诸家治《尚书》的不足之处，但亦对其优点予以充分肯定，要求蔡沈择其精华而从之。蔡沈遵其师旨，“参考众说，融会贯通”，使《书集传》成为一部宋代尚书学的集大成之作。

《书集传》考释前贤，择善而从。何乔新曾曰：“至蔡氏《集传》出，别今古文之有无，辨《大序》《小序》之讹并，而后二帝三王之大经大法灿然于世焉。”②蔡沈《书集传》注重分析总结汉宋诸家之注疏传统，斟酌王、吕、苏、林诸家之得失，既注重文章义理的阐释，又着力于文字的训诂辨伪，在义理的阐释上，多尊崇宋儒；在字词训诂、典章制度、考镜源流等方面，多从汉唐。

2. 批判继承，力求创新

对前人的成果，蔡沈并没有一味地全盘接受，而是批判地加以继承。

---

① 朱熹：《晦庵先生朱文公文续集》卷第三《答蔡仲默》，见《朱子全书》（25），上海古籍出版社、安徽教育出版社 2002 年版，第 4717 页。

② 何乔新：《椒邱文集》卷一，见《文渊阁四库全书》第 1149 册，上海古籍出版社 1987 年版。

他大胆纠正了前人解说之误，哪怕是其师朱熹之说。如《虞书·舜典》曰："月正元日，舜格于文祖。"朱熹训解："孔氏曰：舜服丧三年毕，将即政，故复至文祖庙告。"蔡沈传曰："月正，正月也。元日，朔日也。汉孔氏曰：舜服尧丧三年毕，将即政，故复至文祖庙告。"[①]蔡沈通过补注使其内容更加完整准确，例如对"孔氏"的界定，此二字前皆加"汉""唐"，以区别究竟是"汉孔安国"还是"唐孔颖达"。

受宋代理学思想的影响，蔡沈在注经时注意纠正汉唐经说中对字句内容牵强附会的解释，尤其是针对其中错误的解释，他发表了不少个人独到的见解。如《周书·大诰》载："若兄考，乃有友伐厥子，民其劝弗救？"孔疏云："民皆养其劝伐之心不救之。"而蔡沈曰："苏氏曰：'养，厮养也。'谓人之臣仆。大意言若父兄有友攻伐其子，为之臣仆者，其可劝其攻伐而不救乎？"[②]此处蔡沈就是采用苏轼之说，纠正孔颖达的错误。

3. 文通理明，言简意赅

在文字表述上，《书集传》追求浅近简明，在语言叙述上追求流利通畅。朱熹曾叮嘱蔡沈，在注《尚书》时，要注意其意"有不必解者，有须着意解者，有须略解者，有不可解者"，即语意深浅要把握好。[③] 而关于句子的义理，朱熹认为在"收拾于残阙之余"，若要"句句义理相通"，必至穿凿附会，不如就看其义理分明之处，其他难以解释明白的姑且暂时放下也可。[④] 朱熹还强调，解经不必过度地在文字上下功夫，只要意思能解释得通，道理自然明了，如果过度地在文字上纠结，经意反而没有说明白。朱熹比拟道："尝见一僧云：今人解书，如一盏酒，本自好；被这一人来添些水，那一人来又添些水，次第添来添去，都淡了！"[⑤]蔡沈深刻领悟了朱熹之说，用简洁的语言把经文解释得文理通透。四库馆臣评价《书集传》亦有"疏通证明，较为简易"之语。[⑥]

以《尧典》中"曰若稽古"为例，蔡沈传曰："曰、粤、越通。古文作粤。'曰若'者，发语辞。《周书》'越若来三月'，亦此例也。稽，考也。史臣将叙尧事，故先言考古之帝。"[⑦]此段解经文字言简意赅，说明了几个

① 蔡沈注，钱宗武、钱忠弼整理：《书集传》，凤凰出版社2010年版，第14页。
② 蔡沈注，钱宗武、钱忠弼整理：《书集传》，凤凰出版社2010年版，第160页。
③ 朱熹：《晦庵先生朱文公文续集》卷第三《答蔡仲默》，见《朱子全书》(25)，上海古籍出版社、安徽教育出版社2002年版，第4717页。
④ 朱熹：《朱子语类》卷七十八，中华书局1986年版，第1982页。
⑤ 朱熹：《朱子语类》卷一百三，中华书局1986年版，第2607页。
⑥ 《书经集传提要》，见永瑢等：《四库全书总目》卷一，中华书局1965年版，第93页。
⑦ 蔡沈注，钱宗武、钱忠弼整理：《书集传》，凤凰出版社2010年版，第1页。

重要的事情：①曰，与"粤、越"是通假字；②"粤"是古文；③"曰若"是个复音词，作"发语词"，没有词汇意义，现在称为"句首语气助词"；④举例《周书》中"越若来三月"，曰与"越"通假，"曰若""越若"是复音词，也是"发语词"；⑤发凡史家体例："稽，考也。史臣将叙尧事，故先言考古之帝。"

宋以前对《尚书》的研究主要集中于章句训诂方面，前人所做的注疏，坚持"注不破经、疏不破注"的原则。而宋代尚书学注重义理的阐发，一反这种传统，这是宋代尚书学的一大发展。《书集传》在尚书学史上是极具开创性的一大实践。

第五节 《尚书考异》

与明代经济、社会发展相适应，其经学著作也经历了一个由少到多的过程，然而，其历史评价及总体质量并非与数量成正比。学者多认为，明初的经学还保留着朱子学的优秀传统，经学家仍循规蹈矩地做学问，而中晚期以后，则逐渐归于空疏。

对明代经学的划分历来也不尽相同，林庆彰先生将明代经学分为两段：中叶以前是吸收宋学并逐渐反思的时期；中叶以后则兼采汉、宋。李威熊先生则将明代经学分为三段：前期从洪武元年至永乐二十二年(1368—1424)，以宋学为主流，汉学为旁支；从洪熙元年到弘治十八年(1425—1505)是中期，宋学仍旧占据统治地位，但是朱子学也逐渐成为强琴之木，对朱子学的反思也逐渐增强；正德元年到崇祯十七年(1506—1644)属于晚期，阳明心学代替朱子学成为主流，同时考据学也日渐兴盛，延续到清代成为经学主流。

《尚书考异》是第一部考证《古文尚书》之伪的专著。梅鷟，字致斋，安徽旌德人，生卒年不详。正德八年(1513 年)癸酉科举人，官至南京国子监助教，终官盐课司提举。梅鷟身世相关史料记载甚少，仅能根据与之交游人士、中举时间等大致推断其在世时间约为正德、嘉靖年间。其著有《尚书谱》《古易考原》《春秋指要》《仪礼翼经》《太玄图注》等，而《尚书考异》为其代表作。

《尚书考异》是《古文尚书》辨伪过程中的重要著作。对于伪《古文尚书》，宋时即有人提出质疑，朱熹在《尚书纲领》中就从文字难易的角度对伪《古文尚书》提出了疑问。此外，朱熹多次提出《尚书小序》不是孔子所作，认为伪《孔传》恐是魏晋间人托安国之名而作。在宋人疑古风气的影响下，《古文尚书》的辨伪工作初见成效。元明两代，《尚书》的辨伪工作继续向纵深发展，在对待具体材料的考辨和证明上，梅鷟的《尚书考异》标志着明代《尚书》的辨伪工作进入了一个新的重要阶段。

一、《尚书考异》的作者及版本

《四库全书总目提要》记载《尚书考异》在《明史·艺文志》中不著录，而朱彝尊《经义考》记录为一卷。此本为范懋柱家天一阁所藏，不题撰人姓名，而书中自称鷟案，则出鷟手无疑，原稿未分卷數，而实不止于一卷，今约略篇页厘条为五卷，鷟又别有《尚书谱》，大旨略同而持论多武断，故今别存其目不复录焉。①《经义考》梅氏篇一条下像《读书谱》四卷（疑为《尚书谱》），《尚书考翼》一卷（应为《尚书考异》），后录梅鷟《尚书谱》中自序又与今之所见不尽相同，盖书在未行刊印之前以抄本形式流传时期其卷数、内容均会有细微差别。《四库全书》收录《尚书考异》为天一阁藏本，《天一阁书目》中仅载“三册”字样，无著者亦无分卷，四库馆臣根据书中“鷟案”字样条定此书为梅鷟所作，又将全书分为五卷。综合《经义考》与《四库全书总目》可知，《尚书考异》应为梅鷟所作。

根据梅鷟主要活动时期可推测《尚书考异》成书不早于正德年间，从成书直至清代嘉庆中期孙星衍访得善本后才付梓刊行，其间一直以抄本形式流传。现存世版本有三：第一种为台北故宫所藏明代旧抄本两册，此本未题著者也未分卷；第二种为《四库全书》本，即所收录范氏天一阁三册不分卷的抄本，四库馆臣在收录时将其题为梅鷟著，分为五卷，今日可见的为文渊阁《四库全书》本；第三种为孙星衍据所得善本刊行的平津馆丛书本，简称“平津馆本”，此本刊行于嘉庆十七年，是《尚书考异》的首个刊本。

比较而言，平津馆本《尚书考异》最为完整，不仅内容整齐、篇目无错乱，甚至比四库本多出两万多字的内容，可以说“故宫旧抄本与四库本属于《尚书考异》的稿本，而平津馆刻本《尚书考异》则是一部完成本的著作”②。本章的研究依据中华书局1985年版《尚书考异》而展开，前面增加了顾广圻《校定〈尚书考异〉序》。

---

① 永瑢等：《四库全书总目提要》，中华书局1965年版，第99页。

② 高原乐：《〈尚书考异〉版本比较研究》，载《湖南大学学报（社会科学版）》2010年第3期，第26页。

二、《尚书考异》的主要内容和体例安排

明代梅鷟《尚书考异 》一书对《古文尚书》进行了广泛而仔细的辨伪工作,《尚书考异》首载“提要”谓:“宋吴棫、朱子、元吴澄皆尝辨其伪,然但据其难易以决真伪,未及一一尽核其实。鷟是书则以安国《序》并增多之二十五篇,悉杂取传记中语以成文,逐条考证,详其所出。”①用大量的事实说明《尚书》古文经二十五篇中的文句与先秦两汉文献蹈袭雷同之处甚多。因此,《尚书考异》被认为是尚书学史上的一个重要的里程碑。

《尚书考异》从内容上可分成三个部分。

第一部分,卷一录诸家有关《尚书》之记载,兼辨其得失,既有《史记儒林传》《汉书艺文志》《后汉书儒林传》《隋书经籍志》,伏生《今文尚书》二十九篇,《尚书大传》三卷,古文二十五篇,《古文尚书》十三卷,《朱子语录》,孔安国《尚书注》十三卷,孔安国《尚书序》,《舜典》等十三节。

书中一一历数了《史记·儒林传》《汉书·艺文志》《后汉书·儒林传》《隋书·经籍志》等典籍中关于《古文尚书》的记述之异同,以及吴棫、朱熹、吴澄、晁公武、郑樵、马端临诸家著述的相关评论,并一一对之加以评断。梅鷟认为,只有伏生所传二十九篇《今文尚书》是可信的,其余皆为伪作。其指出,所谓孔安国《尚书序》,其中有许多不合事理之处,认为孔安国作为孔子之“闻孙” 绝不会有此类低劣之作。

全书的重点在于第二部分,卷二至卷五。将伪《古文尚书》二十五篇字句之来源一一指出,并批驳其谬误矛盾之处。卷二为《大禹谟》《五子之歌》《胤征》三篇;卷三为《仲虺之诰》《汤诰》《伊训》《太甲上》《太甲中》《太甲下》《咸有一德》《说命上》《说命中》《说命下》十篇;卷四为《泰誓上》《泰誓中》《泰誓下》《武成》《旅獒》《微子之命》《蔡仲之命》七篇;卷五为《周官》《君陈》《毕命》《君牙》《冏命》五篇。其主要任务根据梅鷟所读晋以前之书揭发晋人造伪之迹,逐一指出这些文献中与《古文尚书》经文雷同之处。

第三部分,卷六考证伏生《尚书》字句之异,进一步说明伏生所传之《今文尚书》为后人假借壁藏古文之名擅改之。

三、《尚书考异》的编辑特色——甄别真伪,作伪举证

在鉴别真伪方面,梅氏认为,所谓的孔安国序并多出的二十五篇伪书

① 胡治洪:《〈尚书〉真伪问题之由来与重辨》,载《江苏师范大学学报(哲学社会科学版)》2014 年第 1 期,第 117 页。

皆为杂取传记中语以成文，遂逐条考证，详其所出，主要从七个方面加以考察：第一，关于伏生究竟是否失其本经，《史记》并无记载，而晋人创伏生失其本经之说，荒诞不可信；第二，关于《古文尚书》篇数，根据《后汉书·儒林传》记载，马融、郑玄所注之《古文尚书》，与东晋梅本《古文尚书》篇数不一致，所以东晋梅本《古文尚书》不可信；第三，将孔安国传《古文尚书》“定案”为“伪书”，所谓东晋梅本《古文尚书序》称“安国承诏作传”，《史记》《汉书》并无记载；第四，回应了朱熹提出的汉代学者从来没有引用过所谓的东晋梅本《古文尚书》这一问题；第五，依篇名观之，今传本《古文尚书》，与《孟子》《史记》等书记载不合；第六，就体裁而言，所谓的《古文尚书》典、谟、誓三体混而为一，而伏生今文典、谟、誓体裁分明；第七，所谓《古文尚书》文义可疑，有作伪之痕迹，自《五子之歌》篇以下如出一律，即便偶有不同，不过改易增换文字，略加润色，即为一篇，不像伏生《今文尚书》篇篇出于事实。

《尚书考异》主要从两个方面对《古文尚书》进行考辨，其编辑特色体现在：一是考辨方法；二是如何作伪举证。考辨方法是考辨工作的指导性原则，其意义类似于“身份甄别”，即将《古文尚书》的资料线索与可信的历史文献记载作比对分析，看其是否吻合，如若两者出入较大，甚或有重大冲突，而又无法否定历史文献记载的真确性，那么《古文尚书》资料即被疑为“伪造文书”。除了举出作伪内容与所处之时代不合之外，还要指出造伪者是如何作伪。《尚书考异》开《尚书》辨伪之先河，对后世影响是很深远的。

《尚书考异》以文章体例为切入点进行疑辨。“中国古代文体的生成大都基于与特定场合相关的‘言说’这种行为方式，人们在特定的交际场合中，为了达到某种社会功能而采取了特定的言说行为，这种特定的言说行为派生出相应的言辞形式，于是人们就用这种言说行为，指称相应的言辞样式，久而久之便约定俗成的生成了特定的文体。而中国古代的文体分类正是从对不同文体的行为方式及其社会功能的指认中衍生出来的。”①传统上将《尚书》中诸篇按照文体分为六类，即典、谟、训、诰、誓、命。

典，即常法、经典，在《尚书》中典体仅指后世史官追叙尧、舜之事，可为后世典范之言辞。典体在《今文尚书》中只有《尧典》一篇，《古文尚书》中又将《尧典》拆分成两篇，拆出部分名为《舜典》。从《尧典》的内容来看，其以时间为线索，叙述尧、舜建立功业及个体生命的发展直至终

① 郭英德：《中国古代文体学论稿》，北京大学出版社2005年版，第29页。

结，可知典体具有明显的叙事性特征，正如孔颖达《尚书正义》曰："多陈行事之状。"谟，即谋，《说文解字》云："谟，议谋也。"谟是由史官记载的君臣商讨政事的言辞。《今文尚书》中以谟体命名的只有《皋陶谟》一篇。《皋陶谟》中记录了帝舜和下臣商议政事的对话，其中涉及修身养性、知人善用、安民保民等问题。谟体"君臣相谋"的对话性文体特征十分明显，具体表现为下臣为君王提供各种信息以安王政，君王向下臣咨询政事了解民情，这种互动式的对话文体特征明显，且语言观点高度集中。誓，一般指出兵时或双方交战之前由率队领导宣布的用以严明纪律、鼓舞士气的誓师词。《尚书》中这样的篇目有《甘誓》《汤誓》《牧誓》《费誓》《秦誓》五篇，内容基本可概括为陈列讨伐对象种种罪行，表明己方替天行道的正义性以及声明赏罚制度。誓体语言具有警戒性，语句简短有力，且有音韵有节奏。

梅鷟认为，《今文尚书》中各篇文体单纯、明显，典、谟、誓各有特点，不容混淆，《大禹谟》则文体混乱，不仅三种文体相杂，甚至其中的三种文体各自也与《今文尚书》文体不相符合。他认为《大禹谟》中"曰若稽古，大禹曰文命……万世永赖，时乃功"一段为谟体，却又"反易谟体"。《皋陶谟》中君臣谈论时政事时交相敬戒，彼此直言劝戒提出德行期许，如大禹勤诫帝舜"毋若丹朱傲"，帝舜命大禹"汝毋面从，退有后言"，皆就事论事，不矜功伐，而《大禹谟》则有大禹以"六府三事"自述、帝舜以"地平天成，万世永赖"归功，和《今文尚书》中的谟体文体特征不相符合。

自南宋朱熹以后，被称为"十六字心传"或"道统心传"的"人心惟危，道心惟微，惟精惟一，允执厥中"四句，原出自《古文尚书·大禹谟》。梅鷟指出，《大禹谟》中此四句话的前三句抄撮于《荀子》。①

梅鷟提出了对《大禹谟》中"皋陶迈种德，德乃降"之文的质疑。《古文尚书·大禹谟》记载："禹曰：朕德罔克，民不依。皋陶迈种德，德乃降，黎民怀之，帝念哉！"其中"皋陶迈种德，德乃降"一语见于《春秋左氏传·庄公八年》鲁庄公之语，原文记载为："夏，师及齐师围郕，郕降于齐师。"这是说鲁庄公八年之夏，鲁国军队与齐国军队联合围攻郕国，郕独降于齐师，而齐师许其降。而当时的历史背景为鲁国与郕国为同姓之国，于道义上讲鲁国不该讨伐郕国。当时齐强而鲁弱，郕降鲁则齐怨，降齐则鲁不能争。于是，其时，仲庆父请求鲁庄公伐齐师，鲁庄公不许。

① 姜广辉：《梅鷟〈尚书考异〉考辨方法的检讨——兼谈考辨〈古文尚书〉的逻辑基点》，载《历史研究》2007年第5期。

《春秋左氏传·庄公八年》记鲁庄公之语曰："不可。我实不德。齐师何罪？罪我之由。《夏书》曰：皋陶迈种德。德乃降。姑务修德以待时乎？"

问题是，《左传》中此条材料中"德乃降"一句是鲁庄公所引《夏书》之文，还是鲁庄公本人之语，是无法确定的。西晋之时，杜预将此句理解为鲁庄公本人之语，于"皋陶迈种德"一句下注曰："《夏书》，逸《书》也。称皋陶能勉种德。迈，勉也。"依杜预的解释，鲁庄公所引《夏书》之语，只有"皋陶迈种德"一句，而"德乃降"以下乃是庄公之语。这里隐含着这样一个问题：如果《大禹谟》为真《古文尚书》而传自西汉孔安国，何以西晋时代之杜预不得见，而将"德乃降"一语误解为鲁庄公之语？这不是表明《大禹谟》为晚出之《书》吗？梅鷟正据此以揭《大禹谟》之伪："《大禹谟》，伪书也。"①

第六节 《尚书古文疏证》

《尚书古文疏证》，又名《古文尚书疏证》，清阎若璩撰，八卷。阎若璩，字百诗，号潜丘，生于明崇祯十一年(1638 年)，卒于清康熙四十三年(1704 年)，山西太原人，侨居江苏淮安府山阳县。阎若璩平生治学强调读书，反对空谈，考证方法比较精密，是汉学发轫时期最重要的代表人物之一。其所撰《尚书古文疏证》八卷确证东晋梅赜所献《古文尚书》为伪，又撰《四书释地》，校正前人关于古地名附会的错误，其他撰著有《潜邱札记》等，均对后世学者有较大影响。

一、《尚书古文疏证》之学术成就

《尚书古文疏证》最为重要，是阎氏的代表作。作者从篇数、篇名、典章制度、历法、文字句读、地理沿革和古今行文异同等多方面进行考证，确证东晋梅赜所就《古文尚书》《孔安国尚书传》出于伪作，较稍后之惠栋《古文尚书考》为详。

阎若璩不仅精通经史，而且"于地理尤精审，凡山川、形势、州郡沿革，了若指掌"，在清代学术史上处于承上启下的地位，他上承顾炎武、

① 阎若璩撰：《尚书古文疏证附古文尚书冤词》，上海古籍出版社 2010 年版。转引自毛奇龄：《古文尚书冤词》卷四《〈书〉词之冤》，影印《钦定四库全书》本。笔者按：梅鷟此语并不见于《尚书考异》与《尚书谱》中。

黄宗羲，下启惠栋、戴震，其贡献是不可磨灭的。他二十岁时开始研读《尚书》，历时三十年进行考证，终于写成了著名的《尚书古文疏证》八卷。阎氏知《书》“事必求其根柢，言必求其依据”，对东晋梅赜所献的《古文尚书》辨出伪迹，“手一书至检数十书相证”，共列举了一百二十八条证据，得出《古文尚书》二十五篇都是魏晋间伪作的结论，翻了一千多年经学史上的一个大案。成书半帧，就得到黄宗羲的肯定；尚未刊行，毛奇龄作《古文尚书冤词》与之驳辩，但亦“终不能以强辞夺正理”，“则有据之言先立于不可败也”；于是这部《尚书古文疏证》的声名大噪。阎若璩的《尚书古文疏证》被论者称作“祛千古之大疑”。

黄宗羲、纪明、钱大昕、梁启超、胡适等学者都认为，伪《古文尚书》的定案实归功于阎若璩。汪中认为，阎氏《疏证》是“千余年不传之绝学”。梁启超说阎若璩“不能不认为近三百年学术解放之第一功臣”，并认为自阎攻伪《古文尚书》得胜，渐开学者疑经之风。钱穆说：“阎书议论与梅氏同者极多，而多不明引。”

阎氏在世时，此书仅有抄本流传，后由其孙阎学林刊刻(乾隆十年眷西堂刻本)。此外还有内府藏本(当即四库本)、家刻本(当即乾隆十年眷西堂刻本)、吴氏天津刻本、偃师武亿刻本、杭州局本、《续经解》本、同治汪氏振绮堂重修本等。今传《古文尚书疏证》只有九十九条，其余“有目无文”者十二条、“目文全缺”者十七条。①

阎若璩《尚书古文疏证》被清代汉学公推为典范之作。他通过考辨《古文尚书》，创立了考证、辨伪的通例。

二、《尚书古文疏证》的编辑思想

《四库全书总目提要》记载有刘知幾、吴棫、朱熹、梅鷟、毛奇龄、黄宗羲等历代学者治《尚书》的历史过程及阎若璩《尚书古文疏证》的成书过程。阎若璩的《尚书古文疏证》共八卷，列一百二十八条，今存九十九条。其学术成就表现在以下几点：第一，疑《古文尚书》之来源；第二，今传《古文尚书》的篇名与篇数均不相合；第三，从内容上比较《古文尚书》与《今文尚书》自相矛盾之处。

《尚书古文疏证》的考辨过程，可分为如下三步：第一步，根据《汉书》《后汉书》的记载，通过比较篇数、篇名、源流、文字异同等问题，将汉代《古文尚书》和梅献《古文尚书》区分开来；第二步，根据《左传》《礼

① 阎若璩撰：《尚书古文疏证附古文尚书冤词》，上海古籍出版社2010年版，前言。

记》《史记》等先秦、西汉文献记载，论证梅献《古文尚书》并不是出自孔壁；第三步，从文辞、体例、天文地理、典章制度等方面论证梅献《古文尚书》二十五篇为伪作。阎若璩《尚书古文疏证》的编辑思想集中体现在如下几点。

(一)确立“根柢—枝节”的逻辑结构

作为“六经”之一，《尚书》曾长期受到尊崇。南宋以来，人们才开始有所怀疑。历代学者对《尚书》的考辨原则和方法是不断变化的，体现出价值观念方面的变迁。历代学者共同关注的考察点是《尚书》的源流问题。阎若璩确立了“根柢—枝节”的逻辑结构，他认为：“天下事由根柢而之枝节也易，由枝节而返根柢也难……予之辨伪古文，吃紧在孔壁原有真古文……《大禹谟》《五子之歌》等二十五篇，则晚出魏晋间假托安国之名者，此根柢也。得此根柢在手，然后以攻二十五篇，其文理之疏脱，依傍之分明，节节皆迎刃而解矣。”①根据这一逻辑结构，《疏证》可分为五类内容：第一，泛论汉代《古文尚书》篇目及流传过程者；第二，考辨《古文尚书》文本者；第三，考辨孔《传》、大小《序》者；第四，历代学人疑古文经者；第五，与考辨《古文尚书》关系不大或无关者。其中，第一类属于阎氏“根柢”建立的范畴，其余四类属于由“根柢”而向“枝节”发散开来考证的范畴。② 阎氏提出由“根柢”到“枝节”的逻辑结构，其“根柢”是首先认定《舜典》等二十四篇为汉代孔壁所出真古文，《大禹谟》等二十五篇为魏晋间假托孔安国之名的伪古文；其“枝节”是运用各种历史文献疏证梅献《书》文理疏脱、依傍分明的伪迹。其论证逻辑是，先设一假说，然后以材料疏通证明之。

阎若璩从《尚书》篇目、卷次入手，参以史、传、诸子，征信汉儒注说，借鉴其他学者意见，系统辨伪梅献《书》。他的考辨原则体现为如下四点。

第一，以史料的相互佐证为重要判断标准。阎若璩认为，亲眼所见比传闻所得的材料更可信任。阎若璩认定，孔壁原有真古文，太史公曾亲向孔安国“问故”并录于《史记》，刘向、刘歆父子，班固也曾在校理秘书时而亲见之，此事又载于《汉书》，他们皆以古文比今文多“十六篇”，这些

① 阎若璩：《尚书古文疏证》卷八，上海古籍出版社 1987 年版，第 1118~1119 页。

② 关于《疏证》内容、方法分类的不同意见，可参刘起釪：《尚书学史》(订补本)，中华书局 2017 年版，第 358~362 页。

材料的相互佐证使得可信度得到保障；而王充"《尚书》百篇"说得于传闻，是不足为信的。这一考辨原则体现出崇信汉儒、重亲见轻传闻的思想观念。

第二，重两汉之说轻晋唐之闻。阎若璩认为，资料出现时代在前者比在后者可信度更高。《疏证》明显体现出轻视晋唐经说而重视两汉记载的倾向。例如，孔颖达《正义》引皇甫谧、王肃之说证明梅献《书》为真，而阎若璩则用两汉材料彻底否定了孔颖达的意见。梁启超曾说，清代学者"必求征信于两汉"的观念自阎若璩、胡渭开启先河，他们是"清学正派之初祖"。

第三，尊重权威作者的论说。阎若璩认为，权威作者比非权威作者的论说可信度更高。如阎氏认为，孔安国传《泰誓》说商之才不如周，而他注《论语》又以周之才不如商，是互相矛盾的，不足为信。由此，阎氏指责晚出《泰誓》存在文句袭用、文体伪谬、地名讹误、刑制不合等现象。阎氏主张多以汉儒的论说作为证据，体现出作者权威性的考辨原则。

第四，记述一致的材料价值更高。阎氏认为，相同或相近时代，不同材料记述一致者可信度更高。如关于伏生传《今文尚书》的篇数，《史记·儒林传》《汉书·儒林传》《汉书·艺文志》等皆著录为二十九篇，《汉书·楚元王传》注引薛瓒、《隋书·经籍志》则称二十八篇，阎氏取前说。①

（二）"实证"与"虚会"互证的辨伪方法

在阎氏看来，考证的"指要"即在于"以虚证实，以实证虚"。② 所谓"实证"，就是以书证书，根据历史记载或具体证据进行考证。所谓"虚会"，则是运用已有的经验知识进行逻辑判断，如《疏证》关于古文文体、辞制等的论证。

阎若璩考证经文的重点在二十五篇，但各篇考证篇幅不等，详者洋洋数条，疏者三言两语。阎氏考证的内容主要涉及书的外部形式——书名、作者名、卷数、篇名，有书的文字结构——文字音训、语法、书写习惯、语言风格等，有书的内容——包括各种社会现象、自然现象，有该书自身的流传过程。

实证方法主要包括引书对比、训诂考证、史实考证、典制考证等。他

① 李燕：《阎若璩与清代学术范式的确立——以〈尚书古文疏证〉为中心的考察》，载《学术界》2013 年第 9 期。

② 阎若璩：《尚书古文疏证》卷八，上海古籍出版社 1987 年版，第 1185 页。

采用的考证工具有确实可信的古籍，也有前人和当代人研究《尚书》的成果。他运用的考证手法有直接证明和间接证明两种。例如，《疏证》第十五、十六条指出，《左传》《国语》《礼记》所引逸《书》文句皆出现在梅献《古文尚书》二十五篇中，《咸有一德》篇更被误析为二，说明梅献《古文尚书》袭用了他书引《书》文句。训诂考证法主要以训诂音韵辨伪梅献《古文尚书》，如《疏证》第五、六条称，《尔雅》《孟子》注释"郁陶"为"喜"，而古文《五子之歌》解为"忧"，可见其伪。

阎氏《尚书古文疏证》是借朱子之说触类引申，创立了一种新的学术范式。这种博古实证的做法较之宋儒以"四书"通"五经"的思路，将还原经典本义的研究旨趣与辨别真伪的考证方法相结合，开启了清初的经书疑辨思潮。阎氏《尚书古文疏证》在辨伪的价值观念下重新梳理排比史料，创造性地突破前人的考辨方法、原则，堪称经书辨伪的典范之作。清代学者很重视阎若璩的学术成就，《四库全书总目》称他"自顾炎武以外，罕能与之抗衡者"。近代学者梁启超称他为清代考据学启蒙运动的代表人物。此后惠栋、程廷祚、丁晏等一批学者，深受《尚书古文疏证》的影响，在《尚书》研究方面取得了巨大的成就。

第七节 《古文尚书考》

《古文尚书》及《孔传》的辨伪工作，自送宋吴棫、朱熹等人怀疑，明代梅鷟运用搜集证据的方法加以考辨，到清初阎若璩以仔细周详的繁征博引，已有百余条证据证明其自东晋流传下来，被认为是正宗的《古文尚书》及孔安国的《传》均为伪作。

继梅鷟《尚书考异》及阎若璩《尚书古文疏证》之后，《古文尚书考》是关于《古文尚书》辨伪的重要著作，二卷。清惠栋撰。惠栋(1697—1758)，字定宇，号松崖，人称"小红豆先生"，江苏吴县(后改隶元和籍，今江苏苏州)人。惠栋出生在一个家学渊源深厚的官宦之家，曾祖惠有声是明末秀才，祖父惠周惕、父亲惠士奇是康熙年间的进士，两人都是有名的学者，著述颇丰。惠氏以经学著称，惠栋继承家学传统，顺应学术流变，为日后的学术成就打下了坚实的基础。

一、惠栋辨伪《古文尚书》的成就

《尚书》早在汉代已有今、古文之争，东晋梅赜献《古文尚书》，唐陆德明据以著《经典释文》，孔颖达据以作《正义》，完全确立了梅氏《尚书》的经典地位。对于梅氏《尚书》的经典地位，吴棫、朱熹、吴澄等学者怀疑过，但从未形成气候。清代学者阎若璩运用“实证”与“虚会”互证的辨伪方法，从书的外部形式、文字结构、书的内容、流传过程等方面广征博引，进行了严密的论证，逐一揭露其来源。继阎若璩的《古文尚书疏证》后，惠栋、戴震、程廷祚等一批学人著书立说，拥护此说。其中惠栋的著作《古文尚书考》《尚书古义》影响深远。

惠栋考证出郑玄所著《尚书》二十四篇非张霸伪造，是可信之真古文，而今世通行本《古文尚书》乃梅赜之书，非孔壁中之书也。惠栋考证的内容主要包括：第一，比较汉《古文尚书》五十八篇篇目及郑玄所述《古文逸书》二十四篇篇目，并参照《汉书·艺文志》等材料，指出汉《古文尚书》与梅本之不同；第二，辨证孔颖达《正义》所述之误，共四条，引《古文逸书》句之可信者，共九条；第三，指出梅本所增加的二十五篇中的某些谬误，共十五条；第四，参考阎若璩《尚书古文疏证》的部分内容，将伪《书》按篇逐句指出其抄袭的出处，以补阎氏之不足。其中，第四部分是全书的重点。

《古文尚书考》尊崇汉儒，求文献本真之法，对清儒影响极大。书中所列条目，全部有确凿的事实材料来源。除此之外，惠栋在辨梅氏书之谬时，也很重视吸收同时代学者的成果。钱大昕为惠氏写的《古文尚书考序》中说：“今士大夫多尊崇汉学，实出先生绪论……予弱冠时，谒先生于泮环巷宅，与论《易》义，更仆不倦，盖谬以予为可道古者，忽忽四十余年，楹书犹在，而典型日远，缀名简末，感慨系之。”①

二、惠栋宗汉复古的学术主张

晚明以来，社会矛盾日益尖锐，理学的积弊与王学的空疏逐步引发了社会对宋明学术的批判和反省。明王朝的覆灭使得知识界加速了思想变革的步伐。明末清初之际，学人开始呼唤新的理论体系，一种汉代经学复归的学术风气渐渐形成，惠栋是典型的代表人物。

惠栋指出两汉经学在学术史上所起的重要作用，并且对魏晋以后的学术提出了批评，认为正是魏晋学者对两汉经说的曲解和篡改，才造成经学中圣人真意的丧失和思想界的混乱。对汉儒经说的重视与推崇构成了惠栋学术思想的根本与核心。

---

① 陈文和主编：《嘉定钱大昕全集》第9册增订本，凤凰出版社2016年版，第358页。

在汉代经学史中，今文经学以阐发经书微言大义为主旨，在西汉经学中占主导地位；古文经学以文字、音训解释经书本意为目的，在东汉中后期经学中居于优势地位。惠栋并没有将今、古文经学视为对立学派区别待之；相反，在他的学术思想以及学术活动中不时体现出今、古文经学派的不同特色。

在经书文本的选择和注经方法上，惠栋承袭古文经学派的传统；而在经学思想上，惠栋独到的治学目的则多少表现了今文经学派的色彩。

《古文尚书考》受《尚书古文疏证》影响深远，二者关系十分密切。尤其是《古文尚书考》的成书，使得“伪《古文》案”彻底成为定论。在《古文尚书考》上卷中，惠栋选录《疏证》内容十二条，以《疏证》为依托撰写了《古文尚书考》，明晰了伪《书》的形成方式与传播轨迹，补正了《疏证》的疏漏之处，借此表达自己的学术观点和治学态度。

《古文尚书考》上卷中亦多处显示出惠栋复兴汉学的旨趣。如在《郑氏述古逸〈书〉二十四篇》条中，惠栋言：“岂有识古如刘子骏，笃学如郑康成，以民间伪《书》信为壁中逸典者耶？”①惠栋认为，汉儒刘歆、郑玄等人学识高超，不会任由张霸所献的低劣伪《书》行于汉代，由此力证张霸所献伪《书》非后来盛行的伪《古文尚书》。虽然这种说法仅仅是一个推论，但可以从侧面反映出惠栋对郑玄等汉儒服膺程度之高。在《证孔氏逸〈书〉九条》后，惠栋说“孔冲远必欲黜郑扶梅，使梅氏伪《书》得以行世”②，则将伪《古文尚书》能为后世接受的责任归咎于孔颖达废郑玄言而提倡梅赜《书》。同时，惠栋以阎若璩之说来加以佐证，惠栋摘《尚书古文疏证》第三条语：“郑所注古文篇数，上与马融合，又上与贾逵合，又上与刘歆合。”③凭借阎若璩“郑玄之说与马融、贾逵、刘歆等人相附和”的论断，以此认定郑玄注《尚书》篇数的合法性。

三、以文字、训诂为治经之主张

以“六经注我”为宗旨的宋学，在几百年间构建了庞大的哲学思辨体系，但这种妄谈理论的空疏学风，最终导致了其理论生命的枯竭。明末，很多学者主张“经世致用”，从文献本身入手解释经典，务求对于现实有用；清初，学者重文字、音训的实证学风，惠栋的治学主张正是这一学术

---

① 《古文尚书考》，见《续修四库全书》第44册，上海古籍出版社2002年版，第59页。
② 《古文尚书考》，见《续修四库全书》第44册，上海古籍出版社2002年版，第61页。
③ 《古文尚书考》，见《续修四库全书》第44册，上海古籍出版社2002年版，第68页。

流变的重要体现。

惠栋一生著述极其丰富，在其三十三种撰述及批校的著作中，他对古代经史子集的大量著作，从文字训诂上进行了新的整理、爬梳和注释，发掘了一些亡佚的古义，纠正了前人的错误，提出了新的见解。惠栋将伪《书》二十五篇中袭用旧典的文句大多找到了出处，并进行罗列，使梅本古文之伪彻底定案。此外，惠栋对个别用字进行了考据的工作。如今本《尚书·舜典》有"分北三苗"一句。"北"字一般都作"背"解，即令三苗分背而去。但惠栋注意到这个问题，这句话中，"分"已是动词，再把"北"释为动词，似有不妥，他提出"北"应作"别"。"分别三苗"就是把三苗与中原民族分开。① 总而言之，惠氏继承了顾炎武以来的传统，治经从研究古文字入手，重视声音训话，以求经书的真意。

第八节 《尚书今古文注疏》

儒家经典是中国封建社会的核心学问，清代是中国经学学术史的高峰。清代的《尚书》研究，至阎若璩、惠栋时，已基本辨明了梅本之伪，虽然仍有一部分学人，如毛奇龄等反对阎说，但所谓《古文尚书》被判定为"伪古文"，孔安国《传》被判为"伪孔传"，基本已得到学界的认同。伪《古文尚书》二十五篇被推翻后，许多学者把研究的注意力放到了保存在梅本中的今文部分。先是吴派学者江声撰《尚书集注音疏》，后又王鸣胜撰《尚书后案》。其后，皖派学者段玉裁《古文尚书撰异》及王念孙父子《读书杂志》《经义述闻》等书，以文字训诂之学解决经传语义问题，将《尚书》研究推向了新的水平。孙星衍也是一位吴派学者，他在上述学者的研究基础之上，撰成了《尚书今古文注疏》。

孙星衍(1753—1818)，字渊如，阳湖(今江苏武进)人，乾隆五十二年进士，由翰林院编修官至山东督粮道，又曾主讲杭州诂经精舍和江宁钟山书院。勤于著述，在经学、史学、音韵学、训诂学、金石学等方面都有很深的造诣，是当时十分受人尊崇的一位学者，传世著作有近二十种，其中以《尚书今古文注疏》一书最负盛名。

---

① 尹彤云：《惠栋学术思想研究》，载《清史研究》1999年第5期。

一、《尚书今古文注疏》的编辑特色

孙星衍的《尚书今古文注疏》是一部《尚书》研究的总结性著作，以博稽慎择、不逞私臆著称。皮锡瑞论清代《尚书》注疏各家优劣，对孙书评价尤高：“孙星衍《尚书今古文注疏》，于今古说搜罗略备，分析亦明。”①《尚书今古文注疏》是一部《尚书》注释文献汇编。书中多采用清人王鸣盛、江声、段玉裁、王念孙父子诸儒之尚书说，合其所长，削繁增简，使《尚书》今古文注疏趋于守善。其注疏完备程度远远超过王鸣盛、江声、段玉裁等人的今古文《尚书》注释。

据《尚书今古文注疏》序云：

《书》有孔氏颖达《正义》，又复作《疏》者。以孔氏用梅赜《书》杂于廿九篇，析乱《书序》，以冠各篇之首，又作《伪传》而舍古说。钦奉高宗纯皇帝鉴定四库书，采梅鷟、阎若璩之议，以梅氏《书》为非真古文，则《书疏》不能已于复作也。

兼疏今古文者，仿《诗疏》之例，毛、郑异义，各如其说以疏之。史迁所说，则孔安国故；《书大传》，则夏侯、欧阳说；马、郑《注》，则本卫宏、贾逵孔壁古文说；各有师法，不可遗也。今古文说之不能合一，犹三家《诗》及三传，难以折衷，即《郑注三礼》亦引今古文异字及郑司农、杜子春说。至晋以后，乃用李斯“别黑白而定一尊”之学，独申己见，自杜预之注《左传》、王弼之注《易》，郭璞之注《尔雅》滥觞也。

《经》二十九篇并《序》为卅卷者，伏生出自壁藏，授之晁错，教于齐鲁，立于学官。大、小夏侯、欧阳为之句解，传述有本。后人疑为口授经文说为略以其意属读者，误也。孔壁所出《古文》献自安国，汉人谓之“逸十六篇”。后汉卫宏、杜林、贾逵、许氏慎等皆为其学，未有注释。而经文并亡于晋永嘉之代，不可复见也。《书大传》：“孔子谓颜渊曰：《尧典》可以观美，《禹贡》可以观事，《咎繇谟》可以观治，《鸿范》可以观度，六《誓》可以观义，五《诰》可以观仁，《甫刑》可以观诫。”凡此七观之书，皆在廿九篇中，故汉儒以《尚书》为备。又以为法斗七宿，四七二十八宿，其一斗也。又云：孔子更选二十九篇，二十九篇独有法也。寻此诸说，即非正论，可证汉儒之笃守廿九

① 陈乔纵：《今文尚书经说考》，中华书局2008年版，第103页。

篇无异辞也。廿九篇析为三十四篇者，伏、郑本分合之不同。《大誓》后得，然见于《史记》《书大传》，似止上、下二篇，至唐以后并失之。其辞见于传记，犹可征也。《书大传》存本，亦为后人删节，马、郑《注》至宋散佚，王应麟及近代诸儒或从书传辑存之，故可附《经》而为之《疏》也。

文有今古文之分者，孔壁《书》，科斗文字，安国以今文读之。盖秦以来，改篆为隶，或以今文写《书》，安国据以读古文，其字则异，其辞不异也。司马氏用安国故，夏侯、欧阳用伏生说，马、郑用卫、贾说，其说与文字虽异，而经文不异也。①

由序可见，《尚书今古文注疏》兼采汉魏至隋唐以及诸家之说写成，顺带对清代学者的《尚书》研究作了简要评价。该书经文用孔颖达《尚书注疏》所载为底本，校以唐《开成石经》，注明文字异同。其“注”主要收集司马迁、《尚书大传》、夏侯氏、欧阳氏、马融、郑玄等对经文的训释，并校对文字。其“疏”则指明注文出处，并广引群书对经文及注进行解释。孙星衍此书自乾隆五十九年(1794 年)动笔，到嘉庆二十年(1815 年)完成，用二十余年时间搜集资料并撰写而成，就其写作缘起和规模而言，可谓当时《尚书》的总结性著作。

二、《尚书今古文注疏》的编撰体例、原则

孙星衍是乾嘉时期一位著名的考据学者，重视文字音韵训诂，他认为，圣人用以阐发“道”的，是语言，是句、词、字，是“器”。而只有从根本上掌握了“器”，理解了经的文本含义，才能进而把握圣人之“道”，也就是因器及道，“通经本务”。《尚书今古文注疏》中“注”和“疏”的内容充分体现了孙星衍“道不离器，下学上达”的治学主张。

《尚书今古文注疏》不仅是孙星衍的代表作，也是乾嘉学派的代表作，因为这部书典型地体现了乾嘉学派的治学倾向、治学精神、治学方法，代表了乾嘉学派尚书学研究的最高水平。《尚书今古文注疏》的编撰体例、原则、方法充分体现了乾嘉学派的学术特点及学术取向。

1.《尚书今古文注疏》的编撰体例

《尚书今古文注疏》是标准的疏体。疏体的基本原则是随注作疏、疏不破注。在注疏体例上，孙星衍采用了江声、王鸣盛自注自疏的做法。之

---

① 王津达主编:《清代经部序跋选》，天津古籍出版社 1991 年版，第 72~74 页。

所以采取这种方法，与《尚书》自身的特殊性密切相关。孙星衍要重新注疏《尚书》，情况不同于他经。历经今古文之争及明清时期的辨伪，唐代以来流行的东晋梅赜所献《尚书》已被证明是伪古文，孔安国《传》也是假的，不能拿来作注；而汉代伏生、马融、郑玄等人所作之注早已亡佚。在这种情况下，要想重新疏解《尚书》，就需要先做辑注的工作，否则疏便失去了依托。因此，孙星衍沿用江声、王鸣盛自注自疏的体例，是基于《尚书》古注亡佚的基本事实做出的必然选择。为《尚书》做新疏，既是对注释能力的考验，也是对旧说搜集、选择、重组的编辑能力的挑战。

2.《尚书今古文注疏》的编辑原则

孙星衍的注疏原则主要有三：一是兼疏今古文；二是注取五家三科之说，握弃伪孔传；三是疏以唐前故训及时人之说为主，不取宋人之论。

(1)兼疏今古文

孙星衍对《尚书》今古文的看法立足于文字之异与经说之异两个层面。其于《尚书今古文注疏序》中指出："文有今古之分者，孔壁《书》科斗文字，安国以今文读之。盖秦已来改篆为隶，或以今文写《书》，安国据以读古文，其字则异，其辞不异也。司马氏用安国故，夏侯、欧阳用伏生说，马、郑用卫、贾说，其说与文字虽异，而经文不异也。"鉴于今古文文字不同、经说有异，孙星衍仿效孔颖达疏解《诗经》兼取毛传郑笺的做法，对今古文经说分别疏释："兼疏今古文者，放《诗》疏之例，毛、郑异义，各如其说以疏之。"他认为，两汉《尚书》注家学出多师，观点不同，应各遵其说而非折衷合一："史迁所说则孔安国故，《书大传》则夏侯、欧阳说，马、郑注则本卫宏、贾逵孔壁古文说，皆有师法，不可遗也。今古文说之不能合一，犹三家《诗》及三《传》难以折衷。"既然今古文不能合一，那么，厘清今古文、各还其是、分别疏释就成了孙星衍的任务。

(2)注取"五家三科"

孙星衍主要通过对两汉注家的划分来分别今古文。他将两汉《尚书》主要注家厘为"五家三科"："三科"指的是古文说、今文说、孔壁古文说，"五家"指的是司马迁、欧阳氏、大小夏侯氏、马融、郑玄。"五家三科"即孔安国、司马迁的古文说，伏生、欧阳及大小夏侯的今文说，卫宏、贾圭、马融、郑玄的孔壁古文说。

孙星衍在今古文的划分上做出了前所未有的贡献，但也存在偏颇，主要表现在对司马迁说的认识上。孙星衍鉴于《汉书·儒林传》的记载，遂将《史记》所传《书》义皆看作古文说。而学界的基本看法是《史记》所载《尧典》《禹贡》《洪范》《微子》《金縢》诸篇，多古文说，其他则多今文说，即司马迁兼用今古文，而以今文为主。孙星衍将司马迁说认定为古文，显然是不合适的。

孙星衍于注文中多标史迁曰，《大传》说，马融曰，郑康成曰，欧阳、夏侯说等，只要明其“五家三科”之旨，了解了《史记》多为今文说，则今古文说界限自明。孙星衍通过“五家三科”将汉代今古文予以厘分，虽然在《史记》的认识上尚存误区，在今古文的别择上也还不够完善，但他在这一领域做出的开拓性贡献在尚书学史上具有重要意义。①

(3)疏取汉魏故训与时近人说，不取伪孔及宋儒说

孙星衍在注取“五家三科”说的原则下，效仿孔颖达《尚书正义》的做法，广采众家，不专出己意。他对疏的取材范围做出了明确规定，主要包括：

第一，疏取先秦诸子、汉魏隋唐诸儒说之涉《书》义者。孙星衍将“五家三科”之说确立为注文，将此外的先秦诸子之说、汉唐故训涉及《尚书》的作为疏文，用以释注。他在《尚书今古文注疏凡例》中对此有明确阐释：“其先秦诸子所引古《书》说，及纬书、《白虎通》等汉魏诸儒今文说，许氏《说文》所载孔壁古文，注中存其异文异字，其说则附疏中。《大传》于章句之外，别撰大义，故择取其文，不能全录。”②又在《序》中说：“孔氏之为《书正义》，《序》云据蔡大宝、巢猗、费甝、顾彪、刘焯、刘炫等。又云：‘览古人之传记，质近代之异同，存其是而去其非，削其烦而增其简。’是孔氏之疏不专出于己。今依其例，遍采古人传记之涉《书》义者，自汉魏迄于隋唐。”③经孙星衍网罗，汉魏故训之精华在该书中得到了基本体现。

第二，不取伪孔传及宋儒之说。孙星衍之前的江声、王鸣盛虽以疏通马融、郑玄为主，但都没有彻底屏弃伪孔传，尤其是王鸣盛。王氏认为，孔传虽伪，但所取故训不可全废，故择善采之。

孙星衍重新注疏《尚书》，旨在彻底刨除伪古文及伪孔传，因此不取伪孔传是他的基本原则，表现了他与伪孔传彻底决裂的决绝态度。偶有涉及伪孔传者，也仅作为批判的靶子，而非正面吸纳。如于《汤誓》解题指出伪孔篇目分合之误：“《汤誓》者，告民伐桀之词。百篇之《书》，《汤誓》前有《帝告》《厘沃》《汤征》《汝鸠汝方》《夏社》《疑至》《臣扈》等共七

---

① 焦桂美：《孙星衍研究》，上海古籍出版社 2017 年版，第 210 页。
② 孙星衍：《尚书今古文注疏·凡例》，中华书局 2004 年版，第 1 页。
③ 孙星衍：《尚书今古文注疏·序》，中华书局 2004 年版，第 2 页。

篇。《伪传》误以《汝鸠汝方》一篇为二，失之。”①于《书序》：“伊尹作《咸有一德》”指出：“《尧典疏》云：‘孔以《咸有一德》次《太甲》后，第四十。郑以为在《汤告》后，第三十二。’案：《殷本纪》亦在《汤告》后，《伪传》系之太甲时，误也。”

孙星衍重视唐前故训，不取宋儒之说，表现了比较鲜明的崇汉抑宋倾向。他认为，汉魏故训皆得孔门之传，学有渊源，守师法、家法，六朝唐人疏义继承了汉魏传统，守之不失。他对朱嘉以孔孟之后道统既绝，至程颐、程颐始绍承之的观点极为不满。在《尚书今古文注疏序》中，孙星衍表明了握弃宋人说的原因：“不取宋已来诸人注者，以其时文籍散亡，较今代无异闻，又无师传，恐滋臆说也。”②孙星衍伸汉抑宋的治学态度并非个人行为，而是乾嘉学派一般倾向的具体体现。

第三，取时近人说。孙星衍本着“质近代之异同”的原则，对时人之作择善而从，多所采题：“又采近代王光禄鸣盛、江征君声、段大令玉裁诸君《书》说，皆有古书证据，而王氏念孙父子尤精训诂。”③“及惠氏栋、宋氏鉴、唐氏焕，俱能辨证《伪传》。庄进士述祖、毕孝廉以田，解经又多有心得。合其所长，亦孔氏云‘质近代之异同，存其是而削烦增简’者也。”④由上论可知，孙星衍选择采用时人之说非常谨慎，绝不凭一己好恶主观臆断。就其所引汉魏故训与时人近说的比例来看，仍以前者为主。其于《凡例》明言：“此书之作，意在网罗放失旧闻，故录汉魏人秩说为多。”⑤

三、《尚书今古文注疏》的编辑方法

清代是经学的集大成时期，皮锡瑞称之为“经学复兴时代”。研究发现，清儒的经学成就并非一味依靠创立新说，清儒解经的特点主要有四：搜集旧说、选择旧说、突破旧说、重组旧说。在此仅以孙星衍《尚书今古文注疏》为例，通过对其编辑方法的探讨，力求对乾嘉学派的治经方法做些总结。

1. 搜集旧说

至孙星衍治《尚书》时，搜集旧说是注新疏的前提与基础，因此搜集

---

① 孙星衍：《尚书今古文注疏》，中华书局 2004 年版，第 215 页。
② 孙星衍：《尚书今古文注疏・序》，中华书局 2004 年版，第 2 页。
③ 孙星衍：《尚书今古文注疏・序》，中华书局 2004 年版，第 2~3 页。
④ 孙星衍：《尚书今古文注疏・序》，中华书局 2004 年版，第 3 页。
⑤ 孙星衍：《尚书今古文注疏・凡例》，中华书局 2004 年版，第 1 页。

旧说的能力成为决定新疏水平高下的重要因素。对《尚书》来说，搜集旧说依靠辑佚，即对相关材料的全面钩稽。孙星衍将搜辑故训的范围扩大到乾嘉之前的学者较少涉足的一些文献，如石经、类书、古注，以及包含丰富的小学材料等领域，非常注重宋元版书的开发与利用，并获得了一些新的突破。除此之外，孙星衍重视校勘经文的同时，也不忽视对注文的校勘；校勘的广泛应用，辑佚范围的极大拓展，给孙星衍带来了观点、认识上的新创获。

2. 选择旧说

孙星衍不仅全面搜集旧说，而且对旧说进行了极为审慎的选择，对故训的处理主要采用以下方法。

①全面展现汉魏旧说。以对《尧典》“斑璃玉衡”的诠释为例，孙星衍在广泛搜集汉魏旧说的基础上，将汉人观点归结为二：一是以伏生、司马迁等为代表的星象说；二是以孔安国、马融、郑玄等为代表的天文仪器说。这两种说法汉代均已出现。因此，观孙氏一家之说可明历代诸家之论。

②刨除自己不认同的汉魏故训。孙星衍对自己不认同的汉魏故训一一加以刨除，比如历代对《尧典》“象以典刑”的阐释，主要有两种观点：伏生的画象示辱说；马融、郑玄主张的五种常刑说。经过审慎选择，孙星衍仅保留了伏生之说，并予疏释。

③全面呈现基础上，注重观点表达。孙星衍对故训力求客观全面地展现，一般不掺杂自己的观点。但也有些条目，孙星衍在全面列举了前人观点的同时，也表达了自己的认同和肯定。例如，孙星衍将《尧典》“斑璃玉衡”星象说和天文仪器说均予梳理、注疏，但他同时也表明了自己对天象说的认同与肯定，并为之补充证据，使这一观点更加具有说服力。

④择善而从之。汉魏故训中存在的错误说法，孙星衍不迷信、不盲从，本着求是、择善的原则指出并纠正。比如《尧典》下“五刑有服，五服三就”，其中“三就”，马融注：“谓大罪陈诸原野，次罪于市朝，同族适甸师氏。”郑玄注：“原野也、市朝也、甸师氏也。”马、郑皆以“市朝”为一，孙星衍认为：“马、郑注‘三就’……以市朝为一，增出甸师氏，盖以周法言之，不如韦注之当也。”[①]韦昭将“三就”释为“野、朝、市”，以市、朝为二的观点，孙星衍认为更为合理。

由以上可以看出，孙星衍凭借着求是的精神、深厚的功力、精心的别

① 孙星衍：《尚书今古文注疏》，中华书局2004年版，第65页。

择，在一些历代有争议的问题上做出了正确的判断，其说多为后人认同并沿用。

3. 突破旧说

《尚书》经历代阐释，创新与突破的空间已经很小，但孙星衍在全面汇辑汉儒旧说的基础上，通过对旧说及时人近说的审慎选择，加以精心校勘，凭借其在文字音训方面的深厚学养，使得《尚书今古文注疏》在经义阐释、文字训诂、今古文的别择等方面，都取得了新的突破。例如，《尚书》中的一些历史人物因时代渺远，行迹已很难查考，为注释经书带来了困难。孙星衍广搜文献，努力弥补此前之阙，他的阐释有不少为后人继承。如《君奭》“亦惟有若引叔，有若闪夭，有若散宜生，有若泰颠，有若南宫括”，孙星衍利用《左传》僖公五年传、《国语·晋语》《汉书·地理志》等文献记载，对虢叔的出身、职位、地位、封地及其消亡等进行疏释：“虢叔者，《春秋》《左氏》僖五年传云：‘虢仲、虢叔，王季之穆也。为文王卿士，勋在王室。’《晋语》云：‘文王在傅弗勤，处师弗烦，敬友二虢。其即位也，咨于二虢，度于闳夭，谋于南宫。’”①刘起釪《尚书校释译论》释引《书》全用孙说。

4. 重组旧说

旧说经孙星衍搜集、筛选之后，需要重组。经过重组，使内在的逻辑关系更加明朗，这是清儒解经方法上的进步。梁启超曾经对江声、王鸣盛、孙星衍三书进行比较，认为孙书最优：“孙渊如算是三家之冠了。他的体例，是‘自为注而自疏之’。注文简括明显，疏文才加详，疏出注文来历，加以引申，就组织上论，已经壁垒森严……这是渊如极精慎的地方，所以优于两家。”②由此可见，梁启超表彰孙书主要因其注文简明，疏文翔实，内部组织缜密。其中，内部组织壁垒森严说的正是孙星衍重组旧说的杰出能力。

---

① 孙星衍：《尚书今古文注疏》，中华书局2004年版，第452页。

② 梁启超：《中国近三百年学术史》“十三清代学者整理旧学之总成绩(一)”，商务印书馆2011年版，第169页。

第三章 《诗经》要籍编辑思想

《诗经》作为我国现存第一部诗歌总集，是我国古典文学的源头，也是世界文学宝库中一颗夺目的珍珠。同时，它还作为儒家经典著作，居于经部诸要籍之首，为历代学子尊奉。几千年来，《诗经》于诸经之中以最为亲近与直白的方式，融入中华儿女的血脉，见证并参与了中华民族性格的塑造、精神的洗礼、行为的规范和审美的追求，对整个民族的思想文化乃至历史进程都产生了深远影响。

从古至今，关于《诗经》的研究成果蔚为大观，“有阐述诗旨的，有发抒义理的，有研究训诂的，有校订文字的，有剖析音韵的，有考察名物的，有探讨山川地理的，有讨论典章制度的。有的概论全书，有的分别论述各类专题”①，还有专门针对《诗经》研究史撰写的专著。其中有些研究成果，由于研究者的声望和成果本身的价值，与元典《诗经》一道成为世人传颂的经典。

第一节 《诗三百》

今天我们看到的《诗经》是经过后人再编辑加工而成的，这一点早已成为定论。由于各种历史原因，当年孔子称为“诗三百”的那部作品早已亡佚。然而一代代的历史文化观察者和记录者，依然为我们留下了一些《诗三百》的珍贵史料，让我们今天探源《诗三百》编辑思想时有了重要的依凭。

一、《诗三百》是诗经要籍之宗

至今关于《诗经》许多内容的研究尚存在比较激烈的争论，更不用说

① 洪湛侯：《诗经学史 · 自序》，中华书局2002年版，第1页。

《诗三百》了。加之典籍本身无处可寻，这些问题的真实答案就更加扑朔迷离。正因为如此，研究《诗三百》并且追溯其中的编辑思想，就有了更大的思维空间和更为深远的意义。如果说《诗经》是诗经要籍这部大书光辉灿烂的第一章，那么《诗三百》就是开启思想的引子，是几千年来诗学源流的钻取人。

《诗三百》是一部非常典型的编辑作品，可是具体由谁编订却众说纷纭。司马迁在《史记》中明确说明："古者诗三千余篇，及至孔子，去其重，取可施于礼义……三百五篇孔子皆弦歌之。"①其认为《诗三百》是孔子编订的。因为《史记》成书较早，距孔子生活的年代比较近，后代许多学者对此坚信不疑。可这一观点并不能让所有人信服，并且与已经流传下来的先秦典籍有明显的抵牾之处。《左传·襄公二十九年》载："吴公子札来聘……请观于周乐。使工为之歌《周南》《召南》……"②这段话详细记载了季札观乐的顺序：《周南》《召南》《邶》《鄘》《卫》《王》《郑》《齐》《豳》《秦》《魏》《唐》《陈》《郐》及以下、《小雅》《大雅》《颂》。这个顺序和流传至今的《诗经》编次顺序极为相似。而且其中的每一首诗乐都存在后来的《诗经》之中，并没有被删掉。此时孔子只有几岁，断不会有编订《诗三百》的能力。此外，记录孔子言行的《论语》中共有许多地方提到《诗三百》或者《诗》，却没有关于孔子删《诗》的只言片语，倒是提及整理工作。从十取一，显然比单纯的调整更加困难。孔门弟子在记录老师言行的时候，没有道理避重就轻。这样一来，司马迁所谓的三千余篇古诗，不见于任何先秦或者与他同时的记载中，成为孤证。近代许多学者也对孔子删《诗》表示怀疑，并对《诗三百》成书于孔子之前给予了大胆的求证："孔子不止一次说过'诗三百'的话，可见他看到的是和现存《诗经》篇目大体相同的本子。"③由此可以推断，早在孔子看到《诗经》之前，其规模篇章已大致定型，这是经过长期流传整理所保留下来的成果，与孔子删诗是没有关系的。

虽然对《诗三百》的编者一直以来有争议，但各派都认定孔子参与了编辑整理工作。孔子本人也说："吾自卫反鲁，然后乐正，《雅》《颂》各得其所。"④这也可以很好地印证为什么在上文《左传》中记载的诗篇顺序和今本《诗经》不同：孔子在原来诗篇的基础上，按照雅、颂各自的定位做

---

① 司马迁：《史记》卷四十七《孔子世家》，中华书局 1959 年版，第 1936 页。
② 左丘明：《春秋左氏传》卷三十九《襄公二十九年》，凤凰出版社 2010 年版，第 552 页。
③ 游国恩等：《中国文学史》（修订本），人民文学出版社 1963 年版，第 32 页。
④ 杨伯峻译注：《论语译注》，中华书局 2006 年版，第 105 页。

了一些整理工作。他的工作是结构编排上的，不是内容的增删。这些工作进一步完善了《诗三百》，使之更接近今天的《诗经》，也更加具备流传的价值。

同时，孔子对《诗三百》的推崇也加大了其传播的范围和影响。我们甚至可以大胆假设：孔子对促进《诗三百》传播所起的作用要远远大过内容上的编辑。孔子对《诗三百》非常推崇。在他看来，“不学诗，无以言”①，“诗，可以兴，可以观，可以群，可以怨。迩之事父，远之事君；多识于鸟兽草木之名”②，作用非常大。他让自己的儿子和弟子都要学《诗》。

综合以上材料，笔者更倾向于《诗三百》在孔子之前已经广为流传，并且与今天的《诗经》非常接近。本文研究《诗经》要籍的编辑思想，自当从《诗三百》开始。

二、《诗三百》的编者

既然认定孔子并没有删《诗》，那么就必须要进一步考证《诗三百》的编辑到底是何人所为。因为“经过删改的东西，必然要带上删改者的主观意识和时代色彩”③。每一部选集作品都带有编者本人浓厚的个人意识。编者成书的年代、身份、目的等将在极大程度上决定其编辑的思想。

宋以前的学者认为，先秦时期诗与乐关系非常密切。南宋时期的程大昌、清初的顾炎武提出了质疑，但并不为大多数人认同。更多学者坚定地认为“诗皆入乐”。陈启源提出“诗篇皆乐章也”④。马瑞辰更是在《毛诗传笺通释》中以毋庸置疑的语气指出：“《诗》三百篇，未有不可入乐者！”并提出了让人难以辩驳的证据：“若非诗皆入乐，何以被之声歌，且协诸音律乎！”“若非诗皆入乐，则何以六诗皆以六律为音？又何以同是三百篇，而可诵者即可弦可歌可舞乎？……若非入乐，则十四国之诗不得统之以‘周乐’也。”⑤皮锡瑞、顾颉刚、张西堂等人也都持有相同的看法，并分别撰文予以佐证。既然《诗三百》被公认为是乐歌，那么编订它的人一定通晓声律。先秦时期，学术并未下移，能够有一定音乐修养并能将诗乐记录编排下来的人不多。《诗三百》的搜集、删订、编排都需要投入大量的

---

① 杨伯峻译注：《论语译注》，中华书局2006年版，第201页。
② 杨伯峻译注：《论语译注》，中华书局2006年版，第208页。
③ 郭沫若：《奴隶制时代》，人民出版社1954年版，第104页。
④ 陈启源：《毛诗稽古编》，见《中华再造善本》，国家图书出版社2009年版，第54页。
⑤ 马瑞辰、陈金生点校：《毛诗传笺通释》，中华书局1989年版，第1页。

人力、物力，在交通不便、乐器珍贵的春秋时期，要完成这样的工程非官方力量不能及。这样一来，乐官就成为《诗三百》最有可能的编者。

“春秋时的乐工就和后世阔人家的戏班子一样，老板叫作太师……各国使臣来往，宴会时都得奏乐唱歌。太师们不但得搜集本国乐歌，还得搜集别国乐歌……太师们保存下这些唱本儿，带着乐谱；唱词儿共有三百多篇，当时通称作‘诗三百’。”①这一观点是近代比较一致的看法，也非常符合先秦典籍中的一些记载和当时的情况。周太师既是各国乐官的上级，也是手下乐工的领导。《国语·鲁语下》记载：“正考父校商之名颂十二篇于周太师。”现存《诗经》中商颂正是以《那》为首，但只有五篇，还有七篇不知所踪。可能被《诗三百》的编订者删掉了，也可能被编订者或者孔子或者其后的《诗经》续编者挪到《颂》诗等别的地方去了。正考父是春秋时期宋国的大夫，博学多才，也与周太师一起校正诗乐。可见，各国乐官和各级乐工在诗歌的搜集和整理上付出了辛勤的劳动，但《诗三百》最后的编订整理者，最有可能就是周太师。

不过，周太师姓甚名谁，到底是指的一个人还是历任这个职位的人，史籍没有记载，本文也无法得出有力的证据，故此存疑。但可以肯定的是，周太师编订《诗三百》是代表官方的行为。知道了这一点，对我们接下来分析《诗三百》的编辑思想是有帮助的。

三、《诗三百》的编辑思想——思无邪

现存最早的评论《诗三百》的文字为《左传》中的季札观乐。季札在每篇诗乐结束后有针对性地发表言论。而最早对《诗三百》整体发表的看法，来自《论语》中对孔子言行的记载。“从现存的古代文献典籍考察，真正开始研究和评论《诗三百篇》的，孔子是我国历史上的第一人。”②对一部诗乐总集发表看法，其实就是对编辑工作的评论和编辑思想的提炼。所以，孔子是研究《诗三百》编辑思想第一人。自秦经汉，周太师编订的《诗三百》原本已经失传，具体包含哪些篇目、如何分类等都无从了解。因此，生活在《诗三百》广为流传年代的孔子，对《诗三百》的整体评价尤为珍贵。加上孔子本人的学识素养和编辑功力，他对《诗三百》的评论是我们研究其编辑思想的重要依凭。

《诗经·鲁颂·駉》云：“思无邪，思马斯徂。”孔子用这里面的三个字

---

① 朱自清：《经典常谈》，上海古籍出版社2005年版，第27页。

② 洪湛侯：《诗经学史》，中华书局2002年版，第66页。

来概括这样一部伟大的编辑作品："《诗》三百，一言以蔽之，曰'思无邪'。"①这种思路非常类似我们今天从作品的序跋、评议乃至正文中提炼出编辑思想的做法。"思无邪"正是孔子对《诗三百》编辑思想的提炼。不过，此时这三个字的含义与正文已经不一样了。"思"由没有任何含义的语音词引申为"思想"之意，"无邪"则意指思想纯正、单纯，意指《诗三百》是一部在思想上非常纯正自然的作品。这一编辑思想主要体现在以下几个方面。

1. 目的无邪：为贵族阶层服务

从孔子开始，《诗经》就被赋予了一定的教化功能。其后的孟子、荀子也沿袭了这一做法，"序《诗》《书》，述仲尼之意"②。《毛诗》的《大序》《小序》乃至后来的注疏都带有浓厚的诗教色彩，许多篇章的本意被严重附会曲解。到宋代，这些解释遭到质疑，兴起了诗学的革新。清代又兴起考据之风。虽然历代研究者都希望给出最正确的解释，但仍不可避免带有主观色彩的评断。那么，周太师编《诗经》到底目的何在呢？

我们首先可以明确两个基本事实。第一，周太师编《诗经》是为当权当政者服务的。周太师编《诗经》是官方行为，这在上文提到过。那么，在民众智识水平普遍低下的时代，他所服务的一定是上层社会，其中又以周王室为主。以太师在周代三公之首、辅弼国君的尊贵身份，与周天子接触频繁，君臣之间对编《诗》的用意早已达成一致。第二，诗乐兴盛能显示国家的风貌。季札观乐的记载就是很好的证明。季札是春秋时期吴国的贵族，吴王之弟。他奉命出访到鲁国就提出了观乐的要求。因为鲁国是周朝文物典章的正统，"周礼尽在鲁矣"③。季札凭借自己良好的素养，仅凭诗乐就能判断出其中包含的道德与政治取向。"季札在那里不仅仅是赞美周乐(包括周诗)，而是将它们与道德、政治联系起来看，从周乐中去观察君王的德行、政绩以及国家的命运。"④这与西晋杜预"听其声，然后依声以参时政，知其兴衰也"的观点是一致的。

因此，就先秦可据记载分析，《诗三百》编辑的目的是非常纯正的，就是用诗乐的形式服务于居庙堂之高的掌权者，让他们了解民风民情、兴衰得失。换言之，《诗三百》最初的用意是给春秋时期的统治阶层或者说贵族阶层使用的，具体的用途包括观时局，也包括记录诗乐用以享乐或者

① 杨伯峻译注：《论语译注》，中华书局2006年版，第12页。
② 司马迁：《史记》卷七十四《孟子荀卿列传》，中华书局1959年版，第2343页。
③ 左丘明：《春秋左氏传》卷四十二《鲁昭公二年》，凤凰出版社2010年版，第591页。
④ 屈小强：《〈诗经〉之谜》，四川教育出版社2001年版，第128页。

完成祭祀等仪典。从后来《诗三百》的流传情况看，也基本达到了当初的目的："这些诗篇在春秋时代已经在贵族社会广为流传，普遍应用在宗庙祭祀、朝会的各种典礼和贵族社交活动的各种礼仪之中；而且列国人士更进一步地把这些诗的言辞应用于社会生活和政治交往，作为一种特殊的通情达意的工具，用比喻或暗示的方法传达彼此的立场和意见。"①《左传》《国语》中有不少这样的记载。

我们还可以从经济的角度得出这样的结论。春秋时期书于竹帛、诗乐合一的年代要传习诗乐还需要乐器和懂乐器的人。多数研究者还认为"我国诗歌、音乐、舞蹈自古一体，自古一源"②，换言之，竹帛、乐器、乐工、舞者相结合才是完整的《诗三百》。这样的条件即便到今天也只有极少数人才拥有，何况春秋时期？平民百姓能获得一项都不可能，何谈去用《诗三百》教化他们呢？

孔子作为贵族阶层的代表之一，有习诗传诗的资格和能力，属于《诗三百》服务的对象。但他不是编者，至少不是他那个时代传习的《诗三百》的编者，只是使用者。所以，后世所附会的诗旨，实在与孔子本人没有太大关系。孔子站在贵族立场上所论的"思无邪"，相反更接近真正的诗旨。只是后人根据各自的需要将其复杂化了而已。

2. 选材无邪：忠于"美"。

《诗三百》篇目繁多，但也不足以涵盖春秋时期所有的诗歌。我们研究一下周太师删选之前的诗乐来自哪里就可以得出这个结论。

从现存的研究成果看，汉至唐代典籍多有"采诗"说。如班固"古有采诗之官，王者所以观风俗，知得失，自考正也"③。何休《春秋公羊传注疏》卷十六，宣王十五年云："男年六十，女年五十，无子者，官衣食之，使之民间采诗。乡移于邑，邑移于国，国以闻于天子。"不过这些都不是先秦典籍，后世许多人并不相信。先秦典籍中的记载多以"献诗"盛行。如《国语》载"故天子听政，使公卿至于列士献诗"，"于是乎使工诵谏于朝，在列者献诗"等。还有"作诗"说，即"《诗三百篇》，大抵圣贤发愤之所为作也"④。不过，这种说法可以分解归类到前两种去。因为诗本身都是创作的作品，可以到周太师手上的无非采诗和献诗两种途径。所以，今

---

① 中国诗经学会、《诗经要籍集成》编辑委员会：《诗经要籍提要》，学苑出版社 2003 年版，第 4 页。

② 屈小强：《〈诗经〉之谜》，四川教育出版社 2001 年版，第 127 页。

③ 班固：《汉书》卷三十《艺文志》，岳麓书社 1993 年版，第 679 页。

④ 司马迁：《史记》卷一百三十《太史公自述》，中华书局 1959 年版，第 3285 页。

人也多以这两种途径相结合为正统。游国恩："(《诗经》三百篇)不经过有意识、有目的的采集和整理……像《诗经》这样体系完整、内容丰富的诗歌总集的出现……恐怕是不可能的……至于雅诗和颂诗的大部分，可能是公卿列士所献的诗。"①这样看来，周太师搜集诗乐的途径还是非常多的。加之《诗三百》编订并非一夕之功，可能历经数年数代太师才终得其所。所以我们完全有理由相信，也许到周太师手上的诗乐数量上不及司马迁说的三千篇之多，但要编订为《诗三百》肯定是经过一番汰选的。这个选择的标准是什么，周太师没有只言片语的记录。

作为一部诗乐集，其汰选标准首先就应该考虑诗(内容)和乐(曲调)两项。从内容看，孔子说过："《诗》可以兴，可以观，可以群，可以怨；迩之事父，远之事君；多识于鸟兽草木之名。"②这是他所理解的《诗》的作用，即可以激发情志、观察社会、交往朋友、怨刺不平，可以侍奉父母君王，甚至可以知道不少鸟兽草木的名称。这些功能都是从《诗》的内容中总结出来的。但同时孔子还说："郑声淫，佞人殆"③"恶郑声之乱雅乐也"。④ 关于"郑声"到底所指何为，一直有内容和曲调两种不同的说法。曲调今已失传，我们无处可考，不过《礼记·乐记》中载"郑卫之音……淫声以滥"，而且孔子说明了是"郑声"，不是"郑诗"。季札在《郑》演奏完后说："美哉！其细已甚，民弗堪也。是其先亡乎！"⑤明显认为《郑》乃亡国之声。再结合今本《诗经》的《郑风》，共二十一篇，几乎都在渲染男女之情。可见，在先秦的贵族们看来，《诗三百》并不是全然都是思想积极的作品。不论从内容还是从曲调看，《诗三百》都是丰富的，不拘于成规的。

那么，周太师的标准到底在哪里呢？依然在先秦古籍里，在季札的惊叹声中。《左传》中描写季札一共观赏了二十三部作品，其中语言直白地感叹"美哉"的就有十四部。由是，我们大胆推断，周太师选取作品的标准就是一个字：美。内容美、曲调美的作品，不论立意如何，作者是谁，源于何方，只要美都可以入选。这也完全可以解释，为什么《诗三百》在当时可以广为流传；为什么据其再加工过的《诗经》，历经了几千年岁月的洗礼，诗旨不断被附上许多或对或错的内容，其诗文本身依旧熠熠生

① 游国恩：《中国文学史》，人民文学出版社1963年版，第31页。
② 杨伯峻译注：《论语译注》，中华书局2006年版，第208页。
③ 杨伯峻译注：《论语译注》，中华书局2006年版，第185页。
④ 杨伯峻译注：《论语译注》，中华书局2006年版，第211页。
⑤ 左丘明：《春秋左氏传》卷三十九《襄公二十九年》，凤凰出版社2010年版，第552页。

光。周太师虽然授命于天子，为官修《诗三百》，但他用超凡的眼光去记录美、传颂美，无愧为一朝精神领袖和文化楷模。无怪乎孔子会慨叹“思无邪”，这是对心无旁骛追求美的周太师由衷的赞叹。

3. 编排无邪：工整灵活，以类相从

除去内容本身的魅力，周太师对入选《诗三百》作品的编排也丝毫不懈怠。

首先是编辑加工。《诗三百》主要记录了周代社会生活及其礼乐制度，里面涉及的内容非常丰富。“从时代来讲，从周初至春秋末年，有五六百年之久；从地域来讲，从黄河流域到长江流域，包含着二十来个国家；从作者来讲，《国风》取自各国民间，《雅》《颂》取自朝廷贵族；但诗的体裁大体是一致的，用韵也是一致的。”①这么长的时间跨度，这么宽的地域范围，搜集到周太师手中的诗乐肯定五花八门，形态各异。要编成一部诗乐集，就必须有比较一致的诗乐的形态。经历了战国末年的学术下移和秦燔之后，《诗三百》出现了齐、鲁、韩、毛等多个版本，文句并不完全相同，甚至有些地方差异很大。但从三家诗以及后来出土的阜阳汉简和郭店楚简等断简残编中，能寻求到某些相似之处。这些相似之处就是《诗三百》的影子。以阜阳汉简为例，“《阜诗》残简共 170 片，其中可与今本《诗经》直接相对应的有 145 片”②，同时也有许多与今本《诗经》不同的异文。而这些不同异文的形致却大体相同，见表 2。

表 2

今本《诗经》	我马屠矣	于沼于沚	瞻望弗及	不宜有怒	俟我于城隅	殷其靁
阜阳诗简	我马瘏矣	于沼于畤	章望弗及	不我有怒	俟我乎城隅	印其離

这非常有力地说明，《诗三百》有着工整而灵活的格式，以四言诗为主，兼采杂言，既统一又活泼。在音韵上也是如此。可以断定，“不论是由公卿祝史等类官员创作后献上来的文人诗，还是由采风者从各个诸侯国家乡间采集来的民歌，都曾送到朝廷乐官手里去作‘雅言化’和‘诗合乐’的工作。所谓‘雅言化’和‘诗合乐’，就是由宫廷官对采献之诗在文字、音韵等方面作进一步的加工，配上乐谱，使之更加符合周代的‘官话’或

① 郭沫若：《奴隶制时代》，人民出版社 1954 年版，第 103~104 页。

② 胡旋：《阜阳汉简〈诗经〉集释》，吉林大学硕士学位论文 2013 年，前言第 4 页。

曰‘普通话’，更加适合歌唱和舞蹈，以用于各种仪式和场合”①。而这项工作最后的定夺者就是《诗三百》的主编周太师。

其次是整理排列。三百多篇诗乐编于一集，如果没有合理的整理排列，肯定会杂乱无章，也不利于传诵。《周礼·春官》载：“大师教六诗：曰风、曰赋、曰比、曰兴、曰雅、曰颂。”②后世对这“六诗”的具体所指见仁见智。有分三类(风、雅、颂)的提法，有分四类(南、风、雅、颂)的推断。目前比较一致的看法是按音乐分类。无论具体所指为何，历代学者可以肯定的是：《诗三百》肯定是按照一定规则分类记录的。但出于某些不为人知的原因，可能这样的记录有些时候不是太准确。孔子就说过：“吾自卫反鲁，然后乐正，《雅》《颂》各得其所。”③可见，类目虽明，但具体内容还是有些可修正之处。至于风、雅、颂下各诗篇的排列顺序，则极有可能是随意而为，并非如后世所附会的凡排在前面的一定是盛世之诗，排在后面的就是乱世之作。

孔子一生进行了大量的编辑活动，有着成熟的编辑思想，被公认为伟大的编辑家。孔子尊崇《诗三百》，尊重周太师，但对《诗三百》并不盲目迎合，而是能够提出质疑继续修订。所以，在孔子看来，《诗三百》并非不刊之论，“思无邪”说明了《诗三百》还有进一步编校整理的空间。

第二节 《毛诗传笺》

东周以来，礼崩乐坏。到了战国末期，《礼记·经解》将《诗三百》列为经部，使得“经”的含义由最初表示作品的普通名词跃升到令人难以企及的高度。西汉初年，由《诗》开始，经学开启了立学官、设博士的制度。“后汉翟酺曰：‘文帝始置一经博士。’考之汉史，文帝时，申公、韩婴以《诗》为博士，‘五经’列于学官者，唯《诗》而已。”④《诗》再次被定为“经”。目前能考证的最早将“诗经”二字合用作为书名，来自司马迁的《史记》：“申公独以《诗经》为训以教。”⑤《诗三百》在西汉以后逐渐被人们以

① 张树波：《〈诗经〉异文产生繁衍原因初探》，载《河北师范大学学报(哲学社会科学版)》，1995年第4期，第63页。

② 姬旦、钱玄等注释：《周礼》，“国学基本丛书”(第一辑)，岳麓书社2001年版，第214页。

③ 杨伯峻译注：《论语译注》，中华书局2006年版，第105页。

④ 王应麟，《困学纪闻》卷八《经说》，上海古籍出版社2008年版，第1077页。

⑤ 司马迁：《史记》卷一百二十一《儒林列传》，中华书局1959年版，第3115页。

《诗经》相称。但此时的《诗经》和原来的《诗三百》有了许多差异，与今天我们看到的也不完全一样。

有汉一代，《诗经》门派众多，主要有今文齐、鲁、韩三家和古文《毛》。代表今文的三家在西汉得立于朝廷，分置博士，是为官学。《毛诗》仅在民间传习，是为私学，“又有毛公之学，自谓子夏所传，而河间献王好之，未得立”①。司马迁的《史记》中没有关于《毛诗》的任何记载。然而，“平帝时，又立《左氏春秋》《毛诗》、逸《礼》、古文《尚书》，所以罔罗遗失，兼而存之，是在其中矣”②。《毛诗》也被短暂立为官学。东汉光武年间，这些古文经学作品又被废除官学之外，但后来《毛诗》不断提高训诂义疏的质量，积极吸收以《说文》为代表的两汉语言文字学成果，训诂序疏简明扼要，地位逐步提高。马宗霍在《中国经学史》中写道：“章帝建初中，仍诏高才生受《古文尚书》，《毛诗》……河间献王学举‘六艺’，尝立《毛氏诗》《左氏春秋》博士，而膺博士之选者，即毛公与贯公，则此二家虽曰私学，在当时已显矣。”与此同时，今文诗学日益繁琐僵化，到后来“说五字之文至于二三万言”，使得一些今文经学派的专家也开始注重《毛诗》。东汉末年，经学大师郑玄以《毛诗》为主，兼采三家之长，完成了《毛诗传笺》(又称《郑笺》)这样一部集历代、今古文诗学大成的作品之后，《毛诗》流传至广，而三家诗相继亡佚。

《毛诗》与《郑笺》是一个统一的整体，后世学者论《诗》都以毛、郑并称。之前由毛氏本人做的《毛诗故训传》到宋朝已经罕见单行本了。唐代孔颖达领衔编撰《毛诗正义》，并尊《毛传》与《郑笺》，成为官修《五经正义》之一，列为明经取士的教材。到宋代，集合了《毛诗》《郑笺》的《毛诗正义》被列为“十三经”之一，其思想得到进一步弘扬。

一、《毛诗传笺》是一部编撰合一的作品

《毛诗》能够最终战胜三家诗，成为诗学传习者们历史性的选择，郑玄编撰《毛诗传笺》居功至伟。清代推崇古文三家诗的王先谦对《毛诗传笺》给出了十分中肯的评价：“东汉之际，古文大兴，康成兼通今古，为毛作笺，遂以翼毛而凌三家……终且以从毛者屏三家，而三家亡矣。”③康成是郑玄的字。不过，历代学者并没有将《毛诗传笺》最终成就《毛诗》完

① 班固：《汉书》卷三十《艺文志》，岳麓书社 1993 年版，第 679 页。
② 班固：《汉书》卷八十八《艺文志》，岳麓书社 1993 年版，第 1345 页。
③ 王学谦：《诗三家义集疏》，岳麓书社 2011 年版，第 1 页。

美的“逆袭”的所有因由都总结出来，至少在编辑工作上的功劳就很少有人提及。

《毛诗传笺》实际包含四部作品：《毛诗》《毛诗序》《毛诗故训传》和《郑笺》。毛诗学的开山祖师为毛公。据《汉书·儒林传》记载：“毛公，赵人也。治《诗》，为河间献王博士。”①毛诗学派一直以来标榜自己为孔子弟子夏所传，以示正宗。而众所周知，“孔子弟子惟子夏于诸经独有书，虽传记杂言未可尽信，然要为与他人不同矣。于《易》则有传。于《诗》则有序。而《毛诗》之学，一云，子夏授高行子，四传而至小毛公；一云，子夏传曾申，五传而至大毛公”②。不论是大毛公还是小毛公，《毛诗》作为诗学一派有重要的价值，并且至少在西汉就已经流传广布。《毛诗》在流传过程中与《序》紧密相连，当然三家诗也有各自的《诗》序，阐述《诗》篇的主旨、时代和作者。《毛诗序》的作者是谁一直众说纷纭，成为《诗经》研究史上“第一争诟之端”。历代而下，子夏、毛公、卫宏、汉之学者、诗人自作、村野妄人、秦汉经师、刘歆、汉代毛诗家等都被学者纳入了考量范围。今人在前人研究成果之上，根据《诗序》本身有前后不一致或者言语重复的现象，得出这样的结论：“《诗序》原是汉代毛诗学者相传之讲授提纲，非成于一时一人之手，最后由卫宏集录、写定。”③虽然这也不一定是真实的答案，但起码郑玄绝不会是《诗序》的作者。《毛诗故训传》简称《毛传》，根据郑玄《诗谱》和陆玑《毛诗草木鸟兽虫鱼疏》所记，为毛亨(大毛公)所作，传于毛苌(小毛公)。《毛传》以解释字义为主，有许多优点，比如训诂渊源考究、多存古书逸典、不信神奇怪诞、作传独标兴体、释词尤为精当等。以今人的眼光看，无论是在内容还是形式上，都非常有创意。郑玄生活的年代，该书已经广为流传，并且在与三家诗的竞争中，逐渐占据上风。《郑笺》则立足于《毛传》，对其进行进一步的解读。

这四部作品中只有《郑笺》出自郑玄之手，另外三部都是郑玄对他人作品所作的整理和校订。因此，我们可以认为，《毛诗传笺》是一部编撰合一的作品。《毛诗》之所以能最终彻底战胜三家诗流传后世，《郑笺》的解读固然从内容上堪称经典。但郑玄在对他人的三部作品和自己的作品进行整理注释校订的时候，所推崇的编辑思想及在这一思想指导下所运用的选材方式、编辑体例、校订原则、注释方法等同样起到了重要作用。一部

---

① 班固：《汉书》卷八十八《儒林传》，岳麓书社 1993 年版，第 1342 页。
② 洪迈：《容斋随笔》，上海古籍出版社 1978 年版，第 390 页。
③ 洪湛侯：《诗经学史》，中华书局 2002 年版，第 163 页。

能够流传后世的作品，一定集合了作者和编者的努力(有时候这两个角色由一人承担)，是一部创作水平与编辑能力都堪称上乘的佳作。最后，我们能够得出这样的结论：《毛诗传笺》既是一部研究诗经学的重要经典，也是一部值得从编辑学角度去解读的、蕴含着丰富编辑思想的合集。

二、郑玄的编辑功力

《毛诗传笺》的成功，是前三部作品的成功，更是第四部作品作者郑玄作为经学家和编辑家的骄傲。他用自己高深的经学素养和编辑水平(主要是整理和注释)，使《毛诗郑笺》荣列隋代的“九经”、唐代的“五经”、宋代的“十三经”之一，使之成为炎黄子孙共有的精神财富和文化宝典。我们可以做一个大胆的假设：如果没有郑玄和他的《郑笺》，诗经汉学将缺少一个如定海神针般的依傍。

郑玄的功劳首先源自他睥睨群雄的经学根基。郑玄生在败落的官宦之家，本来没有太多机会学习。但据《后汉书》记载，他“常诣学官”，坚持经常去学校学习。后来，“造太学受业，师事京兆第五元先，始通《京氏易》《公羊春秋》《三统历》《九章筭术》。又从东郡张恭祖受《周官》《礼记》《左氏春秋》《韩诗》《古文尚书》。以山东无足问者，乃西入关，因涿郡卢植，事扶风马融”①。可见，郑玄在经学上的进益十分迅速，很快便成为崤山以东首屈一指的学者，只有西边扶风的著名经学家马融才能指导得了他。这为他日后成为经学大师打下坚实的基础。到了扶风之后，虽然一开始不受重视，但他依然“日夜寻诵，未尝怠倦”②，终于得到机会向马融当面学习。待到他离开马融的时候，马融不由慨叹：“郑生今去，吾道东矣。”③可见，此时在马融看来，郑玄已经可以与他相提并论了。紧接着，郑玄四处游学十余年，学问愈益精进。后来因为党锢之祸，郑玄被禁足，从另一个方面看，他也获得了全心求学的环境。在郑玄成功地辩驳了今文经学家何休的著作后，他作为经学大师的地位更为稳固了。“郑君康成，以博闻强记之才，兼高节卓行之美，著书满家，从学盈万。当时莫不仰望，称伊、雒以东，淮、汉以北，康成一人而已。咸言先儒多阙，郑氏道备。自来经师未有若郑君之盛者也。”④与他的地位一起巩固起来的，还有古文经学的地位。郑玄一生无意仕途，屡次推拒为官为宦的机会，潜心向

① 范晔：《后汉书》卷三十五《郑玄列传》，中华书局2007年版，第358页。
② 范晔：《后汉书》卷三十五《郑玄列传》，中华书局2007年版，第358页。
③ 范晔：《后汉书》卷三十五《郑玄列传》，中华书局2007年版，第358页。
④ 皮锡瑞：《经学历史》，中华书局1959年版，第141页。

学，注释和著述之说加起来有一百多万字。[①] 公元647年（贞观二十一年），列郑玄于二十二“先师”之列，配享孔庙。公元1078年（元丰元年），郑玄被追封为高密伯，仍从祀孔庙。一代经学大师的地位由此可见一斑。

郑玄的功劳还体现在他于古籍注释和整理的专精。郑玄一生注释整理了许多儒家经典，但完整保存下来的只有《三礼注》和《毛诗传笺》，部分保存下来的有《周易注》《古文尚书注》《孝经注》和《论语注》。此外，他还曾注《春秋左氏传》，但没有来得及完成就交给了学者服虔，即《春秋服氏注》中也有郑玄的功劳。而郑玄注释过的作品远不止这些。被公认为考鉴郑玄书目最为完整的清代大儒郑珍，在《郑学录》第三卷《书目》中列出的郑玄的著述共约有五十九部。得以完整流传下来的《三礼注》和《毛诗传笺》一共四部，都成为经典中的翘楚。在《十三经注疏》中，也以这四部注最为出色。郑玄作为博学的经学大家，一生中整理注释的那么多作品，从思想内容和经学造诣而言应该不分伯仲，之所以只流传下来四部，原因固然复杂，与这四部作品从内容到形式的整理注释水平高超理应有极大关联。

郑玄进行的古籍整理工作中，与编辑工作最为相关的就是校雠和注释。郑玄在这两方面的造诣都达到了相当高的层次。在校雠方面，郑玄不仅兼录异文，考订疑误，而且致力于考镜源流，厘析篇帙。所以，清人段玉裁称赞校雠学“千古之大业，未有盛于郑康成者也”[②]。在注释方面，以训诂为例，郑玄所采用的训诂方式和训诂术语，都为后世的训诂学有发凡起例的作用。

《后汉书》编修者范晔慨叹：“郑玄括囊大典，网罗众家，删裁繁诬，刊改漏失，自是学者略知所归。王父豫章君每考先儒经训，而长于玄，常以为仲尼之门不能过也。及传授生徒，并专以郑氏家法云……玄定义乖，褒修礼缺。孔书遂明，汉章中辍。”[③]其不仅将郑玄尊奉为东汉时期承前启后的经学大师，也将其定义为卓越的古籍整理注释学家。

三、《毛诗传笺》的编辑思想——述先圣之元意，整百家之不齐

郑玄七十岁那年写《戒子益恩书》，将家中大小事托付给儿子郑益恩，并总结了自己一生的志向，即“但念述先圣之元意，思整百家之不齐”[④]。

① 皮锡瑞：《经学历史》，中华书局1959年版，第141页。
② 段玉裁：《经韵楼集》，凤凰出版社2010年版，第181页。
③ 范晔：《后汉书》卷三十五《郑玄列传》，中华书局2007年版，第360页。
④ 范晔：《后汉书》卷三十五《郑玄列传》，中华书局2007年版，第359页。

这也是郑玄本人对自己一生所从事的古籍整理注释事业的指导思想，也即对其编辑思想切中肯綮的概括。之前研究这项思想和原则时，多以《三礼注》为例，因为《三礼注》被公认为郑玄对后世影响最大、最成功的作品。郑玄得以完整流传下来的四部作品中，《三礼注》在郑玄之前并没有人系统做过注，经郑玄之后得以流传更多赖于其开创之功。而《毛诗》在郑玄编撰之前就有过比较系统的解读，在郑玄之后得以立于高位，完胜三家诗，更多赖于其精研著述之功。故而，笔者认为，《毛诗传笺》代表了郑玄著述的最高水平，我们去探究其中蕴含的编辑思想理应也代表了郑玄本人编辑思想的最高层次。

1. 述先圣之元意——以毛为宗，会通今古

《毛诗》首次将“训”“诂”二字连用，用以称作对《诗经》的注释工作。郑玄在此基础上，对《毛诗》做了进一步的解释。是时，古文经学派和今文经学派的争论十分激烈，双方固执一端，绝不偏倚。“然今学守今学门户，古学守古学门户。今学以古学为变乱师法，古学以今学为‘党同妒真’，相攻若仇，不相混合。杜、郑、贾、马注《周礼》《左传》，不用今说；何休注《公羊传》，亦不引《周礼》一字；许慎《五经异义》分今文说、古文说甚晰。”①郑玄难能可贵地打破了今、古文经学泾渭分明的桎梏，以《毛诗》为宗，又不拘泥于此，而是有所引申发明。通过上文《后汉书》的记载我们知道，郑玄兼习了古文经学和今文经学。以诗学为例，他先师从张恭祖习今文经学之一的《韩诗》，却并没有囿于门户之见，在注释《诗》的时候以《毛诗》为原本。

郑玄对《毛诗》非常尊重，这也体现了编者对原作者的尊重。郑玄整理注释了诸多古籍，皆以“注”名，独有对《毛诗》的注释命名为“笺”。“传笺”在后世也成为《诗经》特有的注释称谓。在他笺《诗》的过程中，几乎一字不易地把《毛诗》保存下来了，哪怕其中有些明显错误或者他认为不妥之处。郑玄本人对《毛诗》中的许多篇章都进行了大量研究，考证了许多诗篇产生的地域、时间和背景资料，十分类似于《毛诗序》。可是为了保持《毛诗》的完整，郑玄将自己的考证成果另撰成《毛诗谱》。《毛诗谱》到唐代逐渐亡佚，十分可惜。不过从中可以看出郑玄在《郑笺》编撰过程中“以毛为宗”的思想。

郑玄的伟大在于他虽“宗毛”却并不迷信《毛诗》，而能够做到会通今古文诗学。在具体的注释过程中，郑玄参看了当时三家诗和《毛诗》，在

---

① 皮锡瑞：《经学历史》，中华书局 1959 年版，第 148 页。

“下己意”的时候以他本人所认为的“先圣之元意”为取舍标准。“笺《诗》以毛为主，而间易毛字。自云：‘若有不同，便下己意。’所谓己意，实本三家。是郑笺《诗》兼采今古文也。”①可见，郑玄在笺诗的时候以《毛诗》为本，如果遇到《毛诗》没有解释清楚的，就将其解释清楚，如果发现《毛诗》的解释与自己的想法不同，就写下自己的想法。他的想法很多来自早年修习的《韩诗》和自学的《齐诗》《鲁诗》。《郑笺》的这一编辑思想体现在义理和训诂两个方面。

义理上，《郑笺》多次引入今文经学派的谶纬神学思想。汉武帝独尊儒术，提高了儒学的地位，也让谶纬之学风行。“武帝时代正宗思想，是儒学神学化、学校寺院化、帝王教皇化的中世纪统治阶级思想的典型。”②这种情况在整个汉代都普遍存在，“《诗经》在这场儒学神学化的运动中也被信奉谶纬的经学家们以灾异祥瑞来解读其中的诗句，在他们手中《诗经》也走向谶纬化”③。而这一时期今文经学三家诗是主流。古文《毛诗》中无谶纬之解，或许更多受到孔子“不语怪，力，乱，神”④的影响。郑玄在解释部分《毛诗》义理的时候吸收了今文诗学的思想。比如《大雅・生民》篇中“履帝武敏歆”一句。《毛诗》曰：“后稷之母配高辛氏帝焉……天子亲往，后妃率九嫔御，乃礼天子所御，带以弓韣(dú)，授以弓矢于郊禖之前。”⑤即后稷的母亲踏着天子的足印一道上山求子，回来后便怀孕了。《郑笺》解为：“祀郊禖之时，时则有大神之迹，姜嫄履之，足不能满，履其拇指之处，心体歆歆然，其左右所止住，如有人道感己者也。于是遂有身。”⑥其认为后稷的母亲是踩到神仙的脚印才怀孕的，很有点神话的色彩。《商颂・玄鸟》中的“天命玄鸟，降而生商”一句，《毛诗》释为春分时节，燕鸟废物，简狄与帝祈在郊外祭拜求子之神后，生下契。而《郑笺》为“天使鳦下而生商者，谓鳦遗卵，娀氏之女简狄吞之而生契”⑦，即契是其母亲简狄吞鸟蛋之后生下的。

训诂上，《郑笺》数次导入三家诗说充实《毛诗》释义。今人张舜徽先生将郑玄的校雠学成就整理为十二个方面，其中“六是择善而从，不拘于师法家法和今古文；七是博综众说，舍短取长，不以先入者为主；八是求

---

① 皮锡瑞：《经学历史》，中华书局 1959 年版，第 142 页。
② 侯外庐：《中国思想通史》(第二卷)，人民出版社 1957 年版，第 192 页。
③ 沈薇薇：《郑玄〈诗经〉学研究》，东北师范大学博士论文 2008 年，第 41 页。
④ 杨伯峻译注：《论语译注》，中华书局 2006 年版，第 82 页。
⑤ 孔颖达：《毛诗正义》，中华书局 1957 年版，第 1417~1418 页。
⑥ 孔颖达：《毛诗正义》，中华书局 1957 年版，第 1418 页。
⑦ 孔颖达：《毛诗正义》，中华书局 1957 年版，第 1915 页。

同存异，自申己见”，这些在《郑笺》的训诂中多有体现。《毛诗》对《卫风·氓》中的“淇则有岸，隰则有泮”仅做了“泮，陂也”①很简单的解释。《郑笺》则非常详细地说明：“泮，读为畔，畔，涯也。言淇与隰皆有涯岸，以自拱持，今君子放姿心意，曾无所拘制。”②这一说法与《鲁诗》非常相似。《毛诗》在解释《邶风·静女》篇中“彤管有炜，悦怿女美”一句仅仅解释了“炜”和“彤”两个字。《郑笺》补上了“悦怿”的释义。不过，这个释义出自《鲁诗》。

2. 整百家之不齐——以《礼》笺《诗》，会通经学

整百家之不齐，原本说明郑玄著述之多之勤。对于研究《郑笺》来说，可以将其含义引申为会通经学，即以其他经学来为《毛诗》作笺。

汉代礼经全凭师徒口耳相传，并无系统全面的注解成书。郑玄一生遍注群经，于“三礼”用力最深，前后耗时十四年。孔颖达由衷感叹：“礼是郑学。”说明“三礼”在郑玄一生经学著述中的重要地位。顾炎武称赞郑玄：“大哉郑康成，探赜靡不举。六艺既该通，百家亦兼取。至今三礼存，其学非小补。”③对郑注“三礼”表达了深深的敬意。

中国儒家自古就有《礼》《诗》相合的传统。比如，作为孔孟之后儒家代表性人物的荀子，对《礼》有非常深刻的了解。同时，他也非常钟爱《诗》。“《荀子》全书 32 篇，引《诗》83 处。”④他在《荀子·劝学》篇中说：“不道礼宪，以《诗》《书》为之，譬之犹以指测河也，以戈舂黍也，以锥餐壶也，不可以得之矣。”⑤劝诫后生晚辈要将《诗》《书》和《礼》结合起来进行学习，否则就不得要领，白费功夫。《毛诗》中也有以《礼》释《诗》的传统。郑玄完成《三礼注》之后，开始做《郑笺》，在释《诗》传统与自身学术积累相结合的背景下，以《礼》笺《诗》就非常自然了。另外，在郑玄生活的东汉末年，外戚宦官交替专权，封建礼制受到严重损害，也激发了郑玄借《诗》传《礼》的政治愿望。

郑玄以《礼》笺《诗》大体有两种方式。

其一，《郑笺》频繁引用“三礼”的内容佐证《诗》。《豳风·七月》有一句：“二之日凿冰冲冲，三之日纳于凌阴。四之日其蚤，献羔祭韭。”《郑笺》解释为：“古者，日在北陆而藏冰，西陆朝规而出之。祭司寒而藏之，

---

① 孔颖达：《毛诗正义》，中华书局 1957 年版，第 333 页。
② 孔颖达：《毛诗正义》，中华书局 1957 年版，第 333 页。
③ 顾炎武：《顾亭林诗集汇注》，上海古籍出版社 1983 年版，第 1008 页。
④ 沈薇薇：《郑玄〈诗经〉学研究》，东北师范大学博士论文 2008 年，第 54 页。
⑤ 荀卿：《荀子》，中州古籍出版社 2008 年版，第 19 页。

献羔而启之。其出之也，朝之禄位，宾、食、丧、祭，于是乎用之。《月》'仲春，天子乃献羔开冰，先荐寝庙'。《周礼》凌人之职，'夏，颁冰堂事。秋，刷'。上章备寒，故此章备暑。后翟先公礼教备也。"引用了《周礼·天官冢宰下·凌人》及《礼记·月令》中的记载，详细说明了祭祀时冰的用途和管理冰的"凌人"职责所在，印证毛《诗》所言不虚。

其二，《郑笺》综合应用"三礼"的思想解说《诗》。《邹风·绿衣》中有一句"绿兮衣兮，绿衣黄里"，对于一般读者而言，这就是对服饰的简单描述。而《郑笺》解说为："椽兮衣兮者，言椽衣自有礼制也。诸侯夫人祭服之下，鞠衣为上，展衣次之，椽衣次之。次之者，众妾亦以贵贱之等服之。鞠衣黄，展衣白，椽衣黑，皆以素纱为里。今椽衣反以黄为里，非甚礼制也，故以喻妾上僭。"从看似平常的一句话申发出其中蕴含的复杂思想。郑玄的依据就在《周礼·天官·内司服》中。《周礼·天官·内司服》有云："掌王后之六服袆衣、揄狄、阙狄、鞠衣、展衣、缘衣、素沙。"①这一方面表明郑玄的礼学造诣深厚，能够信手拈来；另一方面，说明他在笺《诗》的时候已然将经学融会贯通。

《毛诗传笺》完成之后，成了接下来一千年天下诗学尊奉的范本。唐代孔颖达主持编撰《毛诗正义》，更将《毛诗传笺》带到了发展的顶峰，使之成为历代学子踏上仕宦之途的敲门砖。到宋代，刘克庄依然称赞《毛诗传笺》："新笺传后学，古诗发先儒。"②

《毛诗正义》一统天下诗学，将以义疏为重要特征的诗经汉学发展到极致，但同时，"注不违经、疏不破注"的汉学家法桎梏了诗经学的进一步发展。诗经汉学到了最高也是最后的发展阶段，即将迎来新的变革。《诗经》要籍的编辑思想也将吹来一股清新的风气。

第三节 《诗本义》

在诸多的《诗经》要籍中，欧阳修的《诗本义》显得比较特别。

首先，特别在对于宋代诗经学的萌发之功。唐初孔颖达等人在"追求统一"的思想指导下编撰了《五经正义》，为天下学子奉为圭臬，汉注唐

---

① 郑玄注，贾公彦疏：《周礼注疏》，见《十三经注疏》，上海古籍出版社 2010 年版，第 122 页。

② 刘克庄：《后村先生大全集》卷十四《杂咏一百首》，四川大学出版社 2008 年版，第 410 页。

疏，成为官方教科书，带有无可辩驳的权威性。至晚唐时期，中央集权式衰，疑经改经者时有其人，但未成风气。五代学术相对荒疏，到宋代以文立国，疑经之风逐渐展开，据王应麟《困学纪闻》所载："唐及国初，学者不敢议孔安国、郑康成，况圣人乎？自庆历后，诸儒发明经旨，非前人所及。然排《系辞》，毁《周礼》、疑《孟子》，讥《书》之《胤征》《顾命》，黜《诗》之序，学者不难于议经，况传注乎？"欧阳修就是发明者之一。南宋楼钥也认为《诗本义》开了新的局面："由汉以至本朝，千余年间，号为通经者，不过经述毛、郑，莫祥于孔颖达之疏，不敢以一语违忤。二家自不相侔者，皆曲为说以通之……惟欧阳公《本义》之作，始有以开百世之惑，曾不轻议二家之短长，而能指其不然以深持诗人之意。其后王文公、苏文定公、伊川程先生各著其说，更相发明，愈益昭著，其实自欧阳氏发之。"①到清代的《四库全书总目提要》进一步肯定了这个观点："自唐以来说诗者莫敢议毛、郑，虽老师宿儒，亦谨守《小序》，至宋而新义日增，旧说几废，推原所始，实发于修。"虽然在政治上欧阳修是保守派，但在经学上，他走在了时代的前面。

其次，大多数研究《诗经》的作品都辑录《诗经》全文，逐一释义，而《诗本义》别出心裁，并没有抄录原诗，只选取了三百零五篇中的一百一十四篇。后文会专门分析该书体例。

最后，欧阳修拥有多重社会身份，历任馆阁校勘、知谏院、知制诰、龙图阁学士、知开封府、枢密副使、参知政事等职。后因与王安石政见不合，以太子少师致仕，死后追封为太子太师。他对各类学问都有精深的造诣，文名尤甚，是北宋古文运动的领袖人物，当之无愧的一代文宗，写下许多脍炙人口的作品。他的文章"推韩愈、孟子以达于孔氏，著礼乐仁义之实，以合于大道。其言简而明，信而通，引物连类，折之于至理，以服人心，故天下翕然师尊之"②。除了文学，欧阳修还精通史学、金石学等。

相比之下，《诗经》学上的成就往往被人们忽略。《诗本义》虽然对一百余年后的朱熹影响很大，但在很长一段时间，并不为人所重视。到清代修《四库全书》的时候，就连四库馆臣这样的饱学之士也没有听说过这本书。有记载云："王宏撰《山志》，记嘉靖时欲以欧阳修从祀孔子庙，众论靡定。世宗谕大学士杨一清曰'朕阅《书·武成》篇有引用欧阳修语，岂得谓修于六经无羽翼，于圣门无功乎？'一清对以'修之论说见于《武成》，盖

① 楼钥语，引自清朱彝尊：《经义考》，中华书局1998年版，第563页。
② 苏轼：《六一居士集叙》，见《苏轼文集》卷十，中华书局1986年版，第316页。

仅有者耳’。‘其从祀一节，未敢轻议’云云，盖均不知修有此书也。”①读来确实让人感慨。欧阳修在目录学、谱牒学等方面的实践积累，使得他具备了很强的编辑素养，进而在《诗本义》的编撰过程中形成了“迹前世之所传，而较其得失”的编辑思想。

一、编撰宗旨：志郑氏之妄，益毛氏之疏略

欧阳修大约在三十岁的时候开始着手编撰《诗本义》。庆历四年(1044年)，欧阳修在绛州偶然发现了《郑氏诗谱》残卷：“世言郑氏诗谱最详，求之久已，不可得，虽崇文总目秘书所藏亦无之，庆历四年，奉使河东，至于绛州，偶得焉。”②此时的欧阳修已经有了相当的经学积累，并且又得到了向往已久的资料，使后续工作如虎添翼。顾永新著《欧阳修学术研究》，认为《诗本义》成书于1070年。其论据是欧阳修在这一年给友人颜复的信中提到“《诗义》未能精究，第据所得，聊且成书”。前后进展了二十多年。

他在写作早期曾经写过一篇《诗统解·序》，后为《诗本义》第十五卷。其中提出“予欲志郑氏之妄，益毛氏之疏略而不至者，合之于经”。早年定下的这个编撰宗旨，贯穿全书。所以，在《诗本义》中主要针对毛、郑二人的批评为多，而崇尚《诗序》。在一百多篇本义说解中，认为《诗序》有失当之处的仅有十篇，而毛、郑不当的例子俯拾皆是。

欧阳修在第十四卷《时世论》中，批判了《郑笺》所言的时世错乱的情况，就某些篇章的具体成诗时间提出了自己的观点，主要体现在五点：其一，定《关雎》为康王时诗，而非文王时诗；其二，定《小雅鹿鸣》为周衰时诗；其三，定《昊天有成命》为康王以后诗；其四，定《执竞》为昭王以后诗；其五，定《噫嘻》为康王以后诗。这些结论对于郑笺可以说是颠覆性的。不过在《诗本义》附录补亡《郑氏诗谱》时，里面的有些时间点又与此不同。究其原因，在于欧阳修对后者只是一个完全的校勘编辑者，将自己置身于作品之外，以尊重原著为主。

欧阳修深知郑玄擅长礼学，因此不可避免以《礼》说《诗》。诚然很多诗篇确实反映了婚宴、祭祀等礼仪活动，但诗人的文学创作是自由的，不可能拘泥于礼学的框架。《郑笺》迷信礼学，不惜改经换字曲意妄说。欧

---

① 永瑢、纪昀等：《四库全书总目》卷十五，中华书局1965年影印本，第121页。

② 《四部丛刊三编经部·诗本义》附录《诗谱补亡后序》，上海书店1985年版，第15~16页，据商务印书馆1935年版重印。

阳修对“淫奔之词”提出了在当时具有进步意义的新说。对于“谶纬怪妄”更是给予了猛烈的批判。他丝毫不留情面地将《毛诗》和《郑笺》中的一些说法定义为臆说、衍说、曲说、妄说。他认为“夫毛郑之失，患于自信其学，而曲遂其说也”，“妄意诗人而委曲为说，故失《诗》之义愈远也”。①

他驳斥毛、郑以《礼》解《诗》。如卷六《出车》论曰：“毛、郑谓出车于牧以就马，且一二车邪，自可以马驾而出若众车邪，乃不以马就车，而使人挽车远就马于牧，此岂近于人情哉！又言先出车于野，然后召将率，亦于理岂然！”“西伯命南仲为将，往伐捡犹，其成功而还也，诗人歌其事，以为劳还之诗。自其始出车至其执讯获丑而归备述之。故其首章言南仲为将，始驾戎车出至于郊……其卒章则述其归时，春日暄妍，草木荣茂而禽鸟和鸣。于此之时，执讯获丑而归，岂不乐哉？”②欧阳修不但揭示了毛、郑解诗不循人情的不合理之处，还基于人之常情的判断，用一句生动的“岂不乐哉”作结。

他批评毛、郑改换经文原字迎合礼教需要。毛、郑在解《诗》的过程中，为了突出诗歌的教化功能，经常会改易经文原字或者增字。如《周颂》有“昊天有成命，二后受之成王不敢康，夙夜基命宥密”句，郑玄解释为“文王武王受其业，施行道德，成此王功”，将“成王”这一名词解释成为“成此王功”。欧阳修驳斥：“所谓‘二后’者，文、武也。则‘成王’者，成王也。犹‘文王’之为文王，‘武王’之为武王也。”③郑氏这种明显的语法错误，使得句子缺少主语，属于增字一例。

他将许多毛、郑笔下的“美刺诗”解释为“淫奔之诗”。如《东方之日》本义道“东方之日，日之初升也，盖言彼姝之子颜色奋然美盛如日之升也。‘在我室兮，履我即兮’者，相邀以奔之辞也。此述男女淫风，但知称其美色以相夸荣而不顾礼义，所谓不能以礼化也”④。欧阳修能大胆地指出“相邀以奔之辞”“淫风”，虽然用词并没有突破封建男女关系的束缚，但他能够探求诗中真意，难能可贵。

他辩驳“谶纬怪妄”。东汉之时，谶纬之学盛行，《郑笺》也受到这种风气的影响。如《玄鸟》中写道“天命玄鸟，降而生商”，郑玄就解释为“吞燕卵而生契”，把王位的传承怪妄化。欧阳修则认为：“毛谓春分玄鸟降，有娀氏女简狄配高辛氏帝，帝率与之祈郊谋而生契。顾本其为天所命，以

① 欧阳修：《诗本义》，见《十三经注疏》，中华书局1983年版，第253页。
② 欧阳修：《诗本义》，见《十三经注疏》，中华书局1983年版，第196页。
③ 欧阳修：《诗本义》，见《十三经注疏》，中华书局1983年版，第253页。
④ 欧阳修：《诗本义》，见《十三经注疏》，中华书局1983年版，第183页。

玄鸟至而生焉。古今虽相去远矣，其为天地、人物与今无以异也。毛氏之说以今人情、物理推之，事不为怪，宜其存之。而郑谓吞燕卵而生契者，怪妄之说也。”①

欧阳修对毛、郑的批判主要体现在以上四个方面。每个方面都有许多例子，在此不一一赘述。

二、编撰体例：得其本，而不必逐其末

《诗本义》总计八万余字，有十四卷、十五卷和十六卷三种说法。目前比较一致的看法是十五卷，补亡郑谱及诗图总序为附录。书的卷一到卷十二对《毛诗》的篇章进行解说，将选取的篇目先作“论”，训释章句词语，兼论《传》《笺》和序，后作“本义”，陈明自己对该篇旨意的见解。不过并不是所有篇章都有《论曰》和《本义曰》，这是欧阳修根据实际情况灵活处理的结果，从中可以看出欧阳修严谨的治学态度。他认为，笺传没有错的地方就不论证，自己无法解释也不论证，不拘泥于形式，而是让体例为内容服务。

前十二卷涉及一百一十四首诗，一百零九篇文章。文章的排列顺序是以《毛诗》为宗，大多数情况下一篇文章专门论及一首诗歌，不过也不尽然。如卷四之《有女同车》和《山有扶苏》，卷十二之《思文》和《臣工》，则分别是一篇文章论及两首诗歌。在卷七，则是《十月》《雨无正》《小旻》《小宛》四首诗歌合在一篇文章中论述。几首诗歌合并在一篇文章中，主要考虑到辨析的内容是相似的，同时在《毛诗》中位置比较接近。

第十三卷是《一义解》和《取舍义》两篇，系作者的读《诗》札记，就毛、郑优劣做比较，多就某字某句而议，发明诗人赋咏之志。第十四卷包括《时世论》《本末论》“二论”和《豳问》《鲁问》《序问》“三问”，内容为作者就诗篇产生时代、读者学习方法、《诗序》价值、《鲁颂》性质等问题发表的个人见解，类似于今天的专题性学术论文。第十五卷是《诗解》九篇，又称“九解”，也属于专题性学术短论，是欧阳修就《诗经》有关学术问题发表的个人见解。当初欧阳修编写《诗本义》的时候将这一部分弃而不用，后人又拿回来，辑为一卷。附录《郑氏诗谱补亡》是作者校勘史籍、排定《诗经》作品时代世次的文字和图表。

汉唐的《诗经》注释基本上是传、笺、注、疏的模式，《诗本义》采取了新的解诗体式——论说体。欧阳修从三百零五篇中选取出他自己认为

① 欧阳修：《诗本义》，见《十三经注疏》，中华书局 1983 年版，第 336 页。

《诗序》《毛传》《郑笺》中不符合诗作者本来意思的一百四十六篇进行分篇论说。在每篇论说中，先以《论曰》的形式对毛郑的得失进行分析与批评，再以《本义曰》的形式阐明自身对诗旨的看法，有破有立。这种体例既不同于之前的注释体，也不同于之后的集注体，本身就是一种创新。

《诗本义》第十四卷中的《本末论》是对整部著作编撰结构说明的灵魂性文章。欧阳修在《本末论》中首先考察了《诗经》创作、编辑、整理和研究的先后次序和具体情况，从而得出“惟是诗人之意也，太师之职也，圣人之志也，经师之业也。今之学诗也，不出补此四者而罕有得焉者，何哉劳其心而不知其要，逐其末而忘其本也”①的结论。这篇论文实质涉及作者的创作旨趣、作品的社会效用、编辑的分类原则、文本的接受历史等。同时，也影射了他本人编撰《诗本义》的结构取舍思想。不论采取何种结构体例，最终都是为了“求本”服务，所以整本书的体例和编排与其他《诗经》研究著作相比，显得标新立异，又或者略有不齐，也不足为怪。

三、注释思想：求诗人之意，达圣人之志

《诗本义》的根本宗旨，顾名思义，在于探究《诗经》篇章的本义，批驳毛、郑只是过程和手段，辨明是非，还诗以本来面目才是最终目的。欧阳修在第十四卷《本末论》中写道：“今夫学者知前事之善恶，知诗人之美刺，知圣人之劝戒，是谓知学之本而得其要，其学足矣，又何求焉?”“今夫学诗者求诗人之意而已，太师之职有所不知何害乎学诗也?”②可见，欧阳修在批驳的基础上，大多存有自己的看法，在于探求诗歌的本义。

宋代诗词文化高度发达，欧阳修又是一名有着高度鉴赏力的诗人和诗评家。这使得他在很多时候，从文学的眼光去解诗。在他眼里，《诗经》中的作品大多具备文学性。诗人欧阳修以独特的视角去揣度上古时代诗人们的心思，站在自己的创作和品鉴立场去解读习惯了被人们奉上神坛，成为不刊之论的“经”。具体表现在以下两个方面。

①立足“人情”，以“本义”说诗。在欧阳修看来，诗的本义包括人情和义理两个部分，必须要兼顾。“古诗之体，意深则言缓，理胜则文简，然求其义者务推其义理，及其得也，必因其言、据其文以为说，舍此则为臆说。”③因此，要解读诗歌的本义，就必须从诗歌文本出发，结合上下

---

① 欧阳修：《诗本义》，见《十三经注疏》，中华书局 1983 年版，第 255 页。
② 欧阳修：《诗本义》，见《十三经注疏》，中华书局 1983 年版，第 256 页。
③ 欧阳修：《诗本义》，见《十三经注疏》，中华书局 1983 年版，第 209 页。

文，据文求义。《静女》论曰：“诗曰‘静女其姝，俟我于城隅。爱而不见，搔首踟蹰。’据文求义，是言静女有所待于城隅，不见而彷徨尔，其文显而义明灼易见。”①欧阳修在注重训诂的同时，也广泛结合其他文本，并根据诗歌整体，据以情理来进行考察，力求考据所得的诗义必须以诗文为绝对的衡量标准，得出了不少令人信服的解释，给人耳目一新之感。如《蟋蟀》论曰：“毛谓礼乐之外，郑谓国外至四境，郑又谓‘职思其忧’，为邻国侵伐之事。”欧阳修则联系上下文，认为：“‘职思其外’者，谓国君行乐有时，使不废其职事，而更思其外尔，谓广为周虑也。一国之政所忧非一事，不专备侵伐也。”②这样的解释明显更符合人之常情。身为文学家的欧阳修，从人情人性出发，将古今诗人至情至性融通，道出“《诗》文虽简易，然能曲尽人事。而古今人情一也，求《诗》义者以人情求之，则不远矣”③的释诗方法。

②依经依圣解诗，达圣人之志。欧阳修在《诗本义》中体现了很多革新精神，作为传统封建文人，其本质上依然是推重经典的。《诗本义》中可以找到多处他以《春秋》解释诗文的例子。欧阳修写道：经有其文，犹有不可知者；经无其事，吾可逆意而为乎？说明诗意要与经文相符合。他在《十月之交解》中指责郑玄的解释不合于经。除了依经解诗外，郑玄还依圣解诗。《诗本义》基本的解诗精神就是依据圣人之意，合于圣人之志。这里的圣人多指孔子和孟子二人。他在《本末论》中就说：“何谓本末？作此诗，述此事，善则美，恶则刺，所谓诗人之意者，本也正其名，别其类，或系于彼，或系于此，所谓太师之职者，末也。察其美刺，知其善恶，以为劝诫，所谓圣人之志者，本也。求诗人之意，达圣人之志者，经师之本也。讲太师之职，因其失传而妄自为之说者，经师之末也。”④可见，欧阳修依然将《诗经》看作一本经书，所以在解诗过程中，他遵从《诗序》。

虽然《诗本义》在很长时间内并不为人们所熟知，但“欧阳修的《诗经》之学对整个宋代的《诗经》研究起着广泛而深远的影响，对苏辙、郑樵、朱熹启迪尤多，甚至可以说苏、郑、朱熹都受到了欧阳修论《诗》观点的直接影响，在他们各自的著作和论述中，可以明显地看出思想渊源”⑤。

---

① 欧阳修：《诗本义》，见《十三经注疏》，中华书局1983年版，第174页。
② 欧阳修：《诗本义》，见《十三经注疏》，中华书局1983年版，第183页。
③ 欧阳修：《诗本义》，见《十三经注疏》，中华书局1983年版，第196页。
④ 欧阳修：《诗本义》，见《十三经注疏》，中华书局1983年版，第255页。
⑤ 洪湛侯：《诗经学史》，中华书局2002年版，第309页。

第四节 《诗集传》

我国学者自古以来就有辨伪的学术传统。这些辨伪活动事实上是对古书在作者、年代、版本等问题上的综合考量。到了唐初，《毛诗正义》中出现了关于孔子删《诗》说不可信的质疑。其他的经学著作也先后遭到唐人的怀疑。北宋时期，疑经辨伪蔚然成风。质疑订误、疑经改经逐步成为重要的社会思潮。

一、《诗集传》是“诗经宋学”的权威著作，是一部编撰合一的作品

欧阳修著《诗本义》公然怀疑《序》的作者和权威性，开启了宋代疑《诗序》的先河。与此同时，以阐述经学义理为主旨的宋代理学逐渐成为释经方法的主流。诗学在此基础上不断革新。欧阳修之后，苏辙、郑樵、朱熹、王质等人纷纷著书立说。“其舍《序》言诗者，萌于欧阳修，成于郑樵而定于朱子之《集传》”，到朱熹《诗集传》一出，“诗经宋学”正式登上了历史舞台。“朱熹《诗》学体系的形成，标志着‘诗经宋学’由萌芽、成长发展到趋于成熟的阶段。”①

流传下来的著作中，记载朱熹解《诗》或者论《诗》思想比较充分的有《诗集传》《诗序辨说》《朱文公文集》《朱子语类》《诗传疑说》五部。这五部作品互为参照，共同构成了朱熹诗学完整的思想体系。而成就最大、影响最久、观点最集中全面的，非朱熹亲自编撰、审定、修改的《诗集传》莫属。朱熹与《诗集传》相互辉映：一个成为“诗经宋学”的代表人物，一个成为“诗经宋学”的权威著作。

首先，《诗集传》是朱熹对自身作品不断完善后的成果。《诗集传》是朱熹历经数年才最终完成定稿的作品。“自绍兴二十九年(1159)朱熹开始着手研究《诗经》至庆元五年(1199)《诗集传》第五次刻印于后山，历时四十年，经历了六次修改，两次校雠，五次刊刻，在成书面目上经历了《毛诗集解》《诗集解》《诗集传》三次变化。”②这些变化反映了朱熹诗学思想的改变，也映照出他在编撰行为上的思考和探索。朱熹本人对这一经历也在《诗传遗说》中予以详细说明：“熹向作诗解文字，初用《小序》，至解不行

---

① 洪湛侯：《诗经学史》，中华书局2002年版，第362页。

② 张元野：《朱熹〈诗集传〉义理研究》，扬州大学硕士毕业论文2012年，第9页。

处，亦曲为之说；后来觉得不安，第二次解者，虽存《小序》，间为辨破，然终是不见诗人本意，然后方知尽去《小序》，便自可通，于是尽涤荡旧说，诗意方活。”这样的诗学阐释思想让朱熹在《诗集传》的编撰过程中采取了很多新的体例和方法。

其次，《诗集传》中不仅汇聚着朱熹本人的观点，而且集合了众家之说，也是朱熹对别人作品进一步完善的成果。《诗集传》书名中的“集”字非常传神地表明这部作品兼采众人之说的特点。“传”则表“传述”之意，指注疏家们阐释经意的文字。“集传”与“集注”一样，都是各家注解的汇集。综观整部作品，在具体的释诗过程中频繁引入多家观点，大致有孔子、匡衡、郑玄、郑樵、程颢、东莱吕氏（吕祖谦）、欧阳修、闻人氏、苏辙、富辰等。有时候同一篇诗作还罗列多人的观点。如《采薇》一诗的最后，朱熹写道：“此章又设为役人预自道其归时之事，以见其勤劳之甚也。程子曰：‘此皆极道其劳苦忧伤之情也。上能察其情，则虽劳而不怨，虽忧而能励矣。’范氏曰：‘予于《采薇》见先王以人道使人，后世则牛羊而已矣。’”①尤为值得一提的是，被朱熹严厉抨击过的《诗序》也成为《诗集传》释诗的来源之一。比如第一卷《国风一·周南一之一》，开篇第一段释诗时，表达完自己的看法后即道：“小序曰：‘关雎、麟趾之化，王者之风，故系之周公。南，言化自北而南也。鹊巢、驺虞之德，诸侯之风也，先王之所以教，故系之召公。’斯言得之矣。”②可见，在具体释诗过程中，朱熹纵横捭阖，集采、选择、辨析多家之说，既兼采今文三家之说，又杂取汉学的毛、郑之词，还吸取了不少与他同时代人的解说，使得《诗集传》具有非常明显的汇集之功，众人作品部分集结之效。

二、朱熹是一位难得的编辑出版大家

从经学的角度看，除了辑定《大学》《中庸》《论语》《孟子》“四书”之外，《诗集传》是朱熹最重要的一部作品。朱熹一生极少为官。《宋史》记载：“年十八贡于乡，中绍兴十八年进士第。”③“熹登第五十年，仕于外者仅九考，立朝才四十日。”④朱熹穷其一生致力学术研究，“其为学，大抵穷理以致其知，反躬以践其实……竭其精力，以研穷圣贤之经训”⑤，

---

① 朱熹：《诗集传》，中华书局 2011 年版，第 139 页。
② 朱熹：《诗集传》，中华书局 2011 年版，第 2 页。
③ 脱脱：《宋史》卷四百二十九《朱熹传》，中华书局 1977 年版，第 9965 页。
④ 脱脱：《宋史》卷四百二十九《朱熹传》，中华书局 1977 年版，第 9976 页。
⑤ 脱脱：《宋史》卷四百二十九《朱熹传》，中华书局 1977 年版，第 9977 页。

并且广开讲学之门，“诸生之自远而至者，豆饭藜羹，率与之共”①，一生授徒无数。

在治学和讲学的同时，朱熹编著了大量的书籍。“从1157年(二十八岁)同安主簿任满、回乡从学于李侗时起，他根据研究心得，编次和撰述了大量书籍，有编辑的书，注释的书，校刊的书，撰著的书；还有不少诗歌、论文、书信、奏议。”②《谢上蔡先生语录》《论语注解》《论语要义》《程氏遗书》《资治通鉴纲目》《近思录》《论语集注》《孟子集注》《易学启蒙》《小学》《四书章句集注》《孟子要略》《楚辞集注》以及《诗集传》等都是他的主要编著成就。

《四书章句集注》和《诗集传》都含有“集”字，表明了相似的编撰手法。从《四书章句集注》的编辑成书过程，我们也可以看到《诗集传》的编辑功力。第一步是资料的搜集。朱熹首先着手搜集已有的对“四书”做出的各种注解并且反复推敲评选，编成《精义》《要义》或《集义》。第二步是选择。从《集义》中选取他认为确切的解说并编入集注，同时阐释他个人的观点。第三步是说明编选理由，并进一步推敲修订。可见，朱熹是一位深谙编辑之道的大学者，对编辑工作非常重视，要求也很严格。

咸淳六年(1270年)，黎靖德将朱熹与弟子问答的语录，以类相从，编成《朱子语类》。书中很多地方都提到了朱熹对编辑工作的感悟和要求。比如：“编次文字，须作草簿，抄记项头。如此则免得用心去记它。兵法有云：‘车载糗粮兵仗，以养力也。’编次文字，用簿抄记，此亦养心之法。”“外书所载，殊觉支离，此必记录之误。向来所以别为一编，而目之曰‘外书’者，盖多类此故也。”③表明在多年的编辑实践中，朱熹已经总结出了许多经验和方法。

朱熹不论是著书、编书还是刻书，都非常重视书籍的编校质量。他认为只有优秀的作品才能流芳百世，对于质量低下的作品，“此等文字不成器，将来亦自消灭，不能管得也”④。因此，他对自己作品的要求非常严格，如果没有经过多次修改拒不出版：“政使可传，而修改未定，其未满鄙意者尚多。今日流传既广，即将来盖棺之后，定本虽出，恐终不免彼此

① 脱脱：《宋史》卷四百二十九《朱熹传》，中华书局1977年版，第9976页。

② 戴文葆：《历代编辑列传(二十三)朱熹》，载《出版工作》1987年第11期，第72页。

③ 朱熹：《朱子语类》，见《朱子全书》，上海古籍出版社、安徽教育出版社2010年版，第353、1475页。

④ 朱熹：《答廖子晦》，见《晦庵先生朱文公文集》，上海古籍出版社、安徽教育出版社2010年版，第1144页。

异同，为熹终身之恨。”①《诗集传》能够在众多宋代释经作品中脱颖而出，朱熹本人的影响力和其中的思想深邃固然重要，但朱熹对作品本身编辑质量的看重也不容小觑。

三、《诗集传》编辑思想：集今古汉宋，传本文本意

《诗集传》从书名上就非常清楚地表明了“集”和“传”两层意思，也是朱熹编撰这本书最主要的指导思想。那么，他到底集合了什么，又意在传达些什么呢？看《诗集传》全篇，不难发现，朱熹在这部书里集合了今古文诗学、汉宋诗学的成就。同时，联系到他本人的治学理念，这部书希望传达给后人一种注重探求经文本义、不拘泥训诂之限的释经方法。

1. 集今古汉宋：博综旁通，择善而从

《诗集传》中集合了众人的智慧，博采众长。马宗霍评：“盖朱子之学，博综旁通，不欲以道学自限……莫不择善而从，绝无门户之见。”显示了朱熹一代经学大家虚心求实的学术修养和一心治《诗》的思想境界。《诗集传》具体而言包含了以下几方的解说。

第一，今文经学三家诗。《毛诗郑笺》之后，三家诗散佚严重，已然失传，民间仅有一些辑佚本。朱熹接触到这些版本之后，并未简单地加以否定，而是融会贯通到自己的诗学思想中，作为《诗集传》释《诗》的重要参考。“诸儒说诗，壹以毛、郑为宗，未有参考三家者。独朱文公《集传》闳意眇指，卓然千载之上。言《关雎》则取康②衡；《柏舟》妇人之诗，则取刘向；笙诗有声无辞，则取《仪礼》；‘上天甚神’，则取《战国策》；‘何以恤我’，则取《左氏传》；《抑》，戒自儆；《昊天有成命》，道成王之德，则取《国语》；‘陟降庭止’，则取《汉书注》；《宾之初筵》饮酒悔过，则取《韩诗序》；‘不可休思’‘是用不就’‘彼岨者岐’，皆从《韩诗》；‘禹敷下土方’，又证诸《楚辞》。”③由此可窥见《诗集传》引用三家诗之一斑。

第二，古文《毛诗郑笺》。《诗集传》的训诂多采毛、郑之说，吸收了诗经汉学的成果。同时，以废《序》为特征的《诗集传》在义理上也并没有彻底、全盘否定《诗序》。“经考察《诗集传》仍有八十二篇采用《小序》，

---

① 朱熹：《与杨教授书》，见《晦庵先生朱文公文集》，上海古籍出版社、安徽教育出版社2010年版，第1148页。

② 善本再造丛书中为“康”，别处多为“匡”。

③ 王应麟：《诗考》，中华再造善本丛书，北京图书馆出版社2006年版，第1~2页。

八十九篇与《小序》大同小异，二者相加，占《诗经》三零五篇的一半以上。”①以致后世有学者认为，《诗集传》其实是暗地里在遵从《诗序》。这当然并不符合实际。只是朱熹体会这些诗义的时候，得出了与《序》相似的结论而已。由此也可以看出朱熹本人辩证求实的治学态度。

第三，宋人诗论说。宋人之中，欧阳修和郑樵对朱熹的诗学思想影响最大。以欧阳修为例，“在《诗经》研究史上，欧阳修是最早对诗序与传、笺提出批判、创发新义的学者之一，他敢于怀疑、勇于创新的精神和审慎的治学态度，对有宋一代的《诗经》学产生了深远的影响”②。比欧阳修晚生一百多年的朱熹当然也在受影响之列。欧阳修的《诗本义》共十五卷，是其诗学思想的集中体现。而“《诗本义》中的《本义说解》部分为朱熹《诗集传》全部采纳者，就有……二十余篇，于《出车》末章特标出‘欧阳氏曰’云云，其他部分，采取欧阳意见者多不胜举”③。此外，在对某些诗篇时代的厘定和淫奔之诗的命定上，两部作品也有异曲同工之处。欧阳修之外，苏辙、张载、吕祖谦、郑樵、二程等人的释《诗》言辞也频繁出现在《诗集传》中。

2. 传本文本意：熟读冥思，依文求义。

朱熹作为程朱理学的代表人物之一，在《诗集传》中彻底推翻了汉学的美刺传统，转而融入了涵泳道德、修身齐家的人生理想。而这些人生理想，在朱熹看来是与经书本义一脉相承的。因此，朱熹在编撰《诗集传》的过程中，从内容到形式都力求将学者带入对经文本义的追寻。

《诗集传》在对《诗经》具体内容的解释上打破了汉学家法，抛开注疏，直奔诗旨。在朱熹看来，“随文解义，谁人不解”④，根据文字的意思来说明全篇的主旨是非常容易的事情。但是，“晓得文义是一重，识得意思好处是一重。若只是晓得外面一重，不识得他好底意思，此是一件大病”⑤。仅仅望文生义，只能得到最为粗浅的答案。如果要得到文章真义，“须是踏翻了船，通身都在水中，方看得出”，即必须要把自己置身诗文之中。

---

① 中国诗经学会编：《诗经要籍提要》，学苑出版社 2003 年版，第 80 页。

② 中国诗经学会编：《诗经要籍提要》，学苑出版社 2003 年版，第 64 页。

③ 洪湛侯：《诗经学史》，中华书局 2002 年版，第 364 页。

④ 朱熹：《朱子语类》，见《朱子全书》，上海古籍出版社、安徽教育出版社 2010 年版，第 3610 页。

⑤ 朱熹：《朱子语类》，见《朱子全书》，上海古籍出版社、安徽教育出版社 2010 年版，第 3610 页。

“且只据所读本文，逐字逐句理会教分明，不须旁及外说。”①所以，《诗集传》中对许多诗文的理解都发出了前人未发之言，更加接近事实。比如《诗集传》对《诗经》文学特征的诠释，就一反理学轻薄艺文的通病，从两个方面更精准地把握了诗旨。一方面，《诗集传》用文学的观点解释诗旨。“大率古人作诗，与今人作诗一般，其间亦自由感物道情，吟咏情性，几时尽是讥刺他人？”如《丰》诗，《诗集传》就直接说明：“妇人所期之男子已俟乎巷，而妇人以有异志不从，既则悔之，而作是诗也。”②再也没有任何美刺说的影子，就诗论诗，简洁精当。另一方面，《诗集传》给六艺下了新的定义，用文学的视角去观照《诗》。书中不仅为风、雅、颂、赋、比、兴做了新的解释，而且在每章诗篇之后都标明做法，共计八种：赋、比、兴、兴而比、赋而比、比而兴、赋而兴、赋而兴又比。虽然从现在的研究视角看，其中有些标注不是特别准确，但在当时已经前进了很大一步，也是《诗经》注疏上的一大创新。

此外，《诗集传》加上了注音的内容，以利后来者熟读冥思，探求经文本义。朱熹作为一名伟大的教育家，留给后人许多教育理念和学习方法。他认为，读书“须要读得字字响亮，不可误一字，不可少一字，不可多一字，不可倒一字，不可牵强暗记。只要多诵遍数，自然上口，久远不忘。古人云，‘读书千遍，其义自见。’谓读得熟，则不待解说，自晓其义也”。可见，他非常看重“读”对理解文义的关键作用。朱熹在《诗集传》中将许多生僻字用反切法标出读音，还采用了“叶音”说，即在没有确凿证据的情况下，强改字音以求押韵，导致有相同的字读音不同的情况出现。他本人曾经说过：“只要音韵相叶，好吟哦讽诵，易见道理，亦无甚要紧。”③表明他以声得解、讽咏得义的主张。虽然这种方法被后世证明是不科学的，但是朱熹在《诗集传》中编入读音，鼓励后来者多读经文，探求本义的良苦用心还是值得赞赏的。

《诗集传》采用直接注经的方法，在体例上表明依文求义的思想。《诗集传》定稿与以往的诗学论著相比，在体例上最大的区别就是直接弃《序》言诗。在具体的释诗过程中，朱熹完全不录《诗序》的内容，将每首诗前的《毛诗序》归并到一起，放在全书末尾，这就是后来单独成书的《诗序辨

---

① 朱熹：《朱子语类》，见《朱子全书》，上海古籍出版社、安徽教育出版社 2010 年版，第 3610~3611 页。

② 朱熹：《诗集传》，中华书局 2011 年版，第 69 页。

③ 朱熹：《朱子语类》，见《朱子全书》，上海古籍出版社、安徽教育出版社 2010 年版，第 2734~2769 页。

说》。他在每首诗下面加上自己所做的解题。如《蒹葭》一诗，就抛弃了《诗序》附会的美刺之说，而是从诗本意出发，解题为："言秋水方盛之时，所谓彼人者，乃在水之一方，上下求之而皆不可得。然不知其何所指也。"①这样精致而美妙的解说，时至今日都让人如临其境。尤为让人敬佩的是，他撤去《毛序》后，并没有像其他反《序》派学者那样，将自己的序放在每首诗前取代《毛序》的位置，而是将自己对全篇诗旨的理解，作为解题安排在每首诗第一章串讲章句的文字之后。如《蒹葭》一诗的解题就在解释完"在水之中央"之后。这样安排，体现了他要求读者熟读本文、即文求义，不要受任何注解(包括他本人的注)影响的读诗方法。

"汉学至郑君而集大成，于是郑学行数百年；宋学至朱子而集大成，于是朱学行数百年……以经学论，郑学、朱学皆可谓小统一时代。"②《诗集传》作为朱熹经学体系中的一员，很快成为众人瞩目的对象。《四库全书》载："有元一代之说诗者，无非朱传之笺疏，至延祐行科举发，遂定为功令，而明制因之。"可见，《诗集传》在元明两代与《毛诗传笺》在汉唐一样，成为科举考试的标准用书，获得了至高无上的地位。

第五节 《毛诗传笺通释》

及至清代，论《诗》杂采汉宋成为一种普遍现象，诗经清学逐渐迎来曙光。"'诗经清学'的产生，是以顾炎武提倡考据，研讨'诗本音'为发轫之始，以乾嘉学者为中心，从而形成的一个诗学学术流派。"③它的主要特点是遵从古文经说，注重文字、音韵、训诂和名物、制度、考证、辨伪和辑佚。诗经清学以重训诂的考据学派为主流，反传统的思辨学派为旁支。诗经清学的代表人物和作品比较多，《毛诗传笺通释》是其中的佼佼者。"考据之功在《诗经》学研究领域也大放异彩，而最为精善者当首推胡承珙之《毛诗后笺》、马瑞辰之《毛诗传笺通释》以及陈奂之《诗毛氏传疏》。三人交游论学十分密切，三家论诗亦均重在考据。然而，虽三家都以《毛诗》为题，但胡、陈二家专主《毛诗》，独马氏不拘门户，疏释《毛诗》，辩

---

① 朱熹：《诗集传》，中华书局2011年版，第97页。
② 皮锡瑞：《经学历史》，中华书局1959年版，第281页。
③ 洪湛侯：《诗经学史》，中华书局2002年版，第493页。

以三家《诗》，最为宏通。”①

现有关于此书的研究主要集中在作者生平考证、书籍版本流传、训诂、考据、名物、诗义等方面，对于书的编撰思想几乎从未涉及。笔者遍寻马氏著作，发现并未像其他诗部要籍，能够找到合适的语句总括编撰思想。马瑞辰历经乾、嘉、道、咸四朝，于考据多有心得，然治学理念也不免受到今文经学的影响，而趋于博通，这种理念在其治《诗》名作《毛诗传笺通释》中体现得尤为明显。在《自序》中，马氏交待此书原来名为《毛诗翼注》，后改为《毛诗传笺通释》。从“翼注”到“通释”，这一简单的书名改编行为，可以推测编著者对该书的理解和期望。结合书中的编撰宗旨、资料编选、体例安排等，笔者以为，《毛诗传笺通释》的编撰思想尽由一“通”字传神表现出来，兼以训释宏大。

一、编撰宗旨：用志一经之世守，通《诗经》之学

《毛诗传笺通释》成书于1835年。据马瑞辰本人书成后在《自序》中介绍，这本书写了十六年，也即开始于马瑞辰四十二岁，1819年前后。此时的马瑞辰已然“乞身归养，既绝意于仕途，乃殚心于经术”，余生三十多年，再未涉足官场一步。除了著述之外，他还在江西白鹿洞、山东峄山、安徽庐阳书院等地讲授传习，致力于学问研究。

马瑞辰生于名门，从先祖马孟祯到父亲马宗梿，学问人品俱佳，在《桐城耆旧传》中均有记载。对马瑞辰影响最大的长辈当为父亲马宗梿和舅父姚鼐。马宗梿为乾嘉大学者之一，姚鼐是桐城派的核心人物之一，他们在训诂和地理之学上对马瑞辰帮助尤甚。他师从邵晋涵、任大椿、王念孙等人，学问更加长进。他还喜欢结交同好之友，共同钻研探讨学问，“在京任职时与胡培翚、刘逢禄、郝懿行友善，切磋学术。胡氏治《仪礼》、刘氏治《春秋公羊传》、郝氏治《尔雅》、马氏治《诗经》，俱有成就”②。以这样的教育背景和知识积累，他致仕后完全可以像其他经学家一样遍注群经，而这位清代考据学大家，家学渊源深厚，人亦精勤，虽也有《毛郑诗诂训考证》《左氏补注》等流传于世，然终其一生只有《毛诗传笺通释》这一部重要作品。可见，这部作品几乎融入了马氏毕生治学心血。他用十六载，皓首只为穷《诗经》之学，把《诗经》这门学问做通做透。

① 吕莎莎：《马瑞辰及其〈毛诗传笺通释研究〉》，山东大学硕士学位论文2011年，第4页。

② 陈国安：《论清代诗经学之发展》，载《江苏大学学报》2008年第10卷第4期，第53页。

正因为如此，该书对当时及后世影响很大："在清代诗经学名著中，《毛诗传笺通释》占有重要的地位，为后世读《诗》者必读之书，治《诗》者必参考之书。"①

他与胡承珙、陈奂之二人在诗经学上十分投契，互相影响。三人的诗经学著述中常见观点相似之处。三人的著作也在十年之内相继完成。《通释》初次完成后，马瑞辰又补录胡承珙的《毛诗后笺》百余条，不断完善之。除了个人兴趣爱好之外，马瑞辰很客观地交代了自己编著这本书的目的："述郑兼以述毛，规孔有同规杜。勿敢党同伐异，勿敢务博矜奇。实事求是，只期三复乎斯言。穷愁著书，用志一经之世守。"②马瑞辰的编撰宗旨非常纯粹，既无讽时刺世的经世致用之高远意境，也没有弘扬一家一派的宏大使命，只是实事求是，从学问出发，归乎于学问，寄希望于实现一名文人"立言"的理想，为后人留下自己对诗经学研究的所有思考，并流传后世。

"马瑞辰是以古文为主，今古文通学的《诗经》专家……固然他的疏释也沿袭传笺失误或考证不确的地方，但有不少通过考证而超出前人的见解，不失为研究毛郑而超出毛郑的重要著作。"③后人评价是对毛氏诗经学地位的最好注解，也表明该书的编著宗旨得以实现。甚至有学者认为，该书"代表着《诗经》考据学的最高成就"④。

二、资料编选：纵通古今，横通百家

马瑞辰从学术角度研究《诗经》，使得《毛诗传笺通释》在资料收编上能够不拘门户，广征博引。下面从纵向和横向两个方面来看该书在资料编选上的宏通之境。

1. 纵通古今

诗经学发展到马瑞辰所在的年代，其著作可谓汗牛充栋。该书名虽为"毛诗传笺"，但所收录的资料绝不仅仅于此，也不盲目以《毛诗》《郑笺》为宗，而是在广泛征引文献的基础上有立有驳。"《毛诗传笺通释》之为书，本为申明传笺，沟通阐释，然不默守毛郑成见，每每纠驳传笺之失，往往深观有得，不尚无根之谈。"⑤如《柏舟》篇"'静言思之'，《传》：

① 中国诗经学会编：《诗经要籍提要》，学苑出版社 2003 年版，第 269 页。
② 马瑞辰、陈金生点校：《毛诗传笺通释 · 自序》，中华书局 1989 年版，第 1 页。
③ 夏传才：《诗经研究史概要》，清华大学出版社 2007 年版，第 146 页。
④ 何海燕：《清代〈诗经〉学研究》，人民出版社 2011 年版，第 132 页。
⑤ 戴建华：《读〈毛诗传笺通释〉》，载《固原师专学报》1995 年第 3 期，第 74 页。

‘静，安也。’《笺》：‘言，我也。’瑞辰按：《说文》：‘竫，亭安也。’经传多假静为竫。此《传》训安者，亦以静为竫字之借也。今按《说文》：‘静，宷也。’‘宷，悉也。知宷谛也。’宷篆文作审，是审为静字本义。《诗》或假静为竫安之竫，或假静为靖善之靖，惟此诗静字宜用本义，训宷。言为语词。‘静言思之’犹云审思之也。《传》训为安，失之”①。就以《说文》驳毛、郑。整本书中大约罗列了数十条传笺之误，皆言之成理。当然，书中更多时候是对传笺中的精妙之处进行品味点评。

《毛诗传笺通释》中广引三家诗，四家互证。在这位已经通晓诗经学的饱学之士看来，“三家《诗》与《毛诗》各有家法，实为异流同原”②。因此，“凡三家遗说有可与《传》《笺》互相证明者，均各广为引证，剖判是非，以归一致”③。在博采众长的基础上，马瑞辰往往能够得出更为人信服的结论。因此，“清儒治《诗》三大著作中，陈奂《诗毛氏传疏》恪守《毛诗》，王先谦《诗三家义集疏》偏向三家诗，只有马瑞辰此书不立门户，兼收并蓄。从这一点而言，马氏较陈、王为优，这本书的学术价值也相应的提高了”④。

马瑞辰引用了孔颖达的《毛诗正义》和朱熹的《诗集传》，也同样有赞同有反对。尤其值得一提的是他对诗经宋学代表著作《诗集传》的采纳。清代考据学对宋学多有怀疑，戴震一派认为，“宋以后之说，则其所不屑是正”⑤。马瑞辰虽然没有大量引用《诗集传》中的观点，但凡引用之处都难能可贵地给出了公允评价，无汉宋门户之见，如《雄雉》篇“《序》：‘雄雉，刺卫宣公也。’瑞辰按：此诗当从朱子《集传》以为妇人思其君子久役于外而作。……《笺》以前二章为刺宣公之淫乱，失之”⑥，肯定朱熹而否定《郑笺》，这在当时很有进步意义，也只有真正博通《诗经》的人才能超然于门户之外。他力图在汉学和宋学之间找到共通之处来解经。同时，马瑞辰还大量引用了清代考据学家的《诗经》著作成就，如《毛诗稽古编》《毛郑诗考证》《诗经小学》《毛诗后笺》等新著，让繁盛了几千年的诗经学在这部书里融会贯通，一脉相承。

---

① 马瑞辰、陈金生点校：《毛诗传笺通释》，中华书局 1989 年版，第 23 页。
② 马瑞辰、陈金生点校：《毛诗传笺通释 · 例言》，中华书局 1989 年版，第 1 页。
③ 马瑞辰、陈金生点校：《毛诗传笺通释 · 例言》，中华书局 1989 年版，第 1 页。
④ 蒋见元、朱杰人：《诗经要籍解题》，上海古籍出版社 1996 年版，第 116 页。
⑤ 梁启超：《清代学术概论》，上海古籍出版社 2005 年版，第 37 页。
⑥ 马瑞辰、陈金生点校：《毛诗传笺通释》，中华书局 1989 年版，第 125 页。

2. 横通百家

《毛诗传笺通释》一书中，引用了300多本书籍的研究成果，在当时的资料搜集和检索条件下，以一己之力完成这样浩大的工程，除了让人敬佩其治学严谨之外，也为其广博通达的学识所折服。

吕莎莎在其硕士毕业论文《马瑞辰及其〈毛诗传笺通释〉研究》中，以经、史、子、集为顺序，罗列出了能考证到的所有毛氏引用之书。其中，经部分为易类、书类、诗类、礼类、春秋类、五经总义类、四书类、小学类和谶纬类；史部涉及正史类、编年类、别史类、杂史类、传记、载记类、地理类、政书类和目录类；子部囊括儒家类、兵家类、法家类、农家类、医家类、天文算法类、术数类、艺术类、谱录类、杂家类、类书类、小说家类和道家类；集部分为总集类、楚辞类和别集类。在具体的训释过程中，经常会出现一句诗涉及博引各家之论的情况。这样驳杂的学术功底，成就了《毛诗传笺通释》“宏通”的治学精神和编撰思想。

三、体例安排：杂考与通释共举，训释与校勘并存

《毛诗传笺通释》一共三十二卷，第一卷《杂考各说》，收录十九篇短文对诗经学史上历来争议较多的问题进行详细解说，在前人的研究成果上，提出了一些自己的观点。比如论证了《诗》三百篇皆可以入乐。对于《毛诗》中的假借字繁多的情况，他提出：“说《诗》者必先通其假借，而经义始明。《齐》《鲁》《韩》用今文，其经文多用正字，经传引《诗》释《诗》，亦多有用正字者，正可藉以考证《毛诗》之假借。”①

第二卷至第三十二卷为通释经文部分，是全书主体。其中，第二卷至第十六卷训释《国风》，马瑞辰对于《十五国风》中的《王风》《郑风》《齐风》《魏风》《唐风》《陈风》《曹风》进行了总体论说，分别列于各卷卷首，主要阐述了作诗背景及诗旨；第十七卷至二十三卷训释《小雅》；第二十四卷至第二十七卷训释《大雅》；第二十八卷至第三十卷训释《周颂》；第三十一卷训释《鲁颂》；第三十二卷训释《商颂》。马瑞辰采取摘句论说的形式，即按《诗经》原有顺序，将某些诗句摘录下来进行论说。大多数情况下，诗句后接《传》《笺》，再接马瑞辰按语。但也有无《传》《笺》，代之以《正义》《释文》者。在抒发自己观点的时候，以“瑞辰按”三字开头。按语有的时候先陈述自己的观点，再引其他文献论证，有时顺序会颠倒，先引用别人的观点，再进行总结归纳概括。遇到有无法下定论的地方，就只列前人

① 马瑞辰、陈金生点校：《毛诗传笺通释》，中华书局1989年版，第23页。

各种不同的论断，但不轻易给出自己的结论。如果有些按语马氏认为需要做特别解释，以小注形式直列其下。

《诗经》于诸经之中成书较早，其相关著述在流传过程中难免出现各类字词错讹，所谓鲁鱼亥豕是也。历朝历代都有一些编撰者致力于文字校雠工作，刘向、刘歆父子，陆德明，刘知幾，郑樵等人都是其中的杰出代表。清代考据学的盛行让校勘之学也更加显赫，“清儒之有功于史学者，更一端焉，则校勘也。古书传习愈希者，其传抄踵刻，讹谬愈甚，驯致不可读，而其书以废。清儒则博征善本以校雠之。校勘遂成一专门学”①。马瑞辰在通释《诗经》的时候，利用校勘之法解决了诸如讹、脱、衍、倒等文字问题，反过来也丰富了清人的校勘成果。讹，又叫“讹字”“讹文”“误字”，多因为二字形近而造成；脱，又叫“夺”“脱文”“脱字”或“夺字”，指文字脱漏的情况；衍，又叫“衍文”或“衍字”，是指误增文字的情况；倒，又叫“倒文”，是指文字次序颠倒的情况。《毛诗传笺通释》综合群书，比勘文字，力求运用考据之法追溯文献之本来面貌及确切含义，有时在校订《诗经》文本的基础上，也间接对其他书籍的文本进行了考证。这些校勘工作实质上也是为训释词义、疏通文意服务的。

“《毛诗传笺通释》是一部汉、宋兼采的解经撰著，它不囿于门户，博采众说，内容上也具备训诂考据与经旨义理的阐发。”②足以见得，马氏之学是以汉学和清代考据学为基础，以唐代佛学、宋明理学为辅的通达之学。

第六节 《诗经原始》

及至清代，论《诗》杂采汉宋成为一种普遍现象，诗经清学逐渐迎来曙光。“‘诗经清学’的产生，是以顾炎武提倡考据，研讨‘诗本音’为发轫之始，以乾嘉学者为中心，从而形成的一个诗学学术流派。”③它的主要特点是遵从古文经说，注重文字、音韵、训诂和名物、制度、考证、辨伪和辑佚。诗经清学以重训诂的考据学派为主流，反传统的思辨学派为旁支。诗经清学的代表人物和作品比较多，但却没有一家能够像《毛诗传笺》和

---

① 梁启超：《清代学术概论》，上海古籍出版社 2011 年版，第 59 页。
② 郭全芝：《清代诗经新疏研究》，安徽大学出版社 2010 年版，第 172 页。
③ 洪湛侯：《诗经学史》，中华书局 2002 年版，第 493 页。

《诗集传》那样，成为公认的学派代表不二之选。并且随着封建制度的覆灭，诗经清学不论从影响范围还是延续时间看，都无法与上述二者相提并论。因此，本书限于篇幅，不录诗经清学作品作为研究对象。

不过，清代产生的方玉润《诗经原始》一书，虽非诗经清学作品，却难能可贵地继承和发扬了前人用文学的观点评论《诗经》的艺术成就，是清代后期具有革新倾向的作品。“与前人相比，方氏说《诗》，确能打破旧说，独立思考，提出不少新见解。在解诗时，方氏能从诗歌艺术形象出发，涵泳全文，通其大意，窥其义旨，故能对不少诗篇做出正确的诠释，开拓了近世《诗经》研究的新学风。”①周振甫译注的《诗经译注》、朱杰人导读的《诗经》，以及近代以来许多其他研究《诗经》的作品，都以《毛诗郑笺》《诗集传》和《诗经原始》并重。可见，《诗经原始》虽然在经学上没有获得前两者的地位，但在后世研究者眼中，其在诗学上的地位不输毛、郑、朱子。

一、《诗经原始》编著合一的性质

方玉润六十一岁开始编写《诗经原始》。一年后，即 1873 年，书成，在陇州开刻，列为《鸿濛室丛书》三十六种之三。从时间上看，这一时期正是方玉润编著的高峰。从动笔到付梓，《诗经原始》耗时一年有余，但从酝酿到出版则经过了一个相当长的时间积淀。1869 年的七月初五，方玉润在《星烈日记》中写道：“诗无定解，臆测者多，故较他经尤为难释。愚拟广集众说，折衷一是，留为家塾课本。名之曰《原始》，盖欲探求古人作诗本旨而原其始意也。其例先始诗首二字为题，总括全诗大旨为立一《序》，题下如古乐府体式而不用伪序，使读者一览而得作诗之意。次录本诗亦仿古乐府一解、二解之例，而不用兴也、比也恶套，庶全诗联属一气而章法、段法又自分疏明白也。诗后乃总论作诗大旨，大约论断于《小序》《集传》之间，其余诸家亦顺及之。末乃集释名物，标明音韵。本诗之上眉有评、旁有批，诗之佳处亦点亦圈，以清眉目。然后全诗可无遁义，足以沁人心脾矣。”这是方玉润为即将动笔的《诗经原始》拟写的编撰计划。从这则编撰计划中，可以清楚地看到《诗经原始》作为一部编著合一作品在“编”上的痕迹。

第一，内容上的广集众说。《诗经原始》中的诸多观点并非方玉润首创，而是集合多家成果。其中包括上文提到的《诗序》和《诗集传》，在实

① 王宁、褚斌杰：《十三经说略》，中华书局 2015 年版，第 78 页。

际成书过程中还受到姚际恒《诗经通论》的许多启发。如《关雎》一诗中，《诗经原始》总评道："姚氏际恒曰：从郑氏，今仍之。《小序》以为'后妃之德'，《集传》又谓'宫人之咏大姒、文王'。"①后文中也多次提到这三人的作品和观点。

第二，体例上的完整齐备。方玉润在编撰《诗经原始》之前已经从事了大量的编著活动，于体例上非常规范。所以在编写计划中，他明确了每首诗的题名方式、题名下写阐述诗旨的序、辑录《诗经》原文和各家解读、最后集释名物、标明音韵。实际成书后还有卷首、上、下各一卷，包括《诗无邪太极图说》《十五国风与地图》《诸国世次图表》《诗旨》等共十一节，并附上作者自序，说明编撰此书的各项因果。整个体例图文并茂、字音相携、巨细靡备，用今天的眼光看都是相当完整齐备的。方氏已经非常圆满地完成了自己作品的编辑工作，除了必要的校对，不用再进行其他编辑加工环节了。

第三，版面上的优美齐整。在方玉润的计划里，《诗经原始》在版面上有眉评、有旁批，在诗文优美处可圈可点，以便整个版面眉清目秀，更好地服务于图书的内容。实际成书后，这些批评处都以小字列出，清晰疏朗。

二、方玉润从事过实际的编辑工作

方玉润无论是在科场还是官场都不得志，一生漂泊，历经坎坷。近代学者梁启超、胡适等人距方玉润生活的年代并不久远，不过数十年就无法确知《诗经原始》编著者生平了，正史上都没有记载，可见方氏之不达。纵使如此，唯著述一项，方玉润从未放弃，有许多作品流传于世。一个并不显达于时的落魄文人，能有许多作品传世，极大地归功于他难能可贵地一直有主动自觉地收编结集自己作品的想法并付诸实践。

方玉润自编《鸿濛室丛书》，以期将自己所有作品囊括其中，流传后世。"鸿濛室"是方玉润为自己书房所取的名字，也以此作为自己作品的丛书名。最早较为系统研究方玉润生平著述的是历史学家向达。他在参看无意中搜求到的《星烈日记汇要》、日记稿本，《鸿濛室丛书》等资料的基础上，初步整理出方玉润一生的著述活动，成为研究方玉润生平的重要参考资料。不过，由于当时条件所限，向达对方玉润著作的研究有所保留。今人张明喜、冯莉等，在掌握了更加翔实资料的基础上，进一步丰富了方

① 方玉润：《诗经原始》，中华书局1986年版，第71页。

氏著述的种类，填补了许多空白。综合诸位研究成果可知，方氏一生著述丰富，并且非常注重自己作品的结集和出版。

咸丰三年(1853年)，方玉润四十三岁，时居昆明，删早年诗作，结为《俯仰集》和《红豆集》两种。后来又先后编成《问天集》《渡江集》《暂息集》等。其中《俯仰集》“自庚寅至癸丑，凡二十四年。删存旧稿，得诗三百二十四首，釐为四卷，仅十之二三耳”①。由此见得，方玉润对自己的作品质量要求很高，仅保留了十分之二三，其余都删掉了。1859年，方玉润在长沙刻印了《鸿濛室诗钞》和《鸿濛室文钞》，分别将自己多年的诗作和文章结集出版，第二年还请曾国藩做了题跋，以利传播。四年后，他又重新刊刻出版了《鸿濛室诗钞》，在原来的基础上略有调整，可称为第二版。其后又屡次修订，不断充实新的内容。据向达在《方玉润著述考》中所述，实际共得其书四十三种。

目前已知最早的方玉润欲将自己所有作品结集的想法当产生在湖南投军期间。不过具体的书目已经不可考了。1865年，五十五岁的方玉润在八月十五日的日记中，拟定了“鸿濛室拟著丛书目录”，一共三十六种。在按语中，他写道：“吾辈立德言功，均已让诸他人，惟此区区之言一端，差能权操自己。倘再蹉跎，甘心暴弃，则三不朽之谓何？恐与草木同腐而已矣！”表明了自己历经仕途上屡次受阻之后，下定余生闭户佣经、著书立说的决心。方玉润的晚年生活相对安定，编著也最为勤谨。“频年盗贼兵差络绎，犹手一编不肯释，除守陴外，即握管著书，虽十七年不迁不调，意怡如也”②，留下了大量的作品。

《星烈日记汇要》就是其中重要的一部，1875年冬刻成，为《鸿濛室丛书》第三十六种。该书分类记载，内分志道、经义、史论、诸子、经济、文学、游艺、涉历等门，每门下再分若干类，“其中经济一门，内有治道、选举、农桑、河渠、财用、屯田、牧令、荒政、兵策九项，游艺一门则天文、地理、医药、卜筮、禄命、风鉴、书法、绘事、铁笔、音乐、枪法、骑射，无所不能”③。一方面可以看出方玉润知识广博；另一方面，也可以看出他在编辑自己日记的时候，没有单纯按照时间顺序，而是分门

① 方玉润：《俯仰集》，见“云南丛书”第三十三册《鸿濛室诗钞》，中华书局2009年版，第17285~17292页。

② 方思慎：《拟征方友石七十寿言节略》，见史怀信：《陇县新志(卷五)·艺文志》，民国三十五年手抄本，陕西省陇县档案馆藏。转引自冯莉：《方玉润年谱》，载《云南民族大学学报(哲学社会科学版)》2007年第24卷第4期，第120页。

③ 向达：《方玉润著述考》，载《文学季刊》1934年创刊号，第331页。

别类。分类正是思想的秩序，《汇要》的分类细致科学，表明方玉润在编辑工作上已经具备了相当的技巧和思想高度。

《诗经原始》是方玉润晚年的作品，也是他所有作品中最为重要的一部，集合了方玉润所有的诗学思想和编辑思想的精华。

三、《诗经原始》编辑思想："原诗人始意"

方玉润在《诗经原始》成书之后，作了一篇自序，为后人研究他的诗学思想和编辑理念提供了极好的参照。《自序》中提道："名之曰《原始》，盖欲原诗人始意也。"①"原诗人始意"正是《诗经原始》的编辑思想。这一编辑思想主要体现在以下几个方面。

1. 从材料选择到诗旨阐述："广集众说，折衷一是"

清代经学在批判宋学的基础上，复兴了西汉的今文经学和东汉的古文经学，并产生了一批作品。这些作品在文字、名物、音韵、训诂、校勘等方面都有许多新的见解和发现，为方玉润的诗学研究提供了深入进行的材料。因而，对方玉润而言，可以接触到的诗学作品种类较之前代又有了很大的提升。正是在博览群书的基础上，方玉润才在上文提到的日记中，非常自信地认为自己的作品于材料上可以说是"广集众说，折衷一是"，从而"探求古人作诗本旨而原其始意也"。换言之，"广集众说"是手段，"折衷一是"是目的。而方玉润认为的"是"，便是诗篇的"本旨"和"始意"。为了求到这个"是"，《诗经原始》不论是在诗旨还是在训诂上，都大量采列前人观点。

从诗旨上"广集众说，折衷一是"。《诗经原始》在诗旨上的观点集中体现在《诗旨》一章中。为了更好地让读者理解自己的诗学思想和解诗论说，方玉润特意在《诗经原始·卷首下》做了专章《诗旨》。《诗旨》介绍了《虞书》、《礼记》、《论语》、孟子、《大序》、欧阳修、郑樵、叶适、严粲、王柏、孔颖达、范浚、吕祖谦、朱熹、马端临、章潢、顾炎武、姚际恒等著作和诗学家的诗旨观，并逐一用"案"的形式做了述评。这一章不仅高度概括总结了历代诗家的观点，而且借以阐明方玉润本人的诗学观。他评价《序》："此《序》总论《诗》旨，纯驳参半。虽多袭《乐记》语，要自是说《诗》正论，可补《论语》《虞书》所不及。若云《序》出子夏，此其庶几。至《小序》，则纯乎伪托，故舍彼而录此。唯其中有未尽合者，如'国史明乎得失'一节，诚如朱注所驳；'政有大小'数语，亦为章氏所指。学

① 方玉润：《诗经原始》，中华书局1986年版，第3页。

者分别观之可耳。"①可见，虽然他反《序》，但也并不一味排斥《序》，而是能取其可信之处。他评价朱熹诗之"感物道情，吟咏情性，几时尽是讥刺他人？只缘序者立例，篇篇做美刺说，将诗人意思尽穿凿坏了"时案语道："诗本吟咏性情，不尽讥刺他人，是公所知。然诗多寄托男女，不尽描写己事，又非公之所识，以故《郑风》篇篇指为淫词，不更将诗人意思尽情说坏耶？"②既肯定了朱熹对《诗经》"吟咏情性"的认识，又对其"淫诗说"表示出强烈不满。可以这么认为，《诗经原始》中对诗歌所得出的"始意"，都是尽量公允地立足于综论各家得失，对他人观点进行评价、论说之上的。这样一来，整个《诗经原始》便显得有破有立，得出的"始意"也更让人信服。

从训诂上"广集众说，折衷一是"。在每篇诗的"集释"部分，方玉润更是大量引用了其他典籍的训诂和史料，辅助了解"始意"。《诗集传》《汉书》《易》《诗序》《史记》《国语》《左传》等都作为被引用的重点书目，多次出现在"集释"中。有的一篇"集释"甚至会包含几部书的观点。比如《桑柔》的"集释"中就包含了《毛诗郑笺》、《诗集传》、《诗经通论》、欧阳修的《诗本义》等的部分解释。

《诗经原始·自序》中谈到该书编撰基本情况时，提到了方玉润本人"广集众说"之后的思考："最后得姚氏际恒《通论》一书读之，亦既繁征远引，辩论于《序》《传》二者之间，颇有领悟，十得二三矣。"③也说明，他所得出的"始意"是仰赖前人论辩的。在整个成书过程中，《诗经原始》确实做到了"广集众说，折衷一是"。

2. 释《诗》时阐发文学意义：涵泳诗文，就诗论诗

《诗经》是汉族文学史上第一部诗歌总集，古典文学现实主义传统的源头，是一部地地道道的文学作品。由于被尊称为"经"，历代的诗经学研究者或主动或被动都忽略了《诗经》的文学本质。两千年来，《诗经》"作为文学艺术的本质却长期地忽视、被搁置……《诗经》作为文学长河的源头，对后世的影响绝不可低估。《国风》的清婉，《小雅》的典丽，《大雅》的凝重，《三颂》的肃穆，运用赋、比、兴艺术形式的创造等等，无不在后世的诗歌中得到继承和发展。追本溯源，《诗经》这一朵奇葩实在值得细细地赏析"④。当代文学史专家莫砺锋认为，早在南宋时期，朱熹的《诗

---

① 方玉润：《诗经原始》，中华书局1986年版，第45~46页。
② 方玉润：《诗经原始》，中华书局1986年版，第55页。
③ 方玉润：《诗经原始》，中华书局1986年版，第3页。
④ 程俊英、蒋见元：《诗经注析》，中华书局1991年版，第3页。

集传》已标示着《诗经》研究从经学转向文学。不过这个转变一直以来并没有形成系统，文学意义只是《诗经》研究的一个附庸。

《诗经原始》“欲原诗人始意”，言下之意，就是对已有的作品在阐述诗旨时的观点并不完全赞同。方氏认为，前人的诗旨“而剖抉未精，立论未允，识微力浅，义少辩多，亦不足以针肓而起废。”所以“乃不揣固陋，反复涵泳，参论其间，务求得古人作诗本意而止，不顾《序》，不顾《传》，亦不顾《论》，唯其是者从而非者正，名之曰《原始》，盖欲原诗人之始意也。虽不知其与诗人本意何如，而循文按义，则古人作诗大旨要亦不外乎是”①。既然是不顾所谓先圣哲学的“循文按义”，就必然会得出一番新的见解。在具体的释诗中，方玉润作为封建文人“尽管也是立足于经学立场，但已经自觉地意识到应究诗人原本之始意，从诗的本义入手，意图恢复《诗经》的文学之本来面目，而讲究诗的文学鉴赏，多有舍弃甚至鄙夷经学之处。这在客观上开拓了《诗经》研究的新学风”②。《诗经原始》对《诗经》做出了较之前人更加系统而彻底的文学阐释。

首先，论诗方法上应用文学虚实之意，释诗不实指。以《诗经》中的《周南》《召南》诸诗为例，不论是汉学还是宋学，都穿凿附会为具体的某个后妃、夫人等，以教化而论诗，从而生发长篇大论的美刺之说。《诗经原始》难能可贵地勇敢打破了持续两千年的传统，用简洁而通俗的语言，就诗论诗，说明其中旨意。如“《葛覃》，因归宁而敦妇本也”③，“《卷耳》，念行役而知妇情之笃也”④，并没有具体指称所述何人，仅仅就诗文本身做出解释。

其次，在眉批、旁批、圈点以及部分总评中，对《诗经》进行文学上的分析。如对《渭阳》一诗总体意境眉评道：“诗格老当，情致缠绵，为后世送别之祖，令人想见携手河梁时也。”⑤对《大明》八章用字的评论：“‘清明’作收，与‘明明’‘赫赫’相应，用字亦极不苟如是。”⑥这些分析把诗从圣坛上请下来，作为一篇纯粹的文学作品来解读。

最后，《诗经原始》采用了许多优美的语言释诗，用文学解读文意。《诗经原始》的解读抛却了所谓的“微言大义”之说，把诗篇解释得优美而

① 方玉润：《诗经原始》，中华书局 1986 年版，第 2 页。
② 李春云：《方玉润〈诗经原始〉研究》，福建师范大学硕士学位论文 2004 年，序言。
③ 方玉润：《诗经原始》，中华书局 1986 年版，第 75 页。
④ 方玉润：《诗经原始》，中华书局 1986 年版，第 77 页。
⑤ 方玉润：《诗经原始》，中华书局 1986 年版，第 278 页。
⑥ 方玉润：《诗经原始》，中华书局 1986 年版，第 478 页。

沁人心脾。比如《芣苢》一诗，《诗经原始》释为："读者试平心静气，涵咏此诗，恍听田家妇女，三三五五，于平原绣野，风和日丽中群歌互答，余音袅袅，若远若近，忽断忽续，不知其情之何以移而神之何以旷。则此诗可不必细绎而自得其妙焉。"①这样的解诗之语本身就是一篇极富文学色彩的佳作。

虽然《诗经原始》从本质上并没有跳出经学的范畴，其自拟的《序》很多也仅仅只是立于旧说基础之上，有一些不足之处。但"他能就诗论诗，将诗当做文学作品来读，不迷信古人，敢于提出自己的观点，对后世影响极大，特别是对民国以后的《诗经》学界的影响很大"②，是整个诗经学史上一部非常重要的作品。

上下五千年的中华文明因为有了诸多经典作品的映衬显得格外璀璨。《诗经》作为其中的杰出代表之一，不断地被不同时代的文人学士们传阅、学习、解读……每一部要籍都融入了编写者的个人识见、经学造诣和编辑功力，堪称匠心之作。本章选取的六部《诗经》要籍，虽然因篇幅之限未能涵盖所有的优秀作品，但都是某一时期非常重要的代表性作品。以书言志，每一部要籍成书过程中的编辑思想都深受诗学思想的影响，体现着编写者经学思想的精髓。经学思想与编辑思想，在这一部部要籍中交汇融通。

《诗三百》以单纯美好的"思无邪"始，上古周太师精心的编辑活动掩藏不住"清水出芙蓉，天然去雕饰"般的质朴与恬静，是一场文学的盛宴。《诗》之为经，自西汉始。《诗经》汉学的奠基之作《毛诗传笺》"述先圣之元意，整百家之不齐"。一代大家鸿儒郑玄兢兢业业，以毛为宗，会通今古；以《礼》笺《诗》，会通经学，奠定了《毛诗》独尊地位的同时，也奠定了接下来一千多年诗学的教化功能，为唐代《毛诗正义》一统天下诗学打下坚实基础。北宋欧阳修一代文宗，"迹前世之所传，而较其得失"，用二十年的时间编撰《诗本义》，体例灵活思想灵动，大胆质疑郑毛之失，尝试用文学的眼光去解读部分篇章。南宋朱熹《诗集传》受到欧阳修影响，"集今古汉宋，传本文本意"，材料选择上博综旁通，择善而从，文意注释上则熟读冥思，依文求义，成为诗经宋学的权威之作。清代马瑞辰专注《诗经》这一门学问，其《毛诗传笺通释》在选材上纵通古今横通百家，在体例上杂考与通释并举，训释与校勘并存，体现出"宏通"的编辑思想。

---

① 方玉润：《诗经原始》，中华书局1986年版，第85页。

② 中国诗经学会编：《诗经要籍提要》，学苑出版社2003年版，第298页。

到了方玉润《诗经原始》"原诗人始意"，涵咏诗文，就诗论诗，将《诗经》更多地当成文学作品看待，做出了比前人更加系统而彻底的文学阐释。纵观几千年来《诗经》要籍编辑思想的发展轨迹，恰似一场精致而波澜起伏的轮回，让人感慨。

第四章 “三礼”要籍编辑思想

第一节 “三礼”及其编辑思想流变

一、“三礼”成书考

“三礼”为《周礼》《仪礼》和《礼记》三部儒家经典的统称，是记录古代各种礼典礼制及其所表达之礼意的文字书本。就其内容而言，则有天子侯国建制、礼乐兵刑、赋役财用、冠昏乡射、朝聘丧祭、服饰器物、宫室车马、工艺制作等，范围之广，几乎包括了中国传统文化的全部。关于“三礼”之间的关系及地位，历史上颇存歧说：有的奉《仪礼》为“经”，视《礼记》为“传”（朱熹）；有的尊《周礼》为“经礼”，称《仪礼》为“曲礼”（郑玄）；也有的以《周礼》为“礼经”（韦昭、颜师古）；还有的则斥《周礼》为“伪书”（胡安国、胡宏）。[①] 学界经过长时间的争辩，大体认同《周礼》是儒家后学，为表现其政治思想，掇拾周代政治制度，融合孔孟学说，糅合法家、阴阳家的言论，加入作者的卓见，编成的一部理想化的政治组织法；《仪礼》一书主要叙述周初以来自皇室以下各等各位相应的冠、婚、丧、祭、乡、射、朝、聘等各种礼仪制度；而《礼记》在“三礼”中则为后起之书，是春秋战国至西汉初期儒家礼学著述的汇集，重在表述和弘扬礼乐制度蕴含的文化精神，旨在揭示礼的灵魂和内在的生命张力。总体而言，《周礼》和《仪礼》是对古代礼制条文较为客观写实的记述，提供了社会组织结构的基本框架和群体的行为规范；而《礼记》更具时代性和创造性，承载了儒家因文化自觉而肩负的伟大而艰巨的历史使命和社会责任。

---

① 杨志刚：《中国礼学史发凡》，载《复旦学报（社会科学版）》1995 年第 6 期，第 52～59 页。

由于殷、周奴隶主贵族出于政治上的需要，经常举行各类礼典，而礼典重在实行，当时并没有记录成文，多是出于后人的追记，加之“《六经》焚于秦而复出于汉，其师传之道中绝，而简编脱乱讹缺，学者莫得其本真”①，因此“三礼”的作者、成书年代及撰作问题成为历代礼学家热于追踪和探究的问题。下面就学界相关研究之大略，分而论之。

(一)从《周礼》之编撰考其成书年代

《周礼》初名《周官》《周官经》，西汉以前，不见有文献点名征引，直到西汉河间献王时代才寻得踪迹。《汉书·景十三王传》有云：“献王所得书皆古文先秦旧书，《周官》《尚书》《礼》《礼记》《孟子》《老子》之属，皆经传说记，七十子之徒所论。”②西汉末年，王莽托古改制，将《周官》更名为《周礼》，看作“周公致太平之迹”之书，成为其改制之理论依据。此后，《周官》《周礼》二名互见。东汉末年，郑玄博综众家、兼采今古文之说，作《周礼注》，明确“周公居摄而作六典之礼，谓之《周礼》”。从此，《周礼》之名压倒了《周官》之名，成为通行的书名。三国魏时，今文经学日趋凋零，古文经学则日兴月盛，《周礼》被立于学官，取得了合法地位。从此，《周礼》作为儒家经典的地位再也不曾动摇过。

《周礼》的成书年代是《周礼》研究中争论颇多的问题。西周说、春秋说、战国说、周秦之际说、西汉说等众说纷纭，莫衷一是。现代学者突破传统考据方法，结合金文研究成果，对判定《周礼》的成书年代贡献极大。如郭沫若《周官质疑》(1932年)以金文资料中所见的西周官制为坐标，与《周礼》中的相应职官进行比较，否定了传统经学笃信的《周礼》出于周公的看法，提出：“《周官》一书，盖赵人荀卿子之弟子所为，袭其师‘爵名从周’之意，纂集遗闻佚志，参以几见而成一家言。”③在郭沫若之后，随着金文研究的深入，以金文资料和《周礼》进行对比考证，进而推论《周礼》的成书时代之类的研究取得了很大进展，其中刘起釪《〈周礼〉真伪之争及其书写成的真实依据》对郭沫若的观点提出了一些修正，指出：“《周官》一书，最初作为官职之汇编，至迟必成于春秋前期。它录集自西周后期以来逐渐完整的姬周系统之六官官制资料，再加以条理系统以成书。”④在郭沫若发表论说的同年，钱穆利用传统的文献考证法发表《周官制作时

---

① 欧阳修、宋祁：《新唐书·艺文志序》，中华书局1975年版，第1421页。
② 班固：《汉书》(卷53)，中华书局1962年版，第2410页。
③ 郭沫若：《郭沫若全集·考古编》(第五卷)，科学出版社2002年版，第185页。
④ 刘起釪：《古史续辨》，中国社会科学出版社1991年版，第642页。

代考》，指出："《周官》书出战国晚世，当在道家思想转成阴阳学派之后；而或者尚在吕不韦宾客著书之前。"①钱穆通过文献考证得出的结论，与郭沫若通过金文研究得出的结论并无二致，终使《周礼》成书于战国时代的观点为学界普遍接受。

新史学兴起后，将《周礼》书中所表达的思想内容放入思想史研究所建立的序列，以此推断《周礼》的成书年代，成为一种新的研究方法。如杨向奎的《〈周礼〉的内容分析及其成书时代》判定《周礼》"是战国中叶前后的作品，可能出于齐国"②。其他如彭林的《〈周礼〉主题思想与成书年代研究》、徐复观的《〈周官〉成立之时代及其思想性格》皆以思想的时代性断定《周礼》的成书时代，虽然在研究方法上颇有启发，但是由于背离了史料的基本限制，因此得出的结论过于主观。

20世纪以来，随着马克思主义史学在中国史学界居于主导地位，将《周礼》放在特定的时代背景之下考察其成书年代的研究论著层出不穷。如顾颉刚的《"周公制礼"的传说和〈周官〉一书的出现》、金春峰的《周官之成书及其反映的文化与时代新考》皆将《周礼》放在先秦宏观的历史背景之下进行讨论，推断《周礼》是战国末年入秦的学者所作，尤其金春峰将此观点与出土的秦简作印证，使自己的结论更加具有说服力。

尽管学界对《周礼》之成书有不同看法，且几乎每一种观点都持之有故、言之成理，却都不能完全解释读者之疑。然而，不可否认的是，纵观历代学者所做出的学术探索，每一种观点背后所蕴含的学术意义对本书颇有启发。综观《周礼》一书，其不同于一般的文献汇集，首先，它规定王朝职官三百六十，分属天地四时六官掌握，全书的叙述皆宗于此，规模宏大，组织严密；其次，《周礼》之编撰并不是对两周制度资料的汇编、拾遗、补编，而是为大一统的国家治理而创立一套规范社会政治生活的礼仪制度，是按照作者的世界观和政治主张，严密编织而成。如朱熹有云："周礼一书也是做得缜密，真个盛水不漏！"③鉴于此，我们有必要立足于《周礼》文本自身，探究其作者特征、著述方式以及编撰思想，进而推究其成书年代。

首先，虽然历代学者对《周礼》之成书各执一词，但是时至今日，多数学者认同，《周礼》一书，既非周公本人所作，亦非刘歆冒名伪造，其

---

① 钱穆：《两汉经学今古文评议》，商务印书馆2001年版，第369页。
② 杨向奎：《绎史斋学术文集》，上海人民出版社1983年版，第271页。
③ 黎靖德：《朱子语类》卷八十六，中华书局1986年版，第1134页。

作者很难指实。可见，对于《周礼》之作者的探究，还是必须立足于《周礼》一书本身。就《周礼》的著作性质而言，学界主要有两种观点：其一是历史文献，其二是思想著作。对于前种看法，如金景芳认为：“(《周礼》)讲古制极为纤悉具体。但其中也增入作者自己的设想。”①与此相类的还有尹黎云，其认为：“(《周礼》)书中所反映的周制，当是西周初年尚未改制，也就是沿用殷制的周制，同时又有不少内容是作者的设想。”②金、尹二人皆认为，《周礼》保存旧制是主要的，作者的设想是次要的。而对于后一种看法，如顾颉刚认为：“《周礼》是为统一天下，成就帝王事业而设计的一套制度。”③李普国亦认为：“该书是作者为了‘成就王业’而设计出来的一个方案，并非历史实录”；“它主要是一部思想史性质的著作”。④顾、李二人则认为，《周礼》的改革方案是主要的，保存旧制是次要的。此两种观点孰是孰非？笔者认为，后一种见解更为合理。从《周礼》一书的篇幅观之，言旧制只占该书内容的四分之一强，绝大部分内容围绕新的改制方案展开论述，可以说改制是此书的主旋律。从历代君臣对《周礼》的态度和运用亦可验证此说。如李普国指出：“刘歆佐王莽，苏绰佐北周宇文氏，皆托《周礼》以改制。唐玄宗又依傍《周礼》而修《唐六典》。宋王安石师法《周礼》的理财制度，创立‘新法’；王安石自撰《周礼新义》，并以《周礼》取士。近代太平天国制订的《天朝田亩制度》，也从《周礼》吸取思想养料。”⑤可见，从著作性质看来，《周礼》不是历史文献，而是思想革新之作，是改制的法典。

其次，就著述方式而言，《周礼》是私人著述，还是官方典籍，学界亦有争论。关于私人著述之说，源于“战国伪书”说，基本已经被理论界否定。理由有二，其一，无论是在东、西周之交的前后，还是春秋后期的孔子时代，中国学术尚未下移，仍秉持“述而不作”的学术传统；其二，《周礼》既是改制之作，且全书高屋建瓴，纤密细微，一般私人著述不可能完成。那么，作为一部官方典籍，《周礼》是多人杂著；还是一人原著，多人补订；或一人主编，多人合著而成？学界前辈有多种看法。如顾颉刚

---

① 转引自《评析本白话十三经》，北京广播学院出版社 1993 年版，第 187 页。

② 转引自《评析本白话十三经》，北京广播学院出版社 1993 年版，第 187 页。

③ 转引自李普国：《〈周礼〉的经济制度与经济思想 · 前言》，中州古籍出版社 1987 年版，第 3 页。

④ 李普国：《〈周礼〉的经济制度与经济思想 · 前言》，中州古籍出版社 1987 年版，第 3 页。

⑤ 李普国：《〈周礼〉的经济制度与经济思想 · 前言》，中州古籍出版社 1987 年版，第 4 页。

认为：“现在所见的《周礼》，是散亡之余，为汉代儒家所获得，并加以增损而成。其成书过程，上可联系到齐宣王立稷下之学，下可联系到王莽托古改制，既不成于一人之手，也不作于一时。”①而胡寄窗提出不同看法：“《周礼》这部书就不是这样，它系统地记载了一个封建大国的中央各部门和每一部门的各级行政机构的周密编制体系。不论这些记载系来自直接、间接知识，或系来自主观虚构，仅凭这一点而言，即足以断定《周礼》不可能是若干人非一时之作。……所以，《周礼》的主要轮廓应以成于一人之手才较为合理，他人只能做些无关大体的小的增补改订。”②此二说孰是孰非？依笔者看来，《周礼》全书结构严谨、思想细密，应是出于一人之总体设计，而各篇风格不一，矛盾甚多，则应是多人分头撰写而成。此外，关于后人补订之说，事实上这些所谓的增补，很难从《周礼》正文中找到实据，几乎都出于注疏。如胡寄窗曾说：“历代注疏家几乎对《周礼》中一字一句均有各种不同的歧见。”③可见，后世增补之说并不可靠。

再次，就著述的完整性而言，有学者提出《周礼》是一部未完成的著作。如清人江永说：“《周礼》本是未成之书，阙《冬官》，汉人求之不得，以《考工记》补之，恐是当时原阙也。”④近人郭沫若、蒋伯潜亦有此论。如郭沫若有言：“其书盖未竣之业，故书与作者均不传于世。”⑤而蒋伯潜亦推测是由于作者“遽尔溘逝”，所以书稿尚属初稿，且因存于家中而未及流传，以至于不为当时人所见。可以说，正是因为《周礼》是一部因遭变故而未完成的著作，才导致其在百家争鸣的战国时代不仅在先秦诸子中无人引用，甚至无人提及，直到汉代才被人发现而献之于河间献王。然而汉人不知其为未竣之作，于是出重金以求其《冬官》而终不可得，才以《考工记》补之。以至于，《考工记》的内容和体例与前文不同，自成一家。

最后，以《周礼》的内容和行文特点分而论之，其一，就《周礼》的内容而言，全书分为《天官》《地官》《春官》《夏官》《秋官》《冬官》六篇，分述六个系统的职官，且皆统之于天官。下面分而述之。首先，天官系统共有六十三职官。天官之长则称大宰，其职权既要“掌建邦之六典”，以佐王治理天下邦国，又要掌理王国的“八法”“八则”“八柄”“八统”“九职”

---

① 转引自李普国：《〈周礼〉的经济制度与经济思想·前言》，中州古籍出版社1987年版，第4页。

② 胡寄窗：《〈周礼〉的经济制度与经济思想·序》，中州古籍出版社1987年版，第1页。

③ 胡寄窗：《〈周礼〉的经济制度与经济思想·序》，中州古籍出版社1987年版，第2页。

④ 江永：《周礼疑义举要》，中华书局1985年版，第118页。

⑤ 转引自汪启明：《〈周礼·考工记〉齐语拾补——〈考工记〉为齐人所作再证》，载《古汉语研究》1992年第4期，第80~82页。

“九赋”“九式”“九贡”“九两”等，其下设属官，除前所列十一职协助天官施行部分职掌外，其他各类职官的职事皆事无巨细，几乎与天官作为治官的职掌无涉，而尤以服务于王、王后、太子的生活和宫内事务的职官居多，占据了天官系统职官的绝大部分。其次，地官系统总共有七十八职官，若加上《叙官》中提及而职文中未列的乡老一职，合计为七十九职官。地官之长被称为大司徒，其主要职责是“掌邦之土地之图，与其人民之数”，即掌管土地和人民。大司徒的副手为小司徒，主要职责是协助大司徒工作。大、小司徒以下的七十七属官，职掌复杂，既有掌基层各级行政的官，亦有掌赋税、力役的官，以及掌山林、川泽、场圃、矿藏等的官；指导农业生产的官；掌管粮食及仓贮的官；掌市政及门关的官；掌管教育的官；负责有关祭祀事务的官；以及掌为民调解仇怨的调人和掌民婚姻的媒氏。综而观之，地官所掌，关乎国计民生，乃立国之本。接着，春官系统共有七十职官，大宗伯为其长，小宗伯是大宗伯的副手。大、小宗伯的主要职责是掌礼，其下六十八属官，分掌礼事、乐事、卜筮、巫祝、史事、车旗以及宗庙、宝物、重器、吏治、文书之收藏。再次，夏官属于“政官”，即掌军政之官，大司马为其长，小司马副之，下设六十七职官，其中军司马、舆司马、行司马、掌疆、司甲五官职文缺佚，其他六十二官的职掌则较复杂，但多与军政有关。然后，秋官属于“刑官”，即掌刑法之职，大司寇是其长，小司寇为其副，下设六十四属官，其中掌祭祀、掌货贿、都则、都士、家士等五官职文缺佚，其他五十九官大体围绕掌刑法狱讼的官、掌各种禁令的官、掌隶民的官、掌辟除的官、掌供犬牲的官等几大类设置职官。最后，《周礼》缺《冬官》，汉人补之以《考工记》。从内容上观之，《考工记》分工六类：攻木之工、攻金之工、攻皮之工、设色之工、刮磨之工、抟埴之工，记述了战国时期官营手工业各工种规范和制造工艺。其所记诸制作，不仅详于尺度、要求和要领，而且善于总结制作经验，史料价值颇高。

其二，就《周礼》的行文特点而言，首先，每篇开头皆有一《叙官》，表明各篇职官的大纲，列出该篇设有多少职官、每一职官的级别及其属员的级别和员数。同时，每篇《叙官》的开卷便言：“惟王建国，辨方正位，体国经野，设官分职，以为民极。乃立天官冢宰，使帅其属而掌握邦治。”这是天地、四时六官每官之前皆撰述的“序言”，表明辨方正位，才能分国野、设官职，是建国的第一要务。在《周礼》作者看来，王主宰万民，是社会的核心，所以应该住在自然的中心，阴阳、四时周绕其旁，如此方能与天子身份相称。① 其次，以职官联系着各种制度，在职掌的叙述中穿插着相应的各种制度内容。如《天官·大宰》曰："大宰之职，掌建邦之六典，以佐王治邦国。"可见，掌建邦之六典，是大宰最主要的职责，而其所建之"治典""教典""礼典""政典""刑典""事典"，为国家六个方面的根本制度。又如《地官·大司徒》曰："凡建邦国，以土圭土其地而制其域。诸公之地，封疆方五百里，其食者半。诸侯之地，封疆方四百里，其食者参之一。诸伯之地，封疆方三百里，其食者参之一。诸子之地，封疆方二百里，其食者四之一。诸子之地，封疆方二百里，其食者四分之一。诸男之地，封疆方百里，其食者四分之一。"以上叙述，皆为邦国封建制度。再次，《周礼》职文中，每每叙述职官之职能，皆论及有关方面的经验、技术或人们对某些事物的认识。如《天官·内饔》曰："辨腥、臊、膻、香之不可食者。"这是描述内饔的职责。其后又曰："牛夜鸣则庮。羊泠毛则毳，膻。犬赤股而躁，臊。鸟皫色而沙鸣，狸。豕盲视而交睫，腥。马黑脊而般臂，蝼。"此句则是从日常观察中得出的有关牛、羊、犬、鸟、豕、马等不可食的情况的认识，以提醒内饔的注意。又如《天官·疾医》先叙疾医之职掌，"掌养万民之疾病"，其后以四季为分界，描述长期行医实践中得出的关于人们春、夏、秋、冬四时常见疾病的认识。类似的例子在《周礼》中颇为多见，反映了作者广博的知识储备，以及期望指导人们生产生活实践的实用主义编撰风格。

综上，《周礼》的成书年代问题，激烈争论千年，至今仍莫衷一是，犹未止息。然而，从《周礼》一书的编撰观之，全书体大思精，结构缜密，天子之下有大宰，大宰统领六官，六官之下有三百六十属官，既有总属，亦有分属，展现该书纲举目张、挈领提纲的编撰特色，表明其应是出于一人的编撰思想统领之下而多人协作而成。在编撰手法上，作者知识广博，善于将前代的旧有材料加以剪裁、拼接，进行再创造的改编，组合成新的知识体系，表明作者高超的编辑技巧和融会贯通的编辑风格。只是由于作者突遭变故，书稿尚未完成，因而未及流传，以至于不为当时人所见。

（二）从《仪礼》之编撰考其成书

如果说《周礼》是一部国家行政管理大纲，那么《仪礼》则是记录先秦以前贵族生活中冠、昏、乡、射、朝、聘、丧、祭等各种礼仪的专书。《仪礼》之名，古无定称。孔颖达说《仪礼》于经籍而名异者见有七处五名

---

① 彭林：《〈周礼〉主体思想与成书年代研究》，中国人民大学出版社2009年版，第27页。

称，分别为：“威仪”“曲礼”“动仪”“仪礼”“古礼”，直到汉初亦未有《仪礼》之名，“疑后学者见十七篇中有仪、有礼，遂合而名之”。清儒皮锡瑞也说：“汉所谓《礼》，即今十七篇之《仪礼》。而汉不名《仪礼》，专主经言，则曰《礼经》，合记而言，则曰《礼记》。”①东晋时《仪礼》之名开始沿用。此后，《仪礼》《礼经》并称之，唐开成二年(837 年)刻石经时，始定名为《仪礼》，沿用至今。

今传本《仪礼》十七篇，由于时代久远，书缺有间，历代学者对于《仪礼》的作者和撰述年代亦有争议。以刘歆、班固为代表的汉代古文经学派认为，《仪礼》成书于“周之衰”之前，并非孔子所编作。后世经学大师如陆德明、孔颖达、贾公彦、胡培翚、曹元弼皆同意此说，力主《仪礼》为周公所制。相形之下，今文经学派持不同看法，认为《仪礼》为孔子所编著，只是以邵懿辰、皮锡瑞为代表，主张《仪礼》是孔子从周公所制之遗礼中纂辑、编定而成；而以廖平、康有为为代表，则认定《仪礼》为孔子所作，与周公无关。除了今、古文经两大学派提出的不同观点之外，还有一种由疑古派提出的论断，即《仪礼》一书之成书既与周公无关，亦非孔子所编作，而是春秋末至战国中期儒家后学所作，如清人毛奇龄认为《仪礼》为战国末期儒者所作。

关于《仪礼》作者和成书年代的分歧，源于《仪礼》有今、古文之分。《仪礼》古文经有三：淹中本、孔壁本、河间本。而《仪礼》今文经则如郑玄《六艺论》云：“后得孔子壁中古文《礼》，凡五十六篇。其十七篇与高堂生所传同，而字多异。其十七篇外，则‘逸礼’是也。”鲁高堂生所传十七篇，即今文经。此十七篇与《礼古经》五十六篇，在先秦实同出一源。只是十七篇为简本，以士礼为主，略及大夫、诸侯之礼；五十六篇为繁本，除十七篇外，尚有天子、诸侯之礼。流传至今的《仪礼》十七篇，今、古文经之不同，除个别文字有异外，内容大体相同。

考诸史实，笔者立足于《仪礼》一书之编撰，对今文经学派、古文经学派、疑古学派之观点评析如下。

首先，古文经学派认为《仪礼》十七篇是周公所作。由于书阕有间，现已很难论定《仪礼》一书与周公的确切关系，但是亦不能断定该书与周公毫无关系。礼仪制度的形成经历了一个久远的历史过程，周公作为周王朝的首脑，组织臣僚对前代礼仪风俗进行加工、改造和利用，制定出适应当时社会需要的礼仪制度是没有疑虑的。其中，部分内容流传到后世，并

---

① 皮锡瑞：《经学通论·三礼》，中华书局 1954 年版，第 15 页。

被损益、规范后编入《仪礼》之中，因此，《仪礼》十七篇只有小部分属于周公遗制，大部分内容当是后代损益改造过的礼仪制度。

其次，今文经学派主张《仪礼》十七篇是孔子整理编订。孔子自少好礼，以礼闻名，其编撰的《春秋》就是一部礼的教科书。然而，将《仪礼》的编著权归于孔子名下，仍过于武断。周予同在《"六经"与孔子的关系问题》一文中提出："孔子整理过'六经'，但现存的五部'经书'，却不完全是孔子整理后的原书。……《仪礼》，今本有《丧服传》一篇，相传即子夏所作。"①当然，不可否认，孔子整理、编修过《仪礼》，但是《仪礼》十七篇除了孔子整理过的内容之外，还包括孔子后学及后世学人所编订和增补的内容。

再次，疑古学派认定《仪礼》一书成书于战国之末，甚至有人认为是汉儒所缀辑而成。对于此说，当代学者多有批判。如黄侃曾批评毛奇龄以为《仪礼》晚出的观点。杨向奎通过以《仪礼》与其他先秦文献互证的方法，证明《仪礼》十七篇所载仪典内容确曾流行于西周春秋间，非后人可以伪造。② 洪诚根据《周礼》与《仪礼》等古文献中的语言运用情况，认为《仪礼》当属"春秋以前之文"。刘雨则通过对大量周代金文材料的考释，"发现它真实地反映乐春秋时代以来古礼的基本面貌"③。

鉴于此，当代学者提出新的看法，《仪礼》之成书并不是成于一时一地。如沈文倬在《略论礼典的实行和〈礼仪〉书本的撰作》一文中主张殷商时期举行的各式礼典，重在实行，并没有记录成文，《仪礼》残存十七篇以及已佚若干篇，成书于不同时代。沈氏将《仪礼》十七篇加以分解，分别论及各篇的成书年代。如丧礼部分的《士丧礼》《士虞礼》《既夕礼》《丧服》四篇成书最早，"写成书本当在哀公末年至悼公初年，即周元王、定王之际，公元前五世纪中期"④；至于其他各篇的写作时间，应为孔氏后学继丧礼写成后在一段较长时间内由多人陆续写成，其撰作时代下限当为鲁共公之时，即周烈王、显王之时，公元前 4 世纪中期。陈公柔在《〈士丧礼〉〈既夕礼〉中所记载的丧葬制度》⑤一文中由器物和制度推度之，认为其成书时代大约在战国初年至中叶(约公元前 5 世纪)。另有王辉从考

① 周予同：《"六经"与孔子的关系问题》，载《复旦学报》1979 年第 1 期，第 50~86 页。
② 杨向奎：《宗周社会与礼乐文明》，人民出版社 1997 年版，第 293 页。
③ 刘雨：《西周金文中的"周礼"》，载《孔子研究》2002 年第 6 期，第 89 页。
④ 陈其泰、郭伟川、周少川：《二十世纪中国礼学研究论集》，学苑出版社 1998 年版，第 246~265 页。
⑤ 陈公柔：《〈士丧礼〉〈既夕礼〉中所记载的丧葬制度》，载《考古学报》1956 年第 4 期，第 67~84 页。

古与古文字学的角度对《仪礼》成书年代加以论述，认为《仪礼》应成书于春秋以后、战国中期以前，与沈文倬、陈公柔的结论一致。

立足于《仪礼》全书，十七篇内容记载了周代的冠、婚、丧、祭、乡、射、朝、聘等各种礼仪。其中《士冠礼第一》属于成年教育礼，是儒家推行教化的重要内容；《士婚礼第二》属于士结婚的礼仪；《士相见礼第三》记载了士与士及各级贵族之间相互拜见的各种礼仪；《乡饮酒礼第四》记录了乡中为招待贤人和年高德厚者而举行的饮酒礼；《乡射礼第五》描述的是在乡中举行射箭比赛的礼仪；《燕礼第六》是古代贵族在闲暇时为联络感情而与群臣举行的一种饮酒礼；《大射第七》是诸侯在举行大的祭祀活动之前举行的射箭比赛，目的是选拔参加祭祀的人选；《聘礼第八》记录的是政治性的访问、慰问礼仪；《公食大夫第九》描述了国君款待聘问使者的礼仪；《觐礼第十》记载了诸侯朝见天子的礼仪；《丧服第十一》是规定生者依据与死者的血缘、尊卑关系而为死者服丧的状况；《士丧礼第十二》记录了古代社会士死后，其子（亦为士）为其举办丧事的礼仪；《既夕礼第十三》历来被视为《士丧礼第十二》的下篇，记录了从启殡到下葬的礼仪；《士虞礼第十四》讲述的是士既葬其父母后返回殡宫而举行的安魂礼；《特牲馈食礼第十五》记述了诸侯之士岁时祭祀其祖祢之礼；《少牢馈食礼第十六》记载了诸侯之卿大夫在宗庙中祭祀其祖祢之礼；《有司彻第十七》为《少牢馈食礼》的下篇。

综而观之，《仪礼》十七篇的内容涉及上古贵族生活的方方面面，既有记祭祀鬼神、祈求富佑之吉礼（三篇），亦有记丧葬之凶礼（四篇）以及记宾主相见之宾礼（三篇）和记冠昏、宾射、燕飨之嘉礼（七篇），足以总揽礼的大纲。可以推知，《仪礼》之作者对礼的认知相当完备且颇具深度。再看《仪礼》的语言风格，简洁明快，表达准确，体现了中国礼仪文化所具有的尊重性、规范性和多样性之特点。如《士丧礼》上、下两篇，经文共五千九百余字，将全部的丧葬制度、礼仪程序及其应用的器物、服饰，记述得井然有序、十分详明。最后统观全书体例，《仪礼》十七篇“经”文，除《丧服》外，虽有大致相同的修辞风格，却没有固定的写作体例，有些篇作者在文后补述若干内容，有些篇则有累增现象；十二篇“记”文，其性质为补充和解释“经”文，少部分文字和“经”文没有密切关系，而且也有累增现象。这些都反映出同一篇的“经”“记”不是一时一人所作。可以认为，《仪礼》各篇应是在流传相当岁月后才获得“经”的地位，在此过程中，有些篇有后人附益。“记”文附“经”，更应当是在各篇获得“经”的地位之后，至于累增的情形，在附“经”前后都有可能。“记”文的内容，既然大多属于补充与解释性质，其作者也是“经”文的诠释者之一，所以“经”文的诠释，可以参考“记”文，但不必然需要采信“记”文的说法，正如诠释《仪礼》不一定要采纳《礼记》中的说辞一般。因此，笔者赞同沈文倬先生的观点，《仪礼》一书是公元前5世纪中期到前4世纪中期的一百多年中，由孔门弟子及后学陆续撰作。

(三)从《礼记》之编撰考其成书

“三礼”之中，《周礼》叙述官制与政治制度，《仪礼》叙述古代贵族的行为仪范和礼仪制度，而《礼记》颇为不同，它有其独特性和创造性，是春秋战国至西汉初期儒家礼学著述的汇集。

《礼记》，又名《小戴礼记》，是一部孔子弟子及其后学者论述先秦礼制的学术论文集。《礼记》四十九篇，其中，《曲礼》《檀弓》《杂记》三篇因文章太长而被分别分成两篇，实际只有四十六篇。《礼记》作者众多，亦非一时之作，除了《中庸》以及与其有关的《坊记》《表记》《缁衣》三篇保有较多先秦色彩，其他如《大传》《丧服小记》等记宗法制度的作品和关于礼的制度细节的记述以及阐释《仪礼》的诸篇如《冠义》《昏义》《乡饮酒义》《射义》《燕义》《聘义》《祭义》等，应出于先秦外，其余《大学》《礼运》《乐记》《学记》《礼器》等篇已有较浓厚的秦汉特色。因此，在相当长的时间内，《礼记》或单篇流传，或收录在某一弟子的著作中，或被编选在儒家弟子传授的不同“记”文中。

《礼记》始于《曲礼》，终于《丧服四制》。其内容比较博杂，其中有的是对《仪礼》部分内容所进行的诠释，有的是对孔子及其弟子言行的记录，同时还有对礼学所作的通论。根据《礼记》内容之不同，大致可以分为四类：其一，记礼节条文，补他书所不备，如《曲礼》《檀弓》《玉藻》《丧服小记》《大传》《少仪》《杂记》等；其二，阐述周礼的意义，如《曾子问》《礼运》《礼器》《郊特性》《内则》《学记》《乐记》等；其三，解释《仪礼》之专篇，如《冠义》《昏义》《乡饮酒义》《射义》《燕义》《聘义》等；其四，专记某项制度和政令，如《王制》《月令》《文王世子》《明堂位》等。

《礼记》成为公认的经典经历了一个漫长的过程。自东汉马融、郑玄等人给《礼记》作注以来，《礼记》就成为一个流传稳定的文本；唐朝初年李世民命孔颖达撰《五经正义》，将其列入经书，取代了《仪礼》自战国以来在儒家经典中不祧之祖的地位，虽然不久所定科举考试的明经科增加了《仪礼》《周礼》，且以后的学者仍以《仪礼》《周礼》为“经”，而以《礼记》为“记”，地位同于“传”，但《礼记》在儒家经书中再未被排除过；宋代以来，由于《礼记》所记载的不少内容与儒家的政治理念相关联，迎合了善于以经发论的宋儒的政治理想，因此，《礼记》的地位跃居“三礼”之首，其中的《大学》《中庸》受到统治者和儒者的重视。此后，《礼记》在儒家经典中的主导地位一直没有改变。

关于《礼记》的编纂时代，历来有六说。其一，孔子门徒所共撰，如陆德明《经典释文序录》曰：“礼记者，本孔子门徒共撰所闻，以此为记。后世通儒，各有损益。故《中庸》是子思伋所作，《缁衣》是公孙尼子所制……”①其二，六国时人所撰集，如丁晏《礼记释注》曰：“《礼记》非汉儒作也。盖秦火未焚之前，六国时人所撰集也。”②其三，二戴据古礼所删成，如晋陈邵《周礼论序》曰：“戴德删《古礼》二百四篇，为八十五篇，谓之《大戴礼》；戴圣删《大戴礼》为四十九篇，是为《小戴礼》，后汉马融、卢植，考诸家异同，附戴圣篇章，去其繁重，及所叙略，而行于世，即今《礼记》是也。”③其四，二戴所传记，如郑玄《六艺论》曰：“按《汉书·艺文志》及《儒林传》云：今《礼》行于世者，戴德戴圣之学也。德传《礼》八十五篇，则《大戴礼》是也；戴圣传《礼》四十九篇，则此《礼记》是也。”④其五，二戴据曲台记所删成，如唐徐坚《初学记》曰：“《礼记》者，本孔子门徒共撰所闻也……到汉宣帝世，东海后苍善说《礼》，于曲台殿撰《礼》一百八十篇，号曰《后氏曲台记》，后苍传于梁国戴德，及德从子圣，乃删《后氏记》为八十五篇，名《大戴记》；圣又删《大戴礼》为四十六篇，名《小戴礼》。其后诸儒，又加《月令》《明堂位》《乐记》三篇，凡四十九篇，则今之《礼记》也。”⑤其六，西汉初诸儒所纂集，《经义考》引罗璧曰：“汉初典章简略，诸儒据拾遗文片简，与礼事相阙者，编定篇帙，皆非圣人之言。”⑥

大体而言，传统的观点认为，《大戴礼记》和《小戴礼记》分别为戴德和戴圣所纂集。可是到了近代，受疑古思潮的影响，这一说法受到了挑战。如洪业在《礼记引得序》中首次提出《礼记》并非戴圣所录，其是在大、

① 陆德明：《经典释文》，上海古籍出版社 1985 年版，第 817 页。
② 《续修四库全书》编委会：《续修四库全书》第 106 册，上海古籍出版社 2002 年版，第 53 页。
③ 转引自洪业：《洪业论学集》，中华书局 1981 年版，第 216 页。
④ 李学勤主编：《十三经注疏标点本》之《礼记正义》，北京大学出版社 1999 年版，第 9 页。
⑤ 徐坚：《初学记》，中华书局 1962 年版，第 498~499 页。
⑥ 朱彝尊：《经义考》，中华书局 1998 年版，第 388 页。

小戴之后，郑玄之前，由多人抄合而成，非一人一时之作。① 又有疑古学者认为戴圣为今文经学家，不可能纂集杂今古文于一书的《礼记》。对于此说，已有学者进行反驳。如恭道耕认为，古文经晚出，戴圣辑《礼记》并非取古文，而是所传之《记》与古文相合而已。杨天宇也认为，两汉时期的今文经学与古文经学并非水火不容，今文经学家也懂古文经学，而古文经学家也懂今文经学，因此，今文经学家的戴圣可以纂集今古文杂之的《礼记》。

综合各家说法，目前学界接受的观点是，《礼记》四十九篇成篇年代有先有后，早晚亦不同。在流传过程中，有的是单篇流传，传抄而行；有的篇章经儒家后学、弟子整理传抄，同时出现不同的抄本流传。然而，原本各自流传的文本何时编撰为《礼记》一书呢？王锷通过考辨《礼记》四十九篇的成篇年代和编纂者、编纂年代，以及戴德、戴圣之生平，认为"《礼记》是后苍弟子戴圣所编选，编选时间在汉宣帝甘露三年(公元前51年)以后，汉成帝阳朔四年(公元前21年)以前的三十年中"②。叶国良也赞同此说，并补充："汉武帝立五经博士后，《礼》经博士最初只有后仓，弟子著名者有四人，闻人通汉、戴德、戴兄子戴圣及庆普，闻人通汉不名家，戴德、戴圣、庆普则和许多汉代的经师一样，编有自己的本子，各自名家，宣帝时或稍后均立于学官。"③

结合《礼记》文本之编纂，其中提供的线索亦可验证此观点。首先，考察《礼记》所收录的文章，刘向《别录》大体将其分为十一大类：通论(包括《檀弓》上下、《礼运》、《玉藻》、《大传》、《学记》等十六篇)、制度(包括《曲礼》上下、《王制》、《礼器》、《少仪》、《深衣》共六篇)、丧服(包括《曾子问》《丧服小记》《杂记》上下、《丧大记》等十一篇)、祭祀(包括《郊特牲》《祭法》《祭仪》《祭统》共四篇)、吉事(包括《冠义》《昏义》《乡饮酒义》《燕义》《聘义》《射义》共六篇)、吉礼(《投壶》一篇)、明堂阴阳记(《月令》一篇)、明堂阴阳(《明堂位》一篇)、世子法(《内则》一篇)、乐记(《乐记》一篇)。面对这层次繁杂的分类体系，可以看出作者编纂《礼记》一书并不只是出于连缀残简、考定版本的学术目的，而是重建学术以期重现唐虞三代盛世的制礼作乐之壮举。结合戴圣之生平，其生于汉昭帝

① 洪业：《洪业论学集》，中华书局1981年版，第197~220页。

② 王锷：《〈礼记〉成书考》，西北师范大学2004年博士论文，第195页。

③ 叶国良：《二戴〈礼记〉编纂的几个问题》，载《齐鲁文化研究》2011年第10期，第133~139页。

始元六年(公元前81年)，正是宣帝朝中位列学官的《礼经》博士[①]。郑玄《六艺论》曾谓：“戴圣传《礼》四十九篇。”[②]这传达出戴圣为配合学官体制内《礼经》讲授的事宜，开始收集编纂相关礼学论述的实情。

其次，审视《礼记》所收录篇章的书写形式，既有抄录自《逸礼》而性质同《仪礼》的少数篇章，如《投壶》《奔丧》等一类平板记载仪节进度的程序单，亦有大量记述礼制、阐说礼义的繁多文献，大体可用两种表述形式概括：其一，论说某论题且结构大抵完整的语文模式——在内容上或总论整个礼制，或专论特定礼学议题，在形式上或是议论专文，或是长篇寓言故事；其二，汇集诸多同类型文字的文选类编——或短篇文章、传闻轶事，抑或格言警语、修身训示等。具体而言，《礼记》中《礼运》一篇即是内容周全且形式严密的代表篇目，其在题材上迎合了时人希望重建学术秩序的思想潮流，而在文体上又缜密地顾及礼制世界事物网络的所有层面。再看其他同类型篇章，无论是泛论礼之重要性，还是专论某特定事项，它们同样展现出概括所论议题各面向事物的鸟瞰式论述模式的特色。此类文章的撰写和收录，正是汉儒在担忧失序的忧患意识影响下，所激发出的借描绘礼制世界的理想样貌以规范约束世间亿万世理的严肃语言活动。[③] 回溯武宣时代的历史情境中，种种事实证据亦可相验证，如自元帝朝中兴起的改动庙制的重大变革事件，即成为儒臣们欲借由宗庙祭祀体制的合理设定以重新安顿帝国各势力间的权力关系的重要知识活动。可见，《礼记》一书之编纂，亦契合了当时的历史情境。身为朝廷学官的戴圣(及其后学)搜罗纂写众记礼、述礼篇章所编撰出的《礼记》，正是重构道术潮流中的重要支脉。换言之，通贯于《礼记》四十九篇中那希冀伦常秩序的内容主题，以及或宏观描述礼制世界轮廓样貌、或琐碎堆叠日常生活细节琐事的繁复论述模式，不但提供了时人想象世界秩序的参照图样，而且提供了进一步勾勒、乃至规划世间权力网络的操作方案。

二、“三礼”传承及其文本演进

礼起源于习俗，是由与社会民生相关性大者演化而来。无论是文献资料之记载，还是考古资料之佐证，我国历史上都存在过“夏礼”“殷礼”和

---

① 班固著，颜师古注：《汉书》卷88，中华书局2005年版，第3620~3621页。

② 郑玄注，孔颖达疏，龚抗云整理：《十三经注疏(卷1)》，台湾古迹出版公司2001年版，第6页。

③ 陈志信：《礼制国家的组构——以〈二戴记〉的论述形式剖析汉代儒化世界的形成》，载《台大文史学报》2004年第60期，第1~44页。

“周礼”。由于礼制繁杂，遂出现分类的现象。“周公制礼”之说，在以后成书的《礼经》《仪礼》《周官》《周礼》中依稀可见其留下的残篇断简。可见，周人在借鉴原始社会后期和夏、商文化的基础上创造了周代的礼乐文化，构建了中国历史上第一个较为完备的文化形态，将中华文明推进到一个崭新的境界。

在春秋奢好谈礼而又“礼崩乐坏”的社会氛围中，诞生了孔子的礼学。孔子在确立以“仁”为核心的思想体系中，强调恢复周礼秩序，提出“克己复礼为仁”“为国以礼”“道之以德，齐之以礼”等诸多主张，为礼学的产生做好了理论准备。虽然在现实政治的操作和策划层面上，孔子的礼学思想近乎迂腐，但是“他从哲学本体论和社会历史观的角度，对其选择和维持周礼所作的论证，确奠定了中国文化关于生命本质与意义目标的基本观念，创拟了中国等级社会进行阶级统治却又充满道德气味的理想模式，并为古老的礼传统在秦以后重获发展生机，筑下了基本的支点”①。孔子之后，荀子对礼的起源、本质、作用等问题做了详细的论述，如撰写《礼论》专篇，成为后世礼学著作和礼志所遵循的理论依据。可以说，在战国诸子百家蜂起的时代，经过长期的礼治实践，出现了无数的礼经条文，而关于这些礼经条文的辑集之作亦陆续问世，如《仪礼》之前身《礼》和政书性质的《周官》以及与礼经对应的“记”体礼书，预示着礼学的诞生。

秦王朝有其“秦礼”，但在特定导向的文化政策之下，礼学几近灭绝。秦、汉以来，古礼典不再举行，残存的礼制在汉初只被当作经书供学者们讲说讨论之用；而新创的汉仪尚未具有完备的规模，所用容貌威仪往往从古礼典里移植。汉代礼学渐渐分化为两个系统：其一是高堂生所创，后苍、大小戴等传承的今文《礼》经学博士，以古礼经传传授为主业，学术性强；其二是叔孙通和庆氏后学这样的汉仪博士，以及擅长容礼而未立博士的徐生等人，他们服务于当时朝廷，与古礼关系并不密切。汉武帝建元五年，《仪礼》立于学官。成帝时，刘向、刘歆父子校理秘籍，发现《周礼》，至王莽新政，立于学官。可以说，从两汉之际始，学界渐以“三礼”尤其是《周礼》移释他经。及至马融、郑玄，更突出地将其他经义纳入礼学的阐释系统。两汉是礼经学的发展、奠基时期，东汉末的郑玄注“三礼”，乃始有“三礼”之名，构成了中国礼学的脊柱，给后世礼学的发展提供了赖以支撑的基础。

---

① 杨志刚：《中国礼学史发凡》，载《复旦学报(社会科学版)》1995年第6期，第52～59页。

从魏晋到隋唐，礼仪学逐渐发展、成熟。晋国建文帝时，撰新礼，又称“晋礼”，其内容以吉、嘉、军、宾、凶“五礼”编排。在礼经学方面，《礼记》在魏代第一次被立于学官，标志着《礼记》的地位已经开始由“记”升格为“经”。南北朝时期，天下分南北，而其时说经者亦有“南学”“北学”之分。南朝经学突出的成就在于“三礼”学，不仅“三礼”学著述数量庞大，而且“三礼”地位弥尊，《礼》在《诗》《书》《易》《春秋》《乐》等经典中的基础地位再一次得到学者的强调。值得一提的是，“三礼”义疏类著述数量庞大。对于南北朝经学义疏体的兴盛，有两种解释：一方面是源于佛家的讲经，另一方面则多为疏注体义疏，即在体例上既释经又释注。据张帅[①]论证，南北朝“三礼”义疏体的勃兴确是经学诠释体例自然演化的结果。隋朝一统天下，“命太常卿牛弘集南北仪注，定《五礼》一百三十篇”[②]。隋炀帝时又修《江都集礼》。在隋礼和初唐《贞观礼》《显庆礼》的基础上，唐玄宗开元盛世又纂修了《开元礼》。《开元礼》集汉晋以来仪制制作之大成，确立了中世纪仪制的基本构架。唐初，孔颖达主持修撰《五经正义》，并继承南北义疏之作的体例，融汇吸纳经学成果，亲疏《礼记》。孔氏《正义》出，自唐至今，竟无有超越者。《四库全书总目》赞其“采摭旧文，词富理博，说礼之家，钻研莫尽”[③]。其后，贾公彦又采郑注，成《周礼注疏》《仪礼注疏》，继踵前业，以补未备。

宋人治经，重在阐发“义理”，并排斥汉唐旧说。这种学风同样反映在“三礼”学中。宋代“三礼”研究倡导以义理解经，怀疑“三礼”经文和注疏，并对“三礼”进行更改，如王安石的《周官新义》、陈祥道的《礼书》、李如圭的《仪礼集释》等文献，不仅怀疑经文，还于郑注和孔氏《正义》多有疑义。理学兴起以后，宋儒在《大学》和《中庸》中阐发自己的理学理想，研究《大学》和《中庸》的文献增多，这些文献成为“四书”学的组成部分。王安石熙宁变法，废罢《仪礼》，此后学者不复诵习。直到朱熹试图重新确立《仪礼》在“三礼”中作为“经”的地位，他以《仪礼》为经、以《礼记》为传、以《周礼》为纲，构筑他的礼学体系。只是这部倾注朱熹晚年心血和理想的巨著《仪礼经传通解》仅完成了家礼、乡礼、学礼、邦国礼、王朝礼等部分内容，未及完稿。不过，依然无法否定朱熹是继孔子、荀子、郑玄之后，屹立于中国礼学史上的又一位重要人物。

① 张帅：《南北朝三礼学研究》，山东师范大学2013年博士论文。
② 刘昫等：《旧唐书·礼仪志一》，中华书局1975年版，第816页。
③ 永瑢等：《四库全书总目》，中华书局1965年版，第169页。

纵观元、明两代的“三礼”学，可以发现，元代“三礼”学效法宋代，主要表现为宗朱学和改易“三礼”；明代经学效法元代，其“三礼”学著述数量不少，但还是停留在宋代的研究路数上，少有突破。正如清人皮锡瑞所言：“论宋、元、明三朝之经学，元不及宋，明又不及元。”①具体说来，就《仪礼》而言，元敖继公撰为《仪礼集说》，其自序谓郑注“疵多而醇少”，于是“删其不合于经者，而存其不谬者，意义有未足则取疏记或先儒之说以补之，又未足则附之以一得之见”②。《仪礼集说》引注疏、后儒说之后多以“继公谓”表达己见，末尾所缀“继公案”，则多为郑注之订补，可见敖氏解经方法之直截了当，不喜牵合。此后，吴澄的《仪礼逸经传》、汪克宽的《经礼补逸》，虽另辟研礼蹊径，然体例未纯，于礼学发展并无大的促进。及至明代，研治《仪礼》者，几无其人，据《四库全书总目》载，仅有郝敬之《仪礼节解》、张凤翔《礼经集注》、朱朝瑛《读仪礼略记》三部。至于《周礼》一经，元明时期几成绝学。元代学者邱葵、吴澄以及明代学者何乔新、郝敬、郭良翰、林兆珂、徐即登等多沿袭宋人之说，于《周礼》殊少发明。而与《仪礼》《周礼》二经命运大不相同的是《礼记》，其在元明时代颇受关注，先后有宋人卫湜作《礼记集说》，取自郑注而下凡一百四十四家，历时三十余载而成；元人吴澄撰《礼记纂言》，“改并旧文，俨然删述，恐不僭圣之讥”；陈澔撰《礼记集说》，较之郑注、孔疏的典赡，显得浅显易懂；较之卫湜的卷帙浩繁，显得简便，然其“笺释文句，一如注《孝经》《论语》之法。故用为蒙训则有余，求以经术则不足”③。及至明修《五经大全》，以陈澔之说为主，《礼记》一经，更趋僵化，导致经学至明为极衰时代。

清代礼学，于清初开始复兴，至乾嘉趋于昌盛。有清一代，由于受到乾嘉学派和大兴考据之风的影响，学者们运用训诂、史料考据、金石校勘等考据学方法，阐明两汉上至三代的礼学思想、制度，梳理礼学诸家之说，探究“三礼”文献的材料来源和经典的形成及传授过程，不仅促进了儒学的发展，而且对礼学的昌明做出了巨大贡献。据《四库全书总目》、《清史稿·艺文志》及其补编、《续修四库全书总目提要·经部》等书载，清人研究《周礼》著作达两百种，研究《仪礼》的著作有两百二十种，而研究《礼记》的著作更是达到两百六十余种。可见，清代“三礼”学成果丰硕，

① 皮锡瑞：《经学历史》，中华书局1959年版，第283页。

② 敖继公：《仪礼集说》，见《影印文渊阁四库全书》第105册，台湾“商务印书馆”1982年版，第36页。

③ 永瑢、纪昀：《四库全书总目》卷23，中华书局1965年版，第170页。

具体而言：其一，诸经新疏中出现了一批带总结性的鸿篇巨制，如孙诒让的《周礼正义》、胡培翚的《礼记正义》和孙希旦的《礼记集解》三部巨著以注释考证全经或相关内容为主，内容最为丰富，且各有特色；其二，礼学通论方面的著作侧重辑录经传史籍中礼文制度，不乏名著涌现，如江永的《礼书纲目》乃是仿《仪礼经传通解》而作，编辑特色明显，便于读者阅读，又如朱彬的《礼记训纂》和郭嵩焘的《礼记质疑》荟萃乾嘉以来礼记学领域的成果，是《礼记》研究方面的佳作；其三，专项考释以及礼学工具书层出不穷，如胡匡衷的《仪礼释官》和江永的《仪礼释宫增注》以及戴震的《考工记图》等都是考据派的代表作。

三、“三礼”编辑思想流变

“三礼”在中国古代思想史上占有十分重要的地位。自《仪礼》《周礼》《礼记》书成，古代学者通过注、疏、章句、集解、图谱等多种方式，对“三礼”进行阐释、发挥，形成了大量的“三礼”学著述成果。据学者统计，汉代至清代的周礼学文献有七百六十种以上；① 汉代到清代的仪礼学文献有六百三十多种；汉代到清代的礼记学文献有八百多种。② 可以说，从汉唐到明清，“三礼”研究者多不胜数，相关文献汗牛充栋，“三礼”毫无疑问地成为儒家经典。那么，如何从浩如烟海的“三礼”文献中，整理和归纳出一条或多条清晰的、连续的思想线索呢？在这里，需要明确一对“关键概念”——“学术史”和“编辑思想史”各自的内涵和外延以及相互关系。自章学诚提出“六经皆史”，瓦解了“经”在各种历史文本中的至尊地位，促使学者们对古代经典进行客观的历史和文献研究成为可能。虽然对经典的理解与解释是延续传统的重要方式，“只有在不断的创造性诠释的过程中，一个文化系统的经典才能够保持鲜活的状态和长久的生命力”③；但是与儒家诸经不同的是，对“三礼”的诠释会受到作为文本的礼的限制。究其原因，作为客观制度化的礼，不仅是客观的，而且是累积和自然淘汰的，并不随人任意增删。因此，对“三礼”学术史的研究是依托于不同时代的礼仪制度和帝王政治的需求，以原典为中心，注重文字考据、疏释词意，梳理礼学经典的传承脉络和学术谱系。而对“三礼”编辑思想史的研究则是立足于不同时代的礼学名著，以文本为中心，考证其成书，分析其

① 舒大刚：《儒学文献通论》(中)，福建人民出版社2012年版，第761页。
② 潘斌：《二十世纪中国三礼学史》(上)，南京大学出版社2016年版，第4页。
③ 景海峰：《中国经典诠释学建构的三个维度》，载《天津社会科学》2017年第1期，第52~58页。

编撰特色，探析支撑其成为经典背后的个人思想特色。两相比较之下，“三礼”学术史强调了礼学知识在历史中的增长和变化；而“三礼”编辑思想史则突出了礼学文本在经典文本的阐释和修订中的演进和发展。

“三礼”文本演进的历史遵循着各个历史时期礼学阐释的演变路径。据《孔子家语·弟子行》所载：“子曰：‘礼经三百，可勉能也；威仪三千，则难也。’”虽然孔子“礼经三百，威仪三千”的要义，在于认清“礼经”与“威仪”之间的关系，然而随着周礼的“礼”与“文”不断异化，一大批学者将残留的各种礼典程式追录下来，形成了版本众多的“礼经”，并在“礼经”文本化的过程中倾注了历代礼学家对“礼经”的理解和增删。继孔门弟子的传授和阐发，及至刘歆《七略·六艺略》对此说加以利用，并以古文经学立场将《周礼》提升于《礼》经之前进行论述，推崇以《周官经》为代表的周礼学文献，加剧了“礼经”为《周礼》之说的流行。

东汉末，郑玄注“三礼”。首先，在著述动机上，郑氏本着“念述先圣之元意，思整百家之不齐”的编撰宗旨，或训诂文字以求释读，或考辨名物礼器以见施作，或援引诸经以敷陈礼意，皆以“周公制礼作乐”为著述前提，谨怀恭敬之心解明经典中之义理。其次，在礼学体系上，郑玄提出《周礼》为经礼，《仪礼》为曲礼，藉由经、曲的概念，使得礼学中的重要典籍得以连系。与此同时，郑氏采用吉、凶、军、宾、嘉作为分类，统括《仪礼》十七篇，将《仪礼》纳入《周礼》，促使《周礼》地位得以攀升。最后，在释经方法上，郑玄在将《周礼》与《仪礼》《礼记》相互牵引构建礼学体系的同时，不仅发展出融合今古文经，以三《礼》互注，旁通《诗》《书》《春秋》等经典作为佐证的会通思想，而且以其精简的注释立足于文本词句阐释经典之意蕴，撰成后世学者制礼、致用的典范之书。正如《后汉书》赞曰：“括囊大典，网罗众家，删裁繁诬，刊改漏失，择善而从，自是学者略知所归。”

自汉代独尊儒术以降，儒学至唐代以前一直处于式微的状态。据梁启超先生的论断，魏晋为“老学时代”，南北朝至唐为“佛学时代”①，描述的是魏晋崇尚玄学，南北朝推崇佛学，经学进入中衰时代。然而，礼学于经学中可谓一枝独秀。由于门阀制度的关系，南朝礼学中最能体现宗法社会尊卑亲属关系的丧服制度备受青睐；而北朝礼学因北周文帝以《周礼》为立国的根本大法则更为偏重《周礼》。及至唐代，是儒学思想重新定位的朝代，演进至此的儒家思想不再是将先秦百家思想汇整及综合，而是将

① 梁启超：《论中国学术思想变迁之大势》，上海古籍出版社2001年版，第6~7页。

儒、释、道三家的思想融合一体。孔颖达所主编的《五经正义》正是在这样的背景下产生。唐初，为适应大一统中央集权制在思想文化领域要求统一的政治需要，孔颖达奉诏撰定《五经正义》。其中，《礼记正义》堪称经学史上礼记学最好的著作，其功能乃汇总前代义疏，作为官学讲授与科举考试之准要。即使在礼学尤盛的清代，清儒新疏《十三经》，然《礼记》无新注疏。故后世学者黄侃云：“孔疏虽依傍皇疏，然亦时用弹正，采摭旧文，词富理博，说礼之家，钻研莫尽。”①

作为唐代礼学里程碑式的著作，孔颖达主撰的《礼记正义》在佛道盛行的情况下，再度呈现了礼学文本深厚的内蕴和强大的活力，同时也展现了其丰富的编纂思想。为了合乎唐代统一经学和科举考试标准的宗旨，“疏不破注”是孔颖达诠释《礼记》时遵循的基本原则。具体而言，孔颖达以郑玄《礼记注》为本经，参考南人皇侃、北人熊安生的疏本，随文释义、因文生义，竭力还原经典的最初面貌。并且，孔氏虽宗一家之注以解经，然而并非仅囿于注说，而是针对具体情况，多有推衍，时有突破。可以说，孔颖达正是在“疏不破注”的旗帜下，既遵从前贤，又别开生面，最终统合异说于一尊，赋予《礼记正义》持久的生命力和经典性。需要指出的是，孔氏在解经过程中，充分注意到了诠释情境的复杂性，并自觉运用“体无恒式”“唯变所适”“不可一例求之”等处理方法，体现了其客观求是的治学精神和求真谨严的编纂态度。总体而言，孔颖达之所以能在编纂思想上既“疏不破注”，又“体无恒式”，左右逢源，很大程度上得益于他自觉的文本意识，即立足于文本，强调对文本的章句、辞理乃至语言表达形式的关注，并在这种扎实的文本爬疏、文字疏解中巧妙地融入自己对经义的理解，进而建构自己的经学思想体系。此外，由于《礼记正义》本属于国家编纂工程，其教化意义不言而喻，因此孔颖达在编修过程中注入了丰富的以礼治国思想，如强调礼是为政之本，宣扬“大一统”思想，探讨君主为政之道，美化古代圣王等，皆是其践行其经世致用理念的表现。

宋承唐制，理学是儒学发展的高峰，然而“三礼”学则成就不高。正如皮锡瑞在《经学历史》中所言：“宋人尽反先儒，一切武断；改古人之事实，以就我之义理；变三代之典礼，以合今之制度；是皆未敢附和以为必然者也。”②具体而言，宋代虽然出现了诸如王安石《周官新义》和朱熹《仪

---

① 黄侃：《黄侃论学杂著》，上海古籍出版社 1980 年版，第 45 页。

② 皮锡瑞：《经学历史》，中华书局 2004 年版，第 184 页。

礼经传通解》之类的礼学著作，但是总体来说，“礼学在理学兴起的风气冲击下，失去昔日的兴盛”①。宋代儒学哲学思维发展到空前的高度，甚至将礼的思想纳入理学脉络，实现了礼与天理的贯通，确立了礼的本体地位，然而在礼学著作上却没有出现影响深远的“三礼”注疏作品。及至元明，“三礼”学几乎殆绝。元人陈澔的《礼记集说》虽不免浅显简明，但是便于初学者明了其义，客观上普及了礼记学。明成祖时，为了用程朱理学纲纪人心，由胡广于永乐十二年(1414 年)十一月开始主持编纂《五经大全》，到第二年九月仓促成书。无论是编纂质量上的粗疏，还是编辑态度上的墨守程朱，都决定了《五经大全》难以成为经典。其中的《礼记大全》以陈澔《集说》为宗，无多创见。正如清人顾炎武所言：“自八股行而古学弃，《大全》出而经说忘。”②

明清更迭，理学式微，“以经学济理学之穷”的学术思想应时而起，学者们将研究重心转向经学原典。清人研析经典，汲求治道之源泉，以期能以经书之义理制作济世之方案，达到经世致用之目的。在清儒考证“六经”以求治世之道的传统中，以“三礼”为大宗。由于“三礼”较其他诸经载存了更多典章制度和伦理规范，可以作为实践的参考，因此“三礼”在清代受到学术界前所未有的重视。从清初顾炎武(1613—1682)到中期孙希旦(1736—1784)、朱彬(1753—1834)、胡培翚(1782—1849)及至晚清孙诒让(1848—1908)等，都以礼学作为其学术的重点，倡导“礼学经世”。

清儒研治礼经，产出了诸多礼学集大成的精品。孙希旦《礼记集解》汉宋并重，既引郑《注》孔《疏》，亦不废程朱理学，择善而从，无所偏主。在编辑体例上，面对群经诸子，希旦纲举目张，用其所长，舍其所短，辨其所误，析其所疑，条理清晰，一目了然。为了倡导实学，孙氏重视考据和训诂，凡是《礼记》经文之错、衍、脱、倒，皆一一疏正，且考索精详，有理有据，不著空言。这种“以古礼正今俗”的撰述倾向，旨在恢复儒家礼学的真貌，矫正宋明理学的空虚，使世人立身行事皆有所宗。此外，希旦治礼的根本目的在于明道和经世，他虽然不脱传统的注疏章句之法，但是在礼意的诠释上往往由个体的人情往来推广至普适的民间礼俗上，最终将儒家的义利观纳入现实的政治情境。

朱彬《礼记训纂》的编辑思想，可以概括为“精”而能“通”，由“通”而

---

① 林存阳：《清初三礼学》，社会科学文献出版社 2002 年版，第 85~86 页。

② 顾炎武：《顾炎武全集之日知录(一)日知录(二)日知录之余》，上海古籍出版社 2012 年版，第 112 页。

务“实”。具体而言，首先，文字训诂精确。无论是注音还是释义，朱彬以郑注和孔疏为主，其后纂集汉以来其他学者之成说。《礼记训纂》在广引其说的同时，还能要言不烦，言简意赅。《续修四库全书提要》赞其“得简要而鲜芜杂”。其次，博通经籍，“不别户而分门”。朱彬汉宋兼采，既能顺应汉学校勘文字、厘定章句的实学风尚，亦能发掘宋学中的“训故”精义。因此，《清史列传》评价《礼记训纂》“荟众说而持其平”。最后，朱彬之所以回归原典，主要目的在于“通今学古”，经世致用。通过悉心考据，朱彬恢复了经典的本来面目，其附以己意皆援据精镐，无形之中输出了儒家治国平天下的经世思想。

胡培翚《仪礼正义》回归《仪礼》研究，以郑注贾疏为宗，“博采宋张氏、黄氏，元敖氏、杨氏以下无虑数十家”①，融会全经，参稽众说，审慎精详。具体而言，其一，在编撰方式上，从校勘文字到厘定章句再到对全篇进行通贯的整理，全书训释多本郑注贾疏，亦间采他说，附案以发明之。其间，汇通古今，兼采汉宋，秉持的是博通的编撰理念。其二，在编撰风格上，胡氏客观求是，对于郑注贾疏，既不苟异亦不苟同，凡勘正错讹，皆援引经史，有理有据。其三，在编撰目的上，胡培翚回归《仪礼》研究，推动清代礼学由“实践礼学”向“文本考证”行进，促使礼学发展演进为救世之良方。胡氏认为，礼学研究应该折衷后世制度，输出经国济世之道、人伦道德之本，指导现实情境。

作为乾嘉学风的代表作之一，孙诒让《周礼正义》博征广引，考证精详。孙氏训释经文，往往先整理旧说，再检讨辨析，最后提出新解。孙诒让对《周礼》字词的训诂与名物的考证，多有创新。如在字词的训诂方式上，孙氏并不拘泥于因声求义或字形结构辨析，而是偏重字词在文献中的使用意义，因文释义，豁然开朗；在文献互证上，诒让亦非炫博和立异，而是旨在多方引据，疏通经典。最终，孙诒让精研《周礼》的目的是借由章句的考证和仪文的疏解来贯通礼意与阐明治道。总之，无论是考礼还是议礼，根本目的终须落实于现实世界，即探求《周礼》的典章制度和仪文节式，思考将其施行于现实社会，此为孙诒让《周礼正义》的经世致用之根本。

总体而言，中国传统礼学至清代发展到一个新高潮。在编辑思想上，其与以往最大的不同有二。其一，“三礼”并立，于经典中寻求礼意：穷经考礼之风大盛，或通过校注、训诂、释例等汉学家法专注于专经的诠

---

① 汪士铎：《续修四库全书》第1531册，上海古籍出版社2002年版，第654页。

释，或借助以经证经从事于群经的疏通，在溯源流、明体例、综名实、考异闻、搜遗逸等诸方面全面开花，均取得可观成就。其二，倡导礼学的经世致用："经世"是清代礼学的学术追求。无论是胡培翚对《仪礼》的考究，还是孙诒让对《周礼》的梳理，抑或孙希旦和朱彬对《礼记》的探求，在很大程度上关注的都是现世的礼制和礼俗。可以说，清代礼学家们考证古礼、探求礼意，根本目的在于端正社会风俗，解决现实问题。"以古礼正今俗"是有清一代治礼学者的共识。

第二节 《三礼注》

郑玄，作为中国文化史上的"节点人物"，历代学者对其评价颇高，诚如清儒皮锡瑞所言："遍注诸经，立言百万，集汉学之大成。"①

郑玄，字康成，北海高密(今山东高密市)人，汉代著名经学家、思想家。郑玄自幼聪慧，八九岁即"能下算乘除"②，十三岁"诵《五经》，好天文、占候、风角、隐术"③，十六岁，号为神童，二十一岁以"博极群书，精历数图维之言，兼精算术"④闻名于世。年轻时，郑玄曾做过乡啬夫，"因恤孤苦，闾里安之"⑤。成年后，郑玄无心仕途，由于太山太守、北海相杜密的提拔得以结束乡吏生涯，从此专心治学。

郑玄一生孜孜以求，治学不倦。四十岁前，他曾转益多师，博学众家。郑玄先到京城洛阳太学里师事京兆第五元先，系统学习《京氏易》《公羊春秋》《三统历》《九章算术》等通经致用之学。此后，他从东郡张恭祖受《周官》《礼记》《左氏春秋》《韩诗》《古文尚书》等古文经学。在卢植的举荐下，郑玄西入函谷关，师从经学大师马融，"自篇籍之奥，无不精研"。七年后，郑玄辞别马融，游学周、秦之都，往来幽、并、兖、豫之域，凡十余年。四十岁时，郑玄归故里，正遇党锢之祸。灵帝建宁元年(168年)第二次的党锢之祸中郑玄未能幸免，他与同郡四十余人被禁锢十四年。期间，郑玄隐修经业，潜心学问。他先是注《尚书中候》及《易》《书》《诗》《礼》四经之纬，后注"三礼"，又作《六艺论》，发《墨守》，

---

① 皮锡瑞：《经学历史》，中华书局1959年版，第127页。

② 李昉等编：《太平广记》卷215，中华书局1961年版，第1645页。

③ 《世说新语》上卷下《文学》引《玄列传》，上海古籍出版社1982年版，第113页。

④ 孔安国：《郑玄年谱》，见"齐鲁文化丛书"，山东文艺出版社2004年版，第723页。

⑤ 孔安国：《郑玄年谱》，见"齐鲁文化丛书"，山东文艺出版社2004年版，第723页。

起《废疾》。灵帝初年(184年)党禁解除，郑玄重获自由，又遇黄巾军变，无奈避难于不其山。期间，他注《孝经》《古文尚书》《论语》《毛诗》以及作《毛诗谱》。

郑玄注书，于训诂、校雠、考据等领域，均卓有建树。其最大成就是注释“三礼”，《四库全书总目》有云：“元于三礼之学本为专门，故所释特精。”清人陈澧也说：“郑君尽注《三礼》，发挥旁通，遂使《三礼》之书，合为一家之学，故直断之曰‘礼是郑学’也。”①在郑玄注“三礼”之前，礼学界并无“三礼”学的概念，自郑玄兼注《周礼》《仪礼》《礼记》，始有所谓“三礼”之学。具体而言，以周礼学论之，据《后汉书·儒林传》载：“马融作《周官传》，授郑玄，玄作《周官注》。”而《后汉书》本传则说：“从东郡张恭祖受《周官》。”可见，郑玄注《周礼》，乃是综揽前儒，博通今古文经学而又遍注群经。因此，《周礼注》括囊大典，网罗众家，博综兼采，择善而从，实为汉代周礼学集大成也。而郑玄注《仪礼》是将今古文两个本子相互参照，或采今文，或采古文，“取其义长者”②。所以，今本《仪礼》是一部混淆了今、古文经的本子。再看郑玄注《礼记》，则是将当时流传的《礼记》诸本相互参校，既于诸异本、异文中择善而从，又在《注》中存其异文，从而使《礼记》大行于世，并流传至今。因此，以著述观之，郑玄虽号称通儒，然而其仍有所专精，尤其在“三礼”学领域，既博学宏通，又能专精其学，其中的开创之功，实需后世学者深究。

一、“遍注诸经”，开创传注学新体例

本着“念述先圣之元意，思整百家之不齐”的学术理念，郑玄一生遍注群经，兼及纬书、律书，著述浩富。据杨天宇先生考证，以注释类和著作类分之，其中注释诸本包括经传类《周易注》《周易文言注义》《尚书注》《尚书大传注》《毛诗笺》《周礼注》《仪礼注》《丧服经传注》《礼记注》《丧服变除注》《丧服谱注》《孝经注》《论语注》等；纬书类《易纬注》《尚书纬注》《诗纬注》《礼纬注》等；杂注类《乾象历注》《九宫经注》《汉律章句》等；而著作类亦多繁杂，有《尚书义问》《毛诗谱》《三礼目录》《三礼图》等。然而，郑玄虽博极群经却尤长于礼学，有《周礼注》《仪礼注》《礼记注》《丧服经传注》《丧服变除注》《丧服谱注》《三礼图》等十三种。自汉末到魏晋，除王学昙花一现，及至隋唐，“三礼”同遵于郑氏，于是，唐人孔颖达《礼

---

① 陈澧：《东塾读书记》卷13《郑学》，中西书局2012年版，第212页。

② 范晔：《后汉书·儒林传》，中华书局2007年版，第757页。

记正义》有“礼是郑学”的评价，表明后世治礼学者皆宗郑学的主张。

汉代经典传注学，如果说刘向、刘歆父子面对的是“传”本阶段，那么郑玄则开启的是“注”体阶段。简言之，前者是面向人的阐释，注重经与人的意义关联，所以重视发掘经典的微言大义，以服务当下需要；后者面向经文本，以疏释经注为主，注重对经文本义的解释。郑玄注经，不唯简约，且欲以一持万，在注经方法上，兼采今古文两家注经方法，既重训诂名物，亦重释章句之义，从而别出新的经“注”体例：其一，正字读，如《仪礼注》有“读为”(或“读曰”)者十四例，“读若”(或“读如”)者十二例；其二，训名物，如《周礼·天官·笾人》“掌四笾之实”，郑《注》“笾，竹器如豆者，其容实皆四升”；其三，释经文，如《周礼·地官·媒氏》“禁迁葬者与嫁殇者”，郑《注》“迁葬谓生时非夫妇，死既葬，迁之，使相从也。殇，十九以下未嫁而死者。生不以礼相接，死而合之，是亦乱人伦者也”；其四，阐礼义，郑玄注“三礼”，常于章句中阐发礼义，如《仪礼·士昏礼》“壻乘其车，先，俟于门外”，郑《注》“壻车在大门外，乘之先者，道之也。男率女，女从男，夫妇刚柔之义，自此始也”；其五，郑玄注“三礼”非唯驳正经文之误，且于衍文、脱文及文次之错乱者，也一一加以订正。此外，关于“笺”，作为注疏体例之一，其是在经文本上进行注释，郑玄的《毛诗笺》，是对《毛传》进行的批注。关于“音”，虽不是始于郑玄，但是据史志目录，系统使用“声训”并有专著传世的，却是自郑玄始。可以说，郑玄毕其一生经营经典注疏工作，于“注”体、“笺”体、“音义”体等皆有创见，开创了传注学新范式。

需要指出的是，在兼采古今的基础上，郑玄往往能因文施宜，多有创新。如郑玄注释词义，常采取直训的方式，即用通俗之词解释经文中的难解之词，帮助读者扫清阅读障碍。如《仪礼·觐礼》曰：“坛十有二寻，深四尺。”郑玄取“深”“高”同义而释为：“深谓高也。”而当无同义词或近义词可以解释所释之词时，郑玄则会灵活地采用义界的方式，即用下定义的方法说明相关字词的内涵和外延。如《周礼·夏官·大司马》曰：“以旌为左右和之门。”郑玄注：“军门曰和，今谓之垒门，立两旌以为之。”可见，除了注经体例上的博采众长，在实际运用过程中，郑玄能够随文释义，灵活变通，彰显一个学者识时通变的学术智慧。

二、博综众说的会通思想

东汉末年，今古文经的融合已是经学发展不可逆转的趋势。当时，汉之经学，不仅有今古文经学之对垒，且遍设家法之藩篱，相互抵牾，使学者莫知所从。虽然前有东汉古文经学大家许慎撰作《说文解字》《五经正义》，尝试融合今古文经学；但是真正实现今古文经学的改造和融合的还是两汉经学集大成者郑玄。本着“念述先圣之元意，思整百家之不齐”的学术志向，郑玄打破今古文经学之界限，冲破各家家法之藩篱，囊括大典，网罗众家，删裁繁诬，刊改漏失，择善而从，从此学者方知所归。贾疏有云：“郑注《礼》之时，以‘今’、‘古’二字并之。”无论是从今文经不从古文经，还是从古文经不从今文经，皆在注中显示古文以及今文传本若干本。正如清人皮锡瑞所言：“郑注诸经，皆兼采今古文。”

在融合今古文经时，凡遇礼文经典记载相互抵牾，郑玄必定一一为之调和化解，择善而从，或兼采今文经、古文经，如《仪礼注》，郑玄并存今、古文经；“从今文则《注》内叠出古文，从古文则《注》内叠出今文。”① 或兼采故书、今书，如《周礼》有故书、今书之分，郑玄注《周礼》，则并存故书、今书，即凡从今书，则于《注》中存故书异文；又如郑注《礼记》，择善而从，于《注》中存其异文。或不拘泥于门户，时出己意，如郑玄注《周礼》兼存郑司农（郑众）、杜子春、郑少赣（郑兴）三家注，并时出己意，增其成义。此外，在经说方面，即对经文的解释方面，郑注更体现出博综兼采，会通今古的特点。如郑注《周礼》所引用的书目，除了《春秋左氏传》《毛诗》《国语》《尔雅》等古文经学家书外，还引用《春秋公羊传》《春秋繁露》《王制》《司马法》《孟子》等今文经学家著作。

值得一提的是，郑玄注“三礼”，在兼采今古文的注经思想之下，发挥出多种原则和方法。如字义贴近原则，《仪礼》中既有今文经用本字而古文经用通假字的情况，亦有古文经用本字而今文经用通假字的时候，不拘一格。郑玄校《仪礼》，多从本字而不从通假字，究其原因则是本字于义最为贴切。又如郑玄注经，面对今古文经异文的取舍，皆以明白晓畅为原则，不用义异之字、不贴切之字、易生歧义之字、字义晦涩难懂之字等。再如郑玄对每一字的取舍，首先考虑其字体是否合乎规范，同时竭力保存古字古义，旨在恢复和保存“三礼”初本之原貌。作为博贯今古文经学的博学通儒，郑玄以“三礼”本经为中心，无论是以今词释古词，还是以雅语释俗语，抑或以本名释异名，皆试图通过对经典文本的疏释，恢复其原始文本的概貌，进而为儒家礼学的有效传承提供有力保障。

① 阮元校刻：《十三经注疏》，中华书局1980年版，第952页。

三、“疑以传疑，不知盖阙”的求实精神

郑玄注经，注重实事求是，疑以传疑，不知盖阙。翻检郑注，常有“未闻”“未之闻”“未可尽闻”“未得尽闻”“未闻孰正”“未闻孰是”之语。据张舜徽先生在《郑氏经注释例》中归纳郑玄注经的“阙疑”情况，有二十二种，如“不知其礼”“不知其制”“不知其义”等。具体而言，首先看“阙”例，如《礼记·礼器》曰：“五献之尊，门外缶，门内壶，君尊瓦甒。”郑注：“壶大一石，瓦甒五斗，缶大小未闻也。”对于门外之缶的大小，郑玄直言不知。再看“疑”例。如《周礼·职方氏》曰：“正东曰青州，其山镇曰沂山，……其民二男三女。”郑注：“二男二女，数等似误也。盖当与兖州同，二男三女。”又如《仪礼·既夕记》曰：“既正柩，宾出，遂、匠纳车于阶间。”郑注：“车，载柩车。《周礼》谓之蜃车，《杂记》谓之团，或作辁，或作抟，声读皆相附耳。未闻孰正。”当郑玄不能区分孰是孰非，则以“未闻孰正”据实回答。

本着求真务实的著述态度，郑玄注经力求简省，主张“文义自解，故不言之，凡说不解者耳。众篇皆然”。爬疏郑玄《三礼注》，其行文提纲挈领、简明扼要，往往《注》少于经。如《仪礼》之《少牢馈食礼》经2979字，《注》1787字；《有司》经4790字，《注》3356字。《礼记》之《学记》《乐记》2篇，经6459字，《注》5533字；《祭法》《祭义》《祭统》3篇，经7182字，《注》5409字等。这种并不追求逐字逐句地解释经义，只对“不解之处”进行注释的方法，体现了郑玄自觉遵循古文经学准确把握经典本义的解释原则，将“稽考情实”作为其礼学诠释的指导思想。

郑玄注“三礼”之时，学养深湛，立意成熟，其对经文诠释已胸有成竹，然而，郑氏在选定所从经文文本之后，对经文秉持谨慎求实的态度，并不以己意擅改经文，其个人的学术思想一律体现于注文之中。

四、将个人思想融入经说的注经方法

郑玄注书，善于将个人思想融入经文诠释，无形中传播其思想观念和学术理念。郑玄尚名分。如《仪礼·丧服第十一》曰：“改葬缌。”郑玄注云：“服缌者，臣为君也，子为父也，妻为夫也。必服缌者，亲见尸柩，不可以无服，缌三月而除之。”①郑玄认为，改葬服缌的被服者与服者包括君臣、父子、夫妻。又如《仪礼·丧服第十一》曰：“父卒，继母嫁，从为

① 阮元校刻：《十三经注疏》，中华书局1980年版，第1124页。

之服报。”郑玄注云：“尝为母子，贵终其恩。”①郑玄认为，只要有母子名分，就应该为继母服丧。从这两则材料中可以看出，郑玄看重伦理关系中处于下位的“臣”“子”“妻”对处于上位的“君”“父”“夫”的毫无条件的恭顺，强调名分一旦确立，就应自始至终服从名分的要求。这表明处于东汉末年的郑玄，仍未摆脱儒学的官方意识形态化，士人在价值观上普遍受道德理想主义倾向的影响。郑玄神化君，如注《礼记·大传》曰：“王者之先祖，皆感太微五帝之精以生。苍则灵仰威，赤则赤熛怒，黄则含枢纽，白则白招拒，黑则汁光纪，皆用正岁之正月郊祭之；盖特尊焉。《孝经》曰：‘郊祀后稷以配天。’配灵威仰也。宗祀文王于明堂，以配上帝；泛配五帝也。”②表明郑氏在极力神化君以加强皇权，同时增强社会对王朝的向心力。郑玄以大学者的深厚学术功底和对现实社会的密切关注，开出了以礼匡世的药方，成为东汉经学重谶纬的源头。

除了在经注中融入个人思想，重构“三礼”体系也是一种彰显郑玄学术理念的重要方式。自孔子至西汉时代，儒家礼学的文本代表是《仪礼》；而《周礼》的介入体现的是以郑玄为代表的后世儒家学者对礼学的改造。虽然郑玄之前，曾有刘歆将《周官》改名为《周礼》，使该书与儒家“五经”发生联系；马融作《周官传》以提升《周官》地位；然而，惟有郑玄，一方面将《周礼》置于“三礼”之首，形成“《周礼》为本，《仪礼》为末”的礼学观念；另一方面，将“三礼并称”，把《礼记》这样一部礼学选编集以记、传的身份列入经典的行列，进而诠释和发挥其对礼学体系的理解与建构。

具体而言，其一，郑玄尊崇《周礼》，在《三礼注》中多有表征。如在礼制断代上，郑氏以《周礼》为周代礼制，不同于《周礼》者多被归为夏、殷礼；且以《周礼》为取舍标准，裁断其他典籍所记礼制。凡与《周礼》相异者，无论今古文说，皆不用；凡与《周礼》相通者，无论今古文说，皆用之。究其原因，《周礼》从官制和政府组织的角度，展现周代国家的机构框架和管理职能以及制度体制，是郑玄论述礼制的立论基础。郑氏纳《周礼》于“三礼”之首，弱化了原本专注于礼乐仪式的原初礼学特征，强调周代国家的政治集权色彩，适应了秦汉统一帝国的政治现实。其二，引《礼记》入经，推动《礼记》完成其由“记”变“经”之历程。《礼记》原是对《礼经》(即“三礼”之《仪礼》)的解释，为先秦礼学家们在研读礼经时，附带传习的一些与经典内容相关的参考资料。最初是戴德、戴圣叔侄各自对

① 阮元校刻：《十三经注疏》，中华书局1980年版，第1104页。
② 阮元校刻：《十三经注疏》，中华书局1980年版，第1506页。

这些散乱的传礼资料进行筛选、整理、编撰，分别成书《大戴礼记》和《小戴礼记》。郑玄所习本属小戴之学，其注《礼记》以《周礼》为正，据《周礼》释《礼记》，无形之中抬高了《礼记》的地位，助推《礼记》入经。总之，“六经”之学源于孔子，立哪些文献为经牵涉到什么是真正的孔子思想的问题，不同时代的学者给出了各自的答案。经学本非凝固不变的体系，从“六经”“五经”“七经”“九经”乃至“十三经”，反映的是经学发展演进过程中不断变化的轨迹。礼学亦是如此。从王莽改制，《周礼》因屡被称引而得到彰显，到郑玄注“三礼”，提高《周礼》之学术地位，构造以《周礼》为首的“三礼”学体系，进而影响到后世学者对礼学体系的传承和建构。

第三节 《礼记正义》

孔颖达，字冲远，又字仲达，祖籍冀州衡水(今属河北)，隋末唐初经学大师，以主撰《五经正义》播名于史。其治经，文无分古今，学不忌南北，乃至援纬以释经，故能治汉魏六朝诸家传、注于一炉，而集其大成。

孔颖达学养深厚，其“八岁就学，日诵千余言。及长，尤明《左氏传》《郑氏尚书》《王氏易》《毛诗》《礼记》，兼善算历，能属文”①。孔颖达曾师从北方大儒刘焯问学，与焯每每辩论经学疑义，深得刘焯赏识。隋炀帝时，孔颖达举明经高第，授河内郡博士。隋亡入唐后，孔颖达深受唐太宗器重，历任国子博士、国子司业、国子祭酒诸职。

整体而言，孔颖达生卒年横跨乱世和治世，其生平虽不无波折，然逢遇英主，贡献所学，经世之志终能贯彻落实。从孔氏的学术历程观之，无论其成学经历，还是仕进历程，几乎都牵涉其讲经诸多情状中。如孔颖达造访名儒刘焯门下，“请质疑滞”终固推迟还家，除问学论道外，亦借此机缘展露学思辩才，树立起自家说经教授名望。据《隋书·儒林传》序言称，朝廷大开聚会，讲经论辩为天下儒者聚焦所在，颖达躬逢其盛，大展身手；虽然其后卷入妒忌事端，险遭不测，但是后既遇太宗，孔颖达人生逐步攀升；此后，才有孔氏将讲经论谈录为文字广布天下，借此“立言”事业希求不朽声誉。

鉴于此，梳理孔颖达讲经活动的最终汇集，即诸经义疏之纂写，可见

① 刘昫：《旧唐书·孔颖达传》第189卷，中华书局1975年版，第4941页。

其著述颇丰，曾受太子承乾诏，撰《孝经义疏》，为学者所称道；还奉敕编纂《隋书》，参与修订“五礼”，皆获肯定。然而，孔氏在学术上贡献最大、影响最深的还是其奉唐太宗之命主撰的《五经正义》。

《五经正义》是在唐天下一统、南北学术走向融合的时代背景下，于贞观十一年(637年)由唐太宗诏孔颖达负责撰定《五经义疏》，后更名《五经正义》，“令天下传习”①。作为一项庞大的儒学整理工程，《五经正义》由五部经学著作组成：《周易正义》《尚书正义》《毛诗正义》《礼记正义》和《春秋左氏正义》。除由孔颖达统筹规划外，还辅之以颜师古、司马才章、王恭、王琰等当朝名儒，另有国子司业、国子博士助教、太学博士助教、四门学博士助教等，共计二十余人参与。经过两年的集体努力，《五经义疏》于贞观十四年(640年)书成，被唐太宗赐名《五经正义》，且获赞：“博综古今，义理该洽，考前儒之异说，符圣人之幽旨，实为不朽。”②此后的十余年间，该书历经两代学人修订其谬冗，直至高宗永徽四年(653年)才正式获颁。唐代学人对其磨砺之功，可见一斑。

需要指出的是，《五经正义》虽杂出众手，且历经修订，但从确定体例、选取注本，乃至最后定稿、撰写序文，皆是孔颖达心血之作。尤其《礼记正义》为孔颖达亲疏，足见其卓越识见。故齐召南曰：“郑注既精，孔氏与贾公彦等又承南北诸儒后，斟酌于皇熊二家，讨论修饰，委曲详明，宜其书之垂世而行远也。”③

魏晋南北朝时期佛道盛行，儒学整体衰退，然而惟有礼学一枝独秀，且以《丧服》《礼记》二学尤盛。自郑玄作《三礼注》后，《礼记》始与《仪礼》《周礼》相提并论，且在魏时第一次被立为学官。隋唐天下归于一统，为南北学术的融合创造了政治前提。

孔颖达主撰的《五经正义》，尤其是《礼记正义》以海纳百川的襟怀广泛吸取历代礼记学成果以及当世陆德明《经典释文》和颜师古《五经定本》的学术智慧，建构了一种具有划时代意义的新的礼学体系，结束了南北朝以来北学与南学长期相互攻讦、针锋相对的局面。加之，孔颖达经学家与文论家的身份是合二而一的，具体地说，其凭借文论工具，进行经学阐释；根据经学需求进行文论解读，无论在礼学阐释上还是在经著编撰上，皆有诸多创见。

---

① 刘昫：《旧唐书·孔颖达传》第73卷，中华书局1975年版，第2602页。

② 刘昫：《旧唐书·孔颖达传》第73卷，中华书局1975年版，第2602~2603页。

③ 郑玄注，孔颖达疏，陆德明音义，齐召南等考证：《礼记注疏》，见文渊阁《四库全书》册116，上海古籍出版社1987年版，第534页。

一、以儒学为宗的编辑宗旨

孔颖达领衔纂定《五经正义》，可视为唐代朝廷因力图确立确凿经说，而为天下学子拟定出讲经讲义。作为这样一项重大儒学整理工程的主持者，孔颖达站在儒家立场，意欲重建他所认同的一种无涉于道、释的正宗儒学体系，旨在为大唐帝国的纲常名教、宗法秩序确立典范。正如《周易正义序》所言："今既奉敕删定，考察其事，必以仲尼为宗；义理可诠，先以辅嗣为本；去其华而取其实，欲使信而有征。"①尤其《礼记》为孔颖达亲疏，不仅在学术成就上，自唐至今，无人能出其右，《四库全书总目》赞其："采摭旧文，词富理博，说礼之家，钻研莫尽。"而且在编辑宗旨上，《礼记正义》更是因其旗帜鲜明地维护和弘扬孔门儒家学说与儒家伦理思想而得到后世治礼学者的推崇。如《礼记正义序》曰："礼者，体也，履也郁郁乎文哉！三百三千，于斯为盛。纲纪万事，雕琢六情……故曰，人之所生，礼为大也。非礼无以事天地之神，辩君臣长幼之位，是礼之时义大矣哉！"这种强调"礼"是人们必须遵守的伦理行为规范的诠释理念，无疑是对孔子"不学礼，无以立"之儒家思想的继承和发扬，体现了孔氏作为一位儒家忠直之臣的风骨以及其对儒学教化作用的推崇。

本着纯化儒学的编辑宗旨，以《礼记正义》为代表的《五经正义》的编撰集结了当时最著名的经学家，修撰历时十二年，为确保其文本的权威性而孜孜以求。首先，在对注家的选择上，《礼记正义》遵循统一南北的郑注；其次，在对义疏的挑选上，从晋宋直至周隋，为《礼记》作义疏的有南人贺循、贺玚、庾蔚之、崔灵恩、沈重、皇侃等，北人徐遵明、李业兴、李保鼎、侯聪、熊安生等，孔氏选取了当时颇为人称道的皇、熊二家；最后，在编纂体例上，以《礼记正义》观之，其体例和经义必须"定于一尊"，主张"疏不驳注"，使其成为规范的"官方教科书"。大体而言，其一，篇名解题，即《礼记正义》在《礼记》每篇篇目之下均设有解题，解释本篇篇名的含义、由来及成篇时代等关键问题；其二，概括段意，《礼记正义》每节疏文的第一句，或概括段落主要内容，或简要阐明段落大意；其三，逐句疏解，《礼记正义》对经、注基本上是按照顺序逐句疏解。此外，在行文上积极推行客观的注疏体语言。所谓"持经"以"敷陈"，构成了疏体的基本模样；又自"升坐"讲说、"启发章门"，以至"以次论难"

① 李学勤：《十三经注疏·周易正义》（标点本），北京大学出版社1999年版，序言第2~3页。

“剖析疑滞”等系列动作，大致可化身为疏文推衍的次第流程。如：

《丧服小记》：“苴杖，竹也。削杖，桐也。”

孔疏：“正义曰：此一经解丧服苴杖削杖也。然杖有苴、削异者。苴者，黯也。夫至痛内结，必形色外章，心如斩斫，故貌必苍苴，所以衰裳绖杖，俱备苴色也。必用竹者，以其体圆性贞，履四时不改，明子为父礼中痛极，自然圆足，有终身之痛故也。故断而用之，无所厌杀也。”①

对此名物记文，孔颖达凭借渊博的学问及敏锐的学思，就经推衍铺说，使隐匿于字里行间的微言奥旨得以展延，经典旨趣得以开释，“敷陈”之功夫得以展现。再如《礼运》首段，孔氏引皇侃章句概说冠诸疏文开端，将《礼运》全文脉络总括解说一遍，使尔后“各随文解之”的诸条疏语得到语脉相贯通的连结。且如针对《檀弓下》曰：“丧礼，哀戚之至也。节哀，顺变也”等简要疏文：“此一节记人总论孝子遭丧，所为哭踊、复魄、饭含、重主、殡葬、反哭之事，各依文解之。”②总之，或冠诸篇之首，或穿插于文中，讲经流程里“启发章门”举措投射到义疏形制上，塑造出了《礼记正义》推演有致的语文特色，其依次第、按结构敷陈的讲经特质因此确立。

二、“疏不驳注”的诠释原则

自汉代以来，儒家经学经历了诸如今古文经之争、郑王学之争、南北学之争等学术论争，形成了师法多门、派别林立、无所为正的混乱局面。及至唐代，《五经正义》奉敕而撰，旨在从文字训诂到义理诠释都有一个规范的标准本，促使经学再次出现大一统的局面。为了迎合政教改革的需要和科举教材规范所采取的定本策略，《礼记正义》坚守一家，在指定的注本上阐发经义，或者引用别家注释来作补充，但是从来不驳难本注，提倡“疏不驳注”，反对轻易否定前贤，尽力维护注文的思想体系，目的是为士子明经、考试制定一部标准的经学教科书。在此编辑宗旨下，孔颖达对《礼记》及其中诸多篇成书进行考释，校勘文本，订正讹误，且保留大

① 郑玄注，孔颖达疏，吕友仁整理：《礼记正义》卷32，上海古籍出版社2008年版，第1118页。

② 郑玄注，孔颖达疏，吕友仁整理：《礼记正义》卷9，上海古籍出版社2008年版，第308~309页。

量异文以备后学参考，使《礼记》文本的传、注、笺、疏都有一个钦定的范本。具体而言，由于《礼记》内容庞杂，孔颖达采取随文释义、因文生义的诠释方式，在诠释过程中，据所释经传之文缺漏或错误之处，随时加以疏通、纠正、辩驳，并补充发挥自己的见解，充分体现经文的动机性和灵活性。如：

> 《曲礼上》："《曲礼》曰：'毋不敬，俨若思，安定辞。'郑注：'审言语也。《易》曰：'言语者，君子之枢机。''"
>
> 孔疏：《论语》云："驷不及舌。"故审言语也。"《易》曰"者，《易·系辞》之文也，故彼云："君子出其言善，则千里之外应之，况其迩者乎！出其言不善，则千里之外违之，况其迩者乎！言行者，君子之枢机。"郑注："枢谓户枢，机谓弩牙，户枢之发，或明或暗；弩牙之发，或中或否，以喻君子之言，或荣或辱。"引之者，证审言语之事。彼为"言行"，郑云"言语"者，既证经辞，无取于行，故变文为语也。①

郑注简明，其引文时有改经现象；而孔疏详赡，旁征博引，说礼之家，无不精通，因此，在郑注基础上，孔颖达以详恰的引文论证郑玄"变文"，令人信服。

整体而言，孔颖达奉敕整理和诠释的《礼记正义》，不但治学严谨，取证精审，而且对于所据注文、所本义疏，均有选择、有补充、有超越。正如孔氏在《礼记正义》序言中所言："虽体例既别，不可因循。今奉敕删理，仍据皇氏以为本，其有不备，以熊氏补焉。必取文证详悉，义理精审；剪其繁芜，撮其机要。"②需要注意的是，孔氏《礼记正义》中亦包含了诸多疑经辨伪的学术探讨，推陈出新，启发了后世学者的学术创新。如孔氏认为《大戴礼》"文多假托"；《礼记》是后世之言，不与经典合；《礼记·月令》是"托记"之书；等等。可见，孔氏《礼记正义》中的一些疏解和考辨，已经突破了"疏不破注"的框架，走向了创新性阐释，推动了中国经学史的发展。总体而言，所谓"疏不破注"，只是孔氏《五经正义》的宏观指导原则，目的是树立经学权威范本；而且在具体诠释各经经传之时，

---

① 郑玄注，孔颖达疏，吕友仁整理：《礼记正义》卷1，上海古籍出版社2008年版，第7页。

② 李学勤：《十三经注疏·礼记正义》，北京大学出版社1999年版，第4页。

孔颖达并非仅囿于注说，仍多有推衍，且时有创新，最终整合异说于一尊，赋予包括《礼记正义》在内的《五经正义》以无可争议的权威地位。

三、求真谨严的编纂态度

《礼记正义》对经、注中涉及的人物、名物、礼制等，皆进行考证，训诂颇为详尽，如《王制》《月令》等篇，疏文长达千言乃至数千言之多，体现了孔颖达严谨的著述态度。对校法、本校法、他校法、理校法等多种校勘方法的运用，尤其是在校勘的同时，指出依据，阐明缘由，引证博涉经史子集，以及多从侧面、反面力补经、注之阙遗，使之论述完整、严密。如：

> 《曲礼上》："八十、九十曰'耄'。郑注：'《春秋传》曰："谓老将知，耄又及之。"'"
>
> 孔疏："《春秋传》曰：老夫耄矣"者，引《左传》，证老臣对他国人自称老夫也。此是《春秋》隐四年卫石碏辞也。石碏子厚与卫州吁游，吁弑其异母兄完而自立，未能和民，欲结强援，时陈侯有宠于周桓王，州吁与石厚往陈，欲因陈自达于周，而石碏遣人告陈曰："卫国褊小，老夫耄矣，无能为也，此二人者，实弑寡君，敢即图之。"①

此例中，孔颖达随文而释，在解释"耄"之义时，将其出处一一列举，详证其义，明白晓畅。

据疏文可考，孔颖达所参考的《礼记》版本达二十二种之多，即使是郑玄《礼记注》的版本亦有十二种之多。故全书数百例的校勘成果，蔚为大观。孔颖达疏通经注，强调言之有据，故于不通处并不强解。因此，虽然孔疏号称《正义》，然而书中存在大量的存异与存疑，常以"义或然也""恐非也"等词言之。尤其对于一些无法判断是非之处，孔颖达往往在客观陈述各版本的差异之后，并不下断语，而是让读者自己斟酌取舍。

汉唐数百年间积累了大量的经著、经说，师法、家法的盛行，使得对经义的阐释难免众说纷纭，莫衷一是。孔颖达的《礼记正义》无论是引用文献还是采纳旧说，态度都十分谨慎。尤其是对于历来争论不休的热点问题，孔颖达的处理方法，一方面删繁就简，裁汰大量低水平的解说，同时

---

① 郑玄注，孔颖达疏，吕友仁整理：《礼记正义》卷1，上海古籍出版社2008年版，第23页。

选取有价值的观点，保留一些珍贵的前人旧说；另一方面，本着对读者负责的态度，孔氏既采取诸说并存的方式，又委婉地推荐一种较合理的说法供读者参考。可见，“广参众多，择善而从”是孔颖达践行其审慎求真的编纂态度。

四、以礼治国的务统思想

自魏晋以来，经家博杂，训诂不一，释注类繁；及至唐初诏选博士论经，学者们各行其是，不能统一。《五经正义》的撰定正是在各种思想重新争夺话语权力之际，通过对儒家经典的重新阐释，使儒家思想作为主流意识形态，在唐朝政治话语体系中扮演重要角色。为了维护国家政权的一统格局，《五经正义》作为当时的官方教科书，从经学信仰的角度以“经旨”和“圣教”的形式反复阐释统治者正统需要的“意义”，承担其以儒治国的政治效用。

对于《五经正义》的重要组成部分《礼记正义》而言，其蕴含着丰富的礼学思想。围绕着以礼治国这一核心思想，孔颖达首先对礼的起源、制作、意义进行讨论，进而对礼的践行、礼学著述、礼与政治的关系等问题展开论述，提出礼与“天理”并行，只有顺从维护封建秩序的礼，国家才可以与天地俱兴，旨在为构建封建帝国大力宣扬“大一统”思想。可见，孔颖达训释经著既增强了儒学的统一性，亦在自觉或不自觉中拓展了儒家思想的兼容性，体现出与时俱进的一面，迎合了唐初政权的政治需要。《礼记正义》作为唐代最为权威的儒家典籍，为唐代统治者的经邦济世提供了最基本的思想营养和理论参照，可谓“上承下启，实兼两端”的最佳儒学标本。

此外，统治上的大一统反映在孔颖达的诠释理念上，表现为其融合象数与义理、儒家与道家、南学与北学的兼收并蓄的学理通观。具体而言，孔颖达在“疏不破注”的诠释原则之下，在处理诸多众说纷纭的诠释问题时，除了阐明自己的观点之外，总是力求融汇诸家并集其大成。以《礼记正义》观之，孔疏“广援古《左氏》说、《公羊》说、《周礼》说、《五经异义》及郑氏、张逸、赵商答问，一一疏通而证明之。而卢植之《礼记解诂》、郑氏之《丧服变除》、阮谌之《三礼图》、射氏之《音义隐》，亦复触类引入，故能词富理博，使说《礼》之家，钻研莫尽”①。

---

① 马宗霍：《中国经学史》，商务印书馆1937年版，第99页。

第四节 《周礼正义》

孙诒让，字仲容，号籀庼，浙江瑞安人，清末著名经学大师，教育家。诒让生长在一个儒学世家，幼承家学，博通经传，自觉体认永嘉学派的学术传统。十三岁时他草拟《广韵姓氏刊误》；居安庆时，读江藩《汉学师承记》及阮元的《研经室经解》；亦曾随其父孙衣言宦游京师江淮等地，博采秘籍，广结学者名流。清同治六年(1867年)，孙诒让中举人，后五赴礼闱不第，遂绝意仕进，专攻学术。光绪十二年(1886年)，诒让开始接触西方先进的科学文明与政治思想，讲求新学，晚年坚辞清廷多次征召，以创办教育和实业为己任，探索救国图强之道。

孙诒让知识渊博，治学严谨，著述宏富。他以为典莫备于六官，故疏《周礼》；行莫贤于墨翟，故有《墨子闲诂》；文莫正于宗彝，故作《古籀拾遗》。其他著作还有《名原》《古籀余论》《契文举例》《九旗古义述》《周书校补》《尚书骈枝》等三十余种。在孙诒让所有学术著作中，以周礼学的成就最高，是晚清周礼学研究之集大成者。他于二十六岁着手《周礼》研究，三十年间完成《周礼正义》《周礼三家佚注》《九旗古义述》《周礼政要》等礼学著述。其中，《周礼正义》是孙诒让周礼学研究的代表之作。

《周礼正义》之撰作几乎耗费孙诒让毕生精力。据考证，他自同治十一年(1872年)开始撰述此书，编作长编，数易其稿，到光绪二十五年(1899年)才最后定稿付梓，历时二十七年。《周礼正义》皇皇巨著，条理清晰，逻辑严密，博稽约取，论证周详。古文经学家章太炎评价该书："发正郑、贾凡百余事，古今言《周礼》者，莫能先也。"①梁启超亦赞其为"清代经学家最后的一部书，也是最好的一部书"②。清代注解《周礼》的学者先后有方苞、惠士奇、惠栋、江永、金榜、程瑶田、段玉裁、阮元等，亦有不俗的成绩，然而，孙诒让的《周礼正义》博采前代诸家与时人之说，资料搜集完备，再加上考证翔实，持论公允，是集注疏《周礼》之大成的一部巨著。

清代是辑佚工作盛行的时期。以经学而言，由于学者倾心于汉学家的治经，而汉儒的传注大多亡佚，因此，学者们从搜集汉代亡佚的古经义传

① 章太炎：《章氏丛书》卷2，世界书局1982年版，第75页。

② 梁启超：《中国近三百年学术史》，东方出版社1996年版，第224页。

开始，形成一股辑佚的力量。孙诒让是其中重要一员。加之孙氏认为《周礼》是周代的政典，是对周代以前政治制度损益而成。本着爱国之心，诒让希望借助《周礼》中的政教，从外部抵御强敌，从内部克服“政学舛弛”之时弊，因此，孙诒让耗费毕生精力校注《周礼》，甚至在光绪三十年（1904 年）又重校此书，可见其对这部书的重视。而八十六卷鸿篇巨制《周礼正义》亦奠定了孙诒让在晚清学界“三百年绝等双”①的学术地位。

一、经世致用的著述理念

晚清时期，由于政治、社会危机日益加重，以空谈为尚的理学积弊甚多，通经致用、经世实学成为越来越多传统士人的选择。虽然甲午战争之前，孙诒让一直沉迷于治经之业，然而甲午战败刺激他开始着意于富国强兵之学，尤其是辛丑以后，孙氏更是投入兴办新学的实际工作。

在学术取向上，孙诒让之所以选择周礼学作为其经学研究对象，除了知难而进的学术勇气和系统的乾嘉学术训练之外，与他强烈的经世意愿不无关系。孙诒让生于鸦片战争后八年（1848 年），卒于辛亥革命前三年（1908 年），亲历了中国社会一步步沦为半殖民地半封建社会。《周礼正义》之撰作历时二十余年，当孙诒让于 1873 年开始疏证周礼之时只是基于“诸经咸有新疏，斯经不宜独阙”之缘由，到了甲午战败之后的 1899 年，此书完稿之际，他深以“海疆多故，世变日亟”为忧，清楚地揭示了其成书之宗旨：“处今日而论治，宜莫若求其道于此经。”②可见，在孙诒让看来，运用自己学之所长，将“古人之是”整理成专书，公诸于世，号召有志之士，共论国势以救时弊，亦不失为一个文人对国家和社会尽到的绵薄之力。具体说来，孙诒让确信《周礼》为“周一代之大典”，是“周代法制所总萃，闳章缛典，经曲毕晐”③，后世以为《周礼》致乱，并非《周礼》本身的问题，而在于用之者的鄙陋。因此，本着以学术求治道的经世情怀，孙诒让重新疏解《周礼》，以《尔雅》《说文》正其文字训诂，以《礼经》、大小戴记正以礼制规章，“博采汉唐宋以来，迄于乾嘉诸经儒旧诂，参互证绎，以发郑注之渊奥，裨贾疏之遗阙”④。值得一提的是，在《周礼正义》的疏解中，孙诒让非常重视梳理官联制度，目的是以制度证经，肃清后世官员互相掣肘以及政事冗杂的官场弊病；而且诒让认为《周礼》蕴含政教

① 章太炎：《章太炎全集》第 4 册，上海人民出版社 2014 年版，第 213 页。
② 孙诒让：《籀庼述林》卷 5，中华书局 2010 年版，第 138 页。
③ 孙诒让：《周礼正义 · 略例十二凡》，中华书局 1987 年版，第 3 页。
④ 孙诒让：《周礼正义 · 序》，中华书局 1987 年版，第 4 页。

思想，能解决时政之弊，通往国富民强之路。

《周礼正义》成书，标志着孙诒让的治学之路由“治经”开始向“经世”转变。孙氏以广博的学识和严谨的态度，疏通了《周礼》中的古义古制，旨在“剀今而振弊”①。1902 年，孙氏的《周礼政要》问世，则标志着其践行“周礼为纲西政为目”的政治理想，投入日益高涨的维新变法运动。而对于《周礼正义》的成书价值，学界对其经世致用的意义多有肯定。正如吴廷燮所言：“历来诸儒，重在治经，而是书则欲通之于治国。”②章太炎也说“仲容先生治官礼，欲以经术措时用”③，准确地指出了孙诒让礼学研究的致用性格。

二、推陈出新的创新观念

清代以考据学为正统，故《周礼》之研究，一反宋、元、明之传统，崇尚汉学。《周礼正义》的撰作体例，以大宰八法(即官属、官职、官联、官常、官成、官法、官刑、官计)为纲，提挈全书，作为疏解《周礼》的义例。孙诒让敏锐地指出：八法为百官之通法。全经六篇，文成数万，总其大要，盖不出此八科。④

于是，他通过官联的勾稽，在纷繁的众职中理出头绪，不仅可以研究六官联事的共同关系，而且可以推知所缺“事官”的相应职掌，脉络分明，前后呼应，是方法论上的突破。正如清人黄侃所言：“孙仲容以八法为纲领，求条例，括纲要，庶几于力鲜，于思寡，省竹帛之浮辞，免烦碎之非议乎？”⑤

经学注疏涉及经、传、笺、疏各类古书体例，孙诒让在疏解《周礼》经文时，注重对历代注释的义例进行归纳，或沟通古今文字，或归纳词义义例，或总结名物制度，皆力求创新，补前人之阙。首先，在文字辨析方面，孙诒让不仅沿用郑玄注经之精髓，“或求之于本书，或旁证之它籍，及援引之类书”，以辩证文字作为第一要务。更进一步的是，孙氏精通甲、金、籀、篆等各种字体，能够采用据形考释、据音考释、据义考释等多种方法推断文字使用中的错讹现象。其次，孙氏重视古音在声训中的应用，特别采用因声求义法，或以形声声符为据，或以乾嘉诸老的古音分部

① 孙诒让：《周礼正义》，中华书局 1987 年版，第 5 页。
② 《续修四库全书总目提要》，中华书局 1993 年版，第 486 页。
③ 孙延钊：《孙延钊集》，上海社会科学院出版社 2006 年版，第 1 页。
④ 孙诒让：《周礼正义》，中华书局 1987 年版，第 5 页。
⑤ 池田秀三：《黄侃〈礼学略说〉详注稿》，京都大学中国哲学研究室 2012 年版，第 22 页。

立说，推断名物得名之由来。最后，孙诒让的名物训诂，虽远袭郑玄近承乾嘉学者，但是他仍潜心谋求推进。如孙氏考证名物，在阐释郑注之余，颇为重视对名物的总体把握，训解也更加翔实。又如对于《周礼》中反复出现的名物词，孙诒让无论是对郑注，还是对郑注内各家的观点，抑或自己的注释，都非常注重对重复出现的同一名物的系统勾联，从而使得整部书的注释更具系统性。

三、实事求是的撰述风格

《周礼》一书内容极为广博，大至天文历象，小至草木鱼虫，举凡城乡建制、政法文教、礼乐兵刑、征赋度支、膳食酒饮、宫室车服、农商医卜、工艺制作，种种职官职业、名物制度，几乎无所不包。孙诒让疏解《周礼》博稽群籍，凡是可以解说《周礼》的古文献，都旁搜博采，以助证发。

首先，在《周礼》版本选择上，孙诒让以最古老的唐石经本《周礼》为底本，以最精湛的明嘉靖仿宋本为注本，若两者间有讹脱，则以孟蜀石经及宋椠诸本参校补正，并参考陆明德《经典释文》、阮元校宋十行本、黄丕烈校嘉靖仿宋本、卢文弨校本等共十多种异本，通过精善的经注本校勘各家的经注说释，载其存佚，明辨其源流，辨其优劣，依其高下确否而决定对各家之说的取弃，竭力恢复《周礼》之原貌。

其次，著说于疏。为了撰写新疏，孙诒让曾广泛搜罗前人和当代诸儒的相关著作，进行校读和点勘，并随手作批校或题识，积累资料“长编”数十册，为撰著《周礼正义》做了坚实的前期准备。在长编的基础上，孙氏进行分析取舍和最后裁定，一方面正错讹、明文字、辨词义、通句读，完成文字训诂工作；另一方面，比勘诸书、相互参证，疏通名物制度，尤其是比对旧注旧疏，尽显缜严的撰述风格。如他对旧注旧疏给予高度尊重，若是正确的旧注、旧疏，就加以详申和援引，而误解经文的旧注，误解旧注的旧疏，则有理有据地进行纠正，或从或驳，皆是审慎求实的。据统计，《周礼正义》引用书证二百二十五种，引用古今各家之说达一百四十八人，可见孙诒让治经秉持实事求是的精神，既不诬贾、马，也不佞郑、王，毫无门户之见，且持平汉、宋之争和古文经、今文经之争，为《周礼》的可信性提供有力证据。

最后，反复删改，追求极致。孙诒让撰作《周礼正义》，历时二十余载，几经删修。如早在 1890 年，孙氏已写成《周官正义》六十余卷，到武昌面见张之洞，谈论刊刻事宜。然而，由于刊刻一事被暂时搁置，回到家乡的诒让便开始更张义例，进行大幅删修。到1896年，文稿已经"十改其五六"。及至1899年，《周礼正义》八十六卷终于完稿，其间历经七易其稿，耗费孙诒让半生心力。

总体而言，孙诒让于道光二十八年(1848年)出生，到光绪三十四年(1908年)去世，他一生经历了诸如太平天国运动、中法战争、中日甲午战争、戊戌变法、义和团运动等前所未有的社会动荡。激烈的社会变革促使诒让从一个不谙世事的醇儒演变为积极创办新学的实干家，其间他的思想经历了复杂的变化，而这种转变也反映到《周礼正义》的编辑理念上。正是外敌不断入侵、社会危机深重的现实情境，激发孙诒让重疏《周礼》，并在疏解过程中紧扣"政教"这一中心议题，旨在求道于经。与此同时，孙氏治学严谨，不抱门户之见，潜心考证《周礼》中的古义古制，尝试将汉学引入"经世致用"之路，成为汉学的"光辉后殿"。甚至在甲午战争后，孙诒让撰写《周礼政要》，直接将周官之学应用于政治改良，其忧国爱国之心可见一斑。

第五节 《仪礼正义》

胡培翚，字载屏，号紫蒙，人称竹村先生，安徽绩溪人，晚清著名汉学家。胡培翚出身于安徽绩溪金紫胡氏家族，家学渊源，重以笃志博闻，所得殊多。幼年时，胡培翚从祖父与叔祖父受学，弱冠之年已得众经之要领；成年后，他又辗转多师，获益匪浅。嘉庆二十四年(1819年)己卯，胡培翚高中恩科进士，授内阁中书，充实录馆详校官，开启其在京做官生涯。胡氏为官清廉，恪尽职守，然不为权贵所容，不幸于道光十年(1830年)失察假照，被议镌级。此后虽官复原位，但胡培翚从此绝意仕途，一直以讲学、著书为业。

自道光十二年(1832年)，胡培翚承乏钟山书院讲席起，一直著述不断。如刻《钟山书院课艺》一书，并成《钟山书院课艺序》一文。后又讲学于泾川书院，作有《泾川书院志学堂记》，付梓《燕寝考》三卷、《研六室文钞》十卷。张舜徽评价《研六室文钞》"在清人文集中，最称纯粹"①。

胡培翚自青年时起，即致力于"三礼"研究，积四十余年之力，终于在其晚年时基本完成《仪礼正义》定稿。培翚撰著《仪礼正义》可以分为两

① 张舜徽：《清人文集别录》，中华书局1963年版，第380页。

个阶段，即始撰阶段与重疏阶段。始撰始于嘉庆十三年(1808 年)，胡氏从学于凌廷堪并得到凌氏的指点，从而得窥治礼之途径，便于嘉庆戊辰始治《礼经》，完成《丧服》篇的疏解任务。短暂地中断之后，胡培翚决定重疏《仪礼》，直到其于道光二十九年(1849 年)去世，一直未中断《仪礼正义》的撰著。胡氏晚年多病，写作之艰难，有一二事可证。如道光二十三年(1843 年)，胡培翚病痁，“命从子胡肇昕手录《士昏》《乡饮》《乡射》《燕礼》《大射》诸篇，采辑诸说，鳞次排比，授以己意，令附诸后”①。道光二十五年(1845 年)四月，胡氏患风痹，犹力疾从事《仪礼正义》创作，左手作书。然而，直到胡培翚病逝，《仪礼正义》尚有《士昏礼》《乡饮酒礼》《乡射礼》《燕礼》《大射礼》等五篇未具。后经族侄胡肇昕和弟子杨大堉在原稿的基础上增补、校勘并加以联缀成篇，从而完成了《仪礼正义》之皇皇巨著。

《仪礼正义》是胡培翚倾注四十余年心血撰著而成，全书不仅体现了胡氏的礼学思想，而且还渗透着培翚重疏《仪礼》的撰著理念。

一、经世致用的编纂目的

儒家历来重视礼与经世济民之间的关联。作为嘉道时期的礼学名家，胡培翚之所以选择编撰《仪礼正义》，即是受到其长久以来的经世意识所指引。如胡氏自诩“翚之始志，思欲效用于世”②，并在多个场合直言“本所学以用于世，俾朝廷收得人之效”③。作为典型的经世之学，胡氏认为《仪礼》有较强的经世功能，其云：“念《仪礼》……冠、昏、丧、祭，切于民用；进退、揖让，昭明礼意。若乡邑中得一二讲习之士，使众略知礼让之风，即可消兵刑于未萌。此翚所以急欲成书矣。”④可见，以礼经世的编纂理念在胡培翚编撰《仪礼正义》之初即已成型，他自觉地将这种经世思想贯彻于《仪礼》阐释的始终。

首先，注重对礼仪制度的疏解，突出礼“切于民用”的社会效能。胡氏在撰著《仪礼正义》时，总是设法厘清各种礼仪制度和行礼程式，旨在

---

① 金天：《胡培翚传》，见钱仲联主编：《广清碑传集》，苏州大学出版社 1999 年版，第 703 页。

② 胡培翚：《研六室文钞·补遗》，见《续修四库全书》第 1507 册，上海古籍出版社 1995 年版，第 488 页。

③ 胡培翚：《研六室文钞·补遗》，见《续修四库全书》第 1507 册，上海古籍出版社 1995 年版，第 487 页。

④ 胡培翚：《研六室文钞·补遗》，见《续修四库全书》第 1507 册，上海古籍出版社 1995 年版，第 489 页。

各种古礼仪节的施行能落到实处，便于推行礼乐教化，实现移风易俗的目的。如胡氏在解释礼义时，往往落实到礼制细节，目的是指导人们合理地施行礼仪制度。其次，胡氏在疏解《仪礼》时，对清代理学家“缘情制礼”的主张常加以征引，以此表达自己的伦理观念和经世意识。如卷十五胡氏疏解“主人就士旅食之尊而献之，旅食不拜受爵，坐祭立饮”时，引用方苞之言，以庶子和弟子为例，论述士旅食者礼仪的“常例”和“变例”，强调了缘情制礼与经世致用的统一。最后，胡氏主张《礼》当为天下万世遵行，不当为一二人立制，反对轻易改动先圣之服制，强调礼学移风易俗与经世致用的功能。

综上，胡氏在诠释《仪礼》的过程中以礼学经世济民的实用功能为编纂宗旨，能够在精专繁复的礼学考证之余，立足于国家现实和社会民生，强调礼学的经世效用，通过对礼学的践履来恢复礼制秩序，进而以礼乐教化民众，开启民智。

二、客观求是的编撰特色

在撰作《仪礼正义》的过程中，胡氏秉持古文经学家征信求是的学风，对仪礼学史上的诸多讹误详加疏解，不仅广罗善本，择善而从，而且继承前人，开拓创新，形成了其实事求是、推陈出新的解经特色。具体而言，在校勘方面，胡氏博求诸本，慎审明辨，旨在求真。如在选用校勘底本上，《仪礼正义》选用唐石经为《仪礼》经本，嘉庆年间黄丕烈士礼居重刻宋严州单注本为《仪礼》注本，“其或石经、严本有误，则改从它本，并注明于下”①。无论是唐石经，还是严本，皆属于古书精本。胡氏以此二本为底本，不仅彰显其学术上的远见卓识，而且表明其精校《仪礼》的审慎态度。并且，在参本的选择上，胡氏旁征博引，有涵芬楼影印徐氏仿宋《仪礼》单注本、汪世钟重刻单疏本、阮元校刊十三经注疏本、陈凤梧篆书本、明国子监刊注疏本、汲古阁毛氏刊注疏本等，多是善本，体现了胡氏择善而从，追求博考精校的学术主张。

此外，在校勘理念上，胡培翚秉持“宁详无略”，“详载各本经注异同”的原则，或采用对校法，以“置前”或“置后”的方式罗列参本，不仅比对异同，而且校其是非，追求穷尽式的校勘整理；或采用互证法，依据《仪礼》经、注之上下文的前后互证来完成字词句的疏解；或采用他校法，多选用清代以前的经典文献进行他书互勘，如援引《通典》对《仪礼》经、

---

① 段熙仲点校，胡培翚撰：《仪礼正义》，江苏古籍出版社 1993 年版，第 7 页。

注进行校勘，取得了诸多成就。

总之，在旁征博引、充分占有资料的基础上，胡培翚巧妙使用多种方法勘正《仪礼》，或疏通证明郑注，或补郑注所未备，或订正郑注之讹误，实事求是，信而有征。若是提出新解，必提供证据，标明理由；若是引用他说，必注明出处，遵从学术规范。正是由于不迷信权威，尊重事实，择善而从，学术界盛赞胡培翚《仪礼正义》为“替往圣继绝学”。

三、兼采汉宋、兼容古今的通观

胡培翚虽然是一位古文派经学家，但是他在疏解《仪礼正义》时却是古、今经文兼容的。如胡氏宗守郑注，凡《仪礼》经、注使用的是今文经文字的，胡氏疏解也采用今文经文字，并按今文经文字进行疏解；凡《仪礼》经、注使用的是古文经文字的，胡氏疏解也采用古文经文字，并按古文经文字进行疏解，完全遵循郑玄当年会通今、古文经的撰述思路。又如胡培翚疏解《仪礼》时征引文献亦兼采今、古文经学家之说。虽胡氏引用鲁《诗》、韩《诗》的数量远远小于引用毛《传》的数量，但他在书中能够同时兼采毛、韩、鲁三家诗，也足以说明其撰述《仪礼正义》时不受拘束，惟求其是的编辑态度。

胡培翚不仅在学术取向上古今兼容，而且在治经主张上摒除门户，不废汉、宋，因而其治经“能综汉、宋学之得失而持其平”①。《仪礼正义》在注疏方式上注重以传统的校勘、训诂等汉学方法为主，同时也夹杂少量义理的发挥，体现了汉宋兼采的治经特色。如《仪礼正义》是集汉学家注《仪礼》之大成。胡氏在疏解《仪礼》之时，广泛吸收当时乾嘉学者的最新考据成果，以训诂、校勘为主，勘正原文和郑注、贾疏之失误，通篇凸显汉学家法。与此同时，胡氏在撰著过程中亦不忘征引宋、明学者的观点，借用他们的言论来阐明自己宋学的立场。并且，胡培翚在疏解《仪礼正义》时，辨析名物之余，也涉及对义理的阐释，表明自己不持门户之见，兼采汉、宋诸儒之长的通达的编撰风格。

总之，作为一名皖派朴学家，胡培翚虽然专注于以汉学家法阐释《仪礼》，“终与汉学最近”，但是秉持“力持学术之平，不主门户之见”的学术思想，胡氏依然折衷汉宋，补偏救弊，注重以宋学为辅助对《仪礼》经、注进行义理的阐发。

---

① 胡培翚：《答赵生炳文论汉学宋学书》，见《研六室文钞》卷五，《续修四库全书》第1507册，上海古籍出版社1995年版，第123页。

第六节 《礼记集解》

孙希旦，字绍周，号敬轩，浙江瑞安人，乾隆时期著名的经学家。孙氏自幼聪颖好学，少从其父读经书，读书三四遍就能成诵。十二岁即补县学生博士弟子员，考场比试经常夺冠。乾隆戊戌年(1778 年)，希旦以一甲第三赐进士及第，授翰林院编修，任武英殿分校官，兼充国史、三通馆纂修官。

希旦居官颇为敬业，曾奉旨纂修《四库全书》“三礼”，并受命厘定《契丹国志》《大金国志》，纂修任务十分繁重。但他勤勉自励，半夜即起，待漏入直。公事之余，他还为门人弟子讲学，诲人不倦。

孙氏博览群书，常常手不释卷，在学问上孜孜以求。他平生为学，务在博览，又以一物不知为耻，所以自天文、地舆、律吕、卜筮、历算、勾股等学问，无不精心研究。尤其深研“三礼”，后更专治《小戴礼记》。其著有《礼记集解》五十卷、《尚书顾命集》一卷、《求放心斋诗文集》等。

孙希旦为针对《礼记》的郑注孔疏而于乾隆三十六年(1771 年)开始陆续撰写《礼记注疏驳误》，旨在驳正古注旧疏错误，后增参使用宋、元文献材料，发挥其说，直至乾隆四十四年(1779 年)，《礼记注疏驳误》改名为《礼记集解》才告完稿。至孙氏四十九岁去世，该书已经三易其稿，前后时间长达十三年，字数达百余万字。孙希旦逝后，《礼记集解》先后经过项几山、孙锵鸣、孙衣言等三人陆续整理补订，直到同治七年(1868 年)，全书六十一卷才刻成付梓。可以说，《礼记集解》是孙氏晚年的重要礼学专著，集其一生礼学之大成，是研究其礼学编辑思想的主要依据。

孙希旦毕生精力主要用于钻研礼学。在各种经典之中，他尤精“三礼”。《礼记集解》之撰作，旨在博采众说，彰显古义。因此，孙希旦言礼，对于名物制度，考索精详，可以补充汉唐注疏之缺漏。然而，另一方面，希旦进行义理诠释时，又非常注重体察制礼的深意，解释尽可能合乎人心。总体而言，《礼记集解》凝聚了孙氏对礼学的全部思考和态度，是一部集大成之作。

一、纲举目张的编辑体例

所谓“集解”，是“荟萃众说的传注体例”①。《礼记集解》取《礼记》四十六篇中四十四篇，加以训释。全书既涉及汉唐人注疏，如郑玄《礼记注》、孔颖达《礼记正义》和陆德明《经典释文·礼记音义》等经典礼学著述，亦征引朱熹、吕大临、陈祥道等以义理见长的宋元人注疏，以及徐师曾、郝敬、胡渭、高愈、戴震等明清人注疏，采择广博，体大思精，以一持万，有条不紊，读来一目了然。

具体而言，在礼学诠释策略上，孙希旦《礼记集解》游走于义理和考据之间，但纲举目张，条理清晰。其一，《礼记集解》每篇篇首皆冠有解题，主要是针对篇名的确定、文献的来源、成篇的时间、篇中的内容等进行考述和辨析。一般而言，在篇名下，先征引孔颖达《正义》，说明该篇在《别录》中的类别，然后引用前人观点，诠释篇名。如《礼记集解》首卷，先顶格标“礼记卷一”，次行低两格标“曲礼上第一之一”，下用小字注曰：“《别录》属制度。”

其二，孙希旦对每篇经文通常以句为单位进行“集解”，分为两种方式：一种方式是文字和字音的校勘和训诂，以小一号字符于经文之后，先释句中难读、异读之音读，又列举异本别字、通假，或加以校勘，即使对文字断句，也时有新解，如《曲礼》开始，先以大字书写经文，然后在其下附以小字注释；另一种处理方法是解释章句和阐发经义，先辑引郑玄注、孔颖达疏，删削择取其中之精要，再博采汉唐旧疏及宋元以来各家之说，博观约取，如孙氏为《礼记》作“集解”，往往先列经文于前，后据《经典释文》注音，并参考他书校勘经文，注明异同，或者采择前人注释，以“愚谓”二字区别，后附己见。

二、不著空言的编撰态度

孙希旦十分注重对经书和史籍的稽考和使用。他讲求制度或各种说法的来源和证据，排列各类文献中的具体情况，加以区别。其一，“三礼”互证，以辨权威。孙希旦将“三礼”及《大戴礼记》《逸周礼》之文贯通在整个诠释过程中，每诠释一篇，必将《周礼》《仪礼》和其他典籍中同类篇目相比照，进而辨别哪部文献的叙述更为合理，如《曲礼》上“主人与客让登”节，孙氏归纳总结升阶之法的三种情况后，列举《仪礼》中《聘礼》《公

---

① 张舜徽：《中国古代史籍校读法》，华中师范大学出版社2004年版，第250页。

食礼》《乡饮酒礼》为证。

其二，以经、史证经。孙希旦将《尚书》《春秋》及三传、《国语》记载之史事作为诠释的基础，以史事证经书之义，或以经书考察对礼制描述之确否。如孙氏将《孝经援神契》与《易》《周礼·九嫔》《内则》进行比对，认为：“经典有明文，非惟纬书言之矣。”①可见，希旦广征博引，即使面对纬书记载材料，依然保持了客观的态度。

其三，训诂辨义，治经谨严。《礼记》中涉及的名物制度繁多，难以疏解。孙氏在阐释名物制度时，确实有据，考证详赅。如《曲礼》下“士大夫去国”节，孙诒让首先引用王安石的观点，然后又考证此说出处《公羊传》之详情，最后详析孔子去鲁、孟子去齐的情形，最终证明无大夫待放三年之说。并且，为了阐释经义的需要，孙希旦会在章节中辨析字义。如释“伦”字义，他引郑注和方悫语：“愚谓‘伦’字，郑氏以位言，方氏以道德言，兼之乃备”②，区分了“伦”字的多重含义。此外，希旦没有遗漏对衍字、脱字、误字的校勘。孙氏经文校勘详密，或用别本校之，或用他书校之，或用本书内他篇文字校之，或用本篇内上下经文校之，或以字形校之，或以字音校之，或以字义校之，或以礼例校之，旨在言之有据。

三、探求古制今用的经世意识

孙希旦的家乡温州瑞安县，是南宋永嘉学派的思想发源地。从地理位置上考察，孙氏礼学编辑思想的形成与永嘉学风的传承有密切关系。永嘉学派强调学以致用，实事求是，反对空谈义理，因而被视为事功学派。而孙希旦的学问有深厚的永嘉学派渊源，他在《礼记集解》中借着贯通“天理”和“人心”的关系，把存于人心的天理阐释为道德和义理，旨在为“天理”和“人心”赋予具有验证价值的实践意义，使二者从形而上落实到形而下。正如《行状》所载：“（孙希旦）其于程、朱之说，尤笃信之，而务在实体诸身”。可见，孙希旦治学重视经验实证。

在《礼记集解》中，“缘情说礼”是希旦常用的解经方法。如《曲礼上》曰：“凡与客入者，每门让于客。”孙希旦曰：“盖执质相见者，主人受质于门内，而宾遂出，礼虽已成，而情尚未洽，故主人复迎之而入，与之揖让升堂，以尽宾主之欢也。”在士相见礼中，主人接过宾客相赠的礼物，而彼此行过拜礼以后，仪式理应完成。然而，孙希旦认为主人还要邀请宾

---

① 孙希旦：《礼记集解》，中华书局1989年版，第131页。

② 孙希旦：《礼记集解》，中华书局1989年版，第148页。

客入内升堂，是为了使人情得以和谐、协调。这种“礼因人情”的说礼方向可视为孙希旦在原典经义上延伸解读的结果，但其实际目的是打造一个验证平台，摆脱程朱理学的桎梏，以彰显天理和人心的现世价值。情因人起，止乎礼义；“情礼相辅”是落实理学于实践经验领域中的重要原则，也是事功主义得以履行的基本条件。进而，孙氏由个别的人情需要推广至天下共有的民情上，最终将义利的关系纳入现实的政治状况。

总体而言，孙希旦阐释《礼记》的初衷是认为礼是王者的治道。他坚信礼学是致用之学，从程朱理学的基础上回应儒家“礼顺人情”的传统说法，期望在以人情为主导的现实情境中，以礼仪制度给予理学可验证的客观内涵，旨在为天下制定恒久治国之道。

第七节 《礼记训纂》

朱彬，字武曹，号郁甫，扬州府宝应县人。其家学深厚，八世祖朱应登以进士起家，官至云南布政使参政；七世祖朱曰藩亦由进士官九江知府，以文学显明；曾祖朱克简乃顺治丁亥进士，官至云南道监察御史，巡按福建；祖父朱泽代，并邑诸生；父亲朱宗贽，虽然举场失意，但是他日夜钻研江西诸家文，学养丰厚。朱彬自幼聪慧且品行端正，十一岁丧母，哀戚如成年人。成年后，丁父忧时，殓葬尽礼。乾隆六十年乙卯(1795年)朱彬顺天乡试中举人，改授国子监学录衔。

若以地域划分，朱彬应属于扬州学派，且少年时期从王懋竑、朱泽沄治朱子之学，然而朱氏后来改弦易张，与外兄刘台拱切磋学术，崇尚朴学；与汪中、贾田祖等人交往，钩沉经史；与王念孙、邵晋涵等人以文章相重。这些交往经历提升了朱氏的学术境界。朱彬一生好学，孜孜不倦。他博览经史百家，无不贯恰，而于经义研究尤勤，曾亲手写书数十册，点校书籍不下千册。著有《经传考证》八卷，《礼记训纂》四十九卷，《尚书异义》四卷，《尚书故训别录》抄本，并与王念孙、汪中、刘台拱、王引之合校《大戴礼记》十三卷，批校《易传集解》十七卷，《周易音义》一卷以及文集《游道堂诗文集》四卷。

《礼记训纂》是朱彬晚年之作。他不满于卫湜《礼记集说》的不明训诂和陈澔《礼记集说》的疏略，从音韵训诂入手探求《礼记》经义。该书始纂于1802年，定稿于1883年，前后花费约三十年时间，倾注了朱彬整个后半生的精力。他与舅父刘端临台拱，高邮王臞念孙、伯申引之父子，江都汪容甫、李孝成、邵二云，互相切磋，析疑辨难，故书中采用此诸家之说最多；又旁证清初迄乾嘉间诸家之书不下数十种，因此林则徐赞：“他纬以古今诸说，撷其精英，如肉贯串，其附以己意者，皆拔擢精碻，发前人所未发。”①《礼记训纂》手稿完成后，由朱彬长子文定平为校订，未及半而逝。后来次子士达再为校字，并嘱大甥陈辂详校，亦未终而卒；又延请刘文淇、王敬之续成全书的校订工作，阅二年而毕。此书才得以雕版印刷而流传于世。后来，朱士端之子朱念祖对该书再次做了补葺工作，于1856年又重新刊印。可以说，《礼记训纂》既是朱彬晚年的心血之作，亦凝集了扬州学派早、中、晚期三代学者的校勘成果，是一部分量颇重的礼学著作。

清中期以考据为基础的《礼记》诠释代表作是朱彬的《礼记训纂》，他荟萃乾嘉以来礼学成果，不失为《礼记》研究领域的佳作。

一、汇纂前说，要言不烦的撰述手法

朱彬《礼记训纂》共四十九卷，征引广博，涉及汉至清九十多位学者的学术成果。其编纂体例大体是以郑玄的《礼记注》和孔颖达的《礼记正义》为宗，其后会通各家学者之说解。该书并不拘泥于郑注孔疏，而是广泛涉猎宋元明清以来学者的礼学研究成果，旨在勘正原文和郑注孔疏之失误。在体例上，《礼记训纂》每篇一卷，每卷先有解题，阐述篇名由来、本卷内容以及学术源流；而后在行间设置注解，解释字词音义，考证名物制度等。如卷十三“将适公所，宿斋戒，居年寝，沐浴……”朱彬解释该条就是纂集《郑注》、《说文》、段玉裁说、《正义》和吴澄、江永、惠栋等说，广纳他说而抒发己意。

“训纂”作为“集注”的一种，朱氏《礼记训纂》最大的特色之一是广罗礼学文献且集中了乾嘉学派的最新考据成果。朱彬诠释《礼记》，大量研读古今学术著作，采纳了多方见解，如汉代刘向、刘歆和郑玄，魏晋时的王肃、谯周、范宁、孙毓和李巡，唐代孔颖达，宋代刘敞、王安石、方悫、朱熹和卫湜，元代吴澄、陈澔，明代郝敬，清代顾炎武、胡渭、阎若璩、臧琳、惠栋、戴震、钱大昕、段玉裁、金榜、汪中和李惇等历代学者的相关论点皆可在《礼记训纂》中寻到踪迹。并且，朱彬在广引他说的同时，却力求简要概述，并不芜杂。本着实事求是的原则，朱彬并不盲从名家经典，而是言之有据，汇聚众说且浑然一体。无形之中，《礼记训纂》

① 朱彬著，沈文倬、水渭松校：《礼记训纂》，浙江大学出版社2010年版，第7页。

独树一帜，一方面朱氏对前人学说进行梳理和精选，渗透着作者以“训故”为主的学术取向和批判标准；另一方面，《礼记训纂》中罕见朱彬直抒胸臆，全书五十余万字，但有“彬案”“彬谓”之语者不到二十处，体现出作者对“纂”他人之训的写作追求。

二、精择慎取的编纂原则

《礼记训纂》是清代唯一一部对《礼记》进行专书性考据诠释的著作。全书虽参考了众多古籍，但朱彬崇尚汉唐注疏的简约之风，因此他在历代经典中精择慎取，归于简约，其经典诠释风格背后有着独有的治学理念。作为扬州学派之宝应学派中的一员，朱彬早年曾专治朱子之学，只是未能窥其奥。因此，在《礼记训纂》的诠释思想中，朱氏汉唐兼采，将考据和义理结合，将典章制度之学和音韵训诂之学结合，将求真和求是结合，追求实事求是的治学风格。如朱彬客观评价郑注，认为“注《礼》如日月之在天，江河之行地，而千虑之失亦间有之”①。因此，他能够兼采先秦典籍和近儒新说，理性分析并合理纠正汉唐经学家的讹误。林则徐《序》评价其注经“不专以一说而矜创解”，是赞扬朱彬融通务实的治学品格。

这种精择慎取的编撰原则反映在《礼记训纂》的编撰过程中主要表现为：平心审择，考据为主。作为扬州学派的奠基者之一，朱彬礼学继承了皖、吴二派考据学之优长，达到了通达而博大的境地。《礼记训纂》偏向于“以经证经”“以史证经”，博采众家、不主一家。全书征引一百二十四种书目，引用前人观点涉及一百零一人；征引范围网罗经、史、子、集四部，涉及经学、史学、诸子学、文字学、金石学、地理学、文学、西学等诸多门类，上至先秦典籍，下至时贤著述，凡是能够为我所用，皆左采右掇。其一，在注音方面，《礼记训纂》全书于每段之后或注直音，或用反切，颇为注重音训方法的运用。如卷十二：“在父母舅姑之所有命之应唯敬对进退周旋慎齐升降出入揖游不敢哕噫嚏咳。”孙氏在文后标出相关的注音之文：“齐，侧皆反；哕，于月反；噫，于界反；嚏，音帝；咳，苦爱反……”其二，在释义方面，《礼记训纂》皆引《说文》《玉篇》《广雅》等而证。如卷一有“献粟者执右契，献米者操量鼓”两句，朱氏引《说文》《广雅》而证：“《说文》：契，大约也。《易》曰‘后世圣人易之以书契’；彬谓《广雅·释器》：‘斛谓之鼓’。”

---

① 朱彬：《礼记训纂》，见《续修四库全书》第105册，上海古籍出版社1995年版，第320页。

总之，朱彬治学以汉学为根基，注重对《礼记》字词音义的训诂和解释，基本不涉及义理层面的探讨。《礼记训纂》斟酌古训，平心审择，乃“求古学之是”①的典范。

三、博通经籍、融汇古今的编纂风格

《礼记训纂》的编纂初衷是朱彬不满宋人卫湜《礼记集说》的少于训诂，因此相较于以前全解《礼记》之书，朱氏之作最突出的特点是注重朴学之考据训诂的治学风格；甚至为了增强论证的说服力，朱彬引书广博，彰显其宏通的学术视野。如《礼记训纂》参考日本文献进行比勘，所征引的书籍有日本山井鼎撰的《七经孟子考文并补遗》以及日本足利本著述等。

除了博通中外和融汇古今，《礼记训纂》在诠释方法上不仅重视训诂文字和考证名物制度，而且还重视对礼意的探求。具体上，朱彬引用罗列众家说法，任读者自行取舍判断，彰显其开放的治学态度。正是这种开阔的学术视野，促使朱彬注经并不排斥宋人的著作，他不仅引用朱熹等人的学说，而且对方悫的《礼记解义》引述尤多，且时引其训释之词。可见，在朱彬看来，学问并“不别户而分门”，虽然汉学重视训诂和校勘，但宋学并非全是“虚言”，两派学问有相通之处，应当汉宋兼采。因此，《清史列传》卷六十九本传中评价朱彬之学“荟众说而持其平”②。

四、通经致用的学术追求

一般而言，清代乾嘉时期的考据学者被认为埋头于故纸堆中不问世事，然而朱彬却是具有学术经世思想的考据学者之一。《礼记训纂》虽然兼采汉宋、讲求义理，但是与宋明理学家建构“理”的哲学意蕴不同的是，朱彬倡导礼的实践价值以及肯定礼的功用意义。《礼记训纂》的编纂目的并不是单纯的学术考证，而是在于穷经考礼，还原《礼记》本义，求义理于古经，发挥其教化民众的作用，体现了朱彬通经致用的学术追求。如《表记》经文：“子曰：‘事君大言入则望大利，小言入则望小利，故君子不以小言受大禄，不以大言受小禄’。”③朱彬以吕大临和张载的观点阐释经义，表面上是诠释儒家的义利观，实际上则是灌输儒家的经世思想。正如朱彬在《与干臣廉使书》中所言：“仆迂愚无似，年来有志于治经，于经

① 国家清史编纂委员会：《清代诗文集汇编》第409册，上海古籍出版社2010年版，第577页。

② 王钟翰点校：《清史列传》，中华书局1987年版，第112页。

③ 朱彬撰，饶钦农点校：《礼记训纂》，中华书局2011年版，第795页。

世济物未尝措怀。"①可见，朱氏《礼记训纂》一方面渗透出乾嘉学派明显的考据风格，但另一方面却体现了朱氏通过荟萃宋元以来理学家治礼之精华彰显书中文字的微言大义。

总而言之，朱彬《礼记训纂》的编纂旨趣本在明道与救世。通过对礼学经典的诠释，朱氏灌输了儒家治国平天下的经世思想。贯穿全书的"经学即理学"思想，皆因经术而明治道，因治道而为救世。

① 朱彬：《游道堂集》，见宝应：《宝应朱宜禄堂藏版》卷二，民国五年刊本，第5页。

第五章 《春秋》要籍编辑思想

《春秋》经流传过程中错简脱漏的情形较多，到西汉时依据《春秋》经所作的《传》至少出现过五种，分别是《春秋左氏传》《春秋公羊传》《春秋穀梁传》《春秋邹氏传》与《春秋夹氏传》等，其中《春秋邹氏传》和《春秋夹氏传》在东汉时就已经亡佚了，现在尚能见到的有《春秋左氏传》《春秋公羊传》和《春秋穀梁传》，俗称“春秋三传”。经部要籍中，《春秋》的经传与注疏及其相关研究，体现我国儒家学者治学精神的流变史，其中也贯穿了纂修者编辑思想的演进。

从《四库全书》目录中收录的春秋类要籍著作数量来看，宋代与清代是春秋类要籍著作蓬勃发展时期，远远超过其他时期，并且其内容与编排等也发生了重大的转变，从以大而全的全面解经为主，到解经的专门化，著作的编辑形式也从单一转向多样化，春秋类要籍编辑思想呈现古人的编辑智慧。

第一节 《春秋》经

《春秋》经是儒家的元典之一。《春秋》经的编纂者大多数学者认为是孔子。朱熹《论语集注》云：“孔子……修《春秋》。”①这里的“修”包含修订、整理、编纂、编辑等意义。笔者认为，孔子在周室和原鲁《春秋》等各国史料的基础上，对《春秋》经做了不同程度的编纂，他笔削《春秋》，删繁就简，在简略的前提下，追求深义，记时、记地、记事，从鲁国历史记载的角度出发，编成《春秋》经，微言中显大义。

《春秋》经是我国第一部记事编年体性质的史书，采用“以事系日，以日系年，以月系时，以时系年”的编年方法，按照年、时、月、日的时间

---

① 朱熹：《论语集注》，齐鲁书社 1992 年版，第 61 页。

顺序编排，记录史实，交代历史事件的背景以及各种关系。编年体史书的编纂方法是孔子在编辑领域一大创举，与以往的历史记载相比，系统化、条理性更强。

《春秋》经记事但不记言，记事也极其简约，记载了自鲁隐公元年(公元前722年，周平王四十九年)至桓公、庄公、闵公、僖公、文公、宣公、成公、襄公、昭公、定公、哀公十四年(公元前481年，周敬王三十九年)十二位鲁国君主在位二百四十二年的历史事件，通篇字数大约一万八千字，现存一万六千余字。《春秋》经的内容涉及政治、军事、外交等诸方面。孔子用鲁《春秋》作为基本材料，借鉴当时其他各诸侯国的史书，编次而作《春秋》，臧否人物。孔子整理修订《春秋》经的方式主要有三种：第一种方式是引用鲁《春秋》中的旧文；第二种方式是确定《春秋》的起讫；第三种方式是对《春秋》的口说。孔子作《春秋》经，借经文表达自己的思想，在编辑实践中展现出的编辑原则，体现了他极为严谨的态度。《春秋》经编辑思想主要表现为多闻阙疑、属辞比事、婉而成章、隐而不书、借事明义等。

一、多闻阙疑

"多闻阙疑"思想源自孔子的从政之道："多闻阙疑，慎言其余，则寡尤。多见阙殆，慎行其余，则寡悔。言寡尤，行寡悔，禄在其中矣。"①所谓"多闻阙疑"，是说要多听，对有疑问的地方，要存而不论，不要妄加论断。孔子竭力主张"毋意，毋必，毋固，毋我"②，意思是说不揣测，不武断，不固执，不自以为是。以上为人处世的原则为孔子的编辑思想奠定了基础。"多闻阙疑"在编辑领域主要是指在编辑、整理古籍过程中，多做考证，不武断，不能妄改阙文。

"多闻"的表现之一是遍征典籍。孔子在编纂《春秋》的过程中，征求典籍的力度相当大。由何休著《春秋公羊经传解诂》记载可以看出，为修《春秋》获得第一手资料，孔子派出了十四人的遍征典籍的队伍，最后获得一百二十个诸侯国的史书，编辑加工所获取的第一手资料，可见孔子在修《春秋》时遍征典籍的力度大、范围广。对收集到的芜杂无序的资料，孔子进行了考证其义、考辨真伪、属辞比事等工作。

"阙疑"的表现就是不轻易改动阙文。《春秋》所依据的原始文献材料

① 刘宝楠等：《诸子集成》1，上海书店出版社1986年版，第34页。
② 刘宝楠等：《诸子集成》1，上海书店出版社1986年版，第176页。

是鲁国的史书，其中的记时、月、日等阙文的地方很多。并且鲁史的记载中原先的历史记载本身就出自多位史官之手，原文不统一的情况也在所难免。孔子在整理时，没有确凿的证据与史料为编辑过程提供佐证，保存了其阙文的原始状态，不轻易改动。其中的许多“未谕”之处，孔子一仍其旧，基本忠实于原有的历史记载，如桓公十四年“夏五”，“夏五”两字，语意不全，可能是指“夏五月”，但《春秋》中并没有“月”字，孔子所依据的鲁《春秋》中可能只有“夏五”两字，孔子编《春秋》时坚守多闻阙疑的原则，仍因袭旧文，不妄加揣测。又如《春秋·桓公五年》云：“春，正月甲戌，己丑，陈侯鲍卒。”①《春秋》经中鲍之卒的日期记载在甲戌与己丑两日，《春秋穀梁传》对这一做法作出了合理的解释：“《春秋》之义，信以传信，疑以传疑，陈侯以甲戌之日出，己丑之日得，不知死之日，故举二日以包也。”②孔子注重对古籍文献的考证工作，重视客观证据，主张实事求是，反对主观轻率处理材料。孔子坚决反对凭主观臆测的凭空之论，因此在无法确定确切史实的情况下，就选择了存疑的做法。

二、属辞比事

《春秋》处理文辞与史事的重要指导原则是“属辞比事”。《礼记·经解》中论述：“入其国，其教可知也……属辞比事，《春秋》教也……《春秋》之失，乱……属辞比事而不乱，则深于《春秋》者也。”③意思是，如果既善于辞令和分析，而又不使人心混乱，就说明深得《春秋》的道理。“属辞”是指在表述史事时讲求遣词造句，注重文辞的锤炼，重要表现则是芟夷烦乱，剪截浮辞。所谓的芟夷烦乱，就是删除烦琐杂乱的文字与篇章，这是孔子编纂《春秋》的重要工作。将虚华不实的言辞剔除之后，再组织材料使之成书。“比事”就是在编写史书的时候按年、时、月、日的顺序排比史事。属辞比事就是用精练规范的语言记录排比历史。孔子很重视对史事的编辑，确定文辞准确，关照文辞所描述的史实，遣词造句，按时间的先后顺序整理原本杂乱的历史事件，条分缕析。属辞比事的方法对后代的经学大师有重要的影响，他们在文字方面所作的规范化工作使编辑加工越来越精细化、专业化。编年体的记事方式成为史书著作的重要编撰方式。

---

① 上海古籍出版社编：《十三经注疏》，上海古籍出版社1997年版，第2374页。
② 上海古籍出版社编：《十三经注疏》，上海古籍出版社1997年版，第2374页。
③ 上海古籍出版社编：《十三经注疏》，上海古籍出版社1997年版，第1609页。

《春秋》中孔子编辑之处多有“为尊者讳，为亲者讳，为贤者讳”的地方，与孔子的思想相吻合，以婉而成章与隐而不书最为典型。

三、婉而成章

婉而成章，“婉，曲也，谓屈曲其辞有所避讳，以示大顺”①，《春秋》经中委婉避讳的记述方式有典型的例证，如《春秋·僖公二十八年》载：“冬。公会晋侯、齐侯、宋公、蔡侯、郑伯、陈子、莒子、邾人、秦人于温。天王狩于河阳。”②文中记载的是历史上有名的“践土之会”，即周襄王在河阳狩猎，但实际史实是什么样的呢？《春秋左氏传》中记载：“是会也，晋侯召王，以诸侯见，且使王狩。”③《史记》云：“二十年，晋文公召襄王，襄王会之河阳、践土，诸侯毕朝。”④从以上对比可知，晋侯召王还是王召晋侯，云泥之别。但为什么会出现这种差异？《春秋左氏传》云：“仲尼曰：‘以臣召君，不可以训。’故书曰：‘天王狩于河阳。’言非其地也，且明德也。”⑤《史记·晋世家》云：“孔子读史记至文公，曰：‘诸侯无召王’、‘王狩河阳’者，《春秋》讳之也。”⑥在孔子的理念中，“君君臣臣父父子子”，“诸侯召王”是违背礼制的，非常不妥，不可为训，孔子为尊者讳，只言“天王狩于河阳”，删除诸侯召王的重要情节，用以“明德”。另，《春秋·庄公三十二年》云：“公子庆父如齐。”⑦庆父犯上作乱、弑君、私通庄公夫人，因杀僖公计划落空而出逃齐国，《春秋》中并没有记载庆父出逃，这是为了弑君、贼奔极力避讳，避免提及犯上作乱的贼人之举。《春秋》的编辑过程体现了孔子“仁、义、礼、智、信”的儒家思想。

四、隐而不书

隐而不书主要包括对常事书与不书的处理和对不义之举的不书。孔子在世道衰微的时代背景下，希望通过文教立国，为后世立法，其编订的《春秋》对我国儒家文化以及编辑思想的形成影响深远。尚仁尊礼是孔子思想的重要组成部分，而这一思想也深刻渗透到其编辑实践与编辑思想中，在编纂《春秋》时，孔子主动剔除其认为不仁的材料以及与《周礼》不

---

① 上海古籍出版社编：《十三经注疏》，上海古籍出版社 1997 年版，第 1706 页。
② 上海古籍出版社编：《十三经注疏》，上海古籍出版社 1997 年版，第 1823~1824 页。
③ 上海古籍出版社编：《十三经注疏》，上海古籍出版社 1997 年版，第 1827 页。
④ 司马迁：《史记》，中华书局 1982 年版，第 154 页。
⑤ 上海古籍出版社编：《十三经注疏》，上海古籍出版社 1997 年版，第 1827 页。
⑥ 司马迁：《史记》，中华书局 1982 年版，第 1668 页。
⑦ 上海古籍出版社编：《十三经注疏》，上海古籍出版社 1997 年版，第 1783 页。

相符合的事件。对不义之举不书的典型例子则是《左传·昭公二十九年》记载的"铸刑鼎"一事，孔子对此持完全否定的态度。孔子在《春秋》中不录"铸刑鼎"一事，认为这事是弃先王法度的，是晋国的乱制之举，收入《春秋》，则会流毒于后世，因此，孔子采取将这段史实从《春秋》中删除的做法，符合隐而不书的原则。

五、借事明义

清代经学家皮锡瑞在《经学通论·春秋》中说："夫以二百四十二年之事，止一万六千余字，计当时列国赴告、鲁史著录，必十倍于《春秋》所书，孔子笔削，不过十取其一，盖惟取其事之足以名义者，笔之于书，以为后世立法，其余皆削去不录，或事见于前者，即不录于后，或事见于此者，即不录于彼，以故一年之中，寥寥数事，或大事而不载，或细事而详书，学者多以为疑，但知借事明义之旨，斯可以无疑矣。"①史义是孔子编纂《春秋》经的出发点与落脚点，也是其编纂的宗旨所在，因此，《春秋》经借事明义是不可回避的重要功用。其借编著元典以弘扬个人思想的做法为后代众多春秋学家所借鉴。

《孟子·离娄下》云："王者之迹熄而《诗》亡，《诗》亡然后《春秋》作。晋之《乘》、楚之《梼杌》、鲁之《春秋》一也。其事则齐桓、晋文，其文则史，孔子曰：'其义则丘窃取之矣。'"②文献呈现了孔子对于"义"的追求，也侧面反映了孔子期望借事以明义的编辑宗旨。孔子整理《春秋》经，最大的诱因是当时世道衰微、君臣父子的封建纲常受到挑战，孔子企图通过文字的教化来救治当时的混乱局面，编纂《春秋》史事史实，编辑加工文辞，明其"义"。"义"是通过对一件件事件的整理最终表现出来的，整理的具体方式主要有对史实真伪的考辨、对文字文质的加工和对编辑体例的编排，体现在字里行间的则是对史实的增删。杜预在《春秋左传正义·春秋序》说："仲尼因鲁史策书成文，考其真伪，而志其典礼，上以遵周公之遗制，下以明将来之法。其教之所存，文之所害，则刊而正之，以示劝戒。其余则皆即用旧史，史有文质，辞有详略，不必改也。故传曰其善志，又曰非圣人孰能修之。盖周公之志，仲尼从而明之。"③

《春秋》在孔子编辑思想的指导下，实现了文辞、史事与史义的统一。

① 皮锡瑞：《经学通论》，中华书局1954年版，第212页。
② 杨伯峻：《孟子译注》(上册)，中华书局1986年版，第192页。
③ 上海古籍出版社编：《十三经注疏》，上海古籍出版社1997年版，第1705页。

史义被放在第一位，是编纂活动的核心指导思想和最高准绳。孔子在整理《春秋》时，始终注重将借事明义的最初追求贯穿编辑工作，先遍征典籍；处理史事时坚守多闻阙疑原则；加工整理所收集到的史实时，追求文字简洁、按照时间顺序编排，属辞比事，注重详略与避讳的处理，在增删的细节处理与文辞加工上下功夫，借事明义，将“义”发扬光大。

第二节 《春秋左氏传》①

与《春秋》相比，《春秋左氏传》是针对《春秋》原文以事解经之作，完善《春秋》记事比较简略之处，使数千年后的读者在接触到《春秋》原文时，能更直接、清晰地了解当年历史的真相。《春秋左氏传》是在《春秋》口口相传的基础上，为了记录孔子关于《春秋》的本来解说，弥缝孔门弟子之间越来越迥异的门派差异，存其真，编纂而成。虽然依附于《春秋》，但《春秋左氏传》记事的手法纯熟、细节精彩，文采与史事俱佳。

要想了解《春秋左氏传》的最初编辑思想，就要对最初版本的《春秋左氏传》及其作者寻根溯源。有些研究者认为《春秋左氏传》经过了二次创作，第一次创作是纪事本末体，后代经师改编为编年体；更多的学者则认为《春秋左氏传》是一次性创作的结果。《春秋左氏传》的成书年代大致锁定在战国中后期，作者可以确定为鲁国的史官。无论《春秋左氏传》创作过程如何，《春秋左氏传》在解经之传中的主导地位与春秋左氏学的主流学派地位都是毋庸置疑的。

《春秋左氏传》的编辑思想主要由具论其语、以事解经、体例灵活、实录直书与以礼解经等方面组成。

一、具论其语

在春秋学形成之后而《春秋左氏传》成书之前，有一个七十子口传的阶段。《春秋》中所蕴含的讥刺、褒贬、隐讳之意，并没有在经文的具体行文中明确表达出来，只是靠孔门弟子的口口相传。随着时间的推移，这种口口相传的传播方式已经无法确定权威的《春秋》经版本，口传弟子之间的分歧也越来越大。

---

① 为了前后称谓统一，除了引用其他学者的部分称《左传》外，其余之处均称《春秋左氏传》。《春秋公羊传》与《春秋穀梁传》的称谓依此例。

《史记·十二诸侯年表序》曰：孔子《春秋》“为有所刺讥褒讳抑损之文辞，不可以书见也，鲁君子左丘明，惧弟子人人异端，各安其意，失其真，故因孔子史记，具论其语，成《左氏春秋》”①。由此观之，《春秋左氏传》的成书致力于保证孔门弟子能正确掌握《春秋》中的“刺讥褒讳抑损之文辞”，以保存《春秋》的本来面目。“具论其语”则是将表述具体化，这也证明了《春秋左氏传》的编纂方法之一是记录孔子解经文辞，也就是将经文具体化。左丘明作《春秋左氏传》的宗旨在班固的《汉书》中也有类似的记载：“丘明恐弟子各安其意，以失其真，故论本事而作传，明夫子不以空言说经也。”②由此我们可知，《春秋左氏传》编撰的首要宗旨则是保存孔子编纂《春秋》经的出发点与宗旨。而在编撰与解经的手段方面，则“左丘明受经于仲尼，以为经者，不刊之书也。故传或先经以始事，或后经以终义，或依经以辨理，或错经以合异，随义而发”③。

二、以事解经

《春秋左氏传》共计十九万六千万多字，篇幅较《春秋》要大得多。其中的记事，充实并丰富了《春秋》中大部分记载简略的事件。《春秋左氏传》作者“搜集了散失在民间的各国史书，又尽可能地参阅了其他各种可以见到的书籍典策，然后从中捃摭出自己认为有价值的材料，再加上流传于当时的有关春秋史事的各类传闻传说，把它们分门别类归纳在一起”④。由此可见，《春秋左氏传》一书中的材料主要由两部分组成：一部分是当时的史官实录，多取材于春秋时期各国史官的私人记事笔记，这种记事属于第一手资料，可信度相当高；另一种记事取材于战国前期，关于春秋史事的各种传闻传说。

在后代读者看来，《春秋》与《春秋左氏传》相辅相成的关系已经无法割裂。如《春秋》较频繁记载诸侯会盟事件，详细记载与会的国家与人物等，简写过程；《春秋左氏传》恰恰补充了《春秋》经中的记述简略之处，使后世读者能一窥当年的历史细节。

《春秋左氏传》视《春秋》为史书，因此着眼于所载史实的完整。这也是左氏学与公羊学、榖梁学解经出发点的本质不同。洪业在《春秋经传引得序》中指出：“著左氏之意，若谓：此《鲁春秋》即孔门历代教授《春秋

---

① 司马迁：《史记》，中华书局1982年版，第509页。
② 班固：《汉书》(上册)，岳麓书社2008年版，第767页。
③ 上海古籍出版社编：《十三经注疏》，上海古籍出版社1997年版，第1705页。
④ 王和：《〈左传〉的成书年代与编纂过程》，载《中国史研究》2003年第4期，第47页。

经》之课本；于是，述史事以详之，引孔子及诸君子释经、评史之言论，以实之；罗较群籍，以知其所不书；参比其书与所不书，以发其凡例；虽依附其年月，亦错杂其经文；引时而微礼，载事而记言；稗读者知隐、哀二百五十余年间，列国人物、政事之得失；且以见鲁史书法，惩劝之意义，与孔门师弟评论之大略也。”①“述史事以详之”很清楚地解释了《春秋左氏传》以事注《春秋》的解经风格。

纳兰性德曰：“经著其略，传纪其详；经举其初，传述其终。虽未能尽得圣人褒贬意，而《春秋》二百四十二年之行事恃之以传，何可废也……吁，使左氏不为此书，后之人何所考据以知当时事乎？不知当时事，何以知圣人意乎？”②纳兰氏肯定了《春秋左氏传》保存《春秋》、传《春秋》、传播圣人之意的功用。

三、体裁灵活

《春秋左氏传》在坚持《春秋》编年记事的总原则下，自觉采用了纪传体和纪事本末体相结合的两种记事形式。编年体，有叙事终始，按照事件的关联性将材料编进编年史料。但是，编年体在记叙事件的完整性方面也有其不足之处。纪传体与纪事本末体可以在某些程度上弥补编年体史书的不足，《春秋左氏传》体裁更加灵活，记事也更加完备。《春秋左氏传》在集中记述某一事件时能突破编年的限制，集中刻画人物和记述事件。

有些学者认为，《春秋左氏传》在编纂上大致经历了三个阶段。第一阶段是纪事本末体史事汇编，这是《春秋左氏传》的最原始样子。从《春秋左氏传》中割裂的痕迹可以探寻其成书之初纪事本末体的原貌，如卫献公出奔及复位是独立的记事，为使经传相符，《春秋左氏传》依年附经被割裂成许多段，将这些割裂的段落连接起来，仍能获得完整的叙事。“从这些人为割裂的痕迹里，可以看出《左传》在成书之初原为纪事本末体。”③第二阶段是将《春秋左氏传》改编为编年体，用它来解释《春秋》。由于《左传》内容丰富，叙事翔实，经师们就用它来解释《春秋》经中的叙事简略的史事，犹如今日之“辅导材料”④。在此之后，《春秋左氏传》就逐渐被人们看作解“经”之“传”。第三阶段则是将《春秋左氏传》依年附于《春秋》之后，这就是今天我们所看到的最终版本。《春秋左氏传》不断完善体裁，

---

① 洪业：《春秋经传引得》，上海古籍出版社 1983 年版，序。

② 纳兰性德：《通志堂经解》第 10 册，江苏广陵古籍刻印社 1996 年版，第 192 页。

③ 王和：《〈左传〉》的成书年代与编纂过程》，载《中国史研究》2003 年第 4 期，第 44 页。

④ 王和：《〈左传〉》的成书年代与编纂过程》，载《中国史研究》2003 年第 4 期，第 47 页。

通过不断优化自身来适应历史的发展及与其他学派的竞争。

四、实录直书

唐人刘知幾认为《春秋左氏传》的实录直书，“善恶必彰，真伪尽露。向使孔《经》独用，《左传》不作，则当代行事，安得而详者哉?”①《春秋左氏传》基本不会为事件忌讳，作者虽然作为鲁国的史官，但基本没有避讳鲁国的史实，详细描述了隐公、桓公、闵公被弑的整个过程以及昭公被驱逐的前因后果；详细记载了桓公被齐襄公所害的经过，也记载了闵公死于非命的原因。《春秋左氏传》作者详尽而细致地记载了《春秋》中认为需要避讳的史实，为后代历史著作实录直书树立了典范。孔子追求服从于礼，为礼所制约，在直笔与礼相冲突时，不惜采取隐讳的方式以全礼，这体现了孔子直笔观的局限性与不彻底性。《春秋左氏传》实录直书突破了孔子婉而成章与隐而不书的春秋笔法，“婉而成章”的笔法是建立在读者对历史事实了解的基础之上的，随着时间的推移，后世读《春秋》者已经很难全面获知其中所描述的历史事实，也就无法理解孔子所要表达的隐讳之意，读者仅凭只言片语，很容易被误导。《春秋左氏传》最早打破了《春秋》经讳书的笔法，追求“书法不隐”、直书与实录的信史精神，使历史事实与事件的是非曲直得以客观呈现。

五、以礼解经

郑玄认为：“《左传》善于礼，《公羊》善于谶，《穀梁》善于经。”②“《左传》中的‘礼制’是《左传》被视为《春秋》之传的重要根据。”③《春秋左氏传》中记载朝聘、会盟、祭祀、田猎的事情较多，从记载中可以窥见古代礼制的遗风。“礼”是《春秋左氏传》“传达微言大义的主要手段”④。微言大义围绕“礼”展开，考礼治之原、叙礼制及变化、载礼论之义，记录当时的礼器、礼俗与礼仪等。

贾逵曾直言“《左传》义深于君父，《公羊》多任于权变”⑤，更加证明了《春秋左氏传》本身极其重视“礼”和对“礼”的阐发，而其维护君臣上下

---

① 刘知几：《史通·申左》，辽宁教育出版社 1997 年版，第 121 页。

② 杨伯峻：《春秋左传注》，中华书局 1990 年版，前言。

③ 罗军凤：《〈左传〉“经”“史”性质之辨正》，载《学术论坛》2008 年第 3 期，第 189 页。

④ 王竹波：《〈春秋〉〈左传〉经传关系析论》，载《河南科技大学学报(社会科学版)》2014 年第 6 期，第 15 页。

⑤ 范晔：《后汉书》，中华书局 1998 年版，第 558 页。

之间等级关系的理念，正好适应了当时汉哀帝重树皇室权威的初衷。春秋左氏学一派传承了孔子注重礼制的思想，在解经的过程中，重视探讨各种历史事件与礼是否相合，合于礼制的，则加以称颂，不合于礼制的，则借事贬斥，将《春秋》中借事明义的编辑思想继承并发扬光大。

第三节 《春秋左氏经传集解》

《春秋左氏经传集解》不只是继承了《春秋左氏传》的解经风格，并且杜预还在序中记叙了自己关于解经的健全理论，这种解经理论是他在阐释经传的过程中所遵循的最高指导原则，也是其编辑思路与取舍增删的标准。

一、经传合一

魏晋南北朝时期春秋左氏学编辑思想的集大成者是杜预，主要承载形态是杜预编撰的《春秋经传集解》。《四库全书总目提要》对西晋杜预的评价是相当高的："《春秋》以《左传》为根本，《左传》以杜解为门径……缘是以求笔削之旨，亦可云考古之津梁、穷经之渊薮矣。"①《春秋经传集解》成为当时最先进的解经之作，也为后代的经学研究提供了门径。"预今所以为异，专修丘明之《传》以释《经》，《经》之条贯，必出于《传》；《传》之义例，总归诸凡；推变例以正褒贬，简二《传》而去异端，盖丘明之志也。"②

《春秋左氏经传集解》在晋代被立为官学，南北朝时期，北朝以《春秋左氏传》服虔注为官学，南朝盛行《春秋左氏传》杜预注。杜预将《春秋》与《春秋左氏传》合二为一，为之作注。"分《经》之年。与《传》之年相附，比其义类，各随而解之，名曰《经传集解》。"③"分《经》之年与《传》之年相附"，割裂《春秋》经文，分别列在《春秋左氏传》各年之前。首先列出《经》的内容，完成《春秋》经的内容之后，杜预详细注解《春秋》中涉及的人名、地名、制度，继而列出《春秋左氏传》的内容。杜预很好地把握了《春秋》与《春秋左氏传》的关系，将其合二为一，并随而解之，便于人们

---

① 纪昀：《四库全书总目提要》，河北人民出版社 2000 年版，第 687 页。
② 上海古籍出版社编：《十三经注疏》，上海古籍出版社 1997 年版，第 1707 页。
③ 上海古籍出版社编：《十三经注疏》，上海古籍出版社 1997 年版，第 1707 页。

从整体上认识、学习《春秋》与《春秋左氏传》，杜预使《春秋左氏传》在春秋学研究中的地位陡升。

经传合一，对于撰著者来说，是考虑到读者阅读的便利性的，因为在阅读合到一起的经传时，读者就不用再自行查找《春秋》经文，对于阅读与参考有很大的帮助。另外，追求简明与文义质直的风格，也是基于杜预对读者基本阅读需求的考量而形成的。

二、以史注经

杜预认为《春秋》是一部史书，“《春秋》者，鲁史记之名也。记事者，以事系日，以日系月，以月系时，以时系年，所以纪远近，别同异也。故史之所记，必表年以首事。年有四时，故错举以为所记之名也。《周礼》有史官，掌邦国四方之事，达四方之志。诸侯亦各有国史，大事书之于策，小事简牍而已。《孟子》曰：‘楚谓之《梼杌》，晋谓之《乘》，鲁谓之《春秋》，其实一也。’”①不同于今文经学的重章句义理、求微言大义，也不同于古文经学的重训诂、名物、典制，杜预更多地从史事的角度来注释《春秋》经传内容。

杜预注释经传文中涉及的时间、地点、史实经过等都比较精详，让读者更清楚地了解史实。《春秋·哀公十二年》记载：“冬十有二月，螽。”②杜预注释为：“周十二月，今十月，是岁置闰，而失不置。虽书十二月，实今之九月。司历误一月。九月之初尚温，故得有螽。”③杜预对地名的注释非常精深、详细，如《春秋·文公三年》曰：“秋，楚人灭六。”④杜预将“六”解释为：“六国，今庐江六县。”⑤再如，《春秋·文公二年》曰：“夏六月，公孙敖会宋公、陈侯、郑伯、晋士縠盟于垂陇。”⑥杜预将“垂陇”解释为：“垂陇，郑地，荥阳县东有陇城。”⑦《春秋左氏经传集解》详细阐述了经传中涉及的一些事件。《春秋·僖公》曰：“十有二月，丁巳，夫人氏之丧至自齐。”⑧杜预注释为：“僖公请而葬之，故告于庙而书丧至也。

---

① 上海古籍出版社编：《十三经注疏》，上海古籍出版社 1997 年版，第 1704 页。
② 上海古籍出版社编：《十三经注疏》，上海古籍出版社 1997 年版，第 2170 页。
③ 上海古籍出版社编：《十三经注疏》，上海古籍出版社 1997 年版，第 2170 页。
④ 上海古籍出版社编：《十三经注疏》，上海古籍出版社 1997 年版，第 1842 页。
⑤ 上海古籍出版社编：《十三经注疏》，上海古籍出版社 1997 年版，第 1842 页。
⑥ 上海古籍出版社编：《十三经注疏》，上海古籍出版社 1997 年版，第 1838 页。
⑦ 上海古籍出版社编：《十三经注疏》，上海古籍出版社 1997 年版，第 1838 页。
⑧ 上海古籍出版社编：《十三经注疏》，上海古籍出版社 1997 年版，第 1790 页。

齐侯既杀哀姜，以其尸归，绝之于鲁。僖公请其丧而还，不称姜，阙文。”①杜预详细解释了哀姜之丧的历史经过。

三、归纳书例

杜预在《春秋左氏传·序》中概括说：“其发凡以言例，皆经国之常制，周公之垂法，史书之旧章，仲尼从而修之，以成一经之通体。其微显阐幽，裁成义类者，皆据旧例而发义，指行事以正褒贬。诸称‘书’、‘不书’、‘先书’、‘故书’、‘不言’、‘不称’、‘书曰’之类，皆所以起新旧，发大义，谓之变例。然亦有史所不书，即以为义者，此盖《春秋》新意，故传不言凡，曲而畅之也。其经无义例，因行事而言，则传直言其归趣而已，非例也。”②杜预认为《春秋》的凡例，是由周公创制的，并经过了孔子的继承和创新，最后由左丘明编辑的《春秋左氏传》发扬完善。杜预归纳了《春秋左氏传》的书例：“发传之体有三，而为例之情有五。一曰微而显，文见于此，而起义在彼……二曰志而晦，约言示制，推以知例……三曰婉而成章，曲从义训，以示大顺，诸所讳辟……四曰尽而不污，直书其事，具文见意……五曰惩恶而劝善，求名而亡，欲盖而章……”③上述观点总结了《春秋》的“三体五例”，而正是这一总结，成为后代春秋左氏学重要的思想与研究思路。

四、别集诸例

杜预集合十数家的解经观点，“比其义类，各随而解之”，这种集中的解经之作，打破了之前各家各为己说的独立状态。别集诸例，集解了众多当时比较知名的经学家的经典言论，参考众家之说，编的比例要明显多于撰著的比例。杜预对《春秋》经传别集诸例的编纂方法，其本身的重要贡献和对后世治学的深远影响，使春秋学的发展与研究有了更多的门径。

别集诸例集合众家的注经之说也很多，使很多年后已经不存于世的其他众多左氏学家的注解得以在《春秋左氏经传集解》一书中窥得一二。这种大一统，积极的一面是统一了当时比较零散的独成一家的师法与家法，而打破了恪守门户学派的偏见；消极的一面则是过度的统一加速了当时其他处于弱势地位的几家春秋左氏注经学派的衰落甚至消亡。

---

① 上海古籍出版社编：《十三经注疏》，上海古籍出版社 1997 年版，第 1790 页。
② 上海古籍出版社编：《十三经注疏》，上海古籍出版社 1997 年版，第 1705~1706 页。
③ 上海古籍出版社编：《十三经注疏》，上海古籍出版社 1997 年版，第 1706~1707 页。

五、清通简要

魏晋时期的学者不满于汉儒章句之学，厌倦汉儒繁琐漫延的注经风格，转而追求简明清新的风气。《春秋左氏经传集解》对文字训诂、文义诠释、名物制度、地理沿革的考定都有独到之处，并且用语简明。杜注合理取舍汉儒的注经风格，并在取舍中融入个人见解，使《春秋左氏传》的解经风格达到了新高度。杜注的文字清通简要，便于读者理解《春秋左氏传》之文。简略的主要表现形式为：有些注解没有论证过程只有结果，有些注解未标明引用出处。这种特点与杜预所处的时代背景有关，体现了当时经学追求文义质直、风格清新简明的新风气。

《春秋左氏传》中引用的古书，很多都没有注明出处、章节等，杜预列出了部分引文的详细出处，完善了行文中的出处部分，服务读者的意识在编辑实践中有所体现，编辑内容更加完善，使著作更加完整。杜预对编辑附录的尝试，虽然与后期的春秋类要籍相比编辑手段与方法并不严密，但至少比前期的著述更加完整、严密与先进。《春秋左氏经传集解》能够成为经典之作，归功于杜预自己的学术见解和成就，其吸收经典的前人之作，集春秋左氏学众学者之长。在集解前人旧诂的过程中，杜预也有自己本身解经的局限性，为了力求简明，虽然对部分经传文字作了注解，完善了《春秋左氏传》的标注，但他并没有在文中一一标注出处，《春秋左氏经传集解》之中仍残存并未标明出处的旧诂。虽然这是当时著作的常例，并且也达到了简明的初始目的和文义质直的要求，但却并不严密。杜预并没有权衡好简明与完整的中间状态，有时过于追求简明则标注不完整，有时过于追求标注完整则又重蹈汉学繁冗拖沓的覆辙。简明与完整的高度融合与统一，是接下来的经学家在编辑过程中需要追求的目标。

第四节 《春秋传》

北宋继承了唐代的大一统，政治逐步稳定，经济、文化得到了极大的发展，并渐次趋向繁荣。1127 年，宋徽宗、宋钦宗被金人掳掠而去，南宋开始偏安一隅，一直到 1279 年崖山海战陆秀夫背负幼帝跳海止，大一统的安定局势难以为继，春秋学要籍注疏的盛世也告一段落。宋代的一些重要经学家经历了疆域逐渐缩减的南迁之痛，对时事尤其敏感，这种时代背景对宋代的春秋学发展也产生了深远的影响。刘敞和孙复开启了春秋左氏学解经者以己意解经的先河，此后变成了一种风气，越来越多的人借为《春秋》经传作注释寄托情感和志向。这种解经风格多与春秋左氏学解经者个人的政治倾向与理想抱负密切相关，主观性更强，在问题的诠释上具有更强的连贯性与统一性。这一时期的解经之作，著的特点越来越明显，更加注重经义的阐发，通篇立论，表达撰著者的政治观点，最具代表性也最有影响力的著作便是胡安国的《春秋传》。南宋时期，胡安国的《春秋传》被定为经筵读本，成为官学。元代之后，科举改制，胡安国的《春秋传》被奉为科举考试的官方定本，直至明代，仍被作为科举考试的定本，士子逐渐发展到弃《春秋》经传不读，只以胡安国的《春秋传》为准的地步。

胡安国从宋徽宗崇宁四年(1105 年)开始，直至宋高宗绍兴六年(1136 年)底，历经三十年时间撰成《春秋传》，共十余万字。《春秋传》卷首分别是《春秋传序》《述纲领》《明类例》《谨始例》《叙传授》《进表》《论名讳札子》。正文共三十卷，按照鲁十二公主政的时间分开阐述。

《春秋传》的编辑思想主要体现在会通三传、以己意解经、经世致用等方面。

一、会通三传

胡安国在写作《春秋传》时已经基本完成从编到著的转型，逐渐将解经方式从专主春秋左氏学，到通解三家，不专主一家之论。胡安国还吸收了很多程颐的义理之说，并加以发挥，发表了很多独创性的见解。“七家所造，固自有浅深，独程氏尝为之传。然其说甚略，于意则引而不发，欲使后学慎思明辨，自得于耳目见闻之外者也。故今所传，事按《左氏》，义采《公羊》《穀梁》之精者，大纲本孟子，而微词多以程氏之说为证云。”[①]胡安国尊奉孟子、庄周、董仲舒、王通、邵雍、张载和程颐共七家学说为撰述纲领，取法董仲舒的《春秋繁露》。胡安国的《春秋传》对《春秋左氏传》《春秋公羊传》与《春秋穀梁传》各有所取，大致采用孟子对《春秋》的基本看法，不确定的深奥处以程颐的春秋说为准。

二、以己意解经

孙复是宋代以己意解经的开创者之一，胡安国师从孙复，他们之间的学术传承也影响了胡安国以己意解经的学术风格。“某初学《春秋》，用功十年，遍览诸家，欲求博取……又十年，时有省发，遂集众传，附以己

---

① 胡安国:《春秋胡氏传》，中国基本古籍库。

说……又五年，去者或取，取者或去；己说之不可于心者，尚多有之……所习似益察，所造似益深，乃知圣人之旨益无穷，信非言论所能尽也。"①

胡安国的《春秋传》被评价为："其书作于南渡之后，故感激时事，往往借《春秋》以寓意，不必一一悉合于经旨。《朱子语录》曰：'胡氏《春秋传》有牵强处，然议论有开合精神。'"②胡安国的《春秋传》，将以己意解经的做法发挥到了极致，并且《春秋传》影响了宋代、元代、明代科举士子长达五六百年，成为元、明两朝科举取士的经义定本，也是湖湘学派的代表著作。许多应试之人，读胡安国的《春秋传》，而不再读《春秋》经传元典。

三、经世致用

胡安国在《春秋传·序言》中说："随微词奥义，或未贯通，然尊君父，讨乱贼，辟邪说，正人心，用夏变夷，大法略具，庶几圣王经世之志，小有补云。"③胡安国的《春秋传》"堪称一部治世的通典"④。胡安国借解经寓意，多言义理，感激时事，以救时弊。胡安国生活的时代正是辽、金逐步崛起的时代，宋朝不得不偏安一隅。当时农民起义风起云涌，南宋王朝也处于内外交困的危局之中，黎民百姓颠沛流离。胡安国对当时的社会现实深切关怀，将注意力投注到社会现实中，努力寻找能解决当时现实问题的有效方法。胡安国以《春秋》所记载的鲁国史事作为个案，再融合孔孟的纲常原则，紧密联系宋朝当时的社会形势，为王朝的振兴提供理论论证，致力于追求重新确立以儒家传统纲常与礼法为依据的社会秩序。胡安国看重《春秋》经的治世作用："《春秋》见诸行事，非空言比也……百王之法度，万世之准绳，皆在此书。故君子以谓五经之有《春秋》，犹法律之有断例也。"⑤胡安国解读《春秋》，并不是寻章摘句式逐字逐句地训诂与解经，也并不为了解释其中的词句与史实的真伪，"经世"是其追求的第一目的。胡安国的《春秋传》是宋代理学兴起之后典型的解经之作。在宋儒的诸多春秋学著作中，此书地位最为显赫，影响了几百年的春秋学甚至是儒学的研究。胡安国的《春秋传》盛行之时，所谓的经义，已经

---

① 黄宗羲：《宋元学案》，中华书局 1986 年版，第 1173 页。
② 纪昀等：《钦定四库全书总目提要》，中华书局 1997 年版，第 345 页。
③ 胡安国：《春秋胡氏传》，中国基本古籍库。
④ 陈宇宙：《胡安国著述〈春秋传〉的原因及真正用意考释》，载《历史研究》2006 年第 2 期，第 18 页。
⑤ 胡安国：《春秋胡氏传·序》，中国基本古籍库。

变成胡安国对《春秋》经传的传注之义，而非《春秋》经传本身所包含的意义。

第五节　《春秋左传诂》

清代经学兴盛，提倡汉学，非常重视汉人旧注，不满于唐朝人所作的《五经正义》，有些学者对其进行驳正，有些学者则另立新疏。广搜汉儒古训、匡正后世注疏的理念自清初开始已有所发展，解诂理念与实践逐步完善，在清中叶达到了相对的巅峰，典型代表人物与著作是洪亮吉的《春秋左传诂》与凝聚刘文淇祖孙三代心血的《春秋左氏传旧注疏证》。洪亮吉寒暑不辍十年，著成《春秋左传诂》二十卷，广搜博采，考订精详，力求还原《春秋左氏传》古学本来面目。洪亮吉搜集杜预之前经师的《左传》旧注，注明征引旧说的出处，展现出治学的严谨态度。但是，洪亮吉并未能完全清理干净剿袭贾服学说的杜注，这也是刘文淇作疏证的一个原因。

一、注重考据

清代经学注解的风格是将文字、音韵、训诂等方面所取得的成果运用于注解之中，注重考据。清乾隆初年，文献典籍讹谬相传，已到了非整理校勘不能读的地步，经济环境、社会环境和学术实力为大规模整理古籍创造了有利条件。宋明理学空疏固陋的学风经清初学者的扭转，已基本过渡到实事求是、务实纯朴的风气。趋向衰微的理学虽在学术界已不起主导作用，但由于清廷的倡导和科举场上士子们的模仿与继承，仍然具有相当的地位，阻止着新学术体系的形成。学术界必须树立新的学术体系同程朱理学相抗衡，乾嘉汉学的兴起成为历史的必然。

洪亮吉生活在文化繁荣的乾嘉时期，是一名考据学家，精于小学、精通地理、明了方志。这三方面的学问最是追求求实严谨，这种治学态度也为其编著《春秋左传诂》奠定了基础，保证了其旁征博引，言之有据。“冥心搜录，以他经证此经，以别传校此传，寒暑不辍者又十年。”①洪亮吉治经考证过多的弊端则是征引广博，需要下定论的地方，却没有做出明确的结论。总体而言，洪亮吉在编撰《春秋左传诂》过程中所呈现出来的编辑

---

① 洪亮吉：《春秋左传诂》，中华书局1987年版，第1页。

思想，在整个春秋左氏学著作编撰史上可圈可点。

二、信而好古

洪亮吉在《春秋左传诂》中解其书名："《春秋左传诂》者，'诂''古''故'字通，欲存《春秋左传》之古学耳。"①洪亮吉崇尚杜预之外其他诸儒的经说，引汉儒尤其是贾逵、服虔等的经注，还原了汉儒注解《春秋》经说的解释。编辑缘起呈现在洪亮吉《春秋左传诂·序》中："余少从师受《春秋左氏传》，即觉杜元凯于训诂、地理之学殊疏。及长，博览汉儒说经诸书，而益觉元凯之注，其望文生义、不臻古训者，十居五六……以前人以前之人正前人之失，则庶可厘然服矣。"②也就是说，要想校正杜预注的错误，必须要尽力搜集汉魏学者的旧诂，特别是汉人的解说，然后与杜预注做对比，才能明了优劣。洪亮吉广征群籍，搜讨遗说，尽可能恢复《春秋左传》古学的面目。洪亮吉弟子吕培作《跋》时记载洪亮吉复汉儒旧说的初衷："吾非与杜氏争胜，不过欲复汉儒说经之旧而已。"③

洪亮吉认为，离先秦时期更近的汉魏学者对儒家经典的理解和解释，比后来的学者要更接近经典本身。解经者权威性的高低，也是其选取解经言论的重要标准之一。洪亮吉"训诂则以贾、许、郑、服为主，以三家固专门，许则亲问业于贾者也……又旧经多古字、古音，半亡于杜氏，而俗字之无从钩校者，又半出此书。因一一依本经与二传，暨汉、唐《石经》、陆氏《释文》，与先儒之说信而可征者，逐件校正，疑者阙之"④。"洪氏以存'古学'为宗旨，博稽载籍、钩沉索隐、精心搜集汉儒古训及三国《左传》学成果。《五经正义》《周礼疏》《仪礼疏》《公羊疏》《穀梁疏》，《史记集解》《史记索隐》，以及《汉书注》《续汉书注》《水经注》《文选注》《太平御览》《通典》《经典释文》《说文解字》《一切经音义》等，是他发掘与搜罗汉儒旧注的主要文献。"⑤吕朝忠在《春秋左传诂·后记》中评价说："盖精力荟萃，迟久而出之。其明训诂，则用《尔雅》《三苍》《方言》《释名》《广雅》，以得声音文字之原……凡魏晋以后虚造附会，一洗而空之。此其义之确而功之伟。"⑥

---

① 洪亮吉：《春秋左传诂》，中华书局 1987 年版，第 2 页。
② 洪亮吉：《春秋左传诂》，中华书局 1987 年版，第 1 页。
③ 洪亮吉：《春秋左传诂》，中华书局 1987 年版，第 905 页。
④ 洪亮吉：《春秋左传诂》，中华书局 1987 年版，第 1 页。
⑤ 金永健：《洪亮吉〈春秋左传诂〉的经学成就》，载《四川师范大学学报（社会科学版）》2009 年第 1 期，第 50 页。
⑥ 洪亮吉：《春秋左传诂》，中华书局 1987 年版，第 906 页。

三、校正杜失

《春秋左传诂》比较全面地审视了杜预的《春秋左传集解》，披露了书中的剿袭攘善之处。洪亮吉反对杜预将《春秋》经与《春秋左氏传》合为一书的做法，他依据《汉书·艺文志》分离经与传，分经为四卷，传为十六卷，分别加以训诂。洪亮吉对杜预注做了细致的分析和鉴别，列出杜预承袭前人说法而没有加以说明之处。杜预注袭用贾逵、服虔旧注的，注为“杜取此”；杜预注袭用汉魏诸儒训诂的，注为“杜本此”；袭用京相璠、司马彪诸人学说的，注为“杜同此”。洪亮吉行文务求简约，尽量只列旧说。标识杜预采纳他人说法的地方，清晰展现杜预对其他学说的沿袭。洪亮吉利用杜预之前的儒士旧注匡正杜预注的一个鲜明的例证是《春秋左氏传·文公十七年》“鹿死不择音”，洪亮吉注曰：“服虔云：‘鹿得美草，呦呦相呼。至于困迫将死，不暇复择善音，急之至也。’按：《庄子·人间世》‘兽死不择音’，郭象注：‘譬之野兽，蹴之穷地，意急情迫，则和声不至。’刘逵《吴都赋注》：‘凡间暇则有好音，逼急不择音。凡兽皆然，非惟鹿也。’皆主音声而言。杜注以‘音’作‘荫’，义传迂曲，而无所承。刘炫规之，最得。《正义》非也。”①

四、长于地理

洪亮吉的训诂作品中“说地理更为所长”②，考证精详，穷本溯源。“地理则以班固、应劭、京相璠、司马彪等为主，辅而晋以前舆地图经可信者，亦酌取焉。”③《春秋左传诂》遍采《汉书·地理志》《续汉书·郡国志》《水经注》《括地志》《元和郡县志》《元丰九域志》《太平寰宇记》④等。“其释地理，则综《水经注》《括地》《郡县》《寰宇》诸记，而以班《志》定其说。”⑤洪亮吉的人生阅历比较丰富，足迹基本上遍布整个中国，因此，他的地理方面的训诂是结合自身的切身体验，将所学、所见、所闻融合于训诂作品之中，将经史与实际经验、实地考察相结合来解诂经传。《左传·僖公二十四年》“王遂出，及坎欿”，洪亮吉注曰：“京相璠曰：‘巩

① 洪亮吉：《春秋左传诂》，中国基本古籍库。
② 杨向奎：《清儒学案新编》，齐鲁书社 1991 年版，第 89~108 页。
③ 洪亮吉：《春秋左传诂》，中华书局 1987 年版，第 2 页。
④ 金永健：《洪亮吉〈春秋左传诂〉的经学成就》，载《四川师范大学学报（社会科学版）》2009 年第 1 期，第 51 页。
⑤ 洪亮吉：《春秋左传诂》，中华书局 1987 年版，第 906 页。

东地名坎欿，在洞水东。'服虔以为巩东邑名也。(《水经注》)《郡国志》作'坎埳'，《注》引《左传》同。按《水经注》称《晋书地道记》《晋太康地志》云：'坎埳聚在巩西。'按：杜注云：'在县东。'盖承京、服之旧，实则聚在县西南也。"①

洪亮吉还追求编校作品的功用性。洪亮吉由于有切身的编校体验，他更强调著述的致用性，希望自己的著作能以实用流传后世，还约请当时的名家给自己的著作写序跋。洪氏并不抱守一家之学，学术立场客观，征引清代众多名家比较科学合理的注解，注意吸收同时代学者的研究成果。

第六节 《春秋左氏传旧注疏证》

《春秋左传诂》与《春秋左氏传旧注疏证》就犹如清代训诂春秋左氏学的双璧，使整个春秋左氏学的训诂成果在此时达到了顶峰。《春秋左氏旧注疏证》由刘文淇编撰，其子刘毓崧、其孙刘寿曾续撰。《春秋左氏旧注疏证》全书取材广博，资料丰富，属于春秋左氏学研究的集大成者。但是，《春秋左氏传旧注疏证》一书仍然不能摆脱时代背景与学术背景的限制。李学勤在《春秋左氏传旧注疏证续》一书的序中评价："《疏证》和清代许多著作一样，不能摆脱门户之见的局限。当时学者风气崇尚汉学，刘文淇接续了沈钦韩《左传补注》，力求返回贾、服，贬斥杜预，这是不够公正的。"②

一、纲举目张

《清代学人列传·梅毓》载："稽庵名植之，通经术，工词章，与刘文淇、包世臣、薛传均、刘宝楠、陈立辈为友，尝同试金陵，为著书之约，文淇任治《春秋左氏传》，稽庵任治《穀梁》，宝楠任治《论语》，立任治《公羊》。嗣后立作《公羊疏》，垂老仅就……文淇《左疏》，则三世未有成书。"③参与此次注经的学者及分工是："刘文淇治《左传》，刘宝楠治《论语》，陈立、包慎言共治《公羊》，柳兴恩、梅植之二人同治《穀梁》。"④他

① 洪亮吉：《春秋左传诂》，中国基本古籍库。
② 李学勤：《〈春秋左氏传旧注疏证续〉序》，载《古籍整理研究学刊》2008 年第 3 期，第 2 页。
③ 支伟成：《清代朴学大师列传》，岳麓书社 1998 年版，第 115 页。
④ 郭院林：《〈春秋左氏传旧注疏证〉编纂考论》，载《兰州学刊》2008 年第 7 期，第 169 页。

们商量各治一经，商讨疏证的步骤与体例。

在编纂程序上，先做长编，《春秋左氏传旧注疏证》根据长编做提纲，按照提纲查编，然后清抄。对于这一点，《春秋左氏传旧注疏证》参考了焦循《孟子正义》的疏例方法。刘恭冕称其父刘宝楠仿照焦循《孟子正义》之体例"先为长编，次乃荟萃而折衷之"①。这是清代疏证、集注类作品的重要方式，而正是做好的长编，保证了虽然祖孙数代编纂，却并没有出现过大的宗旨与体例的差异，达到了纲举目张的效果。

二、兼容并包

沈玉成、刘宁评价《春秋左氏传旧注疏证》"对《左传》的汉人旧注作了集大成式的总结，贾服旧说收罗之完备，归纳之清晰都罕有其匹。此外，他还收集其他古文经学家研究《左传》的成果，突破了贾服的局限。他尊崇汉人而不薄后人，对清代学者的成果也择善而从……此书取材广泛，而且不乏个人的论断，但并不因此而抹杀与自己相反或不同的意见，态度客观……体现了一个考据学者在处理文献资料上所具有的熟练技能和清晰头脑"②。沈先生对刘氏一家所作的《春秋左氏传旧注疏证》的评价可谓极高，肯定了其集大成式的总结与归纳，并且对其兼容并包的学术胸襟与态度也激赏不已。

《春秋左氏传旧注疏证》在编纂的过程中经历了祖孙数代人的努力。他们摒弃了固守一家之言的局限，兼容并包，利用汉代的旧注规正杜失，同样也采用同时代人比较科学的经学注解。对于一些疑难问题，《春秋左氏传旧注疏证》编纂者还直接向同时的经学大家请教，广征博引，尽力采录清代学者的研究成果。刘毓崧在《先考行略》中阐述这本历经祖孙三代的皇皇巨著纵贯古今、杂取诸家的广博，也披露了从古义中追求春秋左氏学大义的治学诉求："上稽先秦诸子，下考唐以前史书，旁及杂家笔记文集，皆取为证佐。期于实事求是，俾左氏之大义炳然著明。"③《春秋左氏传旧注疏证》的编纂体现了作者虚怀若谷、兼容并包的学术精神。《春秋左氏传旧注疏证》辨析众说，断其是非。刘寿曾论及十三疏的优劣时定了一个标准："其优劣当以所取注为断焉。"④刘文淇在《致沈钦韩书》中将主要内容与宗旨阐述得很明确："窃不自量，思为《左氏疏证》，取《左氏》原

① 赵尔巽等：《二十五史(全本)·清史稿 4》，新疆青少年出版社 1999 年版，第 3926 页。
② 沈玉成、刘宁：《春秋左传学史稿》，凤凰出版社 1992 年版，第 326~327 页。
③ 刘毓崧：《通义堂文集》，中国基本古籍库。
④ 张舜徽：《文献学论著辑要》，陕西人民出版社 1985 年版，第 92 页。

文，依次排比，先取贾、服、郑君之注，疏通证明……疏中所载，尊著十取其六。其顾、惠补注，及王怀祖、王伯申、焦理堂诸君子说有可采，咸与登列，皆显其姓氏……末始下以己意，定其从违。"①

三、匡正杜谬

《春秋左氏传旧注疏证》是不满杜注而作的著作，纠正了杜预的一些学术假设，包括《春秋左氏传》释《春秋》经的凡例和周礼的概念。刘文淇反对杜预以例解释《春秋左氏传》："自创科条，支离缴绕，是杜氏之例，非左氏之例也。"②刘文琪认为，五十凡是周典中史例，否定了凡例是《周礼》，并且也否定了杜预这种自创，"以杜氏之妄，并诬及左氏，则大谬矣"③。以匡正杜注为主要任务，最明显的体现则是补正杜预注，规正杜失。刘文淇认为，《春秋左氏传》杜注错谬甚多，贾逵、服虔的旧注错谬相对较少。"洪稚存太史《左传诂》一书，于杜氏剿袭贾、服者，条举件系，杜氏已莫能掩其丑，然独苦未全……凡杜氏所排击者，纠正之；所剿袭者，表明之。其袭用韦氏者，亦一一疏记……以矫元凯、冲远袭取之失。"④刘文淇与洪亮吉一样推重贾逵、服虔的旧说。《春秋左氏传旧注疏证》尽力收集旧注，所谓的旧注，主要是指贾逵、郑玄、服虔等人的注。《春秋左氏传旧注疏证》先列《左传》原文，将旧注列于相关语句之下，然后加以疏证。对于没有旧注的，则直接加以疏证。在疏证贾逵、服虔、郑玄等注时，纠正杜预所排挤者，标明所剿袭者，纠正不规范的编纂之处，反映了清代学者治学的严谨性。

四、精于训诂

名物、典章的训诂是清代训诂学的重要特色。《春秋左氏传旧注疏证》因为在这一治学背景的影响下，"所为《疏证》，专释训诂名物典章"⑤，详加训释名物训诂、典章制度、服饰器物、姓氏地理、古历天算、日食晦朔、鸟兽虫鱼，并且将其发挥到极致。《春秋左氏传旧注疏证·注例》中，刘文淇开宗明义指出据《周礼》释《春秋》，以礼贬黜乱臣贼子："释《春秋》必以周礼明之；周礼者，文王基之，武王作之，周公成之。周

---

① 刘文淇：《春秋左氏传旧注疏证》，科学出版社 1959 年版，第 1 页。
② 刘文淇：《春秋左氏传旧注疏证》，科学出版社 1959 年版，第 42 页。
③ 刘文淇：《春秋左氏传旧注疏证》，科学出版社 1959 年版，第 1 页。
④ 刘文淇：《春秋左氏传旧注疏证》，科学出版社 1959 年版，第 1 页。
⑤ 刘文淇：《春秋左氏传旧注疏证》，科学出版社 1959 年版，第 1 页。

礼明，而后乱臣贼子乃始知惧……《春秋经》所讥所善，皆于礼难明者也。其事着明，但知事书之，当按礼以正之。”①

第七节 《春秋公羊传》

西汉初期，文景之治以后，社会已经走向稳定，人民生活也逐渐殷实。“加强中央集权、完成思想统一、严格等级制度，是武帝首先要关注的问题。当时的儒学，正是通过对这些问题的努力，而获得统治者的赏识”②，而致力于经世致用的公羊学更是在此时达到了鼎盛。

《春秋公羊传》始于战国时期的齐人公羊高，公羊高糅合所学《春秋》义理，融入齐学，加以发挥，最终形成了《春秋公羊传》这套成体系的论说，但这个时期的传授，还是口耳相传的。西汉景帝时，《春秋公羊传》相关论说才被记于竹帛之上，呈现在固定的载体上，得以比较准确地传承。

一、经多位经师增补

汉初，胡母子都治《公羊春秋》，为汉景帝时博士。汉武帝时立今文五经博士，却独尊公羊学。公孙弘、董仲舒都是因为精通《公羊春秋》而被擢升的，《春秋公羊传》成为治国甚至是断狱的准则和依据，此时春秋公羊学大盛。

《春秋公羊传》是今文学传《春秋》经的一部解经之作。笔者认为，黄开国的说法更合理：“《公羊传》并不是公羊氏的家学相传，而是战国《春秋》齐学的传本。在战国时的齐地，无论是《春秋》学说的口传，还是有文本的传承，《春秋》齐学都应该有一个较为统一的版本，而这个版本数代相传，并不断得到修补。”③由此可见，《春秋公羊传》是《春秋》经齐学的著作，得到中央王朝的承认。这种历经时间持久、并且经过多位经师增补的《春秋》经传，有着“编辑”的初步特色，记录的作用大于阐发的初衷，与后代的经传相比，缺少了著的成分。

---

① 刘文淇：《春秋左氏传旧注疏证》，科学出版社 1959 年版，第 1 页。

② 罗伟明：《浅析西汉中期公羊学兴盛的原因》，载《安徽文学（下半月）》2011 年第 5 期，第 139 页。

③ 黄开国：《〈公羊传〉的形成》，载《齐鲁学刊》2009 年第 1 期，第 11 页。

二、传经之微言大义

《春秋公羊传》形式上也是按照鲁国十二公编年记事，每年系以时、月、日，先列《春秋》经文，再述传文。《春秋左氏传》将《春秋》视为史书，立足于以事解经，并力求《春秋》经文史实的完整性。《春秋公羊传》对于《春秋》经大义的发掘，则是通过对史义与文辞的解读来实现的，相对忽视史事的发掘。《春秋公羊传》则将《春秋》视为政治哲学著作，注重发掘《春秋》经中蕴含的幽旨与义例。因此，《春秋公羊传》强调"西狩获麟"的重大意义，以"仁兽不遇于时""圣人之道已穷"来阐发一个时代的终结。汉武帝时，独尊公羊学，《春秋公羊传》成为当时治国甚至断狱的准则。

《春秋公羊传》的作者认为孔子作《春秋》不是为一代写史，而是为万世作经，因此将《春秋》看作经文，着力于研讨经文的字义，诠释"春秋笔法"，探求圣人心法。《春秋公羊传》视《春秋》经为政治哲学著作，并不注重文字的注释或者史料的补充，试图借助书法条例发掘《春秋》经中所蕴含的幽旨与"王道"的治国原则，从而得出对经文的主观解说。"汉初的春秋公羊家，如董仲舒之流，确是打着孔丘的旗号，为汉朝制定了一套制度。这套制度实质上是中国封建社会的一套上层建筑。"①这也就是《春秋公羊传》所讲究的"微言"与"大义"，这也是《公羊传》传《春秋》经的鲜明特色。微言主要包括尊周朝，亲中国，斥夷狄，治一统，为后王立法。大义则包括辨是非，别嫌疑，明善恶，倡德义，诛乱臣贼子。《春秋公羊传》宣扬儒家思想中拨乱反正、大义灭亲、对乱臣贼子的无情镇压等，宣扬强化中央集权与"大一统"。春秋公羊学深求《春秋》义理，不拘泥于时事，适时变通以适应当时的政治诉求。

三、自问自答式的著录体例

《春秋公羊传》呈现编辑思想的一个重要编排手段则是以层层问答的方式解经。《公羊传》的传文根据《春秋》经而发，有目的地提出问题，层层递进解答。《春秋》经文第一条仅"元年春，王正月"②六个字，《公羊传》紧接其后连续提出了十一个问题，分别是"元年者何……春者何……王者孰谓……曷为先言王而后言正月……何言乎王正月……公何以不言即

---

① 冯友兰：《春秋公羊学与中国封建社会》，载《社会科学研究》1984 年第 2 期，第 102 页。
② 上海古籍出版社编：《十三经注疏》，上海古籍出版社 2007 年版，第 2196 页。

位……何成乎公之意……曷为反之桓……隐长又贤，何以不宜立……桓何以贵……母贵则子何以贵？”①由此可以看出，这些自问自答都是根据整部《春秋》经“例”的基础上引申出来的。

总之，《春秋公羊传》的编纂，与《春秋左氏传》差别比较明显的则是自问自答式的解经方式，这种方式便于经师阐发他们认为《春秋》所蕴含的微言与大义，逻辑严密、条理清晰。正是在这种义理阐发的规范模式下，《春秋公羊传》解经注重微言与大义的思想展露无遗。

第八节 《春秋公羊传注疏》

《春秋公羊传注疏》由东汉何休解诂，唐代徐彦注疏，专门阐释《春秋》微言大义，是今文经学的重要典籍。东汉何休受董仲舒公羊学思想的影响，钻研今文经学，历时十七年才著成《春秋公羊传解诂》。何休依据《春秋公羊传》的体例为其定三科九旨的凡例，系统阐发了《春秋》经中的微言大义。《春秋公羊解诂》成为今文经学家借经义议政的主要理论基础。何休的《春秋公羊解诂》是公羊学章句解诂体在汉代的巅峰之作，也影响了后来的公羊学家。唐贞元、长庆年间，徐彦撰《春秋公羊传注疏》，是为何休《春秋公羊解诂》作疏解的重要著述。《春秋公羊传注疏》用问答的形式和章句体例，疏解经文和何休的注文，传承春秋公羊学。

一、分经附传

据《春秋公羊传注疏校勘记序》记载：“何休为胶西四传弟子，本子都条例以注著《公羊墨守》《公羊文谥例》《公羊传条例》尤邃于阴阳五行之学，间以纬说释传疏，不详其所据。汉志有公羊外传五十篇，征引或出此也。公羊传文初不与经相连缀，汉志各自为卷。孔颖达诗正义云：汉世为传训者皆与经别行，故蔡邕石经公羊残碑无经解诂，亦但释传也。分经附传，大致汉后人为之。”②由以上资料可知，将《春秋》经与《春秋公羊传》合二为一的具体时间与编辑者都不可考，只是推测确定在汉代之后。《钦定四库全书总目·春秋公羊传注疏二十八卷》总览曰：“三传与经文汉志皆各为卷帙，以左传附经始于杜预，公羊传附经则不知始自何人。观何休

① 上海古籍出版社编：《十三经注疏》，上海古籍出版社 2007 年版，第 2196~2197 页。
② 上海古籍出版社编：《十三经注疏》，上海古籍出版社 1997 年版，第 2192 页。

解诂但释传而不释经，与杜异例，知汉末犹自别行，今所传蔡邕石经残字公羊传亦无经文，足以互证。今本以传附经或徐彦作疏之时所合并。与彦疏文献通考作三十卷，今本乃止二十八卷。或彦本以经文并为二卷，别冠于前，后人又散入传中，故少此二卷，亦未可知也。”①由此可见，与《春秋左氏传》与《春秋》的经传合一相比，《春秋公羊传》已经失去了这种借经传合一而提升自身地位的有利时机。但《春秋公羊传》经历了经传合一的演化过程则是毋庸置疑的。

《春秋公羊解诂》注疏的撰著者大致推测为唐代徐彦。疏中自设问答、文繁语复的样式，正好与唐代的注疏风格、文体近似，这也成为学者将其注疏者认定为唐代经师的主要原因。《春秋公羊传注疏》完善了《春秋公羊传》以及《春秋公羊解诂》的义理系统。

二、问答释义理

何休在序中说：“是以讲诵师言至于百万犹有不解。时加酿嘲辞。援引他经，失其句读。以无为有。甚可闵笑者。”②由此可见，何休作《春秋公羊解诂》时，与杜预一样，都是不满足于前人与当世人对经义的任意阐发，认识到了当时经文存在的注经者根据个人喜好褒贬经文、引用不准确、无中生有等问题，也想通过努力对其进行校正，希望将他理解的义理提升为“绳墨”。

何休《春秋公羊解诂》中的体例问答是最基本形式，基于对经文表达的发问，层层追问，深化问题，得出结论。传文的叙事在层层问答中逐渐明晰。“自设问答，由训解字词、名物或者问及《春秋》之书写出发，在不断的问答中，牵连及人物的某一方面特征，再围绕此特征加入一番叙事，最后或有进一步的问答。”③《春秋公羊传》的整个义理系统，所有的叙事都与义旨相关。故言、故事、故义皆在解释义旨的范围。解释故言，是对词、句、文意的说明与疏通。《春秋公羊传》中有不少叙事是在紧凑的问答中，一语带过。如僖公九年，经有“九月戊辰，诸侯盟于葵丘”④，传有“桓之盟不日，此何以日？危之也。何危尔？贯泽之会，桓公有忧中国之心，不召而至者，江人、黄人也。葵丘之会，桓公震而矜之，叛者九国。

---

① 上海古籍出版社编：《十三经注疏》，上海古籍出版社 1997 年版，第 2189 页。
② 上海古籍出版社编：《十三经注疏》，上海古籍出版社 1997 年版，第 2191 页。
③ 许雪涛：《何休解读〈公羊传〉叙事的方法》，载《现代哲学》2011 年第 5 期，第 123 页。
④ 上海古籍出版社编：《十三经注疏》，上海古籍出版社 2007 年版，第 2252 页。

震之者何？犹曰振振然。矜之者何？犹曰莫若我也”①。解诂与注疏完善了史实，同时表明了骄矜之不义。

三、章句体例式的解经方法

《春秋公羊解诂》运用的是章句体例式的解经方法，对《公羊传》包括无传之经文都做了精致的注解。章句体例式，就是对经传中的句意进行分析、串讲，将义理包含在分析与串讲之中。何休《春秋公羊解诂》注《春秋公羊传》，有学者认为主要有四种情形②，分别是补充传文、论证传文、总结传文义理和随传文作注。第一种补充传文未言及的相关背景或事件以及事件中人物行为的目的与细节；第二种在对事件相关形势分析的基础上论证传文；第三种则是总结传文叙事之义，如还原事件中人物心理情貌、由“传道此者”引出义旨和经验教训等；第四种是随文作注，解释叙事过程中的细节，重要例证则是对叙事中人物对话的还原，如僖公二年传文讲述了晋献公采取荀息的计谋假道虞取郭、四年后又取虞的故事，人物之间对话详细，既讲了虞“假灭国者道，以取亡焉”③的经过，表明了虞“首恶”的义旨，又阐发了“唇亡则齿寒”④的义理。

四、牵合谶纬

清人苏舆言：“何氏注‘传’喜言灾异，虽本家法，而传会可议者多。”⑤“《说文解字》曰：‘谶，验也。’即通过隐语、符、图、物等形式来预言人事的吉凶祸福。‘纬，织横丝也。’指经的支流，是由经典所衍生出的意义解释。一般说来，纬以配经，称‘经纬’；谶以附经，叫‘经谶’；以图作谶的，谓之‘图谶’；纯用文字作预言的，叫‘谶语’；用特殊符号示谶的，是‘符谶’；而单以神灵言说的，则称‘灵篇’。在汉人观念中，无论经纬、经谶、图谶，还是谶语、符谶、灵篇实际上都是纬书的组成部分，所以‘谶’、‘纬’可以互称，二者并无实质性区别。”⑥灾异与谶纬本就密不可分。何休在对《春秋公羊传》进行注解时，“一方面继承了前代公

---

① 上海古籍出版社编：《十三经注疏》，上海古籍出版社2007年版，第2252页。

② 许雪涛：《何休解读〈公羊传〉叙事的方法》，载《现代哲学》2011年第5期，第122~128页。

③ 上海古籍出版社编：《十三经注疏》，上海古籍出版社2007年版，第2248页。

④ 上海古籍出版社编：《十三经注疏》，上海古籍出版社2007年版，第2248页。

⑤ 苏舆：《春秋繁露义证》，中华书局1992年版，第374页。

⑥ 余治平：《董仲舒的祥瑞灾异之说与谶纬流变》，载《吉首大学学报(社会科学版)》2003年第2期，第49~50页。

羊先师们的经说，另一方面又频引纬书内容从而有‘非常异议可怪’的见解。特别是在何休公羊学说中占有核心地位的‘三世说’，就与谶纬有密切的联系”①。

汉代将阴阳学说与儒学结合起来作为经学的重要内容，以此附会社会与人事。公羊学家把阴阳学家的观点融入自己的政治理论学说，将其神化，使统治者乐意采纳。何休在作《春秋公羊传解诂》时大量引用谶纬以注经，宣扬神怪之说。如哀公十四年春“西狩获麟”，何休借图谶大加发挥，《春秋公羊传解诂·哀公十四年》载：“此赤帝将代周，居其位，故麟为薪采者所执。西狩获之者，从东方王于西也。东卯西，金象也。言获者，兵戈文也。言汉姓卯金刀，以兵得天下。”②何休解释“君子曷为《春秋》”③，同样引用纬书《春秋演孔图》：“得麟之传，天下血书鲁端门曰：‘趍作法，孔圣没，周姬亡，彗东出。秦政起，胡破术。书记散，孔不绝。’子夏明日往视之，血书飞为赤鸟，化为白书，署曰《演孔图》，中有作图制法之状。孔子仰推天命，俯察时度，却观未来，豫解无穷。知汉当继大乱之后，故作拨乱之法以授之。”④谶纬神异思想与解经思想的结合，是公羊学解经思想重要的组成部分，这种谶纬思想在东汉时达到极致，随着时间的推移，逐渐没落。何休将《春秋公羊解诂》与大量的阴阳学说中的谶纬理论相结合，本身就能投当时的当权阶级之所好，而使公羊学一派能得到更高的重视，并获得更多的政治利益，反过来利于公羊学自身的发展。徐彦在进行注疏之时，仍然承袭了何休牵合谶纬的思路。

第九节 《公羊春秋何氏释例》

《公羊春秋何氏释例》由清代刘逢禄撰著。刘逢禄专攻何氏春秋公羊学，创通条例，贯串群经，注重持论与文辞。他追求董仲舒的原始思想，深挖何休的理论见解，寻找其中的条贯，正其统纪。刘逢禄说经既重微言又重大义，宏微具明，依据凿凿，立论公允。章太炎评价说：“属辞比

---

① 邱锋：《何休“公羊三世说”与谶纬之关系辨析》，载《天津社会科学》2012 年第 4 期，第 130 页。

② 何休：《春秋公羊经传解诂·哀公第十二》，中国基本古籍库。

③ 何休：《春秋公羊经传解诂·哀公第十二》，中国基本古籍库。

④ 何休：《春秋公羊经传解诂·哀公第十二》，中国基本古籍库。

事，类列彰较，亦不欲苟为恢诡。然其辞义温厚，能使览者说绎。”①梁启超对《公羊春秋何氏释例》一书有很高的评价：“凡何氏所谓非常异义可怪之论，如‘张三世’、‘通三统’、‘绌周王鲁’、‘受命改制’诸义，次第发明；其书亦用科学的归纳研究法，有条贯，有断制，在清人的著述中，实最有价值之著作。”②

一、寻其条贯，归纳名例

《公羊春秋何氏释例》共十卷，是清代公羊学的奠基之作，通大义不专章句。刘逢禄是清代公羊学史上承前启后的关键人物。刘逢禄所处的时期，清朝已经失去了鼎盛时期的光环，逐步走向没落，他已经敏感地意识到危机四伏的清朝社会的现状。刘逢禄对何休《解诂》的义例进行归纳，重理春秋公羊学统序，借此建立严密的公羊学理论体系。刘逢禄撰著《公羊春秋何氏释例》一书的理想与抱负在其《叙》中有所呈现：“故寻其条贯，正其统纪，为《释例》三十篇；又析其凝滞，强其守卫，为《笺》一卷、《答难》二卷；又博征诸史刑礼之不中者，为《礼议决狱》二卷；又推原左氏、穀梁氏之失，为《申何难郑》五卷。用冀持世之志，粗有折衷，若乃经宜权变，损益制作，则聪明圣知，达天德之事，概乎其未之闻也已。”③

刘逢禄对《春秋公羊传解诂》的注文作了一番深入的挖掘和系统的整理，归纳总结出“例”三十。《公羊春秋何氏释例》先标举经传文字，归纳散见于经传及何休《解诂》的内容，条分缕析纳入相关的“例”，每篇之末以“释曰”的形式表达自己的见解，充分显示出春秋公羊学是有例证、义理、自成体系的学说。“释三科例”是《公羊何氏释例》中的“释曰”部分。《春秋公羊何氏释例》中，刘逢禄对每一“例”都写有释论或叙论，从论据中提炼论点，从大量的实例中总结引申道理。刘逢禄在《公羊春秋何氏释例》中采取了考据的形式完善《释例》。如“时日月例”下，分了五十余小“例”，搜求举证近三百条。“表”是“例”的变形，通过纵横对比相关内容来保证义例更加明晰，阐述主旨的文字则放在每一“表”首，以序的形式出现。这种有总有分、条理分明的撰著方式，运用编辑思想统摄全书，融合了比较完善的编辑理念，适于读者查阅，是比较成熟的。《春秋公羊

① 章太炎：《章太炎讲国学》，华文出版社2009年版，第113页。

② 梁启超：《清代学术概论》，岳麓书社2010年版，第70页。

③ 刘逢禄：《春秋公羊经何氏释例　春秋公羊释例后录》，上海古籍出版社2013年版，第3~4页。

传》及何休的《春秋公羊解诂》，经过刘氏的归纳之后，原原本本，极为清晰。

二、衰世救失，通经致用

刘逢禄所处的时代，正是鸦片战争爆发前夕，阶级矛盾和民族矛盾日趋激烈，中国正面临被西方列强凌辱的危险形势。刘逢禄有感于当时国家的危难，有意识地大力阐发“大一统”思想，“不泥守章句，意在洞明经术，究极义理”①。

《春秋公羊何氏释例》中多次出现“若今”的表述，体现了刘逢禄关切现实，期望以时事比附《公羊》经传及何休注，希望借治春秋公羊学表达自己不满乾嘉汉学，“衰世救失”、经世致用的理想。刘逢禄并不局限于罗列材料，而是将考据的目的定位于精研“微言大义”，治学注重理论上的总结与阐发，长于对义理的分析与综合。

三、严守公羊门户

刘逢禄并没有在众多专守章句之学的考据学派中迷失，而是坚持了以义解经的公羊学治学法门，这种严守门户之见的思想也一直影响其撰著《春秋公羊何氏释例》一书。“申何难郑”，也就是说尊信《春秋公羊传》，偏主何休一家之说，排斥《春秋左氏传》与《春秋穀梁传》。

刘逢禄并不理会汉、宋学术之争，坚守公羊家法，强调师法与家法。这种坚守，提高了清代今文经学的学术独立性。以坚守门户著称的今文学家戴望就批评他“皆约举，大都不列章句，辄复因其义据推广未备”②。刘逢禄为了张扬《春秋公羊传》，严守一家门户，谨守今文师说，绝不杂糅牵引他家的解经言论，一方面提升公羊派的地位，另一方面极力贬斥《春秋左氏传》和《春秋穀梁传》，为了驳斥而驳斥，过于恪守门户之见导致刘逢禄忽略何休解经的不当之处，同样也忽略左氏学与穀梁学派的合理解经言论。刘逢禄竭力疏通证明何休的解经言论，发表个人见解注解何休没有说清楚之处，尽力弥缝何休误解《春秋公羊传》的地方，妄相牵合，过于偏袒何休，就失去了解经的公正性、客观性与合理性。

---

① 申居炉明：《论刘逢禄春秋公羊学的特色》，载《南京大学学报(哲学·人文科学·社会科学)》2000年第2期，第68页。

② 刘师培：《中国中古文学史讲义　中国近三百年学术史论》，时代文艺出版社2009年版，第310页。

第十节 《公羊义疏》

《公羊义疏》由清代陈立撰著。《清儒学案》中对陈立的评价是比较高的："受《公羊春秋》、许氏《说文》、郑氏《礼》，而于《公羊》用力尤深"①。在清代将《春秋公羊传》运用解诂体训释做到极致的则是陈立的《公羊义疏》。

一、左右采获，融合贯通

陈立的《公羊义疏》被梁启超称赞为："在公羊学里头，大约算登峰造极的著作"②。陈立少时师从凌曙与刘文淇，学习《公羊春秋》、《说文解字》、郑注"三礼"，对《公羊春秋》研究最为透彻。这种学术背景，影响了陈立的治学精神，使其对"春秋学三家"抱持兼容并蓄的开放态度。"立乃博稽载籍，凡唐以前《公羊》大义及国朝诸儒说《公羊》者，左右采获，择精语详，草创三十年，长编甫具。南归后，乃整齐排比，融合贯通，成《公羊义疏》七十六卷。"③

二、注疏集解，精益求精

陈立用注疏的方式来集解《春秋公羊解诂》，另辟新径。对于典章礼制、文字训诂、经文异字与地理位置的训诂达到了公羊学派解经的新高度，其撰著时务求周全，追求精益求精，这迥异于公羊学派治经以己意解经的任意阐发，更注重古籍中的依据。

首先，《公羊义疏》对礼制的解释非常详尽，多引"三礼"中的学说。陈立的治学方法受到了训诂学的熏陶，着重从礼制注解《公羊传》尤其是《春秋公羊解诂》。其次，致力于文字训诂。隐公元年"秋，七月，天王使宰咺来归惠公、仲子之赗"④，陈立释"赗"引用了《广雅·释诂》《白虎通·崩薨》《说题词》《左疏》等书中的注释。为说一物而引用如此之繁，正是清代汉学义疏体的特色。再次，致力于辨别经文异字。三传经文的异

---

① 徐世昌：《清儒学案》(卷131)，中华书局2008年版，第12页。

② 梁启超：《中国近三百年学术史》，中国书籍出版社2020年版，第208页。

③ 赵尔巽：《清史稿》，中国基本古籍库。

④ 上海古籍出版社编：《十三经注疏》，上海古籍出版社2007年版，第2198页。

字，也是陈立致力所在。如隐公元年“三月，公及邾娄仪父盟于眛”①，陈立施展“小学”手段，考证眛与蔑古音同而字异。最后，疏证地理位置。考证地名也是汉学的主要内容，陈立对之进行了详细的疏证。

《公羊义疏》的不足之处还表现在断制不足，关照现实过少。与追求训诂和考据的其他朴学学者一样，陈立也落入了只求义疏与训诂而忽略义理的偏颇，训诂贪求广而全，对于不同的说法，缺乏个人最终定论性的见解，著书立说的程度弱于以义理见长的公羊学派中的其他解经者。

三、笃守何氏家法

《公羊义疏》体例比较繁杂，疏解何休的《春秋公羊解诂》时，遇到有非难何休的情况，陈立与刘逢禄一样，都为何休辩护。陈立书中墨守疏不破注的原则，对何休注只有阐释而无驳难。如“八年春，王正月。公如晋”②。何注：“公独修礼于大国，得自安之道，故善录之。”③“秋九月大雨”④，何注：“由城费、公比出会如晋，莒人伐我、动扰不恤民之应。”⑤何注前后违异，而《公羊义疏》并未指出其是非。《公羊义疏》一书在创作时笃守何氏家法，借鉴刘逢禄的解经成果，刘逢禄书中诠释何休的《春秋公羊解诂》有些义理舍公羊学而从穀梁学，陈立认为刘逢禄自乱家法。陈立驳斥刘逢禄选用《春秋穀梁传》的义理来解诂《春秋公羊传》，可见《公羊义疏》处处维护何休的《春秋公羊解诂》。

总而言之，陈立的《公羊义疏》一书虽号称“义疏”，实则是“集解”体式，书中考辨礼制、典故有余而阐发义理不足，重点在于对礼制、训诂的注解之上，并不擅长疏解公羊学的义理。陈立的《公羊义疏》遵循“疏不破注”的原则，以考据为手段，做的多是文本上的工作，属训诂之学，对今文经学通经致用学术宗旨的继承不足。

第十一节 《春秋穀梁传》

《春秋穀梁传》是今文学传《春秋》的另一部解经之作，其始传人是鲁

---

① 上海古籍出版社编：《十三经注疏》，上海古籍出版社2007年版，第2197页。
② 上海古籍出版社编：《十三经注疏》，上海古籍出版社2007年版，第2303页。
③ 上海古籍出版社编：《公羊春秋经传解诂》，中国基本古籍库。
④ 上海古籍出版社编：《十三经注疏》，上海古籍出版社2007年版，第2303页。
⑤ 上海古籍出版社编：《公羊春秋经传解诂》，中国基本古籍库。

人穀梁赤。春秋穀梁学是“春秋三传”之中发展最为微茫的一家。从全书总的思想倾向来看，著者崇尚礼治、提倡仁德，主张尊尊亲亲、正定名分，倡言“尊天王之命”①，客观上适应了历史的要求，符合汉王朝强化封建大一统政权的需要。

笔者比较认同学者杨德春的判断，穀梁赤是《春秋穀梁传》的第一作者，《春秋穀梁传》的口头传说早已有之，但其成书时间在汉朝。《春秋穀梁传》初期的传播方式为口耳相传，《春秋啖赵集传纂例·三传得失议》提及：“《公羊》《穀梁》初亦口授，后人据其大义散配经文，故多乖谬，失其纲统。”②《春秋穀梁传》由口口相传到用文字记录的过程，编辑的成分大于撰著的成分。《春秋穀梁传》非一人一时之作。

一、问答式的传记方式

《春秋穀梁传》以时间顺序结构整个文本，按时间顺序组织材料，《春秋穀梁传》编年体的定性基本是没有争议的。在编年体基础上运用了问答体与纪事本末体等新体裁。《春秋穀梁传》在编年体的框架之内，引进了问答体与纪事本末体。与《春秋公羊传》相似，《春秋穀梁传》解经也是采用问答的方式。每一个问答基本上是一个结构层次，自问自答，层层递进，剖析历史。《春秋穀梁传》传隐公元年经文“元年春王正月”③之文可为典范。该文一开始先对经文按照《春秋》义例作了简释，紧接其后又连续以设问的方式提出了“公何以不言即位……焉成之……君之不取为公何也……让桓正乎……隐不正而成之何也……其恶桓何也……善则其不正焉何也”④等七个问题，逐层详细阐发。这种问答式的传记方式，是从口头传播向文字记载转型的一种重要的编辑体裁，主要功能是记录讲经者的言论。例如，晋假道于虞以灭虢，《春秋左氏传》分两次记载，一次在僖公二年，另一次在僖公五年。而《春秋穀梁传》却于僖公二年将其合起来叙述，这一编排突破了编年体的束缚，运用了纪事本末体。

二、日月时例成解经新径

“日月时例”发微是《春秋穀梁传》及其注经诠释《春秋》的重要特色，在三家之中，穀梁学是对《春秋》日月时例注解最为完备的一家，并且将

---

① 上海古籍出版社编：《十三经注疏》，上海古籍出版社 1997 年版，第 2394 页。
② 陆淳：《春秋啖赵集传纂例(一)》，商务印书馆 1936 年版，第 4 页。
③ 上海古籍出版社编：《十三经注疏》，上海古籍出版社 1997 年版，第 2365 页。
④ 上海古籍出版社编：《十三经注疏》，上海古籍出版社 1997 年版，第 2365 页。

日月时例的注解及义例应用到经传注疏的全文之中，统帅全文。日月时例"是指《春秋》记事有的要详细记载事情发生的具体日期(日)，有的只记月份(月)，有的则只记季节(时)，甚至什么都不记。《公羊传》也有用'日月时例'来解释经文的，但其是以年代的远近或事件的轻重程度来解释《春秋》记日、记月或记时的。"①如隐公元年"公子益师卒"条，《春秋公羊传》曰："何以不日？远也。所见异辞，所闻异辞，所传闻异辞。"②《春秋穀梁传》曰："公子益师卒。大夫日卒，正也。公子不日卒，恶也。"③《春秋穀梁传》将《春秋》经记日、记月或记时赋予了更为深刻、特殊的含义，为读者打开了另一个解读经传的视角，并且串联全篇，体系完备，纲举目张。

三、关注人性与惩恶劝善

《春秋穀梁传》关注人的心性因素对历史进程的影响，如本性、意念、人品、心志等。如《春秋》宣公十五年："夏，五月。宋人及楚人平。"④《春秋穀梁传》云："平者，成也。善其量力而反义也。人者，众辞也。平称众，上下欲之也。外平不道，以吾人之存焉道之也。"⑤《春秋穀梁传》阐发《春秋》经大义，从心性道义出发考虑问题，有新意。另外，《春秋穀梁传》对所记之事进行道德评判，致力于追求惩恶扬善。如《春秋·襄公三十年》曰："诸侯且不首恶，况于天子乎？君无忍亲之义，天子、诸侯所亲者，唯长子、母弟耳。天王杀其弟佞夫，甚之也。"⑥

《春秋·隐公元年》云："元年，春，王正月。"并没有记载鲁隐公执政的史实，《春秋穀梁传》中做出这样的解释："公何以不言即位？成公志也。焉成之？言君之不取为公也。君之不取为公何也？将以让桓也。让桓正乎？曰不正。《春秋》成人之美，不成人之恶。隐不正而成之，何也？将以恶桓也。其恶桓，何也？隐将让而桓弑之，则桓恶矣。桓弑而隐让，则隐善矣。善则其不正焉，何也？《春秋》贵义而不贵惠，信道而不信邪。孝子扬父之美，不扬父之恶。先君之欲与桓，非正也，邪也。虽然，既胜其邪心以与隐矣，已探先君之邪志，而遂以与桓，则是成父之恶也。兄

① 樊文礼：《儒家民族思想研究：先秦至隋唐》，齐鲁书社 2011 年版，第 45 页。
② 上海古籍出版社编：《十三经注疏》，上海古籍出版社 1997 年版，第 2200 页。
③ 上海古籍出版社编：《十三经注疏》，上海古籍出版社 1997 年版，第 2366 页。
④ 上海古籍出版社编：《十三经注疏》，上海古籍出版社 1997 年版，第 2414 页。
⑤ 上海古籍出版社编：《十三经注疏》，上海古籍出版社 1997 年版，第 2414~2415 页。
⑥ 上海古籍出版社编：《十三经注疏》，上海古籍出版社 1997 年版，第 2432 页。

弟，天伦也。为子受之父，为诸侯受之君，已废天伦，而忘君父，以行小惠，曰小道也。若隐者，可谓轻千乘之国，蹈道，则未也。”①《春秋》经中并未书公即位是为了成全鲁隐公的心愿。隐公没有想做国君的意思，在他想把国君之位让给桓公的时候，桓公却把他给杀了。《春秋》经中不书“公即位”是为了成就鲁隐公的美德善事。褒善贬恶是春秋时代影响深远的道德文化观念。《春秋穀梁传》深挖《春秋》经中惩恶劝善之义，并将其发扬光大。

四、条理清晰，简洁通畅

《春秋穀梁传》治经追求文辞优美、条理清晰、简洁通畅。《春秋穀梁传》大多数问答结束之后以“也”收束阐发，“也”字就成为一个问答结束的标志，“也”字使结构层次分明。全篇总体看来紧凑严谨、条理分明、枝节较少，主干清楚。《春秋穀梁传》在语言文字上大量使用虚词，以中和平正的儒家思想阐发《春秋》经大义，语言温柔舒缓而不失简洁庄重。《春秋穀梁传》按照经文语句中字词出现的先后顺序提问，提问和回答均比较舒缓，省去许多过渡性和衔接性的文字，使内容隶属于问题。《春秋穀梁传》崇尚简洁，史义与文辞俱佳，实现了言之有物与文采简明的兼顾。

第十二节 《春秋穀梁传注疏》

《春秋穀梁传注疏》由晋代范宁集解、唐代杨士勋注疏，共二十卷，保留了汉魏以来《春秋穀梁传》的相关解经之论。宋代黄震论范宁与杜预、何休的不同说：“杜预注《左氏》，独主《左氏》；何休注《公羊》，独主《公羊》。惟范宁不私于《穀梁》，而公言三家之失。”四库馆臣则评价《春秋穀梁传注疏》道：“不及颖达书之赅洽，然诸儒言《左传》者多，言《公》《穀》者少，既乏凭藉之资，又《左传》成于众手，此书出于一人，复鲜佐助之力。详略殊观，固其宜也。”②唐杨士勋独自一人承担了《春秋穀梁传注疏》的编纂任务。《春秋穀梁传注疏》校勘记曰：“唐杨士勋《疏》分肌擘

① 上海古籍出版社编：《十三经注疏》，上海古籍出版社1997年版，第2365页。
② 上海古籍出版社编：《十三经注疏》，上海古籍出版社1997年版，第2375页。

理，为《穀梁》学者未有能过之者也。”①范宁《春秋穀梁传集解》引用汉代儒士观点，如“何休、郑玄、董仲舒、刘向、刘歆、京房、许慎等”②。《春秋穀梁传注疏》是穀梁学中比较重要的著作，是在范宁《春秋穀梁传集解》的基础上，搜集郑玄、何休、麋信、徐邈、杜预等人的观点，引用《左传》《公羊传》“三礼”《史记》《国语》《论语》等资料，独自编纂而成的。训诂字词章句来阐发经典中所蕴含的义理，释字词的训诂内容，综合阐述章句和义例。

一、阐释书法义例

范宁认为，注解穀梁学的十数家都有些肤浅，率领其子、徒弟及门生故吏，商略名例，博采诸儒同异之说。《春秋穀梁传集解》对《春秋穀梁传》阐释，说解语言，补充史实，揭示书法义例。《春秋穀梁传》解经主要是从书法义例入手揭示《春秋》经的经义。《春秋穀梁传》非一人一时所作的著作作品，经过较长时间的积淀，有一个集体补充完善的过程。《春秋穀梁传》解经过于胶着于书法义例，其释经往往不严密、不完整、不系统。范宁发现了这些问题，在《春秋穀梁传集解》的撰著中，将注释的重点放在说明、补充、完备《春秋穀梁传》的书法义例上。“对《春秋穀梁传》、范宁的《春秋穀梁传集解》，间或对《春秋经》，进行疏通、证明、弥缝、补充、发挥。具体来说，他做了以下几个方面的工作：语言的阐释；史实的补充与说明；为《穀梁》传、注寻找根据，疏证其说；阐发书法义例。其中，对《穀梁》传、注的书法义例进行疏通、弥缝、完备，则是他的主要阐释任务。”③

范宁对《春秋穀梁传》书法义例的解释主要涉及以下几个方面：一是探究书法义例的根据。《春秋穀梁传》在对《春秋》经进行解释时，范宁探寻《春秋穀梁传》的原始经义，力图透彻说明理论支撑和体系；二是完备《春秋穀梁传》的书法义例，使其明白、系统、畅通；三是回护、弥缝《春秋穀梁传》的书法义例，驳斥旧说之肤浅，敷陈疑滞；四是扩充新的书法义例。唐杨士勛疏解时，又做了同样的回护和弥缝。杨士勛《春秋穀梁传注疏》对《春秋穀梁传》以及《春秋穀梁传集解》进行了完善与补充。杨

① 李学勤：《春秋穀梁传注疏》，北京大学出版社1999年版，第13页。
② 李赞赞：《〈春秋穀梁传集解〉中的汉注探究》，载《济宁学院学报》2014年第1期，第17页。
③ 赵友林：《杨士勛〈春秋穀梁传疏〉考》，载《聊城大学学报(社会科学版)》2009年第4期，第8页。

《疏》对范宁《注》极力维护，注文有不明之处说明，有欠缺的地方补充，有矛盾的地方弥缝，总之是范宁注的坚决维护者。杨士勋《春秋穀梁传注疏》总结、归纳与补充了范宁的《春秋穀梁传集解》中揭示的书法义例：归纳总结论述详备的，解释清楚语焉不详的，补充说明一笔带过的以及没有加以解释的与没有说明依据的注文。杨士勋在阐发范宁《春秋穀梁传集解》的同时，提出自己的见解。

二、兼治三传

《春秋穀梁传集解》与《春秋穀梁传注疏》在编纂过程中的特色是一脉相承的。

义理方面择善而从，与会通三传有异曲同工之处，为了追求义理的精当而突破师法与家法的束缚。义理精审的主要外在表现则是引用广泛、丰富，并且引用方式多元化，注释详尽。“《春秋穀梁传注疏》引用了经史子集四部总共八十余种书籍。”①《春秋穀梁传注疏》广引“三礼”，疏解《春秋》经传。这种引用主要有三种方式，分别是节引原文、意引原文和引用谶纬。第一，节引原文。《孟子·滕文公章句上》原文做“当尧之时，天下犹未平，洪水横流”。《春秋穀梁传注疏》引文做“当尧之世，洪水横流”②。第二，意引原文，即只引原文大意。《春秋穀梁传注疏》卷十二：“宣公二年，秋，九月，乙丑，晋赵盾弑其君夷皋。”③范宁《春秋穀梁传集解》载：“礼：君赐之环，则还；赐之玦，则往。”④杨士勋《疏》载：“君赐之环则还，赐之则往，荀卿书有其事。”⑤第三，范宁、杨士勋注疏中还引用了一些谶纬方面的书籍。

“若至言幽绝，择善靡从，庸得不并舍以求宗，据理以通经乎？”⑥“凡传以通经为主，经以必当为理。夫至当无二，而三传殊说，庸得不弃其所滞，择善而从乎？”⑦自东汉以来，人们治《春秋》者，多有三传兼治、博采兼综的趋势，今、古文家法与各家师法逐渐融合。在这种解经大环境的影响下，范宁的解经思路也比较客观公正。范宁注释《春秋穀梁传》的

---

① 文廷海：《〈春秋穀梁传注疏〉引书考论》，载《信阳师范学院学报（哲学社会科学版）》2005年第3期，第107页。

② 上海古籍出版社编：《十三经注疏》，上海古籍出版社1997年版，第2359页。

③ 上海古籍出版社编：《十三经注疏》，上海古籍出版社1997年版，第2412页。

④ 上海古籍出版社编：《十三经注疏》，上海古籍出版社1997年版，第2412页。

⑤ 上海古籍出版社编：《十三经注疏》，上海古籍出版社1997年版，第2412页。

⑥ 上海古籍出版社编：《十三经注疏》，上海古籍出版社1997年版，第2360页。

⑦ 上海古籍出版社编：《十三经注疏》，上海古籍出版社1997年版，第2360页。

目的就是使其辞理可观，追求其体例的精纯。范宁对《春秋公羊传》《春秋左氏传》等的引用，表现了其客观的解经态度，也证明了穀梁学派会通三传的解经趋势。范宁《春秋穀梁传集解·序》在介绍其学术经历时说："……研讲六籍，次及三传……乃商略名例，敷陈疑滞，博示诸儒同异之说。"①其中的"研讲六籍，次及三传"证明范宁是三传兼治的。

由此可见，范宁在著《春秋穀梁传集解》时，坚持会通三传，择善而从，并且据理通经，而不是独守一家之言。杨士勋集成了这一理念，有时三传相异，杨士勋的《春秋穀梁传注疏》还将不同的说法一一罗列，并不加以区别。杨士勋《春秋穀梁传注疏》中直接指明"同说儒家，三传各异，俱述经旨，而理味有殊也"②。

三、怀疑与超越

面对《春秋穀梁传》的矛盾之说，范宁有时还直斥其失。在实际的说解过程中，多次引用《春秋左氏传》《春秋公羊传》及杜预、何休的解经之论，来怀疑、驳斥《春秋穀梁传》。范宁在《春秋穀梁传集解》中表现出一定的怀疑和超越精神，王皙评价说："自汉崇学校，三传迭兴，以贾谊之才、仲舒之文、向歆之学犹溺于师说，不能会通，况其余哉？其专穷师学，以自成一家者，则何氏、杜氏、范氏而已。何氏则言涛张䛕说，杜氏则胶固传文，其稍自觉悟者，唯范氏尔。"③王应麟评价说："杜预屈经以申传，何休引纬以汩经，惟宁之学最善。"④在三传之注中，他们推崇范宁的《春秋穀梁传集解》，并不专守一家之说，在注解中比较通达，能认知到《春秋穀梁传》的不合理之处，不强就经文以通传。范宁对这些"上下违反，不两立之说"在说解时常常存疑：有时只列异说，却不下断语。有时范宁虽加解释、疏通，但却又补充他说。有时以"宁所未详"等方式表示存疑。这种存疑方式在某种程度上已经驳斥、否定了《春秋穀梁传》之说。

四、商略名例

范宁在作《春秋穀梁传集解》时，为了指导注释工作，商略名例，随文而发。"常例"，就是《春秋》经、《春秋穀梁传》通常遵循的例法，包括"传例"和"注例"。"传例"是《春秋穀梁传》在传释《春秋》经时所确定的例

① 上海古籍出版社编：《十三经注疏》，上海古籍出版社1997年版，第2361页。
② 上海古籍出版社编：《十三经注疏》，上海古籍出版社1997年版，第2367页。
③ 王皙：《春秋皇纲论》，中国基本古籍库。
④ 王应麟：《困学纪闻》，中国基本古籍库。

法，由范宁归纳总结，是《春秋穀梁传》在解释《春秋》经时的传文原话，涉及《春秋》载事的书法，偏重《春秋》经“义”。《春秋》经文记载历史所使用的例法。“传例”是范宁注解《春秋穀梁传》时的注语，据《春秋》经文而发。列举出每条史事，并分析其异同，是从相同史事中归纳出的通用之例，综合分析，言其异同，偏重《春秋》“事”，又称“经例”或“众例”。“注例”是范宁根据《春秋》经传记载史事遣词用语的差异确立具体的例法及其变化，偏重《春秋》经“文”，据“传例”而补充，主要用来解释《春秋穀梁传》新的例法，大部分注于《春秋》经文之后。

这些例法的名称多样，有“范氏《略例》”“范《略例》”“范例”“范氏《别例》”“范《别例》”“范氏例”等，被杨士勋引用到义疏文字中。“略例”是对“传例”“注例”的综合。“变例”与“常例”相违背，“与常例违”、“非正”、当载地而“不地”者等情况均属“变例”。“违例”“乖例”“异例”等，属于“变例”的别称。“起例”，即《春秋穀梁传》或范宁《春秋穀梁传集解》第一次提出的例法。

《春秋穀梁传注疏》集合了范宁与杨士勋的智慧，虽然所处时代不同，但疏解理念与方法相似，并且杨士勋尊崇范宁，弥缝《春秋穀梁传》之失，与同时代的《春秋左氏传》与《春秋公羊传》注疏相比，《春秋穀梁传》注疏因为其开放的学术精神与治学思路，在义理方面取得了更为合理的结果。

第十三节　《春秋穀梁经传补注》

清代“春秋三传”之学，春秋左氏学有洪亮吉《春秋左传诂》、刘文淇《春秋左氏传旧注疏证》，春秋公羊学有陈立《公羊义疏》，春秋穀梁学有钟文烝《春秋穀梁经传补注》①。这四部著作，各发挥训诂之长，使各个学派的解经水平达到了新高度。

《春秋穀梁经传补注》卷首，先录钟文烝自《序》、次录范宁《范氏元序》，再依次录《论经》《论传》《略例》；正文部分共二十四卷，仍依编年体体例；卷末录《律句四十韵》，编辑体例是所有穀梁学著作中比较完备的，深入挖掘《春秋穀梁传》经传思想，完善补充《穀梁》经传注解，在训诂方面也取得了集大成的成就。

---

① 文廷海：《清代春秋穀梁学研究》，巴蜀书社 2006 年版，第 159 页。

穀梁学千余年来孤微不振，钟文烝发愤讨论，“详为之注，存豫章之元文，撷助教之要义。繁称广引，起例发凡，敷畅简言，宣扬幽理。条贯前后，罗陈异同。典礼有征，诂训从朔。辞或旁涉，事多创通”①。所谓的补注，包含了“繁称广引”“起例发凡”“敷畅简言”“宣扬幽理”“条贯前后”“罗陈异同”“典礼有征”“诂训从朔”。注解《春秋穀梁传》、范宁《春秋穀梁传集解》、杨士勋《春秋穀梁传注疏》，调节章节的前后顺序，完善典章、礼制的征引与训诂。征引、调整顺序、增删、罗陈异同等编辑校勘手段，总体呈现了钟文烝对于《穀梁传》的深化、整理，疏通美化文辞义理，调整顺序等。

一、完善名例

关于“正名”，钟文烝多次论及，比较典型的则有两处：一是“君子修《春秋》，以史法为经法而例立，于是有变史例以为例者，于是有自变其例以为变例者，此其正名尽辞以当王法，岂不尤备乎哉?”②第二处则是“统而论之，大氐明于辨是非而严于正名分，本之以智，约之以礼，智崇礼卑，故其制作侔天地”③。钟文烝认为“正名”之“名”分为两类：一是专名，“曰义理，曰训话，曰功用，专名也”④；二是通名，“群经所同也，而统贯以异同详略，先后离合，婉直微著，诸书法其密极于名字日月之间，则通名也。《春秋》所独也，皆不可以不辩也”⑤。这是钟文烝弟子沈善登的总结，提供了理解钟文烝《春秋穀梁经传补注》思想的一条线索。另外，钟文烝对范宁的《春秋穀梁传集解》与杨士勋《春秋穀梁传注疏》中的谬误均予以纠正。

钟文烝的《春秋穀梁经传补注》以资料的丰富性超越《春秋穀梁传》、范宁的《春秋穀梁传集解》与杨士勋的《春秋穀梁传注疏》。该书规模大、成就多，“明训诂”“通典礼”“正谬误”，是“晚清春秋穀梁学注疏派的代表作之一”⑥。钟文烝认为“范《注》之略而舛也，杨《疏》之浅而庞也。苟不备为补正，将令穀梁氏之面目精采永为左氏、公羊所掩，谓非斯文之阙

① 钟文烝：《春秋穀梁经传补注·序》，中华书局 2009 年版，第 4 页。
② 钟文烝：《春秋穀梁经传补注》，中华书局 2009 年版，第 3~4 页。
③ 钟文烝：《春秋穀梁经传补注》，中华书局 2009 年版，第 5 页。
④ 文廷海：《清代春秋穀梁学研究》，巴蜀书社 2006 年版，第 172 页。
⑤ 徐世昌：《清儒学案》，中华书局 2008 年版，第 6983~7004 页。
⑥ 文廷海：《多路并进、超越前代：清代春秋穀梁学研究》，载《求索》2007 年第 9 期，第 215 页。

事乎哉?"①"专门巨编发前人所未发者"②成为钟文烝撰著《春秋穀梁经传补注》的目的。

二、繁称广引

钟文烝在总结前期学者研究成果的基础上，列出自己的经义见解，举出相关的论据加以支撑。钟文烝的《春秋穀梁经传补注》对范宁的《春秋穀梁传集解》多有补充、纠正，征引古今三百余家之说，又列为"撰异"以考订三传经文。编辑特色的直观体现是《略例》："二、凡补注之作，以征引该贯，学郑君《三礼》《注》；以探索精密，学朱子《四书章句集注》《或问》……三、凡《春秋》中不决之疑，今悉决之，其未经人道者，窃比于梅鷟辩伪书、陈第谈古韵，皆可以俟后世，征实也。四、凡百家之解、四部之文今已逸者，从他书所引引之，不连举他书之名，省烦也。五、凡古今诸儒，皆直称其姓名，本范《注》旧例。范于郑君独不名，今又以朱子配之，而推及于韩子、周子、程伯子、程子、张子、邵子、表异也。六、凡经传注疏及所称引，皆以旧本、善本、精校本审定其字，征误也。"③

从钟文烝致俞樾的书信中可以明了他的著述征引从古、从确，并不力主师法与家法的原则："《穀梁》家学已微甚，私窃愍叹，专力成书，会萃见闻，折衷一是。于范《注》载其全，于杨《疏》撷其要，而一一指其违谬。于坠文佚注，则从他籍弋获，于《二传》《国语》《管》《晏》《史记》，则举其可相补备者，辨其大相乖刺者，于群经及唐以前诸古书，苟相出入，必备援证，于董、何、贾、服、韦、杜说，及徐、孔二疏，与夫啖、赵以来百余《春秋》家，并诸杂著，一字可用，亦必摘采；有数说同者，则举其最先；有已说为昔人所已道者，则改从昔人。"④钟文烝的《春秋穀梁传经传补注》的征引是相当宏富的，搜罗所有与《春秋》经相关的著作，根据时代的先后，征引最古者。钟文烝通释典礼，《春秋穀梁传》有"衰麻非所以接弁冕也"⑤的传文，钟文烝从《丧服经》中找到答案。

在征引的过程中，并不排斥《春秋左氏传》与《春秋公羊传》的解经传之论，并且考证比较详明，力求断其义理，明确范宁与杨士勋语焉不详之处。钟文烝的《春秋穀梁经传补注》对范宁的《春秋穀梁传集解》多有订补，

---

① 钟文烝:《春秋穀梁经传补注·序》，中华书局2009年版，第3页。
② 钟文烝:《春秋穀梁经传补注·序》，中华书局2009年版，第3页。
③ 钟文烝:《春秋穀梁经传补注·略例》，中华书局2009年版，第1页。
④ 徐世昌:《清儒学案》，中华书局2008年版，第6983~7004页。
⑤ 上海古籍出版社编:《十三经注疏》，上海古籍出版社1997年版，第2380页。

不守门户之见。

三、发掘文辞风格

钟文烝在《论经》与《乙闰录》中表达了对《春秋穀梁传》文辞的看法："文章有二体，有详而畅者，有简而古者，要其辞清以淡，义该以贯，气峻以厉，意婉以平，征前典皆据正经，述古语特多精理，与《论语》《礼记》最为相似。至其解《经》之妙，或专释，或通说，或备言相发，或省文相包，或一经而明众义，或阐义至于无文。"①在另一著作《乙闰录》中有类似的主张，"昌黎之于《穀梁传》，尚其典训；子厚之于《穀梁传》，嗜其文辞。予谓文辞之峻厉固矣；而简淡之妙，亦诸书所未有……此等俯仰世变，以单辞片语出之，解经则微而臧，论史则约而达"②。钟文烝对《春秋》文辞、史事与经义的异同进行了周详的发掘和归纳，发其他经学儒士所未发，关注《春秋穀梁传》的文辞风格。这也是钟文烝治春秋穀梁学的特色之一。

第十四节 《春秋》要籍编辑思想流变

《春秋》要籍现存有文字记载的主要分为春秋左氏学、春秋公羊学与春秋穀梁学三家。时代变迁也影响了《春秋》要籍的发展。春秋战国时期的左氏、公羊与穀梁三家分别传《春秋》经，分化为《春秋左氏传》《春秋公羊传》《春秋穀梁传》。春秋公羊学与春秋穀梁学在汉代同立于学官，当时能一争高下，却于汉代之后逐渐衰微，尤以春秋穀梁学为甚。春秋左氏学的发展势头后来居上，逐步壮大。汉代的章句解诂体例以何休的《春秋公羊解诂》取胜。春秋左氏学凭借魏晋南北朝时期杜预的《春秋左氏经传集解》登上了历史舞台，取得了与《春秋》经同等的地位。唐代的注疏发展较为完备，分别成就了公羊学派由徐彦注疏的《春秋公羊传注疏》和穀梁学派由杨士勋注疏的《春秋穀梁传注疏》，具有明显的唐代注疏的风格。宋元明时期以宋安国的《春秋传》独领春秋学解经之传的风骚数百年。清代以旧注疏证一振春秋公羊学与穀梁学的衰微之势。集大成式的著作在三家之中各放异彩：《春秋左氏传旧注疏证》《春秋左传诂》《公羊春秋何氏释

---

① 钟文烝：《春秋穀梁经传补注》，中华书局2009年版，第7~8页。

② 谢国桢、张舜徽等：《古籍论丛》，福建人民出版社1982年版，第314~315页。

例》《公羊义疏》《春秋穀梁经传补注》。

一、春秋左氏学要籍编辑思想流变

春秋左氏学要籍编辑思想的流变史，一定程度上代表了我国历史文化尤其是主流文化的传承史。

《春秋左氏传》在西汉前期甚至是战国中后期已经流传较广。《左传》以史实解经，并且在晋代以后的发展历史中，逐渐处于压倒性的主导地位。但是《春秋左氏传》成书初期并未得到官方的认可，长期在民间流传，摆在春秋左氏学家面前的首要任务是获得官方认可，捷径之一便是将《左传》与《春秋》经之间的关系密切化。西晋杜预作《春秋左氏经传集解》，是现存最早的完整的《左传》注。杜预最早将《春秋》经文按年月分别移到《春秋左氏传》文之首，从此之后，《春秋》经就依附在《春秋左氏传》中而流传于世，再也没有《春秋》经的单行本传世了。发展到了唐初，孔颖达撰《五经正义》，其中的春秋类经部元典采用杜预的《春秋左氏经传集解》并加以疏解，从此之后，《春秋左氏传》与《春秋》经相提并论，远远超越《春秋公羊传》《春秋穀梁传》的地位。从单行本到依附本的出现，反映了《春秋左氏传》在春秋学各家中经历了起起落落之后逐步占领了统治与主导地位。

汉代经学注释的风格侧重训释字句，内容包括释字，串讲，通释全章大意，注明出典，考证人名、地名等，增补史料，阐明哲学思想，注明读音等。唐尤其是中唐以后，变古疑经的风气开始盛行，弥缝三家传注之失、并不专主一家的解经思想被逐渐认可，经学家作注疏时取优而从之，学术思想相对比较开放、通达。两宋时期，胡安国撰《春秋传》，借解经寓意，多言义理。宋代春秋类经部要籍的注释风格是借解经传来发挥注经者本人的政治、哲学思想，习惯于对其他经学家作出比较苛刻的评议。

清代复兴汉学，洪亮吉的《春秋左传诂》、刘文淇祖孙三代合著的《春秋左氏传旧注疏证》是这一时期的重要代表作品。清代对于春秋左氏学的注疏，体现了我国古代考据学的巅峰成就。清代春秋左氏学著作的训释，不论是注疏门类的广博、注经者的多寡，还是训释的深度与专门化，都以压倒性的优势决胜公羊学派与穀梁学派。清代的注经之作，并不拘泥于一家一时之说，立足于求汉儒之前的旧注，以寻经传原本的真义。这在一定程度上体现了清代经学家求真务实、寻根探源的治学精神。清代是春秋左氏学注经的大爆发与集大成时期，更是春秋左氏学编辑思想成熟的时期，其优秀的成果将编辑思想的熠熠光辉展现在当代读者眼前，当时的撰著者为我们提供了宝贵的编辑思想与实践的经验。

二、春秋公羊学要籍编辑思想流变

《汉书·艺文志》中记载的公羊学类著作就有《公羊杂记》《公羊章句》和《公羊董仲舒治狱》等著作。汉宣帝、汉元帝之时，《公羊春秋》有颜安乐之学和严彭祖之学。汉宣帝时，公羊学与穀梁学的论证由隐逐渐显化。公元前51年，穀梁学与公羊学同立于官学。东汉光武帝时，《春秋》经又只取颜安乐、严彭祖二家的公羊学，公羊学再度凌驾于穀梁学之上。汉桓帝、汉灵帝年间，何休著《公羊墨守》《左氏膏肓》《穀梁废疾》《春秋公羊解诂》，尤其是《春秋公羊解诂》释传而不解经，继承了《春秋公羊传》的解经成果，又增加了何休本人自己的推演和发挥，使公羊学的发展更加系统化和理论化。仅存的“春秋学三家”之中，春秋公羊学是以灾异说经的典型代表。《春秋公羊传》对《春秋》经微言大义的解释，谶言与神秘成分较多。在东汉的春秋学竞争领域内，公羊学派之所以能排挤掉穀梁学派与左氏学派，在太学中取得独尊的地位，与其谶纬化了的学说能够为刘汉皇朝的权威和法统提供理论基础是有莫大关系的，这是公羊学在东汉时得以兴盛的一个重要因素。后期统治者对于谶纬思想的贬斥，谶纬思想逐渐没落，公羊学派解经者逐渐将谶纬思想与《春秋》经传剥离开来，以适应统治者的需要。

六朝时期，传《公羊传》的作者与著作都不多，并且令人惋惜的是，为数不多的著作也都散佚。唐徐彦撰《春秋公羊传注疏》，在何休《春秋公羊解诂》的基础上，继承汉学传统。宋、元、明之时，公羊学逐渐衰落，重要著作也已经鲜少存世。到了清代，《春秋公羊传》研究受到了一定的重视，出现了两种倾向：一种是以朴学为特色的注解和义疏，陈立的《公羊义疏》，在前人基础上释义、训诂又有新成绩；另一种倾向则是以刘逢禄著《公羊春秋何氏释例》为代表的义理一派，追求微言大义，经世致用的理念越来越被理论化与实践化。

三、春秋穀梁学要籍编辑思想流变

汉宣帝在石渠会议后立穀梁学官博士。到汉光武帝时，《穀梁春秋》又被置于官学之外。随后，穀梁学的没落更加明显。《后汉书·儒林外传》中除了何休借攻讦穀梁学而张扬公羊学的著作《穀梁废疾》之外，穀梁学的著作很少。自汉魏之后，穀梁经学衰微，师法已经所存无几，为《穀梁》经传作笺、注、音、义的学者达到二十多家，但令人惋惜的是，除了范宁与杨士勋的著作，其他的都已经散佚。东晋时范宁收集汉代以来的十多种注释，加以申说，编为《春秋穀梁传集解》。唐代杨士勋为范宁《春秋穀梁传集解》作疏解，作成《春秋穀梁传注疏》，是影响最大的《春秋穀梁传》的注本，集合了当时各家的观点，从这些著作中还能窥见当时一些著名的穀梁学家的些微见解。宋、元、明之际，出现了一批“春秋学三传”对比的撰著，治春秋学的经师有人兼及《穀梁》，但穀梁学的解经专家则凤毛麟角，罕有《穀梁传》专门的注释、研究著作。清代对朴学有无比的崇敬，学者以专经为务。“穀梁学自昔号称孤微，清中叶稍振。”①王芝藻的《春秋类义折衷》、陈寿祺的《穀梁礼说》、李富孙的《穀梁异文释》、许桂林的《穀梁释例》、侯康的《穀梁礼证》、柳兴恩的《穀梁大义述》、钟文烝的《春秋穀梁经传补注》，这些著作中，柳兴恩的《穀梁大义述》是其中比较完备的著作。《春秋穀梁经传补注》算是穀梁学的集大成与总结性作品。钟文烝征引众说，在比较异同的基础上阐发个人的见解，追求汉以前训诂的原义，致力于弘扬穀梁学一派的思想，以期传之久远。

综上所述，穀梁学经传作品的编辑思想与各个时代的政治、经济、文化的发展繁荣有密切的关系。作为重要思想工具的春秋穀梁学一派，是随着统治阶级的好恶而兴盛或衰微的。对统治阶级的统治有利，则被重视，与其理念有所偏离，则被疏离，尤其在汉代，这种现象更加明显。穀梁学当时宣扬的大一统思想被汉宣帝接受，则穀梁学一派被立为学官，并置博士，自此之后穀梁学思想未被在位统治者力倡，逐渐走向没落。章句训诂是占据整个汉代经学史的主要解经体例与范式，因此汉代的穀梁学著作也难逃训诂体的解经窠臼。到范宁之时，才对其加以集解，杨士勋再加以疏解，使穀梁学派的《春秋》经传注解更加完善与严密、义理精审，也自此之后成为经典范本。从著作数量到著名的经师来看，穀梁学一派都远远少于春秋左氏学、春秋公羊学。在编辑实践与编辑思想方面，穀梁学作品也多是沿袭春秋左氏学与春秋公羊学的解经传统与编辑手段，步其后尘，穀梁学中的解经者为了注《穀梁传》而作注，会通三传的高度也难以与其他两家相比，因此，著名的穀梁学专家、通儒基本上不存在。阮元提出的

① 梁启超：《中国近三百年学术史》，中国书籍出版社 2020 年版，第 197 页。

“《左氏》《公羊》皆有专家，《穀梁》无之”[①]观点，也反映了“春秋学三家”经师成就上的差异。著名经师的欠缺与著名经学作品的鲜少问世，限制了穀梁学一派的发展。

① 文廷海：《清代春秋穀梁学研究》，巴蜀书社2006年版，第139页。

第六章 《论语》要籍编辑思想

战国及汉初时，《论语》未成“经”，地位并不高。汉文帝时，将《论语》《孝经》《尔雅》《孟子》立于学官，设“传记博士”，所谓“传”，即是对经的义理阐发。汉武帝时，为了强化中央集权，积极扶持并鼎力推行儒家学说。至东汉，《论语》方才升格为经。唐文宗时，《论语》与《孝经》《尔雅》并行进入法定经书。

第一节 《论语》本经概述

《论语》着笔始于春秋末期，编辑成书时间约为战国初期。它的主要内容是对孔子及其弟子言行的记载。《汉书·艺文志》言：“《论语》者，孔子应答弟子时人及弟子相与言而接闻于夫子之语也。当时弟子各有所记。夫子既卒，门人相与辑而论纂，故谓之《论语》。”①据《文选·辨命论注》引《傅子》时说：“昔仲尼既殁，仲尼之徒追论夫子之言，谓之《论语》。”②以后多家注经解经之书如是解释。《论语》中有孔子一人所说，也有他与弟子的简短对话，以及再传弟子的言论，间或夹有简单的叙事。书名《论语》二字分开来看，“论”是“论纂”的意思，“语”是“语言”之意。“论语”二字作为书名，既是“把接闻于夫子之语”“论纂”起来，也是“论纂”“夫子之语”。

一、《论语》是一部编辑而成的作品

古代典籍有许多是只知道作者不知道编者的，虽然有的可以通过刻印者、翻刻者、序跋所写的文字进行辨别，而且编著合一的情况也很多，但

① 班固：《汉书·艺文志》，中华书局2007年版，第329页。

② 严可均辑：《全上古三代秦汉三国六朝文》，清光绪二十年黄冈王氏刻本，第3362页。

具体到《论语》，确定编辑成书却是十分容易的。杨伯峻、杨逢彬的《论语译注》“前言”中写道：“编辑《论语》的人，‘直取其所记而载之耳’（日本学者安井息轩《论语集说》中语）。”[①]虽然具体编辑者是谁无法断定，但至少可以肯定以下几点。

第一，编纂者不止一人，多是“其门人相与辑而论纂”，故推论该书是孔子的诸多弟子共同编撰而成。该书不可能是某一个人独立完成的原因，可以从以下三方面来判断。

①书中有不少重复的章节。如“巧言令色，鲜矣仁”一段，在《学而篇第一》《阳货篇第十七》中均有。如果是同一作者，不可能重复这么多。

②书中有基本重复但详略不同的章节。如《学而下》有“子曰：‘君子不重则不威，学则不固。主忠信。无友不如己者。过，则勿惮改。’”[②]与此基本重复的段落如《子罕下》：“子曰：‘主忠信，毋友不如己者，过则勿惮改。’”[③]文字虽然比前句少了十多个字，但意思相差不大。这种现象并非一处。在多人编辑一部书的情况下比较容易出现。

③书中有一些意思相同但文字有异之处。如《里仁篇第四》有“不患莫己知，求为可知也”，《宪问篇第十四》有“不患人之不己知，患其不能也”，《卫灵公篇第十五》也有“君子病无能焉，不病人之不己知也”，大致意思都是“只有让别人了解自己，才能有所作为，别人不了解是因为自己没有让别人了解的能力”等。这类语言如果是一人所编，可适当避免，若多人编辑则难免重复。

第二，编辑者为曾参的弟子。杨伯峻《论语译注》认为，编辑《论语》的人很可能是曾参的弟子。理由如下文。

①全书无一处不对曾参称“子”，记载他的言行多于孔子其他弟子，并且还详细地记载了他临死时和弟子的对话。

②曾参是孔子最年轻的弟子，他死前关于孟敬子（鲁大夫孟武伯儿子仲孙捷）的一段话也记载于书中。而此时的孟敬子已为鲁国执政大臣。只有熟悉他们的弟子才有可能详于记述。

③全书记载最晚的人物与事件当是曾参对孟敬子的一段话，不可能是比曾参更早的人所编，而其弟子的可能性最大。

通过以上对该书部分内容重复和编者推理的情况，可以明确《论语》

---

① 杨伯峻、杨逢彬：《论语译注》前言，岳麓书社 2009 年版，第 2 页。
② 程树德撰，程俊英、蒋见元点校：《论语集释》上，中华书局 2013 年版，第 38~42 页。
③ 程树德撰，程俊英、蒋见元点校：《论语集释》上，中华书局 2013 年版，第 713 页。

是一部编辑的作品。而更重要的是该书的语录体结构，是对话的辑录和多篇短文的汇集，对话的段落与段落之间、短文与短文之间并无必然的关联性，因相似的主题而集合成书。该书与今天编撰类书籍比较，虽然内在的逻辑性不那么充分，框架体系不那么完整，内容也不够系统充实，但基本符合书籍编辑特性，完全可以断定《论语》就是一部编辑而成的作品。

二、《论语》的基本结构与内容

《论语》全书共分二十篇，四百九十二章。二十篇的篇名虽然基本没有涵盖性，但内容与孔子所倡导的儒家学说遥相呼应，具有相同的思想文化。其具体结构大致如下。

《学而》篇第一。包括十六章，内容较多，重点是“吾日三省吾身”“节用而爱人，使民以时”“礼之用，和为贵”以及仁孝、信等道德范畴。《为政》篇第二。内含二十四章，主要涉及孔子“为政以德”的思想，谋求官职和从政为官的基本原则，学习与思考的关系，孔子本人学习和修养的过程，温故而知新的学习方法，孝、悌等相关关系。《八佾》篇第三。内含二十六章，主要是如何维护“礼”的问题，主张维护礼在制度、礼节上的种种规定；孔子“绘事后素”的伦理思想以及“君使臣以礼，臣事君以忠”的政治道德主张。《里仁》篇第四。内含二十六章，主要内容是关于义与利、个人道德修养、孝敬父母、君子与小人的区别等，所宣传的儒家思想内容、原则与理论对后世产生了较大影响。《公冶长》篇第五。内含二十八章，记录了孔子与弟子从各个角度、举其事例所论及的仁、德特征，具体操行等问题。《雍也》篇第六。内含三十章，主要涉及“中庸之道”“恕”的学说、“文质”思想，以及“仁德”培养方面的主张。《述而》篇第七。内含三十八章。主要记述了孔子的教育思想，学习态度，关于仁、德的道德范畴等内容。《泰伯》篇第八。内含二十一章，主要涉及孔子及弟子对诸位先王的评价；孔子教学方法和教育思想；孔子道德思想的具体内容以及曾子在若干问题上的见解。《子罕》篇第九。内含三十一章，涉及孔子道德教育思想；其弟子对老师的评价以及孔子的部分活动等。《乡党》篇第十。内含二十七章。主要记载了孔子的容色、衣食、日常言行等情况，颂扬了作为正人君子的孔子。《先进》篇第十一。内含二十六章，主要记载了孔子对弟子的评价以表现其中庸思想；论述了学习与为官的关系，孔子对待神、生死的态度。其中孔子和弟子各述志向部分反映出孔子的政治思想倾向。《颜渊》篇第十二。内含二十四章，主要记录孔子“克己复礼”、以礼定仁、依礼行事等关于“仁”的要求与“仁”系统地思想。《子路》篇第十三。内含三十章，主要涉及治理国家的政治主张、从事教育的思想以及个人品格道德修养等方面。《宪问》篇第十四。内含四十四章，涉及作为君子的品德问题；对社会现象发表评论以及“见利思义”的义利观内容。《卫灵公》篇第十五。内含四十二章，涉及孔子的“君子小人”观、教育思想、政治主张以及其他方面言行等。《季氏》篇第十六。内含十四章，主要涉及孔子及其弟子的政治活动、与人相处原则，以及“三戒”“三畏”“九思”等内容。《阳货》篇第十七。内含二十六章，包括孔子的教育思想、关于“仁”的进一步阐释，以及君子与小人的区别等内容。《微子》篇第十八。内含十一章，涉及孔子的政治主张、其弟子谈论孔子以及孔子关于独立人格的思想等内容。《子张》篇第十九。内含二十五章，主要涉及孔子关于学习的态度、孔子对殷纣王的批评、关于学与仕的关系、君子与小人的不同表现等内容。《尧曰》篇第二十。相比其他篇，本篇仅内含三章，但段落均比较长，主要涉及尧帝、舜帝、禹帝的禅让之事，三代善政和治理国家的基本要求等内容。

《论语》全书内容广泛，但比较集中地反映了孔子关于“仁”“礼”“义”的思想，其治理国家的政治主张和从师的教育思想以及君臣关系、自我修身等内容深刻地影响了中华民族的哲学观念，规范了传统的道德行为，并使之成为儒家名士的必读书。

《论语》全书体例为语录体，各篇内容有交叉，不似长篇大论，但意境深远，与《周易》《孟子》《孝经》一样分属于哲学类。许多章句被后人称颂至今，广为知晓，像格言一样。篇与篇之间、一篇中的各则之间没有逻辑上的联系。有对话，但对话仅占总篇幅的一小部分，大多都是语录。如“子曰：‘仁远乎哉，我欲仁，斯仁至矣。’”①，只提出论点，并未做进一步展开。其内容或简单应答，点到为止，或启发论辩，侃侃而谈，或生动描述，富于变化，不仅是中国哲学、中国文化的重要载体，而且是古代圣哲儒士明德修身、体道悟道的智慧结晶。语言简短，然言简意赅，含蓄隽永。半部《论语》治天下，甚为古人所推崇，也对后人起到循循善诱、指导人生的功能。该书也可看作古人对以孔子为代表的儒家学派基本思想的高度肯定。

三、《论语》的版本及流传

《论语》的版本。据《汉书·艺文志》记载，有《鲁论》《齐论》和《古论》

① 宋元人注：《四书五经》上册，天津市古籍书店1988年版，第30页。

三种不同的本子。“汉兴，有齐、鲁之说。传齐论者，昌邑中尉王吉、少府宋畸、御史大夫贡禹、尚书令五鹿充宗、胶东庸生，唯王阳名家。传鲁论语者，常山都尉龚奋、长信少府夏侯胜、丞相韦贤、鲁扶卿、前将军萧望之、安昌侯张禹，皆名家。”①《鲁论》内含二十篇，《齐论》多出《问王》《知道》二篇，共二十二篇，《古论》中有两个《子张》，共二十一篇。西汉末安昌侯张禹传《鲁论》，即成《张侯论》；东汉末郑玄为之作注，以《张侯论》为主，同时兼顾《齐论》《古论》，是为今存《论语》之本。

关于《论语》的书可谓汗牛充栋、举不胜举。在汉代，《论语》《孝经》是学者必读书，然后才能学习“五经”，因而出现了不少《论语》的注解本，但基本亡佚。注本所用的著作方法如其他经书一样，有注有疏，有集注、集释，有正义、疏证，有译注等。陈寅恪先生在《论语疏证·序》中言：“夫圣人之言必有为而发，若不取事实以证之，则成无的之矢矣。圣言简奥，若不采意旨相同之语以著之，则为不解之谜矣。”②说明事实为证的重要性和采用意旨相同的言语注疏方能为读者所明。“既广搜群籍，以参证圣言，其文之矛盾疑滞者，若不考订解释，折衷一是，则圣人之言行终不可明矣。”③说明了注经具体的方法以及最终目的。关于《论语》的注本有若干较有影响的本子。如魏何晏的《论语集解》，代表了两汉、三国时期经学家研究《论语》的最高成果；梁皇侃的《论语集解义疏》，囊括了魏晋南北朝时期玄学家对《论语》的疏证；南宋朱熹的《论语集注》，是两宋时期理学家研究成果的全面反映，等等。还有《论语注疏》《论语正义》《论语集释》《论语疏证》等分别代表了不同阶段《论语》注疏不同的注解方法，各有特色。

第二节 《论语集解》

该书由三国魏何晏编撰而成，共二十卷。内含汉魏孔安国、马融、包咸、周氏、郑玄、陈群、王肃、周生烈等家之注。集解，即是汇集诸家对同一部典籍的语言和思想内容的解释。是书首创古籍注释中集解一体，较为集中地保存了《论语》的汉魏古注。《论语注疏解经序》中记载：“今集诸

① 班固撰：《汉书·艺文志》，中华书局2007年版，第329页。
② 杨树达：《论语疏证·陈序》，上海古籍出版社1986年版，第1页。
③ 杨树达：《论语注疏·陈序》，上海古籍出版社1986年版，第1页。

家之善，记其姓名；有不安者，颇为改易，名曰《论语集解》。”①该书编成后，流传广泛，享有很高的权威性，唐代即定为《论语》的标准注解。后收入《十三经注疏》。

一、《论语集解》作者概况

该书由“集解”而成，作者即编者，有两种说法。

其一，据各朝史志记载该书作者皆为何晏。但从《论语集解》序文中看，此书编撰除何晏外，另有孙邕、郑冲、曹羲、荀顗等人。仅记何晏的原因大概一是因为他是这部官修书籍中理事最多、出力最勤之人。据陆德明《经典释文·序录》记载：“何晏集孔安国、包咸、周氏、马融、郑玄、陈群、王肃、周生烈之说，并下己意为集解。”说明他有综合八家注释的可能，所以书中八家注释均“记其姓名”，独何晏自己的解说未记姓名，由此有一说推论，“集解”有可能是何晏定稿，所以才将他人姓名记载得十分仔细，推论中认为何晏也还做过一些甄别选择工作，类似于总纂官一样，故多书仅题何晏为著者。

其二，以《宋史·艺文志》等为代表，认为该书作者为“何晏等”，即非何晏一人。清代丁国钧《补晋书艺文志》一书在《论语集解》后著录作者为“郑冲”，并注曰：“是书冲与孙邕、曹羲、荀顗、何晏等共集”，翁方纲《经义考补正》卷九也著录“何氏郑氏等论语集解”，郑氏即郑冲。《晋书》卷三十三《郑冲传》记载：“冲与孙邕、曹羲、荀顗、何晏共集《论语》诸家训注之善者，记其姓名，因从其义，有不安者辄改易之，名曰《论语集解》。”《十三经注疏》中《论语注疏·序》最后“疏”文：“此五人共上此论语集解也。”“五人”即是“光禄大夫关内侯臣孙邕、光禄大夫臣郑冲、散骑常侍中领军安乡亭侯臣曹羲、侍中臣荀顗、尚书驸马都尉关内侯臣何晏等”。② 此即《论语集解》作者题“何晏”与“何晏等”二种之缘由。

编著《论语集解》的时间，按刘宝楠先生的观点缘于曹方的《论语》讲习时间；刘汝霖《汉晋学术编年》中认为应该是何晏等进上《论语集解》的时间，最晚为正始六年。

二、《论语集解》的编辑特点

《论语集解》的编辑特点可从体例与内容两方面来看。

---

① 何晏集解，邢昺疏、阮元校刻：《论语注疏》，阮刻本，第5页。

② 上海古籍出版社编：《十三经注疏·论语注疏》，上海古籍出版社1997年版，第2456页。

其一，体例上开创了解经的集解体，对后世经部书籍的编辑产生了重大影响。

汉初，《论语》之学已分《齐论》《鲁论》《古论》三者。注家不同，所选经文底本也不同。上述三者，孔安国、马融选用的是《古论》，何晏选择的是《鲁论》，郑玄选择的是三论合校书。底本选好后再作注。集解体便是将各家注释经部之书集合在一起，再加上自己的注解所形成的一种解经注经方式。

何晏集汉魏经学家孔安国、马融、包咸、郑玄、周氏、周生烈、王肃、陈群等八家注解，择各家注释之精华，并非每句都作注，不合者也还略有删减，继承了郑玄注解多重训诂之方法，突破家法、师法在章句训诂上的歧义，集诸家训注之善，成书。该书为汉魏时人训解《论语》之大成之作。

其二，内容上表现出先秦儒学回归倾向明显。

《论语》成书后，出现了许多解经之作，对汉、魏时期学术思想发展产生了重大影响。《论语集解》问世后，曾被一些人当作玄学著作，如清陈澧认为“何注始有元虚之语”，“自是以后，元谈竞起”①，但在分析约一百三十六条注文后发现，所谓玄虚之语，背后其实是《周易》的影响所致，吴承仕言：“自何氏《集解》以讫梁、陈之间，说《论语》者义有多家，大抵承正始之遗风，标玄儒之远致，辞旨华妙，不守故常，不独汉师家法荡无复存，亦与何氏所集者异趣矣。”②看何晏注经风格基本属于汉注重训诂、多字词训解的特色，却也不乏重义理的魏晋新学风。大体而言，《论语集解》是两汉训诂之学向魏晋义理之学的过渡，体现了一种先秦学术回归倾向。

该书部分保存了郑玄《论语注》的内容，更增加了其历史价值与研究意义。东汉郑玄在《张侯论》的基础上，参考《齐论语》《古论语》，新编《论语注》，既带有《鲁论》之旧体，又为三种传本整合后之新论，也是《论语》一书在《张侯论》之后的一次成功而有特色的整理与新编。

第三节 《论语注疏》

《论语注疏》二十卷，魏何晏等集解，宋邢昺疏，又称《论语正义》《论

① 陈澧：《东塾读书记》，清光绪刻本，第20页。

② 陆德明撰，吴承仕疏证：《经典释文序录疏证》，中华书局1984年版，第146页。

语注疏解经》，收入《十三经注疏》。

一、《论语注疏》简介

咸平二年(999年)宋真宗诏令邢昺、杜镐、舒雅、孙奭、李慕清、崔偓佺等校定《周礼》《礼仪》《春秋公羊传》《春秋穀梁传》《孝经》《论语》《尔雅》义疏，邢昺负责的是《论语正义》《孝经正义》《尔雅正义》三部。

《论语正义》删皇疏之文，归向儒学本来之义理，是一部改旧疏而成之书。《论语正义》是对三国魏何晏《论语集解》所作的义疏，是一部解经之书。《论语注疏》虽以南朝梁皇侃《论语义疏》为蓝本，却远胜皇疏，“邢疏出而皇疏废矣”①，并在其后成为《论语》之标准注疏本。皇疏本《集解》中引各家语，多题其姓名，如“孔安国”“马融”等，邢疏本多是“孔曰”“马曰”。皇疏本中也见“周氏”提法，是因为已不知周叫何名，只能以“周氏”而称；有称包咸为“包氏”乃是避何晏之家讳。邢疏以皇疏为本，既有引证认同，也有反驳批评。如《学而第一》“子曰：学而时习之，不亦乐乎”一段，肯定“皇氏以为凡学有三时”②；“其为人也孝弟”一段，疏文“皇氏、熊氏以为上谓君亲，犯谓犯颜谏争。今案注云上谓凡在己上者。则皇氏、熊氏违背注意，其义恐非也”③，此为批评也。邢疏更多的则是在皇疏的基础上做删节，或袭用皇疏。后者成为它参考的重要依据。

邢昺，生于公元932年，卒于公元1010年。字叔明，曹州济阴人。太平兴国初年，宋太宗于廷试日嘉其精博，擢九经及第。官至礼部尚书，其事迹记载于宋史本。

二、《论语注疏》的编辑结构与特点

《论语注疏》的编辑结构如下。

第一，前序后正文，结构完整。《论语注疏解经序》位于正文之前。序首疏文：“正义曰案《汉书·艺文志》云：‘论语者，孔子应答弟子时人及弟子相与言而接闻于夫子之语也，当时弟子各有所记，夫子既卒，门人相与辑而论纂，故谓之论语。’然则夫子既终，微言已绝，弟子恐离居已后各生异见，而圣言永灭，故相与论撰，因采时贤及古明王之语合成一法

---

① 皇侃义疏，何晏集解：《皇侃论语义疏新刻序》，见《丛书集成初编》中华书局1985年版，第2页。

② 何晏集解，陆明德音译，邢昺疏：《论语注疏》，《四库全书》本，第19页。

③ 何晏集解，陆明德音译，邢昺疏：《论语注疏》，《四库全书》本，第21页。

谓之论语也。”①说明了《论语》一书的由来，也可从中知晓该书编辑方式为语录体。序文对《论语》鲁论、齐论、古文论不同版本做了陈述，疏文多以“正义曰”解释。

第二，分别解释经文和注文解。依照《论语》二十章原文，注疏也为二十卷。每章注疏后专列“校勘记”，遵循“疏不破注”的原则，非征引多家注文采取通儒解释证明之方式，而是依据注文衍释经义，注文为标准，去其枝蔓，不采杂说。若与皇疏本《论语义疏》相比，取他人资料略少，引他家之说方法也不足。其结构与特色主要在名物训诂方面，解释名物言必有据，引书为证，并务求详尽。因为其产生了较大而持久的影响被《十三经注疏》收入。

如《学而第一》“子曰：道千乘之国，敬事而信，节用而爱人，使民以时”一段，先用“马曰”解释何谓“道”，何谓“千乘”，“马”乃“马融注也”；后用“包曰”，即包咸注解释何谓“敬事”、何谓“节用”、何谓“使民”；“疏”的部分，大量征引《司马法》《周礼》《礼记》《诗经》等，大量篇幅，洋洋数千言，一气呵成。

该书注重阐发儒学义理。如《颜渊第十二》首列“疏”文：“正义曰：此篇论仁政，明达君臣父子，辨惑折狱君子，文为皆圣贤之格言，仕进之阶路，故次先进也”②，其后以“子曰”“马曰”“孔曰”“包曰”等解释了“克己复礼”与“仁”“政”“为仁之道”的关系。“子曰：克己复礼为仁者，克，约也，己，身也。复反也？言能约身反礼则为仁矣，一日克己复礼天下归仁焉者，言人君若能一日行克己复礼，则天下皆归此仁德之君也。一日犹见归况，终身行仁乎？为人由己而由人乎哉者，言行善由己岂由他人乎哉，言不在人也。颜渊曰：请问其目者渊意知其为仁必有条目，故请问之，子曰：非礼勿视，非礼勿听，非礼勿言，非礼勿动者，此四者克己复礼之目也。”③通过注疏将“克己复礼”解释得十分清楚，也是对儒家学说的进一步阐发。

第四节 《论语集解义疏》

《论语集解义疏》为南朝梁皇侃编撰，共十卷。皇侃于公元 488 年出

① 何晏集解，陆明德音译，邢昺疏：《论语注疏》，《四库全书》本，第 10 页。
② 何晏集解，陆明德音译，邢昺疏：《论语注疏》，《四库全书》本，第 218 页。
③ 何晏集解，陆明德音译，邢昺疏：《论语注疏》，《四库全书》本，第 218~219 页。

生，公元545年去世。南朝梁经学家。出身儒门世家，少好学，熟悉儒家经典，于“三礼”《孝经》《论语》最为精通。曾任国子助教，听讲者常数百人。官拜员外散骑侍郎。著有《丧服文句义疏》《礼记讲疏》《礼记义疏》《孝经义疏》《论语集解义疏》等。但仅后者得以保存于世，其余皆佚。

《论语集解义疏》是南学的主要经注之一。皇侃在何晏《论语集解》的基础上，兼采老庄玄学阐发经义所作的义疏，世简称《论语义疏》。该书在梁武帝年间完成，曾受到朝廷及经学家的广泛重视，但邢疏出版后，因为其繁琐内容受到冷落，地位下降，南宋时不幸亡佚，后在日本发现有本子流传，至清乾隆年间回归。它是最早的一部用义疏体解释《论语》的著作，也是现在古代经典中用义疏体解经的代表作。

今所见《论语集解义疏》出自《丛书集成初编》，源自《知不足斋丛书》及《古经解汇函古逸丛书》，古逸本仅有《集解》，知不足斋本并有《义疏》，古经本源出知不足斋本，是据知不足斋本排印的，《知不足斋丛书》则是日本根本逊志本的翻版。根本逊志本最大的贡献是扩大了皇疏的影响力，但根据明本邢疏刊本格式重排了皇疏经、注、疏的体式；且在校订时师心自用，时有以邢疏或《经典释文》更改经注、随意删除疏文，此为憾事。四库馆臣对“知不足斋丛书”本做了许多修正。

一、《论语集解义疏》的编辑结构

该书结构主要说明其序文、正文二者的编辑结构。

1. 序文部分

列于正文之前，有《论语义疏序》《论语集解义疏叙》《皇侃论语义疏新刻序》。

皇侃作《论语义疏序》。序中介绍了《论语》一书的来历及编辑目的，“上以尊仰圣师，下则垂轨万代，既方为世典，不可无名，然名书之法，必据体以立称”①，后举例曰：“以孝为体者，则谓之孝经，以庄敬为体者，则谓之为礼记，然此书之体，适会多途，皆夫子平生应机作，教事无常准。或与时君抗厉，或共弟子抑扬，或自显示物，或混迹斋。凡问同答异，言近意深。诗书互错综，典诰相纷纭。义既不定于一方，名故难求乎诸类，因题论语两字以为此书之名也。”②此后，就《论语》的“论”字作了四种分析，主要说明了“论”字或“妙通深远，非论不畅”，或“意含妙理，

① 魏何晏集解，皇侃义疏：《论语集解义疏》，清乾隆五十二年武英殿刻本，第1页。
② 魏何晏集解，皇侃义疏：《论语集解义疏》，清乾隆五十二年武英殿刻本，第1~2页。

经纶今古”，“依字则证事立文，取音则据理为义，义文两立，理事双该”①，并就应是“语论”还是“论语”进行了分析，对《齐论》《鲁论》《古论》差异点做了陈述。最后，列出了江熙字大和所集十三家，“侃今之讲，先通何《集》，若江《集》中诸人有可采者，亦附而申之，其又别有通儒解释，于何《集》无好者，亦引取为说，以示广闻也”②。其后附有何晏撰、皇侃义疏的《论语集解义疏叙》。叙文为单行大字，疏文为双行小字。最后一段叙文：“光禄大夫关内侯臣孙邕、光禄大夫臣郑冲、散骑常侍中领军安乡亭侯臣曹羲、侍中臣荀顗、尚书驸马都尉关内侯臣何晏等上”，疏文：“此记孙邕等四人，同于何晏共上此集解之论也”③，说明非何晏一人所为。

《四库全书总目》曰：“案《奏进序》称‘集诸家之善，记其姓名’；侃疏亦曰：‘何《集注》皆呼人名，惟包独言氏者。包名咸，何家讳咸，故不言也。’与序文合。知今本为后来刊版之省文，然周氏与周生烈遂不可分，殊不如皇本之有别。”④此段文字所说“奏进序”乃何晏《奏进〈论语集解〉序》，皇侃认为，何晏《集注》所引各家之注皆题其姓名，如“孔安国”“马融”等，只是包氏不同，直言包氏。包氏名包咸，因避何家讳，故不称包咸而言包氏。这与序文的记载是一致的。皇侃《论语集解义疏》本也是如此称“包氏”“周氏”，周氏已失其名，本就是题“周氏”，与周生烈却难以区分，不如还是区分来得好。

正文前还有“《皇侃论语义疏新刻序》附存日本元文”一篇，当为从日本购回后，知不足斋新刻本时作序。

2. 正文部分

正文部分分大小字体，经文为大字、单行，注文和疏文用小字、双行。先逐句阐释经文，集多家注文解经，务求含义详尽，然后以疏文解注文。如果阐释经文时已将注文含义疏解清楚便不再解释注文。经文、集解、疏文几部分区别很清楚。集解多冠“注”，因采他人以“马融曰”“苞氏曰”“孔安国曰”等方式标注征引，少发挥。义疏文多在“疏”字下双排，多阐释，甚至长篇大论，洋洋洒洒数千字。

如“论语学而第一”，疏文从“论语是此书总名”开始，讲到“学”“而”“第”“一”诸字诸意。后下分“子曰，学而时习之，不亦悦乎”“有朋自远

① 魏何晏集解，皇侃义疏：《论语集解义疏》，清乾隆五十二年武英殿刻本，第3页。
② 魏何晏集解，皇侃义疏：《论语集解义疏》，清乾隆五十二年武英殿刻本，第6页。
③ 魏何晏集解，皇侃义疏：《论语集解义疏》，清乾隆五十二年武英殿刻本，第9页。
④ 《四部备要书目提要》，[民国]中华书局铅印本，第22页。

方来不亦乐处”“人不知而不愠，不亦君子乎”三段作注，合起来作疏。如“人不知而不愠，不亦君子乎”一句，注文仅对“愠”作出了解释：“愠，怒也，凡人有所不知，君子不愠之也”。① 疏文从“子曰，学而时习之”一段开始，解释了何谓“子”，为何“子曰为首”，又为何“子曰通冠一书”等，直至三段解释完毕。“子者，指于孔子也，子是有德之称，古者称师为子也。”“孔子开口谈说之语，故称子曰为首也。”“然此一书或是弟子之言，或有时俗之语，虽非悉孔子之语而当时皆被孔子印可也。必被印可，乃得预录，故称子曰通冠一书也。”②

二、《论语集解义疏》的编辑特色

广征博引，遍采群说，保存了汉魏至齐梁间众多注家资料。《论语义疏叙》记载：“侃今之讲，先通何《集》，若江《集》中诸人有可采者，亦附而申之。其又别有通儒解释，于何《集》无好者，亦引取为说，以示广闻也。”③所谓“广闻”，乃可理解为资料来源广泛之意。“江《集》”指的是东晋人江熙所作的《集解论语》。“集解”二字之义自然是汇集、收集多方资料予以解经。比较而言，江熙《集解论语》收录有两晋十三家经注，加上江熙本人之解，共十四家。皇侃《论语集解义疏》除征引江集诸家之外，又增加了二十八家。汇集如此，一是说明汉魏以来注经解经风气之盛，二是说明皇侃收集广泛之功。

何晏注多以《易传》之言。如《公冶长篇第五》载“子贡曰：‘夫子之文章，可得而闻也；夫子之言性与天道，不可得而闻也。’”何晏注：“性者，人所受以生也。天道者，元亨日新之道，深微故不可得而闻也。”④注文中“元亨”“日新”诸词即是《周易》常见之语。如《周易·系辞上》就有“富有之谓大业，日新之谓盛德”⑤记载。

再如《季氏篇第十六》载“孔子曰：‘君子有三畏：畏天命，畏大人，畏圣人之言。小人不知天命而不畏也，狎大人，侮圣人之言。’”何晏注“大人”一词曰：“顺吉逆凶，天之命也。大人即圣人，与天地合其德者也，深远不可易，则圣人之言也。”⑥实取自《周易·乾·文言》“夫大人

① 魏何晏集解，皇侃义疏：《论语集解义疏》，清乾隆五十二年武英殿刻本，第10页。
② 魏何晏集解，皇侃义疏：《论语集解义疏》，清乾隆五十二年武英殿刻本，第10页。
③ 魏何晏集解，皇侃义疏：《论语集解义疏》，清乾隆五十二年武英殿刻本，第6页。
④ 韩愈、李翔、郑评：《论语笔解》，清嘉庆南汇吴氏听彝堂刊艺海珠尘本，第14页。
⑤ 冯经：《周易略解》，清道光三十年刻岭南遗书本，第188页。
⑥ 魏何晏集解，皇侃义疏：《论语集解义疏》，清乾隆五十二年武英殿刻本，第311页。

者，与天地合其德，与日月合其明，与四时合其序，与鬼神合其吉凶”①之语。

三、《论语集解义疏》的流传

皇侃的《论语义疏》在《梁书》中记载名为《论语义》，在《隋书·经籍志》中记为《论语义疏》，在陆德明的《经典释文》称为《义疏》，及至《旧唐书》《新唐书》中都有著录，说明五代、唐时期《论语义疏》十分流行，隋代还漂洋过海流传到了日本，扩大了其影响范围。及至北宋初年，它都是研究《论语》的重要资料来源。但北宋中后期，邢昺的《论语正义》被定为官方标准教材后，它开始受到冷落。虽然在《崇文总目》《中兴馆阁书目》《国史艺文志》《郡斋读书志》《遂初堂书目》等南宋官方、私人书目著录中仍可找到，但陈振孙的《直斋书录解题》中没有了记载，此后，元、明、清文献目录中都找不到著录。如朱彝尊《经义考》著录其为“未见”一样。清朝学者最早得知皇疏在日本有传本是乾隆二十六年(1761 年)，十年后，武林汪鹏在日本买回了该书，并献给了浙江遗书局，这才同其他经书一样收入了四库馆。乾隆五十二年，又依据文渊阁本校刻，始有武英殿刻本传世。日本原刻本进献四库馆时，经鲍廷博校正，翻刻了一部，卷首刻有“义疏序”“集解叙”，“日本根本逊校正”改为“临汾王亶望重刊”，成为知不足斋初刻本。再版时，因故删削“王亶望”之名，将原卷首三行改为“魏何晏集解梁皇侃义疏”二行，并收入“知不足斋丛书”，在鲍氏邀请下，好友卢文绍为之作序，道光年间多次再版影印，终成为流传最广、影响最大的版本。

第五节 《论语正义》

自汉至清，经学在学术发展中占有的地位越来越重要。清代是经学发展的最后一个阶段。清代经学家在经书文字的解释和名物制度的考证上，取得了超越以前各代的重要成果。清代经学著作众多，体裁各异，且有很多是参考了前人研究的成果再整理编辑完成的作品。从中既可了解前人研究状态，又可发现清人进步之处。刘宝楠的《论语正义》就是这样一部作品。因为它是对何晏《论语集解》所作的注释，从中既可了解何晏集解的

---

① 郑玄:《周易郑注》，湖海楼丛书本，第 84 页。

特点，也可了解它对前人注疏错误的匡正。该书承袭乾嘉学风，言必有据，论必有证，但由此而带来的繁琐不堪之不足也十分明显，使人读而生畏，影响了效果。个别之处注释过于牵强也在所难免，如《雍也篇》"子见南子，子路不说"的解释等。

一、《论语正义》编辑概况

刘宝楠，字楚桢，号念楼，江苏宝应人。生于1791年，卒于1855年，乾隆五十一年举人，国子监典簿，著有《秋槎札记》。道光二十年成进士，曾任直隶文安知县。

刘恭冕，字叔俛，号勉斋，刘宝楠次子，江苏宝应人，生于道光元年，卒于光绪十年，年六十九。清光绪五年举人。守望家学，通经训，曾在湖北经心书院作主讲，敦品饬行，崇尚朴学。幼习《毛诗》，晚年治《公羊春秋》，著有《论语正义补》《何休论语注训述》《广经室文钞》等文。

刘宝楠五岁丧父，受母亲教育成人，从小汉学精深，以学行闻乡里。初治毛《诗》郑《礼》，后与同乡刘文淇、梅植之、包慎言、柳兴恩、陈立相约各治一经，刘宝楠专治《论语》。《清史稿·刘宝楠传》称其"病皇、邢《疏》芜陋，乃搜辑汉儒旧说，益以宋人长义及近世诸家"，仿照焦循《孟子正义》，"先为长编，次乃荟萃而折衷之"，[①] 撰著《论语正义》。后因官事繁忙，未能完成，交由其子刘恭冕续编成书，"盖知此书之将成而不及见矣"[②]。因此，这部书是父子二人接续完成的，共二十四卷。本书的刻本从卷一至卷十七，卷题下都署"宝应刘宝楠学"，卷十八至卷二十四，则署"恭冕述"，表明前十七卷是刘宝楠自己撰写的，后七卷是他的儿子刘恭冕在长编的基础上续编的。

二、《论语正义》的体例结构

从该书凡例大致可知其体例。

①正文部分为经文加注文的形式，基本以邢昺《论语注疏》为本，只有《泰伯篇》曰"予有乱臣十人"，据《唐石经》删"臣"字。《正义》中说："诸文与《论语》古本无'臣'字，故《论语释文》云：'予有乱十人，本或作"乱臣十人"，非。'"皇本虽有"臣"字，然《疏》云："乱，理也。我有共理天下者，共十人也。"看来本无"臣"字。《唐石经》于《尚书》《论语》及《左

---

① 赵尔巽：《清史稿》，清史馆1928年铅印本，第7007页。

② 刘宝楠撰，高流水点校：《论语正义》下，中华书局1990年版，第798页。

传》凡四见，皆无“臣”字。“据石经，是东晋古文亦无‘臣’字。”[①]除此之外，其他文字与《论语注疏》无异。如汉、唐、宋石经及皇《疏》、陆德明《释文》所载各本，均列于《疏》。山井鼎《考文》所引古本，多与皇本同。高丽、足利本与古本有不同之处均标出。有一些特别之文可以详见于《考文》及阮元《论语校勘记》、冯登府《论语异文疏证》，因为邢《疏》所引较少。如果注文有错处，多从皇本及后人校改。皇本所载注文，视邢本甚繁，除非特别重要典籍，多简略。

②郑《注》采用《集解》多用魏、晋时的记录，而郑君遗《注》，悉载《疏》内。引申经文，实事求是，而不仅取一家。《注》书中已有的，依《注》来解释；《注》中没有的，依经补《疏》；如有异误，则先解释经文，次及注义。若有多种解说，而文义也恰合，则一并录之，以正注疏家曾有过失。

③郑《注》因时间久远难免出现佚文，在惠栋、陈鳣、臧镛、宋翔凤辑本中，于《集解》外也多征引，虽拾残补阙，非其本真，但除此之外无可依据。也有与原引某书某卷及字句不一致之处。

④古人引书多未查验原书原文，多有增减。该书将翟灏《四书考异》、冯登府《论语异文疏证》，以及史籍，汉、唐、宋人传注，各经说、文集等，凡引用《论语》有不同者也一并列入，博稽同异，辨证得失。

⑤汉、唐以来，引孔子之说多用诸贤语、诸贤说来表达。有的说是孔子语，却并未查原文，多以意征引。在翟灏《考异》中有详细记载，故该书不再涉及。

⑥汉时书籍留存不多，如存有解说本书多是详载，而皇氏《疏》、陆氏《音义》所载魏、晋人以后各说，见仁见智，精驳互见，未全部备引。唐、宋后著述越来越多，便择优而取。

⑦诸儒经说，有各种观点，采其善而不记其名有掠美之嫌；若备引其说，同时加以一些驳难，也会有些不直接，故《论语正义》舍短从长，均取其节，如只概括要领，便标注为某某说。

⑧该书引诸儒说皆举所引之书名，若习闻其语，未知所出何书，则记其姓名。

《论语正义》一书的结构分以下部分。

①卷一至卷二十三：《论语》原文及对原文的注解“正义”。非完整照

---

① 刘宝楠撰，高流水点校：《论语正义》上，中华书局1990年版，第310页。

录原文，而是每段每节需要注解之处用注释分开，注释完毕再行原文，再注解，如此循环。注解是采录诸家集解对原文进行注释。构成“正义”主体。需要注释之处引多家疏文说明。因《八佾篇第三》用了二卷正义（卷三、卷四），《乡党篇第十》用了三卷正义（卷十一、卷十二、卷十三），故原文二十篇，《论语正义》共二十三卷。

②卷二十四：何晏《论语序》及注释。

③附录。（《郑玄论语序逸文》）宋翔凤辑。《郑玄论语序逸文》不长，但《论语正义》引诸文作说明。如对《论语》的作者，逸文首即说“仲弓、子游、子夏等撰”。正义采《论语音义·叙录》说：“‘仲弓、子夏等所撰定’，不及子游”，即《音义》对论语作者没有提子游。随后，引《汉书·艺文志》、郑樵《通志·艺文略》等多部古籍文献，推论论语的作者与论语一书究竟是什么内容。作者认为《论衡·正说篇》“似《论语》之名为安国所题”是“误说也”，后明确翟灏《考异》所说，《论语》名见《礼坊记》及《家语弟子解》，《家语弟子解》不可信，《礼坊记》可信也，“盖自孔氏门人相论纂毕，随题之为《论语》矣”①。

附录后还考证了“书以八寸策”之简短及“谦”之又“谦”的缘故。

④后叙。恭冕于同治五年作。说明《论语》一书“作之者非一人，成之者非一时”，映证了《论语正义》正文观点。后说明刘宝楠与诸位先生“各治一经，加以疏证”，作此书之缘由及方法，以及“不为专己之学，亦不欲分汉、宋门户之见，凡以发挥圣道，证明典礼，期于实事求是而已”②的宗旨。

三、《论语正义》的编撰特点

《论语正义》以三国魏何晏《论语集解》为主，兼采各家，特别汇集了清代诸家之注释，考证《论语》的资料，注重文字训诂、史实考订和经义阐述。它有几个显著特点。

①指正谬误，兼采善说。该书充分吸取了前人、特别是清朝诸家《论语》注释考证的成果。皇《疏》、邢《疏》和朱熹的《集注》虽然在《论语》注疏类书中影响较大，但也存在不少谬误，如各时代哲学思潮对它们的影响。刘宝楠在做了充分辨证的基础上，指正谬误，兼采善说。对其他诸家

① 刘宝楠撰，高流水点校：《论语正义》下，中华书局1990年版，第793页。
② 刘宝楠：《论语正义》，民国间四部备要本，第391页。

好的注解也时有甄采。特别是对清人的注解考证，更是博采众长，详加采录。① 考证文献量大成为它超过前人注解的主要标志。

②注重文字训诂、史实考订和阐发经义。《论语正义》秉承乾嘉学风，对古代的名物典章制度、风俗礼节、历史事件以及人名、地名考证非常详备。对前人的注解，作者多作评判；对拿不定主意的地方往往兼收并蓄，留待读者自己鉴别。

如书中《为政篇》“举直错诸枉”的“错”字，作者先引唐陆德明《经典释文》：“错，郑本作措。”又引汉《费凤碑》“举直措枉”为证，再引《说文》云：“措，置也。”②据此肯定“措”为正字，“错”为假借字。这样的训解在书中时常可见，较为确切。

又如《公冶长篇》“愿车马衣轻裘”的“轻”字，刘宝楠考证：“皇、邢各本‘衣’下有‘轻’字。阮氏元《校勘记》：‘《唐石经》“轻”字旁注。案：石经初刻本无“轻”字。“车马衣裘”，见《管子小匡》及《齐语》，是子路本用成语，后人涉《雍也篇》“衣轻裘”而误衍“轻”字。’”刘宝楠认为，唐以前的本子没有“轻”字，是宋人依《雍也篇》“衣轻裘”误加，并引子路故事古本无“轻”字一证、《经典释文》陆本无“轻”字二证、邢《疏》邢本无“轻”字三证、皇《疏》皇本亦无“轻”字四证，分别证明，有理有据，有说服力。

再如《学而篇》“子曰：‘道千乘之国，敬事而信，节用而爱人，使民以时’”一段关于“千乘之国”的理解，马融曰：“道谓为之政教。司马法：‘六尺为步，步百为亩，亩百为夫，夫三为屋，屋三为井，井十为通，通十为成，成出革车一乘。’然则千乘之赋，其地千成，居地方三百一十六里有畸。唯公侯之封，乃能容之。虽大国之赋，亦不是过焉。”马依据《周礼》，认为千乘之国地方三百一十六里有畸。而包咸曰：“道，治也。千乘之国者，百里之国也。古者井田，方里为井，十井为乘，百里之国，适千乘也。”③他依据的《王制》和《孟子》，认为“千乘之国”就是百里之国。何晏并存二说。《论语正义》征引了大量先秦古籍和前人的考证，如《说文》、《三苍》、《左传》、杜注、《仪礼·聘礼注》、赵岐《孟子·梁惠王篇

---

① 其采用的主要本子有刘台拱的《论语骈枝》、刘宝树的《经义说略》、方观旭的《论语偶记》、钱坫的《论语后录》、包慎言的《论语温故录》、焦循的《论语补疏》、刘逢禄的《论语述何》、宋翔凤的《论语发微》、戴望的《论语注》、毛奇龄的《论语稽求篇》和《四书賸(下为贝)言》、凌曙的《四书典故檄(上“西”下不要“木”)》、周柄中的《四书贼辩证》、陈鳣的《论语古训》、刘培(上羽下军)的《四书拾义》，翟灏的《四书考异》、江永的《乡党图考》、黄式三的《论语后案》等。

② 刘宝楠撰，高流水点校：《论语正义》上，中华书局 1990 年版，第 64 页。

③ 刘宝楠撰，高流水点校：《论语正义》上，中华书局 1990 年版，第 11~12 页。

注》等，证明包咸的说法较为可靠，从而解决了何晏遗留下来的疑难问题。

还有对《子罕篇》“子畏于匡”中“匡”的考证，《雍也篇》汶水、武城的考证，作者都详细列了前人的几种不同说法，进行比较分析，然后采纳了较为合理的解释。这也是《论语正义》的注解比其他旧注较为精当的地方。

③不仅保留了汉魏古注，而且对这些古注做了详细疏解，丰富了《论语》的注释内容。对宋翔凤辑的《郑玄论语序逸》文和何晏的《论语序》也做了详细疏证，从中可以看出《论语》一书的历史演变过程。

第六节 《论语集释》

一、《论语集释》编撰概况

程树德先生1877年生，1944年去世，清朝末年进士，曾公费留学日本学习法律，回国后，长期担任北京大学教授、清华大学兼职教授。少年有志，熟读经史，博览群书，中年致力于教学科研工作，晚年潜心学术研究，一生著述四百余万字。“七七事变”后，身患舌强痿痹之疾，足不能行，口不能言，生活困窘不堪，仍顽强著述，终完成其最后的作品——四十卷的《论语集释》。

程氏的《论语集释》力将名儒著述训诂义理荟萃贯通，本着“述而不作”的原则，将宋以后诸家之说分类采辑。在学术上不分宗派，并将自己的心得并作按语一类，供他人学术研究。

该书所引书目六百八十种，一百四十万字。所有书目皆一一列表备查。未见原书者，注明出处。有引自某书而某书实在找不见者。则仍以原书著录，方便检索。对于六朝已佚古籍，或虽为近人著作而罕见之本，则仿《四库全书总目》，别为简明提要附后。

《论语集释》采录标准：

①所采录之书，以收入《四库全书总目》著录及列入正、续《皇清经解》中者为标准。《四库全书总目》未收以及宋儒代表性著述未收入《皇清经解》者，择其纯正且有研究心得者采录。

②如果“专为举业而设”，类似高头讲章如《四书本义汇参》，及一切庸恶陋劣如《四书大全》之类，概不采录。

③有些语录仿照禅宗，而出家人不读书，多是俚俗之语。程氏认为，

宋代儒学与禅宗几近相似，也表现在形式上，“殊为无取”。全书除朱熹《或问》及《语类》外。其他语录中即使有关于《论语》的研究，也因为其俚俗语言，概不采录。

④宋以后诸儒往往在札记中考据《论语》，如《困学纪闻》《日知录》《十驾斋养新录》之类，约数十种，其中不乏可采之处，虽非专著，也得以归属兼采之列。

⑤凡意气诟争之语、门户标榜之词，概不采录。如清初戴东原、毛西河诸家攻击朱注考证之失，程氏认为，于考证之事朱子并非力不能为也，主要是当时的风气不尚考证所致。以古人不经意之事而诋毁、攻击，没有意义。虽然朱子人品贤德，但其书也还是有过失的。《论语集释》力矫此弊。《论语集释》凡是攻击朱子之语按例不采录，但也有例外。

⑥末流狂禅牵强附会之语概不采录。

⑦是非淆乱、靡所折衷，或以己私见，疑圣诬圣者，概不采录。

《论语集释》采录至清代止，凡现代名人著述，除非纯粹解经，其他中西融合、新旧融会的作品，有是非淆乱、靡所折衷、参与私见的，虽有佳篇，也不采录。作者认为补遗之责，留给后人。

二、《论语集释》的内容结构

《论语集释》搜集了自汉到清各种关于《论语》的书籍史料，资料宏富，训诂详明，考证充分，是《论语》注释的集大成。如同书名，汇集各家，形成“集释”，名副其实。每一段下分考异、音读、考证、集解、唐以前古注、集注、别解、余论、发明、按语十类。但此十类在各章中并非统一具备，时常会出现一些缺项，如《学而上》“子曰：‘学而时习之，不亦说乎？’”①一段，没有音读、别解。“有子曰：‘其为人也孝弟，而好犯上者，鲜矣；不好犯上，而好作乱者，未之有也’”②一段，有考异、音读、考证、集解、唐以前古注、集注和按语七类，别解、余论、发明三者无。

①考异。经文有与《石经》及皇本或他书所引不同者，日本、高丽版文字有异者，均列入此类。其材料以阮元《论语校勘记》、翟灏《四书考异》、日本山井鼎《七经考文》、叶德辉《天文本论语校勘记》等为主。如《学而下》“子禽问于子贡曰：‘夫子至于是邦也，必闻其政。求之与？抑与之与？’”一段“考异”：“《汉石经》凡‘子贡’皆作‘子赣’。”又注“《释

① 程树德撰，程俊英、蒋见元点校：《论语集释》上，中华书局2013年版，第1页。
② 程树德撰，程俊英、蒋见元点校：《论语集释》上，中华书局2013年版，第11页。

文》：‘贡’，本亦作‘赣’，音同。《左氏》哀公十五年《传》《礼记乐记》《祭义》‘子贡’字俱作‘赣’”①……此类考之字异词异，多字少字。

②音读。主要区别字音读法及句读不同者。其材料以陆德明《经典释文》、武亿《经读考异》为主。如《为政上》“七十而从心所欲，不逾矩”一段，“皇《疏》读‘从’为‘纵’”②。

③考证。人名、地名、器物、度数等考证内容之外，将《大戴礼记》《说苑》《新序》《春秋繁露》《韩诗外传》《中论》《论衡》诸书中凡涉及《论语》之解释者，作为汉儒旧说，一并考证。如“子曰：‘温故而知新，可以为师矣’”一段，考证多为解释。“黄氏《后案》：温，燂温也。故，古也，已然之迹也。新，今也，当时之事也。趣时者厌古，而必燂温之。泥古者薄今，而必审知之。知古知今，乃不愧为师……”③

④集解。邢昺《论语注疏》中有可采用者亦作集解。如“子曰：‘攻乎异端，斯害也已’”一段集解：“攻，治也。善道有统，故殊途而同归。异端，不同归者也。”④因仅参照一书，此类大多较为简短。

⑤唐以前古注。此类包含最广，上自汉末，下至唐代，其中南北朝诸家著述在《北堂书钞》《太平御览》《艺文类聚》中所引者备列无遗。其材料以皇侃的《义疏》、马国翰的《玉函山房辑佚书》为主，共搜集三十八家⑤。

⑥集注。因文字稍繁，采择以内注为限，外注如特别精彩者始行列入。但其中贬抑圣门、标榜门户者，因有后人之辩论，不能不列入原文，可分别观之。如《述而下》“子曰：‘三人行，必有我师焉；择其善者而从之，其不善者而改之’”一段“集注”十分简洁：“三人同行，其一我也。彼二人者一善一恶，则我从其善而改其恶焉，是二人者皆我师也。”⑥

⑦别解。集解、集注之外，对新颖之说，作别解。不止一说者，则分

① 程树德撰，程俊英、蒋见元点校：《论语集释》上，中华书局2013年版，第45页。

② 程树德撰，程俊英、蒋见元点校：《论语集释》上，中华书局2013年版，第89页。

③ 程树德撰，程俊英、蒋见元点校：《论语集释》上，中华书局2013年版，第109页。

④ 程树德撰，程俊英、蒋见元点校：《论语集释》上，中华书局2013年版，第123页。

⑤ 刘歆《论语注》、包咸《论语章句》、郑玄《论语注》、王朗《论语说》、王弼《论语释疑》、卫瓘《论语集注》、缪播《论语旨序》、缪协《论语说》、郭象《论语体略》、栾肇《论语释疑》、虞喜《论语赞注》、庚翼《论语释》、李充《论语集注》、范宁《论语注》、孙绰《论语集注》、梁觊《论语注》、袁乔《论语注》、江熙《论语集解》、殷仲堪《论语解》、张凭《论语注》、蔡谟《论语注》、颜延之《论语说》、释惠琳《论语说》、沈驎士《论语训注》、顾欢《论语注》、梁武帝《论语注》、太史叔明《论语注》、褚仲都《论语义疏》、皇侃《论语义疏》、沈峭《论语注》、熊埋《论语说》、季彪《论语注》、陆特进《论语注》、颖子岩《论语注》、李巡《论语注》、张封溪《论语注》《论语隐义注》、韩李《论语笔解》。

⑥ 程树德撰，程俊英、蒋见元点校：《论语集释》上，中华书局2013年版，第558页。

一、二、三、四以区别。如上一例“别解”：“《论语后录》：子产曰：‘其所善者，吾则行之；其所恶者，吾则改之；是吾师也。’此云善不善当作是解，非谓三人中有善不善也。”①多样别解的如“子曰：‘攻乎异端，斯害也已’”一段，有别解一、二、三、四。“别解”越多，说明该段多人多书阐释，说法多样，理解不一，各有新意。

⑧余论。清初汉学家立论与宋时儒学并非一致，有相互矛盾之处，择其言论纯正、无门户偏见者入此类。宋朝以后诸家注释可补《集注》未收入而又不属于考证者，也附此类。该类可以较为鲜明地反映编辑观点，因为“言论纯正、无门户偏见者”方能入类的标准，即是程氏标准。此类亦可反映程氏对舍本逐末的反感与“徇人失己者”“废然知返”的期待。

⑨发明。宋学中陆王学派多以禅学解释经籍，其中不少有独到见解。即使程朱学派也有一些需要探求精确之处。从通经致用的目的出发，孔子言论固然可作为修己处世、齐家治国之纲领，但可重复的较多，贯通说明之书太少。因而该书将后人研究《论语》有新意、有发明的原理、原则单独设一类。如《里仁上》“子曰：‘朝闻道，夕死可矣’”一段，“发明”中首先记了《日知录》里一句话：“吾见其进也，未见其止也。有一日未死之身，则有一日未闻之道。”当是程氏认为该句话较“朝闻道，夕死可矣”别有新意，便记录了《岭云轩琐记》杜子光临终从容交待弟子之往事。“杜子光先生惟熙传姚江学派，造诣深粹。年八十余，小疾，语诸友曰：‘明晨当来别。’及期，焚香端坐，曰：‘诸君看我如是而来，如是而去，可用得意见安排否？’遂瞑。”程氏发感慨道：“王门之学，能入悟境者曾无几人。”一悟则其临终从容若此，颇得“朝闻道，夕死可矣”之意。其后，还将“世间所有者皆身外之物，而身又性外之物”与“朝闻道夕可死”之间、老子“死而不亡”理论、出家人“涅槃灭度”观进行了相较阐释，认为“皆死其身而存其性也。否则要此朝夕间一了然何益？”最后，借他人之口辩证地解释了“长生”与“死亡”的关系，“朝闻道，夕死可矣，是长生也”，且“长生不着落形体上”②。该“发明”类处理得当，层层递进，别有新意，是《论语》“朝闻道，夕死可矣”的实践版。

⑩按语。有两种情况：一是凡《集解》《集注》，别解诸说不同，必定有所弃取，别为“按”语附后；另一种情况是自“考异”以下间有所见者，

① 程树德撰，程俊英、蒋见元点校：《论语集释》上，中华书局2013年版，第558页。

② 程树德撰，程俊英、蒋见元点校：《论语集释》上，中华书局2013年版，第284～285页。

亦作“按”语。全文来看，“按”多是程氏有感而发之语。如《先进上》“颜渊死，颜路请子之车以为之椁”一段，“考证”后附有“按：此解发前人未发，确不可易”①。类似的还有“恐非”②“似可从”③等。

从结构上说，《论语集释》以时代先后顺序排列各朝注解。先列“集解”，与推崇汉学有关，次列“集注”，这是宋学的核心所在，中间增加“唐以前古注”一类，搜集汉魏六朝及唐代《论语》著述，只字片言都不遗漏，几近亡佚之书得以保存。近人著述中的罕见版本或篇幅不多、部头不大的关于《论语》卷帙，担心日久失传，也都全部收入，符合该书编撰宗旨。

三、《论语集释》的编辑思想

该书的编撰缘由、方法以及宗旨通过作者自序得以充分明了。自序中作者说道：“夫文化者国家之生命，思想者人民之倾向，教育者立国之根本，凡爱其国者，未有不爱其国之文化。思想之鹄，教育之程，皆以是为准。反之，而毁灭其文化，移易其思想，变更其教育，则必不利于其国者也。”作者认为，文化是国家之生命，思想是人民之意识倾向，教育是立国之根本。爱国之人一定爱这个国家的文化。思想意识引导与教育的目的当在于此。如果不是这样，文化会遭之毁灭，思想会被禁锢僵化，教育内容会发生改变，不利于国家文化建设。《论语集释》作者致力于弘扬文化、培养思想、引导教育。作者在风烛残年，汗蒸指皲之时穷力于《集释》之作，“亦欲以发扬吾国固有文化”，他对那种持孔子学说“不合现代潮流之狂喙，期使国人之舍本逐末”的论点十分不满，期望“徇人失己者俾废然知返”。如此，该书编辑思想表现在以下几方面：

①弘扬传统文化，坚信并极力推崇孔子学说；

②批驳国人解经对《论语》精髓的舍本逐末；

③期待“徇人失己者”“废然知返”。

程氏的编辑思想通过《论语集释》中“余之志如是而已”这句话可以溯源，这句话也是其目标高远而踏实的志向。他认为，研究《论语》的方法分汉儒与宋儒，二者区别在于，汉儒注重名物之训诂、文字之异同，宋儒则以微言大义为主。程朱学派排斥异己，且专门传播理学，所得不同是很

① 程树德撰，程俊英、蒋见元点校：《论语集释》下，中华书局2013年版，第867页。
② 程树德撰，程俊英、蒋见元点校：《论语集释》下，中华书局2013年版，第965页。
③ 程树德撰，程俊英、蒋见元点校：《论语集释》下，中华书局2013年版，第1208页。

遗憾之事。陆王学派虽非如此，但将儒家引入墨家，末流入于狂禅，也非正道。很多研究《论语》的人应该纠正却没有行动。因而，《论语集释》分章列举各家之说，不分门户、不分流派，客观释经，以利后学，与所传承的孔子思想秉持一致。

因为有十分明确的传承圣人圣言思想的想法，故该书多对将与圣人圣言思想不一致的解经书或学派之争中有损圣人圣言思想的著述、观点提出反对意见。因坚持按原则编辑，故能客观地表达意见。朱熹《论语集注》一书，元明以来人人习之。清初汉学再兴，开始有异议出现。赞誉者尊为圣经贤传，一字不敢逾越，有异说诋毁者置之不议不论之列。如王闿运的《论语训》，汉魏六朝诸家之说完备无遗，朱熹《集注》却一字不提，汉宋门户鸿沟依稀可见。黄式三《论语后案》开始将集解、集注并列，其实为袒护汉学。《论语集注》虽然考证不那么精确，但字斟句酌。

程氏主张训诂、义理不可偏废，认为汉儒宋学结合是研究《论语》最好的方法。研究《论语》训诂方面的可了解宋儒之说，研究义理方面的可了解汉学。但程氏认为，汉儒学有师承，言皆有本，语出有据，不是宋儒凭想象而做的。《论语集注》一书集朱熹一生之精力，其考证之精细也断非汉儒所及。如果研究义理而离开训诂，则为谬论，贻误后人；如果研究训诂而不联系义理，则书是书，我是我，难以产生关联。二者各有所长。《论语集释》“意在诂经，惟求其是，不分宗派，苟有心得，概与采录”①。

第七节 《论语疏证》

一、《论语疏证》编撰概况

杨树达先生1885年出生，1956年去世，曾于1905年赴日本留学，回国后一直从事古文字方面的教学和研究工作，曾为清华大学、湖南大学教授，是著名的语言学家、历史学家，在金文、甲骨文等古文字和古代典籍研究上造诣极高。

《论语》作为儒家经典，内容博大精深，但时过境迁，其语言在经过千百年之后变得十分难懂。如陈寅恪先生所说“夫圣人之言必有为而发，若不取事实以证之，则成无的放矢矣。圣言简奥，若不采意旨相同之语以

① 程树德撰，程俊英、蒋见元点校：《论语集释》上，中华书局2013年版，第6页。

著之，则为不解之谜矣”①，《论语疏证》正是做了这两个方面的工作。作者在《凡例》中首先说道：“本书宗旨在疏通孔子学说，首取《论语》本书之文前后互证，次取群经诸子及四史为证，无证者则阙之。老、庄、韩、墨说与儒家违异，然亦时有可以发明孔子之意者，赋诗断章，余窃取斯义尔。”即编辑此书的目的，一是以经证经，二是以史证经。

《论语疏证》把三国以前所有征引《论语》或者和《论语》有关的资料都依《论语》教学文疏列，时出己意，附加按语，得到了陈寅恪先生高度的赞誉：“乃自来诂释《论语》者所未有，诚可为治经者辟一新途径，树一新模楷也。”②肯定了其开创性的贡献。

二、《论语疏证》的编辑方法

《论语疏证》的编辑方法与其治经方法有相同之处。陈寅恪先生言：“先生治经之法，殆与宋贤治史之法冥会，而与天竺诂经之法形似而实不同也。”“今先生汇集古籍中事实语言之与《论语》有关者，并间下己意，考订是非，解释疑滞，此司马君实、李仁甫长编考异之法，乃自来诂释《论语》者所未有。”③

该书意在疏通孔子学说，其结构便从此入手，先在《论语》各篇中前后互证，再取群经诸子及“四书”互证。无证者缺之。如“子曰：‘学而时习之，不亦说乎！’”本是《学而篇第一》中的一段，下列《为政篇》“温故而知新，可以为师矣”互证，即同一书中各篇前后互证。后附杨先生按语：“学而时习，即温故也；温故能知新，故说也。”类似这种用《论语》各篇前后互证的较普遍。但并非都在群经诸子及“四书”互证之前。如《八佾篇第三》“子谓《韶》，‘尽美矣，又尽善也’。谓《武》‘尽美矣，未尽善也’”一段，先列《述而篇》《卫灵公篇》自证，然后依次列《白虎通·礼乐篇》《左传·襄公二十九年》《泰伯篇》《礼记·礼运篇》《春秋·隐公三年》互证。如果按本条原则，《泰伯篇》应在《白虎通·礼乐篇》等之前。因而，应该还有下一原则与之相关。

证文的顺序，以训解字义、说明文句者居前，发明学说者次之，以事例为证者又次之，旁证推衍之文又次之。从上例来看，从孔子称赞《韶》乐既美且善，到《武》乐尽美未达善，《论语疏证》先列《述而篇》《卫灵公

① 杨树达：《论语疏证·陈寅恪序》，江西人民出版社 2007 年版，第 1 页。
② 杨树达：《论语疏证·陈寅恪序》，江西人民出版社 2007 年版，第 1 页。
③ 杨树达：《论语疏证·陈寅恪序》，江西人民出版社 2007 年版，第 1 页。

篇》《白虎通·礼乐篇》《左传·襄公二十九年》等疏证，它们都是围绕《韶》《武》文句而证之。后列《泰伯篇》，这是再次采用《论语》自证法，这种改变其实是由“乐”谈论到了“德”。“《泰伯篇》曰：三分天下有其二，以服事殷。周之德，其可谓至德也矣。”由此称赞起了周文王。再其后《礼记·礼运篇》《春秋·隐公三年》说到了“讥世卿”。

为何有这种过渡？可以在“树达按”中找到答案：“……孔子讥世卿，实讥世君也。此《春秋》之微言也。又吾先民论政尚揖让，而征诛为不得已……《论语》称至德者二事，一赞泰伯，一赞文王，皆贵其以天下让也……《礼运》以天下为公，选贤与能为大同，以大人世及谋作兵起为小康。于《春秋》则讥世卿以见非世君之意，皆其义之显白无疑者也。”后有点题，“声音之道与政通，乐者，政之发于声音者也，古人闻其乐而知其政。舜揖让传贤为大同之治，武王征诛世及为小康。故孔子称《韶》乐为尽善尽美，《武》尽美而未尽善也”①。这种解经方法由浅入深，由近及远，方便学者融通学义。

同类之证，则以书之前后为次。

一章数句，句各有证。如《学而篇第一》“子曰：道千乘之国，敬事，而信，节用，而爱人，使民以时”一段，分成“千乘之国，敬事”“而信”“节用”“而爱人”“使民以时”五句分别证明。证文分别列于每句之下。分证之外别有总证数句者，则列于所证经文最末一句之下。

古书往往因袭前人，如《韩诗外传》多以《荀子》为本，《淮南》时主采《吕氏春秋》。这都对《论语疏证》有影响。《论语疏证》采录列证之时尽量录其本源，如知其为因袭者则附注于条末。

同一文证，如果需要可以为不同的经文分证。如《学而篇第一》“与朋友交而不信乎”下采用了《史记·赵世家》记程婴、公孙杵臼事，《泰伯篇第八》“可以托六尺之孤”下也采用了同一事例。说明杨氏疏证“以义各有归，不嫌复见”。

证文有同一事而互见数书，彼此略异，本编兼采之者，则取第二条置首条之后，空一格录之，不别提行，以示区别。② 如“子曰：‘兴于诗；立于礼；成于乐。’”一段，在“立于礼”下《荀子·修身篇》证文之后有说明：“《韩诗外传·卷一》文大同。”“成于乐”一节《困学纪闻·五》证文后注明

① 杨树达：《论语疏证》，江西人民出版社2007年版，第51~52页。

② 江西人民出版社2007年版是根据1955年科学出版社繁体竖排版重新作的排版。虽然“前言”中说“只对原文中的个别错别字和标点进行了改正”，但所谓“第二条置首条之后，空一格录之，不别提行”未能得见。

“《孔丛子·杂训篇》同”。

同一事不同的人会有不同的看法，很正常，古人亦然，也表现在不同的书中。如《春秋》僖公二十二年泓之战，《公羊传》极赞宋襄公，以为虽文王之战不过，而《穀梁传》则讥其不教而战，彼此违异，义得并存，杨氏认为“言岂一端，义各有当也”。于是，以“并存不废”为原则，于后人既可得各种观点，也可引发思考。虽然也会有读者觉得间有矛盾，但作者如是处理也是可理解的。

本书训说大致以朱子《论语集注》为注，杨氏认为，如有后儒胜义长于朱说者，则取后儒之说。

本书中意义相近之文，往往彼此互证，若取两章证文相互比较，会发现有详有略之不同。但可指引读者因证互参，很有帮助。如《公冶长篇第五》“子曰：‘巧言、令色、足恭，左丘明耻之，丘亦耻之’”一段，节下引《学而篇》曰：“子曰：巧言令色，鲜矣仁”[①]为证，读者可因此去查阅《学而篇》当节证文，便可清楚左丘明与孔子之所以“耻”巧言令色的缘由。

三、《论语疏证》的编撰特色

该书多处编有“树达按”。杨氏渊博的古文献知识和深厚的史学修养使之所作“按语”特色鲜明。

一是态度鲜明，观点简洁明了。如“仁非其里，义非其门，谓仁不在其里，义不在其门也”[②]，“观过知仁者，观其过而知其仁与不仁也。有过而仁者，有过而失之不仁者，故曰：各于其党也。子路、秦西巴、孙性，过而仁者也。乐羊、梁车，过而不仁者”[③]。

二是陈述有缘有故。如“陈司败问：‘昭公知礼乎？’孔子曰：‘知礼’”一段采《春秋·昭公五年》《昭公二十五年》证之。其后附“树达按”：“据此二事，知昭公本习于容仪，盖当时有知礼之名，故陈司败以为问也。”[④]《泰伯篇第八》“曾子有疾，召门弟子曰：‘启予足！启予手！《诗》云：战战兢兢，如临深渊，如履薄冰。而今而后，吾知免夫。小子！’”一段，分列《孝经》《礼记·祭义篇》《论衡·四讳篇》《礼记·檀弓上篇》证之后，树达按：“此事与曾子正同。可见孔门弟子之于学，至死不息，大都

① 杨树达：《论语疏证》，江西人民出版社2007年版，第84页。
② 杨树达：《论语疏证》，江西人民出版社2007年版，第56页。
③ 杨树达：《论语疏证》，吉林出版集团2017年版，第77页。
④ 杨树达：《论语疏证》，江西人民出版社2007年版，第112页。

皆尔，不惟曾子一人也。”①

三是明确阐发自己的观点，以飨后学。如“四十而不惑”一节下引《子罕篇》《孟子·孙公丑上篇》为证。后记有“树达按”：“孔子四十不惑，尽知者之能事也。孟子四十不动心，尽勇者之能事也。孔孟才性不同，故成德之功亦异矣。”②简洁而明确地提出了孔孟成德之功与各自才性密切的关系。

四是同一节多个证文，也可有多个按语。如《学而篇第一》：“子贡曰：‘贫而无谄，富而无骄，何如?’子曰：‘可也，未若贫而乐，富而好礼者也’”一段，在“未若贫而乐”一节下，先以《大戴礼记》《述而篇》证文，后附“树达按”：“此孔子贫而乐也。”再以《雍也篇》证文，其下又附“树达按”：“此颜子贫而乐也。”这种一节多个“按语”的情况也是有的。

如前所述，该书编撰一是以经证经，一是以史证经，编撰特色鲜明。具体而言：

①通过引用不同的典籍原文诠释《论语》的微言大义，在若干部经籍中寻找共识，加以自己的理解和阐发，为这部重要史籍赋予不朽的生命；

②证文数量没有限定，少则一两篇，多则十余篇，大多五篇左右，极个别的节下没有疏证；

③从证文的篇幅来看，少的不到十余字，多则几百字；

④不附“按语”用证文说话，如《卫灵公篇第十五》中“志士仁人无求生以害仁，有杀身以成仁”一段已是千古名句，该书先以《大戴礼记·曾子制言上篇》《孟子·告子上篇》《荀子·正名篇》《吕氏春秋·贵生篇》诸书中关于生、死、仁、义的议论诠释此句的意义，再以《韩诗外传》《史记·田单传》《汉书·苏武传》《列女传·节义篇》《后汉书·李固传论》中的具体人物、具体事实加以印证，没有注“树达按”，但该句的含义已经明晰丰富。

第八节 《论语译注》

一、《论语译注》编撰概况

《论语译注》正文前有导言、前言。从其内容可知为杨逢彬先生所作。

---

① 杨树达：《论语疏证》，江西人民出版社2007年版，第118页。

② 杨树达：《论语疏证》，江西人民出版社2007年版，第27页。

开篇即肯定“杨伯峻先生的名著《论语译注》是目前质量最高、流行最广的《论语》译注本”，因其“既可供专家作研究之用，也可供一般读者阅读”，广受欢迎。

《论语译注》的作者之一杨伯峻先生是一位杰出的语言学家和文献学家，他与杨逢彬先生合作的译注与坊间许多注本相比在古汉语的字、词上极为认真，而后者因为缺乏普通语言学基本知识与文字音韵训诂的常识，随意给《论语》中某句话断句或给某些字词作“新解”，产生了许多错误。杨伯峻先生利用语言学方法和文字音韵训诂知识，辅以计算机检索手段，对注释《论语》的多家本子有歧义之处进行了全面的调查，一一甄别，得出了经得起时间检验的结论。

如《学而篇第一》“子曰：学而时习之，不亦说乎？有朋自远方来，不亦乐乎？人不知，而不愠，不亦君子乎？”中分别对“子”“说”“朋”“愠”四个字做出了注释。通过此注释，读者可了解《论语》的“子曰”的“子”都是指孔子；“说”，“悦”的古字，喜悦之意；“朋”，这里指弟子、学生；“愠”，音 yun，怨恨之意。这都是就某字作出的解释，含字的读音等，指引读者阅读。

该书个别语句翻译有点不太完美。如《为政篇第二》“哀公问曰：‘何为则民服？’孔子对曰：‘举直错诸枉，则民服；举枉错诸直，则民不服。’”译文：“鲁哀公问道：‘要做些什么老百姓才能服从呢？’孔子答道：‘提拔正直的人，把他放在走歪门邪道的人之上，老百姓就服从了，假若提拔走歪门邪道的人，把他放在正直的人之上，老百姓就不会服从。’”① 这段译文重点是在“举直错诸枉”“举枉错诸直”上，依据“包曰：‘举正直之人用之，废置邪枉之人，则民服其上。’”②其意思比“把它放在……之上”更加贴切些。当然，瑕不掩瑜，它无损《论语译注》的不可替代之处。

二、《论语译注》的编辑结构

《论语译注》在《论语》注疏要籍中有一定的代表性。该书结构分为三部分：

一是《论语》的原文，在需要注释之处带有注释标记；

二是对所有标有注释号的字、词、事物等依次进行注释，如字的读音、某词的意义等；

① 杨伯峻、杨逢彬译注：《论语译注》，岳麓书社 2009 年版，第 18 页。
② 刘宝楠撰，高流水点校：《论语正义》上，中华书局 1990 年版，第 63 页。

三是白话译文。用普通人都能听得懂的语言对某段落进行翻译。

第二、第三部分尤其需要作者的学识与经学研究功力。

《论语译注》注释的内容：

①关于人名、地名等。如《八佾篇第三》“孔子谓季氏……”一段注释“季氏，鲁国的权臣季平子，即季孙意如。”①如《宪问篇第十四》“子曰：‘为命，禆谌草创之，……东里子产润色之。’”下注释：“东里，地名，在今郑州市，子产所居。”②均简洁明确。

②关于事情。如“八佾（yi）：古代舞蹈奏乐，八人一行，叫一佾。八佾六十四人，只有天子才能用。诸侯用六佾。季氏作为大夫，只能用四佾”。

③关于字词义。如“是可忍也，孰不可忍也？”注释“忍，忍心；在《论语》《左传》时代，动词‘忍’不带宾语时，都是‘忍心’的意思。”如“子曰：‘大哉问！礼，与其奢也，宁俭；丧，与其易也，宁戚。’”注释“易”字：“易，治，办妥。”③

④关于词性。作为语言学家对词性十分敏感，也易在注释中告诉读者。如《先进篇第十一》“季路问事鬼神。子曰：‘未能事人，焉能事鬼？’曰：‘敢问死。’曰：‘未知生，焉知死？’”中的“敢”字注释：“敢，表敬副词。古代地位低下者向尊贵者进言，多用之。”④同篇“唯求则非邦也与？”中注释：“唯，句首语气词，无实义。”⑤

⑤关于读音。如《乡党篇第十》第一节注释中就对“恂”“便”“訚”“踧踖”“躩”“襜”“过”“齐”“屏”的读音进行了注释。如果没有注释，读者尚可不知“摄齐”的“齐”应读“zi（平声）”。

⑥指出重复。如《乡党篇第十》“入太庙，每事问”下注释：“此六字与《八佾篇》第十五章重复。”⑥

⑦指引参见。如《先进篇第十二》“季康子问：‘弟子孰为好学？’……”下注释：“鲁哀公也有此问，孔子回答较详，由此可见孔子对鲁君和季氏的态度。可参《雍也篇》第三章。”⑦此处“参”即与古代书目中的“参见”同义。

---

① 杨伯峻、杨逢彬译注：《论语译注》，岳麓书社2009年版，第22页。
② 杨伯峻、杨逢彬译注：《论语译注》，岳麓书社2009年版，第167页。
③ 杨伯峻、杨逢彬译注：《论语译注》，岳麓书社2009年版，第23页。
④ 杨伯峻、杨逢彬译注：《论语译注》，岳麓书社2009年版，第125~126页。
⑤ 杨伯峻、杨逢彬译注：《论语译注》，岳麓书社2009年版，第134~135页。
⑥ 杨伯峻、杨逢彬译注：《论语译注》，岳麓书社2009年版，第118页。
⑦ 杨伯峻、杨逢彬译注：《论语译注》，岳麓书社2009年版，第123页。

⑧指引共读、对照看等。《卫灵公篇第十五》“子曰：‘众恶之，必察焉；众好之，必察焉。’”下注释：“此章当与《子路篇》‘子贡问曰：“乡人皆好之”章共读。’”①《宪问篇第十四》第一小节注释：“这一段应与《泰伯篇》的第十三章对照看。”②

《论语译注》的译文为学者和后人通俗而系统地了解孔子及其弟子的言论，进而了解孔子政治主张、教育思想和仁义道德文章很有帮助。该书译文特点：

一是通俗白话，人人易懂；

二是译文与注释相统一，注释明白译文方能信达雅。如果注是注，译是译，终是没有悟道，更无法达人；

三是译文简洁，朗朗上口，作者身为语言学家，语法修辞运用自如，译文与典雅凝练的古汉语对应，让读者感受到原文之内涵与译文之艺术。如“子曰：邦有道，危言危行；邦无道，危行言孙”一句，译文为“孔子说：‘政治清明，言语正直，行为正直；政治黑暗，行为正直，言语谦逊。’”再如“子曰：有德者必有言，有言者不必有德。仁者必有勇，勇者不必有仁”，译文：“孔子道：‘有道德的人一定有名言，但有名言的人不一定有道德。仁者一定勇敢，但勇敢的人不一定仁。’”③

也有对过去译文的修正。20 世纪 90 年代初，经杨伯峻授权，杨逢彬在《论语译注》的基础上编写出版了《十三经今注今译》中的《论语》《孟子》部分，两位杨先生共同署名。当岳麓书社提出给书重版时，杨伯峻先生已过世，想必是感觉未能将翻译做到尽善尽美之缘故，杨逢彬先生做了修订。如《卫灵公篇第十五》“子曰：‘巧言乱德。小不忍，则乱大谋’”一段译文为：“孔子说：‘花言巧语足以败坏道德。小小的不忍心，便会败坏大事情。’”④这里的“忍”，是忍心的意思。据“前言”说在过去的版本中杨伯峻先生曾将“忍”译为“忍耐”。后据多方考证，特别是采用了计算机技术全面检索后发现，从《论语》《左传》时代到战国末年，“不忍”不带宾语时都是“不忍心”的意思。因而最后译文便是从注释而来，注释是“对巧言乱德之人稍有仁慈，则足以败坏大事”，译文为“花言巧语足以败坏道德。小小的不忍心，便会败坏大事”。这种修正可以看作翻译的“与时俱进”，也是不同版本比较后的后者居上、择善而从的结果。

① 杨伯峻、杨逢彬译注：《论语译注》，岳麓书社 2009 年版，第 194 页。
② 杨伯峻、杨逢彬译注：《论语译注》，岳麓书社 2009 年版，第 164 页。
③ 杨伯峻、杨逢彬译注：《论语译注》，岳麓书社 2009 年版，第 165 页。
④ 杨伯峻、杨逢彬译注：《论语译注》，岳麓书社 2009 年版，第 194 页。

三、《论语译注》的语言特点

《论语译注》强调了语言的社会性、历史性、普遍性和不断变化的特点。

一是生活在某一社群的个人，如果想与别人交流，必定会说别人听得懂、易交流的语言，包括语言的句式。《论语》是两千多年前的春秋末期作品，对它的注解只有放在当时才能准确理解其义。如《论语·泰伯篇第八》“子曰：民可使由之，不可使知之”一段，译文为：“孔子说：‘老百姓，可以使他们在我们指引的道路上走，不可以使他们知道那是为什么。’”①并未因为这句译文有可能被戴上宣扬愚民政策的帽子而改初衷。在“前言”中解释道：“‘民可使由之，不可使知之’这样的说法是带有普遍性的”，后举《孟子·尽心上》“民可使富也”、《左传》庄公十六年“不可使共叔无后于郑”二例为证。

二是某词的每一含义和每一用法应该都有先例，或许可以在先秦的典籍中去验证。如果找不到一例证明，基本上可以判定这一说法是不可靠的。

三是语言验证好比观察大象，必须站到一定距离之外从各个角度去观察，才能对它的大致轮廓有所了解，如果不加以必要的验证而“自说自话”就好比“盲人摸象”，其结果是不可信的。

四是古今语言，含语法、语音、词汇等要素，都是不断变化的。忽略这种变化，用现代汉语去理解古代汉语，好比刻舟求剑。如《颜渊篇第十二》“子贡问政。子曰：‘足食，足兵，民信之矣。’”《论语译注》解释“信”为“信任，相信。《公冶长》：‘听其言而信其行。’按，此处‘信’不能释为‘信仰’，因为《论语》时代以至以后很长一段时期‘信’都没有‘信仰’的意义”。② 如果译为“信仰”则是用现代汉语的理解去解释古代汉语。

第九节 《论语》要籍编辑思想分析

从《论语》本经到历代传注，从篇章结构到具体内容，到底是什么思想在推动《论语》注疏要籍不断，一代一代传承脉络不变，编辑在其中发

① 杨伯峻、杨逢彬译注：《论语译注》，岳麓书社 2009 年版，第 93 页。
② 杨伯峻、杨逢彬译注：《论语译注》，岳麓书社 2009 年版，第 139 页。

挥了哪些作用？有些什么样的思想？是官方权力意志的体现还是什么相同的、不同的价值体系？区别于其他思想研究体系的便是紧紧扣住编辑出版主题展开思想的讨论。

一、辑而论纂，疏通孔子之学

辑而论纂是一种对孔子思想高度认同的价值观，从编辑出版角度去理解，即是指导编辑出版活动的思想观念。

《论语》一书，是“孔子应答弟子时人与弟子相与言而接闻于夫子之语也”，且“当时弟子各有所记”。而《论语》二字为书名，便是“夫子既卒，门人相与辑而论纂”①得名。它过去的不同版本，如《鲁论》二十篇，也为“孔子弟子记诸善言也”②。辑而论纂非一日成书，它经历了一个追忆记录、广泛整理、共同编纂的过程。如《论语·卫灵公篇第十五》中的“子张问行”即是子张问孔子后的回忆。孔子众多弟子各自将有关的事件回忆出来，记录成书，这也是运用语录体较好的方式。故自《论语》成书以来，历代注家疏文无不认同该书是孔门弟子编纂而成。今人姜广辉在《中国经学思想史》中更是明确《论语》结集“在孔子去世后一百年之内已基本成书，编纂者主要是其弟子和再传弟子”③。

作为传承《论语》、继承孔子思想体系的重要注疏之本，无一不是采用“辑而论纂”的方法释经解经，疏通孔子之学。西汉，鲁论、齐论及古本不仅承继师传，而且成就了安昌侯的《张侯论》，张禹“以《论》授成帝”，使孔子“仁”“义”“忠君”“道”“义”之说发扬光大。三国魏何晏的《论语集解》在郑玄作注的基础上，收集了孔安国《古论语注》，以及包咸、周氏、马融、郑玄、陈群、王肃、周生烈等人旧注，兼下己意，是对《论语》本经的再一次整理，而书中所保存下来的曹魏时期古注，呈现出“辑而论纂”的旧情新貌，也是对孔子学说的再认同、再理解、再光大。南朝梁皇侃的《论语集解义疏》虽多以老庄之旨释经，与汉代论语学说稍作区别，但汇集了自晋以下十三家旧注，所依据的经文与所解释之义也为社会所认同、接受，为南朝时期“辑而论纂”编辑思想作了最佳诠释。北宋邢昺奉诏编撰《论语注疏》，删减玄虚之说，改善义疏体例，详考名物制度，进一步探索经文疏通之道，被《钦定四库全书总目》评价为“大抵翦皇氏之

---

① 班固撰：《汉书·艺文志第十》，中华书局 2007 年版，第 329 页。
② 何晏撰，皇侃义疏：《论语集解·叙》，中华书局 1985 年版，第 1 页。
③ 姜广辉主编：《中国经学思想史》第一卷，中国社会科学出版社 2003 年版，第 583 页。

枝蔓而稍傅以义理”,[①] 此书一出，皇侃的《论语集解义疏》遂告衰退，既显示出该书在汉学向宋学转变中的促进作用，也使“辑而论纂”有了新的内涵与发展。随后，宋代理学代表性人物朱熹编纂出《论语集注》，体例严明，一方面广泛征引汉唐旧注及宋代理学三十余家之学说；另一方面，深入浅出阐明自家理念，将孔子之学继续发扬光大。清道光年间，刘宝楠、恭冕父子接续完成的《论语正义》保存了大量汉魏古注，吸收了前人、特别是清人的注疏考证，注重文字训诂、古注疏证，阐发微言大义，丰富了《论语》的注释内容，“辑而论纂”，使孔子之学得到进一步推动。

二、述而不作，遵从先代传注

“述而不作”出自《论语·述而篇第七》：“子曰：‘述而不作，信而好古’，窃比于我老彭”，它与孔子所提倡的“学而后编”的意思是相统一的。何谓“述而不作”？《说文解字》释：“述，循也，作，起也。”清刘宝楠在《论语正义》中也有解释，“述是循旧，作是创始”[②]。《论语译注》也认为，其就是“阐述而不创作”之意。如此理解，“述而不作”的本意即是编辑古代典册，如礼、乐、诗、书等要忠实遵循先贤圣王的原制原作，不要想当然地随意制作，私自创造，用今天的话来说，内中含有防止作伪之意。《论语》本经及其后世注疏经义要籍正是在“述而不作”的编辑思想指导下，遵从先代传注，部次条别展开的释经之道。

程述德先生在《论语集释》“凡例”中说道：“兹篇窃本孔氏‘述而不作’之旨，将宋以后诸家之说分类采辑，以为研究斯书之助，定名曰《论语集释》”[③]，十分明确地点明了“述而不作”的指导思想。

卢文弨于乾隆五十三年元夕前一日作《皇侃论语义疏序》说，宋咸平时，将日本高僧(上大下周)然尝献郑康成所注《孝经》藏于秘府，外人所不见。虽然此书中国已佚，然郑康成注未能引起当朝重视，导致《孝经》再次佚亡，此时方才引起警觉，已佚《孝经》遂成为满朝文臣儒士之憾事。卢文弨先生认为，“未能使之流传世间”是对先代传注不重视的结果，且不说这是《孝经》，是从国外传回来的版本，甚为可惜可叹。关于《论语》注疏要籍，钱遵王也曾记载过传自高丽的罕见版本，但无人所见。汪翼沧为卢先生的老乡，常往来于中国、日本间，在日本获梁皇侃《论语义疏》

---

① 何晏集解，邢昺疏，阮元校刻：《论语注疏》，阮刻本，第1页。

② 刘宝楠：《论语正义》，民国间四部备要本，第124页。

③ 程树德撰，程俊英、蒋见元点校：《论语集释·凡例》，中华书局2013年版，第1页。

十卷，发现与高丽本相差无几，十分欢心，后被新安鲍以文所购后，浙之大府资助了其刻印工作，鲍氏承担了校订，这才有了《论语》新本，也才不需再求之于外人。“皇氏此疏，固不全美，然十三家之遗说，犹有托以传者，为醇为疵，读者当自得之，如或轻加掎摭，是又开天下以废弃之端也。吾其忍乎哉。”《皇侃论语义疏序》从购回《论语》、资助印制《论语》、集十三家之遗说，到为读者提供研究《论语》新本，充满了对先代传注重视之情，遂成为他人之榜样。

述而不作，遵从先代传注，也含宣传为政之道。朱熹在《论语集注·为政》中曰：“礼之大体，三代相继，皆因之而不能变。其所损益。不过文章制度小过不及之间。”①所谓“体”，乃社会政治结构，区别于手段与形式，换句话说，即手段与形式是可以改变的，但“体”是礼所要求终不能改变的。经学本是对儒家经典学说的维护，凡是与圣人之道相违背的都是叛逆之徒，只要“体”不变，便可以保证经学思想的传承不变，这正是“述而不作”，遵从先代传注的编辑思想。在此前提下，据《礼记·大传》，“立权度量。考文章。改正朔。易服色。殊徽号。异器械。别衣服”都是可行的，“而不可得变革者则有矣。亲亲也。尊尊也。长长也。男女有别”。最后总结“此其不可得与民变革者也”②。这是对《论语》本经的充分理解，并将先代思想观念贯穿传注疏文之作的典型。

三、下学上达，诠释微言大义

下学人事而上达天命，即是通过学习平常的知识，理解其中的哲理，获得人生的真谛。无论《论语》本经本身还是后代延伸的若干要籍，记叙与传注的都是孔子日常的言行，章节均不长，有的三五句话，也就是一段文字，有的三言两语，也就是一件小事，但何谓“仁”、何谓“礼”、如何尽忠如何尽孝、怎样治理国家等“达”“上”之事都蕴藏在“下学”之中。下学上达，也成为诠释微言大义各要籍之编辑思想。所谓微言大义，可见之于《汉书·艺文志》之开篇：“昔仲尼没而微言绝，七十子丧而大义乖”③，大意即是孔子思想集中于他的书中，孔子辞世后便不再有微言大义，因而，透过《论语》及诠释微言大义的若干要籍，即可了解儒家原始思想、圣人真实经义。围绕《论语》产生的注疏之学既是经义的下学上达，也是

---

① 宋元人注：《四书五经》（上册），天津市古籍书店1988年版，第8页。
② 宋元人注：《四书五经》（上册），天津市古籍书店1988年版，第189~190页。
③ 班固撰：《汉书·艺文志第十》，中华书局2007年版，第324页。

微言传承的本质。

若干研究《论语》之书其实都是对圣人“微言大义”的诠释，如果理解了“微言大义”，也就容易掌握《论语》及其要籍之编辑思想。从传世的《论语集解》《论语义疏》《论语集解注疏》《论语集注》等书籍来看，基本都是围绕《论语》中的每一章节、每一小段进行的集注或义疏，有的尽其所能搜集历代注疏原注录存，有的在他人注疏基础上加以发挥，给“微言大义”赋予时代色彩。历史上，以董仲舒为代表的今文经学主张通经致用，结合现实阐发书中“微言大义”；以刘歆为代表的古文经学强调文字训诂、重视典章制度，反对今文经学所说的“微言大义”。双方争执直至东汉末。东汉末年，郑玄遍注群经，为诸儒所宗，官学乃废。魏晋《论语正义》以老庄释经，乃为正始之音。南北朝时期，南学多带玄学、佛学色彩，北学则承两汉经学传统。经学最终走向统一是在隋唐时，孔颖达等奉敕编撰的《五经正义》成为科举取士之重要标准，义疏之学乃成。宋朝以朱熹的《四书章句集注》为代表，理学家们将“微言大义”作为阐释思想的基本方式，在《论语》中深究探索“微言大义”。元代经学承宋儒传统，明代衰微，官修《五经大全》《四书大全》行世，直到明清经学复兴。清中叶后今文经学复兴，“微言大义”成为康有为、梁启超等维新派“托古改制”之思想体系的重要组成，并被赋予时代内涵，“俟圣不惑在大义，因时变通在微言”，梁启超说：“苟能明孔子改制之微言大义，则周秦诸子谈道之是非出入，秦汉以来二千年之义理制度所本，从违之得失，以及外夷之治乱强弱，天人之故，皆能别白而昭晰之。”他认为：“圣人之意”是“圣人所未著之经，未传诸口说者也”，因此“圣人之意一层，犹待今日学者推补之”。① 持革命民主派观点的章太炎先生，治古文经，驳斥维新派，为经学之收官。

下学上达，诠释微言大义，使《论语》思想成为影响中国两千多年的意识形态之一。《论语》中的许多篇章在世上广泛流传，如“吾日三省吾身”“三人行，必有我师焉”“学而不思则罔，思而不学则殆”“毋意，毋必，毋固，毋我”“当仁不让于师”“三军可夺帅也，匹夫不可夺志也”“用之则行，舍之则藏”等与《论语》不断出现的义疏、疏证、集释等书籍有关，几乎每个时代书籍的编辑思想都在借孔子的留言阐发圣人的“微言大义”，在促进孔子思想流传的同时，也呈现出鲜明的编辑思想。

---

① 转引自楼宇烈：《温故知新——中国哲学研究论文集》，商务印书馆 2004 年版，第 256~257 页。

第七章 《孝经》要籍编辑思想

第一节 《孝经》

中华民族有五千年的文明历史，五千年的历史长河中创造出了丰富、深邃而悠久的历史文化。孝是中华民族传统思想文化的重要组成部分，是中国人世代相传的基本道德规范，也是中华文化的根本，在中国历史上有着重要的地位。《孝经》一书是对中国传统孝道进行专门系统论述的一部专著，虽然篇幅不足两千字，但因其对儒家学派中的孝道思想进行了系统而全面的论述，使孝道思想上升到理论层面，迎合了历代帝王维护封建专制统治的需要，从而被汉代及以后的封建君主奉为圭臬，成为封建统治者巩固政权、稳定天下、治理国家的至德要道。由于历代帝王的大力推崇和宣扬，《孝经》成为上至皇室贵族下至平民百姓、妇孺儿童都耳熟能详的一部儒学经典。

一、《孝经》的产生背景

《孝经》是孝道思想的集大成之作，其形成有着深厚的文化背景，是历史的必然。孝观念早在我国父系氏族公社时期就已形成。《尚书·舜典》中曾说："帝曰：契！百姓不亲，五品不逊，汝作司徒，敬敷五孝，在宽。"①《荀子·成相篇》说："契为司徒，民知孝弟，尊有德。"②这说明早在尧舜时期就有了用孝来教化百姓、促进家庭和睦的事实。而且，传说中虞舜是一位有名的孝子，《尚书·尧典》中记载："虞舜……瞽子，父

① 赵敏俐、尹小林：《国学备览》(1)，首都师范大学出版社2007年版，第282页。
② 严雲峰编辑：《荀子集成》(三)，成文出版社有限公司1977年版，第413页。

顽、母嚚、象傲。克谐以孝，不格奸。”①虞舜的父亲顽固，继母是个自私自利的人，异母弟弟又傲慢不悌，他们多次合谋要害死虞舜，即使如此，虞舜依然能奉行孝道，使家庭关系趋向和谐，未曾出现相互残害的结果。正是因为虞舜的孝悌之心，才使他成为尧的接班人。可见早在我国父系氏族公社时期，孝的观念就已出现。《礼记·祭义》中记载：“昔者，有虞氏贵德而尚齿，夏后氏贵爵而尚齿，殷人贵富而尚齿，周人贵亲而尚齿。虞、夏、殷、周，天下之盛王也，未有遗年者。年之贵乎天下久矣，次乎事亲也。”②说明自虞舜以来，“尚齿”敬老就已成为华夏民族的传统美德，经历了夏商，到周朝时发展较为完备。西周时期，统治者提倡孝道，施行孝化天下的措施，《周书·酒诰》中写道：“小子惟一妹土，嗣尔股肱，纯其艺黍稷，奔走事厥考厥长。肇牵车牛，远服贾用，孝养厥父母；厥父母庆，自洗腆，致用酒。”③这是周公告诉康叔，让他教导殷逸民，不论是种田还是经商，都不能忘记孝养父母。④ 西周时的孝道已包含敬养父母、祭奠先祖和继承父志等方面，与后世儒家孝道思想较为一致，发展得较为成熟。

春秋战国时期，礼崩乐坏，奴隶社会走向衰落，社会处在新旧形态交替的阶段，社会变动激烈，传统孝道受到冲击。各派思想家出于不同的政治立场和观点对孝道展开了阐释。在传统孝道向封建伦理转构的过程中，儒家做出了决定性的贡献。《孝经》的成书，即标志着孝道转构在理论上基本完成。⑤

二、《孝经》的成书时间和作者

《孝经》的成书时间及作者在历史上一直存有争议。据文献记载，《孝经》在战国后期已在流传。《吕氏春秋》的《察微篇》曰：“凡持国，太上知始，其次知终，其次知中。三者不能，国必危，身必穷。《孝经》曰：‘高而不危，所以长守贵也；满而不溢，所以长守富也；富贵不离其身，然后能保其社稷而和其民人。’楚不能之也。”⑥此处，引用了《孝经》中《诸侯章》并提到《孝经》的书名。又如《吕氏春秋》的《孝行篇》曰：“先王之所以

---

① 孔安国：《尚书正义》，上海古籍出版社 2007 年版，第 58 页。

② 陈襄民、刘太祥等译注：《五经四书全译》(二)，中州古籍出版社 2000 年版，第 1572 页。

③ 纪昀：《四库全书精华》第一卷，吉林大学出版社 2009 年版，第 272 页。

④ 康学伟：《先秦孝道研究》，吉林人民出版社 2000 年版，第 59 页。

⑤ 康学伟：《先秦孝道研究》，吉林人民出版社 2000 年版，第 148 页。

⑥ 赵敏俐、尹小林主编：《国学概览》(8)，首都师范大学出版社 2007 年版，第 435 页。

治天下也，故爱其亲不敢恶人，敬其亲不敢慢人。爱敬尽于事亲，光耀加于百姓，究于四海，此天子之孝也。"①是引用了《孝经》的《天子章》："子曰：爱亲者，不敢恶于人；敬亲者，不敢慢于人。爱敬尽于事亲，而德教加于百姓，刑于四海。"因此，可以证明在秦国统一六国之前，《孝经》已在流传，其出现应早于《吕氏春秋》(约公元前239年)。合理的解释应当是：《孝经》初成于先秦之时，而最终编定于汉初。②

关于《孝经》的作者，大体有八种观点：一是孔子作《孝经》；二是曾参作《孝经》；三是孔子门人作《孝经》；四是曾参弟子作《孝经》；五是子思作《孝经》；六是齐鲁间陋儒作《孝经》；七是《孝经》为后人附益；八是《孝经》为汉儒附会。③ 自汉代至北宋，历代学者都认同"孔子作《孝经》"，班固在《汉书·艺文志》中明确提出这一观点，东汉郑玄也在《六艺论》中写道："孔子以《六艺》题目不同，指意殊别，恐道离散，后世莫知根源，故作《孝经》以总会之。"④因为孔子的孝道思想与《孝经》中的思想非常一致。其他诸说是在宋代疑古思潮开始后才有的。有学者认为，对《孝经》作者看法之所以存在众多争议，"一个重要的原因是大家对《孝经》作者考察的角度不同。《汉志》说'《孝经》，孔子为曾子陈孝道也'，是从孝经的内容着眼……晁公武认为《孝经》'首章云"仲尼居"，则非孔子所著矣。当是曾子弟子所为书'，是从其文献特征来分析其作者"⑤。从《孝经》的内容、思想、称谓、行文方式来看，笔者较倾向认为《孝经》的著者应为《荀子》与《吕氏春秋》之间的某一位儒家学者，他假托孔子、曾子之名，以对话的形式记录和宣传孔子、曾子及其他儒家大师的孝道思想，并提出自己的一些新观念。

三、《孝经》在历代的发展

《孝经》在西汉时已有传授，《隋书·经籍志》记载，汉初河间人颜贞献《今文孝经》。到汉成帝时，刘向典校经籍，比参各本，去其繁惑，厘定为十八章，成为相对稳定的传本。⑥ 郑玄为《今文孝经》作注。相传汉武

① 赵敏俐、尹小林主编：《国学概览》(8)，首都师范大学出版社2007年版，第406页。
② 董治安主编：《经部要籍概述》，凤凰出版传媒集团江苏教育出版社2008年版，第47页。
③ 舒大刚：《中国孝经学史》，福建人民出版社2013年版，第495页。
④ 皮锡瑞：《师伏堂丛书》(八)，凤凰出版社2014年版，第246页。
⑤ 邢文：《先秦〈孝经〉之学的发生》，载《洛阳大学学报》2002年第1期，第1~2页。
⑥ 董治安主编：《经部要籍概述》，凤凰出版传媒集团江苏教育出版社2008年版，第47页。

帝时鲁恭王坏孔壁得《古文孝经》，孔安国为其作注，后《古文孝经》和孔注亡于南朝萧梁之乱。汉朝建立后，西汉的统治者吸取秦朝灭亡的教训，认为秦朝灭亡的主要原因是“弃仁义”“尚苛政”，汉初陆贾在为汉高祖总结秦朝教训时提出要宣扬“孝悌”，重振伦理道德。汉代建立了“孝治天下”的国策，《孝经》受到了政府的推崇和支持，也获得了广泛的传播。东汉时学人尊《孝经》为《六经》总汇，郑玄《六艺论》说：“孔子以《六艺》题目不同，指意殊别，恐道离散，后世莫知根源，故作《孝经》以总会之。”①使《孝经》的地位大大提高。一些学者对《孝经》的神圣性进行了论述，《汉书·艺文志》载：夫孝，天之经也，地之义也，民之行也。举大者言，故曰《孝经》。汉文帝时设“传记博士”，《孝经》是其中之一。在汉代的学校教育中，《孝经》是重要的教育内容。汉代统治者也身体力行地推行《孝经》，汉宣帝年十八，师受《诗》《论语》《孝经》。《孝经》在汉代得到了极大的重视，普及到了社会各个阶层。

自汉代起，《孝经》成为历朝历代都推尊的经典，成为统治者稳定社会、教化人心的工具。魏晋南北朝时中国处于分裂割据、社会秩序极为混乱的年代，即使如此，《孝经》的传授也得到了加强，民众纷纷以行孝为荣，成为一种风气，执政者重视《孝经》，晋孝武帝、梁武帝、梁简文帝等皇帝参与研究《孝经》，北魏孝文帝命人把《孝经》翻译成鲜卑文。“魏晋时期，逐渐形成其初也以《孝经》启蒙，其终也以《孝经》陪葬的传统，甚至迷信到以《孝经》治病，诵《孝经》为神课的地步。上至皇室，下迄士夫，都不乏其例”②。南朝萧齐的王俭撰定《七志》时，更是把《孝经》排在《周易》之前，足见当时人们对《孝经》的重视程度。

隋唐五代时期是中国历史上的重要阶段，此时代结束了前朝的分裂动荡，实现了国家的统一安定局面。隋唐时期也奉行“以孝治天下”的政策，重视发挥《孝经》的教化作用。隋文帝建国伊始，就接受纳言苏威的意见，“唯读《孝经》一卷，足可立身治国”，将《孝经》立于国学，颁行天下，要求官民诵读。③ 唐代实行儒、释、道并重的政策，常常组织宣讲活动，《孝经》居于三教典籍的首位。此外，还将《孝经》列为科举考试的必试经典，以加强《孝经》的传授。唐玄宗是历代帝王中最为重视《孝经》的帝王之一，开元十年(722 年)，唐玄宗御注《孝经》，天宝二年(743 年)，唐玄

① 皮锡瑞：《师伏堂丛书》(八)，凤凰出版社 2014 年版，第 246 页。
② 舒大刚：《中国孝经学史》，福建人民出版社 2013 年版，第 143 页。
③ 许刚：《中国孝文化十讲》，凤凰出版社 2011 年版，第 181 页。

宗重注《孝经》，代替“开元本”成为社会上《孝经》的标准版本，玄宗下诏令“天下家藏《孝经》一本”，并刻《石台孝经》。皇帝令天下家藏一本的要求，使《孝经》普及到社会的各个阶层，从皇室贵族到平民百姓，从郡县学校到邻国友邦，无处不在，达到了前所未有的影响力。

宋元时期是中国历史上又一个经济、文化的繁荣时期，宋元时期的统治者对孝道和《孝经》也表现出极大的热衷。宋朝统治者不仅沿袭前朝讲习《孝经》的做法，还多次手书《孝经》分赐群臣，宋高宗于绍兴十四年(1144年)曾亲书《孝经》，“令天下州郡庠序皆刻，并将拓本分赐官员和学生”①。元朝建立后，元世祖至元二十四年(1287年)，定国子学制，凡读书必先读《孝经》。忽必烈曾聘请王鹗讲《孝经》，就连宋元时期的辽、西夏、金等少数民族政权也都以孝道为治国之本，以本族语言翻译《孝经》，供国人阅读。宋真宗咸平二年(999年)诏令邢昺等人作《孝经注疏》。邢昺依据元行冲《御注孝经疏》作《孝经注疏》，被收入《十三经注疏》沿袭后世，影响深远。宋代儒学注重义理，盛行理学，朱熹是宋代理学集大成者，思想深邃，著述丰富，具有宋代敢于怀疑的治学风格。朱熹幼年熟读《孝经》，深受《孝经》思想教育，但成年后受其疑经思想的影响，对《孝经》可信性极度怀疑。淳熙十三年(1186年)，朱熹作《孝经刊误》，对《孝经》进行了大刀阔斧的改编，将《古文孝经》改编成经一章，传十四章，删去《孝经》二百二十三字，始开删改《孝经》之先河，对后世研究《孝经》产生了很大的影响。

明朝建立后，朱元璋为了稳定大明江山的政治需要，选择采用儒家孝道来促进人民的家庭和谐与社会安定。《孝经》这部儒学经典被推崇到极高的位置，甚至赋予其无所不能的神话色彩，陈继儒说：“余尝观六朝高人名士崇信《孝经》，或以殉葬，或以荐灵，病者诵之辄愈，斗者诵之辄解，火者诵之辄止，盖《孝经》之不可思议如是。”②《孝经》被看作一部具有消灾避邪超自然能力的典籍。在明太祖朱元璋的提倡下，《孝经》成为明朝用以启蒙昧、正风俗的首要必读之书。明代进士王立道认为《尚书》是“六经”中最古老的，《论语》是“四书”中最首位的，而《孝经》是儒者垂训立极最切要的。③ 因此欲将《孝经》《论语》《尚书》并为“三经”。可见，《孝经》在明代是很受重视的。

---

① 舒大刚：《中国孝经学史》，福建人民出版社2013年版，第262页。

② 朱彝尊：《〈经义考〉新校》(八)，上海古籍出版社2010年版，第4113~4114页。

③ 舒大刚：《中国孝经学史》，福建人民出版社2013年版，第361页。

清朝政权建立后，统治者为了稳固其统治，自觉接受汉族文化，接受前朝忠义孝悌的道德伦理学说，利用儒家思想规范约束人们的行为。《孝经》作为儒家思想的重要组成部分和孝道思想的集大成之作，自然受到了清王朝的重视。顺治十三年，顺治帝为蒋赫德所纂的《御定孝经注》作《御制序文》。康熙二十一年，康熙令儒臣对顺治帝的《孝经衍义》补纂，并恢复了以《孝经》命题的科举考试传统，使文人对《孝经》越发重视。雍正皇帝时也命儒臣撰《御纂孝经集注》，以便于百姓诵读学习。清代时汉学复兴，注重考据，《孝经》呈现考据趋势和辨伪趋势，出现了一些辑佚之作。晚清时，皮锡瑞在严可均所著《孝经郑注》的基础上，著《孝经郑注疏》，力证《孝经》与《孝经郑注》非伪，并对郑注涉及的典章制度作详尽解释。《孝经郑注疏》广泛吸收前人辑佚成果，博引群书，提出自己新的见解，代表了清代今文经解的最高成就，是研究《孝经郑注》的权威著作。①

形成于先秦时期的《孝经》，自汉代开始被历朝历代奉为推行“孝治天下”的经典依据。孝道是中华民族的传统美德，《孝经》的传播对中国社会提高人民个人道德素质、协调家庭关系、创造和谐社会都起到积极的作用。上自国家礼制，下至风俗习惯，都受到《孝经》的巨大影响。

四、《孝经》的编辑特点

《孝经》的编辑特点体现在《孝经》的体例和结构等方面。

首先，从《孝经》的体例来看。《孝经》每章的内容大多由两部分组成，一部分为“子曰”，以孔子话语的形式阐述孝道，另一部分为引用《诗》《书》等经典书籍的语句。如《广至德章第十三》中，子曰：“君子之教以孝也，非家至而日见之也。教以孝，所以敬天下之为人父者也。教以悌，所以敬天下之为人兄者也。教以臣，所以敬天下之为人君者也。”“《诗》云：‘恺悌君子，民之父母。’非至德，其孰能顺民，如此其大者乎！”②《事君章第十七》中，子曰：“君子之事上也，进思尽忠，退思补过，将顺其美，匡救其恶，故上下能相亲也。”“《诗》云：‘心乎爱矣，遐不谓矣。中心藏之，何日忘之！’”③这样的体例使《孝经》看上去就如孔子给学生上课的讲义，是课堂讲授内容的记录，并有内容的修改和补充。这体现出《孝经》“总会六经，明君臣父子之行所寄”，即为人们提供行动指南、行为标准

① 董治安主编：《经部要籍概述》，凤凰出版传媒集团江苏教育出版社 2008 年版，第 195 页。

② 胡平生：《孝经译注》，中华书局 1996 年版，第 30 页。

③ 胡平生：《孝经译注》，中华书局 1996 年版，第 37 页。

的编辑思想，为人们日常的事亲、事君、治天下，实现《春秋》为代表的儒家经典所设定的各种人生目标和政治理想，提供了理论依据和行动纲领。

其次，从《孝经》的结构来看。《孝经》全篇共十八章，学者汪受宽认为，《孝经》大体分为六部分。第一章《开宗明义章》是全书的总纲，总述了孝的宗旨和根本。第二章到第六章分别论述从天子到诸侯、卿大夫、士、庶人不同等级人们的行孝要求，即五等之孝。第七章到第九章是阐述孝道对政治的意义和作用，是孝治观的主要部分。第十章和第十一章，进一步论述如何行孝。第十二章到第十四章是对第一章中出现的至德、要道、扬名等观点的进一步阐释。第十五章至第十八章是论述行孝的几个具体做法。由此可见，《孝经》的结构是由总到分的。宋代邢昺对于《孝经》的篇章结构说道："首章先陈天子，等差其贵贱以至庶人，次及《三才》《孝治》《圣治》三章，并叙德教之所由生也。《纪孝行章》叙孝子事亲为先，与五刑相因，即夫孝始于事亲也。《广要道章》《广扬名章》即先王有至德要道，扬名于后世也。"①邢昺的观点也体现了《孝经》在安排篇章结构时由总到分的顺序和内在逻辑关系。总体来看，《孝经》的结构条理清晰，结构分明，内容逐层推进，娓娓道来。

第二节 《孝经注疏》

《孝经》作为历代封建统治者维护统治、教化人民、实行孝治天下的思想工具，在各个朝代的流传过程中，不断有人对其进行注释和疏解。其中由唐玄宗御注、宋代邢昺作疏的《孝经注疏》最为著名，一直流传后世。

一、《孝经注疏》的概况

《孝经注疏》是由唐玄宗作注，宋邢昺作疏。唐玄宗是历代帝王中最为重视《孝经》的帝王之一，亲自御注《孝经》。其"御注"不仅是《十三经注疏》中唯一的一部唐人注，而且也是该丛书唯一的一部帝王注，也是众多帝王《孝经》注中流传最广、影响最大的一部。② 在唐玄宗御注《孝经》之前，唐代是《郑注》与《孔传》并行于世。开元十年(722 年)，唐玄宗第

① 王玉德：《〈孝经〉与孝文化研究》，湖北长江出版集团崇文书局 2009 年版，第 100 页。
② 舒大刚：《中国孝经学史》，福建人民出版社 2013 年版，第 221 页。

一次注《孝经》，修成之后颁于天下及国子学。天宝二年(743 年)，唐玄宗重注《孝经》，对御注“开元本”进行了改动、补充和完善，之后代替“开元本”成为社会上《孝经》的标准版本，玄宗下诏令“天下家藏《孝经》一本”，并刻《石台孝经》，促进了御注《孝经》的普及和传播。

北宋初年，由于五代之乱的破坏，文化典籍损毁严重，前朝的文献典籍丧失殆尽，《孝经》亦不能幸免。司马光在《古文孝经指解序》中写道：“秘阁所藏，止有郑氏、明皇及古文三家而已，其古文有经无传。”①指出了到北宋仁宗时，保存下来的《孝经》只有郑氏注和唐玄宗注，以及只有经文的《古文孝经》。天宝二年，唐玄宗御注《孝经》后令“天下家藏一本”的做法，使御注《孝经》盛行天下，其余《孝经注》逐渐衰微。而御注文辞简约，其未尽之意和存疑之处需要由疏做进一步阐释，唐代和宋代除了元行冲为御注作疏以外，其他亦有多家。但诸家注疏“皆猥俗褊陋，不足行远”，故咸平四年，皇帝下诏命邢昺及杜镐等，集诸儒之说疏解《孝经》。在邢昺的带领和组织下，杜镐、舒雅等人共同参与修撰，在元行冲疏的基础上完成了邢昺疏，并受到嘉奖。邢昺的《孝经注疏》后被收入《十三经注疏》沿袭后世。

二、《孝经注疏》的编辑特色

(一)注重教化，孝治天下的编辑宗旨

唐玄宗御注《孝经》，其目的是要利用《孝经》的教化作用，达到孝治天下的政治目的。唐玄宗认为，长期存在的今古文之争不利于思想的统一和国家的统治，故在御注《孝经》时，给每条注只确立一种解释，不附其他说解，其定于一尊的做法是服务于其孝治天下的目的。唐玄宗两次御注《孝经》，第一次注由元行冲作《御注孝经序》，着重描述了《孝经注》的完成过程，大体分为四个阶段，分别为：“爰命近臣，畴咨儒学。搜章摘句，究本寻源。练康成、安国之言，铨王肃、韦昭之训。近贤新注，咸入讨论，分别异同，比量疏密。总编呈进，取正天心。”②由近臣对以往存在的注进行搜集整理，然后呈献给玄宗；“涤除氛荟，搴摭菁华。寸长无遗，片善必举。或削以存要，或足以圆文。其有义疑两存，理翳千古，常

① 周海生、骆明：《历代〈孝经〉序跋题识》，光明日报出版社 2013 年版，第 30 页。
② 周海生、骆明：《历代〈孝经〉序跋题识》，光明日报出版社 2013 年版，第 18 页。

情所昧，玄鉴斯通，则独运神襟，躬垂笔削，发明幽远，剖析毫厘”①，由唐玄宗自己对大臣们呈上的材料进行区分，去粗取精，去伪存真，并对所取之文进行处理，对存疑之处进行剖析；“诸学官等，并鸿都硕德，当代名儒，咸集庙堂，恭寻圣义。捧对吟咀，探紬反覆，至于再至三”②，由鸿都硕德，当代名儒们聚集起来讨论御注的圣义，以颁布天下；“其序及疏，并委行冲修撰”。由元行冲以序和疏的形式，对御注进行解释、说明和完善。第二次御注《孝经》由唐玄宗作序，序中侧重叙述御注《孝经》的宗旨，如“及乎仁义既有，亲誉益著。圣人知孝之可以教人也，故因严以教敬，因亲以教爱，于是以顺移忠之道昭矣，立身扬名之义彰矣……是知孝者，德之本欤！”③唐玄宗认为，孝是德之根本，强调孝的作用和重要性正是为了让人民认同，进而对其进行教化，使人民能够认同孝的重要性，并进一步移孝于忠，达到以孝治天下的政治目的。因此，唐玄宗在御注《孝经》时是遵循着注重教化、孝治天下的编辑宗旨的。

(二)简约精练的编辑风格

唐玄宗御注《孝经》在编辑风格上体现出了简约精练的特色。玄宗在《孝经序》中写道：“至当归一，精义无二，安得不翦其繁芜，而撮其枢要也？”④“约文敷畅，义则昭然。”⑤唐玄宗在做注时“翦其繁芜，撮其枢要”，就是去粗取精，去伪存真，把先人注中的精华吸收过来，把繁杂冗余的内容和错误的观点去掉，这体现出编辑中追求精练简约的风格。另邢昺在《孝经注疏序》中载：“明皇遂于先儒注中，采摭菁英，芟去烦乱，撮其义理，允当者用为注解。”⑥要去除纷繁复杂的表达语言和内容，力求以简约凝练的语言，传达《孝经》的核心主旨和意蕴，同样体现出唐玄宗御注追求简约的风格。另外，唐玄宗作注外，还要求元行冲为注作疏，唐玄宗《孝经序》说：“是以一章之中凡有数名；一句之内意有兼明。具载则文繁，略之又义阙。今存于疏，用广发挥。”⑦唐玄宗之所以要求元行冲作疏，正是因为御注较为简约，或去取之意未得说明，或深意奥旨难以发挥，所以要在《疏》中对御注进行补充、解释和说明，这也反映出御注《孝

① 周海生、骆明：《历代〈孝经〉序跋题识》，光明日报出版社 2013 年版，第 18 页。
② 周海生、骆明：《历代〈孝经〉序跋题识》，光明日报出版社 2013 年版，第 18 页。
③ 周海生、骆明：《历代〈孝经〉序跋题识》，光明日报出版社 2013 年版，第 17 页。
④ 周海生、骆明：《历代〈孝经〉序跋题识》，光明日报出版社 2013 年版，第 17 页。
⑤ 周海生、骆明：《历代〈孝经〉序跋题识》，光明日报出版社 2013 年版，第 17 页。
⑥ 胡平生：《孝经译注》，中华书局 1996 年版，第 58 页。
⑦ 周海生、骆明：《历代〈孝经〉序跋题识》，光明日报出版社 2013 年版，第 17 页。

经》具有简约精练的编辑风格。

(三)批判继承，旁引诸书的编辑方法

唐玄宗御注《孝经》采用了旁引诸书的方法，他以今文经为主作注，同时亦参考古文经，如《开宗明义章第一》中载："仲尼居，曾子侍。"在古文经《孝经》中的经文为"仲尼闲居，曾子侍坐"。唐玄宗以古文经文为依据，注曰："居谓闲居"，"侍为侍坐"。玄宗虽以今文郑玄注为主，但同时也积极吸收孔传、王肃注、刘炫注等多家《孝经注》成果，体现了其广征博引的编辑方法。邢昺作《孝经注疏》时，在《孝经正义序》中写道："《孝经》者，百行之宗，五教之要。自昔孔子述作，垂范将来，奥旨微言已备解乎注疏，尚以辞高旨远，后学难尽诗论。今特剪截元疏，旁引诸书，分义错经，会合归趣，一依讲说，次第解释，号之为讲义也。"①邢昺编撰《孝经注疏》是取自元行冲的《疏》，在此基础之上，对元行冲疏进行剪裁，进行继承、修改、补充与完善。邢昺对元行冲疏的"剪裁"表现出其在编撰《孝经注疏》时是以一种批判的态度进行取舍，而不是盲目继承元疏的内容，同时又旁引诸书，并注明参考援引的注文出处，如"此依孔传""此依郑注""此依韦注"等，增加了元疏之外诸儒的学说，对元行冲疏的内容进行丰富和完善。因此，《孝经注疏》总体上体现出了批判继承、旁引诸书的编辑思想。

第三节 《孝经郑注疏》

清朝时，经学研究兴起辑佚之风。《孝经郑注》由于失传已久，在清代的《孝经》辑佚中，《孝经郑注》成为一个热门，出现了大批辑佚成果。皮锡瑞在严可均所辑的《孝经郑注》基础之上，作《孝经郑注疏》，对《孝经郑注》进行了较为全面详尽的疏解，成为彼时成就最高的代表著作。

一、《孝经郑注疏》的编撰概况

郑玄所作《孝经注》在唐玄宗御注《孝经》后，逐渐散佚。清代汉学复兴，出现了大批辑佚者，如黄奭作《郑氏孝经解》、陈鳣作《集孝经郑注》、臧庸作《孝经郑氏解辑》等。此外，潘任有《孝经郑注考证》，孙季咸有《孝

---

① 李隆基、邢昺：《孝经注疏》，上海古籍出版社2009年版，第95页。

经郑注附音》，洪颐煊有《孝经郑注补证》①等。严可均的《孝经郑注》辑自魏徵的《群书治要》，又以日本人冈田挺之的《孝经郑注》为证，因《群书治要》缺少《孝经》的《丧亲章》，经注亦有删节，严可均遍览群书中所引《孝经郑氏注》，辑录而成，注明出处，间加按语，以补《群书治要》之缺。②皮锡瑞认为，严可均所辑的《孝经郑注》最为完备，于是以其为基础作疏，在《孝经郑注疏序》中曰："近儒臧拜经，陈仲鱼始裒辑之，严铁桥四录堂本最完善。锡瑞从叶焕彬吏部假得手钞四录堂本，博考群籍，信其确是郑君之注，乃竭愚钝，据以作疏。"③《孝经郑注疏》共两卷，以《孝经》前八章为上卷，后八章为下卷。《孝经郑注疏》力证孝经郑注的真实性，并对郑注中涉及的礼制进行了详尽的阐释，成为清代今文经解中成就突出的著作，也是人们研究《孝经郑注》的重要参考文献。

二、《孝经郑注疏》的编撰特点

（一）释疑解难，极力辨伪

皮锡瑞认为孔子是《孝经》的作者，《孝经郑注》乃是郑玄所作，对这一观点的捍卫是《孝经郑注疏》的基本定位，也是其撰写取材的基本依据。《孝经郑注疏序》中写道："学者莫不宗孔子之经，主郑君之注，而孔子所作之《孝经》，疑非孔子之旧；郑君所著之《孝经注》，疑非郑君之书，甚非宗圣经、主郑学之意也。"④可见，释疑解难，为《孝经》和郑注辩护是皮锡瑞撰写《孝经郑注疏》的旨趣和主要任务。针对前儒因《孝经》中常有"子曰"，各章又多引《诗》《书》而怀疑《孝经》不是孔子所作的观点，皮锡瑞指出："孔子作《孝经》，多引《诗》《书》，此非独《孝经》一书有然，《大学》《中庸》《坊记》《表记》《缁衣》莫不如是。"⑤在疏解郑注的同时，皮锡瑞"更采汉以前征引《孝经》者附列于后，以证《孝经》非汉儒伪作"⑥，力证孔子是《孝经》的作者。

对于《孝经郑注》的真伪，历史上多有争论。唐代刘知幾曾著《孝经老子注易传议》，列举了十二条证据证明《孝经郑注》之伪，成为历史上对

① 陈壁生：《孝经学史》，华东师范大学出版社2015年版，第361页。

② 董治安主编：《经部要籍概述》，凤凰出版传媒集团江苏教育出版社2008年版，第192页。

③ 皮锡瑞：《师伏堂丛书》（六），凤凰出版社2014年版，第254页。

④ 皮锡瑞：《师伏堂丛书》（六），凤凰出版社2014年版，第253页。

⑤ 皮锡瑞：《师伏堂丛书》（六），凤凰出版社2014年版，第253页。

⑥ 皮锡瑞：《师伏堂丛书》（六），凤凰出版社2014年版，第255页。

《孝经郑注》最为全面的批驳与否定，对后世影响很大。皮锡瑞曰："子玄通史不通经，所著《史通·疑古》《惑经》诸篇，语多悖谬。近儒驳刘说，辨郑注非伪，是矣，然未尽得要领。兹谨述鄙见，用去未寤。"①皮锡瑞针对刘知幾的十二条证据，一一回应，全面批驳，力辩《孝经郑注》非伪。对《孝经郑注》持怀疑态度者多因《孝经注》与郑玄其他经注风格相异，皮锡瑞从郑玄各经注存在的共同之处着手进行论证，他指出："郑君深于礼学，注《易》、笺《诗》，必引礼为证。其注《孝经》，亦援古礼。"②其认为《孝经注》多引古礼，与其《易注》《诗笺》是一致的，并多处援引郑玄的《周礼注》《礼记注》《尚书注》等，以《孝经注》与郑玄其他注相同的特点，力证郑玄《孝经注》的真实性。③ 有人认为《孝经注》多为今文经，与郑玄兼通今、古文经的经学风格相异。皮锡瑞辩解曰："郑君先治今文，后治古文，《大唐新语》《太平御览》引郑君《孝经序》云'避难于南城山'，严铁桥以为避党锢之难。是郑君注《孝经》最早，其解社稷、明堂、大典礼，皆引《孝经纬·援神契》《钩命决》文。郑所据《孝经》本今文，其《注》一用今文家说。后注《礼》笺《诗》，参用古文。陆彦渊、陆元朗、孔冲远不考今古文异同，遂疑乖违，非郑所著。"④指出郑玄先治今文经，后治古文经，注《孝经》是其早年的事情，故多采用今文经，与其经学风格并不矛盾。皮锡瑞通过对刘知幾力证郑注之伪的批驳、对郑注援引典礼的疏证以及对郑玄先今后古的分析，有力证明了《孝经郑注》的真实性。

（二）广征博引，解释甚详

《孝经郑注疏》广征博引，对郑注疏解精当，对涉及的古代礼制解释甚详。皮锡瑞作疏时，博览群书，以明郑注之渊源，正如他在《孝经郑注疏序》中所言："锡瑞从叶焕彬吏部假得手钞四录堂本，博考群籍，信其确是郑君之注，乃竭愚钝，据以作疏。"⑤他"更采汉以前征引《孝经》者附列于后"⑥，把古书援引《孝经》之文罗列殆尽，附于书后，显示出其作疏参考古籍的广泛性。皮氏对郑注的疏解，征引丰富。例如，对《卿大夫章第四》中"口无择言"的"择"字进行疏解时，"皮氏力排前人之说，主张

① 皮锡瑞：《师伏堂丛书》（六），凤凰出版社 2014 年版，第 263 页。
② 皮锡瑞：《师伏堂丛书》（六），凤凰出版社 2014 年版，第 253 页。
③ 吴仰湘：《皮锡瑞的经学成就与经学思想》，湖南大学出版社 2013 年版，第 259 页。
④ 皮锡瑞：《师伏堂丛书》（六），凤凰出版社 2014 年版，第 254 页。
⑤ 皮锡瑞：《师伏堂丛书》（六），凤凰出版社 2014 年版，第 254 页。
⑥ 皮锡瑞：《师伏堂丛书》（六），凤凰出版社 2014 年版，第 255 页。

'择当读作为斁败之斁'，并引《洪范》郑注、《说文》、《甫刑》、蔡邕《司空杨公碑》、《太玄》、《法言》、《毛诗笺》为证，言之凿凿，令人信服"。①再如，《广至德章第十二》曰："教以孝，所以敬天下之为人父者也。"郑《注》："天子父事三老，所以敬天下老也。"②皮锡瑞曰："邢氏盖泥于《祭义》教弟之文，以为事三老亦是教弟，无关教孝。案《祭义疏》曰：'《孝经》虽天子必有父也，注谓养老也，父谓君老也。此食三老而属弟者，以上文祀文王于明堂为孝，故以食三老五更为弟文，有所对也。'然则《祭义》之文不必泥，邢氏所疑，孔《疏》早已解之。《援神契》《白虎通》皆曰尊三老者，父象也。《白虎通》又曰：'既以父事，父一而已。'谯周《五经然否论》曰：'汉中兴，定礼仪，群臣欲令三老答拜……'明皇《注》于郑引古礼以解经者皆刊落之，专以空言解经，实为宋明以来作俑。邢《疏》依阿唐注，排斥古义，是其蔽也。"③此处，皮锡瑞广泛援引《祭义疏》《援神契》《白虎通》《五经然否论》等多部古书，对古代礼制详细疏解，阐明郑注中天子、父事三老之礼意在教孝，而非玄宗注和邢疏中所认为的意在教悌。

第四节 《孝经》要籍编辑思想

《孝经》及其要籍是我国历代封建统治者教化人民、推行德政、孝治天下、维护统治的重要典籍。它们在编撰活动中所表现出来的编辑宗旨、风格和特色皆体现出其丰富的编辑思想内涵。

一、广至德要道，以顺天下

孔子作为儒家思想的创始人，提出了以仁为核心的学说，在政治上反对暴政，主张实行仁政、德治，主张以至善至美的品行、道德使天下顺从。《孝经》一书编撰的目的就是向人们推广阐发使天下顺的"至德要道"——孝道，使世人了解孝道的重要性和作用。《孝经》在《开宗明义章》中就开门见山地提出"先王有至德要道，以顺天下，民用和睦，上下无

① 董治安主编：《经部要籍概述》，凤凰出版传媒集团江苏教育出版社2008年版，第194页。

② 皮锡瑞：《师伏堂丛书》(六)，凤凰出版社2014年版，第361页。

③ 皮锡瑞：《师伏堂丛书》(六)，凤凰出版社2014年版，第262~263页。

怨”[①]“夫孝，德之本也，教之所由生也”[②]，指出了孝是道德的根本，一切教化都从孝道中得来，孝是做人的根本，是治理天下的最好手段。在《三才章》中写道：“子曰：‘夫孝，天之经也，地之义也，民之行也。天地之经，而民是则之。则天之明，因地之利，以顺天下，是以其教不肃而成，其政不严而治。’”[③]孔子认为，孝是符合天地自然规律和人的本性的，是德政的根本，君主如果实行孝治，国家的教化不必用严厉的方法就能成功，国家的政治不用严苛的刑罚就能得到治理。《孝治章》中“夫然，故生则亲安之，祭则鬼享之，是以天下和平，灾害不生，祸乱不作。故明王之以孝治天下也如此”[④]，再次阐明了孝的作用，指出从天子到卿大夫如果都能以孝道治天下、治侯国和治家，那么国家就会和睦太平，风调雨顺，没有灾害，也没有犯上作乱。

孔子还认为，对于国君而言，孝道是治理国家的最好方法，如《孝经》第十二章《广要道章》曰“教民亲爱，莫善于孝”[⑤]，要教育人民相亲相爱，没有比国君自己行孝道、敬爱父母更好的方法了。第十三章《广至德章》曰：“君子之教以孝也，非家至而日见之也。教以孝，所以敬天下之为人父者也。教以悌，所以敬天下之为人兄者也。教以臣，所以敬天下之为人君者也。”[⑥]天子要教化人民，不必每天到百姓家中去宣传，而是要使自己在敬老为孝方面以身作则做好榜样。这两章从题目上看是呼应了第一章提出的“先王有至德要道，以顺天下”；从内容上看，是站在君主的立场上，阐述孝道是治理国家的最好途径，天子如何以孝道教化人民、影响人民，如何以孝治理天下。

《孝经》的第十二、十三章是站在君主立场上论述如何以孝治天下，是一种以上治下的视角；第十四、十五、十七等章则是站在士人、百姓的立场上论述如何以孝事君，是一种以下事上的视角。第十四章《广扬名章》载：“子曰：‘君子之事亲孝，故忠可移于君；事兄悌，故顺可移于长；居家理，故治可移于官。是以形成于内，而名立于后世矣。’”[⑦]孔子认为，君子要扬名后世，就要做到事亲孝、事兄悌、居家理，要养成好的品德修养，而品德修养的核心就是孝道，所以有孝道才能扬名后世。在此

① 胡平生：《孝经译注》，中华书局1996年版，第1页。
② 胡平生：《孝经译注》，中华书局1996年版，第1页。
③ 胡平生：《孝经译注》，中华书局1996年版，第12页。
④ 胡平生：《孝经译注》，中华书局1996年版，第16页。
⑤ 胡平生：《孝经译注》，中华书局1996年版，第28页。
⑥ 胡平生：《孝经译注》，中华书局1996年版，第29页。
⑦ 胡平生：《孝经译注》，中华书局1996年版，第31页。

章提出了“君子之事君孝，故忠可移于君”，把孝从家庭内部范围，推广到了事君的社会范围。第十五章《谏诤章》载：“父有争子，则身不陷于不义。故当不义，则子不可以不争于父，臣不可以不争于君。”①孔子认为，孝不代表盲目顺从，当父亲有不义行为时，作为儿子的要向父亲谏诤，这样做可使父亲免于陷入不义，此行为不是不孝，而是大孝。由此而推及君子事君，当天子有不义行为时，作为臣子的也要大胆谏言，使君主免于不义。而第十七章《事君章》则是专门论述了君子如何以事亲之孝移于事君，报效国家，扬名于世。“君子之事上也，进思尽忠，退思补过，将顺其美，匡救其恶，故上下能相亲也。”②孔子认为，君子事君、无论他为官还是为民，都要竭尽忠诚，不为官时要考虑自己的过失，以便将来更好地尽忠于君主，要纠正国君的过失，制止国君的暴政恶行。这几章内容是从以下事上的角度，来分析论述君子如何以孝道事君、以孝道尽忠，从而使天下顺和。

纵观《孝经》全书都是在紧紧围绕“孝道”展开论述，“广至德要道，以顺天下”是《孝经》编撰的目的，也是其重要的编辑思想，《孝经》的编撰就是为了向世人阐释至善至美的品行和道德、人伦道德的核心——孝道，使天子以孝治天下，臣民以孝事亲，移孝于君，以忠孝事君，从而达到上下和睦、社会和谐、人民顺君的天下太平的局面。

二、总会六经，以明君臣父子之行所寄

《孝经》是在“总会六经”的编辑思想指导下进行的。唐代魏徵在《隋书经籍志》孝经类小序中说道：“六经，题目不同，指意差别，恐斯道离散，故作《孝经》，以总会之，明其枝流虽分，本萌于孝者也。”③“六经”即《诗》《书》《礼》《乐》《易》《春秋》，是我国最早的一批被奉为儒家经典的著作。“六经”不仅“题目不同”，而且“指意差别”，它们虽都是儒家的经典，但内容范围却各有所指、各有侧重。因为“恐斯道离散”，所以作《孝经》，“以总会之”。由此可见，编撰《孝经》是为了总会“六经”，以避免“六经”“斯道离散”。《孝经》之所以能够总会“六经”，是因为“明其枝流虽分，本萌于孝者也”，“六经”虽内容各不相同，但是它们有一个共同之处，就在于“六经”之本源都在于“孝”，孝是儒家道德思想的核心和本源，

---

① 胡平生：《孝经译注》，中华书局 1996 年版，第 32 页。
② 胡平生：《孝经译注》，中华书局 1996 年版，第 37 页。
③ 汪受宽：《孝经译注》，上海古籍出版社 2004 年版，第 110 页。

“六经”思想皆来源和统一于“孝”，皆要遵循“孝”这一核心思想和观念，因此在总会“六经”编辑思想的指导下，《孝经》就是对“六经”的概括和总结，体现了儒家思想的精髓，是世人修身齐家治国平天下的依据和皈依。

“明君臣父子之行所寄”是编撰《孝经》的目的和作用，也是指导编辑活动的编辑思想。宋代邢昺在《孝经注疏序》中曰：“昔圣人蕴大圣德，生不偶时。适值周室衰微，王纲失坠，君臣僭乱，礼乐崩颓……遂乃定礼乐，删《诗》《书》，赞《易》道，以明道德仁义之源。修《春秋》，以正君臣父子之法。又虑虽知其法，未知其行，遂说《孝经》一十八章，以明君臣父子之行。”①邢昺指出，“六经”的编辑起到了“明道德仁义之源”“正君臣父子之法”的作用，考虑到“虽知其法”但“未知其行”，人们的行为找不到依据和标准，无所依傍，所以要编撰《孝经》，《孝经》可以给人们提供个人言行的准则和依据，即“君臣父子之行所寄”。

孔子编辑“六经”，但是六部经典著作却都不叫“经”，只有《孝经》名“经”。“经”的本意是指织布时织机上纵向的纱线，与横向的“纬”相对应。织布时纵向的纱线不动，只有横向纬线来回穿梭。因此，“经”就有了纲领的意思，有了根本原则的意思。以此推之于社会，要治理国家，千头万绪，必须为之建立纲领，行事才有条理和依据。②《孝经》以“明君臣父子之行所寄”为编辑思想，就是要为世人创造一套行为准则和依据，给世人呈现出一套事亲、事君、治天下的方法和行为规范。例如，对于百姓而言，要事亲就要善事父母，做到“居则致其敬，养则致其乐，病则致其忧，丧则致其哀，祭则致其严”③“事亲者，居上不骄，为下不乱，在丑不争”④。这些都是事亲行孝的行为规范和标准。第十八章《丧亲章》则具体阐明了孝子在为父母办丧事时应有的表现和做法，诸如孝子的哭声、表情、服饰、服丧的时间以及从制作棺椁到入殓、安葬、建庙祭祀等多方面的行为规则，使人们在治丧时能有所依据。由此可见，对于父母在世以及过世后，子女如何事亲，《孝经》都给出了标准规范。对于事君，《孝经》也提出了具体的要求，《事君章》曰：“君子之事上者，进思尽忠，退思补过，将顺其美，匡救其恶，故上下能相亲也。”⑤阐述了君子为官时、为民时、在朝时、在野时该如何尽忠事君，“进思尽忠，退思补过，将顺其

① 胡平生：《孝经译注》，中华书局1996年版，第58页。
② 汪受宽：《孝经译注》，上海古籍出版社2004年版，第4页。
③ 胡平生：《孝经译注》，中华书局1996年版，第25页。
④ 胡平生：《孝经译注》，中华书局1996年版，第25页。
⑤ 胡平生：《孝经译注》，中华书局1996年版，第37页。

美，匡救其恶”成为后世历代帝王教化臣民的标准。

三、忠君尊王，尊卑有别

孔子创立的儒家思想，尤其是“忠君尊王”思想，为历代封建统治者所推崇，成为我国两千余年封建文化的正统。①《孝经》是论述孔子孝道思想、总会“六经”的儒家经典之作，其编撰过程也必然遵循“忠君尊王”思想的指导。《孝经》提倡普及孝道，从阐述维护家庭和睦的伦理孝道出发推广到天子治理天下的至德要道，主张以孝治天下。从个人尽孝要做到“身体发肤，受之父母，不敢毁伤，孝之始也”②着手，指出孝敬父母首先要从爱惜自己的身体开始，做到“事亲者，居上不骄，为下不乱，在丑不争”③，概括出了个人在日常生活中要如何行孝事亲，进而在《广扬名章》中写道：“君子之事亲孝，故忠可移于君”，把行孝的层面从事亲推广到了事君，认为在家能尽孝的人，可以对君主尽忠，并在《事君章》写道：“君子之事上也，进思尽忠，退思补过，将顺其美，匡救其恶，故上下能相亲也。”指出了君子怎样事君，怎样对君主尽忠。《孝经》从个人的修身养性、保持名节着手推及如何尽忠事君，贯穿始终的根本指导思想是忠君尊王的思想，正如学者段江丽所言：“通观《孝经》，家庭层面的事亲之孝其实只是引子和基础，其主体内容是移孝作忠，将事亲之孝延伸或者说转化为事君之忠。”④在《孝经》之前，以孔子、曾子为代表的儒家孝道思想，其关注的重点是家庭伦理，而在《孝经》中家庭事亲孝道的思想则成为引子，其真正的核心内容是以孝治天下的政治伦理思想，所以说《孝经》的成书是先秦儒家孝道思想的一个转折点，实现了儒家孝道由家庭伦理向政治理论的关键性转变，⑤ 而这一转变的原动力正是长期以来儒家推崇的“忠君尊王”思想。

“忠君尊王”的思想和我国古代社会浓厚的尊卑观念是紧密结合在一起的。先秦时期我国已进入等级社会形态，等级社会伴随着浓厚的尊卑观念。孔子所倡导的周礼，实质就是尊卑之礼。《论语·季氏》记载：“天下

---

① 吴平、钱荣贵：《中国编辑思想史》，学习出版社 2014 年版，第 188 页。
② 胡平生：《孝经译注》，中华书局 1996 年版，第 1 页。
③ 胡平生：《孝经译注》，中华书局 1996 年版，第 25 页。
④ 段丽江：《从家庭伦理到政治伦理——〈孝经〉在儒家孝道思想史上的意义》，载《中国文化研究》2010 年秋之卷，第 85 页。
⑤ 段丽江：《从家庭伦理到政治伦理——〈孝经〉在儒家孝道思想史上的意义》，载《中国文化研究》2010 年秋之卷，第 80 页。

有道，则礼乐征伐自天子出；天下无道，则礼乐征伐自诸侯出。”①《荀子·礼论》记载：“贵贱有等，长幼有差，贫富轻重皆有称者也。”②这种根深蒂固的尊卑观念反映在《孝经》的编辑过程中，影响了《孝经》的内容和结构。

例如，在《孝经》的章节安排上，第二章至第六章分别是天子、诸侯、卿大夫、士和庶人的五等之孝。对于天子而言，其孝就是“爱亲者，不敢恶于人；敬亲者，不敢慢于人。爱敬尽于事亲，而德教加于百姓，刑于四海”③。天子不仅要爱自己的父母，也要爱敬天下父母，以自己高尚的品德言行成为天下人效仿的典范，实行孝治。对于诸侯而言，要“在上不骄，高而不危；制节谨度，满而不溢”④。诸侯之孝要求他们身居高位时不能自高自大，要节俭谨慎，这样才能永葆富贵。对于卿大夫而言，要“非先王之法服不敢服，非先王之法言不敢道，非先王之德行不敢行”⑤。卿大夫之孝就是要在服饰、语言、行为各方面都要遵守礼制，这样才能守住地位。对于士而言，“资于事父以事母，而爱同；资于事父以事君，而敬同。故母取其爱，而君取其敬，兼之者父也”⑥。士人要用事父之心去事君，敬爱忠顺于君，才能永葆自己的俸禄和官爵。而对于百姓而言，孝就是要“用天之道，分地之利，谨身节用，以养父母”⑦，要努力劳作，谨慎节俭，供养父母。学者申志兵认为，《孝经》中的“五等之孝”不只是简单地阐述行孝之道，而是对封建君主专制制度的肯定，体现了伦理孝道与王权政治的结合，体现了“以德治国”的治国模式。⑧ 在论述五等之孝，安排内容的篇章结构时，《孝经》的编辑者是按照等级制度爵位的高低来安排的，首先是天子之孝，其次是诸侯之孝，然后依次是卿大夫、士和庶人的孝，这种按照人社会地位由高到低的顺序安排关于五等之孝的篇章结构，反映了当时等级制度严格的社会现实，体现了浓厚的尊卑思想。

四、兼容并包，博采众长

《孝经》的孝道思想体现了孔子的孝道思想，而且也吸收了曾子、孟

---

① 张燕婴：《论语》，中华书局 2006 年版，第 253 页。
② 安小兰：《荀子》，中华书局 2007 年版，第 159 页。
③ 胡平生：《孝经译注》，中华书局 1996 年版，第 4 页。
④ 胡平生：《孝经译注》，中华书局 1996 年版，第 6 页。
⑤ 胡平生：《孝经译注》，中华书局 1996 年版，第 8 页。
⑥ 胡平生：《孝经译注》，中华书局 1996 年版，第 10 页。
⑦ 胡平生：《孝经译注》，中华书局 1996 年版，第 11 页。
⑧ 申志兵：《论〈孝经〉中的“五等之孝”》，载《聊城大学学报(社会科学版)》2007 年第 2 期，第 67 页。

子 、荀子等儒家大师的思想观点。首先，来看孔子的孝道思想对《孝经》的影响。其一，孔子最早提出孝为政治服务的思想。《论语·为政》载："或谓孔子曰：'子奚不为政？'子曰：'《书》云孝乎惟孝，友于兄弟，施于有政。'是亦为政，奚其为为政？"①孔子认为，推行孝道就是为政，孝道服务于政治。《孝经》中"先王有至德要道，以顺天下""夫孝，德之本也，教之所由生也""昔者明王之以孝治天下也"始终强调孝是天下和顺的根本，要孝治天下，即是孔子所言"孝即为政"。其二，孔子认为孝要建立在"敬"的基础之上。《论语·为政》曰："子游问孝。子曰：'今之孝者，是谓能养。至于犬马，皆能有养；不敬，何以别乎？'"②孝敬父母不能仅仅做到物质上的供养，要使父母心理上得到尊重，否则的话，人和动物就没有区别，这一思想把孝养提高到了孝敬的层面。《孝经》中"孝子之事亲也，居则致其敬，养则致其乐"指出，对待父母在日常的侍奉中要尽力做到恭敬，平常赡养父母时要表现得很快乐，这正体现了孔子的孝要建立在"敬"的基础之上的观点。其三，孔子认为要"事父母几谏"，当父母有不对之处时，作为子女的应该以委婉的语气给父母指出来，以免使父母陷于不义，但是要注意时机和劝谏的方式，不违背对父母的"敬"。《孝经》中"父有争子，则身不陷于不义。故当不义，则子不可以不争于父；臣不可以不争于君；故当不义则争之。从父之令，又焉得为孝乎？"③则与孔子认为孝子要善于"事父母几谏"的观点非常一致，是孔子孝道思想的体现。其四，孔子重视周礼，把孝与礼结合起来，也很重视丧葬之礼。《论语·为政》载："子曰：'生，事之以礼；死，葬之以礼，祭之以礼。'"④强调了父母在世时，要以礼侍奉父母，父母去世后，要以礼埋葬并祭祀父母，而且要守孝三年。孔子的这一思想在《孝经》第十八章《丧亲章》中得到了体现，《丧亲章》是《孝经》中专门论述父母去世后，孝子该以什么样的表情、服装、心情来面对，要守孝多久以及该如何为亡故父母制作棺椁、入殓和安葬。这体现了孔子尊礼、守礼的思想。从以上的分析可见，《孝经》的孝道思想和孔子的很多孝道思想是一致的。

其次，曾子的孝道思想也在《孝经》中得以体现。其一，曾子扩大了孝的范围，把孝的内涵扩大到超过孔子提出的仁的范围。《曾子大孝》记载："曾子曰：夫孝，置之而塞乎天地，溥之而衡乎四海，施诸后世而无

① 张燕婴：《论语》，中华书局2006年版，第21页。
② 张燕婴：《论语》，中华书局2006年版，第15页。
③ 胡平生：《孝经译注》，中华书局1996年版，第32页。
④ 张燕婴：《论语》，中华书局2006年版，第14页。

朝夕，推而放诸东海而准，推而放诸西海而准，推而放诸南海而准，推而放诸北海而准。”①曾子认为，孝是放之四海而皆准的真理，曾子的孝已无限扩展到一切方面，不但远超出了父子关系，而且超出了“仁”所表现的人类之爱。曾子的这一思想为《孝经》所继承，《孝经》把孝的道德抬到了天经地义的高度。② 例如《孝经》写道：“夫孝，天之经也，地之义也，民之行也。”强调了孝是天经地义的真理，这与曾子的孝道思想是相符合的。其二，曾子主张以孝来教化民众，他认为“民之本教曰孝”，这一思想在《孝经》中也有所体现，《广要道章》中曰：“教民亲爱，莫善于孝。”也同样认为孝是教化民众、治理国家的最好方法。其三，曾子认为不亏辱身体为孝。曾子闻诸夫子曰：“天之所生，地之所养，人为大。父母全而生之，子全而归之，可谓孝矣。不亏其体，不辱其身，可谓全矣。故君子跬步而不敢忘孝也。”③子女的身体受父母所赐，要保持身体完整，不受亏辱才是对父母的孝敬。在《孝经》中也写道：“身体发肤，受之父母，不敢毁伤，孝之始也。”这正是对曾子“敬身”以行孝思想的继承。

再次，孟子思想与《孝经》内容也有多处相近的地方。例如，孟子曾说“子服尧之服，诵尧之言，行尧之行”④，《孝经》中《卿大夫章》有言“非先王之法服不敢服，非先王之法言不敢道，非先王之德行不敢行”，与孟子的说法是非常相近的。孟子又说：“天子不仁，不保四海；诸侯不仁，不保社稷；大夫不仁，不保宗庙；士庶人不仁，不保四体。”⑤《孝经》中第二章至第六章正是按照天子、诸侯、卿大夫、士、庶人的等级次序，分别教导了不同身份的人行孝的方法，可见，孟子等级观念思想在《孝经》中被全盘照收。

最后，来看荀子的思想与《孝经》的关系。荀子是战国时期孟子之后最杰出的儒家思想家，他主张“齐之以礼”，重礼不重仁，重视“礼制”和“礼教”，非常重视丧葬之礼，更认为三年之丧不可改。《荀子·礼记》曰：“事生，饰始也；送死，饰终也。终始具而孝子之事毕，圣人之道备矣。”⑥又曰：“故三年之丧，人道之至文者也。夫是之谓至隆，是百王之所同也，古今之所一也。”⑦荀子重礼制思想在《孝经》中也有体现，如《孝

① 陈桐生译注：《曾子·子思子》，中华书局2009年版，第36页。
② 康学伟：《先秦孝道研究》，吉林人民出版社2000年版，第171页。
③ 陈桐生译注：《曾子·子思子》，中华书局2009年版，第38页。
④ 宁镇疆：《孟子》，中州古籍出版社2007年版，第213页。
⑤ 宁镇疆：《孟子》，中州古籍出版社2007年版，第131页。
⑥ 安小兰：《荀子》，中华书局2007年版，第182页。
⑦ 安小兰：《荀子》，中华书局2007年版，第188~189页。

经》曰："居则致其敬，养则致其乐，病则致其忧，丧则致其哀，祭则致其严。"①其意同于荀子所言"事生，饰始也；送死，饰终也"。《孝经》专门列出一章论述丧葬之礼，显示了对丧葬之礼的重视。其中"三日而食，教民无以死伤生，毁不灭性，此圣人之政也。丧不过三年，示民有终也"②，意同于荀子"故三年之丧，人道之至文者也"。所以，《孝经》也吸收了荀子重礼制的思想观点。可见，《孝经》一书是先秦儒家孝道思想的概括和总结，其孝道思想不仅融合了孔子、曾子的思想，还融合了孟子和荀子等儒家大师的言论和思想，在《孝经》的编辑中体现了兼容并包、博采众长的编辑思想。

唐玄宗两次御注《孝经》都采用了吸收各家学说、博采众长的编辑方法，在前朝和近代各家《孝经》注的基础之上，形成新的《孝经注》。开元十年(722 年)，唐玄宗首次御注《孝经》，元行冲在《御注孝经序》中写道，玄宗命近臣"畴咨儒学，搜章摘句，究本寻源。练康成、安国之言，铨王肃、韦昭之训。近贤新注，咸入讨论"③。可见，唐玄宗第一次御注《孝经》时就注意吸收唐代以前以及隋唐时期的成果。天宝二年(743 年)，玄宗重注《孝经》，他在《孝经序》中说："韦昭、王肃，先儒之领袖；虞翻、刘邵，抑又次焉。刘炫明安国之本，陆澄讥康成之注。在理或当，何必求人？今故特举六家之异同，会五经之旨趣。约文敷畅，义则昭然；分注错经，理亦条贯。"④唐玄宗明确提出要"举六家之异同，会五经之旨趣"，即要吸收各家所长，得出可总会"五经"主旨的《孝经注》。另外，邢昺在《孝经注疏序》中也写道："自西汉及魏，历晋、宋、齐、梁，注解之者迨及百家。至有唐之初，虽备存秘府，而简编多有残缺。传行者唯孔安国、郑康成两家之注，并有梁博士皇侃义疏，播于国序。"⑤可看出当时流行于世的有《郑注》《孔传》《皇疏》等，唐玄宗做注时也必然参考了当时盛行的《郑注》《孔传》等已有《孝经》注，是以吸收众家所长为我所用的编辑方法来做《孝经注》的。唐玄宗的这种编辑方法，体现了其兼容并包、博采众长的编辑思想，也体现了当时唐朝作为世界上经济文化最发达的国家所具有的兼容并包、开放、多元化的文化接受心态。

清代皮锡瑞作《孝经郑注疏》，在为《孝经郑注》作疏解的过程中，皮

① 胡平生：《孝经译注》，中华书局 1996 年版，第 25 页。
② 胡平生：《孝经译注》，中华书局 1996 年版，第 38 页。
③ 周海生、骆明：《历代〈孝经〉序跋题识》，光明日报出版社 2013 年版，第 18 页。
④ 周海生、骆明：《历代〈孝经〉序跋题识》，光明日报出版社 2013 年版，第 17 页。
⑤ 胡平生：《孝经译注》，中华书局 1996 年版，第 57 页。

锡瑞虽以郑注为主，但未忽略其他诸家注释，凡遇经文或注文有争议的地方，他必定会举各家说法，择最优的理解分析阐发。从皮氏为郑玄经注所作疏证来看，大凡经、史、子、集之相关者，皮氏均多加征引而不厌其烦。① 如《孝治章第八》中，有郑注“古者诸侯五年一朝天子，天子使世子郊迎”，皮锡瑞疏为：郑注云“诸侯五年一朝天子，天子使世子郊迎”者，《公羊传》《王制》《尚书大传》《白虎通・朝聘》篇皆云五年一朝。《朝聘》篇曰：“朝礼奈何？诸侯将至京师，使人通命于天子。天子遣大夫迎百里之郊，遣世子迎之五十里之郊矣。《觐礼》经曰：‘至于郊，王使人慎用璧劳。’《尚书大传》曰：‘天子太子年十八曰孟侯，于四方诸侯来朝，迎于郊。’”《御览》引《大传》曰：“迎于郊者，问其所不知也，问之人民之所好恶、地土所生美珍怪异、山川之所有无。父在时，皆知之。”郑注：“孟，迎也。十八向入大学，为成人，博问庶事。”是郑注《大传》与注《孝经》义同。② 此处，皮氏在疏解“五年一朝”和“世子郊迎”的礼制时，援引了《公羊传》《王制》等多部经典文献，还比较了《孝经》与《尚书大传》中两处郑注的意义，认为其意相同。又如《谏诤章第十五》中经文曰“天子有争臣七人，虽无道不失其天下……父有争子，则身不陷于不义”，皮锡瑞疏解此文时，不仅用邢昺引《礼记・内则》《礼记・曲礼》之文，而且引用了《大戴礼记・曾子本孝篇》《立孝篇》《大孝篇》《事父母篇》等篇章。《曾子本孝篇》曰：“君子之孝也，以正至谏”，又曰：“故孝子之于亲也，生则以养辅之”。《立孝篇》曰：“微谏不倦，听从不怠，怀欣忠信，咎故不生，可谓孝矣。”《大孝篇》曰：“君子之所谓孝者，先意承志，谕父母以道。”又曰：“父母有过，谏而不逆。”《事父母篇》曰：“父母之行，若中道则从，若不中道则谏……从而不谏，非孝也，谏而不从，亦非孝也。”此曾子用《孝经》之义言争子之道也。③ 皮锡瑞在疏解《孝经》中孝子如何谏诤父母的问题时，征引了《大戴礼记》的多个篇章。皮锡瑞在《孝经郑注疏序》中写道：“锡瑞从叶焕彬吏部假得手钞四录堂本，博考群籍，信其确是郑君之注，乃竭愚钝，据以作疏。”④体现出皮氏博考群籍、博采众长的思想。

五、批判继承，勇于创新

邢昺作《孝经注疏》时，在《孝经正义序》中写道：“今特剪截元疏，旁

---

① 潘斌：《论皮锡瑞郑学研究》，载《社会科学辑刊》2011 年第 2 期，第 207 页。

② 皮锡瑞：《师伏堂丛书》（六），凤凰出版社 2014 年版，第 318 页。

③ 皮锡瑞：《师伏堂丛书》（六），凤凰出版社 2014 年版，第 371~372 页。

④ 皮锡瑞：《师伏堂丛书》（六），凤凰出版社 2014 年版，第 254 页。

引诸书，分义错经，会合归趣，一依讲说，次第解释，号之为讲义也。”①《宋会要》中也提道：“取元行冲《疏》，约而修之。”“取”“约”“修”说明邢昺编撰《孝经注疏》是取自元行冲的《疏》，在此基础之上，对元行冲《疏》进行剪裁，进行继承、修改、补充与完善。邢昺对元行冲《疏》的剪裁表现出其在编撰《孝经注疏》时是有选择地进行取舍，而不是盲目继承元疏的内容，同时又旁引诸书，增加了元《疏》之外诸儒的学说，对元行冲《疏》的内容进行丰富和完善。因此，邢昺《孝经注疏》的编辑体现出批判继承的编辑思想。邢昺在《孝经正义序》中说“分义错经，会合归趣，一依讲说，次第解释”，是指在《孝经注疏》的体例上，邢昺采取了一种以疏附注，以注附经的格式，这样的格式使每一句经的本文，以及相关内容的出处、阐释等能够层次分明，相对独立、集中地展示给读者，便于讲说和理解，正因如此，才“号之为讲义也”。但是在邢昺之前的注疏采用的是注与疏分离的格式，因此读者在理解每句经文意义时，其注与疏不够集中，给读者的阅读和理解带来了不便。邢昺在《孝经注疏》中，突破了旧有的注疏在体例方面的缺点和局限，勇于创新，赋予《孝经注疏》新的、更便于传达其意的体例，这种勇于创新的编辑思想使《孝经注疏》不仅从内容，也从形式上有了进步，有利于《孝经注疏》的保存和流传。

清代时汉学复兴，辑佚之风兴起。清儒辑《孝经郑注》者有朱彝尊、余萧客、袁钧、陈鳣、洪颐煊、严可均、曹元弼、龚道耕等。在诸多《孝经郑注》辑佚成果中，严可均所辑本成就最高，皮锡瑞认为，“自明皇《注》出，郑《注》遂散佚不完。近儒臧拜经、陈仲鱼始裒辑之，严铁桥四录堂本最为完善”②，故皮氏在严可均所辑《孝经郑注》的基础上作疏。皮锡瑞对严可均的辑佚之功虽然推崇备至，但是对于严氏的观点主张却并非全盘接纳，而是持着一种批判继承的精神，以谨慎、实事求是的态度，进行郑注的疏解，于严氏的辑佚成果进行继承并对其不足之处进行补正。如《事君章第十七》末句经文引《诗·小雅·阴桑》的“心中爱矣，遐不谓矣。中心藏之，何日忘之”。严可均辑佚引《毛诗》也作“中心藏之”。但是皮锡瑞在疏解中改“藏”为“臧”，他在疏中写道：“此经引《诗》，郑注不传……郑训‘藏’为‘善’，是郑所据本作‘臧’，郑本《孝经》亦当作‘臧’，不作‘藏’也。”③又如《丧亲章第十八》中“陈其簠簋而哀戚之”一句，严可

① 李隆基、邢昺：《孝经注疏》，上海古籍出版社 2009 年版，第 95 页。
② 皮锡瑞：《师伏堂丛书》(六)，凤凰出版社 2014 年版，第 254 页。
③ 皮锡瑞：《师伏堂丛书》(六)，凤凰出版社 2014 年版，第 383 页。

均据《北堂书钞》原本辑录的郑注云"簠簋，祭器，受一斗两升，内圆外方曰簋"，认为在此句下缺了"外圆内方曰簠"六字。皮锡瑞此处未据严可均所辑，而是依据陈禹谟本《北堂书钞》所引《孝经郑注》作"簠簋，祭器。受一斗二升，方曰簠，圆曰簋，盛黍稷稻粱器。陈奠素器而不见亲，故哀之也"。皮锡瑞认为，严可均过于相信原本，依原本而补阙文，但原本其实有误，陈本虽不能确信，但此处陈本与郑义相符，故采纳陈本。① 由此可见，皮锡瑞虽以严氏辑佚为基础，但又不完全依附严氏成果，对于严氏整理得不周全之处，皮氏根据自己对郑玄经学的研究，适当地检核、求证、推敲，或依其他郑注，或引其他典籍，或依己意推论辨析，在吸纳他人成果的同时敢于质疑和批判，提出更为合理的意见，这正体现出了皮锡瑞编撰《孝经郑注疏》时所秉持的批判继承、勇于创新的精神。

六、重"今"轻"古"，经世致用

今文经学和古文经学是我国经学史的两个学派，两个学派的对立出现于汉代，持续到清代。西汉时王朝重视今文经学，漠视古文经学，使今、古文经学社会地位悬殊，促进了两派的对立和不同学术思想的形成。汉初河间人颜贞献《今文孝经》，《古文孝经》也出现于西汉前期，相传是鲁恭王坏孔壁所得，但由于西汉时朝廷重视今文经学，立今文经学为官学，所以《古文孝经》没有得到重视。《孝经》的编定和流传均以今文经为主，汉成帝时，刘向典校经籍，参照各本，厘定《孝经》十八章，成为相对稳定的传本。西汉时《今文孝经》的编辑体现了编者重"今"轻"古"的思想，这与当时经学发展的时代背景是一致的。

至唐玄宗时，流行于世的《孝经注》主要有郑玄所作《今文孝经》郑注和孔安国所作《古文孝经》孔传。今、古文经学的对立，不利于政治的统一，唐玄宗认为应"至当归一，精义无二"，于是作御注《孝经》，颁于天下。唐玄宗御注《孝经》也体现出了重"今"轻"古"的思想。《四库全书总目》曰"今文之立，自玄宗此注始"，主要表现在，其一，御注《孝经》是以十八章的《今文孝经》文本为基础的。当时，《孝经》有十八章的今文经本和二十二章的古文经本，唐玄宗做注时选择以十八章的今文经本为依据，说明其对《今文孝经》的重视和肯定。其二，唐玄宗作注以今文经为主，但也吸收古文经文。如《开宗明义章第一》中："仲尼居，曾子侍。"唐玄宗作注为"居谓闲居"，"侍谓侍坐"。而《古文孝经》的经文即"仲尼闲居，

① 赵婕妤：《皮锡瑞〈孝经郑注疏〉研究》，花木兰文化出版社 2014 年版，第 42 页。

曾子侍坐”。由此可见，唐玄宗是借鉴了《古文孝经》的经文。[①] 其三，唐玄宗作注时所引，以郑注为主。唐玄宗御注《孝经》时号称要“举六家之异同，会五经之旨趣”，广泛吸收各家所长，然而从其所引用的各家注的数量上来看，是以郑注为主的。如陈铁凡指出：“今按御注所引，实以孔、郑为多，并无刘炫、陆澄片语。据邢氏《正义》所注，经粗略统计，御注征引诸家，计：孔传，十二条（当为十四条——引者）；郑注，二十九条（实为三十二条——引者）；王注，九条（当为十四条——引者）；韦注，二条；魏注，二条（当为十六条——引者）——而不在‘六家’之内。”[②]从引文的数量来看，唐玄宗所引诸家中，郑注的数量最多，而郑注是今文经的注释，这也体现出唐玄宗的重“今”轻“古”思想。

清代皮锡瑞是著名的今文经学家，大力倡导今文经学。在疏解《孝经》郑注时以今文经立场排拒古文经说，体现出了其重“今”轻“古”的思想。一方面，皮氏阐释经义以郑注为长，辩驳孔传的古文观点。[③] 如《广要道章第十二》曰：“礼者，敬而已矣。故敬其父，则子悦；敬其兄，则弟悦；敬其君，则臣悦；敬一人，而千万人悦。所敬者寡，而悦者众。”[④]对于“一人”和“千万人”，唐玄宗未作注，邢昺引旧注依孔传作疏，认为“一人”指父、兄、君，“千万人”指子、弟、臣。郑玄注认为“所敬一人，是其少；千万人说，是其众”，“一人”和“千万人”只是“少”和“众”的概括。皮锡瑞曰：云“所敬一人是其少，千万人说是其众”者，承上文“敬一人而千万人悦”而言，郑意概属泛论，旧注依孔传云“一人谓父兄君，千万人谓子弟臣”，郑意似不然也。[⑤] 皮氏认为，孔传中“一人”和“千万人”的含义与郑注不同，郑注的解释更能衔接上下文，更符合经文原意，因此皮锡瑞以郑注为长。另一方面，皮氏力证郑注《孝经》的今文经立场。例如，《天子章第二》末句为“《甫刑》云：‘一人有庆，兆民赖之。’”[⑥]郑注解释“甫刑”是《尚书》的篇名。皮锡瑞疏解为：“郑注云‘《甫刑》，《尚书》篇名者，今文《尚书》作〈甫刑〉，古文《尚书》作《吕刑》’。……《孝经》本今文，郑注《孝经》亦从今文也。”皮锡瑞认为，郑玄在为《孝经》作注时依据的是《今文尚书》，因此郑注也是持今文经立场。此外，皮氏在疏解《孝经

① 董治安主编：《经部要籍概述》，凤凰出版传媒集团江苏教育出版社 2008 年版，第 73 页。
② 舒大刚：《中国孝经学史》，福建人民出版社 2013 年版，第 230 页。
③ 赵婕妤：《皮锡瑞〈孝经郑注疏〉研究》，花木兰文化出版社 2014 年版，第 88 页。
④ 胡平生：《孝经译注》中华书局 1996 年版，第 28 页。
⑤ 皮锡瑞：《师伏堂丛书》（六），凤凰出版社 2014 年版，第 360 页。
⑥ 胡平生：《孝经译注》，中华书局 1996 年版，第 4 页。

郑注》时，也大量引用今文经经典，如《尚书大传》《白虎通义》《春秋公羊传解诂》及纬候之书等，以证郑注与诸书相合，并多次指出《孝经注》用今文经说，而且极力驳斥古文经学说。①

今文经学与古文经学存在明显的特征差异，皮锡瑞认为“前汉今文说，专明大义微言；后汉杂古文，多详章句训诂”。今文经学注重阐明微言大义，具有功利性，有经世致用的特点。而古文经学则是注重史实的考订和文义的训解，有较强的学术性特点。历代王朝以今文经学为主，正是看中了今文经学的功利性，希望通过推崇今文经学，以阐发孔子“六经”的微言大义，维护政治统治。《孝经》自汉代起受到各朝帝王的重视，号召自王室贵族到凡夫卒子皆习之，宣扬它是“至德要道”“君臣父子之行所寄”，正是要通过《孝经》使臣民从思想到行为恪尽职守，尽孝尽忠，从而达到皇帝“以顺天下”的政治目的。因此《孝经》的编撰和传播体现了强烈的经世致用思想。

唐朝初年，流行于世的《孝经》注主要有郑氏的郑注和孔氏的孔传。唐玄宗时，《孝经》的今古文经之争激烈，刘知幾认为郑注是伪书，应当废除，司马贞则认为孔传是近儒“妄作”，不可确信。今古文经之争意味着朝廷中持不同主张的两派人马的对立，不利于政治的统一和稳定。唐玄宗为了维护政治统一，认为《孝经》应“至当归一，精义无二”，于是自注《孝经》颁行天下，使《孝经》注“定于一尊”，自此御注流行，郑注和孔传逐渐衰微消亡，结束了自魏晋以来今古文《孝经》注长期纷争的局面。除了维护政治上的统一，唐玄宗还希望通过御注《孝经》阐发微言大义，元行冲在《御注孝经序》中写道：“乃敕宰臣曰：‘朕以《孝经》，德教之本也。自昔诠解，其徒实繁，竟不能核其宗，明其奥，观斯芜漫，诚亦病诸。顷与侍臣，参详厥理，为之训注，冀阐微言。宜集学士儒官，佥议可否。’”②“冀阐微言”表明了唐玄宗开元注的目的。唐玄宗《颁重注孝经诏》曰：“化人成俗，率繇于德本；移忠教敬，实在于《孝经》。朕思畅微言，以理天下，先为注释，寻亦颁行。”③说明玄宗认为《孝经》是移忠教敬的根本，御注《孝经》是为了“思畅微言，以理天下”，服务于政治统治，实现孝治天下。由此可见，唐玄宗御注《孝经》，一方面是为了“定于一尊”适应和维护国家政治的统一；另一方面是为了通过御注《孝经》的推行，

① 董治安主编：《经部要籍概述》，凤凰出版传媒集团江苏教育出版社2008年版，第194页。

② 周海生、骆明：《历代〈孝经〉序跋题识》，光明日报出版社2013年版，第18页。

③ 纪昀：《影印文渊阁四库全书》第902册，台湾“商务印书馆”1986年版，第642页。

推广和阐发孝治天下的微言大义，总而言之都体现了编撰者经世致用的编辑目的和宗旨。

晚清今文经学家均强调经文中蕴含有圣人的大义微言。皮锡瑞作为今文经学的倡导者和践行者，亦重视今文经学的经世价值。皮氏说："乾嘉以后，治今文者尤能窥见圣经微旨。执此六义，以治诸经，乃知孔子为万世师表之尊，正以其有万世不易之经。经之大义微言，亦甚易明。"①皮锡瑞所言之"微言大义"就是儒学所肯定的"尊尊"的原则，以及儒学的政治哲学和社会理想。《孝经》通篇都在以教孝的微言，阐述以孝劝忠，以孝尽忠，移孝于忠，孝治天下之"大义"。皮锡瑞为《孝经郑注》进行疏解亦是以今文经学为立场，以微言大义、通经致用为核心的。《孝经郑注疏》可视为皮氏疏解著作的缩影，在疏解郑注之余，更呈现皮锡瑞融通致用的寄托，使《孝经》再次成为今文经学家求经世致用可参详的依据。② 因此，皮锡瑞疏解编撰《孝经郑注疏》是以经世致用的编辑思想为指导的。

《孝经》及其要籍的编撰是紧紧围绕"孝道"展开的，推广至德要道，以顺天下是其编辑目的，也是其编辑思想。《孝经》的编辑一方面是为了向世人阐释至德要道；另一方面也是为了"总会六经，以明君臣父子之行所寄"，给天子、臣民一个行孝、事君、治天下的行为规范和准则，使君民都能遵守孝道，尽忠职守做到本分，从而使家庭和睦、社会和谐、天下太平。纵观《孝经》全篇，可以看到它从内容到结构安排都受到了当时忠君尊王思想的影响，受到了等级制度和尊卑观念的支配。《孝经》的内容归根结底是在围绕忠君尊王的宗旨来阐释孝道，探讨忠君尊王的方法——孝治。而《孝经》中"五等之孝"的结构安排则明显体现了长幼有序、尊卑有别的封建等级制度。《孝经》虽通篇围绕孝道阐释孝治天下，是孝道思想的集大成之作，但其思想又不完全体现儒家某一先哲的全部思想，而是儒家几代大师思想的结晶。唐玄宗两次御注《孝经》都吸收众家所长，清代皮锡瑞作《孝经郑注疏》更是博考群籍，多加征引，所以《孝经》及其要籍也体现出兼容并包、博采众长的编辑思想。宋代邢昺作《孝经注疏》在元行冲《疏》的基础上修改、完善，并采用了以疏附注、以注附经的新体例，皮锡瑞的《孝经郑注疏》虽以严可均所辑《孝经》郑注为基础，却又勇于质疑和批判，这都体现出《孝经》要籍批判继承、勇于创新的精神。从西汉时《孝经》编定十八章，到唐朝时玄宗御注《孝经》，再到清代皮锡瑞

① 皮锡瑞：《皮锡瑞儒学论集》，四川大学出版社 2010 年版，第 40 页。

② 赵婕妤：《皮锡瑞〈孝经郑注疏〉研究》，花木兰文化出版社 2014 年版，第 125 页。

疏解《孝经》郑注，《今文孝经》都受到了重视，历代对《孝经》及其要籍编撰的重“今”轻“古”，是因为编者看中了今文经学的功利性，希望通过《今文孝经》阐发微言大义，从而起到经世致用的作用。

第八章 《尔雅》要籍编辑思想

《尔雅》是我国最早的一部词典，集录先秦古书中的训诂，以供研习此类古书者查考。《汉书·艺文志》曰：“古文读应《尔雅》，故解古今语而可知也。”《尔雅》成书后，历来对之注疏者众多，典型者如东晋郭璞作《尔雅注》，唐代陆德明作《尔雅音义》，北宋邢昺作《尔雅义疏》，清代邵晋涵作《尔雅正义》、郝懿行作《尔雅义疏》等。除此之外，历代仿《尔雅》体例，以“雅”命名的训诂著作亦不少，如西汉孔鲋的《小尔雅》，东汉末刘熙的《逸雅》，三国魏张揖的《广雅》，北宋陆佃的《埤雅》，南宋罗愿的《尔雅翼》，明代方以智的《通雅》，清代吴玉搢的《别雅》、洪亮吉的《比雅》、史梦兰的《叠雅》等，研究上述《尔雅》类的书也形成一门专门学问，称为“雅学”。

第一节 《尔雅》的编辑思想

一、《尔雅》简介

《尔雅》收集整理并分类诠释先秦时期的语言词汇，是后世阅读古书、通晓方言、辨识名物的一部重要参考书，在中国文化史上地位显著。古代学者对之评价颇高，三国魏张揖《上广雅表》云：“夫《尔雅》之为书也，文约而义固。其陈道也，精研而无误。真七经之检度，学问之阶路，儒林之楷素也。”东晋郭璞《尔雅序》云：“夫《尔雅》者，所以通训诂之指归，叙诗人之兴咏，总绝代之离词，辨同实而殊号者也。诚九流之津涉，六艺之钤键，学览者之潭奥，摛翰者之华苑也。”正因如此，早在汉文帝时期，朝廷广立学官，《尔雅》与《论语》《孝经》《孟子》等皆设博士。后虽废止，但是《尔雅》在社会中影响依然广泛，清邵晋涵在《尔雅正义》中云：“传《尔雅》者，汉初诸儒授受不绝，故贾、董之书训释经文，悉符《雅》义。

至于太史公，受《尚书》于孔安国，其为《本纪》《世家》，征引《尚书》者辄以训诂之字阐绎经义，悉依于《尔雅》……古者传以释经，史迁所训释，盖即孔安国《书》传，而孔传本于《尔雅》。则知古人释经，未有舍《尔雅》而别求字义者。”作为研习“五经”的重要参考书，到了唐代《尔雅》正式升格为经典，唐文宗太和年间“复刻十二经，立石国学”，其中就包括《尔雅》。

班固在《汉书·艺文志》中记载“《尔雅》三卷，二十篇”，这是《尔雅》见于目录之始。为何卷、篇并著？当是汉代时书籍形式竹简与缣帛并存，“三卷”指帛书，“二十篇”则指简册。今本《尔雅》为十九篇，较《汉书·艺文志》中所载少一篇。而晋代郭璞作《尔雅注》时，其所见《尔雅》就是十九篇，可见《尔雅》篇数问题由来已久。历代学者对此主要有两种观点：一种认为《尔雅》原有《尔雅序》一篇，后来散佚，如唐代孔颖达在《诗·周南·关雎疏》中就称：“《尔雅》序篇云，《释诂》《释言》，通古今之字，古与今异言也，《释训》，言形貌也。”另一种认为，目前我们所见的《释诂》篇幅明显较长，应是上、下两篇合并而来，今本十九篇其实就是古本二十篇，如清代宋翔凤就认为：“今《尔雅》十九篇，愚意以为《释诂》文多，旧分二篇。”①当然，上述两种说法均属推测，缺乏实证，班固所说的二十篇究竟如何，只能留待未来考证。

对于《尔雅》的性质，历来有不同的说法，如“故训汇编说”。胡朴安在《中国训诂学史》中就说：“《尔雅》一书，为西汉以前古书训诂之总汇。”②王力也认为“《尔雅》实际上是一种故训汇编”③。再如“教科书说”，何九盈提出“《尔雅》是一本为两个目的服务的教科书”，其中“正名命物”是《尔雅》的第一个目的，第二个目的就是解经。④“词典说”则是当今学者普遍认同的一种观点，例如徐朝华在《尔雅今注》中就说：“《尔雅》是我国最早的一部解释词义的专著，也是一部大致按照词义系统和事物分类而编纂的词典。”⑤赵振铎在《〈尔雅〉和〈尔雅诂林〉》中认为“《尔雅》是我国现存最早的分类综合词典”⑥。当然，对《尔雅》是什么性质的词典学者依然有其分歧。

---

① 宋翔凤：《尔雅义疏序》，见郝懿行：《尔雅义疏》，中国书店1982年版，第2页。
② 胡朴安：《中国训诂学史》，商务印书馆1939年版，第16页。
③ 王力：《中国语言学史》，山西人民出版社1981年版，第11页。
④ 何九盈：《〈尔雅〉的年代和性质》，载《语文研究》1984年第2期，第15页。
⑤ 徐朝华：《尔雅今注》，南开大学出版社1987年版，第1页。
⑥ 赵振铎：《〈尔雅〉和〈尔雅〉诂林》，载《古汉语研究》1998年第4期，第57页。

除此之外，关于《尔雅》的编者、成书年代等问题学界争执颇多，迄今尚无定论。[①] 不过，尽管《尔雅》编纂的相关信息缺失，但它在编纂体例方面的成熟已是有目共睹。今本《尔雅》共十九篇，依次为《释诂》《释言》《释训》《释亲》《释宫》《释器》《释乐》《释天》《释地》《释丘》《释山》《释水》《释草》《释木》《释虫》《释鱼》《释鸟》《释兽》《释畜》。其中《释诂》《释言》《释训》三篇可划归一类，皆为解释语言；《释亲》《释宫》《释器》《释乐》《释天》《释地》《释丘》《释山》《释水》《释草》《释木》《释虫》《释鱼》《释鸟》《释兽》《释畜》等十六篇可划归另一类，主要解释各类名词。

二、《尔雅》的编辑思想

作为我国历史上的第一部训诂学著作，《尔雅》共收词条两千两百一十九例，编排井然有序，达到了同期辞书编纂的最高水平。《尔雅》蕴含着编者的独特匠心，特别是“类聚群分，比物连类”的编纂思想对后世影响深远，至今仍在影响着人们的编纂活动，值得系统研究和深度挖掘。

（一）“齐一殊言，归于统绪”的编纂宗旨

周秦之书，多不题书名，是为通例。《尔雅》一书则不然，似在编纂之初即有书名。何为“尔雅”？《大戴礼记·小辨篇》载有一段孔子回答哀公的话，其中就有一句：“循弦以观于乐，足以辨风矣；尔雅以观于古，足以辨言矣。”[②]这是我们所能见到的“尔雅”一词的最初出处。“尔雅”作为确切书名，最早著录于《汉书》。《艺文志》云：“《尔雅》三卷二十篇。”[③]又云：“古文读应《尔雅》，故解古今语而可知也。”[④]东汉刘熙《释名》对“尔雅”一词做过这样的训释：“尔雅，尔，昵也，昵，近也；雅，义也，义，正也。五方之言不同，皆以近正为主也。”唐陆德明《经典释文》亦云：“尔，近也。雅，正也。言可近而取正也。”这里，《释名》《经典释文》都

---

① 关于《尔雅》一书的编者和成书年代，据管锡华的统计，自汉朝至今已有周公作说、周公作、孔卜等增益说、孔子作说、子夏作说、孔子门徒作说、秦汉学《诗》者作说、汉人作说、春秋后半至西汉成书说、孔子删《诗》《书》后成书说、毛公后成书说、兴于中古隆于汉氏说、战国末年成书说等十二种说法。而关于《尔雅》一书的性质，亦有故训汇编说、训诂之书说、教科书说和词典说数种。详见管锡华：《尔雅研究》，安徽大学出版社1996年版，第8~11、39~41页。

② 《大戴礼记》卷十一《小辨》第七十四，见王聘珍：《大戴礼记解诂》，中华书局1983年版，第206页。

③ 班固：《汉书》卷三十《艺文志》，中华书局1962年版，第1718页。

④ 班固：《汉书》卷三十《艺文志》，中华书局1962年版，第1707页。

说“尔雅”之义为“近正”，即近于“正言”。

那么，何谓“正言”呢？清代阮元云：“正言者，犹今官话也。近正者，各省土音近于官话者也。”这里把“正言”解释为“官话”，“尔雅”之义似乎就是用“官话”(标准语)来解释“土音”(方言)。但从《尔雅》的编纂内容来看，《尔雅》除了用“官话”来解释“土音”之外，还以“今语”来训释“古语”。黄侃《尔雅略说》云：“五方水土，未可强同；先古遗言，不能悉废；综而集之，释以正义，比物连类，使相附近；此谓尔雅。”①黄侃认为，《尔雅》是用“正义”来训释五方之音和先古遗言的。他还进一步指出：“雅之训正，谊属后起，其实即夏之借字。《荀子·荣辱篇》：‘越人安越，楚人安楚，君子安雅。’《儒效篇》则云：‘居楚而楚，居越而越，居夏而夏。’二文大同，独雅、夏错见，明雅即夏之假借也。明乎此者，一可知《尔雅》为诸夏之公言，二可知《尔雅》皆经典之常语，三可知《尔雅》为训诂之正义。”②这里黄侃认为“正义”即“诸夏之公言”，用今天的话说，就是通用语、共同语。今人周祖谟也认为，《尔雅》是用“雅言”来解释古语和方言的，其《雅学考》跋云：“古今音异，方国语殊，释以雅言，义归与正，故名《尔雅》。”③上述黄、周两位的说法，可以说代表着目前学界的主流意见。由此可知，《尔雅》一书就是以“雅言”(正言、公言)训释“方言”、以“今语”训释“古语”，其编纂旨趣、编纂动机正如黄侃先生所言的“齐一殊语，归于统绪”。在这一思想的主导下，《尔雅》的编纂以“释古今之异言，通方俗之殊语”为两大任务。

“释古今之异言”是为了解决语词因时间流逝而产生的词义变异问题。《尔雅》首篇《释诂》主要就是用当时的雅正之言去训释古语。如首条“初、哉、首、基、肇、祖、元、胎、俶、落、权舆，始也”④。其中，“初”为“裁衣之始”；“哉”为“草木之初”；“首”为“头也，首之始也”；“基”为“墙始筑也”；“肇”为“始开也”；“祖”为“宗庙之始”；“元”为“善之长也”；“胎”为“人成形之始”；“俶”为“动作之始”；“落”为“木叶陨坠之始”；“权舆”为“天地之始”。这些都是造字时的本意，这里以“始”这一今语训释之。《释诂》既然是训释古语的，自然也就包括古语中的方言。

① 黄侃：《尔雅略说》，见《黄侃论学杂著》，武汉大学出版社2013年版，第362页。

② 黄侃：《尔雅略说》，见《黄侃论学杂著》，武汉大学出版社2013年版，第362页。

③ 周祖谟：《重印〈雅学考〉跋》，见《周祖谟语言学论文集》，商务印书馆2001年版，第512页。

④ 郭璞注，邢昺疏：《尔雅注疏》，见《十三经注疏》，中华书局1980年版，第2568页。

如词条“如、适、之、嫁、徂、逝，往也”①。其中“适、嫁、徂、逝”即为方言，“适”为宋鲁方言，“徂”为齐国方言，而“逝”为秦晋方言，这里以“往”这一今语通释之。

“通方俗之殊语”是为了解决语词因空间阻隔、不相往来而导致的词义差异问题。《尔雅》之《释言》主要就是用“正言”来解释“方言”的。试举数例：a.“斯、誃，离也”，其中“斯”为齐、陈方言，其义为“析”(分离)，《陈风・墓门》云：“斧以斯之。”②b.“遏、遾，逮也”，其中“遏”“遾”二字均为方言，其义为“逮”(相及)，郭注云：“东齐曰遏，北燕曰遾，皆相及逮。”③c.“抚、敉，抚也”，其中被训释词“抚”为方言，其义为“爱”，邢疏云：“宋卫邠陶之间谓爱曰抚。”④d.“餥、餱，食也”，其中的“餥”“餱”均为方言，郭注：“陈楚之间相呼食为餥”，“餱”为秦语。⑤e.“迨，及也”，“迨”为方言，郭注：“东齐曰迨”。⑥ 当然，《尔雅》在训释方言时自然也会涉及方言之古语，只因时代距今已远，不易分辨罢了。

(二)“类聚群分，比物连类”的分类思想

《尔雅》内容丰赡，编次谨严，内部层次清晰，反映出“类聚群分，比物连类”的编纂思想。《尔雅》每篇均以“释×”的格式命名，十九篇实际上代表着十九个类。进一步分析这十九篇，可以清晰地看出它们之间的逻辑关系。《尔雅》前三篇，即《释诂》《释言》《释训》，训释的是普通词语，即前人所说的“语词”；《尔雅》后十六篇，即《释亲》《释宫》《释器》《释乐》《释天》《释地》《释丘》《释山》《释水》《释草》《释木》《释虫》《释鱼》《释鸟》《释兽》《释畜》，训释的是百科词汇。由此可见，《尔雅》在宏观上是把词语分成“普通词语”和“百科词语”两类来进行训释的。因为“普通词语”的使用频率要高于“百科词汇”，故《尔雅》先释“普通词汇”，后释“百科词汇”。

《尔雅》后十六篇可细分为两类，前四篇训释的是社会生活词汇，后十二篇训释的是自然万物名词。前四篇中的《释亲》训释的是亲属关系词汇，《释宫》《释器》《释乐》训释的是日常生活的词汇。后十二篇中前五

---

① 郭璞注，邢昺疏：《尔雅注疏》，见《十三经注疏》，中华书局 1980 年版，第 2568 页。
② 郭璞注，邢昺疏：《尔雅注疏》，见《十三经注疏》，中华书局 1980 年版，第 2581 页。
③ 郭璞注，邢昺疏：《尔雅注疏》，见《十三经注疏》，中华书局 1980 年版，第 2581 页。
④ 郭璞注，邢昺疏：《尔雅注疏》，见《十三经注疏》，中华书局 1980 年版，第 2581 页。
⑤ 郭璞注，邢昺疏：《尔雅注疏》，见《十三经注疏》，中华书局 1980 年版，第 2581 页。
⑥ 郭璞注，邢昺疏：《尔雅注疏》，见《十三经注疏》，中华书局 1980 年版，第 2582 页。

篇，也就是《释天》《释地》《释丘》《释山》《释水》，训释的是天文地理方面的词汇；后七篇，也就是《释草》《释木》《释虫》《释鱼》《释鸟》《释兽》《释畜》，训释的是动植物词汇。至于《尔雅》前三篇，情况要复杂一些，分类的标准是什么，历代学者意见不一，但谁都没有怀疑过分类标准的存在。这里我们不做细究和评判，只援引邢昺的观点，来大体了解《释诂》《释言》《释训》三者之间的区别。根据邢昺《尔雅疏》记载，《释诂》是以今语来训释古语，“释，解也。诂，古也。古今异言，解之使人知也”①。《释言》是以通用语来训释方言俗语的，邢疏云：“俗语不失其方，而后人不知，故为之作释也，是曰《释言》。”②而《释训》则是训释“物之貌”，邢疏《尔雅序》云：“‘训’，道也，道物之貌以告人也。”③《释训第三》邢疏云：“此篇以物之事、义、形、貌告道人也，故曰《释训》。”④《尔雅》篇章结构及分类情况，如图 1 所示。

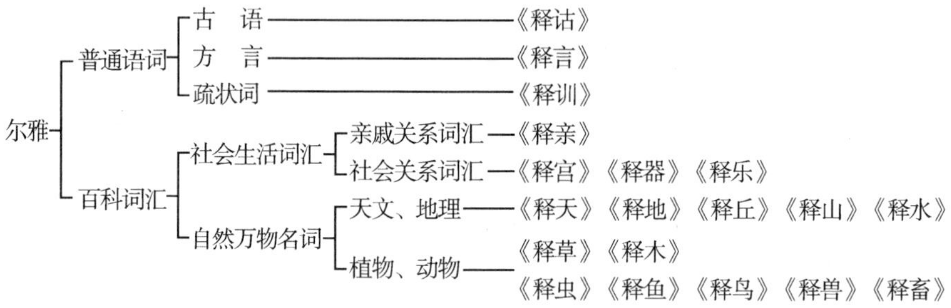

图 1 《尔雅》篇章结构及分类情况示意图

在篇内结构上，更加明显地体现出《尔雅》的“类聚群分，比物连类”的编纂思想。《尔雅》之《释亲》《释天》《释地》《释丘》《释水》《释兽》《释畜》等七篇，编纂者都做了明确的分类标示。《释亲》分为“宗族”“母党”“妻党”“婚姻”四类；《释天》分为“四时”“祥”“灾”“岁阳”“岁名”“月阴”“月名”“风雨”“星名”“祭名”“讲武”“旌旂”等十二类；《释地》分为“九州”“十薮”“八陵”“九府”“五方”“野”“四极”七类；《释丘》分为“丘”“厓岸”两类；《释水》篇分为“水泉”“水中”“河曲”“九河”四类；《释兽》篇分“寓属”“鼠属”“齸属”“须属”四类；《释畜》分“马属”“牛属”“羊属”“狗

① 郭璞注，邢昺疏：《尔雅注疏》，见《十三经注疏》，中华书局 1980 年版，第 2568 页。
② 郭璞注，邢昺疏：《尔雅注疏》，见《十三经注疏》，中华书局 1980 年版，第 2581 页。
③ 郭璞注，邢昺疏：《尔雅注疏》，见《十三经注疏》，中华书局 1980 年版，第 2567 页。
④ 郭璞注，邢昺疏：《尔雅注疏》，见《十三经注疏》，中华书局 1980 年版，第 2589 页。

属”“鸡属”“六畜”六类。这些分类充分体现了编纂者“类聚群分，比物连类”的思想。即便是那些没有明确标示类别的篇目，如作细究，也可看出《尔雅》的分类思想，只是这些篇目有些本身就难以分类或分类的界限不够明显。

在训释方式上，《尔雅》同样体现出“类聚群分，比物连类”的思想。《尔雅》中有众多“以一释多”的词条，尤以《释诂》最为典型。所谓的“以一释多”，就是将众多的词义相近或相同的词归结到一处，用一个最为常用的词加以训释。《释诂》一个词条中被训释的词语少则两三个，多则三四十个，如词条“初、哉、首、基、肇、祖、元、胎、俶、落、权舆，始也”①。这里将“初”“哉”等多个同义词、近义词放在一起，用一个“始”字来集中训释。再如词条“弘、廓、宏、溥、介、纯、夏、幠、庞、坟、嘏、丕、弈、洪、诞、戎、骏、假、京、硕、濯、讦、宇、穹、壬、路、淫、甫、景、废、壮、冢、简、箌、昄、晊、将、业、席，大也”②。这里用一个“大”字来训释“弘”“廓”等38个意思相同或相近的词。这种“以一释多”的训释方式很具匠心，可以极大地节省辞书的篇幅。

无论是从《尔雅》的宏观结构，还是从微观结构来看，《尔雅》“类聚群分，比物连类”的编纂思想都是非常明显的，也是自由自觉的。这种思想显然是受到先秦“名实”关系及“方以类聚，人以群分”思想的影响。值得注意的是，《尔雅》在《释兽》《释畜》两篇之中，还提出了极为重要的“属”概念。

（三）“由此及彼，递相引申”的训释逻辑

《尔雅》的训释顺序有规律可循，或由人及物，或由近及远，或由少及多，或由始及终，或由实及虚，体现出“由此及彼，递相引申”的编纂思想。在这一思想的指导下，《尔雅》的编纂体例井然有序，环环相扣，形成了系统的知识框架和术语体系。

从宏观看，《尔雅》先释普通语词（前三篇），后释百科词汇（后十六篇）；先释社会生活用语，后释自然万物词汇；先释天地山川，后释草木虫鱼。在训释社会生活词汇时，由近及远，先释亲属关系词汇，后释社会关系词汇；在释天文地理时，先释天文，后释地理；在训释动植物名词时，先释草木，后释虫鱼。《尔雅》的整体篇章之间很有逻辑性，似散不

① 郭璞注，邢昺疏：《尔雅注疏》，见《十三经注疏》，中华书局1980年版，第2568页。
② 郭璞注，邢昺疏：《尔雅注疏》，见《十三经注疏》，中华书局1980年版，第2568页。

散，构成了较为严谨的知识谱系，符合时人认识客观世界的一般规律。具体见表3。

表3 《尔雅》篇章结构表①

<table>
<tr><td rowspan="3">一般词语</td><td colspan="2">古语词</td><td>1. 释诂</td><td></td><td>173组</td></tr>
<tr><td colspan="2">常用词</td><td>2. 释言</td><td></td><td>280组</td></tr>
<tr><td colspan="2">疏状词</td><td>3. 释训</td><td></td><td>116组</td></tr>
<tr><td rowspan="16">百科名词</td><td rowspan="4">社会生活名词</td><td>人的社会关系</td><td>4. 释亲</td><td>四类：宗族、母党、妻党、婚姻</td><td>34组</td></tr>
<tr><td rowspan="3">人的日常生活</td><td>5. 释官</td><td></td><td>26组</td></tr>
<tr><td>6. 释器</td><td></td><td>47组</td></tr>
<tr><td>7. 释乐</td><td></td><td>16组</td></tr>
<tr><td rowspan="12">自然万物名词</td><td>天文</td><td>8. 释天</td><td>十二类：四时、祥、灾、岁阳、岁名、月阳、月名、风雨、星名、祭名、讲武、旌旗</td><td>51组</td></tr>
<tr><td rowspan="4">地理</td><td>9. 释地</td><td>七类：九州、十薮、八陵、九府、五方、野、四极</td><td>47组</td></tr>
<tr><td>10. 释丘</td><td>二类：丘、崖岸</td><td>30组</td></tr>
<tr><td>11. 释山</td><td></td><td>27组</td></tr>
<tr><td>12. 释水</td><td>四类：水泉、水中、河曲、九河</td><td>27组</td></tr>
<tr><td rowspan="2">植物</td><td>13. 释草</td><td></td><td>200组</td></tr>
<tr><td>14. 释木</td><td></td><td>82组</td></tr>
<tr><td rowspan="5">动物</td><td>15. 释虫</td><td></td><td>56组</td></tr>
<tr><td>16. 释鱼</td><td></td><td>42组</td></tr>
<tr><td>17. 释鸟</td><td></td><td>79组</td></tr>
<tr><td>18. 释兽</td><td>四类：寓属、鼠属、须属等</td><td>63组</td></tr>
<tr><td>19. 释畜</td><td>六类：马属、牛属、羊属、狗属、鸡属、六畜</td><td>47组</td></tr>
</table>

从中观看，《尔雅》在篇内顺序安排上也颇具匠心，大体上有几种情

① 顾涛：《名书〈尔雅〉逻辑思想发微》，载《盐城工学院学报》(社会科学版)2003年第4期，第26页。

形。一是由始及终。如《释诂》篇以释“始”开始，以释“终”而终。篇首词条为“初、哉、首、基、肇、祖、元、胎、俶、落、权舆，始也”，而篇末两个词条为“卒、猷、假、辍，已也”；“求、酋、在、卒、就，终也”。再如《释言》篇，以释“中”起，同样以“弥”而终。这些都体现了编纂者较为朴素的生命意识。二是由近及远。如《释宫》篇，先释建筑，后释道路、桥梁，古人认为道路、桥梁是宫室的延伸，皆“出于宫”；释建筑，则先释户内，再释户外。《释地》则先释“九州”“十薮”，再释“五方”“四极”。《释亲》先释父系(宗族)，再释母党、妻党，最后释由婚姻关系结成的各种亲属称谓。这种对训释顺序的关注，使得而《尔雅》篇内结构秩序井然，渐次衍生。

从微观看，《尔雅》的词条内部也有逻辑性。举例论之，如《释亲》的词条：“父之考为王父，父之妣为王母。王父之考为曾祖王父，王父之妣为曾祖王母。曾祖王父之考为高祖王父，曾祖王父之妣为高祖王母。”①这里以“父”为起始，逆溯而上，依次训释“王父”“王母”“曾祖王父”“曾祖王母”“高祖王父”“高祖王母”的称谓。词条：“子之子为孙。孙之子为曾孙。曾孙之子为玄孙。玄孙之子为来孙。来孙之子为晜孙。晜孙之子为仍孙。仍孙之子为云孙。”②这里从“子”开始，顺衍而下，以此训释“孙”“曾孙”“玄孙”“来孙”“晜孙”“仍孙”“云孙”的称谓。再如，《释地》词条：“邑外谓之郊。郊外谓之牧。牧外谓之野。野外谓之林。林外谓之坰。”③这里以“邑”为中心，由近及远，以此训释“郊”“牧”“野”“林”“坰”的名称。《尔雅》中像这样的词条还有很多，不妨再举一例。《释宫》词条：“一达谓之道路，二达谓之歧旁，三达谓之剧旁，四达谓之衢，五达谓之康，六达谓之庄，七达谓之剧骖，八达谓之崇期，九达谓之逵。”④这里以岔路多少为序，由少及多，以此训释了“歧旁”“剧旁”“衢”“康”“庄”“剧骖”“崇期”“逵”等道路之名称。从所举的这些词条中可以看出，《尔雅》训释词语的方式是非常巧妙的，往往先解释一个“中心词”“核心词”，然后依某种逻辑顺序层层展开，递相引申。这种将关系密切的词放在一个词条中进行训释的编纂方法，不仅便于查检、辨别和习得，也使得同一词条的内部结构紧凑有序，浑然一体。

---

① 郭璞注，邢昺疏：《尔雅注疏》，见《十三经注疏》，中华书局 1980 年版，第 2592 页。
② 郭璞注，邢昺疏：《尔雅注疏》，见《十三经注疏》，中华书局 1980 年版，第 2592 页。
③ 郭璞注，邢昺疏：《尔雅注疏》，见《十三经注疏》，中华书局 1980 年版，第 2616 页。
④ 郭璞注，邢昺疏：《尔雅注疏》，见《十三经注疏》，中华书局 1980 年版，第 2598 页。

第二节 《尔雅注》

郭璞(276—324)，字景纯，河东闻喜县(今山西省闻喜县)人，西晋建平太守郭瑗之子，东晋时期著名文学家和训诂学家。郭璞少年时代即潜心钻研《尔雅》，研读过程中发觉前人所注多不可靠，于是决心为之重作注解，以俾后学，“璞不揆梼昧，少而习焉，沈研钻极，二九载矣。虽注者十余，然犹未详备，并多纷谬，有所漏略。是以复缀集异闻，会稡旧说，考方国之语，采谣俗之志。错综樊孙，博关群言。剟其瑕砾，搴其萧稂。事有隐滞，援据征之；其所易了，阙而不论。别为音图，用祛未寤。辄复拥彗清道，企望尘躅者，以将来君子为亦有涉乎此也”。除了作《尔雅注》之外，郭璞还撰有《尔雅音义》一卷、《尔雅图》十卷、《尔雅图赞》二卷。不过这些著述都在历史长河中亡佚了，仅有《尔雅注》流传下来。

后世学者对郭璞《尔雅注》颇为推崇和看重，唐代学者陆德明就说：“先儒于《尔雅》多亿必之说，乖盖阙之义，唯郭景纯洽闻强识，详悉古今，作《尔雅注》，为世所重。”①清代著名学者邵晋涵也说：“唯郭景纯明于古文，研核小学，择撢群艺，博综旧闻，为《尔雅》作注。援据经传，以明故训之隐滞；旁采谣谚，以通古今之异言。制度则准诸礼经，薮泽则测其地望。诠度物类，多得之目验。故能详其形声，辩其名实，词约而义博，事核而旨远。盖旧时诸家之注，未能或先之也。”②郭璞在《尔雅注》中体现出的编辑思想主要如下。

(一)荟萃旧说

魏晋时期“集解”之学盛行，而郭璞即以纂集见长。所谓集解，就是把前人各家的注释经过一番选择以后汇集在一起，然后再加上自己的见解。在郭璞之前《尔雅》已有“注者十余”，其中尤以犍为文学、刘歆、樊光、李巡、孙炎等魏晋五家注为人所熟知③。郭璞作《尔雅注》时即广泛采

① 陆德明撰，张一弓点校：《经典释文·序录》，上海古籍出版社2012年版，第1页。

② 邵晋涵：《尔雅正义·序》，中华书局2017年版，第1~2页。

③ 如唐代陆德明在《经典释文》中就曾提及：“犍为文学注，二卷；刘歆注，三卷；樊光注，六卷；李巡注，三卷；孙炎注，三卷。”见陆德明：《经典释文·序录》，《经典释文》卷一。

辑旧家注释，其中最主要当属樊光和孙炎两家。另外，郭璞大量征引上古文献材料来解释《尔雅》词条。据学者统计，《尔雅注》征引的古代典籍包括《诗经》《尚书》《周礼》《仪礼》《礼记》《周易》《左传》《公羊传》《穀梁传》《论语》《孟子》《仓颉篇》《方言》《广雅》《国语》《史记》《逸周书》《汲冢竹书》《晏子春秋》《吕氏春秋》《韩非子》《淮南子》《穆天子传》《山海经》《孔子家语》《本草》《离骚》等近四十种。① 引征的古代典籍中尤以《诗经》为多，据统计直引多达一百七十多例。郭璞此种引证群书的做法既为后世保存了大量的文献资料，也为后世研治《尔雅》作了示范，《四库全书总目提要》就评价曰："璞时去汉未远……所见尚多古本，故所注多可据。后人虽迭为补正，然宏纲大旨终不出其范围。"

(二)以今释古

由于郭璞的生活时代距《尔雅》成书已有数百年之久，随着时间的推移，《尔雅》中许多语词早已不用或罕用，这导致时人阅读《尔雅》已有很多困难，因此郭璞尽量以当时人能够理解的方式作注，降低《尔雅》的阅读困难。如以今地名解释古地名，《尔雅·释地》中有"鲁有大野"，郭注："今高平巨野县东北大泽是也。"又《尔雅·释地》中有"楚有云梦"，郭注："今南郡华容县东南巴丘湖是也。"除此之外，郭璞《尔雅注》有着鲜明的语言特色，那就是广泛运用晋代活的语言材料来进行引证，特别是江东一带的地方俗语，几乎每篇都有。例如《释诂》中有"迁、运，徙也"，郭注："今江东通言迁徙。"《释言》曰："增，益也。"郭注："今江东通言增。"《释训》曰："帱谓之帐。"郭注："今江东亦谓帐为帱。"《释天》曰："暴雨谓之涷。"郭注："今江东呼夏月暴雨为涷雨。"《释器》曰："白盖谓之苫。"郭注："白茅苫也，今江东呼为盖。"《释地》曰："东方有比目鱼，不比不行，其名曰鲽。"郭注："状似羊脾，紫黑色。一眼两片，相合乃得行。今水中所在有之。江东又呼为王余鱼。"《释丘》曰："丘一成为敦丘。"郭注："成犹重也。《周礼》曰'为坛三成。'今江东呼地高堆者为敦。""江东"是郭璞及许多北方士族南渡后的生活之地，该地方言对郭璞这样的北方士族来说是新鲜且要加强学习的，所以郭璞为《尔雅》作注时取材自然特别多。②

① 顾廷龙、王世伟：《尔雅导读》，中国国际广播出版社2008年版，第66页。
② 周文德、杨晓莲：《〈尔雅〉郭璞注的两个特点》，载《西南民族学院学报》(哲学社会科学版)2000年第7期。

(三)严谨客观

郭璞注释典籍相当严谨，绝不率尔操觚。由于《尔雅》对于某些名物解释极其简单，令人疑惑，所以郭璞在名物训诂方面常常采取更为细致的方式。例如《尔雅·释鱼》中有：“鱀是鱁。”郭注曰：“鱀，鳍属也。体似鲟，尾如鯯鱼，大腹，喙小，锐而长，齿罗生，上下相衔，鼻在额上，能作声。少肉多膏，胎生，健啖细鱼。大者长丈余，江中多有之。”由郭注我们才能知晓“鱀”原是对白鳍豚一类动物的指称。再如《尔雅·释兽》中有“貘，白豹”，郭注曰：“似熊，小头，庳脚，黑白驳，能舐食铜铁及竹骨。骨节强直，中实少髓，皮辟湿。或曰豹白色者别名貘。”由郭注我们才能知晓“貘”原是对大熊猫的称谓。除此之外，郭璞对于自己不熟悉或未掌握的知识绝不臆测，通通以“未闻”“未详”“未见义所注”“阙而不论”等来标明。例如《尔雅·释诂》云：“元、良，首也。”郭璞《尔雅注》云：“良，未闻。”《尔雅·释天》：“正月为陬，二月为如，三月为寎，四有为余，五月为皋，六月为且，七月为相，八月为壮，九月为玄，十月为阳，十一月为辜，十二月为涂。”郭璞《尔雅注》云：“皆月之别名。自岁阳至此，其事义皆所未详通者，故阙而不论。”据黄侃先生的统计，《尔雅注》中称“未闻”“未详”者达一百八十条，可见郭璞作注时态度之严谨。

第三节 《尔雅音义》

陆德明(约550—630)，名元朗，以字行。苏州吴县人。少从名儒周弘正学，天资聪颖，善言玄理，尤精经学。陈宣帝太建年间，太子陈叔宝举行儒家经学讨论，邀请全国名儒参加，年方二十的陆德明亦叨陪末座。当时国子监祭酒徐孝克依仗自己的声望与地位，对儒家经义大发议论，旁若无人，各位名儒均甘拜下风，唯独陆德明多次指出其不足，从此名声大震。历仕陈、隋、唐三朝，太宗贞观初年升为国子博士，封吴县男，不久病故。

自汉武帝罢黜百家、独尊儒术之后，《诗》《书》《礼》《易》《春秋》“五经”便超出了一般典籍的地位，成为法定经典。不过，由于文本差异以及个人理解的不同，古今学者对于经学典籍的诠释并不统一，产生了诸如两汉今古文经之争，魏晋郑学、王学之争，南北朝南学、北学之争等纷争，这自然让后世学者感到苦恼，“夫书音之作，作者多矣，前儒撰著，光乎篇籍，其来既久，诚无间然。但降圣已还，不免偏尚，质文详略，互有不同。汉魏迄今，遗文可见，或专出己意，或祖述旧音，各师成心，制作如面，加以楚夏声异，南北语殊，是非信其所闻，轻重因其所习，后学钻仰，罕逢指要”①。仅以《尔雅》为例，作为研读“五经”的重要工具书，后世研读已十分费力，“《尔雅》本释坟典，字读须逐《五经》，而近代学徒好生异见，改音易字，皆采杂书，唯止信其所闻，不复考其本末。且六文、八体各有其义，形声、会意宁拘一揆，岂必飞禽即须安‘鸟’，水族便应著‘鱼’，虫属要作‘虫’旁，草类皆从两‘屮’，如此之类实不可依”②。另外，自汉朝之后经学与现实政治联系紧密，政治动向亦影响经学发展。陆德明所生活的陈隋之际，正是中国社会从分裂走向大一统的时代，整个思想学术也孕育着统一的因素。正是在此社会背景下，陆德明“循省旧音，苦其太简，况微言久绝，大义愈乖，攻乎异端，竞生穿凿。不在其位，不谋其政，既职司其忧，宁可视成而已。遂因暇景，救其不逮，研精六籍，采摭九流，搜访异同，校之《苍》《雅》。辄撰集《五典》《孝经》《论语》及《老》《庄》《尔雅》等音，合为三帙三十卷，号曰《经典释文》”③(其中第二十九卷和第三十卷即为《尔雅音义》)，这无疑顺应了学术发展的时代潮流。

陆德明在编撰《尔雅音义》过程中，其编辑思想主要体现在以下几个方面。

(一)对《尔雅》各篇进行总体解释

陆德明《尔雅音义》在雅学史上有着重要意义，他在注释正文之前通常会征引历代文献，进而对各篇篇目及分篇问题进行阐述，例如《释言》：“鱼鞬反。《诗传》云：‘直言曰言。’《书传》云：‘言，辞章也。’东方朔云：‘诵诗九万言’，谓一字为一言也。《说文》从‘口’从‘辛’声。《左传》云：‘介之推曰：言，身之文也，仲尼曰：言以足志，文以足言。’《广雅》云：‘言，从也。’此《释言篇》者，释古今之训义。”再如《释训》：“休运反。张揖《杂字》云：‘训者，谓字有意义也’，案《释诂》已下三篇，皆释古今之语、方俗之言，意义不同，故立号亦异，至于训释坟典，其实一焉。”④此种做法开了研治《尔雅》之先河，正如有学者所言，“就现存《尔雅》研究著作看，陆德明是最早对《尔雅》诸篇名义及分篇问题进行全面阐释和论述

① 陆德明撰，张一弓点校：《经典释文·序录》，上海古籍出版社2012年版，第1页。
② 陆德明撰，张一弓点校：《经典释文·序录》，上海古籍出版社2012年版，第3页。
③ 陆德明撰，张一弓点校：《经典释文》，上海古籍出版社2012年版，第1页。
④ 陆德明撰；张一弓点校：《经典释文》，上海古籍出版社2012年版，第625页。

的学者”①。

(二)对《尔雅》篇章摘字注音释义

陆德明《尔雅音义》一书不但给经文注音，同时也给注文注音。各篇先标明篇章，然后摘字标明音义，除非需要着意区分才摘录全句。以《尔雅·释诂》篇章名及“初、哉、首、基、肇、祖、元、胎、俶、落、权舆，始也”词条为例：

> 释诂第一。音古，又音故。樊光、李巡本作“故”。《说文》云：诂，故言也。《字林》同。张揖《杂字》云：诂者，古今之异语也。哉，子来反，亦作“栽”。肇，音赵。胎，天才反，孙炎大才反。本或作“台”。俶字又作“俶”，尺叔反。权，巨员反。舆音余。

陆德明在注释过程中对于前代注音释义的采用都相当谨慎。在音读方面，凡是典籍常用且认为是合理的陆德明都写在前面，其他各家音读只要有可取之处都一并摘录，并标明姓氏以免混淆。此种做法成为后世作音义书的表率。

(三)汇集汉魏六朝时期《尔雅》注解和读音材料

郭璞《尔雅注》对汉魏注家较少征引，而陆德明《尔雅音义》以郭璞注本为基础，兼采汉魏六朝时期各家《尔雅》注音释义材料。据学者统计，《尔雅音义》引樊光、李巡音各五处以上，孙炎音一百四十处，郭璞音三百七十多处，沈旋音三十八处，顾野王音五十六处，谢峤音一百一十七处，施乾音八十七处。而在释义方面，《尔雅音义》也是广泛征引，如引舍人注五十七处，樊光注四十多处，刘歆注五处，李巡注近百处，孙炎、郭璞(《尔雅音义》)、沈旋、顾野王等释义也都有引用。② 尤其是所征引的汉魏时期《尔雅》相关注本后世多已亡佚，一些注文幸赖《尔雅音义》收录而得以流存，因此该书成为清代辑佚的渊薮。《四库全书总目提要》评价该书曰：“(《经典释文》)所采汉魏六朝音切，凡二百三十余家，又兼载诸儒之训诂，证各本之异同，后来得以考见古义者，注疏以外，惟赖此书以存。真所谓残膏剩馥，沾溉无穷者也。”

① 窦秀艳：《中国雅学史》，齐鲁书社2004年版，第130页。
② 窦秀艳：《中国雅学史》，齐鲁书社2004年版，第126页。

第四节 《尔雅疏》

邢昺(932—1010)，字叔明，曹州济阴(今山东曹县)人。宋太宗时参加“五经”科举考试，因精慎博学被拔举为“九经”及第，授官大理评事，知泰州盐城监。后任水部员外郎、司勋员外郎、司勋郎中等职。宋真宗咸平初年，改为国子祭酒。咸平三年(1000年)，邢昺奉旨接替李至和李沆主持七经疏义整理工作，《玉海》卷四一《咸平孝经论语正义》条云：“至道二年(996年)，判监李至请命李沆、杜镐等校定《周礼》《仪礼》《穀梁传》疏，及别纂《孝经》《论语》正义，从之。咸平三年(1000年)三月癸巳，命祭酒邢昺代领其事，杜镐、舒雅、李维、孙奭、李慕清、王焕、崔偓佺、刘士元预其事。……四年九月丁亥以献，赐宴国子监，进秩有差。十月九日，命杭州刻板。”

上述“七经”疏义整理工作，一方面是对原有旧疏进行校雠，“贾公彦《周礼》《仪礼》疏各五十卷，《公羊》疏三十卷，杨士勋《穀梁》疏十二卷，皆校旧本而成之”；另一方面则是修订重写，“《孝经》取元行冲疏，《论语》取皇侃疏，《尔雅》取孙炎、高琏疏约而修之，又二十三卷”。《尔雅义疏》的编纂正是属于对原有旧疏进行校雠，这在《尔雅义疏序》中有说明：“其为义疏者，则俗间有孙炎、高琏，皆浅近俗儒，不经师匠。今既奉敕教定，考案其事，必以经籍为宗。理义所诠，则以景纯为主，虽复研精覃思，尚虑学浅意疏。谨与尚书驾部员外郎、直秘阁臣杜镐，尚书都官员外郎、秘阁校理臣舒雅，太常博士、直集贤院臣李维，诸王府侍讲太常博士兼国子监直讲臣孙奭，殿中丞臣李慕清，大理寺丞国子监直讲臣王涣，大理评事国子监直讲臣崔偓佺，前知洛州永年县事臣刘士元等共相讨论，为之疏释。”①邢昺《尔雅疏》共十卷，其具体章节如下：第一卷疏郭璞《尔雅序》；第二卷疏《释诂》；第三卷疏《释言》；第四卷疏《释训》《释亲》；第五卷疏《释宫》《释器》《释乐》；第六卷疏《释天》；第七卷疏《释地》《释丘》《释山》《释水》；第八卷疏《释草》；第九卷疏《释木》《释虫》《释鱼》；第十卷疏《释鸟》《释兽》《释畜》。

后世学者对于邢昺《尔雅疏》褒贬不一，其中贬者居多。例如邵晋涵的《尔雅正义序》就批评其“多掇拾《毛诗正义》掩为己说，间采《尚书》《礼

① 《全宋文》卷四四，第743页。

记》正义，复多阙略。南宋人已不满其书，后取列诸经之疏，聊取备数而已”。宋翔凤在《尔雅义疏序》中也说：“《尔雅》二十篇，则训故之渊海，五经之梯航也。然至唐代，但用郭景纯之注而汉学不传。至宋邢氏作疏，但取唐人《五经正义》缀辑而成，遂滋阙漏。”当然，对其肯定者亦不乏其人，如《四库全书总目提要》就曾评价道：“其犍为文学、樊光、李巡之注，见于陆氏《释文》者，虽多所遗漏，然疏家之体，惟以本注，注所未及，不复旁搜。此亦唐以来之通弊，不能独责于昺。”而近代著名文字学家黄侃就认为《尔雅义疏》有三善：一是补郭注之阙；二是知声义之通；三是达词言之例。该书在历史上之地位，“非清儒所能竟夺其席也！”①应该说，黄氏的评价较为公允。邢昺在编撰《尔雅注疏》时体现了以下编辑思想。

(一)声义兼通的编辑思想

正如学者所指出的，郭璞《尔雅注》仅用“语之转”来进行声训，但未阐明声义之间的关联，故而不算是真正意义上的声训。而邢昺《尔雅疏》不仅注明音读，而且还阐明声义关联。例如对“哉”字的解释，邢昺疏曰：“哉者，古文作才。《说文》云：‘才，草木之初也。’以声近借为哉始之哉。”因此，邢昺《尔雅疏》是“《尔雅》注本文献系列中第一部运用了真正意义的声训的注本”②。当然，邢昺《尔雅疏》所变现出的声训方法没有清代学者如郝懿行在《尔雅义疏》中运用得那样广泛与深入，正如黄侃所说：“近儒知以声训《尔雅》，而其端实启于邢氏……皆能由声得其通借，特不能全备耳。”③

(二)旁征博引、力求全备的编辑思想

邢昺在编撰《尔雅疏》时“考案其事，必以经籍为宗”，引用大量古代文献来佐证《尔雅》释义，补充与完善郭璞《尔雅注》的内容。以《尔雅·释草》“蘩，皤蒿。蒿，菣。蔚，牡菣”条为例：

《尔雅·释草》：“蘩，皤蒿。”郭注：白蒿。“蒿，菣。”郭注：今人呼青蒿，香中炙啖者为菣。“蔚，牡菣。”郭注：无

① 黄侃：《尔雅略说》，见《黄侃论学杂著》，武汉大学出版社2013年版，第380页。
② 杨薇、张志云：《中国传统语言文献学》，湖北辞书出版社2006年版，第66页。
③ 黄侃：《尔雅略说》，见《黄侃论学杂著》，武汉大学出版社2013年版，第380页。

子者。

邢疏：此辨蒿色及有子无子者之异名也。《诗·召南》云："于以采蘩？于沼于沚。"《毛传》云："蘩，皤蒿也。"郭氏云"白蒿"，然则皤犹白也。《本草》云"白蒿"，唐本注云：此蒿叶粗于青蒿。从初生至枯，白于众蒿，欲似艾者，所在有之。又云：叶似艾，叶上有白毛，粗涩，俗呼蓬蒿，可以为菹，故《诗笺》云"以豆荐蘩菹"。陆机云："凡艾白色为皤蒿，今白蒿春始生，及秋，香美可生食，又可烝。一名游胡，北海人谓之旁勃。故《大戴礼·夏小正传》曰：'蘩，游胡；游胡，旁勃也。'"是蒿一名菣。《诗·小雅·鹿鸣》云："食野之蒿。"陆机云："蒿，青蒿也。荆、豫之间，汝南、汝阴皆云菣。"孙炎云："荆、楚之间谓蒿为菣。"郭云"今人呼青蒿，香中炙啖者为菣。"是也。蔚即蒿之雄无子者，故云牡菣。舍人曰："蔚，一名牡菣。"《诗·蓼莪》云："匪莪伊蔚。"陆机云："牡蒿也，二月始生，七月华，华，似胡麻华而紫赤。八月为角，角似小豆，角锐而长，一名马新蒿。"是也。

据学者统计，邢昺《尔雅疏》大量引用了《诗经》《尚书》《左传》《国语》《山海经》《周礼》《礼记》《离骚》《尸子》《论语》《孟子》等先秦典籍，以及《方言》《说文》《释名》《本草》《汉书》《广雅》《淮南子》《白虎通》《声类》《字林》等汉代之后的文献。① 除此之外，还征引了犍为舍人注、孙炎注、李巡注、樊光注等多种《尔雅》旧注。由于《尔雅》上述旧注在日后均不再流传，我们今天能够看到一些注文还得归功于此书。例如清代著名辑佚学家马国翰的《尔雅犍为文学注》收录两百余条词条，其中来自邢昺《尔雅疏》的词条多达八十三条；《尔雅樊氏注》辑自邢昺《尔雅疏》的词条有一百四十条，《尔雅李氏注》辑自邢昺《尔雅疏》的词条有三十五条，《尔雅孙氏注》辑自邢昺《尔雅义疏》的词条有九十七条。②

第五节 《尔雅正义》

邵晋涵（1743—1796），字与桐，一字二云，号南江，浙江余姚人。

---

① 霞绍晖：《汉唐注疏的遗韵——宋代邢昺〈尔雅〉疏研究》，四川大学历史文化学院硕士论文，2006年。

② 霞绍晖：《邢昺〈尔雅疏〉的文献学价值》，载《儒藏论坛》2009年第2期。

乾隆三十六年(1771年)进士。乾隆三十八年(1773年)开四库馆，被征入馆编纂，授翰林院庶吉士，次年授编修。乾隆五十六年(1791年)迁左中允，充日讲官。累官至侍讲学士，兼文渊阁直阁事。邵晋涵博闻强识，涉猎广泛，尤长于经史，撰有《南都事略》《尔雅正义》《孟子述义》《穀梁正义》《韩诗内传考》《皇朝大臣谥迹录》《方舆金石编目》《輶轩日记》《南江诗文钞》等。

邵晋涵十分推崇郭璞所作《尔雅注》，“唯郭景纯明于古文，研核小学，择撢群艺，博综旧闻，为《尔雅》作注。援据经传，以明故训之隐滞；旁采谣谚，以通古今之异言。制度则准诸礼经，薮泽则测其地望。诠度物类，多得之目验。故能详其形声，辩其名实，词约而义博，事核而旨远。盖旧时诸家之注，未能或先之也”①，且对坊间流行的邢昺《尔雅注疏》表示强烈不满，认为其仅是罗列前人成果，对于《尔雅》词条意义并未真正疏通，“邢氏疏成于宋初，多掇拾《毛诗正义》掩为己说，间采《尚书》《礼记正义》，复多阙略”②。鉴于此，邵晋涵与乾隆三十六年(1771年)开始撰写《尔雅正义》，到乾隆五十年(1785年)“凡三、四易稿始定”。全书按《尔雅》十九目分编，每条首列《尔雅》原文，再列郭璞注，再次列邵氏正义。所谓“正义”，即正确的含义。邵晋涵在撰写《尔雅正义》过程中态度十分严谨，虽然后期身体羸弱，但“一字未定，必反复讲求，不归于至当不止”③。

黄侃曾将《尔雅正义》的主要内容和特点总结为校文、博义、补郭、证经、明声、辨物等六个方面，④ 其编辑思想亦主要体现在上述特点中。

(一)重视校勘的编辑思想

关于校勘工作，邵晋涵就曾说：“长涉诸经，益知《尔雅》为五经之錧鎋。而世所传本，文字异同，不免讹舛，郭注亦多脱落，俗说流行，古义寖晦。爰据唐石经暨宋椠本及诸书所征引者，审定经文，增校郭注，仿唐人正义，绎其义蕴，彰其隐赜。”至于具体校勘方法，则涵盖了陈垣先生在《校勘学释例》中所提到的对校、本校、他校及理校等四法。以“谇”字为例，邵晋涵广泛征引前人著作，指出讯为谇的讹字。邵晋涵《尔雅正义》曰：“谇，今本作‘讯’，陆本作‘谇’，《后汉书注》引《尔雅》亦作

① 邵晋涵：《尔雅正义·序》，中华书局2017年版，第1~2页。
② 邵晋涵：《尔雅正义·序》，中华书局2017年版，第2页。
③ 洪亮吉：《邵学士家传》，载《洪亮吉集》(1)，中华书局2001年版，第192页。
④ 黄侃：《尔雅略说》，见《黄侃论学杂著》，武汉大学出版社2013年版，第392~393页。

‘谇，告也’。《广韵》引《诗》云：‘歌以谇止。’王逸《楚辞章句》引《诗》云：‘谇予不顾。’今《陈风》‘谇’俱作‘讯’。戴震《毛郑诗考正》云：‘讯乃谇字转写之讹。’《毛诗》云告也，《韩诗》云：‘谏也，皆当为“谇”。“谇”音碎，故与萃韵。“讯”音信，问也，于诗义及音韵咸扞格矣。’又云：‘《雨无正》四章莫肯用讯，讯乃谇字转写之讹。谇告、讯问，声义不相假借。’案：戴说是也。《学记》云：‘多其谇。’《吴语》云：‘乃谇申胥。’今转写俱讹作讯。惟《离骚》云：‘謇朝谇而夕替。’《庄子·山木篇》：‘怵然而谇之。’《墨子·非命篇》：‘百姓之谇也。’谇字尚未尽讹，皆为告也。”

（二）补阙的编辑思想

若以名计条，郭璞《尔雅注》中含“未详”“未闻”“未详闻”“未闻其义”“未见所出”等条目达一百八十九处，而邵晋涵《尔雅正义》对其中一百六十条进行了补注。① 其中：

或补郭未详之义，如《尔雅·释诂》“羕，长也”条，郭注：“羕所未详。”邵晋涵《尔雅正义》云：“羕者，《说文》云：‘羕，水长也。《诗》曰：江之羕矣。’《文选注》引《韩诗》作‘江之漾矣’。《薛君章句》云：‘漾，长也。’‘羕’通作‘养’，《夏小正》云：‘时有养日’，‘时有养夜’。养，长也。又‘羕’为古‘永’字。齐侯镈钟云‘羕保其身’，又云‘羕保用享’是也。”

或补郭未闻之物，如《尔雅·释草》“蒩灌”条，郭注：“未详。”邵晋涵《尔雅正义》云：“《释文》引《声类》云：‘蒩灌，苬芝也。’是蒩灌一名苬芝。郭以‘蒩灌’为未详，是苬一名芝也。《说文》云：‘芝，神草也。’《系传》云：‘今人所见皆玄、紫二色，如鹿角，或如伞盖，皆坚实而芳香，或叩之有声。《本草》有青、赤、黄、白、黑、紫六色。”

或补郭未明语源，如《尔雅·释水》“胡苏”条，郭注：“东光县今有胡苏亭，其义未详。”邵晋涵《尔雅正义》云：“《诗疏》引李巡云：‘胡苏者，其水下流，故曰胡苏。胡，下也；苏，流也。’孙炎云：‘胡苏者，水流多散，胡苏然。’颜师古《汉书注》云：‘胡苏，下流急疾之貌也。’”

或补郭置疑之处，如《尔雅·释木》“味，荎著”条，郭注：“《释草》已有此名，疑误重出。”邵晋涵《尔雅正义》云：“《周礼注》引杜子春云：‘𩎟，读如味荎著之味。’是‘味’有‘𩎟’音，莫戒反。与音‘味’者师读不

① 参见李嘉翼：《邵晋涵〈尔雅正义〉补郭谫论》，载《杭州师范大学学报》（社会科学版）2009年第6期，第64页。

同也。《释文》引舍人本'茎著'作'抵都'，樊光本'著'作'屠'，是舍人、樊光俱不以为重出之名。郭注《释草》以'茎藸'为五味，故疑此为重出。然《齐民要术》引《皇览冢记》云：'孔子冢墓中有五味木。'则五味亦有木本矣。"

(三)因声求义的编辑思想

所谓因声求义，顾名思义就是指通过语音去探求词义。邵晋涵在《尔雅正义·序》中就指出："声音递转，文字日孳，声近之字义存乎声。自隶体变更，韵书割裂，古音渐失，因致古义渐湮。今取声近之字，旁推交通，申明其说，因是以阐扬古训，辨识古文，远可依类以推，近可举隅而反，所以存古音也。"①以假借为例，如《尔雅·释诂》云："豫、射，厌也。"郭璞《尔雅注》中没有说明为何"射"字带有"满足"含义，邵晋涵在《尔雅正义》中则给出解释：

> 射者，《文选注》引《韩诗》云："在此无射。"薛君云："射，厌也。"《祭统》云："奔走无射。"屈原《天问》云："皆归射鞫。"是也。又郑注《乡射礼》云："豫，读如'成周宣榭灾'之榭。"是"豫"读为"射"。……以声为义也。

除此之外，邵晋涵《尔雅正义》对于连语词、同源词等都有所探寻。正如许多学者所指出的，虽然邵晋涵在具体做法上还存在许多问题与不足，但是"邵晋涵因声求义的观念是明确的，其方法是科学的，'声近义通'的主旨贯穿在《尔雅正义》词语训释的方方面面"②。"他执著探索以声韵贯通训诂之道，开启了清代《尔雅》因声求义研究之先河，功不可没。"③

第六节 《尔雅义疏》

郝懿行(1755—1823)，字恂九，号兰皋，山东栖霞人，嘉庆四年

① 邵晋涵：《尔雅正义·序》，中华书局2017年版，第3页。

② 李嘉翼：《论邵晋涵〈尔雅正义〉因声求义的训诂成就》，载《江西社会科学》2008年第4期，第217页。

③ 李嘉翼：《邵晋涵〈尔雅正义〉评介》，载《杭州师范大学学报》(社会科学版)2014年第3期，第94页。

(1799年)进士，官至户部江南司主事。但郝懿行无意仕宦，“浮沉郎署二十年，官情极淡，惟一肆力于著述”。他著述颇丰，前后有三四十种刊行于世，其中尤以《尔雅义疏》用力最深。郝氏自嘉庆四年(1799年)前后开始撰写《尔雅义疏》，至道光二年(1822年)告成，前后持续20多年。陈奂《尔雅义疏·跋》中云：“先生挟所著《尔雅疏》稿，径来馆中，以自道其治经之难，漏下四鼓者四十年，常与老妻焚香对坐，参征异同得失。”可见其筹备时间应该更长。除此之外，由于郝懿行《尔雅义疏》晚出，故而能够兼采各家之长，后来者居上，成为影响深远的训诂之作。宋翔凤在《尔雅义疏序》中就说：“《尔雅》二十篇，则训故之渊海，五经之梯航也。然至唐代，但用郭景纯之注，而汉学不传。至宋邢氏作疏，但取唐人《五经正义》缀辑而成，遂滋阙漏。乾隆间，邵二云学士作《尔雅正义》，翟晴江进士作《尔雅补郭》，然后郭注未详未闻之说皆可疏通证明，而犹未至于旁皇周浃、穷深极远也。迨嘉庆间，栖霞郝户部兰皋先生之《尔雅义疏》最后成书，其时南北学者知求于古字古言，于是通贯融会，谐声、转注、假藉，引端竟委，触类旁通，豁然尽见。且荟萃古今，一字之异，一义之偏，罔不搜罗；分别是非，必及根原，鲜逞胸臆。盖此书之大成，陵唐跞宋，追秦汉而明周孔者也。”近代著名文字学家黄侃也说：“郝疏晚出，遂有驾邢轶邵之势，今之治《尔雅》者，殆无不以为启辟户门之书。”①

作为注疏，郝懿行《尔雅义疏》也是广泛征引文献资料，如《尔雅义疏·释言》“里，邑也”条：

> 《遂人》云：“五邻为里”。里，二十五家也；《小匡》篇云：“十轨为里。”里，五十家也。《古微书》引《论语谍考文》云：“古者七十二家为里。”《公羊宣十五年传》注：“一里八十户。”《杂记》注引《王度记》云：“百户为里。”《管子·度地》篇亦云：“百家为里。”是里数不同，亦犹邑名靡定，古者“邑、里”通名。

除此之外，与之前学者对《尔雅》所做注疏相比，郝懿行《尔雅义疏》的编辑思想还包含以下几个方面。

(一)解词疏义，以声音贯穿训诂

他在《与王伯申学使书》中说：“某近为《尔雅义疏》，《释诂》一篇尚

① 黄侃：《尔雅略说》，见《黄侃论学杂著》，武汉大学出版社2013年版，第394页。

未了毕。窃谓训诂之学，以声音文字为本，转注假借各有部居，疏通证明，存乎了悟。前人疏义但取博引经典以为藉征，不知已落第二义矣。鄙意欲就古音古义中博其旨趣，要其会归，大抵不外同、近、通、转四科以相统系。先从许叔重书得其本字，而后知其孰为假借，触类旁通，不避繁碎，仍自条理分明，不相杂厕。其中亦多佳处，为前人所未发。”可见其编纂《尔雅义疏》正是希望超越邵氏《尔雅正义》只是博引经典的做法，在声音训诂方面更进一步，因此郝氏《尔雅义疏》较之邵氏《尔雅正义》文字多出部分大多是由声音之处求训诂。例如“苞，丰也”条：

苞与葆声义同。《说文》：“葆，草盛皃。”《御览》引《通俗文》云：“生茂曰葆，音保。”《吕览·审时》篇云：“得时之稻，大本而茎葆。”《广雅》云：“葆，茂也。”

再如“戛，常也”条：

戛者，《书》“不率大戛。”《正义》曰：“戛犹楷也。言为楷模之常，故戛为常也。”按：戛、楷一声之转，其义相近。

当然，需要指出的是，郝懿行《尔雅义疏》以声音通训诂的做法虽有许多创获，但是错误亦不少。如王念孙在《尔雅郝注刊误》中就指出，郝氏之失共有一百一十三条，其中四十八条涉及音韵。

（二）多维考证，尤重目验

郝懿行在草木虫鱼名物考释方面不仅重视文献资料，而且注重实际观察。据其自述：“余田居多载，遇草木虫鱼有弗知者，必询其名，详察其形，考之古书以征其然否。今兹疏中其异于旧说者，皆经目验，非凭胸臆，此余书所以别乎邵氏也。”例如《释草》“权，黄华”条：

今验野决明叶似目宿而华黄，枝叶婀娜，人多种之，似不甚香。而王氏《谈录》以为嗅之尤香，盖初时香不甚，噀以醋则甚香。凡香草皆然也。

再如“藿，芄兰”条：

按陶所说，今验叶似马蹄，六月中开紫华，蔓延篱落，子缀如铃。至秋霜下裂作小瓢，中出絮。然今不名萝藦，人亦无啖之者，乃有小草细叶，色兼青白，枝蔓柔弱，其瓢圆锐，中亦出絮，嬉时儿童摘啖，有白汁，味甜，疑此是萝藦也，俗呼“苦婆”，与果蠃之实同名。

第九章 “小学”要籍编辑思想

关于“小学”的概念，《辞海(第六版)》①从三个维度对其进行解释。首先，从语言文字学的角度讲，汉代称“小学”为文字学，因儿童入小学先学文字，故名。隋唐以后，范围扩大，成为文字学、训诂学、音韵学的总称。至清末，章炳麟认为“小学”之名不确切，主张改称语言文字之学。笔者主要从语言文字学的角度，对“小学”要籍编辑思想进行研究。其次，从教育机构的维度来看，“小学”是“对学龄儿童实施初等教育的学校”。中国西周即有“小学”，其后各代继续设立，名称不一。近代“小学”创设于清末。最后，从教材的角度称其为“中国古代的儿童教育课本”。“小学”发端于先秦时期，最初是用来教导贵族学童识字的文字教材。

胡奇光认为，“小学”一词从先秦用至清末，在现代指我国封建社会的语言文字学。② 由于我国古代的经籍③成书较早，而语言文字又随着社会发展不断演变，因此先秦的经籍到了汉代就难以理解。于是汉代以后，历朝学者都重视对经籍的注解。“小学”类书籍专门从文字写法、语音和语义等方面对经籍中难懂的字句进行阐释与说明。要解读经籍，必先用到“小学”这门学问。约自汉代以来，“小学”为解释经籍尤其儒家经典服务，这一根本方向使得传统“小学”④的编辑以文字为对象，重在资料的搜集、考证以及故训的整理。

关于“小学”的分类，宋代欧阳修明确地将“小学”细分为训诂之学、偏旁之学、音韵之学与字书之学。逮至清代，张之洞依据《汉书·艺文志》及《四库全书》，将“小学”分为说文之属，古文、篆、隶、真书等各体

① 中华书局《辞海》编辑所主编：《辞海(第六版彩图本)》，上海辞书出版社 2009 年版，第 2522 页。

② 胡奇光：《中国小学史》，上海人民出版社 1987 年版，第 4 页。

③ 经籍，指包括经书在内的一切古籍。

④ 传统“小学”，指周秦至清末阶段的“小学”研究。

书之属，音韵之属和训诂之属四部分①。其中，说文之属包括汉许慎的《说文解字》、清段玉裁的《说文解字注》和清朱骏声的《说文通训定声》等；音韵之属以唐孙愐、宋陈彭年等重修《广韵》和宋丁度等编定《集韵》为代表；训诂之属囊括汉扬雄的《方言》、汉刘熙的《释名》、魏晋张揖的《广雅》、隋陆德明的《经典释文》和汉初的《尔雅》②等；各体书之属有西周太史的《史籀篇》和南朝梁顾野王的《玉篇》等。

第一节 《说文解字》

《说文解字》在“小学”书中占有举足轻重的地位。狭义上讲，“小学”研究的核心内容主要是字形、字音、字义。而《说文解字》兼形、声、义三事，引领着“小学”逐步发展为广义的文字、音韵、训诂之学。到清代，学界大兴以《说文解字》为研究对象的说文之学。③ 黄侃称《说文解字》为“言小学最完善之书”④。他按轻重次序对“小学”主要书籍排序时，将《说文解字》列为首位。刘叶秋则将《说文解字》称为“字典的先河”⑤。

一、借原始典籍阐释经义，以解谬误、晓学者

《说文解字》是汉民族第一部分析字形、解说字义和辨识声读的字典，由东汉许慎撰写。“许慎字叔重，汝南召陵人也。性淳笃。”⑥许慎(约67—约125)，出生于汝南郡召陵县(今河南漯河市召陵区)，性格忠厚老实，实事求是。他世代寒微，但师出名门——十八岁起跟从著名学者贾逵⑦学习古文经学，且在其指导下撰写《说文解字》。他自汉和帝永元十二年(100年)开始撰写《说文解字》，至汉安帝建光元年(121年)，由其子许冲上表进朝廷。《后汉书》记载，许慎“为郡功曹，举孝廉，再迁除洨长。卒于家”⑧。

---

① 张之洞撰，范希曾补正：《书目答问补正》，上海古籍出版社2010年版，第43~55页。
② 《尔雅》，关于其作者来历，目前说法不一。
③ 张之洞撰，范希曾补正：《书目答问补正》，上海古籍出版社2010年版，第45页。
④ 黄侃述，黄焯编：《文字声韵训诂笔记》，武汉大学出版社2013年版，第6页。
⑤ 刘叶秋：《中国字典史略》，北京出版社2016年版，第20页。
⑥ 范晔：《二十六史：后汉书(卷七十九)》，大众文艺出版社1999年版，第1028页。
⑦ 贾逵，其父亲贾徽师从刘歆学习过《左氏春秋》《国语》等。贾逵作为刘向的再传弟子，对古今经学都十分精通，曾为《左氏传》《国语》分别作《解诂》。
⑧ 范晔：《二十六史：后汉书(卷七十九)》，大众文艺出版社1999年版，第1028页。

公元101年，贾逵死后，许慎到汝南郡做过一段时间功曹①，后来举孝廉时被推荐到中央政府担任太尉南阁祭酒②。公元119年时，朝廷选拔清白行高者，以安抚在地震中受灾的群众，将许慎升迁至洨长③。不过两年后，许冲上表时仍称其为"故太尉南阁祭酒"，说明许慎当时并没有到任。拜师贾逵对许慎的学途和官运都带来很大助力。不过许慎凭借《说文解字》等作品，在后世的声望远远超过其师贾逵。

从汉章帝到东汉末期，今文经学逐渐衰落，古文经学日益兴起④。今文指汉隶，古文指先秦六国古文。除了记载的文字不同，今文经学认为经书是圣人所言，字字句句蕴涵"微言大义"，可以经世致用，常断章取义，随意引申比附，而许慎站在古文经学的立场上，认为应根据字义客观地解释经义，重视语言文字之学，全面深入地探究语言文字规律。《说文解字》就是这样诞生的。在《说文解字》中，许慎道出其编辑主旨：

> 《书》曰："予欲观古人之象"，言必遵修旧文，而不穿凿。孔子曰："吾犹及史之缺文，今亡也夫！"盖非其不知而不问，人用己私，是非无正；巧说衺辞，使天下学者疑。盖文字者，经义之本，王政之始。前人所以垂后，后人所以识古，故曰"本立而道生"，"知天下之至啧而不可乱也"。
>
> 今叙篆文，合以古籀，博采通人，至于小大，信而有证。稽撰其说，将以理群类，解谬误，晓学者，达神旨，分别部居，不相杂厕。⑤

许慎在文中指出，他借原始典籍以阐释经义的思想，实际上取自《尚书》《论语》等经籍中的论述。在《尚书·虞夏书·益稷》中，有一番舜帝向大臣禹讲述如何治理天下的言论："予欲观古人之象，日、月、星辰、山、龙、华虫，作会……"⑥舜帝认为，要再现古人衣服上图饰的形象，即将日、月、星辰、山、龙、雉六种图像绘制在礼服上，以示敬天，从而保国泰民安。《论语·学而》中有相似的言论："君子务本，本立而道

---

① 郡功曹，为郡太守手下十分重要的职位之一。

② 太尉南阁祭酒，为太尉府的中品，出入宾客之前，属于清要之职。

③ 洨长，其中洨为沛国之县，今属安徽。洨长是官职，其俸禄为三四百石，高于太尉南阁祭酒的俸禄百石。

④ 边家珍：《汉代经学发展史论》，中国文史出版社2003年版，第2页。

⑤ 许慎撰，徐铉校定：《说文解字》（大字本）下，中华书局2017年版，第1241~1242页。

⑥ 吴树平等点校：《十三经》（全文标点本），北京燕山出版社1991年版，第109页。

生。”①意指做人要从“根本”做起。而“根本”在孔子生活的年代，主要指尊崇祖先的宗教原则。《论语·述而》中又云：“述而不作，信而好古。”②孔子强调对古人学说的传承和阐发。许慎采纳《尚书》《论语》中这种追本溯源的思想，主张尽可能搜求文字的古义。《说文解字》以篆籀形体作为探求汉字本义的基石。一般情况下，书中先列字头，用秦人使用的小篆形体呈现。这是李斯“书同文”统一文字后的结果。然后是古文、籀文字形，旨在由近及远，以求追溯尽可能早的古代本字。其中，古文为字体名，指汉代古文经学家辗转传抄、摹写经传时所用的字体；籀文亦为字体名，得名于周宣王太史所作《史籀篇》，也被称为“大篆”。不过，书中未用到甲骨文和金文。因此，他解释的并不全是本义。

与许慎等所代表的古文经学家做派不同，今文经学派依据的儒家经典是汉儒口授并以汉代通行隶书所撰写之书。一些今文经学家依据汉隶的字形来解说字的本义，歪曲经典的原义。为了驳斥今文经学派篡改经义的言论，许慎吸纳了《周易》中的指导思想：“言天下之至赜，而不可恶也；言天下之至动，而不可乱也。”③《周易》讲述了世间最精奥的道理，人们需要了解它，以不犯过错；《周易》讲出了万事万物最普遍的运动规律，人们需要弄懂它，以不至于出现混乱。想要扭转今文经学派带来的解经乱象，许慎力求借助西汉以来从地下或墙壁里挖掘出的古本，通过更远古的字形来解说字义，使经生正确理解经典本义，不再对经典穿凿附会，从而“解谬误，晓学者”。另外，许慎按部首对文字进行归类的方法是其一大首创，达到了“理群类”的目的。总体上，“理群类，解谬误，晓学者”即为《说文解字》的编辑主旨。

二、采纳诸子百家学说，博洽融通

古代的书本知识主要以口头传授。这样，获得书本知识的关键就在于师传。而经学自孔子创立之后同其他诸子志学在民间传播，后儒们各讲其经，经学逐渐分化滋衍。秦始皇“焚书坑儒”之后，更是使得经书的本来面目难以辨明。汉武帝选定儒学作为官方意识形态以统一思想，并树立有影响的经师家学作为官方正宗。师法家法虽然体现了经学的继承性，避免以假乱真，但师法家法更是维护博士官学统治地位的工具。各家往往恪守

---

① 吴树平等点校：《十三经》(全文标点本)，北京燕山出版社 1991 年版，第 1995 页。
② 吴树平等点校：《十三经》(全文标点本)，北京燕山出版社 1991 年版，第 2022 页。
③ 吴树平等点校：《十三经》(全文标点本)，北京燕山出版社 1991 年版，第 77 页。

师法家法，用以排斥异己，维护自己的独尊地位。这在很大程度上束缚了经学思想的发展。在西汉后期，招致批判。东汉以来，出现了班固、贾逵等一批采纳诸子百家学说、博洽融通的经学大师。许慎在《说文解字》中对这些大师的观点广为吸纳，多次引用“贾侍中说”“班固说”等解释字义。例如在解说“亚”字时云：“贾侍中说：‘以为次第也。’”许慎引用其师贾逵的论述，将“亚”解释为“其次、次等”的含义。其与现代的意思相同。

《说文解字》贯穿着“万物咸睹，靡不兼载”的编辑原则。这部书的引证材料极其广博，几乎涵盖当时所有能搜寻到的文献信息。书中所列文字，大多是从以前的字书和经书中采集的。选材范围的广度决定了其内容的丰富程度。《说文解字·序》云：

> 万物咸睹，靡不兼载，厥谊不昭，爰明以谕，其称《易》孟氏、《书》孔氏、《诗》毛氏、《礼》周官、《春秋左氏》《论语》《孝经》皆古文也。其余不知，盖缺如也。①

上文叙述了许慎自身的经学来路，如孟喜的《周易章句》、孔安国的《尚书传》、毛亨和毛苌所辑注的《毛诗》以及《周礼》《论语》《孝经》等经书，从而以经证字，以字解经。实际上，许慎不仅在《说文解字》中引用儒家经典著作，而且广泛采用诸子百家学说。例如：

> (公)，平分也，从八从厶。八犹背也。《韩非》曰：“背厶为公。”②
>
> (绷)，束也，从糸，崩声。《墨子》曰：“禹葬会稽，桐棺三寸，葛以绷之。”③
>
> (取)，捕取也，从耳。《周礼》：“获者取左耳。”《司马法》曰：“载献聝，聝者耳也。”④
>
> (爝)，苣火祓也，从火，爵声。吕不韦曰：“汤得伊尹，爝以爟火，衅以牺猳。”⑤

① 许慎撰，徐铉校定：《说文解字》(大字本)下，中华书局2017年版，第1242页。
② 许慎撰，徐铉校定：《说文解字》(大字本)上，中华书局2017年版，第89页。
③ 许慎撰，徐铉校定：《说文解字》(大字本)下，中华书局2017年版，第1070页。
④ 许慎撰，徐铉校定：《说文解字》(大字本)上，中华书局2017年版，第234页。
⑤ 许慎撰，徐铉校定：《说文解字》(大字本)下，中华书局2017年版，第818页。

更为可贵的是，其征引的《汉律令》《律历书》《军法》《鲁郊礼》等书，均是《汉书·艺文志》中未记载的秘籍。例如在解释“耿”字时，引用了《军法》：“以矢贯耳也，从耳，从矢。”①因此认为《说文解字》博洽融通，是一部珍贵的古代文字学书。

三、以经学思想系联文字、训解字原

将部首作为文字归类的总纲是许慎的发明。许冲《说文解字·奏表》后叙中云：

> 此十四篇，五百四十部，九千三百五十三文，重一千一百六十三，解说凡十三万三千四百四十一字，其建首也。立“一”为耑，方以类聚，物以群分，同条牵属，共理相贯，杂而不越，据形系联，引而申之，以究万原，毕终于亥，知化穷冥……②

《说文解字》的编排次序体现了《周易》的哲学思想。《说文解字》将九千三百五十三字归为五百四十部。“六九五十四”，部首数量应了《周易》象阴爻为六、阳爻为九的卦爻占卜之数。阴为阴爻之级，阳为阳爻之终，十为全数，则寓意五百四十包含万象。“九”为数终，个位的最大数字，故全书收字为九千以上而不到万数。《说文解字》“立‘一’为端”，取自《周易》六爻位序中的“初”。六爻位序自下而上分别为初、二、三、四、五、上。“初”即“一”。“一”为天地万物之始端。又，“毕终于‘亥’”，“亥”为十二地支之终，可扩展为万物之终。《周易·乾卦第一》曰：“乾元亨，利贞。”③意为乾卦象征天，占得此卦大吉大利，有利于占筮。《周易·乾文言》又称：“‘元’者，善之长也。”④意为元始，是各种善良事物的尊长。《说文解字》恰在部首“一”内将“元”字列在“一”字后，并将“元”解释为“始也，从一”。紧接着，将《周易》八卦之首“乾”的象征物“天”字列于“元”字之后。可见，《说文解字》的字序编排与《周易》的符号系统紧密相关。这无疑是《说文解字》解经功用的一大体现。

实际上，《说文解字·奏表》中讲到的文字编排思想“方以类聚，物以

① 许慎撰，徐铉校定：《说文解字》(大字本)下，中华书局2017年版，第978页。
② 许慎撰，徐铉校定：《说文解字》(大字本)下，中华书局2017年版，第1255页。
③ 吴树平等点校：《十三经》(全文标点本)，北京燕山出版社1991年版，第1页。
④ 陈襄民注释：《五经全译：〈易经〉》，中州古籍出版社1993年版，第89页。

群分”是源自《周易·系辞上传》中的“方以类聚，物以群分，吉凶生矣”①。《周易》认为，天下万事万物都按照相同类别聚合，又以群体相异而区分，吉利和凶险就是在这种同与异的矛盾中产生。《说文解字》正是将《周易》中这种万物各有类的哲学观念应用到了文字编排中，从而创立了部首归类法这样伟大的发明。

部首之间主要是“据形系联”，就是将形体相近的部首排列在一起。说明《说文解字》部首是依据“六书”理论编次的。“六书”之名，最早见于《周礼·地官·保氏》中“保氏掌谏王恶，而养国了以道：乃教之六艺，一曰五礼，二曰六乐，三曰五射，四曰五驭，五曰六书，六曰九数”②。据记载，许慎最早对“六书”理论做了系统的阐述。③ 许慎在分析文字结构时也多用到“六书”理论，尤其用到象形、指事、形声、会意四种造字之法。而转注者，可理解为同义引申；假借者，是关于音同或音近的字。这两者属于用字之法，在相关说解体例上体现不明显。下文主要围绕前四种造字之法予以分析。

象形主要指根据事物的形状，直观地描摹出其特征。“象形者，画成其物，随体诘诎，‘日’‘月’是也。”④象形字中包括独体象形，即用单一形体表现事物的形状。如“（日）”“（月）”等。象形字中还包括合体象形，即一部分象物形，另一部分为固有之字。如“（眉）”等。《说文解字》有时用“象形”标注象形字。如：

（刀），兵也。象形。⑤

（日），实也。太阳之精不亏，从口一。象形。凡日之属皆从日。⑥

（月），缺也。大阴之精。象形。凡月之属皆从月。⑦

（火），燬也。南方之行，炎而上，象形，凡或之属皆从火。⑧

① 吴树平等点校：《十三经》（全文标点本），北京燕山出版社 1991 年版，第 75 页。
② 吴树平等点校：《十三经》（全文标点本），北京燕山出版社 1991 年版，第 418 页。
③ 胡奇光：《中国小学史》，上海人民出版社 2005 年版，第 79 页。
④ 许慎撰，徐铉校定：《说文解字》（大字本）下，中华书局 2017 年版，第 1237 页。
⑤ 许慎撰，徐铉校定：《说文解字》（大字本）上，中华书局 2017 年版，第 1255~1257 页。
⑥ 许慎撰，徐铉校定：《说文解字》（大字本）上，中华书局 2017 年版，第 525 页。
⑦ 许慎撰，徐铉校定：《说文解字》（大字本）上，中华书局 2017 年版，第 525 页。
⑧ 许慎撰，徐铉校定：《说文解字》（大字本）下，中华书局 2017 年版，第 806 页。

书中亦有象形字用“象”字标注，后带有对事物形状特征的描述。如：

(水)，准也。北方之行，象众水并流，中有微阳之气也。凡水之属皆从水。①

(马)，怒也。武也。象马头髦尾四足之行。凡马之属皆从马……②

指事是指用象征性符号来表达文字意义。“指事者，视而可识，察而见意，‘上’‘下’是也。③ 关于指事字，《说文解字》有时用“指事”进行标示。如：

(上)，高也。此古文。指事也。④

(下)，底也。指事……⑤

会意指会合两个及以上的独体文成字来表示一个新的意义，以形与形相辅为特点。“会意者，比类合谊，以见抟，‘武’‘信’是也。”⑥根据组合构件的异同和位置，可将会意字分为异文会意、同文会意和对文会意。其中，异文会意指会合不同的独体文以构成新字，如“好”“信”；同文会意是指会合若干相同的独体文以构新字，如“林”“炎”；对文会意是指会合若干形体左右相反或上下相倒立的独体文以构新字，如“北”“化”等⑦。不同类别的会意字训释体例稍有差异。一般，会意字标以“从某某”或“从某，从某”，有时跟注“会意”。例如：

(好)，美也。从女，从子。⑧

(信)，诚也。也从人，从言。会意……⑨

---

① 许慎撰，徐铉校定：《说文解字》(大字本)下，中华书局2017年版，第875页。
② 许慎撰，徐铉校定：《说文解字》(大字本)下，中华书局2017年版，第773页。
③ 许慎撰，徐铉校定：《说文解字》(大字本)下，中华书局2017年版，第1237页。
④ 许慎撰，徐铉校定：《说文解字》(大字本)上，中华书局2017年版，第2页。
⑤ 许慎撰，徐铉校定：《说文解字》(大字本)上，中华书局2017年版，第3页。
⑥ 许慎撰，徐铉校定：《说文解字》(大字本)下，中华书局2017年版，第1237页。
⑦ 高亨：《文字形义学概论》，齐鲁书社出版社1981年版。
⑧ 许慎撰，徐铉校定：《说文解字》(大字本)下，中华书局2017年版，第1022页。
⑨ 许慎撰，徐铉校定：《说文解字》(大字本)上，中华书局2017年版，第183页。

(林)，平土有丛木曰林。从二木。凡林之属皆从林。①

(炎)，火光上也。从重火。凡炎之属皆从炎。②

(化)，教行也。从匕，从人。匕亦声。③

形声指用表意义的形符和表读音的声符组成新字。“形声者，以事为名，取譬相成，‘江’‘河’是也”。④ 形声字多标以“从某，某声”。如：

(瑕)，玉小赤也，从玉，叚声。⑤

(僮)，未冠也。从人，童声。⑥

总体上，《说文解字》中的象形、指事、会意三类字为缘形知义字，可据形体探求字的本义；而形声字应为由声推义字。一般声符代表形声字的造字本义⑦。而且，在形声字中，部分声符除了表声，还有表意的功能，多用“从某，从某，某亦声”标注。如：

(阱)，陷也。从𠂤，从井，井亦声……⑧

“井”既是“阱”的意符，又是其声符。“𠂤”为平原。“阱”表示在平原上挖地如井，以使野兽陷落。“阱”乃会意、形声两兼之字。可见，许慎不仅由形推义，而且因音求义。他除了通过形声系统说明字音，还时用“读若”描述文字读音。例如：

(逝)，往也。从辵，折声。读若誓。⑨

《说文解字》结合字形、字声探求本源的特点，在其说解体例上多有

① 许慎撰，徐铉校定：《说文解字》(大字本)上，中华书局 2017 年版，第 481 页。
② 许慎撰，徐铉校定：《说文解字》(大字本)下，中华书局 2017 年版，第 819 页。
③ 许慎撰，徐铉校定：《说文解字》(大字本)上，中华书局 2017 年版，第 651 页。
④ 许慎撰，徐铉校定：《说文解字》(大字本)下，中华书局 2017 年版，第 1237 页。
⑤ 许慎撰，徐铉校定：《说文解字》(大字本)上，中华书局 2017 年版，第 21 页。
⑥ 许慎撰，徐铉校定：《说文解字》(大字本)上，中华书局 2017 年版，第 623 页。
⑦ 胡奇光：《中国小学史》，上海人民出版社 1987 年版，第 87 页。
⑧ 许慎撰，徐铉校定：《说文解字》(大字本)上，中华书局 2017 年版，第 400 页。
⑨ 许慎撰，徐铉校定：《说文解字》(大字本)上，中华书局 2017 年版，第 133 页。

体现。黄侃认为《说文解字》的说解分为“文字”“说解”及“所以说解”三部分。许慎说解每字时首先简明地解释字义，然后深入分析字原。例如：

> 示(示)，天垂象，见吉凶。所以示人也。从 二(即现代“上”字)。三垂，日月星也。观乎天文以察时变，示神事也……①

关于“示(示)”这一文字。书中下云“天垂象，见吉凶。所以示人也”。这是说序解，取自《周易·系辞上传》。可见许慎作为古文经学家，虽然表面上反对今文经学讲究的阴阳五行学说和怪诞的神学思想，但是自秦代末年开始，儒家谶纬学说就成为统治者树立政治权威的工具。直到魏晋玄学兴起，这种谶纬学说才真正式微。《周易》原句为“天垂象，见吉凶，象圣人”②，意为天空垂悬天象，是显示吉凶的征兆，供圣人模拟，制造天象仪器。又云：“从 二(即现代‘上’字)。三垂，日月星也。观乎天文以察时变，示神事也。”这是“所以说解”，由此事详而义明也。同时，可以加深人们对《周易》原文的理解。这仅仅是就文字与训诂而言。关于其读音，“示”的《广韵》音为“神至切”，浊音，属床母三等。进而推之，古属舌音定母。“示”字古读舌音，而与“垂”为变声，故许慎以“垂”释“示”，所以明“垂”“示”一意也。然则“示”“垂”一源，共有一义，而后知形、声、义三者，“形以义明，义由声出，比而合之，以求一贯，而剖解始精密矣”。③ 颜之推《颜氏家训·书证》评价说：“《说文解字》隐括有条例，剖析穷根源。”④不过，许慎没有在书中详尽地阐述其条例。清代段玉裁在《说文解字注》中道出了《说文解字》中暗含的通例。

第二节 《说文解字注》

段玉裁(1735—1815)，出生于三代书香之家，师事考据学大师戴震，并继承其声义互治的治经方法，引领以音韵证字形、从音韵通训诂为旗帜

① 许慎撰，徐铉校定：《说文解字》(大字本)上，中华书局 2017 年版，第 3 页。
② 吴树平等点校：《十三经》(全文标点本)，北京燕山出版社 1991 年版，第 80 页。
③ 黄侃述，黄焯编：《文字声韵训诂笔记》，武汉大学出版社 2013 年版，第 8 页。
④ 颜之推撰：《颜氏家训：七卷》，北京图书馆出版社 2005 年版，第 76 页。

的乾嘉学派[1]“小学”研究。清代大兴说文学，出现了“说文四大家”。其中，段玉裁是最优秀的代表。段玉裁与朱骏声均重在研究声义关系。桂馥和王筠则重在探究形义关系。而清代“小学”指导思想的根本转变就在于从倡导以字形为依据阐明本义到主张以声韵为关键通经子百家。[2] 因此从对“小学”发展的意义上看，当首推段氏、朱氏，尤以段氏为最。段氏在《说文解字注》里初步实现了文字、声韵和故训的有机结合。其对《说文解字注》的撰写工作分为两个阶段：一是从乾隆四十一年(1776 年)至乾隆五十九年，先成长编《说文解字读》五百四十卷；二是进行概括、提炼，到嘉庆十二年(1807 年)完成《说文解字注》三十一卷。朱骏声《段注拈误》云：“治《说文解字》者，精审无过段氏。”[3]他认为，在致力于《说文解字》研究的学者中，没有人能像段玉裁钻研、分析得这般精密和审慎。王筠《说文句读·自序》也云：“苟非段茂堂力辟榛芜，与许君一心相印，天下安知所谓《说文解字》哉！”[4]王筠评价，段玉裁竭力破除一切疑难，以探究许慎编书之思想。没有段先生的杰出工作，我们怎么会真正理解《说文解字》！

一、《说文解字》编排、分析文字之法反映经学思想

《说文解字注》尽管是以注解的形式出现，但对于研究《说文解字》具有重要贡献。《说文解字》对部首的编排多依照字形系联。其文字编排和解析文字构造的法则与经籍中的论述观点息息相关。段氏对此做了进一步解释。试以《说文解字》第八篇前六部中段氏的注解为例：

> (人)人者，其天地之德，阴阳之交，鬼神之会，五行之秀气也。又曰，人者，天地之心也，五行之端也，食味别声被色而生者也。按禽兽草木者，皆天地所生而不得为天地之心。惟人为天地之心……人以纵生，贵于横生。故象其上臂下胫。[5]

根据段氏注解，“人”字的字形结构设计思想与《礼记》中对于“人”的

① 乾嘉学派，指乾隆嘉庆年间(1736—1820)，以反对宋学、恢复东汉古文经学为纲领的学派。
② 胡奇光：《中国小学史》，上海人民出版社 2005 年版，第 208 页。
③ 余行达：《〈说文段注〉研究》，巴蜀书社 1998 年版，第 25 页。
④ 王筠：《说文句读》，上海古籍书店 1983 年版，第 2 页。
⑤ 许慎撰，段玉裁注：《说文解字注》，浙江古籍出版社 1998 年版，第 365 页。

描述相契合。《礼记》认为，圣人制作法则，以天地为根据，所以包罗万物；以阴阳为大端，所以看清两方的情形；以鬼神为伴侣，所以遵守规定；以五行为主体，所以万事可以周而复始。人是“天地之心”，是纵向而生的，不同于草木鱼虫等横向生长的生物。因而古人以人的上臂和下胫描摹出“人”这个字的字形。

(匕)变者。更也。凡变七当作匕，教化当作化。许氏之字指也。今变匕字尽作化。化行而匕发矣。《大宗伯》：“以礼乐合天地之化，百物之生。”注曰：“能生非类曰化，生其种曰产。”按虞、荀注《易》：“分别天变地化，阳变阴化。”……到者，今之倒字。人而倒，变匕之意也。①

“匕”部紧挨着“人”部，在字形上与“人”相反，是“化”的异体字，寓意相倒、变化。《周礼·春官宗伯·大宗伯》记录，大宗伯是掌管建邦之天神、人鬼、地示之礼的官职，其中提到大宗伯要以礼乐配合天地之变化、百物之生长规律。《周易》中也有对天地、阴阳变化的论述。“匕”最初可能就是变化的含义。

(从)听者，聆也。引申为相许之称。言部曰：“许，听也。”按从者，今之从字。从行而从发矣。《周礼·司仪》：“客从拜辱于朝。”……以类相与曰从。②

“从”字原义为“聆听”，之后又引申为“相许、相从”的含义，因而以两“人”并行构成“从”的字形。《周礼·秋官司寇·司仪》中讲到，司仪掌管宾客摈相之礼。在接待宾客时，客人要离开，使者奉命送客，客人便跟从之。文中正是用的其“跟从、相从”义。同时，段氏在对“从”字注解时引用了许慎对部首“言”中“许”字的解释。这是运用了“以许注许，以许校许”的编辑方法。

(比)密也。其本义谓相亲密也。余义备也、及也、次也、校

① 许慎撰，段玉裁注：《说文解字注》，浙江古籍出版社1998年版，第384页。
② 许慎撰，段玉裁注：《说文解字注》，浙江古籍出版社1998年版，第386页。

也、例也、类也、频也、择善而从之也、阿党也，皆其所引申……犹反人为匕也。①

段氏认为，“比”字的本义为“相亲密”，之后又引申为排次、校对、比附、“择善而从之”等含义。而排次、校对、比附等需要至少两个相互比较或依附的不同对象，因此将两个具有“变化”含义的“匕”字组合起来，构成“比”的字形。《论语·述而》曰：“盖有不知而作之者，我无是也。多闻，择其善者而从之；多见而识之；知之次也。”②孔子主张实事求是。只有多听、多看，才能比较出善恶、是非、好坏，并了解其排列次序。段氏指出，《论语》“择其善者而从之”恰当地诠释了“比”字的含义。

(北)乖者，戾也。此于其形得其义也。军奔曰北，其引申之义也。谓背而走也。③

段氏指出，“北”字的字形得于其字义——乖悖违戾、相互抵触，像两个相背而走的“人”。

(丘)《大司徒》注曰：“土高曰丘。”《释丘》曰：“非人为之丘。”谓非人力之所为也。④

“丘”字的字形，由“北”字下加一横构成。一横代表土地，意为丘由土堆砌而成。《周礼·春官·大司乐》云：“凡乐，冬日至，于地上之圜丘而奏之。夏日至，于泽中之方丘而奏之。”周代的祭天活动在郊外的圜丘举行。丘既不能位于上层，那是天地之位；也不能位于下层，那里设五帝之位。故而，丘只能位于地上和泽中。由于人通常居住在山丘南边，而山丘非人力所为，所以字形上采用与“南”相对的“北”作为“丘”字的一部分。

关于部内编排次序，《说文解字注》在“一”部末说：“凡部之先后，以形之相近为次。”⑤又在“玉”部等末尾剖析列字规律。例如段氏在“玉”部

① 许慎撰，段玉裁注：《说文解字注》，浙江古籍出版社1998年版，第386页。
② 吴树平等点校：《十三经》(全文标点本)，北京燕山出版社1991年版，第2026页。
③ 许慎撰，段玉裁注：《说文解字注》，浙江古籍出版社1998年版，第386页。
④ 许慎撰，段玉裁注：《说文解字注》，浙江古籍出版社1998年版，第386页。
⑤ 段玉裁注：《说文解字段注》，成都古籍书店1981年版，第1页。

末云：

> 按自璙已下，皆玉名也。瓚者，用玉之等级也。瑛，玉光也。璑已下五文，记玉之恶与美也。璧至瑞皆言玉之成瑞器者也。璬珩玦珥至瓃皆以玉为饰也。玭至瑕皆言玉色也。琢琱理三文，言治玉也。珍玩二文，言爱玉也。玲已下六文，玉声也。瑀至玖，石之次玉者也。珁至瑎，石之似玉者也。琨珉瑶，石之美者也。玓至珊，皆珠类也。琀鋈二文，送死玉也。璗异类而同玉色者。灵谓能用玉之巫也。通乎《说文》之条理次第，斯可以治小学。①

许慎对于“玉”部文字的编排体现了东汉时期统治者利用以正名分为主的封建礼教和尊卑等级划分来维护统治秩序的思想。因而将与“玉”相关的文字按照“先名后事，先尊后卑”的原则进行编排次序。《周礼·冬官考工记第六》在解释“玉人”即制作玉器之事时描述了“用玉之等级”，即“天子用全，上公用龙，侯用瓚，伯用将”②。其中，天子用的玉器为纯玉，上公用的是石占四分之一的玉器，而侯和伯用的玉器中，石占一半。《周礼》中“玉人”部分提到的“璧”“琬”“璋”等不同材质和尺寸的玉在《说文·玉部》中都有解释，且按照材质优劣等进行排序。

总体而言，《说文解字》部首的编排呈现出紧密关联、由简至繁的特征，体现了《周易》中“万物有道”的思想。《周易·系辞上传》云：“是故《易》有太极，是生两仪，两仪生四象，四象生八卦，八卦定吉凶，吉凶生大业。”③其中的“大业”指的就是万物。其大意为万物息息相关，由阴阳五行之道运化而来。许慎正是依照部首的形体演变规律和经书中的相关描述对《说文解字》中的五百四十个部首编排次序。从上文亦可知，《说文解字》中部首间和部内文字的次序不是随意排列，汉字的字形构造也不是简单地描摹实物特征，而是融汇了博大精深的经学思想。

二、采用广泛校证、融会贯通的编辑方法

经书中的文字经过漫长的时间演变，必然不断发展、滋生出更丰富的内涵和外延。但是不同时代、不同人对同一文本难免产生不同的理解。这

---

① 段玉裁注：《说文解字段注》，成都古籍书店 1981 年版，第 20 页。
② 吴树平等点校：《十三经》（全文标点本），北京燕山出版社 1991 年版，第 507 页。
③ 吴树平等点校：《十三经》（全文标点本），北京燕山出版社 1991 年版，第 2026 页。

就会引发文字的多义甚至歧义现象，对人们阅读经典造成一定困难。《说文解字注》通释群书，用历史的发展的眼光看待一词多义现象，将经书中有关文字含义的陈述进行归纳总结，并指出异义，有利于人们系统地掌握字义，从而正确理解经义。

例如，《说文解字注》在解释“社”字时，注“五经异义”，即指出“五经”对“社”字的解释不尽相同。许慎采纳了《孝经》中的阐释——“地主”。《孝经》曰：“社者，土地之主。土地广博，不可遍敬，封五土以为社。”① 这里的“五土”指五色土，代表普天之下的土地，以示不偏不倚。《孝经》认为“社”即为“土地主”，或称“土地神”。此外，“社”还是一种祭祀官职。《春秋左氏传·昭公二十九年》在讲到管理五行的官员时，说：“共工氏有子曰句龙，为后土，此其二祀也。后土为社；稷，田正也。”②意为共工氏的儿子句龙担任后土一职。后土被称为“社”。五谷神为田官之长，也就是“稷”。另外，“社”还表示祭祀土地的地方。《礼记·祭义》云：“建国之神位：右社稷，而左宗庙。”③这是说，建立国家的神位，祭祀社稷的庙位于右边，祭祀祖宗的庙位于左边。另外，除了天子建“社”，普通百姓也要建。许慎还采纳了《周礼》中的论述：“二十五家为社。”④《周礼》规定，每二十五户人家建立一个祭祀土地神的社坛。而段氏在注解中提到，郑玄在为《周礼》作注时，对此提出异议——“郑驳异义，引州长职曰：‘以岁时祭祀州社。’是二千五百家为社也。《祭法》：‘大夫以下成群立社，曰置社。’注云：‘大夫以下，谓下至庶人也。大夫不得特立社。与民族居。百家以上则共立一社。今时里社是也。’”郑玄驳斥了许慎和《周礼》的说法，认为社坛的设立应是以两千五百家为单位。然而段氏也引用了《晏子春秋》《吕氏春秋》《史记》中的相关论述：“《晏子春秋》：‘桓公以书，社五百里封管仲。’《吕览》：‘越以书社三百里封墨子。’《史记》将以书社七百里封孔子，皆谓二十五家为里。里有社。故云书社若千里。”皆与郑玄的说法不同。根据段氏在后文中的注解——“社为地主而尊天亲地，二十五家得立之”，可推断段氏更倾向于许慎的说法。

许慎本身就博学多闻，在编辑《说文解字》时旁征博引以说明文字的形体、意义和读音。而段氏更是将许书与群书融为一体，通过注解一字描绘出一幅宏大的、历时的文化图景，使人们在辨析字义的同时，用更具批

① 许慎撰，段玉裁注：《说文解字注》，浙江古籍出版社 1998 年版，第 8 页。
② 陈襄民注释：《五经全译：〈易经〉》，中州古籍出版社 1993 年版，第 1096 页。
③ 裴泽仁注释：《五经全译：〈礼经〉》，中州古籍出版社 1993 年版，第 440 页。
④ 许慎撰，段玉裁注：《说文解字注》，浙江古籍出版社 1998 年版，第 8 页。

判性的思维阅读经书中的相关内容。

三、串联经传，深入探求音义关系

“声义互求，形义密合”是段氏在编辑《说文解字注》过程中的一大特色。他运用辩证的、历史的观念，将汉字的形、音、义有机地结合，并进行科学的考证。首先，段氏对每个字都列出其在何部。他将古韵分为十七部的做法虽不如之后黄侃等学者的划分更为周密，但在当时的音韵学基础上已有所进步。并且，段氏排除字形对字义的干扰，主张“因声求义”，以掌握词汇的精要之义。在为《说文解字》作注时，他将诸多经传相串联，以深入探求文字的音义关系。我们知道，在古代，最初“传”不附“经”文。就像西汉时不存在《春秋左氏传》的名称，只有《左氏春秋》一称。到班固作《汉书》时才有《春秋左氏传》之名。先师所言是经，后师所言为传，以传解经是汉代的官学体制。之后，传文依照年份写在了经文每年之后。经文《左氏春秋》与其传文《春秋左氏传》的配合始于西晋杜预。其《春秋经传集解序》云：“分《经》之年与《传》之年相附，比其义类，各随而解之。”传文往往对经文进行进一步解释，且按照义类进行编排，对于理解经文具有重要价值，同时也为段氏分析文字音义关系提供了便利。

譬如，《说文·火部》云：“烝，火气上行也。从火丞声。”段氏在为“烝”作注时，引用了大量经传。《诗经·陈风·东山》云：“有敦瓜苦，烝在栗薪。”①意为苦瓜团圆结成一串，挂在柴捆中对清风。其中，“有敦”带有敦敦、团团的意思。“栗薪”表示义同束薪，是爱情的象征。《东山传》曰：“烝，宾也。”“烝”字还出现在《诗经·鹿鸣之什·常棣》中：“兄弟阋于墙，外御其务。每有良朋，烝也无戎。”②大意为兄弟在家争吵，在外共同抵御外侮。平时虽见朋友好，终归到底还是无法倚凭。《常棣传》曰：“烝，填也。”又有《诗经·荡之什·烝民》曰：“天生烝民。”③指苍天生下众多黎民百姓。因此，郑玄作注：“古声，宾、填、庆同是也。众之义，如《东山》烝，在《栗薪传》《烝民传》是也。”④根据郑玄的注解，“烝”字有“众多”的含义，且上述传文以同声字解释“烝”。实际上，它们音义皆同。郑玄又讲到“烝”字的引申义“君”。例如《诗经·文王之什·文王有声》云：“文王有声，遹骏有声。遹求厥宁，遹观厥成。文王烝哉！”这是

---

① 葛培岭注释：《五经全译：〈诗经〉》，中州古籍出版社 1993 年版，第 242 页。
② 葛培岭注释：《五经全译：〈诗经〉》，中州古籍出版社 1993 年版，第 258 页。
③ 葛培岭注释：《五经全译：〈诗经〉》，中州古籍出版社 1993 年版，第 536 页。
④ 徐中舒编：《说文解字段注(影印本)》，成都古籍书店 1981 年版，第 509 页。

说文王有好声誉，四海之内皆有美誉。为群众谋求安乐，努力使国家日益富强。文王真是伟大又英明！“烝”字在这里形容人像君子一样有美德。

段氏在“烝”字注解的最末说：“煮仍切。六部经典多假烝为之者。”“煮仍切”用来表示文字的读音。许慎当时用的还是直音法①来为文字注音。到汉末，出现了反切法②，从而促使音韵学成为一门独立的学问。段氏在《说文解字》的基础上，用反切法为每个字注音，例如上文中的“煮仍切”。段氏提出，经书中多有将“烝”假借为“煮”或“仍”字来使用。经此分析，读者若再在经文中看到相关的字，便能更清楚其读音和字义了。

第三节 《说文通训定声》

清代朱骏声(1788—1858)自幼聪慧过人，十三岁起从父学解经，而后师从钱大昕，并成为其得意门生。他所撰《说文通训定声》十八卷，成书于道光十三年(1833年)。朱骏声在《说文通训定声·凡例》中道出此书的编辑目的：“以著文字声音之原，以正六朝四声之失。前哲江戴段孔，分部递□，各有专书。今复参互加覈，不妄立异，亦不敢苟同。是书于每字本训外，列转注、假借二事，各以‘□’表示，补许书所未备，微举典籍，引端见绪，遗夺舛错。”③他以探求文字本原和厘清古韵为宗旨，力求弥补许书未尽之事，如在每字下除本义外，还列出假借、转注、别义、声训、古韵、转音等项。当然，引申义和假借字等方面借鉴段玉裁的《说文解字注》，但比段氏释字更具条理。“专辑此书，以苴《说文解字》转注、假借之隐略，以稽群经子史用字之通融。”④《说文通训定声》重视文字转注和声音通假等资料，为后人研究古汉语词汇提供了极大便利。

一、编排原则：舍形取声，贯穿联缀

《说文通训定声》在体例上打破了《说文解字》按五百四十部收字的格局，根据“舍形取声”的原则，基本将所有汉字按照古韵归为十八部。古代的“韵”，需要韵腹、韵尾和声调相同。古代没有音素符号和声调符号，

---

① 直音法，为汉代人使用的以同音字注音的方法。

② 反切法，为用两个汉字来拼读的方法，即用前一个字的声母和后一个字的声调及韵母拼出一个新的音读来。

③ 朱骏声编著：《说文通训定声》，中华书局1984年版，第13页。

④ 朱骏声编著：《说文通训定声》，中华书局1984年版，第13页。

因此从各“韵”的同韵字中选出一个字作为该韵代表字，作为“韵目”。《说文通训定声》划分的韵目如下。

> 丰部第一，升部第二，临部第三，谦部第四，颐部第五，孚部第六，小部第七，需部第八，豫部第九，随部第十，解部第十一，履部第十二，泰部第十三，乾部第十四，屯部第十五，坤部第十六，鼎部第十七，壮部第十八。①

上述韵目名称源自《周易》六十四卦卦名。朱骏声在《说文通训定声·凡例》中提到：“如颐、解、履部别之支、脂为三，孚、小部别幽、宵为二，需、豫部别侯于幽，复别于鱼。大抵从懋堂先生为多。若别霁、质于真，而为泰部；人声以屋、烛、承、conv为需部。”②朱骏声在命名各韵部时，多采纳段氏《六书音均表》的做法。他还按照形声字的谐声系统，将其所收字分统于一千一百三十七个声符字。例如“种”和“钟”的声符相同，属于一类。全书通部文字九千五百零七字，旁注五千八百八十九字，附存一千八百四十四字，统共一万七千二百四十字，其中谐声字八千零四十五字，假借字一百一十五字，转注字七字，收字范围远超过《说文解字》九千三百五十三字③。并且，这种依韵分部的方式有利于编排谐声字和阐释假借字。

二、“说文”“通训”“定声”构成全书编辑体例

“说文”“通训”“定声”既构成了书名，又是全书的体例。朱骏声在《说文通训定声·序》中云：

> 学博朱君，少从钱辛楣先生游。今官于新安之黝，余适以视学至新安，学博出所撰《说文通训定声》示余。盖取许君《说文解字》九千余文，类而区之，以声为经，以形为纬，而训诂则加详焉。分为十八部……又参酌于怀祖先生之说学博于斯学，洵荟萃众说而得其精，且举转注之法，独创义例。根据确鉴，实发前人所未发。其生平之心，得在是矣。书成，属余为序。因略举古音分合之谊，书诸简端云。④

① 朱骏声编著：《说文通训定声》，中华书局 1984 年版，第 28 页。
② 朱骏声编著：《说文通训定声》，中华书局 1984 年版，第 3 页。
③ 朱骏声编著：《说文通训定声》，中华书局 1984 年版，第 19~24 页。
④ 朱骏声编著：《说文通训定声》，中华书局 1984 年版，第 3 页。

朱骏声这种“声经义纬”的编排方式有利于考察文字声近义通的关系。他还解释：“题曰‘说文’，表所宗也；曰‘通训’，发明转注、假借之例也；曰‘定声’，证《广韵》《今韵》之非古而导其源也。”①其中，“说文”，基本沿用许慎的说解，出于探求本义的目的，时有补充、修正。每个字说解的第一部分是“说文”，紧接在字头之后。一般先列出《说文解字》中对每字的解释，然后引书进行补充或修正，说解字源。例如《说文·人部》“侠，俜也，从人，夹声”，朱氏注：

《史记·游侠传》：“所谓言必信，行必果。已诺必诚不爱其躯，赴士之阨困，千里诵义者也。”荀悦曰：“立气齐，作威福，结私交，以立强于世者，谓之游侠。”《史记·季布传》：“为气任侠。”《集》解：“甹也。”《汉书》注：“同是非为侠。”淮南说：“山，喜武非侠也。”注：“轻也[假借]为夹。”《汉书·叔孙通传》：“殿下即中侠陛。”注：“与挟同。华山亭碑，吏卒侠路，又为挟。”②

上述这段话中，朱氏引《史记》《汉书》等补充释义，为“说文”。而且，这段注解还用到了书中的另一重要体例——“通训”。“通训”为全书精华所在。其赋予“转注”“假借”新的含义。“转注者，体不改造，引意相受，‘令’、‘长’也。假借者，本无其意，依声托字，‘朋’、‘来’也。”③“转注”为字义引申，“假借”为同音通假。朱氏在为“侠”字作注时，提到它的假借字“夹”和引申出的同义字“挟”。

“定声”指全书文字的归类和排列全依据古韵，阐明字与字之间的语音联系。例如《说文解字》“尾，户牖之闲谓之尾，从户，衣声”，朱氏注：

《尔雅·释宫》李注：“谓牖之东、户之西为尾。经传多以依为之。仪礼观体，天子设斧依于户牖之闲。”注：“如今绨素屏风也。有绣斧文所以示威也。书顾命，设凿尾。”《东京赋》：“负斧尾。”注：“屏风树之坐后也。”《礼记·曲礼》：“天子当依而立。疏，状如屏风，以绛为质，高八尺，[假借]为隐。”《通俗文》：“奥内曰尾，又为匸。”《广雅·释诂四》：“尾，藏也。字亦作扆。”《释诂一》：“扆，翳

① 朱骏声编著：《说文通训定声》，中华书局1984年版，第1页。
② 朱骏声编著：《说文通训定声》，中华书局1984年版，第154页。
③ 朱骏声编著：《说文通训定声》，中华书局1984年版，第8页。

也，亦作㞑。”《字林》：“㞑，翳也[声训]。”《释名·释床帐》：“尾，倚也，在后所依倚也。”①

朱骏声在上文中提到了“尾”的同音通假字“隐”，同时提到相关异体字“㞑”及“㞑”的声训字，以全面、深入地探究文字语音来源。总体上，《说文通训定声》从形体、训诂和音韵三方面全面解说文字，且引证大量典籍例证或故训，因此其释义皆有凭据，研究方法科学。胡适在《辞通·序》中评价该书“体例与方法都稍胜前人”②。在编辑方法上，朱氏较注重“转注”和“假借”，如提出假借“三原”说③，因而对文字本义的解释更为通达。

第四节 《史籀篇》

西周时期，“小学”书为适应教育的需要而产生，《史籀篇》便是开端之作。

一、《史籀篇》为“字书之鼻祖”

先秦作为“小学”书籍编辑出版的萌芽时期，已经出现了解释汉字字音、字形、字义的文字学书《史籀篇》。《史籀篇》基本的编辑思想是“简易实用，庄重方整”。其记载曰：“《史籀》十五篇。周宣王太史作大篆十五篇，建武时亡六篇矣。仓颉以来，字书无征，而《史籀》遂为字书之鼻祖。秦谓之大篆，汉亦称之曰史篇。”又注：“《史籀篇》者，周时史官教学童也。”④说明在西周周宣王时期，就有教导学童识字的文字教材。《史籀篇》承担着文字教育的功能，既要与文字发展相适应，又要满足人们的社会需要。因此，周宣王太史在编辑《史籀篇》的过程中力求内容简明易懂、通俗实用。王国维认为，《史籀篇》的编排格式应为四字一句，两句一韵，充满韵律，适宜背诵。⑤

---

① 朱骏声编著：《说文通训定声》，中华书局1984年版，第570页。

② 朱起凤编：《辞通》，开明书店1934年版，第1页。

③ “三原”，指朱骏声总结的三种假借体例，包括后有正字、先无正字之假借；本有正字，偶书他字之假借；承用已久、习讹不改、废用本字、专用别字之假借。

④ 班固编撰，顾实讲疏：《汉书·艺文志讲疏》，上海古籍出版社2009年版，第88页。

⑤ 王国维：《史籀篇叙录》，台湾“商务印书馆”股份有限公司1976年版。

宋翟耆年所撰《籀史》中《周宣王吉日碑一卷》云："真三代奇石之书，行笔简易严正。笔已尽而意有余。无侧裂作为之状。大率三代籀书有自然简远之意。叔世作篆，务奇而贵巧，志于奇巧，则流于矿涩矣。汉隶草书犹尚简远，况籀书哉？"①周宣王时期，既有商代以来五花八门的象形字，又有西周日益增多的会意字和形声字②。《史籀篇》从众多字形中选择较规范的字形，稍作省改，且字形力取方正，作为官方标准文字。如"申"字，甲骨文和金文取闪电时电光回曲闪烁之形，籀文只把笔画变直，作长方形。③ 当然，籀文不只是对殷周古文进行简化，为了正规、庄重，某些字如"字""乃"等，自然比俗写的字笔画繁复些。

二、编辑主旨：蕴意广博，启迪心智

作为蒙童教材，《史籀篇》不仅具有规范的文字知识，还以"蕴意广博，启迪心智"为编辑主旨，收纳广博的文化常识。《说文解字》大徐本明确记载的籀文有二百一十六④字，贯穿"上""示""玉""口"等约一百个部类。例如《说文・皕部》"奭"字下云："此燕召公名，《史篇》名丑。"⑤再如《说文・木部》"槃"字下曰："承槃也。从木般声……籀文从皿。"⑥说明《史籀篇》蕴涵着丰富的历史文化常识等。齐秋生等认为，《说文解字》总篇数与《史籀》同为十五篇，绝不仅仅是巧合。它反映了《说文解字》从内容到体例对《史籀》的借鉴。⑦ 而《说文解字》除了对字形、字音进行解说，还在字的释义中囊括历史、天文和地理常识等，可推知《史籀篇》蕴涵着博大精深的文化知识。

在周朝，《史籀篇》主要是面向周王、诸侯和各级贵族学童的识字课本。到了秦汉时期，担任官职必须先过文字关。《史籀篇》在汉代成为取士标准。《说文解字・序》引汉代《尉律》中"学童十七以上始试，讽籀书九千字乃得史"⑧。人们通过阅读《史籀篇》可以"通知古今"，启迪心智，因

---

① 翟耆年撰：《籀史》，中国国家图书馆藏清刘氏味经书屋抄本影印原书版。

② 何清谷：《〈史籀篇〉初探》，载《陕西师范大学学报（哲学社会科学版）》1994年第1期，第7页。

③ 季旭升主编：《〈金文总集〉与〈殷周金文集成〉铭文器号对照表》，艺文图书馆2000年版。

④ 王大庆：《〈说文解字〉中的籀文分析》，新疆师范大学2010年硕士学位论文，第17页。

⑤ 许慎撰，徐铉校定：《说文解字》（大字本）上，中华书局2017年版，第275页。

⑥ 许慎撰，徐铉校定：《说文解字》（大字本）上，中华书局2017年版，第465~466页。

⑦ 齐秋生、徐学标：《〈史籀篇〉文体考》，载《语言研究》2005年第3期，第62~63页。

⑧ 许慎撰，徐铉校定：《说文解字》（大字本）下，中华书局2017年版，第1239页。

而《史籀篇》被继续保留使用。

同作为先秦“小学”书的李斯《仓颉篇》、赵高《爰历篇》和胡母敬《博学篇》，都早已亡佚。“自唐后科举既盛，而文人不读书，读书不必识字。小学之书，直至宋而几尽亡矣。”①

后人关于《史籀篇》的分析，多是通过《说文解字》的注释大致推断《史籀篇》的编辑情况，因此难以详述其编辑体例和方法。

第五节　《玉篇》

南朝梁代师承盛于梁武帝时。这一时期的统治者十分推崇经学，讲经者和学徒数量堪称南朝之最②，为《玉篇》的写作提供了大量成型语料。

一、总会众篇，校雠群籍，以成一家之制

《玉篇》为南朝梁顾野王（519—581）撰，于梁武帝大同九年（543年）成书，可以说是南北朝时期字书的代表。它一反《说文解字》以小篆为主体的编辑方针，而成为我国现存第一部楷书字典。③ 因为在南北朝时期，楷书成为最通用的字体，所以为了汉字规范化，顾野王编辑此书。《玉篇》在唐宋年间几经修订，流传至今的《大广益会玉篇》已经失去原貌。只有日本还留有《玉篇》残卷。

《玉篇·序》将其编辑思想总结为：“总会众篇，校雠群籍，以成一家之制，文字之训备矣。”④在收字方面，《玉篇》总共有一万六千九百一十七字，比《说文解字》增加了七千五百六十四字。⑤ 在部首上，《玉篇》删去了《说文解字》的“哭”“眉”“教”“后”等十二部，增加了“父”“处”“喿”“兆”等十四部，即有五百四十二部⑥。相较于《说文解字》，《玉篇》在搜求义证的范围上更为广泛。自《说文解字》问世后，无论是东汉郑玄学派、魏晋王肃学派还是南北朝时期南学学派，都主张学采众长、遍注群经。诸多经注、义疏在这一阶段涌现，如《周易注》《毛诗草木鸟兽虫鱼疏》《周礼

① 班固编撰，顾实讲疏：《汉书·艺文志讲疏》，上海古籍出版社2009年版，第88页。
② 焦桂美：《南北朝经学史》，上海古籍出版社2009年版，第29页。
③ 刘叶秋：《中国字典史》，北京出版社2016年版，第60页。
④ 顾野王编撰：《原本玉篇残卷》，中华书局2004年版，第1页。
⑤ 胡奇光：《中国小学史》，上海人民出版社1987年版，第126页。
⑥ 陈炳迢：《辞书概要》，福建人民出版社1985年版，第143页。

注》等。通过下文《说文解字》《玉篇》关于汉字“记”的解说可以领会其差异。

《说文·言部》：“记，疏也。从言己声。”①

《玉篇·言部》：“记，居意反。《尚书》：‘樋以记之。’孔安国曰：‘记，识其遇也。’野王案：《礼记》犹‘录，是书记’，所以录、识之也。’又曰：‘令王即命记，□是也。’《礼记》：‘太史执□记。’郑玄曰：‘记，礼书也。’《说文解字》：‘记，疏也。’《声类》：‘右文为近字，在斤部也。’”②

《玉篇》在汉字解说上引证较翔实，不仅引用经书和字书，而且随着三国魏时期《声类》成书，音韵之学作为一门独立学科开始萌芽，使得顾野王更为重视字音研究。这也为后人研究语言文字提供了更为丰富的知识材料。

二、打破“六书”条例，以义相从

《玉篇》不完全遵守六书传统，在部首和释义编排上具有新的特色。在部首编排次序上，《玉篇》不同于《说文解字》——《玉篇》不完全是“据形系联”，还有以义相从的成分。譬如《玉篇》卷三收“人、儿、父、臣、男、民、夫、予、我、身、兄、弟、女”等十三部，把与人相关的名称排在一起。③ 这种排列次序体现了儒家经典中宣扬的尊卑等级观。《礼记·曲礼上》曰：“君臣上下，父子兄弟，非礼不定。”④说明这种君臣上下、父子兄弟的名分，必须要通过礼制来确定。《礼记·曲礼上》又云：“姑、姊、妹、女子子，已嫁而反，兄弟弗与同席而坐，弗与同器而食。”《礼记》中规定，姑母、姊妹和自己女儿已经出嫁，回娘家时，兄弟不能与她同席而坐，也不能与她同用器皿进食。可见，女子的地位十分卑微，故顾野王在卷三将与“人”相关的“女”字排在最后。而且，《玉篇》多释音义，不像《说文解字》用六书条例去分析字形。如“乃”字：

乃，奴改反。《尚书》：“唯乃之□。”孔安国曰：“乃，�也。”《周

---

① 许慎撰，徐铉校定：《说文解字》(大字本)上，中华书局2017年版，第188页。

② 顾野王编撰：《原本玉篇残卷》，中华书局1985年版，第6页。

③ 刘叶秋：《中国字典史》，中华书局1933年版，第69~70页。

④ 裴泽仁注释：《五经全译：〈礼经〉》，中州古籍出版社1993年版，第1页。

礼》：“乃，施邦典于邦国。”郑玄曰：“乃者，更申敕之也。”韩《诗》：“乃，慰乃心大也。”《仪礼》：“乃，欽实爵。”郑玄曰：“乃，犹而也。”《公羊传》：“乃者，何难也。曷为或言，而或言乃，难乎而也。”《汉书》：“乃者，□皇集新蔡。”野王案：“乃，犹往也。”《说文解字》：“乃者，申辞之难也。”□，《说文解字》籀文乃字也。□，《说文解字》古文乃字也。①

从上文来看，《玉篇》的解说体例一般为先注音，后引经传和故训进行释义，然后列野王案语，次列字书，有时还包括文字的异体。在注音上采用反切法。《玉篇》虽然不完全依据“六书”理论进行训释，但是注重引用经传和注疏来解释文字引申义和常用义。上文对“乃”字的训解便引证孔安国的《古文尚书》、郑玄的《周礼注》、韩婴的《诗经传》、郑玄的《仪礼注》和公羊高的《春秋公羊传》五种经书，从而便于读者理解和使用。

《玉篇》顺应文字发展的趋势，总结其在不同历史阶段的形音义变化，使其更加精细、实用。与《说文解字》相比，《玉篇》的旨趣不在于探求字的本义，而是对文字的运用更为重视，且诠释详细。从《玉篇》开始，我国字书开始向字典的方向迈进。

第六节 《方言》

《方言》原名《輶轩使者绝代语释别国方言》十三卷，为西汉扬雄（公元前53—公元18）于公元前11年—公元18年编辑，被称为训诂学“奠基之作”②。其内容多记载各地不同的语言和器物等名称。扬雄是一位具有创新精神的语言学家。他通过实地考察和收集资料的方法获取鲜活的语料，开了个人从事活的方言调查的先例，并将“时空结合”的思想运用到文字训解中，编成我国第一部方言词典③。

一、考九服之逸言，标六代之绝语

扬雄字子云，蜀郡成都（即今四川成都市）人。“雄少而好学，不为章

① 顾野王编撰：《原本玉篇残卷》，中华书局1985年版，第48页。
② 胡奇光：《中国小学史》，上海人民出版社1987年版，第72页。
③ 刘叶秋：《中国字典史略》，北京出版社2016年版，第60页。

句，训诂通而已，博览无所不见。为人简易佚荡，口吃不能剧谈，默而好深湛之思，清静亡为，少嗜欲，不汲汲于富贵，不戚戚于贫贱，不修廉隅以邀名当世。”①扬雄年少时好学，博览群书，不过只是理解字句意思，不能分章析句地阐释古书的含义。他因口吃而不能流利地与人交谈，因此性格沉静。扬雄志向高远，“非圣哲之书不好也”，且喜爱作赋，经常模仿司马相如。从四十三岁那年(公元前11年)，汉成帝召见，拜其为黄门侍郎，至七十一岁卒。《方言》的编辑工作可以说凝结了扬雄的半生心血。《方言》虽是一部词典，但扬雄的编辑工作不是出于语言学的目的，一方面有为统治者服务的意图，即“考八方之风雅，通九州之异同，主海内之音韵，使人主居高堂知天下风俗也”②，或曰“不劳戎马高车，令人君坐帷幕之中，知绝遐异俗之语”；另一方面，有藏之名山、传之后世的个人成就目的，即所谓“典流于昆嗣，言列于汉籍”③。全书记载的方言区域覆盖汉朝几乎所有疆域，东至海岱，西至凉州，南至南楚之外、九嶷、桂林，北至燕之北鄙、朝鲜、洌水。在时间跨度方面，上自春秋，下至秦汉。

《方言》搜罗各国古今殊言异语，并加以校对、解释，对于读者阅读时间和地域跨度都较广的经籍内容有很大帮助。譬如，《诗经》三种诗体之一——“风”，又分为十五国风，跨越当今山西、陕西、山东、河北、河南和湖北北部一带，必然需要一部方言词典来解决由地域差异所带来的语言理解障碍问题。再如《尚书》主要记录了虞、夏、商、周等不同朝代的政治事件和政治言论，难免存在古今殊语。《方言》在这方面可以发挥重要作用。为《方言》一书作注的郭璞对其编辑主旨总结得精妙：“考九服之逸言，标六代之绝语，类离词之指韵，明乘途而同致，辨章风谣而区分，曲通万殊而不杂。”④黄侃先生亦云：“南北之是非，由《方言》而可知之；古今之通塞，亦由《方言》而可知之。”⑤

二、选材方法：验考四方，反复论思

大概从周、秦时期起，我国就开始了方言异语的采集工作。秦亡中断一时，汉代又重新进行。扬雄依靠个人精力调查、研究全国方言，这在中

① 班固撰，王维如主编：《汉书今注》，凤凰出版社2013年版，第2071~2071页。
② 吴树平：《风俗通义校释》，天津人民出版社1980年版，第3页。
③ 华学诚汇证，王智群、谢荣娥、王彩琴协编：《扬雄方言校释汇证》(下册)，中华书局2006年版，第1040页。
④ 华学诚汇证，王智群、谢荣娥、王彩琴协编：《扬雄方言校释汇证》(下册)，中华书局2006年版，第1288页。
⑤ 黄侃述，黄焯编：《文字声韵训诂笔记》，武汉大学出版社2013年版，第262页。

国语言学史上是很罕见的。

《论语·述而》曰：“盖有不知而作之者，我无是也。多闻，择其善者而从之；多见而识之；知之次也。”[①]《论语》教导人们，创作要有真凭实据，实事求是。多听，多看，才能明辨是非善恶。扬雄吸收了《论语》的思想精髓，独自采集“先代绝言、异国殊语”，坚持自己可以“验考四方之事”[②]。期间，他除了通过寻访严君平、林闾翁孺和“观书于石室”[③]获取资料外，[④] 还运用符合现代科学原理的方言调查方法获取鲜活的语料，如“天下上计孝廉及内郡衙卒会者，扬雄常把三寸弱翰，齐油素四尺，以问其异语，归即以铅摘次之于椠”。他利用每年全国各地的孝廉陪同郡国派遣的上计吏来到京师，以及每年内郡轮流派遣到京师衙戍的衙卒来到的机会，亲自手持一支三寸长的笔和一段四尺长[⑤]的油素[⑥]挨个儿询问，并记录不同方言、职业和阶层的人对同一事物的不同说法，然后回去用一种铅笔分别过录到标写在木板上的细目下面。

经过这样的访问和调查，他记录了全国各地的方言。扬雄还“反复论思，详悉集之，燕其疑”。他将搜罗到的方言与书面资料进行对比研究，反复“论思”，以求发现它们在时空方面的联系。

三、以“时空结合”的思想编排训释

《周易》曰：“是故《易》有太极，是生两仪，两仪生四象，四象生八卦。”[⑦]《易经》中的时空观具有一定的科学性。可以将太极看作对宇宙的摹写。“太极生两仪”，则产生一维时空，随之成物仪；“两仪生四象”，则形成二维时空，随之有物象；“四象生八卦”，则诞生三维时空，随之有物质。世间万物的生死都在这一维、二维、三维间循环往复。文字的产生与消亡亦是如此。扬雄领悟到古今语言蕴含着一种交错演变的规律，即有些在古代通行的词语到现在或许已经转变为方言，而现在的通用词语或许是古代的方言词汇。他从“时空结合”的编辑思想出发，按照时间、地

---

① 吴树平等点校：《十三经》(全文标点本)，北京燕山出版社 1991 年版，第 2026 页。

② 华学诚汇证，王智群、谢荣娥、王彩琴协编：《扬雄方言校释汇证》(下册)，中华书局 2006 年版，第 1116 页。

③ 石室，古代藏有珍贵文献的密室。左思《魏都赋》云：“窥玉策于金縢，案图箓于石室。”

④ 华学诚汇证，王智群、谢荣娥、王彩琴协编：《扬雄方言校释汇证》(下册)，中华书局 2006 年版，第 1036 页。

⑤ 尺，为汉尺。

⑥ 油素，上过油的绢，写过还可以抹掉再用。

⑦ 吴树平等点校：《十三经》(全文标点本)，北京燕山出版社 1991 年版，第 2026 页。

域跨度将搜集的词语分为五类，相应的训释体例也有所差异。

一是“四方之通语”类，指在字义理解和使用上没有地域限制的词语。训释中，用到的释词有“四方之通语”“凡语”和“通语”等。其中“语”可用“谓之”或“曰”取代。例如：

①庸、恣、比、侹、更、佚，代也。齐曰佚，江淮陈楚之间曰侹。余四方之通语也。（卷三）①

②怃、㤉、怜、牟，爱也。韩郑曰怃，晋卫曰㤉，汝颍之间曰怜，宋鲁之间曰牟，或曰怜。怜，通语也。（卷一）②

③嫁、逝、徂、适，往也。自家而出谓之嫁，由女而出为嫁也。逝，秦晋语也。徂，齐语也。适，宋鲁语也。往，凡语也。（卷一）③

④修、骏、融、绎、寻、延，长也。陈楚之间曰修，海岱大野之间曰寻，宋卫荆吴之间曰融。自关而西秦晋梁益之间凡物长谓之寻。《周官》之法，度广为寻，幅广为充。延、永，长也。凡施于年者谓之延，施于众长谓之永。（卷一）④

⑤蠀螬谓之蟦。自关而东谓之蝤蟦，或谓之蛬蠾，或谓之蝖毂；梁益之间谓之蛒，或谓之蝎，或谓之蛭蛒；秦晋之间谓之蠹，或谓之蝼。四方异语而通者也。（卷十一）⑤

上述释例中，第5例“四方异语而通者”较为特殊。说明虽然各地对于“蠀螬”这类虫的取名各有不同，但是相互之间可以理解和通用。

二是“某地某地之间通语”类，即通行区域在两地以上较广范围内的词语。例如：

饧谓之餦餭。饴谓之餧，䬣谓之䭪，餳谓之餹。凡饴谓之饧，自

---

① 华学诚汇证，王智群、谢荣娥、王彩琴协编：《扬雄方言校释汇证》（下册），中华书局2006年版，第229页。

② 华学诚汇证，王智群、谢荣娥、王彩琴协编：《扬雄方言校释汇证》（下册），中华书局2006年版，第22页。

③ 华学诚汇证，王智群、谢荣娥、王彩琴协编：《扬雄方言校释汇证》（下册），中华书局2006年版，第47页。

④ 华学诚汇证，王智群、谢荣娥、王彩琴协编：《扬雄方言校释汇证》（下册），中华书局2006年版，第60页。

⑤ 华学诚汇证，王智群、谢荣娥、王彩琴协编：《扬雄方言校释汇证》（下册），中华书局2006年版，第742页。

关而东陈、楚、宋、卫之通语也。(卷十三)①

上例说明“饧”表示“饴”意时，是通用于陈、楚、宋、卫四国之间的语言。

三是“某地通语”类，指在某较小区域范围内使用的词语。训释中用到的术语包括“某地某地之间语”“某地语”“某地通语”“某地某地之间凡……谓之”等。例如：

①党、晓、折，知也。楚谓之党，或曰晓，齐宋之间谓之哲。(卷一)②

②悦、舒，苏也。楚通语也。(卷十)③

③蛉蚗，齐谓之螇螰，楚谓之蟪蛄，或谓之蛉蛄；秦谓之蛥蚗；自关而东谓之虭蟧，或谓之蝭蟧，或谓之蜓蚞，西楚与秦通名也。(卷十一)④

④咺、唏、竹、怛，痛也。凡哀泣而不止曰咺，哀而不泣曰唏。于方：则楚言哀曰唏，燕之外鄙。朝鲜洌水之间，少儿泣而不止曰咺。自关而西秦晋之间凡大人少儿泣而不止谓之唴，哭极音绝亦谓之唴。平原谓啼极无声谓之唴哴。楚谓之噭咷。齐宋之间谓之喑，或谓之惄。(卷一)⑤

⑤硕、沈、巨、濯、讦、敦、夏、于，大也。齐宋之间曰巨，曰硕。凡物盛多谓之寇。齐宋之郊、楚魏之际曰夥。自关而西秦晋之间凡人语而过谓之过，或曰佥。东齐谓之剱，或谓之弩。弩犹怒也。陈郑之间曰敦，荆吴扬瓯之郊曰濯，中齐西楚之间曰讦。自关而西秦晋之间凡物之壮大者而爱伟之谓之夏，周郑之间谓之暇。郴，齐语也。

---

① 华学诚汇证，王智群、谢荣娥、王彩琴协编：《扬雄方言校释汇证》(下册)，中华书局2006年版，第987页。

② 华学诚汇证，王智群、谢荣娥、王彩琴协编：《扬雄方言校释汇证》(下册)，中华书局2006年版，第9页。

③ 华学诚汇证，王智群、谢荣娥、王彩琴协编：《扬雄方言校释汇证》(下册)，中华书局2006年版，第687页。

④ 华学诚汇证，王智群、谢荣娥、王彩琴协编：《扬雄方言校释汇证》(下册)，中华书局2006年版，第711页。

⑤ 华学诚汇证，王智群、谢荣娥、王彩琴协编：《扬雄方言校释汇证》(下册)，中华书局2006年版，第26页。

于，通词也。(卷一)①

从上述释例可以看到，扬雄对于部分同义词在不同地域的含义训释得十分详细。譬如第④例中“咺、唏、灼、怛”都表示“痛”的含义。扬雄进一步解释——哀痛且哭泣不止为“咺”，哀痛而没有哭泣为“唏”，并在下文中结合地理分布阐述同义词间的差别。其中，“通名”和“通词”为释词，即“通语”。

四是“古今语”类，即语言生灭之际的古语的残留，也被称为“绝代语”。常用训释术语包括“古今语”和“古雅之别语”。例如：

①敦、丰、庞、□、夰、怃、般、嘏、奕、戎、京、奘、将，大也。凡物之大貌曰丰。庞，深之大也。东齐海岱之间曰夰，或曰怃。宋鲁陈卫之间谓之嘏，或曰戎。秦晋之间凡物壮大谓之嘏，或曰夏。秦晋之间凡人之大谓之奘，或谓之壮。燕之北鄙齐楚之郊或曰京，或曰将。皆古今语也。初别国不相往来之言也，今或同，而旧书雅记故俗语不失其方，而后人不知，故为之作释也。(卷一)②

②假、□、狢、怀、摧、詹、戾、艐，至也。邠唐冀兖之间曰假，或曰狢。齐楚之会郊或曰怀。摧、詹、戾，楚语也。艐，宋语也。皆古雅之别语也，今则或同。(卷一)③

最初，各国对外联络较少时，形成各自不同的方言。随着交流的增多，有些方言词逐渐被通用语取代。记录下旧时的方言词汇，有利于探究方言词汇交错演变的发展脉络。

五是“转语”类，也被称为“代语”。“凡以异语相易谓之代也。”二者均是指因声音或意义变化而产生的词语。常用释词为“语之转”“代语”和“转语”。例如：

①鼅鼄，鼄蝥也。自关而西秦晋之间谓之鼄蝥；自关而东赵魏之

① 华学诚汇证，王智群、谢荣娥、王彩琴协编：《扬雄方言校释汇证》(下册)，中华书局2006年版，第67页。

② 华学诚汇证，王智群、谢荣娥、王彩琴协编：《扬雄方言校释汇证》(下册)，中华书局2006年版，第36页。

③ 华学诚汇证，王智群、谢荣娥、王彩琴协编：《扬雄方言校释汇证》(下册)，中华书局2006年版，第44页。

郊谓之蠪螯，或谓之蠾蝓。蠾蝓者，侏儒语之转也。北燕朝鲜洌水之间谓之蝳蜍。(卷十一)①

②緤、末、纪，绪也。南楚皆曰緤，或曰端、或曰纪，或曰末，皆楚转语也。(卷十)②

③悈鰓、乾都、耇、革，老也。皆南楚江湘之间代语也。(卷十)③

在上述第①例中，“蠾蝓”之所以为“侏儒”的转语，是因为二者都是以“身短”取名。这是由意义变化而产生的词语。在第③例中，华学诚疑“悈”“乾”“革”均为“耇”字音转而来，“悈鰓”之“鰓”“乾都”之“都”均为后缀音尾。这是由声音变化而产生的词语。扬雄发现，实际上，古今语和方言词之间的差异正是由转语导致的。

以上五类内容分属不同层面：前三种阐释共时的不同空间的语词，后两种既有历时的说明，又有共时的观察，且兼顾时、空两方面。在这里，我们已经看到扬雄科学的编辑思想，这也是他前无古人的创造④。

第七节 《释名》

《释名》是我国第一部用声训探求语源的专著，为东汉末年刘熙所作。大约在汉献帝建安十八年(213 年)以前，他完成了《释名》八卷二十七篇。

一、参校方俗，考合古今，析名物之殊，辨典礼之异

刘熙以“参校方俗，考合古今，析名物之殊，辨典礼之异”⑤为编辑思想来完成这样一部解释语言的专书。一方面，其编辑主旨在于为封建政治服务。东汉经学家利用声训来解释他们认为重要的专名，主要包括术数与礼制两类。例如其对于“君”“王”“男”等字的解释是为了宣扬封建君权和

① 华学诚汇证，王智群、谢荣娥、王彩琴协编：《扬雄方言校释汇证》(下册)，中华书局 2006 年版，第 748 页。

② 华学诚汇证，王智群、谢荣娥、王彩琴协编：《扬雄方言校释汇证》(下册)，中华书局 2006 年版，第 702 页。

③ 华学诚汇证，王智群、谢荣娥、王彩琴协编：《扬雄方言校释汇证》(下册)，中华书局 2006 年版，第 696 页。

④ 华学诚：《周秦汉晋方言研究史》，上海人民出版社 2014 年版。

⑤ 王先谦：《释名疏证补》，上海古籍出版社 1984 年版，第 1 页。

封建夫权。另一方面，《释名》巨细无捐，雅俗并收，且多收罗百姓日称之语。在编辑体例上，其效仿《尔雅》，按照义类进行编排。不过《释名》类目更为详细，收词范围也在《尔雅》基础上有所扩大。《释名》将《尔雅》中《释器》部分扩展为“采帛、首饰、床帐、用器、乐器、兵、车、船”，《释地》部分扩展为“地、道、州国”。全书编排体例如下：

“总共八卷二十七篇。卷一包括释天、地、善、水、丘、道；卷二包括释州国、形体；卷三包括释姿容、长幼、亲属；卷四包括释言语、饮食、采帛、首饰；卷五包括释衣服、宫室；卷六包括释床帐、书契、典艺；卷七包括释用器、乐器、兵、车、船；卷八包括释疾病、丧制。”

《释名》对书中物名几乎都能从声音的角度加以联系，找出音义相同或相近的词语作训释词。“古无训诂书，声者即训诂也。朱氏骏声注《说文解字》，名为《通训定声》，而有声训一说。则声音训诂实为一物。”①因此以《释名》独立为一派。与《尔雅》《说文解字》不同，它不仅解释古代典籍中的词汇，而且更注重阐述汉代名物，尤其重视对文物典章和风俗习惯等专名的训释。因此，《释名》像一面镜子，反映着东汉时期的社会新风尚。例如《释名·释彩帛》曰：“锦，金也，作之用功重，其价如金。故其制字从帛与金也。”②而《说文解字》对“锦”的解说为“襄邑织文也。从帛，金声”③。可见，《说文解字》将“锦”解释为形声字，《释名》则认为其是会意字。这种新解，正是新的社会意识的反映。

二、以声音通训诂，遍释群经

《释名》不局限于简单的词义解释，更是为了深入阐明词源。全书1502词，用声训的有1335例，其中同韵部或同韵类为训的1237例，声母相同或相近为训的98例④。一般，先用声训解释词义，然后以训词为关键词，采用比拟、描写、设立界说等方式推求事物命名之义，以解群经。训例如下。

《释名·释天》云：“天，坦也，坦然而高远也。”后王先谦疏证补云：“叶德炯曰：‘坦字与天同透字母。’”⑤说明“天”字和“坦”字同为舌头音，语出同源。刘熙又以“坦然而高远”描写“天”的特点，将声音与训诂融为

---

① 黄侃述，黄焯编：《文字声韵训诂笔记》，武汉大学出版社2013年版，第6页。
② 刘熙著，王先谦补：《释名疏证补》，中华书局2008年版，第150页。
③ 许慎撰，徐铉校定：《说文解字》(大字本)下，中华书局2017年版，第619页。
④ 祝敏彻：《从汉儒声训看上古韵部》，载《兰州大学学报》1984年第2期，第93页。
⑤ 刘熙著，王先谦补：《释名疏证补》，中华书局2008年版，第2页。

一体，同时与经学思想相呼应。《论语·述而》曰：“君子坦荡荡，小人长戚戚。”①儒家经学传统强化“君子”“小人”的分界，宣扬君主和贵族是心胸坦荡的“君子”。而广大鄙野之区的人民群众是“小人”，缺乏政治参与权。因此，“坦”与“天”这类代表上层权威含义的文字相关联。

《释名·释水》云：“江，公也，诸水流入其中所公共也。”后王先谦疏证补云：“江、公取叠均。”②说明“江”和“公”的韵母相同，即“叠韵”③。后以“诸水流入其中”描写“江”的形态。出所不私，即为“公”也。“江”与“公”的联系在经籍中也有体现。《礼记·王制》云：“王者之制禄爵，公侯伯子男，凡五等。”④王者规定俸禄爵位，分公、侯、伯、子、男五种爵位。“公”在五种爵位中地位最为显赫，可谓“一人之下，万人之上”。《诗经·江有汜》云：“江有汜，之子归，不我以！不我以，其后也悔。”该文表面上描写一个往来于长江水域的商人沉迷新婚而忘记旧姻，其原妻伤感而作此诗。实际上是作者表达自己怀才不遇、不被朝廷所重用的怅惘心情。作者以“江”代“公”，实则盼望有一份显赫的官职，以在朝堂施展抱负。

《释名·释形体》云：“胑，枝也，似木之枝格也。”后王先谦疏证补云：“《说文》：‘胑，体四胑也。’……赵岐注云：‘折枝，按摩手节解罢枝也。’是则古者胑、枝字通也。”⑤“胑”和“枝”在古代为声音相关的通假字。在这一例中，刘熙用比拟的方法来解释“胑”字的含义。“胑”出现在《荀子·国道》中——“故天子不视而见，不听而聪，不虑而知，不动而功，块然独坐而天下从之如一体，如四胑之从心，夫是之谓大形”。这句话意为百姓温顺谦恭，对天子的顺从就像四肢顺从思想的控制。此处的“胑”有“肢体”和“分枝”的含义。

《释名·释亲属》云：“兄，荒也。荒，大也，故青徐人谓兄为荒也。”后王先谦疏证补云：“兄、荒于西域字母皆属晓纽，青徐人以踧口开唇推气言之，如风读放之例。”⑥在此例中，“兄”和“荒”于古代声类同属晓纽，且“荒”意为“大”，故“兄”字的来源与其古声韵密切相关。此例中“青徐人谓兄为荒也”用到了设立界说的方法。《诗经·唐风·蟋蟀》中“好乐无荒”⑦中的“荒”字就是采用了其“广大”的含义。

---

① 吴树平等点校：《十三经》(全文标点本)，北京燕山出版社1991年版，第2028页。
② 刘熙著，王先谦补：《释名疏证补》，中华书局2008年版，第32页。
③ 叠韵，指两个汉字的韵母或韵腹和韵尾相同。
④ 裴泽仁注释：《五经全译：〈礼经〉》，中州古籍出版社1993年版，第102页。
⑤ 刘熙著，王先谦补：《释名疏证补》，中华书局2008年版，第61页。
⑥ 刘熙著，王先谦补：《释名疏证补》，中华书局2008年版，第98页。
⑦ 葛培岭注释：《五经全译：〈诗经〉》，中州古籍出版社1993年版，第174页。

声训自《尔雅》而下，之后的训诂著作中以声音来解释字义的比重逐渐增加。《方言》的声训比《尔雅》多，到《说文解字》“十居七八”①，而到《释名》，这样一部几乎完全用声训求语源的专著就在刘熙笔下出现了。

第八节 《广雅》

《广雅》为三国魏张揖撰，是《尔雅》之后最先为人推崇的一部训诂学著作，也是一部综合性百科词典。

一、以今语释古语，以雅言释方俗殊语

据张揖于曹魏太和年间(227—232)为博士，可推知《广雅》在此期间撰写。其纂辑先秦汉魏名物训诂，贯穿着“以今语释古语，以雅言释方俗殊语”的编辑原则。《广雅》今传本共十卷，编排体例效仿《尔雅》十九卷，包括《释诂》《释言》《释训》《释亲》《释宫》《释器》《释乐》《释天》《释地》《释丘》《释山》《释水》《释草》《释木》《释虫》《释鱼》《释鸟》《释兽》《释畜》，只是今传本在各卷内容归类上与《尔雅》有所不同，譬如《广雅》前四卷为《释诂》。《广雅》“凡万八千一百五十文”，超过《尔雅》搜辑的一万零八百一十九字②。张揖在《上〈广雅〉表》中提到《尔雅》的不足，“若其包罗天地、纲纪人事、权揆制度，发百家之训诂，未能悉备也”③，即《尔雅》收罗的范围有限，仅限于经书，于百家之训诂多有遗漏。这是因为《尔雅》成书于汉初，当时有关注解和阐释经书的文献较少。而经过汉代的发展，经学形成了丰富的说解体例和方法，并产生了大量阐发经学思想的传文，为《广雅》一书提供了更为成熟的语料。王念孙《广雅疏证·序》曰：

> 魏太和中，博士张君稚让继两汉诸儒后，参考往籍，遍记所闻，分别部居，依乎《尔雅》，凡所不载，悉著于篇。其自《易》《书》《诗》《三礼》三传经师之训，《论语》《孟子》《鸿烈》《法言》之注，《楚辞》《汉赋》之解、谶纬之记，《仓颉》《训纂》《滂喜》《方言》《说文解字》之说，靡不兼载。盖周秦两汉古义之存者，可据以证其得失，其散逸

① 胡奇光：《中国小学史》，上海人民出版社1987年版，第87页。
② 刘玉才主编：《十三经注疏校勘记》，北京大学出版社2015年版。
③ 王念孙：《广雅疏证》，中华书局2004年版，第3页。

不传者，可藉以规其端绪，则其书之为功于诂训也大矣。①

王念孙总结道，张揖撰写《广雅》，搜辑的资料既覆盖《周易》《尚书》《诗经》等相关经传书籍，又囊括周秦以来诸多字书、训诂书以及阐述诸子百家学说的《鸿烈》等著作，为其在《尔雅》基础上增加“文同义异、音转失读、八方殊语 、庶物易名”等内容奠定扎实的文献基础。其中，“文同义异”主要指同形或多义词，例如卷三下《释诂》中训释词“恶”字为多义词，王念孙疏证云：“此条恶字有二义，一为美恶之恶，一为爱恶之恶。”②而《尔雅·释诂》中没有出现训释词“恶”。“音转失读”是指随着时代演变，文字的读音在传播过程中发生变化，导致同一文字在古今具有不同的读法，例如卷一上《释诂》“赖、戾，善也”③，“戾”为来母至部字，“赖”为来母祭部字。至祭旁转，因此“戾”“赖”二字声同韵转。而在《尔雅·释诂》训释词“善”训释的文字中，没有此二字④。“八方殊语”指同一事物在不同地域的说法，多来自《方言》，例如卷二上《释诂》中“欺，茹，贪也”，“欺”为南楚、江、湘之间语，“茹”为吴、越之间语，“贪”为楚语。⑤ 而《尔雅·释诂》中没有出现训释词“贪”。“庶物异名”指不同名称可能指向同一事物，即名物辨析。例如卷十上《释木》中“益智，龙眼也”，王念孙疏证曰：“《神农本草》云：‘龙眼，一名益智。’”⑥二者名称不同，但所指为一物。而《尔雅·释木》中没有关于“益智”“龙眼”的训释。

二、以义为组，采用多元的训释方法

整体上，《广雅》结合义训和声训两种释义方法，材料详备，在中国“雅学”史上具有重要地位。义训是其最基本的训释方法。从释词与被释词的关系来看，包括同义相训、反义为训、广义释狭义、共名释别名、界说、描写形象等类型。

其一，同义相训是指用一个词语解释其他一个或多个词语。例如卷七上《释宫》曰：“杼谓之梏，械谓之桎。”⑦“杼”“梏”“械”“桎”四字均有束

① 王念孙：《广雅疏证·序》，中华书局2004年版，第2页。
② 王念孙：《广雅疏证》，中华书局2004年版，第106页。
③ 王念孙：《广雅疏证》，中华书局2004年版，第9页。
④ 管锡华译注：《尔雅》，中华书局2014年版，第12页。
⑤ 王念孙：《广雅疏证》，中华书局2004年版，第44页。
⑥ 王念孙：《广雅疏证》，中华书局2004年版，第356页。
⑦ 王念孙：《广雅疏证》，中华书局2004年版，第217页。

缚之义。

其二，反义为训是指用意义相反的两个词语中一方的意义来证明另一方的意义。例如卷一下《释诂》云："休，喜也。"王念孙疏证云："《莪篇》云：'我心则喜，我心则休。休亦喜也。'《释文》《正义》并训：'休为美失之。'"①可知，张揖以"休"的反义来解释"休"本身。

其三，广义释狭义，即用范围相对较宽的意义去解释范围相对较窄的意义。例如卷一上《释诂》云："腆、酡、黨、賁、琇、甘、娥，美也。"其中，"腆"为膳之美，"酡"为酒之美，"黨"为训之美，"賁"为饰之美，"琇"为玉之美，"甘"为味之美，"娥"为貌之美。被释词均为释词"美"的狭义概念。这些文字在经书多有出现。例如《尚书·酒诰》中有"自洗腆"②，意为亲自做好丰盛的膳食以供使用。这里的"腆"就是指膳食之美。

其四，以共名释别名，从而说明被释词所属种类。例如卷九下《释地》云："坚、埴，土也。"③其中，"坚"指刚土，"埴"指黏土，皆属土类。

其五，界说，指给事物下定义。例如卷六下《释亲》云："妻之父谓之父姼，妻之母谓之母姼。"④这是给亲属称谓下定义。再例如卷七下《释器》云："帹无裆者谓之裬。"⑤这句话大体上是说，无裆的衣服被称为袴，即如今的开裆裤。

其六，《广雅》还采用描写形象的义训方法，即对事物的形状等加以描写。例如卷八下《释乐》云："管，象篪，长尺围寸，有六孔无底。"⑥这是说"管"与另一种竹乐器篪相似，并对管的形状特征进行了描绘。《礼记·乐记》记载："故钟鼓管磬，羽钥干戚，乐之器也。"⑦这是说，钟、鼓、管、磬是乐器，羽、钥、干、戚为舞具。它们都是施行礼乐的器具。人们可以借助《广雅》对《礼记》所述器具的形态和功能等有更具体的了解。

在声训方法的运用上，张揖采用了同音相训和音近相训两种方法。在同音相训方面，训例有卷五上《释言》云："南、壬，任也。"王念孙疏证曰："南、壬、任，古并同声……《白虎通义》引《乐元语》云：'南夷之乐

① 王念孙：《广雅疏证》，中华书局2004年版，第34页。
② 陈襄民注释：《五经全译：〈书经〉》，中州古籍出版社1993年版，第167页。
③ 王念孙：《广雅疏证》，中华书局2004年版，第297页。
④ 王念孙：《广雅疏证》，中华书局2004年版，第202页。
⑤ 王念孙：《广雅疏证》，中华书局2004年版，第234页。
⑥ 王念孙：《广雅疏证》，中华书局2004年版，第279页。
⑦ 裴泽仁注释：《五经全译：〈礼经〉》，中州古籍出版社1993年版，第35页。

曰南，南之为言任也。任养万物，是凡言南者，皆任之义也。’”①可见，“南”与“任”声同，义亦同；在音近相训方面，例如卷五上《释言》云：“仪、愈，贤也。”王念孙疏证曰：“引之云：《大诰》：‘民献有十夫。’”《尚书》中记载了周公姬旦所作的战前动员文告。原文为“民献有十夫，予翼以于敉宁武图功”，大意为目前有十位贤者相助，将要一起完成文王、武王所谋求的功业。显然，此处的“献”是“贤”的含义，因此传文“训‘献’为‘贤’。《大传》作：‘民仪有十夫。’……古音‘仪’与‘献’通”②。王念孙引书证明二字同义，又指出其语音相通。“仪”为疑母歌部字，“献”为晓母元部字。疑、晓为喉牙音旁纽，歌、元对转。因此，“仪”“献”为近双声③近叠韵。

张揖采用的多元、先进的训诂方法为后世“小学”书编辑提供了宝贵经验，难怪段玉裁称赞“魏以前经传谣俗之形音义荟萃于是!”

第九节 《经典释文》

先秦以来，经传等古书文字和意义屡经转变，造成后人阅读困难。汉魏以来，诸多学者加以注释。训诂学在魏晋时期十分兴盛，南北朝时一度衰落，到隋唐更加兴盛。陆德明采庶诸本，搜访异同，编成《经典释文》三十卷。书中引汉魏六朝二百三十余家之说，止于梁、陈，而不及周、隋。据此推断，全书完成当在隋文帝统一全国(601 年)之前。

一、采庶经典，为群书作音因

《经典释文》所谓“经典”，不同于汉儒经典，是指在着重解释儒家经典《周易》《尚书》《毛诗》《论语》《周礼》《议礼》《礼记》《春秋左氏传》《春秋公羊传》《春秋榖梁传》《孝经》《论语》《尔雅》之外，兼顾对道家经典《老子》《庄子》的解释。黄侃以唐朝为分界点，将“小学”辅助之书分为两期。第一期为唐以前之书，如《十三经注疏》《经典释文》《汉书颜注》《文选李注》《一切经音义》。“其中最要者为《经典释文》，以其书于经典异同多所考证也。”

---

① 王念孙：《广雅疏证》，中华书局 2004 年版，第 142 页。
② 王念孙：《广雅疏证》，中华书局 2004 年版，第 144 页。
③ 双声，指两个汉字的声母相同。

所谓“释文”，即“为群书作音因”。古代文字多以声寄义，因此注音等于注义。陆德明采摘诸经单字进行注音，只有《老子》《孝经》抄写全句。陆德明在《经典释文·序录》中说明其原因：“唯《孝经》蒙童始学，《老子》众本多乖，是以二书特纪全句。”①由于《孝经》作为学童启蒙读物，且《老子》各种版本错误众多，因此这两类书适宜抄写全句，以使内容明晰。《经典释文》与汉儒经注一样，体现了“小学”直接为经学服务的精神。陆德明采集诸本，尤其对诸书本文和注文的音读，广泛采取各家音切。全书采汉魏六朝音切，凡二百三十余家，因此保存了唐以前诸经典中文字的音读，为后人研究这一时期的声音变迁提供了重要资料。

二、编辑特色：辨析疑点，疏通经注

陆德明在解释经典词语的过程中，注重辨析疑难词语，以疏通经注。《经典释文》的编辑体例可总结为，首先依照经文先后顺序编次疑难词语。然后对有些疑难词语采取集注的方式，而且对所释词语首列字音，其次列字义。此外，有时也作文字校勘。其中，“若典籍常用会理合时，便即遵承标之于首”，即将一些典籍常用且合乎时宜的词语作特殊标记，列于首。例如卷二《周易音义》中对“蒙”字的训释：“莫公反。蒙，蒙也，稚也。《稽览图》云：‘无以教天下曰蒙。’《方言》云：‘蒙，萌也。’离宫四世卦。”②书中先列“蒙”字的读音，即“莫公反”，然后汇集诸家对“蒙”字的解说来解释字义。书中还有许多采用集注方法的疑难词语。例如卷七《毛诗音义》曰：“楫，音接棹也。徐音集。《方言》云：‘楫谓之桡，或谓之棹。’郭注云：‘楫，桡头索也。所以县、棹谓之楫。’《说文解字》云：‘楫，舟棹也’《释名》云：‘在傍拨水曰棹，又谓之楫。’”③可见，陆德明在集注时引用了大量字书和训诂书。《经典释文》也兼对字形进行校勘。例如卷二《周易音义》曰：“灾，本又作災。郑作烖。按《说文解字》，烖，正字也。灾，或字也。災，籀文也。”④这是对“灾”字的字形进行辨正。

《经典释文》这种按照经文先后顺序训释疑难词语的体例别具一格，成为唐代佛家《一切经音义》的先驱，是研究中国古代文字形、音、义以及经籍版本的重要著作。

---

① 陆德明撰：《经典释文》，上海古籍出版社 1984 年版，第 3 页。
② 陆德明撰：《经典释文》，上海古籍出版社 1984 年版，第 78 页。
③ 陆德明撰：《经典释文》，上海古籍出版社 1984 年版，第 353 页。
④ 陆德明撰：《经典释文》，上海古籍出版社 1984 年版，第 91 页。

第十节 《广韵》

汉唐时期，音韵学也逐渐兴起。最具代表性的为隋陆法言所撰《切韵》。它是当时南北读书音的准则。但今多散失，仅存残卷。而《切韵》到宋代发展为《广韵》，成为唐宋诗韵的始祖，也是后人考证古音、调查方音的桥梁。

一、《广韵》的编定过程

《广韵》为北宋时期编成的音韵学著作。黄侃在《与友人论治小学书》中提道："音韵之学，必以《广韵》为宗，其与《说文解字》之在字书，轻重略等。"①《广韵》全称《大宋重修广韵》，是在隋代陆法言等撰《切韵》的基础上编辑而成。不过，《切韵》原书已亡佚。自公元 601 年《切韵》写成，到公元 1011 年《广韵》编定，前后历时四百一十年，凝聚着唐宋学者的心血。文莹《玉壶清话》曰："中正有字学，同吴铉、杨文举同撰《广韵》(《宋史·句中正传》《玉海》并同)。是宋雍熙中，曾修《广韵》，故景德、祥符所修，名《大宋重修广韵》。"②此意为雍熙间(984—987)，修《广韵》的是句中正等人；景德年间(1004—1007)和祥符年间(1008—1016)，重修《广韵》的是陈彭年、邱雍等人。《广韵》有详注本和略注本两种。笔者所依据的便是详注本中的张氏泽存堂重刊宋本。朱彝尊在《重刊广韵序》中云：

> 今之《广韵》，源于陆法言《切韵》而长孙纳言为之笺注者也。其后诸家各有增加，已非《广韵》之旧，然分韵二百有六部，未之紊焉。自平水刘渊淳祐中始并为一百七韵，于是合殷于文、合隐于吻、合焮于问，尽乖乖唐人之官韵。好异者又惑于婆罗门书，取《华严》字母三十有六，颠倒伦次，审其音而紊其序。逮《洪武正韵》出，唇齿之不分，清浊之莫辨，虽以天子之尊，行之不远，则是非之心，人皆有之。曩昆山顾处士炎武校《广韵》，力欲复古，刊之淮阴，第仍明内库镂板，缘古本笺注多寡不齐，中涓取而删之，略均其字数，颇失作

① 胡奇光：《中国小学史》，上海人民出版社 1987 年版，第 185 页。
② 文莹：《玉壶清话》，中华书局 1991 年版，第 82 页。

者之旨。吴下张上舍士俊有忧之，访诸琴川毛氏，得宋时锓本，证以藏书家所传抄，务合乎景德、祥符而后已，抑何其用力之勤与。嗟夫！韵学之不讲久矣……①

《广韵》自宋代至清代，流传版本纷繁复杂。朱彝尊认为，顾炎武在校证《广韵》时，对古本删改过度，以致影响了作者思想的表达。而张士俊得到《广韵》宋时复本后，结合各藏书家传抄的版本，广泛参考引证，所详注的版本与景德、祥符年间所修《广韵》版本更为吻合。朱氏不禁称赞其“用力之勤”。

二、垂范永代，确立科考音韵程准

《广韵》作为我国第一部官修韵书，其编辑目的主要是出一部垂范作用的字典。《广韵·景德四年敕》云：“爰命讨论，特加刊正，仍令摹印，用广颁行。期后学之无疑，永代而作则。宜令崇文院雕印，送国子监依九经书例施行。”②宋真宗在景德四年下令刊正、雕印一部为后人垂范的韵书。另外，它还是为了满足宋朝当时科举考试的需要。《广韵·大中祥符元年敕》曰：“朕聿遵先志，导扬素风，设教崇文，悬科取士，考核程准，兹实用焉。”③即秉承宋太宗遗志，励行文志，以诗赋取士，需要审音辨韵，确定一种韵书作为科举考试的用韵标准。因而，《广韵》的编排较为规范、精细，全书共二百零六韵，分五卷，按四声分部。平声字多，分上、下两卷，上、去、入各一卷。其中，平声五十七韵，上平二十八韵，下平二十九韵，上声五十五韵，去声六十韵，入声三十四韵。在古代，人们阅读《诗经》这样以四言句为主的诗歌总集，往往要用到这四种声调。《诗经》本身的创作就包含押韵规律。因此，《广韵》可以为人们诵读经书提供很大帮助。

《广韵》包罗隋唐以前历代各地之语音系统，可为考证周秦古音和隋唐音提供珍贵资料。民国之前千余年间，虽然口语不断变化，但是一般文人学士作诗文、政府考试选拔人才，仍用《广韵》一系之韵书。它也是现存最古老的一种韵书，以及今音④韵书唯一之代表作。虽稍繁琐，但《广

① 周祖谟：《广韵校本》，中华书局2004年版，第3~4页。
② 周祖谟：《广韵校本》，中华书局2004年版，第11页。
③ 周祖谟：《广韵校本》，中华书局2004年版，第12页。
④ 今音，又称“中古音”，是以《切韵》系韵书为研究对象，研究魏晋南北朝到唐宋的汉语语音系统。

韵》中的这些韵目已经成为中古汉语韵母的代表字了。

三、欲使学者一览而文字声音包举无疑

《广韵》的体例以四声为纲，以韵目为纬，采用反切注音法，切语上字取其双声，下字取其叠韵。切语一般列于训释之末。同音之字，不分两切语。凡为两切语，上字同类者，下字必不同类。《广韵》在每字下，先释字义，再用反切法注音，后标同音字数。

首先，用同音之字注音，例如“誀，诱也，又音饵”①。注音不分两切语。再如“玒，玉名，又音工”②。这也是同音之字的例子。可以总结为书中以同音字注音的训例，一般先解释字义，然后列出同音字。对于多音字，再在其后以“又音”引出代表其他读音的同音字。

书中更多的是采用两切语注音的训例，譬如：“齐，整也，中也，妆也，好也，疾也，等也。亦州名。春秋时齐国。秦为郡后，魏置州，因齐地以名之。又姓。《风俗通·氏姓篇》序曰：‘四氏于国，齐鲁宋卫是也。’徂奚切九。”③先对“齐”的意义进行解释，然后用两切语“徂奚切”道出其读音。“九”代表“齐”字有九个同音字。再如“科，程也，条也，本也，品也。又科，断也。苦禾切，又苦卧切十四”④。这一训例依旧先训义，后注音，再标同音字数，只是用到了两种释义词语和两种注音切语。

除了释义和注音，《广韵》也兼顾对字形的辨正。例如“齓，毁齿。俗作齔。初谨切，又初靳切”⑤。书中指出了“齓”字的俗字字形。

《广韵》共注“一十九万一千六百九十二字”，撰写“二万六千一百九十四言”⑥。《广韵》收字范围之广和考证语音资料之广使其成为我国乃至世界至今保存最完整的一部韵书。

第十一节 《集韵》编辑思想

《集韵》是宋朝继《广韵》之后又一部大型官修韵书。它收字更多，注

---

① 周祖谟：《广韵校本》，中华书局 2004 年版，第 63 页。
② 周祖谟：《广韵校本》，中华书局 2004 年版，第 40 页。
③ 周祖谟：《广韵校本》，中华书局 2004 年版，第 88 页。
④ 周祖谟：《广韵校本》，中华书局 2004 年版，第 165 页。
⑤ 周祖谟：《广韵校本》，中华书局 2004 年版，第 282 页。
⑥ 周祖谟：《广韵校本》，中华书局 2004 年版，第 11 页。

音更复杂，体例更规整，对于研究古音和探究词源具有重要意义。

一、《集韵》的编辑人员

据《集韵·韵例》记载，“景祐四年，太常博士直史馆宋祁、太常丞直史馆郑戬建言：陈彭年、(邱)雍所定，多用旧文，繁略失当。因诏祈、戬与国子监直讲贾昌朝、王洙同加修定，刑部郎中知制诰丁度、礼部员外郎知制诰李淑为之典领”①。可知，《集韵》编辑于景祐②年间。宋祁、郑戬、贾昌朝、王洙和李淑参与修订韵书。又有金州刻本《集韵》卷十宝元二年牒文称：“至宝元二年九月书成上之……庆历三年八月十七日雕印成，延和殿进呈，奉圣旨送国子监施行。”③说明《集韵》编成于宝元二年(1039年)，刻成于庆历三年(1043年)。

在参与编辑的成员中，宋祁和郑戬尤其在倡导修订《集韵》方面起到关键的作用。宋祁(998—1061)，字子京，安州安陆(今属湖北省孝感市)人。《宋史》有其传，附在其兄宋庠之后。“祁兄弟皆以文学显，而祁尤能文，善议论，然清约庄重不及庠。”《宋史》亦提到宋祁“预修《藉田记》《集韵》”④。此外，郑戬(992—1053)，字天休，苏州吴县(现已撤销该县级行政单位)人。《宋史》有其传。“判国子监，选明经生讲解经义。”⑤郑戬曾掌管国子监，选取明经生来讲解经义。

贾昌朝是《集韵》编辑过程中的重要人物。贾昌朝(998—1065)，字子明，真定获鹿(今属河北省石家庄)人。《宋史》称其著有《群经音辨》《通纪》《时令》等作品⑥。《群经音辨》指出，群经文字多有假借，着重分析文同音异现象。《群经音辨》卷末宝元二年牒文云：“昨刊修《集韵》，曾奏取贾昌朝所撰《群经音辨》七卷。”⑦足见贾昌朝在《集韵》编辑中的重要地位。王洙与贾昌朝并提。王洙(997—1057)，字原叔，应天宋城(今属浙江省杭州市)人。《宋史》称，王洙“凡览传记，至图纬、方技、阴阳、五行、算数、音律、诂训、篆隶之学，无所不通”，且提到其“预修《集韵》”⑧。

---

① 丁度等编：《集韵》，上海古籍出版社1985年版，第1页。
② 景祐，为宋仁宗年号，北宋使用该年号于1034年至1038年11月。
③ 赵振铎：《集韵研究》，语文出版社2006年版，第1~2页。
④ 脱脱等撰：《宋史》，中华书局2000年版，第9593页。
⑤ 脱脱等撰：《宋史》，中华书局2000年版，第9766页。
⑥ 脱脱等撰：《宋史》，中华书局2000年版，第9613页。
⑦ 贾昌朝撰：《群经音辨》，北京图书馆出版社2003年版，第53页。
⑧ 脱脱等撰：《宋史》，中华书局2000年版，第9814页。

参与《集韵》编辑的还有丁度和李淑。丁度(990—1053)，字公雅，恩州清河(今属河北省邢台市)人。《宋史》云：“度性淳质，不为威仪，居一室十余年，左右无姬待。然喜论事，在经筵岁久，帝每以学士呼之而不名。”①丁度著有《迩英圣览》等。李淑(生卒年不详)，字献臣，徐州丰(今属江苏省徐州市丰县)人。《宋史》曰：“淑警慧过人，博习诸书，详练朝廷典故，凡有沿革，帝多谘访，制作诰命，为时所称。”②他修订过《国朝会要》《三朝训鉴图》等。

《集韵》共分为十卷，与《广韵》体例基本一致，只是将上声、去声、入声分别扩为两卷。其共收篇端字“五万三千五百二十五”，比《广韵》增加篇端字“二万七千三百三十一字”。《集韵》之所以收字广泛，博采经史诸子及“小学”书，并更相参订，与诸多编辑人员的渊博学识与辛勤付出密不可分。

二、荟萃群说，严整有序

《集韵》集《广韵》之大成，具有更完备的辞书功能。《集韵·韵例》中归纳了十二条体例，其中，关于字音的为五条，关于字义的有三条，关于字形的有三条，最后一条为总括式体例：“夫宫羽、清重、篆籀，后先总括，包并种别，汇联列十二。”最末体例指，全书按照五音“宫、商、角、徵、羽”(代表“喉、齿、牙、舌、唇”)有序排列文字。五音最早出现于《周礼·春官·大师》中。“大师”负责掌管音律，“皆文之以五声，宫商角徵羽；皆播之以八音，金石土革丝木匏竹”③。《集韵》以五音代表人体不同的发音部位。同时，文字发音方法依“清”“浊”排序，发音部位依“重唇音”“轻唇音”排序。在字形上，对于需要辨析字形的文字，遵循先列篆体、后列籀文的规则。例如“颂，《说文解字》儿也。籀作□，通作容”。《集韵》多引用《说文解字》有关字形的解释，因而模仿《说文解字》体例“先篆后籀”。这一例中的“通作”是指其假借字。如《集韵·韵例》所言：“凡经史用字类多假借，今字各著义则假借，难同故，但言通作某。”《集韵》荟萃经史典籍中的注音材料，对于各著作对同一字列出的多个假借字，一般只注一字，以“通作某”标明。

在关于字音的体例方面，《集韵》中有一条韵例为“凡通用韵中同音再

---

① 脱脱等撰：《宋史》，中华书局2000年版，第9761页。
② 脱脱等撰：《宋史》，中华书局2000年版，第9740页。
③ 吴树平等点校：《十三经》(全文标点本)，北京燕山出版社1991年版，第444页。

出者，既为冗长，只见一音”。这是说，《集韵》将每一韵中读音相同的字(也被称为“小韵”)归在一起训释。《广韵》同样对于小韵首字以外的同音字不再注音。不过，《集韵》在编辑体例上比《广韵》更为简明和具有条理。

例如，《集韵》在为“钟”韵目中二十九个用反切法注音的字编排时，基本将发音部位相同的文字排在一起，且大致依照“齿、唇、舌、牙、喉”的次序。并且，同一发音部位的字基本遵循发音方法“先清后浊”的顺序。重唇音和轻唇音的分野也较为明晰，先列轻唇音，后列重唇音。而《广韵》对同韵字的编排较为凌乱，在五音、清浊、轻重方面均没有规律可循。不过，《广韵》在“钟”韵目下用反切法标注了三十九个字，明显多于《集韵》。其中，“从”字、“禯”字和“銎”字皆有多个切语，被标注了两次。因为《广韵》一般采用互注又切的办法。例如“銎”字在“钟”韵目下有两种切语，故而在第二次出现该字的时候注明了上一个读音，训为“又音许容切”，较为繁琐。相较而言，《集韵》在编排上更为简洁。如《集韵·韵例》所述：“凡一字之左，旧注兼载它切，既不该尽，徒酿细文，况字各有训，不烦悉著。”也就是说，《集韵》不注“又音”，不管其他读音如何，每个字都只归入一定的音切，取消了“又音某”的训解方法。另外，《集韵》破除了《广韵》遵守的类隔规则。类隔主要指用轻唇音字作为重唇音字的切语上字。而《集韵》曰：“凡字之翻切，旧以‘武’代‘某’，以‘亡’代‘茫’，谓之类隔，今皆用本字述。”例如“夆”字，《广韵》用轻唇音字“敷”作为它的切语上字，而《集韵》改用重唇音字“匹”。

《集韵·韵例》又说：“凡经典字有数读，先儒传授各欲名家，今并论著，以萃群说。”这是《集韵》不同于前代韵书的原因。《集韵》将“以萃群说”作为收集字音的原则，广引前代学人和经师读音，几乎将每个字的所有读音都一一列出。它不仅在字音上收罗广博，而且对字义的解释也较为详细。“凡字训悉本许慎《说文解字》，慎所不载，则引它书为解。”《集韵》多采纳《说文解字》的训诂材料。对于《说文解字》中释义不详的文字，则引征其他典籍。例如“湰、烽，《说文解字》：‘燧侯表也，边有警则举火。’颜师古说：‘夜曰湰。’《书》曰：‘燧或省。’”[①]《集韵》关于“湰、烽”二字的释义，既引《说文解字》，又采纳《尚书》等他说。因而，《集韵》可以为探究音义关系提供丰富的论证材料。

① 丁度等编：《集韵》，上海古籍出版社1985年版，第18页。

第十二节 “小学”

在“小学”研究的文字、训诂和音韵三大门类中，《说文解字》是最早分析字形的专著，开了以形、音、义探求汉字本源的字书先河。经段玉裁、朱骏声等历代学者的校勘、解说和加工精炼，许氏著书之心更为世人明；《尔雅》是最早系统分析字义的专著，而后《方言》《释名》《广雅》等训诂学著作逐渐涌现；系统分析字音的著作相对后起。最早出现的韵书为三国时期李登的《声类》，但已亡佚。《广韵》为至今保存完整的最早韵书。“小学”为解经服务，采集经籍文字与口头语言等材料编辑成书，随历代经学的盛衰、起伏而有不同程度的发展，但总体呈现收纳字、词日益丰富，训释、考证愈加精密，以及从倡导阐明形义关系到注重以声韵为枢纽通经子百家的特点。

一、以声为经，以形为纬

经学尤其东汉古文经学的发展，其训诂、考据、辨伪等学术方式，促成了封建社会语言文字学即“小学”的建立。古文经学跟今文经学的一个显著区别就在于，今文经学依据汉代儒生以汉隶字体书写的经文阐释“微言大义”，而古文经学追溯以最远古字体撰写的经书，即先秦六国古文，主张根据字义客观地解释经义。因而，“小学”发展的最初阶段尤为重视探究形义关系。另外，“小学”书的选材内容和编辑思想主要源自经学典籍。经书的主体——《周易》《诗经》《尚书》《礼记》《春秋》均在春秋战国期间问世。而自西周至唐代，简策是书写的主要物质材料，既不方便携带，又成本昂贵，不利于广泛传播。至唐代，纸张才逐渐流行起来。① 因此在古代漫长的一段时间内，经书知识的传授方式主要以经师家口授为主。并且，唐朝开启了以诗赋和经义取士的选官制度，对审音辨韵提出一定要求。故而，有关文字读音的阐释也是“小学”研究的关键内容。

在说文之属中，《说文解字》通常被称为字书或形书，但许慎并非只就形论字，而是互求文字的形、音、义。实际上，许书已具有语言学系统的历史观和系统观，只是在体例阐释上不够清晰，释义不尽详备，故而需

① 吴平：《经部要籍编辑思想研究之一：经书是编辑的作品吗》，载《出版参考》2019 年第 1 期，第 55~60 页。

要借助《说文解字注》和《说文通训定声》等作品，才能领会其从语言历史发展的图景中梳理文字演变规律和阐明经学“祕妙”的“微旨”。在训诂之属中，随着时代的发展，训诂学著作逐渐重视和细化对音义关系的训释。但即使是《广韵》《集韵》这样的音韵学专著，也保有对字形的考证材料。因此，“小学”书整体上以声为经，以形为纬，通过系联形、音、义来探求字源。

从字形的演变过程来看，最早的字书《史籀篇》主要以籀文呈现。到东汉《说文解字》，采用小篆字体为字头。再到南北朝时期成书的《玉篇》，成为我国第一部楷书字典。这些作品不仅代表了古代汉字规范发展演化的印迹，而且是不同时期政治、文化的缩影。关于贯通字形，许慎首创以部首编排文字的方法，可谓如今汉字字典中部首检字法的源头。后人探究字形往往要结合《说文解字》进行考证。段氏力求溯流探源，对许书中诸多古籀字体进行校勘，指出《说文解字》与其他字书的差异，并加以订正。他虽未专研金石文字，但其在《说文解字注》中所订正的一些古文形体如“上”“下”等，与甲骨文、金文的写法暗合，足见《说文解字注》之博大精深。

在声义互求方面，《说文解字》中声训不少于六百例①。不过，许书仅仅运用声训孤立地探求字源，没有依声系联地牵引出其他同源词进行研究。之后的训诂学著作运用声训的比重逐渐增加，到东汉末编成的《释名》，几乎完全用声训探求语源。三国魏时期的《广雅》更是将诸多音同、音近的同源词相系联，从而提供了更为丰富的音义考证材料。之后又有《经典释文》采汉魏六朝音切，疏通经义。由于隋唐以后官修韵书成为科举功令的范本，所以音韵学的地位逐渐提升，古人对音韵系统的研究也更加深入。例如唐代僧人守温始创等韵学，依据元音开口度大小和舌位前后将韵分为四等，依照发音部位区分唇、舌、牙、齿、喉五音，根据发音方法划分清、浊音，以及根据韵母结构将韵部区分成“呼”②“摄”③等类别。这些音韵学研究成果为“小学”书以声求义和依据声、韵、调编排文字提供了理论依据。清代，学者对音义关系的研究更为深化。《说文解字注》和《说文通训定声》均讲究著文字声音之源，明确指出音同音近之字可通用。清乾嘉时期为“小学”发展的鼎盛时期。段氏《六书音均表》的创作促

① 向光忠主编：《说文学研究(第五辑)》，线装书局2010年版，第283页。

② 呼，指韵母的韵腹和韵尾发音时嘴唇形状的不同。圆唇的为合口呼，不圆唇的为开口呼。

③ 摄，指韵尾相同、韵腹相同或相近的韵部类别。

进了说文学中音义关系的探求。到朱骏声编辑《说文通训定声》时，在参照段氏古韵部系统的基础上，“舍形取声”，将相同韵部的字编排在一起，从而有利于从音近义通的角度揭示同源词。

经籍要义不仅要通过文字去解读，而且能使统治者从中获取教益，以便治国理政。在实际的施行政令过程中，书面材料和声音均为重要的传播工具。因此，以声经义纬的编辑思想为指导，是“小学”研究之必然趋势。

二、博采通人，信而有证

“小学”书在封建社会主要是为解经籍服务的，因而在编辑过程中十分强调引经的丰富程度。只有全面疏通经书，才能真正实现“小学明而经学明”①。经学自汉初兴起，构成我国两千多年历史发展进程中意识形态的主体。期间有关经学的传注、疏证和义疏等层出不穷，为各体书辨正字形和探究形、音、义关系提供越来越充实的语料。以《方言》《释名》《广雅》等为代表的训诂学著作，搜辑的资料囊括经传书籍和周秦以来的诸子百家著作等，从而考合古今殊言异语，在《尔雅》基础上不断增广训释范围。其中，扬雄为了编辑《方言》，采用活的方言调查方法，亲身搜集“先代绝言、异国殊语”。这在中国语言学史上是唯一一次。

许慎在编辑《说文解字》时，为了解释文字，引用了大量材料，包括群书、通人说和方言等，以至于后来出现了对《说文解字》的引经学研究。在《说文解字》中，许慎标明的引经条目约有一千三百处。其中，有五百多条引经文与今传本经文不同②。吴玉搢《说文引经考》对《说文解字》中引经文进行研究，认为有一千零三十四条引经文源自经书，涵盖《诗》四百二十七条，《春秋传》一百八十三条，《书》一百六十条，《易》八十条等③。程际盛《说文引经考证》阐发许慎暗引经书的问题，即许氏未注明所引经书名称而实际对经书有所引用，且提出许书引经条目达两千五百九十三条之多。其观点瑕瑜互见。许书引证广博已被公认。这对后来学者作进一步注解和考证提出了严峻的考验。

段玉裁编辑《说文解字注》历时约三十载，本着实事求是的态度，在引用古籍以考释文字时，不惜笔墨，广泛征引。《清史稿·儒林传》云：“三十余年，玉裁于周秦两汉书无所不读，诸家小学皆别择其是非。于

① 许慎撰，段玉裁注：《说文解字注》，浙江古籍出版社 1998 年版，第 789 页。

② 向光忠主编：《说文学研究（第五辑）》，线装书局 2010 年版，第 326 页。

③ 刘莲：《吴玉搢〈说文引经考〉研究》，扬州大学 2010 年，第 13 页。

是，积数十年精力专说《说文解字》，著《说文解字注》。"①段氏几乎可以融会许书乃至群书中的所有相关字形、字义和字音释例，并在求证时能信手拈来。段氏死后，同他拜师戴震的王念孙感叹道："若膺死，天下遂无读书人矣!"朱骏声对段氏的注解方法和体例多有继承，但朱氏释义更为明晰。这主要归因于朱氏引证材料之广博，尤其在词义引申和文字假借方面引证最详，从而使训解条理分明。

"小学"类古文、篆、隶、真书等各体书之属实际上多是在《说文解字》的基础上增订、完善的。除了《玉篇》，还有宋代的《类篇》，明代的《字汇》《正字通》和清代的《康熙字典》等，其对《说文解字》传统都有所继承。

《玉篇》校雠群籍，在《说文解字》的基础上有所发展，征引更多经书和诂训，且较为重视声训，对音韵学著作多有引用。《类篇》于宋仁宗元二年(1039年)开始编辑，至宋英宗治平三年(1066年)完成，历时二十七年。起初，宋丁度等编辑《集韵》时发现增字过多，和《玉篇》不相协调，因此另编一部形书《类篇》，与《集韵》相辅相成。这也使得《类篇》中各部文字按韵排列，且对"一文重音"现象阐释详备。在引书方面，《类篇》广泛引用经传和语言文字学著作，如《说文解字》《尔雅》《博雅》等。

逮至清代，《康熙字典》更是考证广博。《康熙字典·御制序》云："爰命儒臣，悉取旧籍，次第排纂切音解义。一本《说文解字》《玉篇》，兼用《广韵》《集韵》《韵会》《正韵》。其余字书，一音一义之可采者，靡有遗逸。至诸书引证未备者，则自经史百子，以及汉晋唐宋元明以来诗人文士历述，莫不旁罗博证，使有依据。"②作为我国第一部官修字典，《康熙字典》确实在材料考证方面较为精深，且具权威性和严谨性。

《说文解字》作为"字典的先河"③，注重形义关系的阐发，对字音的解说略浅。而随着三国时期音韵之学的萌芽，《说文解字》的增订本《玉篇》将对字音的训解排在首位。及唐宋时期音韵学兴盛，为"小学"书考证字形、解释字音提供更多引证材料。"小学"各类书籍在研究内容和范畴上日趋宽广。

三、由粗而精，由疏而密

经学传统可以说是崇古和开新的统一。既崇尚先贤、尊师重道，又要

---

① 徐中舒编：《说文解字段注》(影印本)，成都古籍书店1981年版，第302页。
② 张玉书等编：《康熙字典》，上海书店1985年版，第4页。
③ 刘叶秋：《中国字典史略》，北京出版社2016年版，第20页。

为了适应特定的社会文化环境，对旧说进行修改和补充，包括吸纳其他学说的有益成分。例如魏晋时期，以王弼为代表的新易学，引老入儒，以老子学说解《周易》；再如宋代经学吸收佛道学说，提高经学的思辨水平。经学的这种发展过程使得原本就受社会语境影响的“小学”编辑思想呈现出“由粗而精，由疏而密”的演变规律，具体表现为收字、音更繁密和体例更精细。

关于收字，《说文解字》十四篇，总共九千三百五十三个汉字，依字形分为五百四十个部首。清代姚文田以《说文解字》谐声系统为依据，撰《说文声系》，完成于嘉庆九年(1804年)，共整理出一万一千七百七十二字[①]。而后《说文通训定声》统共一万七千二百四十字。由此可见，“小学”书所收录文字呈愈加繁密的趋向。

汉代魏晋南北朝时期，由于南北阻隔、地方割据，出现了“篆形谬错，隶体失真”[②]等现象，异体、俗字纷繁复杂，士人阅读经典文字多有不便，因此整理异体、辨析俗讹为时势所趋。顾野王以当时流行的楷书字体撰写《玉篇》，收字规模比《说文解字》增加了约百分之四十五，且为各体书树立字形规范。宋代为各体书之学的建设时期，出现了字典《类篇》。《类篇》继承《玉篇》使用楷书字体，同时吸收了丰富的新字，共计三万一千三百一十九字，所增新字约为《玉篇》的二分之一。[③] 明清时期，可谓各体书的兴盛期。与以往不同，这一阶段的各体书更注重通俗实用。例如明代《字汇》减并部首，将文字分为二百一十四部，便于读者检查。全书收字三万三千一百七十九个，比《类篇》范围更广。之后《正字通》的基本内容与《字汇》相同，只是引证和说解更详尽。到清代康熙年间成书的《康熙字典》，是我国第一部官修字典。它沿用《字汇》二百一十四个部首的编排体例，共收四万七千零三十五字，比《字汇》《正字通》又多出一万字左右[④]。《康熙字典》不像《字汇》《正字通》以楷书为本字，而是有所考辨，在每字后列出其古体，并附有别体、重文、俗字、讹字等，因此资料更为翔实，至今仍具有参考价值。

在音韵之属方面，《广韵》在《切韵》的基础上进行补充。而《集韵》又比《广韵》增加了两万多字，收录更多一字两读和一字多读材料，且在反切用字方面改动较大，提供了宋代的语音变化材料，内容更庞杂，辞书功

---

① 姚文田述：《说文声系》，中华书局1985年版。
② 魏收：《魏书·江氏传》，中华书局2018年版，第1963页。
③ 司马光等编：《类篇》，中华书局1984年版。
④ 刘叶秋：《中国字典史略》，北京出版社2015年版，第177页。

能更加完备。

关于体例，《说文解字》在训解每字时，基本按照义、形、音的顺序进行说明。其中，对字义的阐述十分简洁，多以“某也”形式呈现。而对于字形的描述多借用“六书”理论，如形声字多标以“从某某声”。而后的说文学书训释体例更为精细。在内容结构方面，《说文通训定声》相对于《说文解字》，在每韵部最前面增列检字，将该部下所有汉字顺次排列，形声声符相同者排在一起，再从首字开始对各部汉字的形、音、义做全面、系统的解释。就字义阐释，《说文解字注》和《说文通训定声》除了简要阐述汉字含义，还在说解中指出许书未道明的声训、转注字、假借字和引申义等，且《说文通训定声》对其做了更为清晰的标示，如用“□”符号标明转注、假借等现象。在注音方面，《说文解字》采用较原始的直音法，即多以“读若某”形式表示。而随着汉末至魏晋时期佛经的传入，学者利用梵文的拼音原理来剖析汉字的声、韵和调，从而创制了反切法。《经典释文》中便是用切语“某某反”进行注音。而隋代《切韵》及其之后的《广韵》等“小学”书则以“某某切”形式表示读音，并根据声、韵、调对文字进行细密、有序的编排。

《说文解字》是许慎为了批判今文经学家“巧说邪辞”和维护古文经学地位而编辑的，旨在正本清源和帮助人们获取经籍之要义。它开辟了“小学”从形、音、义方面研究的总体思路，引领着说文学、训诂学、各体书之学和音韵学研究不断成熟，使得“小学”在中国经学史上的地位举足轻重。直到现在，不乏学者对“小学”研究满怀热忱。

第十章 《孟子》要籍编辑思想

在整个经部要籍中，《孟子》是一部重量之作，不仅成为儒家的重要典籍，甚至是一个时期很多朝代帝王治国理政的要津。下到文学士人，上到王侯将相，阅读和习礼《孟子》成为古代整个中国知识分子精神文化构成的一个重要思想图谱。然而，需要指出的是，《孟子》一书的编辑成书却是一个动态演化的过程，历经由“子书”到“经书”的深刻变迁，完成了由个体主张到集体认同的思想转换，其中历代孟书的编辑者功不可没。从先秦的荀子到汉代的韩婴、董仲舒、扬雄、王充、赵岐，从魏晋的徐干、傅玄到唐代的韩愈，宋代的朱熹、陆九渊，再到清代的戴震、焦循、康有为等，都基于其时代风气和社会思想变迁而对《孟子》进行了不同维度的整理、编辑、再构和阐发，从而书写了一部波澜壮阔的《孟子》编辑史。开展《孟子》编辑思想史的研究，既是当前中国编辑思想史研究的深化和要求，也是中国哲学史、思想史研究的必要补充和拓展。

第一节 孟子与《孟子》成书

据《史记·孟子荀卿列传》记载，孟子“退而与万章之徒序《诗》《书》，述仲尼之意，作《孟子》七篇”①。不论怎么说，要认识《孟子》一书，就要首先认识孟子其人。孟子，姓孟，名轲，字子舆，战国中期邹国人。孟子的生卒年月不详，历代学者见仁见智，各持一说，有七十四岁之说，也有八十四岁之论，更有九十四岁之言。一般认为，孟子生于周烈王四年(公元前 372 年)，卒于周赧王二十六年(公元前 289 年)②。孟子是鲁国贵族“三桓”之一孟孙氏之后，曾贵为公胄，显赫一时。但是到了孟子之时，

---

① 司马迁：《史记》，中华书局 1999 年版，第 3297 页。

② 王其俊：《中国孟学史》，山东教育出版社 2012 年版，第 67 页。

孟氏已经衰落，举族迁徙，漂泊不定，各寻其路。汉代刘向《列女传》曾载“孟母三迁”，择邻而居，先“去舍市旁”，“复徙舍学宫之旁”，并“以刀断其织”，晓之于心、动之于情。在孟母言传身教的感召之下，孟子“旦夕勤学不息”，“遂成天下之名儒”。这一方面固然说明孟母善于教化、明于教子；另一方面也反映出孟子少年时代家庭衰落，居无定所，生活艰难。据《史记·孟子荀卿列传》记载，孟子从小学儒习礼，“受业于子思之门人”①。汉代赵岐亦认为，孟子少学儒术，受教于子思，“通《五经》，尤长于《诗》《书》”②。由此不难看出，少年时代的孟子学儒治业，刻苦努力，勤奋精进。据史传记载，大约三十岁到四十岁，孟子游历齐、梁诸国。他一方面开学堂，招弟子，播道学；另一方面，他倡王道、宣仁政而游说诸王。其行迹先有齐，后有宋滕，继有魏邹。《孟子》一书中详细地记载了他与齐威王、滕文公、梁惠王、齐宣王等的对谈交流、思辨认识，反映了他系统而又独特的治国理政思想。然而，在战国时期以“攻伐为贤”“合纵连横”为用的崇武尚兵之时，孟子崇仁行义的政治主张终不见用，没有得到他所游历诸国国君的器重。他既感到时运不济、无可奈何，又信心坚定、雄心不已。在和充虞对话时，他说：“五百年必有王者兴，其间必有名世者。由周而来，七百有余岁矣。以其数，则过矣；以其时考之，则可矣。夫天未欲平治天下也；如欲平治天下，当今之世，舍我其谁也？吾何为不豫哉？”③在万般无奈之下，他于晚年去齐归邹，不再游说诸侯，而专事讲学著述。据《史记·孟子荀卿列传》记载，孟子“退而与万章之徒序《诗》《书》，述仲尼之意，作《孟子》七篇”。万章之徒，即万章、公孙丑等弟子也。《孟子》一书正是孟子一生的主要言论、活动的记叙，其中包括他与万章、公孙丑等弟子的互启答辩、言行记事。

在认识《孟子》一书的编辑思想时，一个重要问题就是该书的编辑者是谁。学界针对此书的编者，历来观点不一，其中有三个观点值得重视。一是《孟子》是孟子本人的著述而非编本。持此论点的有汉代的赵岐、班固，宋代的朱熹，清代的阎若璩。赵岐在《孟子题辞》中曾说：“此书，孟子之所作也，故总谓之《孟子》。其篇目则各自有名。”④他认为，《孟子》一书是由孟子本人撰写而成，并非后人编辑之作。但是，他也指出，此书在成书之前或单篇成书，各有其名。宋代朱熹通过比较《论语》和《孟子》

① 司马迁：《史记》，中华书局 1999 年版，第 3297 页。
② 何晓明、周春健注：《孟子》，河南大学出版社 2008 年版，第 95 页。
③ 杨伯峻：《孟子译注》，中华书局 2010 年版，第 100 页。
④ 何晓明、周春健注：《孟子》，河南大学出版社 2008 年版，第 95 页。

两书前后语体风格的异同，认为《孟子》一书理当有弟子之劳，但是为孟子自著之作。他说："《论语》多门弟子所集，故言语时有长长短短不类处。《孟子》疑自著之书，故首尾文字一体，无些字瑕疵。不是自下手，安得如此好。"①班固的《汉书·艺文志》明确指出，《孟子》一书作者为孟子本人，而且全书共十一篇。二是此书为孟子弟子所编，而非本人撰述。持此观点的有三国姚信、唐代韩愈和晁公武。姚信在《士纬》中说："孟子之书将门人所记，非自作也，故其志行多见，非惟教辞而已。或拒万钟之禄，或辞兼金之赠，或以周汉礼殊，二子时异，不可责之於周。或曰帝纳异言，而子□无正论，卒有投阁之累。孟轲昂昂其肯，然子□保家养知之士，孟轲风峙高世之英也。"②之后，唐代的韩愈在《答张籍书》中也说："夫所谓著书者，义止于辞耳，宣之于口，书之于简，何择焉？孟轲之书，非轲自著，轲既殁，其徒万章、公孙丑相与记轲所言焉耳。仆自得圣人之道而诵之，排前二家有年矣。不知者以仆为好辩也；然从而化者亦有矣，闻而疑者又有倍焉。顽然不入者，亲以言谕之不入，则其观吾书也，固将无得矣。为此而止，吾岂有爱于力乎哉？"③此外，诸如苏辙等人也持此论。三是此书是由孟子和弟子共同编辑而成，是典型的编辑之作。司马迁是此论的始作俑者。他在《史记·孟子荀卿列传》中说："退而与万章之徒序《诗》《书》，述仲尼之意，作《孟子》七篇。"其论即此书是编本而非孟子独自著本。至于这部书是如何编辑而成的，司马迁语焉不详，再加上孟子本人的生卒年月尚无定论，此书后又经历代编辑整理，甚至有增删成伪者，其原始编者作者自难定论。正如学者钱穆所言："夫孟子七篇，尽人所诵，历两千年，至精至熟也。其语亦非伪也。考孟子之年者，非之不及也。然而为孟子考年者，类以史记绳孟子，而不知史年之有误。即有本孟子疑史年者，亦不能定史年之真是也。然后孟书之非逸者，无异于逸。孟书之不伪者，转至于伪。人异其说，而皆无当于是焉。"④

现存《孟子》一书共七篇，凡二百六十章，三万四千余字，分别为《梁惠王》《公孙丑》《滕文公》《离娄》《万章》《告子》《尽心》。司马迁的《史记·孟子荀卿列传》称《孟子》七篇，而班固的《汉书·艺文志》则称《孟子》有十一篇。学界对《孟子》一书是否有另外四篇之说，也是意见不一。汉代赵岐在《孟子题辞》中称见过外书四篇，但认为此四篇为托伪之作，

---

① 朱熹：《朱子大全》。
② 李昉：《太平御览》卷四百四十七。
③ 刘耕路：《韩愈及其作品》，吉林人民出版社 1984 年版，第 152 页。
④ 钱穆：《先秦诸子系年考辨》，上海书店 1992 年版。

并非《孟子》原篇。他说："又有外书四篇：《性善辩》《文说》《孝经》《为正》。其文不能宏深，不与内篇相似，似非孟子本真，后世依放而托者也。"①可惜的是，外书四篇在后来亡佚，其真伪更难确论。

第二节 《孟子》编辑思想

孟子身处战国时代，战乱和斗争成为社会存在的主要矛盾。晚其之后的庄子在论述这个时代的特征时曾经这样说："当今之世，仅免刑尔。"并在社会崩乱杀伐不断的矛盾中走向逍遥避世的反面。面对周王室势力的衰微，诸侯争霸，上下攻伐，礼崩乐坏，战歌四起。《左传》说"社稷无常奉，君臣无常位"。上古时期形成的君君臣臣的社会秩序被彻底打破，"臣弑其君者有之，子弑其父者有之"。在此形势下，以孔子、孟子等为首的知识分子阶层迅速崛起，他们秉才志道，学以致用，或入仕辅政，贵为卿相；或游说诸侯，立以显名；或开堂收徒，著述立说，形成了"百家争鸣""学派林立"的思想局面。毫无疑问，《孟子》一书就是当时诸子百家中"子书"之一种。《孟子》一书的编辑思想，既是孟子学派学术思想的集中体现，也是其社会思想的表达。面对纷争混乱无序的社会局面，孟子学派在继承孔子仁学思想内核的基础上，赋予其新的时代内涵，提出了一系列独具个性特色的解决社会问题、稳定社会秩序的主张、观点，形成了对后世影响深远的孟子思想。

一、"言关天下"的编辑宗旨

如前所述，《孟子》成书时间在战国时期，约在公元前 296—前 238 年②。这一时期正是诸子百家争鸣争锋、竞相鼓噪之时。虽然师从孔子学派，继承了孔子的仁学思想，但是"孟子对孔子学说不但有所取舍，而且有所发展"③，形成自己较为系统的学术思想流派，即孟子学派。作为孟子学派的重要代表，孟子是一位胸怀天下的知识分子。尽管他研学求道、满腹经纶，但命运多舛、怀才不遇，可谓历尽艰难险阻，游说诸方而不被重用。现实的坎坷并没有磨灭孟子的远大志向。相反，不被见用的人生遭

① 何晓明、周春健注：《孟子》，河南大学出版社 2008 年版，第 97 页。

② 王其俊：《中国孟学史》，山东教育出版社 2012 年版，第 87 页。

③ 杨伯峻：《孟子译注 · 导言》，中华书局 2010 年版，第 10 页。

际却坚定着他兼济天下的青云之志。在《告子下》一篇中，他说："舜发于畎亩之中，傅说举于版筑之间，胶鬲举于鱼盐之中，管夷吾举于士，孙叔敖举于海，百里奚举于市。故天将降大任于是人也，必先苦其心志，劳其筋骨，饿其体肤，空乏其身，行拂乱其所为，所以动心忍性，曾益其所不能。人恒过，然后能改；困于心，衡于虑，而后作；征于色，发于声，而后喻。入则无法家拂士，出则无敌国外患者，国恒亡。然后知生于忧患而死于安乐也。"①在这里，孟子一方面"以天将降大任"的仁人志士自居；另一方面，在面临"苦其心志，劳其筋骨，饿其体肤"的人生困境时又不为所动，心无所惧。这既是孟子坎坷经历的现实写照，更是他伟大人格心性的生动反映。究其根本，是因为他具有心怀天下、心系苍生的人生理想。在《尽心篇》中，他说："尽其心者，知其性也。知其性也，则知天矣。存其心，养其性，所以事天也。夭寿不贰，修身以俟之，所以立命也。"②在这里提出以"事天为本"的安身立命之道，此所谓"天"，实乃他心中的道也。他又说："尊德乐义，则可以嚣嚣矣。故士穷不失义，达不离道。穷不失义，故士得己焉；达不离道，故民不失望焉。古之人，得志，泽加于民；不得志，修身见于世。穷则独善其身，达则兼善天下。"③在这里，他明确地提出了知识分子的人生之大道，即泽加于民、兼善天下。在孟子看来，真正士人的价值理想是"泽加于民""兼善天下"。无论是身处逆境，还是遭遇顺境，都应该信守"尊德乐义"的人生大道。针对这一人生大道，他与自己的学生公孙丑有过深入讨论。公孙丑对他说："道则高矣，美矣，宜若登天然，似不可及也；何不使彼为可几及而日孳孳也？"④针对学生的疑问，孟子认为道并不是可望而不可即的，需要的是坚守和执着。他说："大匠不为拙工改废绳墨，羿不为拙射变其彀率。君子引而不发，跃如也。中道而立，能者从之。"⑤在这里，他阐明了对于"兼善天下"的大道，需要像匠人一样守护不变，需要像后羿射日一样穷追不舍。为了更好地阐明这个大道与自身的关系，孟子说："天下有道，以道殉身；天下无道，以身殉道。未闻以道殉乎人者也。"⑥以身殉道的凛然大义，让人更深刻地体会到孟子之道在其心中的地位是何其之高。

① 杨伯峻：《孟子译注》，中华书局2010年版，第276页。
② 杨伯峻：《孟子译注》，中华书局2010年版，第278页。
③ 杨伯峻：《孟子译注》，中华书局2010年版，第281页。
④ 杨伯峻：《孟子译注》，中华书局2010年版，第296页。
⑤ 杨伯峻：《孟子译注》，中华书局2010年版，第296~297页。
⑥ 杨伯峻：《孟子译注》，中华书局2010年版，第297页。

从《孟子》一书整体内容来看，"言关天下"的社会价值关怀是该书编辑的初衷，即深入地阐发了孟子学派的社会政治思想，表达了孟子对社会发展去向的深切关怀，表明孟子心系，苍生的人生志向。与同时代的很多思想家一样，孟子也有自己的社会理想，即构建尊长有序、崇善和谐的社会。这一理想社会集中表现在理想的社会关系上。比如，在国家关系层面上下有道。正如在《离娄上》中孟子所言："居下位而不获于上，民不可得而治也。获于上有道：不信于友，弗获于上矣。信于友有道：事亲弗悦，弗信于友矣。悦亲有道：反身不诚，不悦于亲矣。诚身有道：不明乎善，不诚其身矣。是故，诚者，天之道也；思诚者，人之道也。至诚而不动者，未之有也；不诚，未有能动者也。"①在这里，他通过国家和臣民关系的分析，指出了上下有序需要"信"和"诚"，上下有序才"可得而治"。在社会关系层面，他认为人与人之间要亲亲相处、融洽和谐。他说："道在尔而求诸远，事在易而求诸难：人人亲其亲，长其长，而天下平。"②在这里，他希望人与人之间能够"亲其亲，长其长"。最后表现在家庭关系层面，他说："老吾老，以及人之老；幼吾幼，以及人之幼。天下可运于掌。"③在这里，他希望家庭关系也是上下和睦、亲亲如一。可以这样说，孟子以天下为己任的社会理想是《孟子》一书编辑的主要宗旨。他的社会理想构成了全书的思想逻辑起点，也是该书的编辑者所要竭力表达的根本命题。

二、仁义为本的编辑思想内核

综观《孟子》全书，仁义思想是孟子学派学术思想的根本。在继承孔子仁学思想的基础上，孟子以与时俱进的精神发展和完善了仁学思想，形成了自己独到的思想体系。一方面，孟子提出了仁义为本的新的人学思想。在《尽心下》中，他说："仁也者，人也。合而言之，道也。"④在这里，孟子对仁的概念进行了新的辨析，提出仁的本质不仅仅是一种政治概念，更是对人的社会价值关系的框定。另一方面，他又将仁进一步具体化、拓展化，即走向社会关系的多维审视。他说："亲亲，仁也。"⑤在孟子看来，仁就是社会关系的集中体现，既表现在个体价值层面，更体现在

① 杨伯峻：《孟子译注》，中华书局2010年版，第158页。
② 杨伯峻：《孟子译注》，中华书局2010年版，第158页。
③ 杨伯峻：《孟子译注》，中华书局2010年版，第15页。
④ 杨伯峻：《孟子译注》，中华书局2010年版，第305页。
⑤ 杨伯峻：《孟子译注》，中华书局2010年版，第284页。

社会价值上。从社会关系出发，他建立了一个个体、家庭、国家几个维度层面认识仁的概念内涵的新的逻辑体系。他说："人有恒言，皆曰：'天下国家。'天下之本在国，国之本在家，家之本在身。"①在这里可以看出，在孟子看来，个体、家庭和国家是社会关系的基本构成要素，也是社会价值规范的主要面向。正如有学者所言："从空间上看，从个体到家庭，再到国家、天下和天人，显示出由近及远、自小到大的有序性。我们认为，《孟子》所论问题甚多，但从孟子思想的内在整体联系划分，不外乎个体问题、社会问题和天人问题，孟子的思想体系就是由个体论、社会论、天人论三个相互联系、相互作用的子系统构成的系统整体。"②从这个角度出发，就不难理解为什么孟子说"亲亲，仁也"，这是个体层面的社会价值规范，然后是"入以事其父兄，出以事其长上"的家庭关系规范，再到"兼善天下"的社会价值规范。

1.《孟子》的仁思想

作为《孟子》一书的思想内核，"仁"的思想体系是非常丰富的，表现出了孟子对孔子思想的继承性发展。其一是崇爱敬亲思想。如上所言，孟子仁学思想是以家庭为本位特征的，这也正是社会学家费孝通先生所说的中国人社会关系的"差序格局"。《孟子·离娄上》曰："仁之实，事亲是也。"③在这里，他认为，仁的主要内容就是"侍奉父母"，即崇爱敬亲。在《孟子·万章上》中，他说："人少，则慕父母。"④在《孟子·尽心上》中，他说："孩提之童，无不知爱其亲者。"在他看来，人在幼小的时候是比较依恋父母的，而真正的大孝敬亲是终身怀恋父母。他说："大孝终身慕父母。"⑤他认为，"养其父母"、终身事亲，是崇爱敬亲的重要内容。当然，孟子的事亲并不仅仅是父子关系，还有夫妻关系。在《孟子·梁惠王上》中，他说："是故明君制民之产，必使仰足以事父母，俯足以畜妻子，乐岁终身饱。"⑥在这里，他认为丈夫要畜养和爱慕妻子。同时，他还强调丈夫要端正言行，为妻子做出表率。他说："身不行道，不行于妻子；使人不以道，不能行于妻子。"⑦除此之外，孟子还对子女如何奉养父母、父子如何相处、子女如何守孝、长幼如何有序等方方面面都有详尽论

① 杨伯峻：《孟子译注》，中华书局2010年版，第196页。
② 王其俊：《中国孟学史》，山东教育出版社2012年版，第104页。
③ 杨伯峻：《孟子译注》，中华书局2010年版，第196页。
④ 杨伯峻：《孟子译注》，中华书局2010年版，第190页。
⑤ 杨伯峻：《孟子译注》，中华书局2010年版，第191页。
⑥ 杨伯峻：《孟子译注》，中华书局2010年版，第16页。
⑦ 杨伯峻：《孟子译注》，中华书局2010年版，第303页。

述。在他看来，这都是崇爱敬亲的重要内容。其二是修行养性思想。孟子的仁不仅具有社会论意义，更有个体论意义。他重视对个体心性的认识，强调人的自我完善和发展。他说："耳目之官不思，而蔽于物。物交物，则引之而已矣。心之官则思，思则得之，不思则不得也。"①在他看来，人具有会思考的社会性，思考让个体不断走向完善，"不思则不得也"。在《孟子·尽心上》中，他说："人之所不学而能者，其良能也；所不虑而知者，其良知也。孩提之童，无不知爱其亲者；及其长也，无不知敬其兄也。亲亲，仁也；敬长，义也；无他，达之天下也。"②在他看来，良知和良能是个体最为重要的心性，都是人生而有之的秉性。尽管强调良知和良能的个体秉性，但也指出个体秉性需要后天的自我反思和发展学习。在《孟子·告子下》中，孟子提出"人皆可以为尧舜"，认为根本原因就在于"子服尧之服，诵尧之言，行尧之行，是尧而已矣。子服桀之服，诵桀之言，行桀之行，是桀而已矣"③。也就是说，在孟子看来，个体通过自我完善、后天学习都可以达到圣人境界。在《孟子·尽心上》中，他说："求则得之，舍则失之，是求有益于得也，求在我者也。求之有道，得之有命，是求无益于得也，求在外者也。"④在这里，孟子强调仁的获得是需要个体追求涵育的。与此同时，他还认识到个体需要在反思中完善自我、坚定自我。他说："万物皆备于我矣。反身而诚，乐莫大焉。强恕而行，求仁莫近焉。"⑤在这里，他提出个体躬身反省非常重要，是人生最大的快乐。他认为，个体只有不懈地按照推己及人的恕道去做，这才是达到仁的最直接路径。其三是恻隐向善的个体本性。在构成仁学的思想体系中，孟子深入地思考了个体本性问题，提出了人性善这一重要论断。在《孟子·离娄下》中，他说："人之所异于禽兽者几希，庶民去之，君子存之。舜明于庶物，察于人伦，由仁义行，非行仁义也。"⑥在这里，他从人和动物的区别出发，提出仁的个体社会性价值。他说："后稷教民稼穑，树艺五谷；五谷熟而民人育。人之有道也，饱食、暖衣、逸居而无教，则近于禽兽。圣人有忧之，使契为司徒，教以人伦——父子有亲，君臣有义，夫妇有别，长幼有叙，朋友有信。"⑦在这里，他再次辨析了个体的社会属性在

① 杨伯峻：《孟子译注》，中华书局2010年版，第249页。
② 杨伯峻：《孟子译注》，中华书局2010年版，第284~285页。
③ 杨伯峻：《孟子译注》，中华书局2010年版，第255页。
④ 杨伯峻：《孟子译注》，中华书局2010年版，第279页。
⑤ 杨伯峻：《孟子译注》，中华书局2010年版，第279页。
⑥ 杨伯峻：《孟子译注》，中华书局2010年版，第207页。
⑦ 杨伯峻：《孟子译注》，中华书局2010年版，第114页。

于仁的培育。在此基础上，他提出了自己对个体人性的认识，即人性善的重要观念。他说：“口之于味也，目之于色也，耳之于声也，鼻之于臭也，四肢之于安佚也，性也，有命焉，君子不谓性也。仁之于父子也，义之于君臣也，礼之于宾主也，知之于贤者也，圣人之于天道也，命也，有性焉，君子不谓命也。”①在他看来，人的本性既是生而有之的，又受到社会的制约和规范。为了更好地说明这一问题，他又提出“四心”来说明自己的性善论。他说：“人皆又不忍人之心。先王有不忍人之心，斯有不忍心之政矣。以不忍人之心，行不忍人之政，治天下可运之掌上。所以谓人皆有不忍人之心者，今人乍见孺子将入于井，皆有怵惕恻隐之心——非所以内交于孺子之父母也，非所以要誉于乡党朋友也，非恶其声而然也。由是观之，无恻隐之心，非人也；无羞恶之心，非人也；无辞让之心，非人也；无是非之心，非人也。”②在这里，孟子将人的善心概括为恻隐、羞恶、恭敬和是非“四心”，认为这是形成个体仁爱观念的重要基础。在“四心”基础上，他又提出“四端”。他说：“恻隐之心，仁之端也；羞恶之心，义之端也；辞让之心，礼之端也；是非之心，智之端也。人之有是四端也，犹其有四体也。有是四端而自谓不能者，自贼者也；谓其君不能者，贼其君者也。”③在这里，孟子将“四心”视为仁、义、礼、智的萌芽之基，认为人的善性是通过“四心”表现出来，“四心”的表现过程就是仁、义、礼、智呈现的初始状态。正是在这基础上，他提出人性善是可以培养发展完善的。他说：“凡有四端于我者，知皆扩而充之矣，若火之始然，泉之始达。苟能充之，足以保四海；苟不充之，不足以事父母。”④

2.《孟子》义的思想

义是《孟子》一书编辑思想的另一重要表现，与仁的概念共同构成《孟子》编辑思想的核心。如前所述，他提出义是性善论的“四端”之一。他说：“羞恶之心，义之端也。”在孟子看来，义是“四端”中重要一端，即人要有羞耻之心，要有对事物道德评判的基本能力。这一点就像个体拥有手足四肢一样，生而有之。他说：“人之有是四端也，犹其有四体也。有是四端而自谓不能者，自贼者也；谓其君不能者，贼其君者也。”⑤在他看来，一个个体有这“四端”而不去守护的话，就是自我放弃。从个体发展

① 杨伯峻：《孟子译注》，中华书局2010年版，第309页。
② 杨伯峻：《孟子译注》，中华书局2010年版，第72页。
③ 杨伯峻：《孟子译注》，中华书局2010年版，第73页。
④ 杨伯峻：《孟子译注》，中华书局2010年版，第73页。
⑤ 杨伯峻：《孟子译注》，中华书局2010年版，第73页。

而言，孟子认为义也是个体生命价值和道德价值的重要体现。他说："仁，人心也；义，人路也。"他认为，义是个体自我实现的重要路径，是个人成长的必经之路。在《孟子・离娄上》中，他说："鱼，我所欲也；熊掌亦我所欲也，二者不可得兼，舍鱼而取熊掌者也。生亦我所欲也；义亦我所欲也，二者不可得兼，舍生而取义者也。生亦我所欲，所欲有甚于生者，故不为苟得也；死亦我所恶，所恶有甚于死者，故患有所不辟也。如使人之所欲莫甚于生，则凡可以得生者，何不用也？使人之所恶莫甚于死者，则凡可以辟患者，何不为也？由是则生而有不用也，由是则可以辟患而有不为也。是故所欲有甚于生者，所恶有甚于死者，非独贤者有是心也，人皆有之，贤者能勿丧耳。"①在这里，他论述了义的价值对于个体生存发展的意义，是不可或缺的一种精神意义。他认为，义是一种比生命价值更值得喜欢推崇的东西，是个人人格的价值标示。他说："非独贤者有是心也，人皆有之，贤者能勿丧耳。一箪食，一豆羹，得之则生，弗得则死，呼尔而与之，行道之人弗受；蹴尔而与之，乞人不屑也。万钟则不辩礼义而受之，万钟于我何加焉！为宫室之美、妻妾之奉、所识穷乏者得我与？乡为身死而不受，今为宫室之美为之；乡为身死而不受，今为妻妾之奉为之；乡为身死而不受，今为所识穷乏者得我而为之：是亦不可以已乎？此之谓失其本心。"②在这里，孟子提出个体不能丧失本性，应该保持独立人格，涵育义的精神，为义而献身。

3.《孟子》的政治观

战国时期的思想家庶几都有较为鲜明的政治见识和政治抱负。作为孔子学派的继承人，孟子也形成了自己较为独特而丰富的政治思想。他的政治观发源于他的仁义思想，关切于政治民生，是中国古代政治思想的重要源流。一是民贵君轻思想。在春秋战国时期，孟子站在社会发展角度看待君民关系，并提出民贵君轻的重要主张。他说："民为贵，君为轻，社稷次之。"他较早地从三代历史兴替的实践出发，提出民心是天下得失的关键。在《梁惠王上》中，他说："古之人与民偕乐，故能乐也。汤誓曰：'时日害丧，予及女偕亡。'民欲与之偕亡，虽有台池鸟兽，其能独乐哉？"③在这里，他提出君主要和民众"偕乐"而治。在《告子下》中，他说："是故得乎丘民而为天子，得乎天子为诸侯，得乎诸侯为大夫。诸侯危社

① 杨伯峻：《孟子译注》，中华书局2010年版，第245页。
② 杨伯峻：《孟子译注》，中华书局2010年版，第246页。
③ 杨伯峻：《孟子译注》，中华书局2010年版，第3页。

稷，则变置。”[①]在这里，他认为国君只有得到老百姓的欢心，才能做天子。为什么孟子能够提出民贵君轻的主张，是因为孟子对人民在社会变动中的作用有着深刻的认识。在《尽心下》中，他说：“诸侯之宝三：土地、人民、政事。宝珠玉者，殃必及身。”[②]在这里，孟子提出土地、百姓和政治才是诸侯的三样“宝贝”。也就是说，“他把土地、人民、政事视为治国平天下的三个根本要素”[③]。为了更深入地论述人民的作用，他说：“然则治天下独可耕且为与？有大人之事，有小人之事。且一人之身，而百工之所为备，如必自为而后用之，是率天下而路也。故曰，或劳心，或劳力；劳心者治人，劳力者治于人；治于人者食人，治人者食于人；天下之通义也。”[④]在这里，孟子论述了社会分工的问题，指出了劳动人民是社会财富的创造者，是社会生产不可或缺的重要主体。正是从这个角度出发，他认识到劳动人民与君王的关系。因此，他特别强调民心的重要作用。在《公孙丑下》中，他说：“天时不如地利，地利不如人和……得道者多助，失道者寡助。寡助之至，亲戚畔之；多助之至，天下顺之。以天下之所顺，攻亲戚之所畔；故君子有不战，战必胜矣。”[⑤]在这里，他指出了民心向背这个“大道”之于政治兴衰的重要作用。二是实行仁政的思想。仁政是孔子思想的重要主题，在孟子这里得到进一步的完善和发展。《孟子》一书中一个鲜明的观念，就是“仁者无敌”的政治思想。孟子极其反对霸道、武道，极力主张仁道、王道。在《梁惠王下》中，他说：“今燕虐其民，王往而征之，民以为将拯己于水火之中也，箪食壶浆以迎王师。若杀其父兄，系累其子弟，毁其宗庙，迁其重器，如之何其可也？天下固畏齐之强也。今又倍地而不行仁政，是动天下之兵也。王速出令，反其旄倪，止其重器，谋于燕众，置君而后去之，则犹可及止也。”[⑥]在这里，他对齐宣王的霸道进行了批评，提出施行仁政才能“不战而屈人之兵”。在《公孙丑上》中，他说：“以力假仁者霸，霸必有大国；以德行仁者王，王不待大——汤以七十里，文王以百里。以力服人者，非心服也，力不赡也；以德服人者，中心悦而诚服也，如七十子之服孔子也。诗云：‘自西自东，自南自北，无思不服。’此之谓也。”[⑦]在这里，孟子再次强调了实行仁政之

---

① 杨伯峻：《孟子译注》，中华书局 2010 年版，第 304 页。
② 杨伯峻：《孟子译注》，中华书局 2010 年版，第 311 页。
③ 王其俊：《中国孟学史》，山东教育出版社 2012 年版，第 117 页。
④ 杨伯峻：《孟子译注》，中华书局 2010 年版，第 113 页。
⑤ 杨伯峻：《孟子译注》，中华书局 2010 年版，第 78 页。
⑥ 杨伯峻：《孟子译注》，中华书局 2010 年版，第 42 页。
⑦ 杨伯峻：《孟子译注》，中华书局 2010 年版，第 67 页。

于国家强大的重要意义。他认为，依靠实力来使人服从的，人家不会心悦诚服。只有靠仁政德政，才能令老百姓心悦诚服。在重视仁政的前提下，他提倡为政者要学会体恤民情民生，主张轻徭薄赋。他说："易其田畴，薄其税敛，民可使富也。食之以时，用之以礼，财不可胜用也。民非水火不生活，昏暮叩人之门户求水火，无弗与者，至足矣。圣人治天下，使有菽粟如水火。菽粟如水火，而民焉有不仁者乎？"①在这里，孟子提出要减轻税收，藏富于民，才能使得百姓仁爱有加。他主张实行"取于民有制"的赋税制度，他说："贤君必恭俭礼下，取于民有制。"三是孟子主张实行"恒产"土地制度。如前所述，在他看来，土地是国家治理要依赖的重要"三宝"之一，是治国平天下的重要因素。因此，他认为，只有老百姓有恒产，才会人心稳定。他说："无恒产而有恒心者，惟士为能。若民，则无恒产，则无恒心。苟无恒心，放辟邪侈，无不为已。及陷于罪，然后从而刑之，是罔民也。焉有仁人在位罔民而可为也？"②在这里，他深入地思考了人的经济与文化道德、道德重建与个体生存的关系，并提出了国君要"制民之产"的重要意义。他认为，通过以土地为中心的"制民之产"可以使得人人向善，社会真正有序和谐。在《梁惠王上》中，他说："王欲行之，则盖反其本矣：五亩之宅，树之以桑，五十者可以衣帛矣。鸡豚狗彘之畜，无失其时，七十者可以食肉矣。百亩之田，勿夺其时，八口之家可以无饥矣；谨庠序之教，申之以孝悌之义，颁白者不负戴于道路矣。老者衣帛食肉，黎民不饥不寒，然而不王者，未之有也。"③在这里，他提出了五亩之宅、百亩之田的理想土地制度方案，同样是立足于仁政王道的深层考虑。

三、涵育教化的传播观念

《孟子》一书的编辑者有非常强烈的编辑观念。按照赵岐的说法，《孟子》一书此前是分篇传播，集合成书正是编辑主体观念的产物。

孟子主张士人要以言显身，以言行仁。在《尽心上》篇中，他提出士人"尚志"的观念。其中，王子垫问孟子曰："士何事？"孟子回答"尚志"。他说，尚志就是"仁义而已矣。杀一无罪非仁也，非其有而取之非义也。居恶在？仁是也；路恶在？义是也。居仁由义，大人之事备矣"④。在这

① 杨伯峻：《孟子译注》，中华书局2010年版，第287~288页。
② 杨伯峻：《孟子译注》，中华书局2010年版，第16页。
③ 杨伯峻：《孟子译注》，中华书局2010年版，第16~17页。
④ 杨伯峻：《孟子译注》，中华书局2010年版，第292页。

里，他提出行仁和义就是志行高尚，是士人应该做的，即“居仁由义”。在他看来，知识分子要有独立人格，要形成自己的独立思想，游说君侯。他说：“堂高数仞，榱题数尺，我得志，弗为也。食前方丈，侍妾数百人，我得志，弗为也。般乐饮酒，驱骋田猎，后车千乘，我得志，弗为也。在彼者，皆我所不为也；在我者，皆古之制也，吾何畏彼哉？”①在这里，他反向强调自己的尚志情怀。如前所述，孟子尽管游说诸国，却终不见用。面对如此的遭际，他对自己的理想更加坚定。他说：“今天下之君有好仁者，则诸侯皆为之驱矣。虽欲无王，不可得已。今之欲王者，犹七年之病求三年之艾也。苟为不畜，终身不得；苟不志于仁，终身忧辱，以陷于死亡。诗云：‘其何能淑？载胥及溺。’此之谓也。”②在这里，他结合历史的现实再次申明自己对仁义之道坚信不已。他还说：“天下有道，以道殉身；天下无道，以身殉道；未闻以道殉乎人者也。”③在这里，他提出了殉道的观念，表明自己的矢志不渝。他还说：“志士不忘在沟壑，勇士不忘丧其元。”这里的“不忘在沟壑”和“不丧其元”仍然是对自己仁义之学的坚守。

孟子晚年退居邹城，回到孔子晚年轨迹，广收门徒，著书立说，更是希望自己的思想“播于外”和“传于后”。他十分看重自己潜心著书、悉心育人的事业，并把这称为“君子三乐”。他说：“君子有三乐，而王天下不与存焉。父母俱存，兄弟无故，一乐也；仰不愧于天，俯不怍于人，二乐也；得天下英才而教育之，三乐也。”④在这里，他提出“得天下英才而教育之”的宏伟抱负，并将其列为人生的一大乐趣。与此同时，他指出以德服人王天下并不是他人生的乐趣，他说：“君子有三乐，而王天下不与存焉。”⑤这说明，此时孟子的思想已发生重大转变，辅政行道的理想已经让位于涵育教化的观念。在《尽心上》中，他以掘井贵轫为喻，激励自己要沿着自己的道学不懈坚持。他说：“有为者辟若掘井，掘井九轫而不及泉，犹为弃井也。”⑥他还以豪杰志士自居，激励自己要百折不挠、中兴道学。他说：“待文王而后兴者，凡民也。若夫豪杰之士，虽无文王犹兴。”在《尽心下》结尾，他更是以旷世而出的圣人自比，希望继承并实现孔子

---

① 杨伯峻：《孟子译注》，中华书局2010年版，第315页。
② 杨伯峻：《孟子译注》，中华书局2010年版，第156页。
③ 杨伯峻：《孟子译注》，中华书局2010年版，第297页。
④ 杨伯峻：《孟子译注》，中华书局2010年版，第285~286页。
⑤ 杨伯峻：《孟子译注》，中华书局2010年版，第286页。
⑥ 杨伯峻：《孟子译注》，中华书局2010年版，第290页。

弘道育人的理想。他说："由孔子而来至于今，百有余岁，去圣人之世若此其未远也，近圣人之居若此其甚也，然而无有乎尔，则亦无有乎尔。"①

《孟子》一书的编辑，在整个先秦两汉的子书编辑浪潮中发挥了重要作用，构成了一个重要的学术思想体系。这个体系对中国古代士人阶层的精神气质、道德人格具有深刻影响。之后，《孟子》的再编辑和解构，与后世思想的转变紧密相连。如西汉中期的盐铁会议上，贤良文学大量称引《孟子》，针砭时政，不仅显示了士人的独立精神，同时也反映了《孟子》一书对士人阶层的巨大精神影响。东汉中后期陈蕃、李膺、范滂等士林中的领袖人物，"登车揽辔，有澄清天下之志"，他们身上体现的以天下为己任的胸怀与人格追求，以及在与宦官斗争中所表现出来的英勇无畏、舍生取义的行为，与对孟子人格的情感认同密切相关。而随着"党锢之祸"，有识之士被残酷镇压，孟学因其社会批判精神无法在社会得到贯彻而走向衰微，《孟子》一书的编辑也受到冷遇。宋代，《孟子》一书的编辑再度兴盛，受到士人青睐，与"士大夫与天子共治天下"逐渐成为士人阶层的普遍信念息息相关。

就《孟子》一书的编辑思想而言，"言关天下"的编辑宗旨和"以民为本"的仁学思想最为突出，对后世士人精神影响也最为深刻。中国古代历代知识分子往往都是以"为民众代言"身份出现的，为民请命、为国捐躯的仁义思想构成了《孟子》一书最为重要的精神内核。与此同时，该书涵育教化的传播观念对后世编辑思想也产生了一定影响。该书诞生于诸侯混战、民不聊生的战国后期，以孟子代表的知识分子是以新兴社会阶层"士"的身份登上历史舞台的，他们心念苍生，言关天下，特别希望自己的学说能够启发和教导君主，成为士人价值实现的重要方式。这种功成则为帝王师、时乱则育英才的政教思想，对中国古代和近现代的知识分子人生选择和精神价值的选择也影响很深。

第三节 《孟子章句》

在整个有汉一代，《孟子》一书受到不同的对待。西汉汉武帝实行的罢黜百家、独尊儒术的政策，尽管开启了尊崇孟子的学术潮流，但是这种局面又很快被东汉动荡分裂社会混乱所打破，针对《孟子》一书的再编辑、

① 杨伯峻：《孟子译注》，中华书局2010年版，第320页。

阐释则走到低潮。如果从汉孝文帝置《论语》《孝经》《孟子》和《尔雅》博士算起，《孟子》一书基本完成了从子书到经书的重要转变。然而，在其经学化初期，该书又是怎么样完成重新的编辑和阐释的，由于资料所限，不能详述。从现存书籍来看，东汉赵岐编辑的《孟子章句》是汉代最为重要的一部《孟子》编辑作品，其中不难看出《孟子》由子书到经书演变的编辑思想轨迹。

一、赵岐与《孟子章句》

赵岐(约108—201)，字邠卿。京兆长陵县(今陕西咸阳东北)人。最初名嘉，字台卿，后因避难而改名为芬卿。《后汉书》称其“少明经，有才艺”，并娶当时的大学者马融之女为妻。汉桓帝时因得罪宦官而逃至北海卖饼，后遇孙嵩，“察非常人，停车呼与共载”，被孙嵩救至家中，以过命朋友相待，藏在复壁内数年，后来才被赦出。延熹九年(166年)，应司徒胡广辟命，后“擢拜并州刺史”。赵岐原本准备上奏守边御敌之策，还没有来得及上表，便遭遇党锢被免职。光和七年(184年)，拜议郎，又被车骑将军张温请为长史，“别屯安定”。大将军何进举荐赵岐为敦煌太守，途中和其他边城太守一起被边贼劫持，经诡辩“得免”，辗转返回长安。汉献帝迁都长安时，再拜赵岐为议郎，不久迁任太仆。李傕、郭汜掌权时，命赵岐与太傅马日磾出使关东，拜为副将。献帝东迁时，赵岐又说服刘表助董承修理宫殿，于是留在荆州，朝廷就地拜赵岐为太常。后被曹操任命为司空，又受拜为太常。建安六年(201年)，赵岐去世，享年九十余岁。赵岐死时对儿子说：“我死之日，墓中聚沙为床，布簟白衣，散发其上，覆以单被，即日便下，下讫便掩。”可见，他是何等通达。

《孟子章句》大约编辑于赵岐避祸流亡时期。在《孟子题辞》一文中，他讲述了自己编辑《孟子章句》一书的原因。他说：“儒家惟有《孟子》，闳远微妙，缦奥难见，宜在条理之科。于是乃述己所见闻，证以经传，为之章句，具载本文，章别其指，分为上、下，凡十四卷。”①由此可见，赵岐编辑《孟子章句》是为了弘扬儒学而“章别其旨”的编辑目的。他认为，《孟子》一书是儒家的重要经典作品，思想丰厚却“缦奥难见”，故而需要微言大义，阐发解读。在谈到《孟子》一书的价值时，赵岐认为，《孟子》一书“包罗天地，揆叙万类，仁义道德，性命祸福，粲然靡所不载”②，对该书

① 何晓明、周春健注：《孟子》，河南大学出版社2008年版，第95页。
② 何晓明、周春健注：《孟子》，河南大学出版社2008年版，第95页。

的思想和价值是推崇备至。他说："帝王公侯遵之，则可以致隆平，颂清庙；卿大夫士蹈之，则可以尊君父，立忠信；守志厉操者仪之，则可以崇高节，抗浮云。"①他认为，该书无论对于天子诸侯，还是达官士人的修身养性、行为起止，都有着重要的思想价值。正是在这个意义上，赵岐对孟子本人更是毫不吝啬溢美之词，甚至称其为"命世亚圣之大才者"。当然，赵岐的这一观念也是与他当时困顿穷厄的人生处境是息息相关的。他从《孟子》一书"自强不息"和与世抗争的独立不羁的人格精神中汲取着思想的力量，这也是他醉心编辑《孟子章句》的重要原因。在《孟子题辞》最后，他说："余生西京，世寻丕祚，有自来矣，少蒙义方，训涉典文，知命之际，婴戚于天，构屯离蹇，诡姓遁身，经营八纮之内，十有余年，心剿形瘵，何勤如焉！尝息肩弛担于济、岱之间，或有温故知新，雅德君子，矜我劬瘁，眷我皓首，访论稽古，慰以大道。余困吝之中，精神遐漂，靡所济集，聊欲仔志于翰墨，得以乱思遗老。惟六籍之学，先觉之士，释而辩之者既已详矣。"②由此不难看出，赵岐与《孟子》一书的思想关联，是内化于心的精神感佩。

二、《孟子章句》的编辑思想

赵岐所处的东汉是今古文经学盛行的年代，对经学文献的注释训诂编辑是当时的社会风尚。赵岐以西汉刘向校书为底本，对《孟子》一书进行了新的编辑注释，形成了独特的编辑思想。

1."证以经传"的编辑目的

如上所述，赵岐编辑《孟子章句》是基于对孟子其人其书的高度认同。他认为，孟子是"直而不倨，曲而不屈，命世亚圣之大才者"，是师法孔子的又一圣人。他说："孟子退自齐、梁，述尧、舜之道而著作焉，此大贤拟圣而作者也。七十子之畴，会集夫子所言，以为《论语》。《论语》者，《五经》之馆鎋，《六艺》之喉衿也。孟子之书，则而象之。"③由此可见，在赵岐看来，孟子编书论著的目的是"则而象之"，继承和发扬孔子的圣人之思。他认为，《孟子》一书的编辑是"包罗天地，揆叙万类"，但是，"闳远微妙，缦奥难见"，需要条理阐释。他说："孟子长于譬喻，辞不迫切，而意已独至，其言曰：'说《诗》者，不以文害辞，不以辞害志。以意

① 何晓明、周春健注：《孟子》，河南大学出版社2008年版，第95页。

② 何晓明、周春健注：《孟子》，河南大学出版社2008年版，第98~99页。

③ 何晓明、周春健注：《孟子》，河南大学出版社2008年版，第95页。

逆志，为得之矣。'斯言殆欲使后人深求其意以解其文，不但施于说《诗》也。"①与此同时，他认为当时很多人对《孟子》进行注解，但是与《孟子》本意相乖谬，甚至相去甚远，再加上有很多不同的传世版本，故而需要更好注解。他说："今诸解者，往往摭取而说之，其说又多乖异不同。孟子以来五百余载，传之者亦已众多。"②正是抱着正本清源的目的，赵岐才编辑《孟子章句》，即"述己所闻，证以经传，为之章句"。

2."具载文本、章别其指"的编辑体例

如上所述，东汉时期今古文经学盛行，针对《孟子》的注释编辑相当多，存在不同的注释编辑方式。在编辑《孟子章句》过程中，赵岐在编辑体例上别出心裁，提出了"具载文本，章别其指"的编辑体例。所谓"具载文本"，就是将经传连文，在注经的同时呈现经文，形成经传互文。这一新的编辑体例在一定程度上是东汉后期经学发展的结果，也就是更加注重对经文原本思想义理的阐发。"具载经文"的目的一定程度上是对经文思想的重视，是对古文经学拘泥于繁琐的形式的矫正。所谓"章别其指"，就是在《孟子》每个篇章注解之后都单独地撰写概要评点，即所谓章指。需要指出的是，在赵岐之前，有汉一代的经传注疏都是在书的前面，很少有在篇章后面独立成文。这样的编辑体例就打破了此前编辑者只针对全书的论述，而形成了针对每一章节的梳理总结。这样一个编辑体例最大的意义就是立足于《孟子》一书的章节体例，既切合了当时图书的构成特征，又能各个阐发释义，从而在总体上形成新的思想体系。因此，阮元在《孟子注疏校勘记序》中对此评价说："七篇之微言大义藉是可推，且章别为指，令学者可分章寻求，于汉传注别开一例，功亦勤矣。"③这是对赵岐《孟子章句》体例创新的中肯评价。

赵岐的《孟子章句》是现在留存的最早的孟子编辑注本，为后世孟学的发展奠定了重要基础。《四库全书总目》在评价这一本书时说："盖其说虽不及后来之精密，而开辟荒芜，俾后来得循其途而深造，其功要不可泯也。"

第四节 《孟子集注》

魏晋南北朝时期，玄学兴盛，儒学中落，包括《孟子》在内的经学要

① 何晓明、周春健注：《孟子》，河南大学出版社 2008 年版，第 98 页。

② 何晓明、周春健注：《孟子》，河南大学出版社 2008 年版，第 98 页。

③ 阮元：《十三经注疏》附校勘记。

籍的编辑陷入发展困境。隋唐时期，佛教、道家交相盛行，儒学发展困境没有发生根本性转变。以韩愈为代表的士人对《孟子》一书进行了不同程度的编辑整理，但整体上没有形成重大影响。到了宋代，随着儒学地位的上升，《孟子》一书的编辑整理也提上日程，成为文人学士竞相施展才华的用武之地。其中，以朱熹《孟子集注》的编辑成为该书编辑的登封之作。

一、朱熹与《孟子集注》

朱熹，字元晦，号晦庵，晚号遁翁、紫阳，又号云谷老人、沧州病叟。朱熹是福建南平人，自幼熟读经史，历任泉州国安县主簿、知南康军、提举浙东常平茶盐公事等职。他一生著述等身，《周易本义》《诗集传》《资治通鉴纲目》《四书章句集注》《四书或问》等。编辑整理《孟子》著作也甚多，主要有《孟子集注》《孟子精义》《孟子成问》等，尤其是《四书章句集注》在整个经书编辑史上有着重要地位。

朱熹是宋代儒学的集大成者，是儒家道统思想的坚定承继者。他推崇儒家道统思想，认为是治乱兴平的重要资源。对于孟子思想，他更是推崇有加，认为是儒学道统的重要组成部分。他说："孔子传之孟轲，轲之死，不得其传，此非深知所传者何事，则未易言也。夫孟子之所传者何哉？曰：仁义而已矣。"①在这里，他认为孟子思想是对孔子思想的继承，核心是仁义道统，具有重要的认识和思想价值。他说："今欲直得圣人本意不差，未须理会《经》，先须于《论语》《孟子》专意看他。"②在这里，他认为《论语》《孟子》更代表着圣人的本意。在他看来，包括《孟子》在内的"四书"是重要的经学典籍，不是"六经"，却重于"六经"。他说，"四书"丰厚博大，思想粲然，"若理会得此'四书'，何书不可读，何理不可究，何事不可处"③。他说："《论》《孟》《中庸》，待《大学》贯通浃洽，无可得看后方看，乃佳。道学不明，元来不是上面欠却功夫，乃是下面元无根脚。若信得及，脚踏实地，如此做去，良心自然不放，践履自然纯熟。非但读书一事也。"④他还说："某要人先读《大学》，以定其规模；次读《论语》，以立其根本；次读《孟子》，以观其发越；次读《中庸》，以求古人之

① 朱熹：《晦庵先生朱文公文集》卷第七十三，见朱人杰等编：《朱子全书》(24)，上海古籍出版社、安徽教育出版社 2002 年版，第 3525 页。
② 朱熹：《朱子语类》卷 104。
③ 朱熹：《朱子语类》卷 14。
④ 朱熹：《朱子语类》卷 14。

微妙处。”[①]从这里不难看出，朱熹讲包括《孟子》在内的“四书”作为儒家道统的重要构成，并以高于优于“六经”来看待的。正是基于这样的理念，朱熹编辑了“四书”。

《孟子集注》是“四书”之一。朱熹在参考前人注释的基础上，旁征博引，融于己义，对《孟子》一书进行了系统完整的编辑注释，其中引用前人的注释者有三十多家，有三百二十余条[②]，在整个《孟子》一书的编辑史上占有重要地位。

二、《孟子集注》的编辑思想

朱熹是一个大编辑家，对《孟子》一书的编辑注释有着明确的编辑思想，体现着他独特的编辑观。正是因为这样的编辑思想，《孟子集注》的影响才达到了一定的高度。

1. 由子入经的编辑宗旨

在朱熹之前，“六经”在整个儒学典籍中占有重要地位，是道统思想的圭臬，受到历代士人的高度认同。在看待“六经”与子书关系上，朱熹继承了二程为代表的前人的一些重要观念，认为以《孟子》为代表的子书的思想价值并不亚于经书。他认为，“四书”的思想价值并不比“六经”少，甚至在很多地方要多得多。他说：“学问须以大学为先，次论语，次孟子，次中庸。”[③]他还说：“《语》《孟》功夫少，得效多”，“六经”功夫多，得效少”。[④] 在朱熹看来，“四书”的思想价值具有更为经世的意义。他说：“某尝说，《诗》《书》是隔一重两重说，《易》《春秋》是隔三重四重。《春秋》义例、《易》爻象，虽是圣人立下，今说者用之，各信己见，然于人伦大纲皆通，但未知曾得圣人当初本意否……今欲直得圣人本意不差，未须理会《经》，先须于《论语》《孟子》中专意看他。”[⑤]在这里，朱熹提出，《论语》《孟子》才是儒家经典的“圣人本意”，才是学问之道的集中体现。而“六经”与圣人本意是相间隔的，并不直接反映圣人思想。因此，只有认真阅读传习《孟子》等“四书”，才能通达圣人之旨。

在之后的论述中，他更是直抒胸臆，提出“四书”的价值和地位重于“六经”。他说，人们通常认为“六经”乃儒家之本，但朱熹指出“四书”更

---

① 朱熹：《朱子语类》卷14。
② 王其俊：《中国孟学史》，山东教育出版社2012年版，第409页。
③ 朱熹：《朱子语类》卷14。
④ 朱熹：《朱子语类》卷19。
⑤ 朱熹：《朱子语类》卷93。

为重要。他说："《语》《孟》《中庸》《大学》是熟饭，看其他经，是打禾为饭"。这里以"熟饭"和"禾饭"为喻，说明"四书"和"六经"在儒学思想体系中的地位不同。由此可见，朱熹是将以《孟子》为代表的子书看作经学研究的要路通衢的，而这正是他编辑《孟子》的根本理念所在。

与此同时，朱熹还谈到了《孟子》一书在"四书"中的地位。他说："学问须以《大学》为先，次《论语》，次《孟子》，次《中庸》。《中庸》功夫密、规模大。某要人先读《大学》，以定其规模；次读《论语》，以立其根本；次读《孟子》，以观其发越；次读《中庸》，以求古人之微妙处。"①由此可见，《孟子》在"四书"中占有重要地位，是"四书"的有机构成。在《读余隐之〈尊孟辨〉》中，朱熹回应了北宋一代对尊孟和贬孟的论争，批评指摘了司马光、李觏等人的孟学主张，申明了孟子在儒家道统谱系中的思想价值和重要地位。他说："有孟子而后《六经》之用明，有王道而后天子之位定。有《六经》而无《孟子》，则杨、墨之仁义所以流也；有天子而无王道，则桀、纣之残贼所以祸也。故尝譬之，《六经》如千斛之舟，而孟子如运舟之人；天子犹长民之吏，而王道犹吏师之法。今曰《六经》可以无《孟子》，天子可以无王道，则是舟无人，吏无法，将焉用之矣！"②在这里，他认为《孟子》是"六经"奠定思想统治地位的重要前提，是王道秩序的重要保障。没有《孟子》就没有王道，更谈不上"六经"宗经之用。正是在这种思考中，他认为，如果"六经"是千斛之舟，而孟子如运舟之人。这一比喻可以说把《孟子》一书的地位提高到了无以复加的地步。由此可以得出，由子入经、尊孟崇道思想是包括《孟子集注》在内的《四书章句集注》的重要编辑宗旨。

2. 融入己意的编辑理念

朱熹是宋代理学的集大成者。儒学发展到宋代逐步地走向更高的理学认识层次，朱熹通过编辑《孟子集注》在内的"四书"进一步完善发展儒学道统的思想。在对《孟子》一书的编辑注释过程中，朱熹强化融通思想，借助对《孟子》有关人性善思想的注释，阐明自己"存天理、灭人欲"的理学思想。比如，他重视个体的欲望存在，认为人的喜怒哀乐是自然之生理。比如，在注释《公孙丑上》"人皆有不忍人之心"时，他这样解释道："恻隐、羞恶、辞让、是非，情也。仁、义、礼、智，性也。心，统性情

---

① 朱熹：《朱子语类》卷19。

② 朱熹：《晦庵先生朱文公文集》卷第七十三，见朱人杰等编：《朱子全书》(24)，上海古籍出版社、安徽教育出版社2002年版，第3543页。

者也。端，绪也，因其情之发，而性之本然可得而见，犹有物在中而绪见于外也。”①在这里，朱熹以心性观念来认识孟子的仁义概念，指出心乃统性情之要，性情乃心之外化。这样他就将孟子的仁义之道上升到更为复杂的心性层面来认识，实现儒学朝着理学方向的转化。再如，在对《梁惠王下》“王如好色，与百姓同之，于王何有”作注时，他说：“盖钟鼓、苑囿、游观之乐，与夫好勇、好货、好色之心，皆天理之所有，而人情之所不能无者。然天理人欲，同行异情。循理而公于天下者，圣贤之所以尽性也；纵欲而私于一己着，众人之所以灭其天也。”②在这里，他提出了“天理人欲，同行异情”的观念。他认为，天理人欲都是人行为的表现，但是又有所不同。也就是说，不是所有个体的欲望都是合理的，但存着公欲和私欲之别。而那些出以公心的欲望应该是符合天理的，应该得到保存、提倡。反之，那些出于私心的纵欲，则应该受到节制。毫无疑问，这些思想都是继承并进一步发展了孟子的人性观，使得孟子思想发展到了一个新的阶段。

3. 严谨细致的编辑作风

朱熹编辑《孟子》一书过程中是比较认真细致的，并且付出了巨大心血。他说：“某于《论》《孟》，四十余年理会，中间逐字称等，不教偏些子。学者将注处，宜子细看。”③他认为，图书的编辑具有教育功能，必须严谨细致，一丝不苟。对于自己的编辑作风，他也有十足的自信。他说：“某《语孟集注》，添一字不得，减一字不得，公子细看。又曰：不多一个字，不少一个字。”④由此可以看出，朱熹在编辑《孟子》一书过程中是何等认真。在具体编辑过程中，朱熹还非常重视审稿工作，提出审稿的时候必须全面、细致、谨慎，他在《语类·读书法》中指出：“看文字，须大段着精彩看。耸起精神，竖起筋骨，不要困，如有刀剑在后一般。就一段中，须要透。击其首则尾应，击其尾则首应，方始是。不可按册子便在，掩了册子便忘却；看注时便忘了正文，看正文又忘了注。须这一段透了，方看后板。……须是一棒一条痕，一掴一掌血。看人文字，要当如此，岂可忽略。”⑤他的这种严谨细致的编辑作风同样在《孟子》一书的编辑过程得到了鲜明体现。

---

① 朱熹：《孟子集注》卷三。
② 朱熹：《孟子集注》卷二。
③ 朱熹：《朱子语类》卷19。
④ 朱熹：《朱子语类》卷14。
⑤ 朱人杰等编：《朱子全书》，上海古籍出版社、安徽教育出版社2002年版，第3581页。

第五节 《孟子正义》

在整个明清时期,《孟子》一书的经世致用思想在不同历史时期不断地受到思想界的重视。一大批士人推崇孟学，比如黄宗羲、顾炎武、王夫之等都有针对《孟子》一书的鸿篇阔论，标举孟子思想中民本观和改革论，强调统治者要重视民众在民族存亡和复兴中的重要作用，呼吁政权要兴利除弊、达于事功。清代政权建立之后，由于开国统治者励精图治，社会矛盾和民族矛盾趋于缓和，社会经济得到长足发展，学术思想开始走向昌明。尤其是，在统治者强调崇儒重道的理念下，思想界掀起了一波重视训诂、尊崇考证的经学之风，孟子研究也取得了新的成果。比如，著名学者戴震的《孟子字义疏证》、崔述的《孟子事实录》等，都是孟子研究的佳作。就《孟子》一书编辑而言，这一时期最有名的当属焦循的《孟子正义》，可谓《孟子》再编辑的集大成之作。

一、焦循与《孟子正义》

焦循，字理堂，晚号里堂老人，是清代扬州学派的代表人物之一。江苏甘泉人，清嘉庆间举人。焦循的家学渊源深厚，曾祖父焦源钻研易学，焦循耳濡目染，幼年就喜欢《易》经。他博览群书，“十四岁前，除了学习诗文辞赋以外，已经广泛涉猎经史天算”①。乾隆四十五年(1780年)，焦循到安定书院修习学业，向当时一些名儒问经求道。乾隆五十二年(1787年)，开始在家授徒解惑，课余主治《毛诗》。乾隆六十年(1795年)，焦循随挚友阮元客居杭州充做幕僚，一方面治学会友，一方面参加科举试，然而终未功成名就。自嘉庆八年(1803年)，焦循开始潜心于治学，尤其攻于《易》学，同时兼顾史、历、算、训诂之学等的精研。在这一过程中，焦循致力于对儒学经典的整理和研究，编辑了一大批儒学论著，当时影响很大，被誉为一代通儒。他的主要著作有《易经通解》《易经图略》《易经章句》《孟子正义》《礼记郑氏注补疏》《论语通释》等。其中《孟子正义》一书的编辑可谓当时孟学研究的集大成之作。

该书共三十卷，七十余万字，融通百家、体大精深。焦循挚友阮元在《通儒扬州焦君传》中评价该书“合孔孟相传之正指”，认为焦循“学乃精深

---

① 刘瑾辉:《焦循评传》，广陵书社2005年版，第17页。

博大，远迈于阮矣”，并称焦循为通儒“斯一大家”。甚至有人称这部书与赵岐的《孟子章句》和朱熹的《孟子集注》不分伯仲。焦循自幼爱好《孟子》，手不释卷，奉为圭臬。他自己曾说：“循传家教，弱冠即好孟子书，立志为《正义》，以学他经，辍而不为，兹越三十许年。”①在编辑这部书的过程中，焦循深考细校，旁采百家，针对《孟子》一书的思想、版本、逸书等方方面面的问题进行了博大体深的注释，一个方面征引他家之说，另一方面兼采己意，形成了一个较为完整系统的编辑校释体系。清代大儒范希曾对该书的编辑称赞有加，他说：“《焦氏疏释赵注》，采摭颇广，而本之程瑶田《论学小记》、戴震《孟子字义疏证》者为多，清儒注《孟子》，焦书最完善。”②由此不难看出，该书编辑的意义之大。

二、《孟子正义》的编辑思想

《孟子正义》煌煌七十万字，无论是从内容体量，还是思想旨趣来说，都是孟子一书编辑的高峰，也孕育了丰富的编辑思想。

1.“弘扬孟学”的编辑宗旨

如前所述，在《孟子篇叙正义》中，焦循说：“循传家教，弱冠即好孟子书，立志为《正义》，以学他经，辍而不为。”因此，可以认为编辑《孟子》一书是焦循从小的志向。这一志向无疑与他对孟子言关天下的孟学思想息息相关。他的弟弟焦征在《焦征序》中说：“先兄壬戌会试后闭门注易。癸酉二月，自立一薄，稽考所业，戊寅春《易学三书》成，又以古之精通《易》理，深得伏羲、文王、周公、孔子之旨者莫如孟子，生孟子后能深知其学者莫如赵氏。惜伪疏踳驳乖谬，文义鄙俚，未能发明其万一，思作《正义》一书。”③他认为，孟子是孔子思想的正宗嫡传，是真正的入世之书，但是此前很多注疏或有很多乖谬之处，或有很多不名之言，需要重新加以整理核定。他在《孟子篇叙正义》中曾说：“予读孙奭《孟子音义序》，体裁有类孔氏，而简洁过之，全非作疏人手笔，其题曰《音义序》而已，未尝称疏也。”④这里实际上是对孙奭《孟子音义序》存在问题的批评。他认为，对孟子一书的编辑应该按照严格的标准来进行，真正地还原孟子思想，才能广大孟学。焦循对于成书方式有自己的深入认识，曾说过：“著书各有体，非一例业。有全以己见，贯串取精前人所已言不复言，余

① 焦循、刘建甄：《孟子正义》，广陵书社2016年版，第1197页。
② 范希增，书目答问补正。
③ 焦循、刘建甄：《孟子正义》，广陵书社2016年版，第1页。
④ 焦循、刘建甄：《孟子正义》，广陵书社2016年版，第1199页。

撰《易学三书》及《六经补疏》是也。有全录人所已言，而不参以己见，余辑《书义丛钞》是也。有采择前人所已言，而以己意裁成损益于其间，余所撰《孟子正义》是也。”①从这一句话可以看出，焦循编辑《孟子正义》是以“己意裁成损益于其间”，其目的正是弘扬孟学。

2. 次第为经的编辑方法

《孟子正义》一书煌煌七十万言，涉及《孟子》一书方方面面的研究，编辑起来并不容易。焦循的编辑方式是分步实施，次第为经。他说：“兹越三十许年。于丙子冬，与子廷琥，纂为《孟子长编》三十卷，越两岁乃完。戊寅十二月初七日，立定课程，次第为《正义》三十卷，至己卯秋七月草稿粗毕。”②由此可见，《孟子正义》一书编辑经历了两个步骤，第一步是先编纂《孟子长编》，对孟子的生平事迹和现有成书情况进行整理，这一长编十四帙，是编辑《孟子正义》的基础。这一长编编辑时间大约是从嘉庆二十二年(1817 年)冬开始。在完成《易》书编辑之后，他开始搜集整理清代有关《孟子》之述，“或专说《孟子》者，或杂见他书者，一一纂出”③，和儿子焦廷琥一起摘录，编为《孟子长编》。第二步是编辑《孟子正义》。大约从嘉庆二十三年(1818 年)十二月开始，先纂《孟子正义日课记》，以此为引，编辑《孟子正义》，到嘉庆二十五年(1820 年)完成草稿三十卷。两个阶段一前一后，交相为用。嘉庆二十五年(1820 年)正月，焦循完成《孟子正义》草稿，并请挚友阮元校正。四月，他让儿子焦廷琥校对核正，并重新誊录手稿。是年七月，焦循病重，惜乎未能录完手稿，令其子对书稿进行校誊。

3. 严肃认真的编辑作风

焦循倾注了大量精力来编辑《孟子正义》一书，真正地展现出了大编辑家严肃认真、一丝不苟的编辑作风。他在《孟子正义》题识中说：“思作《正义》一书。于是博采经史传注以及本朝通人之书，凡有关于《孟子》者，一一纂出，次为长编十四帙。逐日稽考，殚精研虑，自戊寅十二月起稿，逮己卯七月撰成《孟子正义》三十卷。又复讨论群书，删烦补缺，庚辰之春，修改乃定。手写清本，未半而病作矣，自言用思太猛，知不起，以誊校嘱廷琥而殁。廷琥处苫块中，且校且誊，急思付梓，又以病殁。徵以事身羁旅舍，誊校先兄书，未敢少息。更深人静，风雨凄凄，寒柝争鸣，一

① 焦廷琥：《先府君事略》。

② 焦循、刘建甄：《孟子正义》，广陵书社 2016 年版，第 1199 页。

③ 刘瑾辉：《焦循评传》，广陵书社 2005 年版，第 207 页。

灯如豆，忆及兄侄，涕泗交横，废书待旦，非复人境矣。一年之中，迭遭丧病，先兄著述待刻者多，寒素之家，力难猝办。徵衰病无能，营谋事拙，谨与家人相约，各减衣食之半，日积月累，以待将来。癸未岁终，总计田租所入，衣食之余，约积七百金，急以《孟子正义》付刻，乙酉八月刻工告竣，庶使廷琥苦心，稍慰泉壤也。徵校是书，难免错误，有能检出者，乞即详指邮寄，以便改正，受惠多矣。先兄稿本，每一篇末自记课程，如注《易》时，书之成仅八阅耳。徵为誊校，又有族孙授龄相助，旷日弥久，以至于今。先兄下世已六易寒暑矣，迁延之罪，实所难辞。其他二百余卷，急思尽刻，所需约数千金，非积蓄二十年，又无他故，不能完全。徵虽未老，衰病日增，恐难目睹其成，然必竭力勉为，不敢少怠也。至于著书之义，末一卷已详尽言之，兹第述所以刻书之始末云尔。"①这一段话是他和儿子在《孟子正义》一书编辑过程的自述。其中既讲到他"逐日稽考，殚精研虑"的苦奋状态，又讲到他"用思太猛""废书待旦"的全身投入，还讲到自己"与家人相约，各减衣食之半，日积月累，以待将来"的拮据之困，更讲到他面对衰病日增的精神之痛。由此不难看出，作为编辑家的焦循在编辑《孟子正义》过程中追求精品的传世意识。不只如此，他还以命相许，甘之如饴，在生活极其艰苦的境遇下还节衣缩食，投入工作，可谓精神难当。

① 焦循、刘建甄：《孟子正义》，广陵书社 2016 年版，第 1199 页。

参考文献

[1]班固：《汉书》，中华书局 2007 年版。
[2]边家珍：《汉代经学发展史论》，中国文史出版社 2003 年版。
[3]蔡沈注，钱宗武、钱忠弼整理：《书集传》，凤凰出版社 2010 年版。
[4]曹之：《中国古籍编撰史》，武汉大学出版社 2006 年版。
[5]晁岳佩：《春秋三传义例研究》，线装书局 2011 年版。
[6]陈碧生：《孝经学史》，华东师范大学出版社 2015 年版。
[7]陈国庆：《汉书艺文志注释汇编》，中华书局 1983 年版。
[8]陈澧：《东塾读书记》，上海古籍出版社 2012 年版。
[9]陈启源：《毛诗稽古编》，国家图书出版社 2009 年版。
[10]陈寿著，裴松之注：《三国志》，浙江古籍出版社 2001 年版。
[11]陈文和主编：《嘉定钱大昕全集》，凤凰出版社 2016 年版。
[12]程树德撰，程俊英、蒋见元点校：《论语集释》，中华书局 2013 年版。
[13]崔高维校点：《礼记》，辽宁教育出版社 2000 年版。
[14]董治安主编：《经部要籍概述》，江苏教育出版社 2008 年版。
[15]窦秀艳：《中国雅学史》，齐鲁书社 2004 年版。
[16]段熙仲点校，胡培翚：《仪礼正义》，江苏古籍出版社 1993 年版。
[17]段玉裁：《经韵楼集》，凤凰出版社 2010 年版。
[18]范晔：《后汉书》，中华书局 2007 年版。
[19]方玉润：《诗经原始》，中华书局 1986 年版。
[20]冯浩菲：《中国古籍整理体式研究》，高等教育出版社 2003 年版。
[21]顾炎武：《顾亭林诗集汇注》，上海古籍出版社 1983 年版。
[22]顾炎武著，周苏平、陈国庆点注：《日知录》，甘肃民族出版社 1997 年版。
[23]郭沫若：《郭沫若全集·考古编》(第五卷)，科学出版社 2002 年版。
[24]郭英德：《中国古代文体学论稿》，北京大学出版社 2005 年版。
[25]郝懿行：《尔雅义疏》，中国书店 1982 年版。

[26]何晓明、周春健注：《孟子》，河南大学出版社 2008 年版。
[27]何休：《春秋公羊经传解诂》，中国基本古籍库。
[28]洪亮吉：《春秋左传诂》，中华书局 1987 年版。
[29]洪迈：《容斋随笔》，上海古籍出版社 1978 年版。
[30]洪业：《春秋经传引得》，上海古籍出版社 1983 年版。
[31]洪湛侯：《诗经学史》，中华书局 2002 年版。
[32]胡平生：《孝经译注》，中华书局 1996 年版。
[33]胡奇光：《中国小学史》，上海人民出版社 1987 年版。
[34]黄怀信等编：《论语汇校集释》，上海古籍出版社 2008 年版。
[35]黄侃：《黄侃论学杂著》，上海古籍出版社 1980 年版。
[36]黄侃述，黄焯编：《文字声韵训诂笔记》，武汉大学出版社 2013 年版。
[37]黄寿祺、张善文：《周易译注》，上海古籍出版社 2004 年版。
[38]黄宗羲：《宋元学案》，中华书局 1986 年版。
[39]惠栋：《九经古义》，中华书局 1985 年版。
[40]纪昀：《钦定四库全书总目》，中华书局 1997 年版。
[41]江永：《周礼疑义举要》，中华书局 1985 年版。
[42]姜广辉：《中国经学思想史》(第一卷)，中国社会科学出版社 2003 年版。
[43]焦桂美：《孙星衍研究》，上海古籍出版社 2017 年版。
[44]焦循、刘建甄：《孟子正义》，广陵书社 2016 年版。
[45]焦循：《雕菰集》，商务印书馆 1935 年版。
[46]康学伟：《先秦孝道研究》，吉林人民出版社 2000 年版。
[47]孔安国：《郑玄年谱》，山东文艺出版社 2004 年版。
[48]孔颖达：《毛诗正义》，中华书局 1957 年版。
[49]李隆基、邢昺：《孝经注疏》，上海古籍出版社 2009 年版。
[50]李学勤：《春秋穀梁传注疏》，北京大学出版社 1999 年版。
[51]梁启超：《论中国学术思想变迁之大势》，上海古籍出版社 2001 年版。
[52]梁启超：《清代学术概论》，中国书籍出版社 2006 年版。
[53]梁启超：《中国近三百年学术史》，商务印书馆 2011 年版。
[54]林存阳：《清初三礼学》，社会科学文献出版社 2002 年版。
[55]林之奇：《尚书全解》，人民出版社 2019 年版。
[56]刘宝楠撰，高流水点校：《论语正义》，中华书局 1990 年版。
[57]刘起釪：《古史续辨》，中国社会科学出版社 1991 年版。
[58]刘起釪：《尚书学史》，中华书局 2017 年版。

[59]刘文淇：《春秋左氏传旧注疏证》，科学出版社 1959 年版。
[60]刘叶秋：《中国字典史略》，北京出版社 2016 年版。
[61]刘义庆：《世说新语》，上海古籍出版社 1982 年版。
[62]刘知幾：《史通》，时代文艺出版社 2008 年版。
[63]陆德明：《经典释文》，上海古籍出版社 1985 年版。
[64]马瑞辰、陈金生点校：《毛诗传笺通释》，中华书局 1989 年版。
[65]马宗霍：《中国经学史》，商务印书馆 1937 年版。
[66]纳兰性德：《通志堂经解》，江苏广陵古籍刻印社 1996 年版。
[67]皮锡瑞：《经学历史》，中华书局 1959 年版。
[68]皮锡瑞：《经学通论》，中华书局 1954 年版。
[69]皮锡瑞：《师伏堂丛书》，凤凰出版社 2014 年版。
[70]钱曾撰，丁瑜点校：《读书敏求记》，书目文献出版社 1983 年版。
[71]钱穆：《两汉经学今古文评议》，商务印书馆 2001 年版。
[72]钱穆：《先秦诸子系年考辨》，上海书店 1992 年版。
[73]钱穆：《中国文化史导论》(修订本)，商务印书馆 2007 年版。
[74]上海古籍出版社编：《十三经注疏》，上海古籍出版社 1997 年版。
[75]舒大刚：《中国孝经学史》，福建人民出版社 2013 年版。
[76]司马迁：《史记》，上海古籍出版社 1997 年版。
[77]宋元人注：《四书五经》，天津古籍书店 1988 年版。
[78]苏舆：《春秋繁露义证》，中华书局 1992 年版。
[79]孙希旦：《礼记集解》，中华书局 1989 年版。
[80]孙星衍：《尚书今古文注疏》，中华书局 2004 年版。
[81]孙诒让：《周礼正义》，中华书局 1987 年版。
[82]脱脱等撰：《宋史》，中华书局 2000 年版。
[83]王弼注：《老子》，首都经济贸易大学出版社 2007 年版。
[84]王弼撰，楼宇烈校释：《周易注：附周易略例》，中华书局 2011 年版。
[85]王充：《论衡》，上海人民出版社 1974 年版。
[86]王达津主编：《清代经部序跋选》，天津古籍出版社 1991 年版。
[87]王念孙：《广雅疏证》，中华书局 2004 年版。
[88]王宁、褚斌杰：《十三经说略》，中华书局 2015 年版。
[89]王其俊：《中国孟学史》，山东教育出版社 2012 年版。
[90]王应麟：《困学纪闻》，上海古籍出版社 2008 年版。
[91]吴承仕：《经典释文序录疏证》，中华书局 1984 年版。
[92]吴枫：《中国古典文献学》，齐鲁书社 1982 年版。

[93]夏传才:《诗经研究史概要》，清华大学出版社 2007 年版。
[94]谢国桢、张舜徽:《古籍论丛》，福建人民出版社 1982 年版。
[95]徐坚:《初学记》，中华书局 1962 年版。
[96]许刚:《中国孝文化十讲》，凤凰出版社 2011 年版。
[97]许慎撰，徐铉校定:《说文解字》(大字本)，中华书局 2017 年版。
[98]阎若璩撰:《尚书古文疏证 附古文尚书冤词》，上海古籍出版社 2010 年版。
[99]颜之推撰:《颜氏家训》，北京图书馆出版社 2005 年版。
[100]杨伯峻、杨逢彬:《论语译注》，岳麓书社 2009 年版。
[101]杨伯峻:《春秋左传注》，中华书局 1990 版。
[102]杨伯峻:《孟子译注》，中华书局 2010 年版。
[103]杨伯峻译注:《论语译注》，中华书局 2006 年版。
[104]杨树达:《论语疏证》，江西人民出版社 2007 年版。
[105]杨薇、张志云:《中国传统语言文献学》，湖北辞书出版社 2006 年版。
[106]杨向奎:《清儒学案新编》，齐鲁书社 1991 年版。
[107]杨向奎:《绎史斋学术文集》，上海人民出版社 1983 年版。
[108]杨向奎:《宗周社会与礼乐文明》，人民出版社 1997 年版。
[109]余嘉锡:《古书通例》，上海古籍出版社 1985 年版。
[110]永瑢等:《四库全书总目提要》，海南出版社 1999 年版。
[111]张舜徽:《清人文集别录》，中华书局 1963 年版。
[112]张舜徽:《中国古代史籍校读法》，华中师范大学出版社 2004 年版。
[113]张舜徽:《广校雠略》，上海古籍出版社 2013 年版。
[114]张之洞撰，范希曾补正:《书目答问补正》，上海古籍出版社 2010 年版。
[115]章太炎:《章太炎全集》，上海人民出版社 2014 年版。
[116]赵敏俐、尹小林主编:《国学概览》，首都师范大学出版社 2007 年版。
[117]郑玄注，孔颖达疏:《礼记正义·礼运》，上海古籍出版社 1990 年版。
[118]钟文烝:《春秋穀梁经传补注》，中华书局 2009 年版。
[119]周海生、骆明:《历代〈孝经〉序跋题识》，光明日报出版社 2013 年版。
[120]周祖谟:《广韵校本》，中华书局 2004 年版。
[121]朱彬著，沈文倬、水渭松校:《礼记训纂》，浙江大学出版社 2010 年版。
[122]朱骏声编著:《说文通训定声》，中华书局 1984 年版。

[123]朱维铮校注：《梁启超论清学史二种》，复旦大学出版社 1985 年版。
[124]朱熹：《论语集注》，齐鲁书社 1992 年版。
[125]朱熹：《诗集传》，中华书局 2011 年版。
[126]朱熹：《朱子语类》，中华书局 1986 年版。
[127]朱彝尊：《经义考》，中华书局 1998 年版。
[128]朱自清：《经典常谈》，上海古籍出版社 2005 年版。
[129]左丘明：《春秋左氏传》，凤凰出版社 2010 年版。